소비에트 연방
소련군 8월 폭풍 작전
(1945.8)
가라후토
(일본령 남부 사할린)
하바롭스크
우리
만주국
(일본의 괴뢰국)
치치하얼
노몬한
노몬한 전투
(1939.5~8)
스크
하얼빈
무단장
신징(창춘)
지린
블라디보스토크
장구펑
장구펑 사건
(1938.7)
만주 사변
(1931.9~12)
펑톈(선양)
사변
3~5)
청더
진저우
친황다오
뤼순
다롄
평양
일본의 관동주 운영
(1905.9~1945.8)
톈진
경성
일본 제국
도쿄
칭다오
교토
일본 항복
(1945.8.15)
미국 선견대 도쿄 도착
(1945.8.28)
항복조인식
(1945.9.2)
지난
부산
히로시마
오사카
타이얼좡
쉬저우
쉬저우 회전
(1938.3~5)
나가사키
난징 함락
(1937.12)
중화민국 국민 정부(왕징웨이 괴뢰 정권) 수립
(1940.3)
난징
상하이
난창 전투
939.2~5)
상하이 전역
(1937.8~11)
원저우
푸저우
타이페이
샤먼
타이완
광저우 공략
(1938.10)
국령 홍콩
일본군의 주요 공세
연합군의 반격
일본군의 최대 점령 경계
중공의 영역
수도(괴뢰국의 수도 포함)
중국의 전쟁 중 수도 이동: 난징→우한→충칭
미국령 필리핀

중일
THE SINO-JAPANESE WAR
전쟁

용, 사무라이를 꺾다
1928~1945

권성욱 지음

미지북스

차례 THE SINO-JAPANESE WAR

일러두기

1. 외국어의 고유명사는 국립국어원 외래어 표기법에 따라 표기하였다.

2. 본문에서 중국어 고유명사는 맨 앞의 단어에 한하여 원어를 병기하였다. 그 외의 외국어 고유명사는 원어를 일일이 밝히지 않는 것을 원칙으로 하였다. 대신 찾아보기에 원어를 같이 실었다.

3. 본문에서 산서성(山西省)은 원어 병기 없이 '산시 성'으로, 섬서성은 원어를 병기하여 '산시 성(陝西省)'으로 표시하여 둘을 구분하였다.

| 들어가며 |

십여 년 전쯤에 난징 대학살에 대한 글을 읽었다. 난징에서 그 참상을 직접 목격한 외국인들이 남긴 기록과 사진에는 차마 눈 뜨고 볼 수 없는 광경이 펼쳐져 있었다. 군도를 높이 든 채 포로의 목을 베는 일본군 장교, 강간을 당한 후 죽은 여성, 홀로코스트를 연상케 하는 수많은 시체와 잘린 목들, 그리고 그 앞에서 의기양양하게 웃고 있는 일본 병사들. 전쟁이란 원래 야만스러운 것이지만, 그렇다고 해도 사람을 죽이는 게 즐거운 일인가? 군인은 사람을 죽이는 것이 임무라고 해도 살인을 즐기지 않는다. 그것이 군인과 살인마의 차이이다. 살인이 즐겁다면 이미 군인이 아니라 살인마이다. 더욱이 일본군의 야만적인 행동은 중국만이 아니라 필리핀을 비롯한 그들이 점령한 모든 곳에서 저질러졌다. 이는 그들의 만행이 몇몇 군인의 일탈 행위가 아니라 일본군 전체의 보편적인 모습이었다는 의미이다. 그들은 사람을 잔인하게 죽일 때 도대체 무슨 생각을 했을까? 왜, 어떻게 그럴 수 있었을까?

일본군의 잔인함에 치를 떨면서, 한편으로 이런 생각이 들었다. 그럼 그동안에 중국은 무엇을 했는가? 수도에서 수십만 명의 국민이 적군에게 이토록 짓밟히고 있는데 그들은 오직 지켜보기만 한 것인가? 무려 4억 명이 넘는 중국인들에게는 군대도 무기도 없었던 것인가?

시중의 수많은 중국사 책들과 제2차 세계대전사, 태평양 전쟁사 책들을 뒤져 보았지만, 나는 의문을 해결할 수 없었다. 대부분의 책들이 중일 전쟁에 대해 기껏해야 한두 쪽을 할애하여 일본의 침략과 중국의 무기력한 패배, 난징 대학살을 간략하게 언급할 뿐이었다. 그렇다면 중일 전쟁은 지면을 할애하여 소개할 만한 변변한 전투도 없었던 전쟁인가? 만약 중국이 그토록 나약한 나라였다면 일본은 왜 중국을 이기지 못한 것일까? 무려 8년 1개월 동안* 유럽 전체와 맞먹는 광대한 공간에서 벌어진 이 전쟁의 실체는 도대체 무엇이란 말인가? 전쟁사를 좋아하는 사람으로서 호기심이 발동한 나는 국내외 논문과 책들을 손닿는 대로 찾아보게 되었다. 그리고 그 결과물을 온라인을 통해 하나씩 연재하기 시작했다. 처음에는 정말 간단히 써보겠다는 마음이었는데 이제는 내 인생에서 가장 긴 글이 되어버렸다.

---

* 중일 전쟁은 일반적으로 1937년 7월 루거우차오 사건부터 1945년 8월 일본의 항복까지를 말한다. 이 책은 중일 전쟁의 전조에 해당하는 1928년 6월 황구툰 사건부터 이야기를 시작하지만 중일 전쟁의 공식적인 시작은 루거우차오 사건부터라고 본다. 학자에 따라 1931년 9월 만주 사변을 중일 전쟁의 시작으로 보아 '15년 전쟁'이라 부르기도 한다.

*

중일 전쟁은 여느 전쟁사 책들에서 다루어지는 것과 달리, 결코 변변찮은 전쟁이 아니었다. 중일 전쟁은 중국과 일본 두 나라가 모든 것을 걸고 맞붙은 진검 승부이자 20세기 아시아에서 벌어진 가장 큰 전쟁, 나아가 아시아의 판도를 바꾸고 세계사의 흐름에도 큰 영향을 끼친 전쟁이었다. 이를 보여주는 것이 이 책의 중요한 목적 중 하나이며, 여기서는 본격적인 이야기에 앞서 전쟁의 주체와 그 전개 과정을 간단히 짚어 보고자 한다.

흔히 일본군이라 하면 군도를 휘두르는 장교를 선봉으로 '반자이(萬歲)'를 외치며 벌떼마냥 달려들다 미군의 기관총 세례에 일방적으로 학살당하거나 소위 가미카제 식으로 자살 공격을 하는 무모한 모습이 떠오른다. 하지만 할리우드 영화에서의 묘사와 달리, 실제의 일본군은 어느 나라 군대 못지않게 고도로 훈련된 강한 군대였다. 책상물림의 군 수뇌부는 무능했지만, 야전 장교들은 전술적인 기교가 뛰어났으며 특히 야습과 국지 전투에 굉장히 능했다. 포로와 민간인에 대한 잔혹함과는 별개로, 병사들은 매우 강인하여 가장 불리한 순간에도 '비겁자'가 되기보다 죽음을 선택했다. 태평양 전쟁에서 구미 열강의 식민지 군대 따위는 일본군의 상대가 될 수 없었으며, 월등한 국력을 가진 미국조차 태평양 전쟁 내내 고전을 면치 못했다.

반면, 오랜 내전을 겪었던 중국군은 장비도 훈련도 매우 빈약했으며 근대전에 대한 경험도 거의 없었다. 중국의 지도자였던 장제스는 안으로는 반란 세력을 제압하고, 밖으로는 갈수록 도를 더해 가는 일본의 침략에 대항하는 이중의 과제를 떠안았다. 1930년대 중반에 와서야 장제스는 지방 군벌들을 복종시키고 마오쩌둥의 공산군을 중국 서북부의 산간벽지로 몰아냈다. 정세가 어느 정도 안정되자 그는 비로소 경제 재건을 도모하는 한편, 독일 군사고문단의 도움을 받아 군대의 근대화에 착수할 수 있었다.

그러나 노력이 결실을 맺기 전에 중국은 일본의 전면적인 공격에 직면하였다. 장제스는 일본에 대항하기 위해 적어도 평시에는 60개, 전시에는 2백 개의 근대화된 사단이 필요하다고 생각했으나 중일 전쟁이 일어났을 때 근대화된 사단은 겨우 30개에 불과했다. 아시아에서 유일하게 근대화에 성공한 일본은 이미 세계 6대 공업국의 하나였던 반면, 중국은 여전히 인구의 80퍼센트가 농업에 종사하는 전형적인 농업 국가였다. 인구와 영토를 제외하고는 군사적 격차와 근대화 수준에서 어느 모로 보나 어른과 아이의 싸움이었다. "길어도 6개월이면 끝난다!"고 외쳤던 일본 지도부는 물론이고, 이 전쟁의 결과를 의심하는 이는 아무도 없었다.

하지만 일본의 예상과 달리, 전쟁은 시작부터 고전의 연속이었다. 독일에 광대한 영토를 내주는 굴욕적인 조약(1918년)을 맺었던 레닌과 달리, 장제스는 끝까지 싸우기로 결심하였다. 시작부터 전투는 격렬했다. 중국군은 점점 내륙으로 밀려났지만 침략자도 그만한 대가를 치러야 했다. 더욱이 일 년이 지나자 전쟁은 완전히 수렁에 빠진 것처럼 양상이 변하였고, 이후 종전까지 두 나라 앞에는 일진일퇴의 끝없는 소모전이 기다리고 있었다.

그 이유는 어디에 있을까? 중국군은 화력과 기동성에서 훨씬 열세했지만 손자병법으로 대표되는 중국의 전통적인 전술을 교묘하게 활용하여 일본군을 끝없이 괴롭혔다. 종종 일부 군벌들이 비겁한 행태를 보이기는 했지만, 장제스의 직계 부대를 중심으로 대부분의 중국군은 침략자에 맞서 조국을 지키기 위해 결사적으로 싸웠다. 중국군은 장제스의 명령에 따라 끈질기게 공격과 방어를 반복했으며 많은 부대가 문자 그대로 전멸을 감당하였다. 비록 중국군은 일본군보다 훨씬 많은 사상자를 냈지만, 이는 결코 중국군의 나약함이 아니라 오히려 끈질긴 인내심을 증명한다. 그들에게 부족한 것은 전의가 아니라 무기였다. 단적인 예로, 8년의 전쟁 동안 중국군은 상장(上將)만 8명을 잃었다. 상장은 우리의 사성장군에 해당되는 고위 지휘관이다. 중국군이 소극적으로 싸웠다고 누가 말할 수 있겠는가? 중국의 항전은 제2차 세계대전에서 변변한 저항도 해보지 못하고 한 달 만에 몰락했던 폴란드나 프랑스와는 분명히 달랐다. 이런 점에서 중국군의 허약함과 수동성을 단편적으로 지적해 온 서구 학자들의 시각은 비판받아 마땅하다.

아시아인에 대한 인종적 편견을 갖고 있던 처칠과 루스벨트, 스틸웰은 중국군을 부패하고 무기력한 오합지졸이라며 멸시감을 감추지 않았다. 하지만 중국군과 직접 함께 싸웠던 버마 주둔 영국군 사령관 윌리엄 슬림 중장은 "그들은 매우 강인한 베테랑이었다"고 극찬했다. 일본도 마찬가지이다. 일본 지도자들은 중국에 고전을 면치 못한 사실을 불명예스럽다며 덮어버렸지만, 일본군 병사와 종군기자들은 "우리에게는 오늘만 있을 뿐 내일은 없었다"며 중국 전선에서 자신들이 겪은 고초를 숨김없이 회고하였다. 두 발의 원자폭탄으로 일본을 패망시킨 것은 미국이지만, 과연 태평양 전쟁이 일어나지 않았더라면 일본은 중국에 승리할 수 있었을까? 단언컨대 불가능했다. 오만한 일본 지도부조차 중국을 이길 수 없음을 솔직하게 인정하였다. 전후에 중국은 비유럽 국가로서는 유일하게 유엔 5대 상임이사국의 하나가 되었다. 이것은 프랑스의 예처럼 미국과 소련의 정치적 타협의 결과가 아니라 중국인들이 전쟁에서 흘린 피와 공헌에 대한 대가였다.

한편, 중일 전쟁 시기에 중국 공산당은 무엇을 하고 있었는가? 그동안 중국은 마오쩌둥 식 사관을 내세워 "팔로군은 일본군의 90퍼센트를 상대했다"고 선전하였다. 그러나 이것은 내전에 승리한 후 대륙의 새로운 주인이 된 그들이 정권의 정통성을 확보하기 위해 만들어낸 신화일 뿐이다.

중일 전쟁 동안에 마오쩌둥은 일본과의 투쟁보다 장제스와의 내전에 대비하면서 국민 정부의 통치 역량을 흔드는 데 주력하였다. 그는 국민 정부와 일본이 치열한 전투를 벌이는 동안 중국 민중에 침투하여 빠르게 세력을 확대하며 기반을 다져 나갔다. 최대 40만 명이 참여한 '백단 대전(百團大戰)'은 팔로군의 가장 대표적인 항일 투쟁으로 알려져 있다. 하지만 막상 이 작전을 주도한 펑더화이는 일본과 싸웠다는 이유로 마오쩌둥으로부터 심한 질책을 받아야 했다. 8년의 중일 전쟁에서 국민정부군은 소장급 이상의 고위 장성만 206명을 잃었다. 하지만 팔로군은 부참모장 쭤취안과 5명의 연대장을 잃은 게 전부였다.

1937년 장제스에게 복종을 선언했던 마오쩌둥은 1945년이 되자 양쯔 강을 경계로 중국을 남북으로 양분하자고 요구할 정도가 되었다. 그리하여 국공 내전이 시작되었을 때, 장제스 측의 국민정부군은 겉으로는 우세해 보였지만 실제로는 오랜 전쟁으로 극도로 피폐해 있었다. 반면, 공산군은 무기는 빈약했지만 전력을 고스란히 보전하고 있었다. 그들은 일본의 항복과 동시에 유리한 요충지를 재빨리 선점하였고, 소련의 원조를 받아 손쉽게 국공 간의 전세를 뒤집었다. 마오쩌둥이 외쳤던 '16자 전법'—적이 진군하면 물러나고

(敵進我退), 적이 머물면 교란하고(敵止我搖), 적이 피곤하면 공격하고(敵疲我打), 적이 달아나면 쫓는다(敵退我追)—은 일본군이 아니라 장제스를 상대로 유감없이 발휘되었다. 이것이 중국 공산당과 팔로군의 전쟁이었다.

*

중일 전쟁은 20세기 격동의 세계 역사 그 자체이기도 했다. 미국, 소련, 영국, 독일 등 강대국들과 전 세계의 거의 모든 나라가 중일 전쟁에 직간접적으로 얽히거나 관여하였다. 일본은 중국 침략을 종내 결판내지 못한 채로 미국과 무모한 전쟁을 시작하였고 결국 패망하였다. 만약 중국이 일본의 침략을 막아내지 못했다면, 또는 청일 전쟁처럼 적당한 선에서 굴복했다면 역사는 어떻게 전개되었을까? 중국 전선을 신경 쓸 필요가 없었다면, 제2차 세계대전이 일어났을 때 일본은 독일과 손을 잡고 소련을 양면으로 공격했을지도 모른다. 어쩌면 일본은 연합국의 일원이 되어 미국과 함께 유럽 전장에 개입했을지도 모른다. 제2차 세계대전의 귀추는 물론이고, 국제 정세는 전혀 다른 양상으로 흘러갔을 것이며 한반도의 운명 또한 달라졌을 것이다. 그럼에도 중일 전쟁은 중국 이외의 나라들에서는 잊혀진 전쟁이 되었다. 그동안 학계와 언론의 관심사는 주로 난징 대학살과 같은 일본의 만행을 고발하는 선에 머물렀고, 정작 전쟁 자체의 의미에 대해서는 소홀했다. 중일 전쟁은 세계 전쟁사에서 합당한 지위를 찾아야 한다.

우리에게 중국과 일본은 어떤 존재인가? 과거의 침략을 반성한다고 몇 번이나 말하면서도 말이 끝나기가 무섭게 망언을 일삼는 이

중적인 일본, 덩샤오핑이 개혁 개방을 선언한 지 삼십 년 만에 세계에서 가장 가난했던 나라에서 어느덧 '슈퍼 차이나'가 되어 신(新)중화제국을 꿈꾸는 중국. 아베 정권은 군국주의 시절의 충동을 다시 풀무질하고, 시진핑 정권은 과거의 치욕을 떠올리며 "잊지 말자(勿忘)"라는 말을 되씹고 있다. 어쩌면 70년 전에 있었던 중일 전쟁은 아시아 패권을 두고 일어날 미래를 예감케 하는 전초전이었을지도 모른다. 하지만 우리는 그들 사이에 끼어 있으면서도 그들에 대해 너무 무지한 것은 아닐까? 언제까지나 가깝고도 먼 나라로만 치부할 수는 없다. 상대를 알려면 그들의 근현대사를 알아야 한다. 그런 점에서 이 책이 오늘날 중국과 일본의 행보를 이해하는 데에도 많은 도움을 줄 수 있으리라 생각한다.

글을 쓰다 보니 늘리는 것보다 줄이는 것이 훨씬 어렵다는 사실을 절실히 깨닫는다. 처음부터 끝까지 빠짐없이 다루어보겠다는 욕심에 본의 아니게 책이 많이 커졌다. 바쁜 공직 생활과, 언제나 그렇지만 불충분한 자료 탓에 여전히 부족한 부분이 너무나 많다는 점 역시 부끄럽다. 독자들께서 넓은 아량으로 이해해 주기를 바랄 따름이다.

덧붙여, 옆에서 물심양면으로 응원해 주고 용기를 북돋아 준 아내와 딸 나은이, 온라인에서 관심과 의견을 주셨던 많은 분들, 부족하기 짝이 없는 필자의 원고를 꼼꼼히 다듬어 주신 미지북스 김대수 편집자에게 진심으로 감사를 드린다.

2014년 12월

권성욱

제1부

회오리치는 일장기

1. 풍운의 만주

2. 만주 사변, 관동군 폭주하다

3. 상하이 사변과 만주국의 수립

4. 오늘은 만주, 내일은 화북

5. 항일을 위해 십 년을 준비하라

6. 군대가 지배하는 나라

7. 관동군, 만리장성을 넘다

8. 폭풍 전야

1

풍운의 만주

1928년 6월 4일, 장제스와의 전쟁에서 완패한 펑톈 군벌의 수장 장쭤린은 비참한 몰골로 베이징을 떠나 자신의 영토인 만주로 돌아오고 있었다. 오전 5시 23분, 그가 탄 전용열차가 펑톈* 교외의 작은 마을인 황구툰을 통과한 직후 열차에 대폭발이 일어났다. 철로에 설치된 약 2백 킬로그램에 달하는 폭탄이 달리는 열차 아래에서 터진 것이었다. 중상을 입은 장쭤린은 수술을 받았지만 결국 네 시간 뒤 죽었다. 그의 나이 54세였다. 격동의 시대를 살며, 마적에서 시작하여 광대한 만주를 차지하고 한때는 중국 전토의 지배자를 꿈꾸던 파

---

* 지금의 선양(瀋陽)으로 랴오닝 성의 성도. 청조 시절에는 '무크덴'(만주어로 '일어서다')으로 불리었으며 후금의 첫 번째 수도였다. 1929년에 장쉐량이 펑톈을 선양으로 고쳤으나 1932년 일본이 만주국을 세우면서 펑톈으로 되돌렸다. 1950년 이후 다시 선양이 되었다. 구한말부터 1920년대까지 우리 독립군의 주된 근거지로 많은 독립투사들이 활동하였다.

란만장한 인생의 최후였다. 이것이 '황구툰 사건(皇姑屯事件)'이다. 사건의 배후에는 장쭤린을 제거하여 만주를 단숨에 장악하겠다는 일본 관동군의 음모가 있었다.

＼격동의 중국

세계에서 가장 오래되고 강성했으며 자부심 넘치던 중국은 1842년 아편 전쟁에서 패배하면서 몰락하기 시작했다. 수천 년간 이어져 온 중화사상은 여지없이 깨져나갔고, 중국인들의 자존심은 땅에 떨어졌다. 바깥으로는 서구 열강의 침략에, 안으로는 한족들의 반란에 직면했다. 1851년 농민들이 일으킨 태평천국의 난은 1864년에 완전히 진압될 때까지 중국의 절반을 폐허로 만들었다. 나날이 기울어져 가는 청 황실은 리훙장(李鴻章)이 추진한 양무운동으로 부흥을 꾀했지만 그마저도 청일 전쟁의 참담한 패전과 함께 완전히 실패하였다.

1900년 의화단의 난은 청나라를 어떻게든 지탱하려는 서태후와 만주족 수구파의 최후의 발악이나 다름없었다. '부청멸양(扶淸滅洋)'을 외치는 의화단이 청나라 조정의 비호 아래 외국인을 공격하자 이를 명분으로 8개국 열강 연합군이 개입하여 의화단을 진압하였다. 그리고 베이징까지 쳐들어가 황궁을 무차별로 약탈하고 온갖 만행을 저질렀다. 그들은 군대를 앞세워 청 황실에 '베이징 의정서'의 체결을 강요하였다. 중국은 40년 동안 이자를 포함해 무려 9억 8200만 냥에 달하는 거액의 배상금을 물어야 했다. 또한 열강들이 베이징을 비롯한 주요 도시와 요충지에 치외법권의 조계를 설치하고 군대를 주둔시키는 것을 인정해야 했다. 여기에다 러시아는 청나라를 압박해 만주를 자신들의 반(半)식민지로 만들었다. 중국은 제국주의 열강의 각축장으로 전락하였다.

완고한 서태후조차 시대의 변화를 인정하지 않을 수 없었다. 의화단의 난이 외세의 개입으로 치욕스럽게 끝나자 그녀는 비로소 '자희신정(慈禧新政)'*을 선포하여 일본의 메이지 헌법을 모델로 입헌군주제와 국가 전반에 걸친 개혁을 실시하기로 약속하였다. 그러나 이미 기울어버린 청나라의 운명을 돌이키기에는 너무 때늦은 시도였다. 1908년 11월, 비운의 황제 광서제와 서태후가 잇달아 죽었다. 그 뒤를 이어 광서제의 조카인 아이신줴뤄 푸이가 겨우 세 살의 나이로 새로운 황제 선통제에 즉위하였다. 또한 황제의 아버지 순친왕 짜이펑(載灃)이 어린 황제를 대신해 섭정이 되면서 시계는 거꾸로 돌아갔다. 25살에 우유부단했던 그는 황실의 위엄을 세우는 것이 우선이라는 만주족 친귀(親貴)들의 부추김에 넘어가 모든 개혁을 중단하고 전제 체제를 강화하였다. 더욱이 그는 어리석게도 청의 신식 군대인 북양군**의 군권을 쥐고 있던 북양대신 위안스카이(袁世凱)를 비롯한 한족 관료들을 모조리 몰아내었다. 그러나 이미 무력해진 청 황실은 그들의 도움 없이 단 하루도 지탱할 수 없었다. 그들이 그 사실을 깨닫는 데는 그리 오랜 시간이 필요치 않았다.

1911년 10월 10일 후베이 성 우창(武昌)에 주둔한 후베이 신군 제8진의 병사들이 "멸만흥한(滅滿興漢)"을 외치며 반란을 일으켰다.

---

* 서태후는 한족의 불만을 달래기 위해 정부 조직의 근대적인 개편, 신식 군제의 창설, 과거 제도의 철폐, 전국에 신식 학교 설립, 1916년까지 입헌군주제의 실시 등을 약속하였다.

** 리훙장은 청일 전쟁에서 패배한 뒤 일본을 본받아 프로이센 식으로 훈련된 '신건육군(新建陸軍)'이라는 새로운 군대를 만들었는데 이 부대의 지휘관이 바로 위안스카이였다. 위안스카이는 리훙장의 비호 아래 신건육군을 확대해 나갔고 1901년 리훙장이 죽은 뒤 직예 총독과 북양대신에 올라 조정의 실권을 쥐었다. 또한 신건육군은 북양군으로 개편되어 청나라의 중앙군으로서 신해혁명까지 모두 14진(진=사단)이 만들어졌고 병력은 14만 5천 명에 달하여 청나라 신식 군대의 3분의 2를 차지했다.

우창 봉기를 시작으로 반청 반란이 중국 전역으로 순식간에 확대되어 전국의 지방성 정부들은 차례로 청 황실로부터 독립을 선포하였다. 이것이 신해혁명이다. 난징에서는 중화민국의 건국이 선포되었고 혁명가 쑨원(孫文)이 임시 대총통으로 선출되었다. 당황한 짜이펑과 친귀들은 위안스카이를 다시 조정으로 불러들였다. 그러나 그는 도리어 자금성 앞에 군대를 주둔시킨 채 황제의 퇴위를 종용했다. 청 황실을 몰락시키는 대가로 쑨원에게 신생 중화민국의 초대 총통 자리를 약속받았기 때문이다. 융유태후는 협박에 못 이겨 1912년 2월 1일 아들 푸이의 퇴위를 선포하였다. 1616년 태조 누르하치에 의해 건국된 청나라가 12대 297년 만에 역사 속으로 사라지는 순간이었다. 그러나 신해혁명과 청조의 멸망은 더 큰 혼란의 시작이었다.

수천 년간 이어져 온 전제군주제가 무너지고 중국 역사상 처음으로 공화국의 시대가 열렸다. 쑨원과 손을 잡고 황제 퇴위에 앞장선 위안스카이는 서구인들에게 중국의 '조지 워싱턴'이라고 불리기도 했으나 스스로 왕이 되기를 거부했던 워싱턴과 달리 허황되게도 황제가 되겠다는 야욕을 품고 있었다. 그는 총통의 자리에 오르자마자 공화제를 실시하겠다는 약속을 뒤집었다. 그는 국민당의 당수이자 명망이 높은 쑹자오런(宋教仁)을 암살하고 의회를 해산시킨 다음 쑨원의 혁명군을 공격했다. 또한 일본과 결탁해 막대한 비자금을 받는 한편, 자신이 황제가 될 수 있도록 후원받는 대가로 매국적인 21개조 요구를 수락하는 밀약을 맺었다. 1915년 12월 12일 마침내 위안스카이는 꿈에 그리던 황제에 즉위하였다. 나라 이름은 '중화제국', 연호는 '홍헌(洪憲)'이었다. 그러나 그의 시대착오적인 행태에 대해 부하들마저 등을 돌리면서 위안스카이는 완전히 고립되었고 즉위한 지 석 달도 안 되어 칭제를 포기해야 했다. 그는 1916년 6월 6일 화

소비에트 연방
몽골인민공화국
(외몽골)
헤이룽장 성
치치하얼
하얼빈
지린 성
지린
창춘
장쭤린
차하얼 성
러허 성
펑톈
랴오닝 성
진저우
청더
쑤이위안 성
간쑤 성
된치루이
마가(馬家) 군벌
관동주
(일본의 조차지)
뤼순
다롄
베이징
톈진
옌시산
허베이 성
타이위안
산시 성
산둥 성
지난
칭다오
장쭝창
칭하이 성
펑위샹
정저우
쉬저우
장쑤 성
시안
산시(陝西) 성
허난 성
쑨촨팡
난징
우페이푸
청두
안후이 성
상하이
후베이 성
류원후이
류샹
우한
항저우
쓰촨 성
충칭
저장 성
창사
난창
후난 성
장시 성
자오헝티
구이저우 성
구이양
푸젠 성
탕지야오
구이린
루룽팅
천중밍
윈난 성
광저우
광시 성
광둥 성
난닝
영국령 홍콩
쑨원의 광둥 정부
1920년대 중국 대륙의 주요 군벌

병으로 죽었다.

위안스카이가 남긴 북양 군벌들은 분열되어 베이징을 놓고 치열한 싸움을 벌였다. 중앙이 혼란에 빠지자 지방의 군 사령관들 역시 휘하의 군대를 배경으로 각기 자신이 주둔한 지역에서 할거하기 시작했다. 만주의 장쭤린, 베이징의 돤치루이(段祺瑞), 후베이의 우페이푸(吳佩孚), 산시(陝西)의 펑위샹(馮玉祥), 산시(山西)의 옌시산(閻錫山), 광시의 루룽팅(陸榮廷), 윈난의 탕지야오(唐繼堯), 쓰촨의 류원후이(劉文輝), 충칭의 류샹(劉湘) 등이 그들이었다. 또한 위안스카이에게 패한 쑨원은 광저우로 물러나 남방 군벌들과 손을 잡고 반격을 준비했다. 20세기판 삼국지나 다름없었다. 군벌들은 중원의 지배자를 꿈꾸며 치열하게 싸웠다. 상대를 이기기 위해서는 수단과 방법을 가리지 않았고 심지어 외세와 결탁하는 매국적인 행위도 마다하지 않았다.

중국의 혼란은 제국주의 일본에게는 침략의 기회였다. 아시아에서 유일하게 근대화에 성공한 일본은 청일 전쟁과 러일 전쟁에서 승리하여 열강의 반열에 올랐고 대륙 침략을 호시탐탐 모색하고 있었다. 제1차 세계대전이 일어나면서 중국에 대한 열강들의 관심이 줄어들자 일본은 위안스카이를 압박하여 21개조 요구*의 밀약을 체결하는 등 본격적으로 대륙 침략을 시작하였다.

---

*1915년 1월 18일 일본 가토 다카아키 외무대신이 제시한 21개조 요구의 주요 내용은 남만주와 내몽골에 대한 일본의 권익 보장, 일본인을 중국 정부와 군대의 고문으로 임명할 것, 산둥 성의 독일 조차지를 일본에게 넘길 것 등 중국을 일본의 반식민지로 만드는 것이었다. 제위에 오르겠다는 야심에 눈이 먼 위안스카이는 일본의 원조를 받는 조건으로 모든 요구를 수락하였다. 이 밀약은 위안스카이가 죽은 뒤 베르사유 강화 조약에서 비로소 전말이 드러났고 이 때문에 5.4운동이 일어났다.

╲이시와라 간지의 등장

황구툰 사건 4개월 후, 뤼순에 있는 관동군 사령부 입구에 군용 차량이 멈추고 어깨에 일본군 중좌 견장을 단 중년의 장교가 내렸다. 직설적이고 거침없는 말투로 군부 내에서 '이단아'로 통하면서 또한 명석한 두뇌로 '천재 전략가'로도 불리는 이시와라 간지였다. 장쭤린이 죽은 뒤 만주의 정세는 한 치 앞을 내다볼 수 없는 혼돈의 상태였다. 남쪽에서는 장제스의 북벌군이 파죽지세로 북상하고 있었고 북쪽에서는 소련이 외몽골을 장악하고 제정 시절의 영광을 꿈꾸고 있었다. 이때 자타가 말하는 '희대의 책략가' 이시와라가 관동군의 작전참모로 만주에 온 것이다.

이시와라 간지는 "쇼와의 3대 참모"라 불릴 만큼, 군국주의 일본을 좌지우지하던 수많은 군인들 중에서도 가장 유명하면서 독특한 인간이었다. 그는 야마가타 현 출신으로 육군사관학교와 육군대학을 매우 우수한 성적으로 졸업하였고 독일에서 군사학을 배워 유럽 전술 이론의 전문가로 통했다. 괴짜 같은 성격에 틀에 박힌 사고를 싫어하고 야심도 넘쳤다. 하지만 워낙 고집불통에다 외골수였기에 가는 곳마다 상관들의 미움을 사기 일쑤였고 늘 비주류로 맴돌았다. 모험가나 사업가라면 몰라도 군인으로서는 가장 위험한 타입이었다. 또한 니치렌슈*의 신도이기도 했던 그는 독일 유학 시절부터 군국주의와 종교를 연결한 소위 '대동아연맹'이라는 극우적인 사상을 외쳤는데, "동양 문명을 대표하는 일본과 서양 문명을 대표하는

---

* 일본 불교의 13종파 중의 하나. 가마쿠라 막부 중기의 승려 니치렌이 창시. 법화경을 절대적인 가르침으로 추종하며 타 종파에 대해 매우 배타적인 성향을 가지고 있다. 메이지 유신 이후 니치렌 불교 사상과 국가주의를 교묘하게 결합하여 천황을 숭배하고 침략주의를 종교화했다.

미국 사이에서 인류 최후의 아마겟돈 전쟁이 일어날 것"이라며, "여기에 대비해 나라를 지키기 위해서는 먼저 만몽(만주-내몽골)을 장악해야 한다"고 주장했다. 그는 "이것은 결코 일본의 권익을 위한 침략이 아니다. 일본인, 중국인, 조선인 삼국의 민족이 공존하는 아시아의 이상국을 만들기 위한 것이다. 바로 왕도낙토이다"라고 말하였다. 누군가가 "남을 침략해서 어떻게 공존이 가능한가?"라고 질문하자 "여태껏 그렇게 해본 적이 없다고 해서 무조건 불가능하다고 단언할 수는 없다"라는 궤변을 늘어놓았다.

만주에 부임하기 전부터 이시와라는 자신의 망상, 즉 만주 침략의 구상을 참모본부*의 상층부에 여러 차례 건의하였다. 그러나 군수뇌부는 만주를 무력으로 침략할 경우 중국과 소련과의 관계 악화는 물론이고 자칫하면 일본이 국제 사회에서 고립될 수 있다고 여겼다. 물론 군부는 만주 침략 자체를 반대한다는 것이 아니라 어디까지나 시기상조라는 뜻이었지만, 조급함과 영웅 심리에 빠져 있던 인물에게는 결코 만족스럽지 못한 대답이었다. 강한 카리스마와 탁월한 언변을 가진 이시와라에게 혈기 넘치는 청년 장교들은 쉽게 선동되었다. 나중에 그가 주도한 만주 사변이 예상 밖의 성공을 거두자 일본의 군국주의에 불이 붙었고 정계와 군부에는 그를 우상으로 떠받드는 이들이 득실거리게 된다.

나중에 이시와라는 뒤늦게야 출세와 모험에만 눈이 먼 후배 장교들의 폭주가 도를 넘고 있다는 현실을 깨닫고 이들을 억누르려고 노력하였다. 루거우차오 사건이 일어났을 때에는 중국과의 전쟁은 무익할 뿐이라며 반대했다. 천황 히로히토는 그런 그를 보고 "이시

---

* 구 일본 육군의 군령권을 쥐고 있는 최고 사령부로 우리의 육군본부에 해당한다.

와라는 도대체 어떤 종류의 사람인지 모르겠다"고 말하기도 하였다. 1941년 그는 미국과의 전쟁을 놓고 앙숙인 도조 히데키와 대립하다 결국 군에서 쫓겨나 자신의 집에 은둔하면서 저술 활동에 전념하였다. 일본이 항복한 뒤, 도조를 비롯해 많은 정치가와 군인들이 전범으로 기소되었지만 이시와라는 태평양 전쟁이 일어나기 전에 군복을 벗었다는 이유로 제외되었다. 이에 자존심이 상한 그는 "왜 나는 전범으로 취급해 주지 않는가!"라며 따지기도 했다. 또한 그는 도쿄 전범재판에 증인으로 나와 "만주 사변은 동북군이 선제공격했기 때문에 일어난 부득이한 정당방위였다"라고 뻔뻔하게 주장하여 재판관들을 경악시켰다. 그는 일본의 '평화국가화'를 주장하며 자위대의 창설을 반대했으나, "원폭의 등장으로 이제야 진정한 세계 최종 전쟁의 카운트다운이 시작되었다"라는 망언을 하기도 했다.

＼만주를 지배하라

아시아 지배를 꿈꾸는 일본에게 만주는 가장 먼저 장악하지 않으면 안 되는 관문이었다. 그들의 만주에 대한 야욕은 메이지 유신 이전까지 거슬러 올라간다. 근대 일본의 계몽 사상가이자 '근대화의 스승'이라 불리는 후쿠자와 유키치는 메이지 이전인 1860년부터 "러시아의 남하와 서구 열강의 침략으로부터 국가를 방위하고 열강의 반열에 오르기 위해서는 한반도와 만주를 식민지로 경영해야 한다"고 주장했다. "내가 남에게 지배를 당하는 것은 싫지만, 내가 남을 지배하는 것은 유쾌하다"며 왜곡된 제국주의 일본을 꿈꾸던 그의 사상은 이후 일본 정치가들과 군 지도자들에게 큰 영향을 끼쳤다.

메이지 유신으로 근대화에 발을 디딘 일본은 서구 열강을 흉내 내어 본격적으로 주변국을 침략하기 시작했다. 특히 청일 전쟁과 러

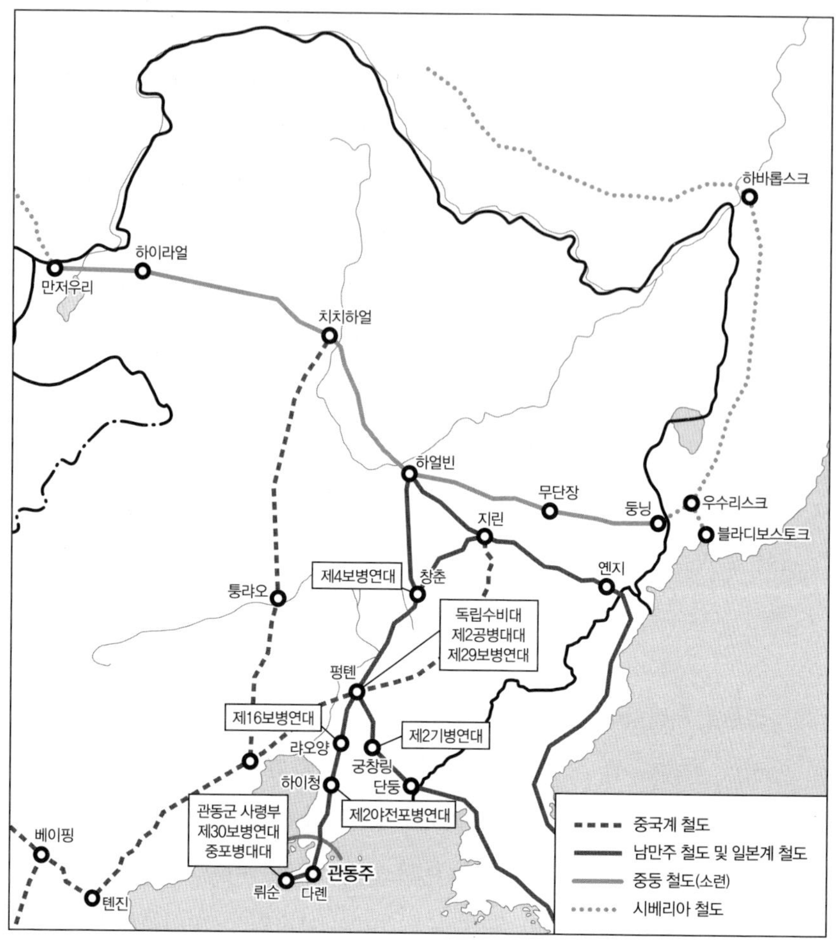

●— 만주의 주요 철도와 관동군의 배치 상황(1931년 9월)

일 전쟁에서 승리하면서 일본은 만주 침략의 발판을 마련했다. 러시아와 체결한 포츠머스 조약으로 랴오둥 반도의 뤼순과 다롄의 조차권과 남만주철도 부설권, 철도 수비를 위한 병력 주둔권을 획득한 것이다. 엄밀히 말해서 포츠머스 조약은 러시아와 일본 간의 합의일 뿐 중국의 승인을 받은 것이 아니었다. 중국은 일본군의 만주 주둔을 불법이라며 즉각 철수하라고 요구하였으나 통할 리 없었다.

일본은 뤼순과 다롄의 조차지를 합쳐 '관동주(關東州)'라고 불렀다. 여기서 '관(關)'은 만리장성의 관문인 산하이관을 가리킨다. 즉, '관동'이란 산하이관의 동쪽이라는 의미이다. 면적은 제주도의 약 두 배인 3,462제곱킬로미터 정도였다. 일본은 관동주와 남만주철도(창춘과 뤼순, 펑톈을 연결하는 철도, 줄여서 '만철')의 경비를 위해 군대를 주둔시켰다. 그 군대가 바로 관동군이다. 1910년 조선을 합병한 일본은 본격적으로 만주에 손을 뻗기 시작해 만주를 지배하던 군벌 장쭤린과 베이징의 된치루이 정권을 재정적으로 지원하여 자신들의 괴뢰 주구로 만드는 한편, 막대한 돈을 만주에 투자하였다. 만주 사변 직전 만주에서 외국인 투자금의 72퍼센트가 일본 자본이었다. 소련이 22.5퍼센트, 영국은 1.2퍼센트에 불과했다.

남만주 곳곳에 일본 자본으로 건설한 지선들이 관통하면서 1905년 849킬로미터에 불과했던 만철은 만주 사변 직전에는 지선을 포함해 2,200킬로미터에 달했다. 관동군은 만철을 보호한다는 명목으로 철로 1킬로미터당 15명의 비율로 병력을 배치했다. 이런 식으로 관동군이 철로를 따라 주요 도시와 전략 요충지를 모두 장악하자 남만주는 일본의 반식민지나 다름없게 되었다.

＼관동군이란 무엇인가

관동군은 군국주의 일본의 대명사이다. 우리에게 관동군은 대륙 침략의 선봉에 서서 온갖 음모와 공작을 꾸며대고 끔찍하고 반인륜적인 전쟁 범죄를 자행했으며 독가스와 인체 실험을 전문으로 한 731부대를 운영한 부대로 더 잘 알려져 있다. 그러나 만주 사변 이전만 해도 관동군은 국외에 파견된 일개 철도 경비대에 불과했으며 병력도 겨우 1만 명 남짓이었다.

그들은 '대일본 제국' 국방의 최일선을 맡고 있다는 집단적 자부심과 엘리트 의식에 사로잡혀 있었다. 또한 "출정 중인 부대는 명령을 받지 않는다"라는 명목으로 상부의 간섭을 무시하며 방약무인한 행동을 일삼았다. 그럼에도 군 상층부는 이 통제 불능의 군대를 강력하게 단속하여 군법의 엄정함을 보여주기는커녕 적당히 눈감아주었으며 심지어 관동군을 두둔하고 비호하는 세력들도 있었다.

타국에서는 볼 수 없는 이런 비정상적인 행태가 벌어진 이유는 메이지 유신 이래 일본은 출신 배경과 학연, 지연 따위로 구성된 파벌 국가였기 때문이다. 정부기관과 군부 내에는 복잡한 인간관계로 얽힌 파벌들이 있었다. 그들은 국가보다도 자신의 조직을 우선시하고 반대파를 배척하였다. 1920년대 후반으로 갈수록 정부의 권위가 땅에 떨어지고 군부의 힘이 비대해지면서 이런 현상이 더욱 심화되었다. 그중에서도 관동군은 가장 대표적인 집단이었다. 관동군 참모들은 갈수록 군인으로서 본연의 임무보다 정치 개입과 모략에 더 열중하였다.

황구툰 사건의 주모자는 관동군 고급참모 고모토 다이사쿠 대좌였다. 일본은 그동안 장쭤린(張作霖)을 후원하면서 긴밀한 관계를 유지했지만 더 나아가 아예 장쭤린을 자신들의 꼭두각시로 만들기를 원했다. 반면, 장쭤린은 어디까지나 자신의 필요로 일본과 손을 잡고 있는 것일 뿐 갈수록 도를 더해가는 일본의 간섭을 달갑지 않게 여겼다. 양측의 갈등이 점점 악화되자 관동군은 고분고분하지 않은 장쭤린을 몰아내거나 아예 제거할 생각까지 하게 되었다. 이때 북벌을 시작한 장제스(蔣介石)와의 싸움에서 장쭤린이 참패하자 고

모토는 지금이야말로 만주를 침략할 절호의 기회라고 생각하였다. 그는 장쭤린만 제거하면 만주는 혼란에 빠질 것이고 그때 관동군이 나서 만주를 일거에 장악하겠다는 속셈으로 장쭤린 암살 계획을 꾸몄다.

고모토는 장쭤린이 타고 있던 열차를 폭파시켜 그를 암살하는 데 성공하였다. 그러나 예상과 달리 장쭤린의 장남 장쉐량은 신속하게 아버지를 이어 정권을 장악했다. 도리어 고모토의 주제넘은 획책에 천황은 격분했고, 또한 사건의 배후에 관동군이 있다는 의심이 일면서 중국과 국제 사회의 여론은 물론이고 일본 내부에서도 비난의 목소리가 쏟아졌다. 관동군은 만주 침략에 나설 기회를 잃어버렸다.

그러나 정작 관동군과 군부는 아무런 반성도, 책임 추궁도 하지 않았다. 진상 조사를 맡은 육군대신 시라카와 요시노리 대장은 천황에게는 관동군이 꾸민 일이라고 솔직하게 보고했으나 대외적으로는 "일본과 무관하다"고 딱 잡아뗐다. 만약 사건의 진상을 그대로 발표한다면 일본의 위신은 땅에 떨어지고 엄청난 비난에 직면할 것이 불 보듯 뻔했다. 군법에 의하면 고모토를 비롯한 황구툰 사건의 관련자들은 명령 불복에 테러 사주, 직권 남용 등 엄벌에 처해질 일이었다. 그러나 자신들의 위신만 생각한 군부는 "나라를 사랑하는 마음이 조금 지나쳤을 뿐"이라며 흐지부지 덮어버렸고 관련자들을 군법 회의에 회부하지도 않았다. 단지 철도 경비를 허술하게 했다는 책임을 물어 고모토 대좌를 군에서 퇴역시켰다. 사건은 그렇게 마무리되었고 이후 정세가 복잡해지면서 잊혀졌다.* 얼마 뒤 고모토는 남만주 철도 주식회사의 이사로 임명되어 만주에 되돌아왔다.

이시와라 간지에 이어, 이타가키 세이시로 대좌가 고모토의 후임으로 관동군 참모장에 임명되었고, 1931년 8월에는 혼조 시게루 중장이 새로운 관동군 사령관으로 뤼순에 왔다. 만주 침략의 음모자들이 한 자리에 모인 것이다. 만주로 부임하기 직전 혼조 시게루는 군부 내 강경파와 원로들, 그리고 하야시 센주로 조선군 사령관과 비밀리에 협의하여 관동군이 움직이면 조선군도 정부의 명령과 상관없이 즉시 지원하겠다는 밀약을 맺었고, 이를 위한 활동자금으로 3만 엔의 비자금까지 받았다.

╲장쉐량 정권의 모순

장쭤린이 폭사했을 때 그의 장남 장쉐량(張學良)은 장쭤린의 참모인 양위팅(揚宇霆)과 함께 베이징의 사령부에 남아 만주로 정신없이 퇴각 중인 군대를 지휘하고 있었다. 자신의 건강을 자신했던 장쭤린은 후계자를 명확하게 정해놓지 않았다. 따라서 그가 갑작스럽게 죽자 누가 만주의 새로운 지배자가 될지 아무도 예측할 수 없었다. 특히 장쭤린의 오른팔로서 '작은 제갈량'이라 불리며 뛰어난 책략을 자랑하던 양위팅이 공공연히 대권을 노리고 있었으며 장쭤린의 의형제였던 장쭤샹(張作相) 역시 태도가 명확하지 않았다.**

이런 복잡한 정치 상황 때문에 장쉐량은 바로 펑톈으로 돌아올

---

* 중일 전쟁 중에 산시 성의 성도 타이위안에서 사업을 하던 고모토는 일본이 패망한 뒤 산시 군벌 옌시산에 협력하여 중공과의 전쟁에 가담했으나 타이위안이 함락되자 중공군의 포로가 되었다. 그는 1955년 타이위안의 감옥에서 병사하기 직전에 황구툰 사건의 내막을 스스로 폭로하면서 자신의 행위는 오직 나라를 위한 것이었다고 항변하였다.

** 장쭤린 시절 펑톈 군벌에는 크게 세 개의 파벌이 있었다. 장쭤린과 마적 시절부터 함께 했던 장쭤샹, 탕위린 등이 이끄는 '구파'가 있었고 일본육군사관학교를 졸업한 양위팅을 중심으로 일본 유학파인 '사관파', 그리고 장쉐량의 '육대파'였다. 육대파는 장쉐량의 의형제이자 그의 개인적인 멘토였던 궈쑹링이 베이징육군대학 출신이었기에 붙은 이름으로, 장쉐량과 궈쑹링이 육성한 펑톈군 최강 부대인 '3.4방면군'의 소장파 장교들을 가리킨다.

수 없었다. 그는 상황을 지켜보다가 황구툰 사건일로부터 13일이나 지난 6월 17일에야 일반 병사로 변장하여 병사들 사이에 끼어 비밀리에 복귀하였다. 그리고 7월 3일 동삼성 보안총사령관에 취임하여 부자 세습에 성공하였다. 이는 장쭤샹과 양위팅의 알력, 특히 일본이 국제 사회의 비난을 우려하여 무력 개입을 주저한 덕분이었다.

장쉐량은 권력을 잡은 뒤에도 난징 정부와 일본 사이에서 어느 편에 서는 것이 유리한지 계속 저울질하였다. 그는 관동군의 책략으로 아버지가 살해당했다는 사실을 알고 있었으나 그렇다고 당장 일본과 손을 끊을 수는 없었다. 왜냐하면 그의 아버지 장쭤린은 천하를 쥐겠다는 야심에 눈이 먼 나머지 일본과 손을 잡으면서 만주의 이권을 일본에 넘기는 대가로 막대한 자금을 빌렸다. 이 때문에 동북 정권은 일본의 괴뢰로 전락하였다. 장쭤린은 자신이 늘 일본보다 한 수 위라고 생각했지만 일본이 그렇게 호락호락할 리 없었다. 결국 뒤늦게 그 속박에서 벗어나려다 관동군에게 살해당한 것이었다. 장쉐량 역시 아버지처럼 되지 않는다는 보장이 없었다. 게다가 일본은 공공연히 "장제스와 손을 잡지 말라"고 협박하였고 자신들이 마음만 먹으면 언제 어디서든 실력을 행사할 수 있다는 사실을 보여주며 장쉐량을 압박하였다. 대표적인 사건이 '지난 사건(濟南事件)'이었다.

╲지난 사건

산둥 성에서 장쭤린을 우두머리로 하는 북양 군벌 연합군과 장제스의 국민혁명군 사이에 벌어진 전투에서 장쭤린이 참패하자, 뒤에서 장쭤린을 밀어주던 일본은 칭다오의 거류민을 보호한다는 명목으로 제6사단 5천여 명을 산둥 성으로 출병시켰다. 칭다오에 상륙한 일본군은 1928년 5월 3일 산둥 성의 성도인 지난에서 국민혁명군을 공격하였다. 간섭 전쟁의 시작이었다. 국민혁명군 제40사단에 대한 일본군의 기습으로 시작된 전투에서 일본군의 피해는 전사 10명(민간인 13명), 부상 41명에 불과한 반면, 중국군은 민간인을 포함해 1천 명의 사상자를 내었고 1천7백여 명이 포로가 되었다.

아무 경고도 없이 중국군을 선제공격했음에도 제6사단장 후쿠다 히코스케는 오히려 중국군이 일본군을 도발하고 일본인 거류민을 살해했다며 억지 트집을 잡았다. 그는 "책임자인 제40사단장을 처형할 것", "지난 성 주변에 주둔한 북벌군(국민혁명군)을 무장 해제하고 지난과 자오지 철도(膠濟鐵道)* 20리 밖으로 철수할 것"을 강요하였다. 중국이 이를 거부하자 일본군은 5월 8일 재차 공격을 감행하여 11일에 지난을 완전히 점령하였다. 두 번째 전투에서 일본군은 전사자 26명, 부상자 57명을 냈고 중국군의 피해는 민간인을 포함해 무려 사망자 3천6백 명, 부상자 1천4백 명에 달했다. 일방적인 학살이나 다름없었다. 특히 아무런 경고도 없이 무차별로 성내에 포격을 가하여 민간인의 피해가 컸다. 쉬저우의 사령부에서 사태를 보고 받은 장제스는 일본과 전면전을 벌이면 승산도 없을 뿐더러 장쭤린만 이로울 뿐이라고 판단하고 일단 1개 연대만 남기고 지난에서 철수하라고 명령하였다.

일본 군부 내 강경파들은 이번 기회에 아예 산둥 성 전체를 장악하자고 주장했다. 그러나 국제 사회에서 일본의 만행에 대한 비난이 쏟아지자 다나카 내각은 사건의 확대를 피하고 외교 교섭으로 해

---

* 20세기 초반 독일에 의해 건설되었으며 칭다오와 지난을 연결하는 산둥 성의 주요 철도이다.

결하기로 결정하였다. 양국은 1928년 7월 18일 난징에서 만났다. 중국 측은 중국인 사상자가 일본의 수십 배에 달한다며 일본의 사죄와 지휘관의 처벌, 산둥 성에서의 즉시 철군을 요구하였다. 양측은 첨예하게 대립했으나 결국 1929년 3월 24일 서로 어떠한 손해 배상과 사죄도 요구하지 않기로 하고 5월 말까지 모든 일본군은 지난 성에서 철수하기로 합의하였다. 일본의 입장에서는 당초의 목적은 하나도 관철하지 못한 채 흐지부지 끝난 셈이었다. 그렇지만 한낱 해프닝이라기에는 수많은 중국인들이 무고하게 희생되었고, 일본군은 현지에서 온갖 참혹한 만행을 저질렀다.

이 사건은 두 가지 중요한 의미가 있었다. 중국은 비록 사건의 피해당사자로서 일본의 사죄와 피해 보상, 추후 재발 방지를 약속받지는 못했으나 적어도 일본의 압박에 굴복하여 영토를 할양하거나 비굴한 조약을 맺지 않고 일본군을 철수시켰다. 외세의 무력 앞에서 한없이 무기력했던 청 조정이나 북양 정권에 비하면 큰 진전이었다. 일본은 더 이상 어설픈 방법은 중국에게 통하지 않는다는 사실을 깨닫게 되었다. 이로 인해 국내 정치에서 군부 강경파들의 목소리가 더욱 커졌다. 그들은 내각과 외무성을 불신하면서 공공연히 중국에 대한 무력 침략을 부르짖었다. 또 한 가지 중요한 점은 일본이 본격적으로 중국에 대한 야욕을 드러냈다는 것이다. 일본이 중국의 내전에 직접 무력 개입한 것은 의화단의 난 이래 처음이었다. 따라서 중국은 일본이 앞으로도 얼마든지 같은 일을 벌일 수 있다는 점에서 더욱 두려움과 경계심을 품지 않을 수 없었다.

만주의 새로운 지배자가 된 장쉐량도 예외는 아니었다. 그는 갈수록 도를 더해가는 일본의 간섭에서 벗어나기를 원했지만 그렇다고 당장 일본을 노골적으로 적대한다면 일본이 이를 묵과할 리 없었다. 반대로 반일 감정이 극도로 격앙된 민중의 여론을 무시한 채 친일 정책을 고수한다면 정권은 물론이고 자신의 신변마저 위험해질 수 있었다. 따라서 이러지도 저러지도 못하는 진퇴양난에 몰렸다. 그는 "난징 정부와는 싸우지도 타협하지도 않는다"는 애매모호한 입장을 취하면서 뒤로 양다리를 걸친 채 어느 편에 서는 것이 자신의 안전을 보장받고 또한 이익이 되는지 신중하게 계산하였다.

한편, 다나카 기이치 총리는 본인 스스로 시베리아 출병과 지난 사건을 일으키는 등 대표적인 제국주의자였지만, 동시에 예비역 육군 대장이자 육군참모총장을 지낸 군의 원로로서 걸핏하면 탈선하려는 군부 소장파들을 어떻게든 억눌러 온 인물이었다. 그는 만주 침략을 꾀하면서도 그 방법에 있어서 조선을 병합할 때처럼 차근차근 진행해야지 조급하게 서둘러서는 안 된다고 생각했다. 그럼에도 그는 고모토를 비롯해 관동군 참모들의 음모로 장쭤린이 살해되자 관동군이 더 이상 자신의 허락 없이 제멋대로 행동하지 못하도록 억제하면서 장쉐량을 새로운 꼭두각시로 만들기 위해 온갖 협박과 회유를 일삼았다. 그러나 다나카 정권의 장쉐량에 대한 압박은 중국 민중의 강력한 반발과 국제 사회의 비난으로 이어졌다. 또한 국내적으로도 관동군을 지지하는 군부 강경파들의 공격에 몰려 결국 다나카는 1929년 7월 자리에서 물러나야 했다. 이후 그는 두 달도 지나지 않아 급성 협심증으로 급사하였다. 그는 그나마 강력한 카리스마로 일본 정계에서 군부를 억누를 수 있는 유일한 정치가였다. 그의 뒤를 이어 총리가 되는 이들은 하나같이 우유부단하고 보신주의에 급급하면서 군부의 꼭두각시로 전락하게 된다.

정권 교체로 인한 일본의 정치적 혼란 덕분에 일시적으로 간섭이 줄어들자 장쉐량은 드디어 결단을 내려 신년을 앞둔 12월 29일 장제스 정권에 복종한다는 동북역치(東北易幟)*를 선언하였다. 이로써 중국은 신해혁명 이래 이십 년 가까운 내전을 끝내고 하나의 깃발 아래 통일되었다. 그러나 그는 "비록 중앙에 복종하지만 동북을 지키는 것이 아버지에 대한 효도"라며, 동북역치란 상징적인 선언일 뿐 자기 통치 기반과 체제 유지가 최우선임을 분명히 하였다. 장쉐량은 전형적인 군벌 독재자일 뿐 반일 민족주의자와는 거리가 멀었다. 그는 자신의 영토에 대한 중앙 정부의 어떠한 간섭도 허용하지 않았다. 세금을 중앙으로 송금하라는 요구를 거부했고 국민당의 활동을 철저하게 탄압했다. 심지어 이를 위해 관동군에 도움을 요청하기도 하였다.

만주 사변이 발발하기까지 그의 친일-반(反)국민당 정책은 일관적이었다. 중앙 정부의 관료들이나 국민당, 장제스의 군대는 누구도 만주에 들어갈 수 없었다. 장쉐량 정권은 '국가 속의 국가'로서 사실상 반(半)독립된 봉건 왕국이었다. 또한 그는 반일 시위나 주권 회복을 요구하는 어떤 행동도 엄격히 금지했다. 학생들의 배일 운동에 대해서도 강경하게 탄압하여 '친일 매국노'라는 비난을 받았다. 결국 중화민국의 국기인 청천백일기를 내걸었다는 것 외에 달라진 것은 아무것도 없었다. 그러나 장제스는 발등에 불이 떨어진 상태라 장쉐량에게 신경 쓸 겨를이 없었다. '편견 회의(編遣會議)'** 중에 북벌 전쟁에서의 동맹자들이었던 펑위샹, 리쭝런(李宗仁) 등 신군벌들과 갈등이 생겨 내전 직전의 상황이었기 때문이다.

야심가였던 장쉐량은 정권을 잡자마자 권력 기반을 강화하고 세력을 확대하는 데 혈안이 되었다. 심복인 완푸린(萬福麟)을 헤이룽장 성 독판(督辦)***으로 임명하고, 파벌 간의 대립을 적절히 이용해 그들을 견제하였다. 자신의 직계 군대를 27개의 '국방 여단'으로 재편하면서(다른 파벌들이 장악한 헤이룽장군과 지린군, 러허군은 별도로 성방군(省防軍)으로 편성하였다) 측근들을 주요 보직에 임명하여 군권을 장악하였다. 또한 다른 파벌들을 감시하고 동태를 파악하였다. 1929년 1월 10일 밤 장쉐량은 '사관파'의 우두머리로 자신에게 가장 껄끄러운 존재인 양위팅과 동북 정권의 재정을 쥐고 있던 창인화이(常蔭槐)를 습격하여 현장에서 총살했다.

＼중둥 철도 사건

1929년 7월에는 장쉐량과 소련 사이에 대규모 무력 충돌인 '중둥 철도 사건(펑-소 전쟁)'이 터졌다. 청일 전쟁에서 패배한 청나라는 일본에 대항하기 위해 러시아와 비밀 동맹을 맺고 유사시 러시아군의 수송을 위해 러시아에게 북만주 철도 부설 권리를 제공하였다. 러시아는 블라디보스토크에서 북만주를 관통하여 시베리아 횡단철도까지 연결하는 중둥 철도(中東鐵道)를 건설하였다. 중소 국경의 만저우리에서 출발하여 하얼빈을 거쳐 동쪽의 연해주 접경 도시인 둥닝에 이르는 중둥 철도는 총 1,500킬로미터였으며 창춘, 펑톈, 다롄 등 지

---

* '역치(易幟)'란 '깃발을 바꾼다'라는 의미로 '승자에게 싸우지 않고 복종한다'라는 중국의 고전적인 표현이다.

** 1928년 7월 11일 허베이 성 탕산에서 열린 군벌들의 군축 회의. 북벌 과정에서 장제스를 비롯한 군벌들은 경쟁적으로 세력을 확대하면서 1928년 말에는 총 4개 집단군 84개 군 220만 명에 달했다. 이렇게 많은 군대는 중국에 너무 큰 부담을 주었고 통제하기도 어려웠다. 따라서 장제스는 군대를 65개 사단 80만 명으로 감축하고 해산된 군인들을 산업노동자로 활용하자고 제안했으나 구체적인 방법을 놓고 다른 군벌들과 심한 갈등을 빚었다. 결국 1929년 신군벌 내전이 발발, 2년에 걸쳐 치열한 전투가 중국 전역에서 벌어졌다.

*** 청나라 이래 관직명으로 각 성에는 주석과 독판이 임명되어 주석은 정무를 맡고 독판은 군무를 담당하였다.

선까지 포함하면 총연장 2,400킬로미터에 달하여 북만주의 가장 중요한 철도였다.

장제스의 북벌로 중국이 통일되자, 곳곳에서 민족주의 열풍이 불면서 이전에 청조나 북양 군벌들이 외세에게 제멋대로 나누어 주었던 국권을 회복하자는 운동이 전국적으로 일어났다. 또한 장쭤린-장쉐량 정권은 거듭된 전쟁과 방대한 군비 지출 때문에 심각한 재정난에 허덕였고 화폐(봉표)를 남발하여 만주의 경제는 붕괴 직전이었다. 장쉐량은 이런 분위기를 이용해 소련에 중둥 철도의 소유권을 내놓으라는 내용의 강경한 통첩을 보냈다. 그리고 1929년 7월 10일 전격적으로 중둥 철도를 장악하고 소련인 간부들과 직원들을 모조리 추방하였다. 그런데 장쉐량의 태도는 이중적이었다. 그는 소련에 대해서는 강경하면서도 정작 만주에서 훨씬 많은 이권을 가지고 있던 일본에 대해서는 저자세였다. 이것은 그의 정권이 일본에 의존적이었기 때문이었다. 중둥 철도를 회수한 이유도 동북 정권의 재정난을 해결하는 한편, 자신을 '친일 매국노'라고 비난하는 여론을 호도하기 위한 일종의 정략적 술수였다.

장쉐량은 소련이 항의는 하겠지만 일본의 간섭을 우려해 무력까지 사용하지는 않으리라 낙관하였다. 설령 소련이 무력행사를 해오는 경우라도 그들의 군사력이 위협이 되리라고는 생각지 않았다. 하지만 뜻밖에도 소련은 1929년 7월 17일 외교 단절을 선언하였다. 8월 6일에는 극동군 사령관 바실리 블류헤르가 조직한 '특별원동군(特別遠東軍)'이 헤이룽장 성 서북쪽의 중소 국경에 있는 만저우리 주변에서 대규모 무력시위를 하였다. 3만 명 정도였던 소련 극동군은 급격히 증강되어 침공 직전에는 8만 명으로 불어났고 기계화 부대와 해공군까지 배치되었다. 반면, 장쉐량의 동북군은 수적으로는 약 30만 명에 달했으나 제대로 무장을 갖춘 부대는 일부에 불과했고, 또한 상당한 병력을 남만주의 치안 유지에 활용해야 하는 등 제대로 싸울 수 있는 입장이 아니었다.

소련은 7월 20일부터 중소 국경 지대에서 포격과 상선 나포, 국경 침입 등의 무력 도발을 반복하였다. 소련이 초강경으로 나설 줄은 전혀 예상하지 못했던 장쉐량은 당황하여 소련에 협상을 제의하면서 급히 만저우리 부근에 병력을 증강하였다. 더불어 난징 정부에도 지원을 요청했지만 군수물자와 군자금만으로 한정하고 정작 병력 지원은 거부하였다. 중앙군이 만주로 들어올 경우 자신의 위치가 흔들릴 것을 우려했기 때문이다. 외교 협상이 결렬되자 9월 19일 드디어 소련은 국경을 돌파하여 전면적으로 침공을 시작하였다. 이는 통일 중국이 외국과 벌이는 첫 번째 전쟁이면서 또한 선전포고 없는 전쟁이었다.

소련의 공격은 동쪽과 북쪽에서 진행되었다. 10월 12일 소련 아무르 함대는 항공기의 엄호를 받으며 헤이룽 강과 쑹화 강이 합류하는 싼장커우(三江口)에서 동북군 강방함대를 섬멸하였다. 동북군은 포함 1척, 무장상선 3척이 침몰하고 전사 250명, 포로 150명의 피해를 입었다. 동시에 소련의 해군 육전대(해병대)가 국경 지대의 라하스스 요새를 함락시켰다. 소련의 피해는 전사 5명, 부상 24명에 불과했다. 10월 30일 재차 벌어진 해전에서 강방함대의 잔존 전력은 완전히 전멸하였다. 10월 31일에는 국경에서 50킬로미터 떨어진 도시인 푸진(富錦)이 함락되면서 동쪽 방어선이 완전히 무너져 동만주는 물론 하얼빈마저 위협받았다.

11월 17일에는 북만주 최북단의 국경도시 만저우리(滿洲里)에 대한 공격이 시작되었다. 전차, 항공기를 동원한 소련군의 공세에

중둥 철도 사건 당시 만소 국경에서 양군의 전력

- **소련군**: 병력 8만 명
  - 야포 200문(중포 십수 문), 중기관총 294정, 경기관총 268정, 항공기 35기, T-18 경전차 수 대, 아무르 함대(포함 5척, 무장상선 4척)
- **동북군**: 병력 10만 명
  - 야포 135문(모두 75mm이하 경포), 중기관총 99정, 항공기 5기, 프랑스제 르노-17 경전차 수 대, 경장갑차, 강방함대(포함 2척, 무장상선 4척)

동북군 제17여단은 완전히 괴멸되었고 여단장도 전사하였다. 이어서 제15여단도 포위되었으나 여단장이 도주하자 싸우지도 않고 백기를 들었다. 만저우리 전투에서 동북군은 1,500명이 전사했지만 소련군의 전사자는 겨우 123명에 불과했다. 북만주의 동북군은 완전히 와해되어 후퇴하였다. 11월 20일 만저우리와 싱안링(興安嶺)을 점령한 소련군은 영하 25도의 강추위에도 불구하고 나흘간 200킬로미터를 강행군하여 하얼빈 근교까지 진출했으나 더 이상의 공격은 하지 않았다.

두 달에 걸쳐 벌어진 전투에서 소련군은 8백여 명 사상자(전사 150명)를 낸 데 반해 동북군은 사상자 6천 명(전사 및 실종 3,500명 포함)에 9천 명이 포로가 되었다. 파멸적인 피해였다. 결국 장쉐량은 12월 1일 항복이나 다름없는 조건으로 소련과 합의하였다. 소련은 단지 중둥 철도의 모든 권리를 돌려받는 것으로 만족했고 피해 보상은 물론 영토의 할양이나 이권의 양도와 같은 무리한 요구는 하지 않았다. 자칫 중국 민중의 감정을 자극하고 국제 사회의 개입을 야기할 우려가 있었기 때문이다.

동북군이 참패한 원인으로는 우선 양측의 압도적 전력 차이를 들 수 있다. 게다가 장쉐량과 구파 간에 심각한 갈등이 있었고, 무엇보다 장쉐량의 오판이 컸다. 그가 소련에 대해 무책임할 정도로 강경했던 이유는 만주에서 소련의 영향력이 확대되는 것을 일본이 묵인할 리 없으며 소련 역시 일본과의 마찰을 우려해 무력을 사용하기 어려우리라 계산했기 때문이었다. 한마디로 일본을 믿고 아무런 대비책도 세우지 않은 셈인데 그렇다고 사전에 일본의 양해를 얻은 것도 아니었다. 또한 소련과 전면전이 시작된다면 중앙의 지원 없이 단독으로 이길 수 없다는 것은 불 보듯 뻔한데도 장쉐량은 중앙군의 개입을 거부하였다. 설령 지원을 요청했다고 해도, 중국 대륙에서 군벌들이 반란을 일으켜 반(反)장제스 전쟁을 시작했기에 난징 정부의 지원은 불가능한 상황이었지만 말이다.

장쉐량의 예상과 달리 관동군은 수수방관하였다. 오히려 중동철도 사건이 일어났을 때 다나카 도키치 주소련 일본대사는 카라한 소련 외무인민위원장에게 "이번 사건을 그냥 참고 넘어간다면 귀국의 위신이 크게 실추될 것"이라며 은근히 실력 행사를 부추겼다. 또한 미국이 중재에 나서려고 하자 중소 양국이 해결할 문제라며 반대하였다. 병력과 군수품을 전선으로 수송하기 위해 만철을 이용할 수 있게 해달라는 장쉐량의 요청 역시 중립을 내세워 거절했다. 일본의 속셈을 의심하지 않을 수 없다.

장쉐량은 막상 전투가 벌어졌을 때 자기 휘하의 정예 부대는 끝까지 아껴둔 채 무장이 형편없는 헤이룽장군과 지린군만 싸우게 하였다. 양군은 소련군의 공격으로 완전히 괴멸되었으며 지린 성 주석 장쭤샹은 더 큰 피해를 입을까 우려하여 병력을 증원하라는 장쉐량의 명령을 거부하였다. 이 사건은 소련을 과소평가하면 안 된다는 측근들의 강력한 반대에도 불구하고 장쉐량이 독단적으로 강행하여 시작된 것이었다. 하지만 그는 패전의 책임을 자신의 오판이 아니라 측근들의 무능함과 소극적인 태도 탓으로 돌렸다. 결국 참담한 패전이었지만 장쉐량에게는 오히려 전화위복의 기회가 되었다. 막대한 피해를 입은 헤이룽장파와 지린파의 세력은 축소된 반면, 장쉐량은 권력을 재편하여 정권을 더욱 강화할 수 있었다.

한편, 소련군의 실력은 다시 평가되었다. 그때까지만 해도 일본과 구미 열강은 러일 전쟁과 제1차 세계대전 당시 오합지졸에 불과했던 제정 러시아군의 이미지를 그대로 간직하고 있었다. 그러나 관동군 특무기관 소속으로 만저우리에서 양측의 전투를 관전했던 가와마타 다케토 대위는 "이전에는 소련군을 중국군과 다를 바 없다고 생각하였으나 이 사건으로 소련군을 다시 평가하게 되었다"고 회고하였다. 일본 육군에서 발행한 월간지에서도 소련군이 매우 용감하고 군기도 엄격했으며 보병과 포병, 항공력의 협동 전술도 뛰어나 중국군을 압도하였고, 그 수준이 열강의 군대와 다르지 않다고 말하였다. 반대로 동북군은 형편없었다. 소련군의 공격을 받자 변변히 싸우지도 않은 채 도주했고 특히 포격이나 공중 폭격에 극도의 공포심을 가지고 있었다. 일본은 소련군의 역량을 재평가한 반면, 동북군에 대해서는 더욱 얕보게 되었다. 장쉐량이 무모하게 벌인 중둥철도 사건은 이후 역사에 큰 영향을 준 셈이다. 또한 장쉐량이 양위팅을 기습적으로 숙청하고 구파들의 세력을 약화시키는 등 일인 독재를 강화하는 과정에서 많은 관료들과 고위 지휘관들은 불만을 품게 되었고 그들은 만주 사변이 일어나자 앞장서서 변절하여 일본에 협조하게 된다.

＼장쉐량의 야욕

한편, 중원에서는 장제스와 군벌들 간의 갈등이 결국 내전으로 번져 '중원대전(中原大戰)'이 터졌다. 1929년 2월 광시(廣西) 군벌 리쭝런의 반란이 그 시작이었다. 1930년 3월에는 리쭝런, 펑위샹, 옌시산을 비롯해 군벌들과 국민당 내 불만 세력들이 모두 뭉쳐 장제스를 포위하였다. 도합 2백만 명에 달하는 군대가 충돌하는 군벌 시대 최대의 내전이었다. 양측은 수개월간 일진일퇴를 거듭하며 치열한 전투를 벌였다.

장제스 진영과 반(反)장제스 진영은 만주에서 막강한 군사력을 가지고 있는 장쉐량을 자기편으로 끌어오기 위해 경쟁적으로 추파를 던졌다. 양측의 세력이 팽팽했기 때문에 장쉐량이 어느 쪽에 가담하는가에 따라 전쟁 전체의 승패가 좌우될 수 있었다. 장쉐량은 처음에는 관망했으나 쉬저우와 산둥 성에서 벌어진 전투에서 장제스의 군대가 대승을 거두어 판세가 점차 장제스에게 유리하게 기울자 1930년 9월 18일 드디어 관내 출병을 결정했다. 최정예 부대를 중심으로 약 7만 명의 병력이 산하이관을 넘어 옌시산이 점령하고 있는 베이핑(北平)*과 톈진(天津)으로 진격하였다. 이것은 이미 화중 전선에서 열세에 몰리던 반장제스 진영에게 결정타였다. 그해 11월, 중원대전은 장제스-장쉐량 연합군의 승리로 끝났다.

장쉐량의 출병은 형식적으로는 장제스의 요청 때문이었지만, 그에게도 중원 진출은 오랜 숙원이었다. 중원에서 한창 치열한 내전

---

* 1928년 국민 정부가 난징을 새로운 수도로 정하고 행정구역을 개편하면서 청의 수도였던 베이징(北京)은 옛 이름인 베이핑(北平)으로, 즈리 성(直隸省)은 허베이 성으로 바뀌었다. 1949년 12월 마오쩌둥이 국공 내전에서 승리하자 중국의 수도로서 오늘날의 베이징이 되었다.

이 벌어지고 있던 1930년 5월 17일에 열린 비밀회의에서 그는 주요 지휘관들에게 "지금의 전란은 우리가 관내로 세력을 확대할 절호의 기회"라고 단언하였고 출병을 결정할 때에도 "아버지의 유지를 잇는다"고 말하였다. 중원대전에서 승리한 장쉐량은 장제스 다음의 지위를 차지하여 중화민국 육해공군 부사령관이 되었고, 동북3성 외에 러허 성과 허베이 성, 산둥 성, 차하얼 성, 쑤이위안 성을 망라하는 화북 전역의 광대한 지역을 단숨에 얻게 되었다.

그러나 옌시산을 비롯한 화북 군벌들이 전열을 정비한 후 반격하자 장쉐량은 산둥 성과 차하얼 성, 쑤이위안 성에서 물러나야 했고 베이핑과 톈진만 간신히 지킬 수 있었다. 그는 이 지역에서 밀리지 않기 위해 만주에서 병력을 추가로 빼내어 최대 15만 명까지 늘렸다. 장쉐량이 화북에 집착하는 동안 정작 본거지인 만주는 전년에 소련에게 패배한 상처에다 무리한 관내 출병 때문에 군사적으로 공백지나 다름없게 되었다. 게다가 중원대전에서 승리한 장제스가 본격적으로 화북과 만주로 영향력을 확대하면서 난징 정부와 장쉐량 정권의 관계 또한 점점 악화되었다.

＼완바오 산 사건과 나카무라 사건

이시와라 간지는 이런 상황을 훤히 들여다보고 있었다. 그는 본격적으로 관동군을 움직일 구실을 만들기 시작했다. 첫 번째가 1931년 7월 지린 성 창춘 현 완바오 산에서 중일 양국의 경찰이 충돌한 '완바오 산 사건(萬寶山事件)'이었다. 이시와라는 하오융더(郝永德)라는 친일 중국인을 매수했다. 하오융더는 180여 명의 조선인을 동원해 완바오 산 부근에서 허가도 받지 않고 수로 공사를 강행했다. 그들은 주변 농토에 많은 피해를 주었고, 현지 중국인 농민들을 일부러 자

●— 1931년 7월 완바오 산 사건 직후 격분한 조선인들의 폭동으로 초토화된 평양의 화교 거리. 소란스럽고 정신없을 때 "호떡집에 불났다"라고 하는 말이 바로 이 사건에서 유래했다. '호떡'이란 '오랑캐(胡)의 떡'이라는 뜻인데 말 그대로 호떡집에 불난 셈이었다. 이 사건의 배후에는 중국과 조선을 이간질하고 만주를 침략하려는 관동군의 음모가 있었다.

극하였다. 양측 농민들끼리 충돌이 빚어지자 일본영사관 소속의 일본 경찰 60여 명이 현장에 출동하였고 중국 경찰들 역시 출동하였다. 이윽고 서로 대치하다가 결국 발포하는 사태가 벌어졌다.

조선인의 인명 피해는 없었지만 『조선일보』를 비롯해 국내 언론들은 충분한 확인도 없이 창춘에 주재한 일본영사관의 발표만 듣고 "중국인들의 횡포로 조선인들이 살해당했다"고 보도했다. 격분한 조선인들이 전국 각지에서, 심지어 일본에서도 화교들을 무차별로 공격하는 폭동이 일어났다. 총독부 발표에 따르면, 적어도 1백 명 이상의 중국인이 살해되고 190명이 부상당했다. 인천과 평양의 화교 거리는 폭도들의 공격으로 완전히 폐허가 되었다. 중국에서는 대규모 반한(反韓) 폭동은 없었지만 조선인에 대한 시선이 고울 리 없어 길거리에서 종종 애꿎은 조선인들이 집단 구타를 당했다. 또한 만주와 중국을 기반으로 독립운동을 하던 우리 독립운동가들의 활동 역시 대폭 위축되었다. 이시와라의 교활한 계략 앞에 중국인과 조선인이 이간질당한 셈이었다.

두 번째는 이보다 조금 앞서 1931년 6월 27일에 있었던 '나카무라 사건(中村事件)'이었다. 일본 참모본부 소속의 나카무라 신타로 대위 일행은 관동군으로부터 모종의 임무를 부여받아 북만주의 접경지대인 싱안링을 멋대로 조사하다 현지 중국 관헌들에게 발각되어 체포당했다. 이 지역은 주변에 비적들이 많다는 이유로 허가 없이는 출입이 금지된 곳이었다. 그들은 자신들이 농업기사라고 말했으나 중국 관헌들은 이들이 측량기와 현지 지도, 일기장 등을 가지고 있는 것을 보고 군사 스파이라 판단하여 즉결 총살한 후 시신을 불태워 버렸다. 관동군은 뒤늦게 이 사실을 알고 중국군이 나카무라 일행의 금품을 약탈하려고 살해했다며 책임자의 처형과 향후 이런 일이 재발하지 않도록 조치할 것을 요구했다. 동북 정부는 이들이 신분을 숨긴 채 출입금지 구역에서 불법적으로 첩보 활동을 하고 있었다며 반박하였다. 이시와라는 관동군을 움직이기에 좋은 꼬투리를 잡았다고 생각하고 당장 실력으로 응징해야 한다며 전쟁을 선동했다. 두 사건 모두 장쉐량 정권의 무능함을 드러내고 만주의 치안 유지를 명목으로 관동군을 출동시키려는 이시와라의 모략이었다.

그럼에도 베이핑에 주둔한 채 중원 진출에 혈안이 되어 있던 장쉐량은 일본과의 마찰을 피하기 위해 그들의 요구를 수락하고 사건을 무마하기에만 급급했다. 동북정무위원회 주석 겸 동북변방군 사령관으로 펑톈에 남아 있던 장쭤샹이 장쉐량에게 급히 전보를 보내 "관동군의 움직임이 심상치 않으니 출병 중인 병력을 돌려 동북으로 돌아오라"고 거듭 건의하였고, 난징 정부의 외교부장이자 나카무라 사건에서 일본과 교섭했던 구웨이쥔(顧維鈞) 역시 관동군이 뭔가

일을 꾸미고 있다고 경고했다. 하지만 장쉐량은 대수롭지 않게 여길 뿐 아무런 대비책도 마련하지 않았다. 오히려 1931년 9월 6일에는 "일본이 어떤 트집을 잡더라도 절대 침략의 구실을 제공해서는 안 된다"고 지시하였다.

와카쓰키 레이지로 총리와 시데하라 기주로 외무대신은 일단 관동군의 출동 요구를 거부하고 펑톈 영사관을 통해 동북 정부와 교섭을 진행하였다. 그러나 이시와라 간지와 이타가키 세이시로는 정부의 대처가 너무 유약하다고 생각하였고 또한 자신들을 제약하는 데 대해 불만을 품었다. 그들은 정부의 승인 없이 독단적으로 일을 저지르기로 결심했다. 두 사람은 "만철을 폭파한 후 이를 빌미로 관동군이 출동하여 동북군을 무장 해제시키고 남만주 전역을 단숨에 장악한다"는 계획을 관동군 사령관 혼조 시게루에게 몰래 건의하여 허락을 얻었다. 그들은 만주에 있는 동북군의 숫자가 15만 명에 달하여 1만 명에 불과한 관동군을 압도하지만, 수장인 장쉐량이 부재 중인 데다 숫자만 많을 뿐 오합지졸에 불과하므로 간단하게 제압할 자신이 있었다. 즉, 속전속결로 처리하여 소련이나 서구 열강이 간섭하기 전에 끝낼 생각이었다. 심지어 본국 정부가 자신들을 저지한다면 본국의 동조 세력들을 부추겨 쿠데타까지 불사할 생각이었다. 1931년 9월 18일 밤 10시 20분, 관동군은 본격적으로 움직이기 시작했다.

2

만주 사변, 관동군 폭주하다

＼류타오후 사건

1931년 9월 18일 밤 10시 20분경, 펑톈 시 외곽 북쪽으로 7.5킬로미터 떨어진 류타오후(柳條湖), 오래된 농가 몇 채가 드문드문 있을 뿐인 이곳에는 뤼순과 펑톈, 창춘을 연결하는 만철이 관통하고 있었다. 만주의 황량한 벌판을 달리는 특급열차가 통과하는 순간 정체불명의 폭음이 밤의 정적을 깨뜨렸다. 그러나 폭발에도 불구하고 열차는 파괴되거나 탈선하지도 않았고 그대로 제 갈 길을 달렸다.

철도 주변에는 관동군 독립수비대 제2대대 제3중대 소속의 공병들이 숨어 있었다. 그들은 폭발 직후 펑톈의 일본군 특무기관과 제2대대 본부에 무전기로 "동북군이 만철 철로를 파괴했다"고 보고했다. 그 시각, 특무기관 본부에서 대기하던 이타가키 세이시로 대좌는 관동군 사령관의 명의를 제멋대로 사칭하여 독립수비대 제2대대와 제5대대에게는 펑톈 교외에 있는 동북군 제7여단의 주둔지인

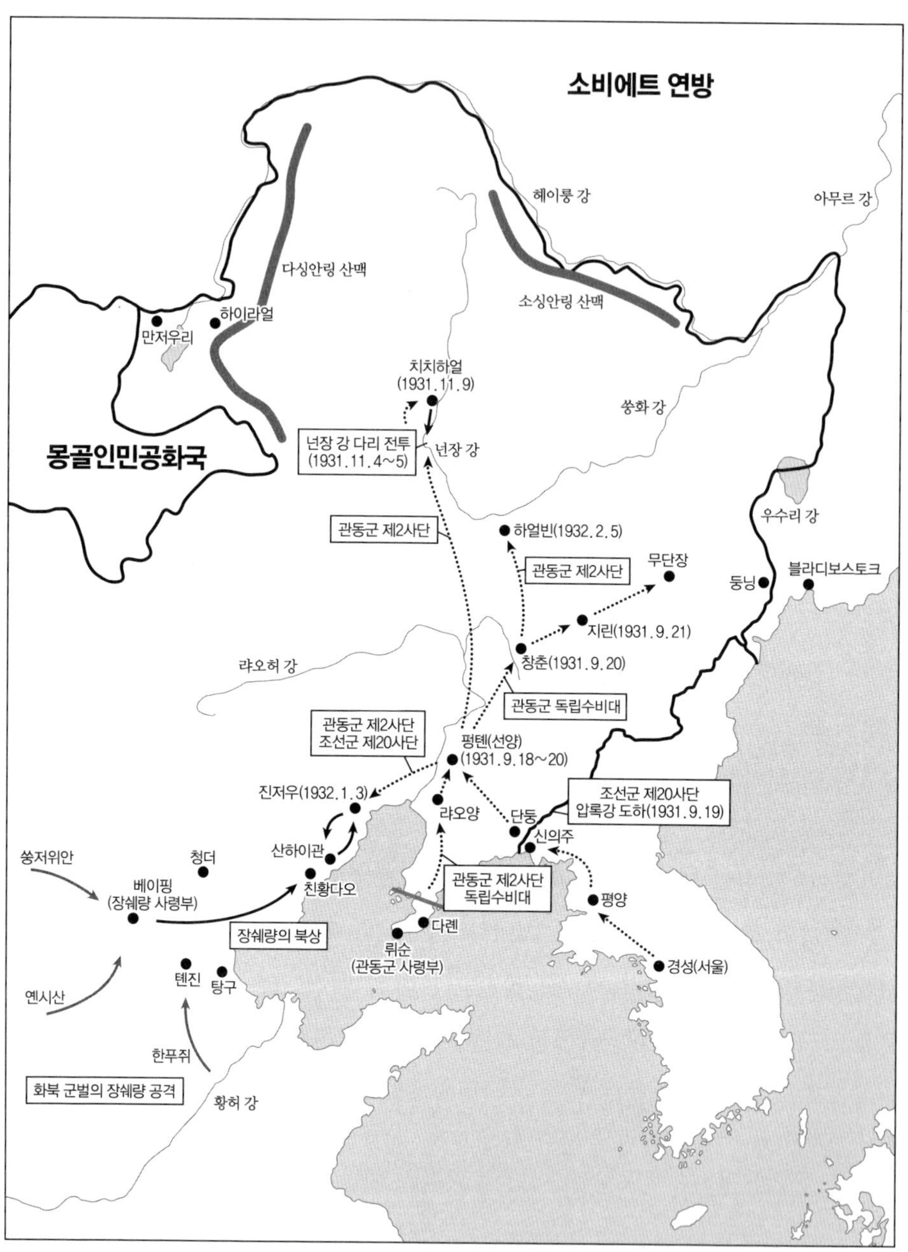

●— 만주 사변 당시 관동군의 침략. 관동군은 남만주를 이렇다 할 전투 없이 순식간에 장악했으나 북만주에서는 고전의 연속이었다.

북대영(北大營)을, 제2사단 제29연대에게는 펑톈 성(奉天城)을 일제히 공격하라고 명령하였다. 이것이 류탸오후 사건(柳条湖事件)*이며 관동군의 본격적인 중국 침략의 신호탄이었다.

원래 관동군 사령부는 결행일자를 9월 28일로 잡았다. 그러나 냄새를 맡은 도쿄의 참모본부에서 즉시 중단하라고 명령하자 이시와라는 자기와 뜻을 같이하는 이타가키와 몇몇 관동군 참모, 대대장, 중대장급의 간부들과 의논하여 오히려 날짜를 열흘 앞당기기로 하였다. 그들은 자신들이 앞장서서 우유부단한 정부를 대신해 국가를 바른 길로 이끌겠다는 영웅 심리에 도취되어 있었다. 이시와라와 이타가키는 조급한 나머지 관동군 사령관 혼조 시게루의 최종 승인을 받는 것조차 생략한 채 당장 동원 가능한 병력부터 출동시켰다. 어차피 사전에 혼조의 동의를 받은 그들로서는 이제 와서 시간 낭비를 할 필요가 없다고 생각한 것이다.

사건 당일 현장에서 폭파를 지휘한 사람은 공병장교 가와모토 스에모리 중위였다. 그는 이시와라의 명령에 따라 여섯 명의 부하와 함께 중국군 철로 순찰대의 복장으로 위장하고 철로에 폭탄을 설치하였다. 이곳은 북대영에서 동남쪽으로 겨우 800미터 떨어진 곳이었다. 즉, 중국군의 소행으로 돌리려는 술책이었다. 같은 시각, 제2대대 제3중대 병사 105명이 완전무장한 채 중대장 가와시마 다다시 대위의 인솔 아래 북대영 북쪽에서 대기하고 있었다. 폭탄이 터지고 공격 명령이 내려지자 즉각 동북군에 대한 공격이 시작되었다. 완벽

---

* 종종 '류탸오거우(柳條溝) 사건'으로 불리기도 하는데 이는 잘못된 것이다. 현지의 일본인 기자가 기사를 받아쓰면서 '호(湖)'를 '구(溝)'로 착각하고(일본어로는 발음이 같다) 확인도 하지 않은 채 급히 본국에 전문을 발송하면서 일어난 해프닝이었다.

●— 만주 사변 직후 뤼순에서 펑텐으로 출동하는 관동군 병사들. 관동군의 치밀한 계획과 장쉐량의 소극적인 태도, 동북군 지휘관들의 배신으로 광대한 만주 전역이 순식간에 일본의 손에 넘어갔다.

한 기습이었다. 단잠에 빠져 있던 동북군 제7여단은 혼란에 빠졌다.

사건 발발 40분 후인 밤 11시, 뤼순의 관동군 사령부에 "북대영의 중국군이 철도를 폭파했고 아군이 반격하여 중국군 3명을 현장에서 사살했다"라는 급보가 들어왔다. 자다가 보고를 받은 혼조는 처음에는 어리둥절했으나 곧 상황을 깨닫고 "모든 부대는 전선으로 출동하여 만철을 보호하고 동북군을 공격하라"고 명령을 내렸다. 자신도 보병 제30연대와 함께 열차에 탑승하여 펑텐으로 향했다.

1931년 9월 19일 오전 8시 30분, 관동군은 경성(서울)의 조선군 사령부에도 전보를 보내어 신속한 병력 증파를 요청하였다. 군대의 출동은 반드시 참모본부의 승인과 천황의 재가를 받아야 하지만 하야시 센주로 대장은 절차를 무시한 채 즉시 제39혼성여단(약 4천 명)과 2개 비행중대를 출동시켜 신의주에서 압록강을 건너 만주로 진입시키는 한편 추가 증원 준비까지 하였다. 당일 오전, 관동군 제2사단 주력이 랴오양에서 펑톈으로 수송되어 제29연대와 함께 펑톈 성 외곽을 포위하였다. 관동군과 펑톈을 방어하는 동북군 사이에 격렬한 전투가 벌어졌다. 그러나 기습을 당한 데다 240mm 중포를 앞세운 관동군의 공격 앞에 동북군은 우왕좌왕하다 패주하였다. 주요 정부 청사를 비롯해 펑톈 항공국, 병기창, 동대영(東大營)이 잇따라 함락되면서 20일 새벽까지 펑톈 성 전역이 관동군의 수중에 들어갔다. 관동군은 사령부를 뤼순에서 펑톈으로 옮겼고 펑톈 특무기관장 도이하라 겐지 대좌가 펑톈의 임시 시장이 되어 군정을 실시하였다. 또한 관동군 독립수비대가 2개 보병대대와 1개 포병연대로 창춘을 공격하여 20일 오전 7시 완전히 점령하였다. 다음 날에는 1개 혼성여단이 지린 성으로 진격하였다. 지린 성 주석대리이자 동북변방군 참모장인 시차(熙洽)는 싸우지도 않고 항복을 선언한 다음 휘하의 지린군에게 저항하지 말라고 지시하였다. 관동군은 전투 없이 지린 성 전역을 장악하였다. 제일 먼저 친일 매국노로 전향한 시챠는 관동군에 적극적으로 협력하였고 이후 만주국 건설에도 앞장섰다.

관동군은 류탸오후 사건 후 겨우 2~3일 만에 광대한 남만주 전역을 단숨에 장악했다. 이 사건은 결코 우발적인 사건이 아니었으며 관동군의 치밀한 준비에 따른 결과였다. 오히려 상황을 제대로 파악하지 못하고 허둥거린 것은 일본의 지도자들이었다. 사건 다음 날인 19일 와카쓰키 레이지로 총리는 내각을 급히 소집하여 "사태를 확대해서는 안 된다"고 결의하고 관동군과 조선군에도 즉각 원대 복귀하라고 명령했다. 그러나 현지 지휘관들은 아랑곳하지 않고 작전 범위를 더욱 확대했다. 이는 명백한 항명이었다. 하지만 조선군이 이미 압록강을 건넜다는 보고를 받은 와카쓰키는 이렇게 대꾸했을 뿐이다. "그렇다면 할 수 없지." 이미 상황을 돌이키기에 늦었다고 생각한 그는 군사 행동에 필요한 별도의 특별 예산 지출을 즉시 승인하는 한편 천황 히로히토에게도 "내각 전원이 뜻을 일치하여 정한 일이니 승인할 수밖에 없었다"고 보고하였다. 히로히토 역시 "괘씸하지만 되도록 빨리 끝내라"고 대답하였다. 매사 이런 식이었다. 일개 중견 간부에 불과한 이시와라가 음모를 강행할 수 있었던 것도 일단 자신이 칼을 뽑으면 본국도 용인하지 않을 수 없으리라는 자신감이 있었기 때문이다. 반면, 우유부단한 와카쓰키는 중국은 물론 국제 사회의 비난과 소련과의 관계가 악화될 것을 우려하면서도 사태의 확대를 반대하는 신중론자들과 관동군을 지지하는 강경파들 사이에서 눈치만 보았다. 기껏해야 그는 사후 승인의 형식을 취하되 소극적이나마 관동군의 행동 범위를 제한하여 남만주를 점령하는 선에서 적당히 무마하려고 했다. 하지만 이미 고삐가 풀린 관동군은 북만주까지 진격해 아예 만주를 통째로 장악할 생각이었다.

어차피 만주는 일본의 반식민지나 다름없었다. 자본, 금융, 철도, 산업 모두 일본에 예속된 데다 군사적으로도 관동군은 만철과 거류민 보호를 명목으로 주요 철도와 요충지를 장악하고 있었다. 일본의 만주 침략은 언제 어떻게 행동으로 옮기느냐의 문제일 뿐 어린아이 손 비틀기보다 쉬울 수밖에 없었다.

＼장쉐량은 왜 싸우지 않았나

관동군의 침략 앞에서 왜 장쉐량과 동북군은 제대로 저항 한 번 하지 못했을까? 동북군은 정규군만도 약 30만 명에 달했다. 펑톈 성에

4만 5천 명, 지린 성에 5만 5천 명, 헤이룽장 성에 2만 5천 명, 러허 성에 1만 5천 명이 주둔했으며, 장쉐량이 직접 지휘하는 최정예 부대 15만 명이 베이핑과 톈진을 중심으로 허베이 성의 대부분을 장악하고 있었다. 그 외에도 18만 명의 비정규군이 있었다. 수적으로는 겨우 1만 명에 불과한 관동군을 완전히 압도하였다.

동북 해군은 중국 최강이었으며, 대부분 낡은 복엽기이기는 했으나 약 3백여 대에 달하는 항공기도 가지고 있었다. 관동군은 이 항공기들을 노획하여 나중에 장쉐량군을 공격하는 데 사용하였다. 또한 1919년 장쭤린이 건설한 펑톈 병기창은 양위팅에 의해 대대적으로 확장되어 근로자만도 2만 5천 명에 달하는 중국 최대의 무기 공장이었다. 만주 사변 직전에는 연간 대포 150문, 포탄 20만 발, 중기관총 1천 정, 소총 6만 자루, 탄약 1억 발을 생산하였다.

비록 기습을 당했다고는 해도 쌍방의 병력 차이를 생각하면, 동북군의 패배를 선뜻 납득하기가 어렵다. 장쉐량이 당장 모든 병력을 되돌려 반격에 나섰다면 소수에 불과한 관동군을 격퇴하지 못할 리 없었다. 그러나 장쉐량에게 병력을 만주로 되돌린다는 말은 그동안 어렵게 차지한 베이핑과 톈진 일대의 영토를 모두 포기한다는 말과 다름없었다. 그의 배후에는 승냥이 떼처럼 베이핑과 톈진을 노리는 화북 군벌들이 있었다. 또한 그의 관내 출병 자체가 측근들의 반발을 무릅쓰고 독단적으로 강행한 사안이기에 위신이 걸린 문제이기도 했다. 더욱이 관동군과 정면으로 충돌했을 때 일본이 이를 빌미로 대대적으로 병력을 증원하여 전면전이 된다면 도저히 승리를 장담할 수 없었고 최악의 경우 모든 기반마저 잃을 수도 있었다. 군벌에게는 나라를 위해 적과 싸우는 것보다 자신의 기반을 지키는 것이 가장 중요했다.

●— 만주 사변 직전 장쉐량의 동북군. 장쉐량은 장제스 다음의 강력한 군사력을 가지고 있었으나 이는 어디까지나 일본의 재정적, 군사적 원조에 의한 것이었다. 따라서 일본의 기습적인 공격을 받자 변변히 싸우지도 못하고 무너질 수밖에 없었다.

무엇보다 장쉐량은 관동군의 목적을 오판하였다. 일본은 지난 사건을 비롯해 이전에도 여러 차례 중국을 향해 무력 도발을 해왔지만 매번 외교 협상을 통해 적당한 선에서 물러났고 영토 자체를 점령하려고 한 적은 없었다. 따라서 장쉐량은 류탸오후 사건도 이전과 마찬가지로 일본의 상투적인 도발 정도로 여겼다. 일본 외무성 또한 "만철을 보호하기 위한 부득이한 행동일 뿐 영토적 욕심은 없으며 안정되는 대로 철병할 것"이라며 장쉐량을 기만하였다. 따라서 장쉐량은 군이 싸우지 않아도 교섭을 통해 관동군을 물릴 수 있으리라 낙관하였다. 이것이 가장 큰 오산이었다.

그동안 만주 사변과 관련하여 잘못 알려진 통설 중의 하나는 "장제스가 장쉐량에게 일본군에 저항하지 말라고 종용했기 때문에 장쉐량이 부득이 물러날 수밖에 없었다"는 것이다. 원래 이 주장은 미국인 저널리스트 에드거 스노의 저서인 『중국의 붉은 별(Red Star

Over China)』에서 나왔다. 그는 1936년 서구인으로는 처음으로 은둔의 도시 옌안을 방문하여 중국 공산당의 존재를 세상에 알려 유명해졌다. 그러나 그는 그곳에서 중국의 정치적 상황에 대한 충분한 이해 없이 마오쩌둥과 중공 지도부의 말을 그대로 받아썼다. 당시 장쉐량과 동맹을 맺고 있던 중국 공산당은 장쉐량을 옹호하면서 만주 사변의 책임을 모두 장제스에게 돌렸다.

그러나 실제로는 장제스가 장쉐량에게 "일본의 도발에 신중하게 대처하라"고 권고하기는 했지만, 이는 완바오 산 사건과 나카무라 사건에 대한 것이지 만주 사변과는 별개였다. 장제스의 의도는 관동군의 움직임이 심상치 않은 데다 일본이 중국의 정치적인 분열을 악용하여 도발을 일으킨 다음 만주 침략의 명분으로 삼을 수 있으니 이런 음모에 성급하게 말려들지 말라는 뜻이지 일본군의 전면적인 공격에도 맞서지 말라는 뜻은 아니었다. 더욱이 이때만 해도 장제스와 장쉐량의 관계는 어디까지나 동맹자이지 상하관계가 아닐 뿐더러, 하늘 높은 줄 모르며 권세를 누리던 장쉐량에게 이래라 저래라 할 만큼의 영향력이 장제스에게는 없었다. 장쉐량은 노년에 "그때 나는 일본이 진정으로 전쟁을 일으키려는 의도인지 몰랐다. 만약 그걸 알았다면 목숨을 걸고 싸웠을 것"이라며 모든 책임이 자신의 오판에 있음을 솔직히 인정하였고 부하들이 일본에 빌붙어 자신을 배신한 것을 통탄했다.

또 하나 잘못 알려진 사실은 장쉐량이 반일 운동의 일환으로 만철에 대항하는 '배일 철도' 건설을 추진하면서 만철이 많은 손실을 입자 이에 불만을 품은 관동군이 만주 사변을 일으켰다는 것이다. 그러나 실제로는 심각한 자금 부족에다 차관 획득에 실패하여 장쉐량은 구상만 했을 뿐 사업을 착수조차 하지 않았다. 장쉐량의 진짜 관심사는 중원으로 세력을 확대하는 데 있었다. 또한 만철의 적자는 장쉐량이 방해해서가 아니라 세계 대공황의 여파 때문이었다. 그럼에도 관동군과 일본 언론들은 만주 침략을 정당화하기 위해 "장쉐량이 만철 포위망을 구축하여 만철이 큰 피해를 보고 있다"고 비난하였고, 이것이 와전되면서 중국에서는 지금도 장쉐량을 반일 애국자로 여기고 있다.

＼내분에 빠진 중국

장티푸스의 치료를 위해 베이핑 시내의 미국계 병원에 입원하고 있던 장쉐량은 사건 당일 급보를 받고 긴급회의를 소집하여 다음과 같이 지시하였다.

> 1. 관동군의 도발에 휘말려서는 안 된다. 동북군은 무력으로 대항하지 말고 모든 무기를 병기고에 보관한 채 스스로 물러날 것이며 일본군에게 최대한 협조하라.
> 2. 난징 정부에 알려 국제연맹을 통해 사건을 해결하도록 건의하라.
> 3. 뤼순으로 대표를 파견해 일본의 요구가 무엇인지 파악하라.

관동군의 기습을 받았지만 그때까지 완강하게 저항하고 있던 동북군은 수장이 이런 지시를 내리자 금세 전의를 상실하여 진지를 버리고 후퇴하거나 관동군에 투항하였다. 또한 관동군은 장쉐량 정권 내 파벌들의 대립과 갈등을 누구보다도 잘 알고 있었기에 교묘하게 이들을 회유하는 데 성공하였다. 장쭤린의 오랜 의형제이자 동삼성 특별장관이었던 장징후이(張景惠)를 비롯해 시챠, 위안진카이(袁金鎧), 장하이펑(張海鵬) 등 장쉐량과 갈등을 빚고 있던 구파의 우두머리들은 장쉐량을 배신하고 친일로 전향해 괴뢰 정권 수립에 앞장섰다. 장쭤상과 완푸린은 러허 성을 거쳐 베이핑으로 도주하였다. 관동군에 투항한 동북군 병사들은 일본의 괴뢰군이 되어 옛 전우들을 공격하였고 나중에 만주국이 수립되자 만주국군에 편입되었다. 그만큼 장쉐량 정권은 무기력한 껍데기에 불과했다.

장쉐량이 무력으로 저항하는 대신 국제연맹에 제소하겠다고 하자 베이핑 주재 영국 공사 램프슨과 외국인 고문들은 현명한 선택이라며 칭찬했지만, 서방 외교계에서 "웰링턴 쿠"라고 불릴 만큼 중국 최고의 국제통이었던 구웨이쥔은 국제연맹의 무기력함을 알고 있었기에 "별로 실효성이 없을 것"이라고 회의적으로 대답하였다.

장제스의 난징 정부는 그들대로 발등에 불이 떨어진 상황이었다. 장제스는 광둥 군벌이자 국민당의 최고 원로인 후한민(胡漢民)과 국민당 내 주도권을 놓고 대립하였다. 후한민이 국민회의의 소집과 약법*의 제정을 반대하자 장제스는 그를 강제로 가택 연금시키는 '탕산 사건'을 일으켰다. 이 때문에 장제스에게 불만을 품고 있던 광시, 광둥 군벌들은 왕징웨이 등 국민당 내 반장제스 세력과 손을 잡고 1931년 5월 27일 반란을 일으켜 광저우에서 왕징웨이를 수장으로 하는 새로운 정부를 수립하였다. 이것이 '제1차 양광 사변(兩廣事變)'이다. 이들은 5만 명의 병력으로 장제스의 세력권인 후난 성을 침공하였다. 중국 전체를 뒤흔들었던 중원대전이 끝난 지 겨우 반년 만에 다시 내전이 시작되었다. 세 번째 초공 작전**을 직접 지휘하며 장시 성에서 공산군을 한창 밀어붙이고 있던 장제스는 이 때문에 작전을 중지하고 병력을 돌려야 했고 그 과정에서 공산군의 추격으로 2개 사단이 궤멸당하는 큰 피해를 입었다. 물론 공산군도 무리한 추격전을 벌이다 제19로군의 역습을 받아 일시적으로 참패를 당하기도 했지만, 압도적인 정부군의 공격에 궁지에 몰리고 있던 그들은 위기를 넘길 수 있었다.

반란군과 대치하고 있는 와중에 만주 사변이 일어나 관동군이 3일 만에 남만주 전체를 장악했다는 보고를 받은 장제스는 장쉐량에게 중앙 정부를 배제한 채 관동군과 직접 교섭을 하지 말라고 지시하는 한편, 왕징웨이에게 직접 편지를 보내 "나라를 생각하여 내전을 중지하고 단결해야 한다"고 호소하였다. 그리고 광둥 정부와 공산군에 대한 공격을 중단하고 중앙군을 화북으로 북상시켜, 장쉐량을 지원할 태세를 갖추고 일본군의 남하에 대비하였다. 또한 주일 대리공사 장화번(江華本)은 일본의 시데하라 외무대신에게 강력히 항의하며 관동군의 철수를 요구하는 한편, 국제연맹에 일본의 만주 침략을 제소하였다.

그러나 왕징웨이는 장제스가 정계에서 물러나야만 화해할 수 있다며 장제스의 화해 제의를 거부하였다. 그는 겉으로는 싸우지 않고 물러난 장쉐량에게 비난의 목소리를 높이면서도 뒤로는 일본에게 "광둥 정부를 원조해주면 만주 점령을 묵인하겠다"라는 비열한 제안을 하고 있었다. 그러나 왕징웨이가 장제스를 이길 수 없다고

---

* 훈정 약법에 따르면 국민당은 중국의 모든 통치권을 가지며 법률로 국민들의 집회와 언론, 출판의 권리를 제한할 수 있었다. 또한 국민당 중앙집행위원회에서 선임한 정부 주석이 당권과 군권을 모두 장악하였다. 장제스는 이를 이용해 자신이 주석 자리에 올라 일인 독재를 강화할 생각이었기에 반대파들의 반발을 초래했다.

** 초공전(剿共戰)은 장제스의 공산당 토벌전으로 모두 여섯 번에 걸쳐 진행되었다. 가장 대규모였던 작전이 연인원 100만 명을 동원했던 제5차 초공전(1933년 10월~1934년 10월)이었다. 사면에서 포위 공격해 오는 정부군의 공격으로 마오쩌둥의 공산군은 근거지를 버리고 '대장정'에 나서야 했다. 그러나 제6차 초공전에서는 지휘를 맡은 장쉐량이 시안 사건을 일으키면서 초공전이 중지되었고 중일 전쟁이 일어나자 국공 합작이 결성되었다.

판단한 일본은 왕징웨이의 제안을 거부하였다.

류탸오후 사건 5일 뒤인 9월 23일, 러허 성의 진저우로 사령부를 옮긴 장쉐량은 장제스의 지시를 무시하고 독단적으로 관동군과 협상에 나섰다. 그러나 남만주를 손쉽게 장악한 관동군은 그의 예상과 달리 이번에는 북만주로 진격했다. 10월 15일 장하이펑의 괴뢰군이 선두에 서고 하타모토 대좌가 지휘하는 제16보병연대가 1개 포병대대와 1개 공병중대의 지원을 받아 헤이룽장 성의 성도 치치하얼을 향해 진격했다. 헤이룽장 성 성장 완푸린이 도주하자 장쉐량은 헤이허(黑河) 경비사령관 마잔산(馬占山)을 성장대리로 임명하고 치치하얼의 수비를 명령하였다. 11월 4일 양군은 치치하얼 남쪽 70킬로미터 떨어진 곳에서 넌장 강(嫩江)의 철교를 사이에 두고 치열한 전투를 벌였다. 마잔산군은 의기양양한 채 전진하는 일본군을 산악 지대에서 기습하여 서전을 승리로 장식하였다. 이 전투는 만주사변 이래 중국군의 첫 승리였다. 중국인들은 마잔산을 '군신'이라고 칭송하였다.

마잔산은 1만 3천 명의 병력과 대포 30문으로 방어선을 강화했다. 하지만 89식 중전차와 프랑스제 FT-17 경전차 부대를 앞세운 관동군 제2사단 주력의 공격을 받자 만 하루 동안의 전투 끝에 7백여 명 이상의 사상자를 내고 패주하였다. 11월 9일에 치치하얼이 함락되었다. 마잔산의 잔존 부대는 중소 국경의 산악 지대로 물러나 저항을 계속했지만 만주국이 건국되자 관동군에게 회유되어 투항하였다. 그는 헤이룽장 성 성장 겸 만주국 군정부 총장에 임명되었으나 다시 소련으로 탈출하여 북만주의 국경 지대에서 게릴라전을 펼치며 항일 투쟁을 계속하였다. 그나마 만주 사변 당시 관동군에 맞서 저항을 한 유일한 인물로, 관동군은 그를 '동양의 나폴레옹'이라고 불렀다. '청산리 대첩'의 영웅인 이범석 장군 또한 그의 휘하에서 작전참모를 맡아 관동군과 싸웠다.

＼국제연맹의 무능

구웨이쥔의 예상대로 국제연맹은 무력함만 드러냈다. 일본이 가장 두려워하는 상황은 청일 전쟁 당시 삼국 간섭으로 랴오둥 반도를 반환했을 때처럼 열강이 개입하는 것이었다. 만약 미국을 비롯한 열강이 경제 제재를 가한다면 일본은 당장 백기를 들 처지였다. 그러나 국제연맹은 무기력하기 짝이 없었다. 국제연맹 이사회는 일본군이 원 주둔지로 철수할 것을 촉구하는 결의안을 상정했으나 상임이사국인 일본의 반대에 부딪쳐 무산되었다. 또한 이사회는 현지에 일본군의 철수를 감시할 중립 위원을 파견해 달라는 중국의 요구도 거부하였다.

사실 '만주 사변'은 국제연맹에게 있어서 세계 평화 기구로서 첫 시험대였다. 이 문제에 어떻게 대처하는가에 따라 국제연맹의 존재 가치가 달라질 터였다. 그러나 국제연맹을 이끄는 열강들은 눈앞의 이익을 계산하기에 급급했다. 열강은 대공황 이후 폭증한 실업자들의 폭동과 경제난으로 자국의 문제를 해결하는 데도 골머리를 썩고 있었다. 따라서 자국의 이익만 침해받지 않으면 무슨 일이 일어나도 상관없다는 식이었고 구태여 일본과 외교적 마찰을 빚기를 원치 않았다.

미국의 국무장관 헨리 스팀슨은 개인적으로 중국에 동정적이었으나, 그를 제외한 미국 행정부에게는 중국보다 일본이 경제적으로 훨씬 중요한 무역 상대국이었다. 미국은 이해관계에 눈이 멀어 일본을 일방적으로 지지하였다. 또한 과거 영일 동맹 시절을 기억하고 있던 영국은 극동에서 일본이 후퇴한다면 그 공백을 소련이 차지할 지 모른다고 생각했다. 영국 외무성의 일부 관료들은 장제스의 난징 정부가 반제국주의와 주권 회복을 내세우는 바람에 영국이 큰 피해를 입고 있는 상황에서 중국을 도울 이유가 없다고 생각했다. 심지어 그들은 만주는 난징 정부의 실질적인 통치력이 미치지 못하는 곳이며 국제 사회가 일본처럼 활동적인 나라의 발전을 방해하는 것이 옳은지 의문이라고 말하기도 했다.

스탈린이 철권통치를 시작한 소련 역시 '중둥 철도 사건' 때의 강경한 모습과는 달리 관동군의 만주 침략을 묵인하였다. 직접 국경을 맞대고 있는 소련으로서는 만주에서 일본의 팽창은 그들에게도 중대한 안보적 위협이었다. 하지만 레닌이 죽은 뒤 정권 교체로 인한 정치적 혼란에다 극심한 흉작으로 수백만 명에 달하는 아사자가 발생하는 등 극동에 개입할 상황이 아니었다. 따라서 소련은 북만주에 막대한 이권을 가지고 있었음에도 일본의 비위를 맞추기에 급급했다. 관동군이 마잔산군을 공격하기 위해 북만주로 병력을 수송하는 데 중둥 철도를 사용할 수 있도록 편의를 봐주었고 만주국이 건국되자 중둥 철도를 비롯한 모든 이권들을 일본에 넘겼다. 또한 일본과 상호불가침 조약의 체결을 제안하기도 했다.

열강들이 소극적이다 보니, 국제연맹은 일본에 대한 제재는커녕 말로만 양국의 평화적인 해결을 권고하면서 무익한 논쟁이나 하며 시간을 보냈다. 일본이 자발적으로 철병하겠다는 약속을 어기고 북만주까지 침략의 손길을 뻗치자 그제야 연맹 이사회는 기껏 중립국 위원들로 구성된 현지 조사단을 파견키로 결정했을 뿐이다. 강대국들의 이해관계가 무엇보다 우선시되는 국제기구의 무력함은 국제연맹만이 아니라 지금의 유엔 역시 크게 다르다고 할 수 없을 것이다.

국제 사회의 냉혹한 현실과 관동군의 기만에 속았다는 사실을 뒤늦게 깨달은 장쉐량은 그제야 베이핑에 주둔 중인 병력 일부를 진저우로 북상시켰다. 그리고 만주에서 후퇴한 패잔병을 수습하여 방어선을 구축하였다. 진저우는 만주와 관내를 연결하는 베이닝 철도(北寧鐵道)가 관통하는 요충지였다. 난징 정부는 1931년 12월 25일 장쉐량에게 진저우를 결사 방어하라고 명령하였다. 진저우에 집결한 병력은 약 5만 명에 달하였다. 장쉐량은 만주 전역의 동북군 장병들에게 일본군의 공격에 맞서 저항하라고 호소하였다. 관동군도 지금까지와는 달리 쉬운 싸움이 되지는 않으리라고 생각하고 제2사단에 더해 조선군 제20사단을 증원하였다. 또한 동북군에게 노획한 항공기를 이용해 진저우 시가지를 무차별로 폭격하였다.

그런데 양측이 충돌을 앞둔 상황에서 갑자기 장쉐량군이 진저우에서 철수하기 시작하였다. 옌시산을 비롯한 화북 군벌들이 이 기회를 이용해 베이핑으로 쳐들어온 것이다. 이 때문에 장쉐량은 주력 부대와 군수품을 베이핑 북쪽의 요충지인 롼저우(灤州)로 철수시켰으나 일부 패잔병들이 반란을 일으킨 후 비적이 되어 약탈과 폭행을 저질렀다. 동북군은 그야말로 자중지란이었다. 1932년 1월 3일 진저우는 조선군 제20사단 휘하의 제40여단에 의해 별다른 전투 없이 손쉽게 점령되었다. 항일 투쟁의 마지막 거점이었던 하얼빈 역시 관동군 제2사단의 공격을 받아 2월 5일 함락되었다. 이로써 만주 전체가 일본의 손아귀에 넘어갔다.

12월 15일, 장제스는 국민 정부 주석과 행정원장 등 모든 직책에서 물러났다. 그의 두 번째 하야였다.* "나라가 위험에 빠졌는데 이 사람들은 그 책임을 떠맡을 용기도, 나라를 구할 계획도 없이 단지 분란을 일으키는 데에만 혈안이 되어 있다." 그러나 반(反)장제스파는 곧 분열되어 주도권 싸움을 벌였고 어느 누구도 정부와 군대를 유지할 자금을 마련할 수 없었다. 행정원장이 된 쑨커(쑨원의 장남)는 아버지와 달리 무능한 인물로 한 달 만에 왕징웨이에게 자리를 넘겨야 했다. 장제스에게 극도의 증오심을 품고 있던 왕징웨이조차 내분과 일본의 침략이라는 상황에서 누구도 장제스를 대신할 수 없다는 사실을 인정할 수밖에 없었다. 장제스는 자신을 끌어내린 사람들의 거듭된 요청을 받아 하야한 지 두 달도 되지 않아 1932년 1월 28일 정계로 복귀하였다. 그리고 왕징웨이가 정무를, 장제스가 군무를 맡는 연합 정권을 구성하였다.

만주 사변은 일본의 본격적인 중국 침략을 알리는 신호탄이었다. 이시와라를 비롯한 관동군의 몇몇 망상환자들이 벌인 '불장난'은 시간이 흐를수록 점점 확대되어 나갔다. 게다가 혼조 시게루는 대장 승진과 남작 작위를 받았고 이타가키는 소장으로 승진했으며 이시와라 역시 대좌로 승진하여 참모본부의 핵심 부서로 영전하였다. 정부를 협박하고 군대를 멋대로 움직여 이웃 나라와 전쟁을 일으켰는데도 주모자들은 법대로 처벌을 받기는커녕 도리어 출세 가도를 달린 것이다. 그러니 야심 넘치는 다른 장교들이 어찌 가만히 있겠는가? 서로 앞다투어 너도나도 "제2의 이시와라가 되겠다!"라고 외쳐댔고, 정부의 권위와 군의 기강은 땅에 떨어졌다. 일본의 다음 표적은 아시아 최대의 국제도시 상하이였다.

---

* 장제스의 첫 번째 하야는 북벌 전쟁 때였다. 북벌 전쟁 중에 정권의 주도권을 놓고 국민 정부가 왕징웨이의 우한 정권과 장제스의 난징 정권으로 분열되자 1927년 8월 13일 양 정부의 통합을 전제로 모든 직책에서 물러났다. 그러나 국민 정부는 오히려 더욱 자중지란의 상태에 빠졌고 결국 왕징웨이는 리쭝런, 평위샹, 탕성즈 등 국민정부파 군벌들의 동의를 얻어 장제스에게 복귀를 요청하였다. 장제스는 1928년 1월 8일 국민혁명군 총사령관에 취임하여 북벌을 총지휘하였다.

3

상하이 사변과 만주국의 수립

＼관동군의 만주 분리 음모

남만주를 석권한 관동군은 여세를 몰아 북만주마저 단숨에 장악했다. 군사력에서 열세하고 내분에 빠진 중국은 일본의 침략에 자력으로 대항할 수 없었다. 단지 청일 전쟁 때처럼 열강들의 개입을 기대하고 국제연맹에 제소하는 것이 전부였다. 그러나 일본과의 마찰을 우려한 열강은 오히려 일본의 입장을 지지하면서 중국의 양보를 강요하였고 일본에 대한 경제 제재를 반대하였다.

1932년 1월 17일 제네바에서 열린 국제연맹 이사회 회의에서 일본 대표는 중국의 비난에 대해 "겨우 1만 5천 명에 불과한 군대로 광대한 만주 전체를 장악하는 것은 불가능한 일이 아닌가"라고 대꾸하였다. 물론 관동군이 조선군을 증원하고 친일 괴뢰군까지 동원했다는 사실은 쏙 빼놓은 것이지만, 만주에서 장쉐량 정권의 무기력함을 은근히 비꼬는 것이기도 했다. 중국에 동정적인 일부 약소국을 제외한 대다수 열강은 일본의 이런 궤변을 지지하거나 암묵적으로 동의하였다. 이런 분위기는 일본을 더욱 기고만장하게 만들었다.

장쉐량은 시데하라 일본 외상과의 회담에서 "일본군은 만철의 안전을 확보하는 데 목적이 있을 뿐 곧 철병할 것"이라는 말만 믿고 모든 저항을 중지시켰다. 그러나 관동군은 철병은커녕 만주 전역을 장악한 다음 장쉐량의 사령부가 있는 진저우를 공격하고 러허 성까지 세력을 뻗쳤다. 장제스는 장쉐량에게 "일본군이 계속 남하할 경우 총력으로 진저우를 사수하라"고 명령했다. 그러나 화북 군벌들에게 배후를 위협받고 있던 장쉐량은 일본과의 승산 없는 싸움보다는 자신의 남은 병력과 기반이라도 지키는 쪽을 택하고 스스로 산하이관 이남으로 철수하였다.

난징 정부도 진저우를 사수하기 위해 중앙군을 북상시켜 일본과 결전을 할 것인가를 놓고 논란을 벌였다. 군사위원회 참모장인 주페이더(朱培德)는 장제스에게 왕징웨이를 중심으로 한 광시, 광둥 군벌들이 반란을 일으키고, 반(半)독립적인 군벌들이 화북을 지배하고 있는 실정에서 현실적으로 장쉐량을 지원할 방법이 없다는 사실을 지적하면서 자존심만 내세워 질 것이 뻔한 싸움을 고집할 것인가, 일본과 협상하여 다른 방법을 강구할 것인가 둘 중 하나를 선택해야 한다고 말하였다. 그러나 난징 정부는 국내 여론을 고려하여 장쉐량이 자력으로라도 일본의 침략에 대항하기를 원했으나 그는 명령을 묵살한 채 싸우지 않고 물러나고 말았다.

만주를 완전히 장악한 일본은 처음에는 장쉐량을 대신하는 새로운 인물을 내세워 친일 괴뢰 정권을 수립하되, 국내외 여론을 고려해 만주에 대한 중국의 명목상 주권만은 존중하겠다는 방침이었다. 그러나 관동군 참모장 미야케 미쓰하루 소장은 이시와라, 이타가키 등과 모의하여 본국 정부와 상의도 없이 관동군의 주도로 아예 만주를 중국으로부터 분리 독립시킬 음모를 추진하기 시작했다. 그리고 장쉐량 정권의 고위 각료들과 주요 지휘관들을 회유하고 포섭해나갔다.

대표적인 인물이 장징후이였다. 그는 장쭤린이 젊은 시절 마적 노릇을 할 때부터의 심복으로 장쭤샹과 함께 동북군 내 구파의 우두머리였다. 부패하고 무능한 인물이었으나 장쭤린과의 오랜 의리 덕분에 요직을 두루 거칠 수 있었다. 장쭤린이 죽은 후 장쉐량이 정권을 장악하도록 도왔으나 막상 권력을 잡은 장쉐량이 구파를 푸대접하면서 불화가 깊어졌고 만주 사변이 터지자 장쉐량을 가장 먼저 배신하고 친일로 돌아섰다. 그는 관동군에 의해 헤이룽장 성 성장에 임명되었다가 만주국이 건국되자 총리에 오르게 된다.

또한, 관동군은 자금성에서 쫓겨나 톈진의 일본 조계(租界)*에 은거하고 있던 '마지막 황제' 선통제 아이신줴뤄 푸이를 설득해 뤼순으로 오게 하였다. 이런 관동군의 모략은 월권일 뿐더러 일본이 국제 사회에 외쳐 온 "만주에 대한 영토적 야심이 없다"는 주장을 스스로 뒤집어 버리는 것과 마찬가지였다. 본국의 와카쓰키와 시데하라는 입으로는 "내 힘으로는 군을 통제할 수 없다"고 한탄했지만 뒤로는 관동군을 적극적으로 밀어주는 이중적인 행태를 보여주었다. 왜냐하면 만주 침략은 단지 몇몇 관동군 장교들만이 아니라 일본이

* 아편 전쟁 이후 19세기 후반부터 열강들이 중국을 침략하는 근거지로 삼았던 개항 도시의 외국인 거주지. 중국의 주권이 미치지 않는 치외법권 지역으로 외국이 행정권과 경찰권을 행사하였다. 베이핑, 톈진, 난징, 우한, 광저우, 상하이 등 중국 주요 도시 총 28개소에 이르렀다. 제2차 세계대전에서 중국이 연합국에 가담한 후 장제스 정권의 적극적인 외교 노력으로 1943년에 홍콩과 마카오를 제외하고 모두 반환되었다.

오랜 기간 꿈꾸어 온 야망이었기 때문이다.

＼일본군의 모략

중국에서는 일본의 만주 침략에 반발해 곳곳에서 반일 시위와 일본 제품 불매 운동이 벌어졌다. 이 때문에 일본의 대중 무역은 일시적으로 90퍼센트 이상 격감하였다. 여기에 1932년 1월 3일 푸젠 성 푸저우에서 일본 총영사관의 경찰관사 방화미수 사건과 일본인 교사 부부가 살해되는 일이 발생하자 만주에 이어 화남도 일촉즉발의 상황이었다. 그러나 제2의 만주 사변이 일어날까 우려한 푸젠 성 정부가 즉시 사과하고 반일 운동을 중지하기로 약속하여 사태는 더 이상 확대되지 않았다. 사실 이 사건의 배후에도 일본군이 있었다. 타이완군* 사령부의 정보부 대위가 중국인 부랑자를 매수하여 저지른 일이었다. 그는 푸저우 시에서 각종 방화, 암살 사건을 일으킨 후 이를 명분으로 타이완군을 출병시켜 푸젠 성을 침략할 계획이었다. 즉, 타이완군 사령부의 일개 위관급 장교가 직속상관에게도 보고하지 않은 채 멋대로 일을 저지른 셈이다. 며칠 후 상하이에서도 유사한 사건이 벌어졌다.

'동양의 파리'라 불리며 번영을 누리던 국제도시 상하이는 전 세계 15대 도시의 하나였으며 아시아에서는 도쿄(인구 600만 명) 다음으로 큰 도시였다. 또한 중국 경제와 금융의 중심지였다. 총인구 350만 명에 외국인이 7만 명에 달했다. 미국과 영국, 프랑스, 이탈리아, 일본은 상하이에 치외법권의 조계**를 가지고 있었고 거류민 보호를 명목으로 각각 군대를 주둔시켰다. 일본은 2만 7천여 명의 거류민과 1천여 명의 해군 육전대가 주둔하고 있었다.

1932년 1월 8일 도쿄 사쿠라다몬 인근에서 관병식에 참가하고

●— 1930년대 초반의 상하이. 외국 조계를 중심으로 번영을 누리면서 인구는 300만 명이 넘었으며 '아시아의 파리'라고 불릴 만큼 근대화된 국제도시였다.

돌아오는 천황 히로히토가 탄 마차에 폭탄이 떨어지는 사건이 벌어졌다. 범인은 대한민국 임시 정부 산하의 항일 단체인 한인애국단의 이봉창 열사였다. 비록 폭탄이 제대로 터지지 않아 천황 암살은 실패했지만 이 사건과 관련해 중국 신문들이 반일적인 기사를 실었고, 이 때문에 상하이의 일본인들은 감정이 격앙되었다. 그런데 1월 18일 오후 4시, 일본인 승려와 신자 등 다섯 사람이 설법을 하면서 길을 가다가 수십여 명의 괴한들에게 폭행을 당하고 그중의 한 사람이

---

* 청일 전쟁에서 승리한 일본은 타이완을 합병하고 1개 혼성 여단 규모의 병력을 주둔시켰는데 이를 '타이완군'이라고 불렀다. 중일 전쟁 이전까지 일본 육군은 본토 주둔군 이외에 총 4개의 해외 파견군(관동군, 조선군, 타이완군, 지나주둔군)이 있었다.

** 프랑스를 제외한 나머지 4개국은 국제 공동 조계를 구성하였고 프랑스는 독자적으로 조계를 운영하였다.

살해당하는 사건이 벌어졌다. 이에 흥분한 일본 거류민들은 낭인들을 앞세워 항일 활동의 배후로 알려진 중국계 기업 싼유실업공사(三友實業公司)의 공장에 불을 지르고 중국 경찰과 충돌해 중국인 순경 2명과 일본인 1명이 죽는 참사가 벌어졌다. 또한 중국인 상점을 약탈하고 거리의 기물과 차량을 파괴하였다. 그야말로 상하이의 분위기는 일촉즉발이었다.

그런데, 이 사건 역시 상하이 총영사관 소속의 무관 다나카 류키치 소좌와 몇몇 위관급 장교가 꾸민 음모였다. 나중에야 알려지게 되지만, 전 세계의 이목이 만주로 집중되자 다른 곳으로 관심을 돌리기 위해 관동군의 이타가키 대좌가 다나카를 개인적으로 만나 막대한 뒷돈을 주면서 "사고 한번 크게 터뜨려 달라"고 부탁했던 것이다. 만주를 완전히 장악한 관동군은 새로운 괴뢰 국가를 세울 계획이었다. 그런데 국제연맹에서 리턴 백작을 단장으로 하는 현지 조사단*의 파견을 결정하자 일단 중국과 국제 사회의 이목을 다른 곳으로 돌릴 필요가 있었다. 가장 적당한 곳이 바로 상하이였다. 상하이에는 열강들의 막대한 이해관계가 걸려 있었다. 투자 금액을 기준으로 투자액이 가장 큰 나라는 영국(5억 3천4백만 원)이었고, 다음이 일본(3억 8천만 원), 미국(1억 6천3백만 원), 프랑스(1억 3백만 원) 순이었다. 수출입 규모에서도 영국과 미국은 일본을 훨씬 능가했다.

만약 상하이에서 전쟁을 일으킨다면 중국과 국제 사회의 이목

---

* 국제연맹이 만주 사변과 관련해 실상을 조사하기 위해 조직한 조사단. 전 인도사무차관이자 국제연맹 군사단장인 리턴 경을 단장으로 미국, 독일, 이탈리아, 프랑스에서 각각 명망 있는 장군이나 외교관 출신이 한 명씩 파견되어 총 5명으로 구성되었다. 중국과 일본도 각각 외교부장 구웨이쥔과 터키주재 일본대사 요시다 이사부로가 참여하였다. 이들은 1932년 2월 29일 일본 요코하마에 도착한 후 7월까지 상하이, 난징, 베이핑, 만주 등을 돌면서 조사하였다. 그리고 10월 1일 이른바 '리턴 보고서'를 발표하였다.

이 그쪽에 쏠려 만주에서 자신들의 계획을 방해하지 못하리라고 계산하였다. 일본인 승려 살해 사건과 중일 양측의 충돌로 인해 상하이에서는 감정이 극도로 격앙되어 있었고 일본 거류민들은 우익 단체를 중심으로 "중국에 대해 자위권을 발동해야 한다"고 연일 떠들어댔다. 여기에 일본 군부 내 경쟁심까지 작용했다. 해군차관 사콘지 세이조 중장은 "육군이 만주에서 활약했다면 이번에는 우리 해군이 남쪽에서 활약할 차례다. 기대가 크다"며 전쟁을 부추겼다.

일본은 중국을 외교적으로 압박하면서 상하이로 병력을 증원하기 시작하였다. 일본은 러일 전쟁 이후부터 중국 해안가에 거주하는 일본인 거류민과 자국 선박들을 보호한다는 명목으로 지나파견함대*를 편성하여 양쯔 강을 중심으로 중국 연안 일대와 주요 항로를 통제하고 있었다. 만주 사변이 발발하자 상하이와 양쯔 강 일대에 배치된 제1파견함대**를 강화하고 항공모함과 제1수뢰전대, 육전대를 증파하였다. 또한 상하이 앞바다에서 일본 군함들이 무력시위를 벌이고 양쯔 강 입구인 우쑹(吳淞)과 상하이 사이의 항로를 통제하면서 중국 국적의 선박을 강제로 억류하였다. 일본이 이렇게 나오자 중국 역시 긴장하지 않을 수 없었다. 당시 상하이의 수비를 맡고 있던 부대는 만주 사변 직전에 있었던 공산군 토벌 작전에서 마오쩌둥의 공산군에게 강력한 일격을 먹였던 제19로군이었다.

제19로군은 중앙군에서 장제스 직계가 아닌 방계에 속하는 부

---

* 지나파견함대는 2개 함대로 편성되었는데 제1파견함대는 상하이와 양쯔 강을, 제2파견함대는 중국 동해안을 순찰하면서 중국의 연안은 물론 황허 강과 양쯔 강의 주요 수로를 장악하였다. 상하이 사변에서 지나파견함대는 제3함대로 확대 편성되었다. 해군의 지휘계통상 주력 함대인 연합함대와 동격이었다.

** 구식 방호순양함 2척을 포함해 구축함, 포함 등 16척으로 편성되어 있었다.

대로, 쑨원 시절 광둥 정부 산하의 월군* 제1사단 제4연대에서 시작하여 광둥 군벌 리지선(李濟深) 휘하의 제4군으로 확대되었다. 주로 남부 지방 출신으로 구성되어 있었으며 북벌 전쟁에서도 '철군(鐵軍)'이라 불릴 만큼 용맹하게 싸웠다. 만주 사변 직전에는 장시 성의 공산군 토벌에 투입되었으나 장제스가 하야한 후 난징 정부의 실세가 된 광둥파는 휘하의 군사력인 제19로군을 상하이와 난징으로 이동시켜 주변 철도와 도로, 요충지에 배치하였다. 그만큼 난징 정부의 정치적 상황은 매우 복잡했다. 제19로군의 지휘는 차이팅카이(蔡廷楷)가 맡고 있었다. 그는 광둥 성 출신으로 군벌 내전 때부터 수많은 전투에서 잔뼈가 굵은 명장이었다.

＼상하이 사변

일본이 군함으로 무력시위를 하고 상하이에 병력을 증원하자, 제19로군 3개 사단(제60사단, 제61사단, 제78사단) 또한 차이팅카이의 명령에 따라 상하이 시가지로 진입하여 일본인 거주 구역을 비롯한 국제 공동 조계를 포위하는 형태로 병력을 배치하였다. 그들은 철도를 따라 참호와 토치카(tochka)**를 구축하고 지뢰를 매설하는 등 방어 태세를 갖추었다.

일본 제1파견함대 사령관 시오자와 고이치 소장은 제19로군에게 1월 28일 오전까지 모든 방어 시설을 철거하고 병력을 뒤로 물리라고 요구하였다. 그러나 그들은 중국의 대답을 기다릴 생각이 없었

* '월(越)'은 광둥 성의 옛 이름이다.

** 콘크리트, 흙주머니 따위로 단단하게 쌓은 사격 진지. 크기는 수 미터에서 수십 미터에 달했다.

●— 상하이 시가지에서 일본군의 공격에 맞서 강력한 방어전을 펼치고 있는 중국군 제19로군 병사들. 중국군은 장비와 화력이 훨씬 빈약했으나 왕성한 전의와 전투 경험을 활용해 예상 이상의 선전을 하였다. 이 때문에 일본은 고전을 면치 못했고 간신히 중국군의 방어선을 무너뜨린 뒤에도 더 이상 깊숙이 진격하지 않은 채 정전에 합의하였다. 그러나 여기에 불만을 품은 일본 군부 내 급진파 장교들이 5.15사건을 일으켜 이누카이 총리가 자신의 관저에서 살해당했다.

다. 단지 중국군을 기만하고 공격 준비를 갖추기 위한 시간을 벌려는 상투적인 수법일 뿐이었다. 일본군은 1월 28일 오후 일방적으로 계엄령을 선포한 후 밤 11시 30분, 공동 조계의 북쪽 경계도로인 북사천로(北四川路)에서 20여 대의 장갑차를 앞세워 기습 공격을 시작하였다. 일본에서는 '제1차 상하이 사변', 중국에서는 '1.28항전'이라고 부르는 전투의 시작이었다.

양측 병력은 중국군 제19로군 3만 3,500명에 대해 일본군은 고작 해군 육전대 6천여 명에 불과했으나 군함 30척과 항공기 40대, 그리고 야포와 장갑차 수십 대를 보유하고 있었다. 화력과 제공권에서 중국군을 압도한다는 것을 믿고 시오자와 소장은 기자들 앞에서 "우리가 공격하면 4시간 안에 전투가 끝난다"라고 큰소리쳤다. 그러나 막상 전투가 시작되자 중국의 제19로군은 철저항전을 외치며 풍부한 전투 경험을 바탕으로 강력한 방어전을 펼쳤다. 전투는 상하이 중심가 북쪽의 자베이(閘北) 일대로 확대되었다. 일본 항공기들이 중국군 진지를 폭격하고, 수상의 함대가 함포 사격을 지원하였지만 육전대는 끝까지 방어선을 돌파하지 못하고 많은 사상자만 냈다.

상하이에서 일본의 전면적인 공격이 시작되자 난징 정부도 철저항전을 결의하고 중앙군을 투입하기로 결정하였다. 상하이는 수도인 난징에서 가까웠기 때문에 일본군의 상하이 침략을 중대한 위협으로 간주하지 않을 수 없었다. 1932년 1월 29일 장제스의 직계부대인 제2사단 7천 명이 상하이에 증원되었고 2월 14일에는 장즈중(張治仲)이 지휘하는 제5군 2개 사단(제87사단, 제88사단)과 교도연대, 세무경찰연대가 가세하면서 중국군은 5만 명 이상으로 늘어났다. 군사위원장으로 복귀한 장제스는 일본이 양쯔 강 전역으로 전장을 확대할지도 모른다며 난징의 주요 정부 기관을 뤄양으로 이동시키라고 명령하였다.

일본은 "중국군이 먼저 공격한 이상 부득이한 자위"라고 억지를 부렸다. 그리고 작전 실패의 책임을 물어 시오자와 소장을 해임하는 한편 노무라 기치사부로 중장을 사령관으로 임명하고, 항모 호쇼(鳳翔)와 가가(加賀), 순양함 4척, 구축함 4척과 육전대 7천 명을 증파하였다. 이들은 상하이에 배치된 병력과 합류하여 제3함대로 편성되었다. 병력을 증원한 일본군은 2월 2일 재차 총공세를 펼쳤다. 하지만 함포와 우세한 항공 전력의 지원에도 불구하고 중국군의 강력한 저항에 가로막혀 두 번째 공격 역시 실패로 끝났다.

한편, 일본이 상하이의 하늘을 완전히 장악하고 있는 가운데에서도 간간히 양측 전투기들끼리 공중전이 벌어졌다. 그중에는 우리나라 최초의 여류비행사인 권기옥 여사(1901~1988년)도 있었다. 이

때만 해도 중국의 해공군력은 없는 것이나 마찬가지였기에 일본 함대의 함포와 항공기의 폭격에 속수무책이었다. 그런 불리한 상황에서 용감하게 낡은 복엽전투기를 몰고 일본에 맞선 그녀의 용기는 대단하였다. 권기옥 여사는 장제스의 북벌 전쟁에도 전투기 조종사로 참전했으며 이후에도 중국 공군의 항저우 비행학교 교관으로 활동하며 인재 양성에 힘썼고 10년간 복무하면서 중화민국 공군 중교(중령)까지 진급하였다.

＼중국군의 패배와 만주국의 건설

그제야 노무라는 중국군이 만만치 않으며 육전대와 해군만으로는 도저히 이길 수 없다고 판단하고 본국에 육군의 증원을 요청하였다. 이에 따라 1932년 2월 9일 제9사단과 제24혼성여단이 증파되어 16일 우쑹 해변에 상륙하였다. 제9사단장 우에다 겐키치 중장은 중국군에게 후퇴하라는 통첩을 보냈으나 일언지하에 거부당하였다. 그는 2월 20일 세 번째 공세를 시작했다. "해군의 치욕을 우리 육군이 나서서 씻어주어야 한다"며 일본군 제9사단 병사들은 무작정 돌격했다. 그러나 그들의 호언장담은 오래지 않아 비명으로 바뀌었다. 곳곳에 교묘하게 설치된 콘크리트 크리크와 철조망에 가로막힌 채, 쉴 새 없이 불을 뿜는 중국군의 독일제 중기관총 앞에서 무수한 시체만 쌓을 뿐이었다. 전멸의 위기에 직면하자 노무라는 이틀 만에 공격을 중단하고 재차 대규모 증원을 요구하는 급전을 본국으로 보냈다. 만주에서 장쉐량의 동북군을 상대로 손쉽게 승리를 거두었던 일본으로서는 뜻밖의 상황이었다.

제9사단의 증파에도 불구하고 전황이 나아지지 않자 일본 정부도 병력을 계속 증원할 것인지를 놓고 격론을 벌였다. 그러나 강경

'육탄 3용사'의 날조

1932년 2월 24일 『아사히신문』은 소위 '육탄 3용사'의 무용담을 일면에 장식하였다. 제24여단 소속의 공병대원인 에시타 다케지 일병, 기타가와 스스무 일병, 사쿠에 이노스케 일병 등 세 명의 병사가 스스로 폭탄을 안고 "천황폐하 만세!"를 외치며 중국군의 진지에 뛰어들어 자폭하여 우군의 돌격로를 열었다는 것이었다. 그들은 '3군신(軍神)'으로 대대적으로 미화되어 일본 방방곡곡에 동상이 세워지고 참배객이 줄을 이었다. 서울 장충단 공원에도 육탄3용사의 동상이 세워졌다가 해방 직후에 철거되기도 했다.

그러나 실제로는 무리한 작전을 강요한 상관의 명령에 세 명의 병사가 마지못해 폭탄을 설치했다가 시간을 잘못 설정하여 탈출하기 전에 폭발한 사건이었다. 그럼에도 땅에 떨어진 병사들의 사기를 올리기 위해 군부와 언론 매체는 단순 사고사 한 병사들을 군국주의의 화신으로 둔갑시켜 전쟁 내내 국민과 병사들에게 국가를 위해 죽으라고 강요하는 데 써먹었다. 『아사히신문』은 75년이 지난 2007년 7월 13일에야 이 기사가 허위 보도였다고 솔직히 인정하고 사과하였다.

파인 아라키 사다오 육군대신의 주도로 2월 24일 제11사단과 제14사단 2개 사단을 증파하는 한편, 시라카와 요시노리 대장을 사령관으로 '상하이파견군'을 창설하였다. 2월 29일 상하이파견군의 주력은 상하이 북쪽에 있는 어촌 마을인 치랴오커우(七了口)에 상륙하였다. 시라카와 대장은 정면 공격을 고집하는 대신 방침을 바꾸어 일부 병력을 중국군 후방으로 우회시켰다. 3월 1일 일본군은 네 번째 총공격을 시작하여 드디어 중국군의 방어선을 돌파하는 데 성공하였고 중국군 제5군의 배후를 포위하였다. 퇴로를 위협받자 중국군은 완전히 무너져 20킬로미터나 후퇴하였다. 일설에는 다나카 소좌가 가와시마 요시코*라는 여인을 이용해 중국군 지휘관들에게 일본군의 전력을 과장하는 허위정보를 퍼뜨림으로써 중국군이 스스로 물러나도록 유도케 했다는 주장도 있지만 사실이 아니다.

중국군은 용맹하게 싸웠으나 화력의 압도적인 열세와 과중한 병력 손실로 이미 한계에 직면해 있었다. 특히 제19로군과 제5군의 각 사단들은 병력의 반수 이상을 상실하는 손실을 입었다. 따라서 병력을 대대적으로 증원한 일본군이 삼면에서 포위하고 배후를 차단하자 더 이상 버틸 수 없었다. 사실 피아간의 격차를 생각한다면 그때까지 버틴 것도 기적에 가까울 만큼 중국군이 용전한 셈이었다.

---

* 청나라 숙친왕의 14번째 딸이며 '동양의 마타하리'라 불린 여인. 본명은 아이신줴뤄 셴위(愛新覺羅顯玗), 중국어로는 금벽휘(金璧輝)이다. 만주족의 황녀였지만 친일파였던 아버지가 그녀를 일본인의 양녀로 보내어 일본에서 일본식으로 교육시켰다. 다나카 류키치 소좌와는 연인 관계였으며 다나카는 그녀를 스파이로 훈련시킨 다음 국민당 고관들에게 접근시켰다. 그녀는 이중첩자 노릇을 하면서 중요 문서와 고급 정보를 일본에 넘겼다. 나중에 일본이 패망하자 그녀의 정체도 발각되어 총살당했다. 중국에서는 일본 군복을 입은 미모의 남장 여성으로 살았던 그녀의 극적인 인생을 다룬 드라마가 제작되기도 했다. 영화《마지막 황제》에서는 일본군의 앞잡이로서 푸이를 꾀어내는 간악한 여성으로 묘사되지만, 매국노라기보다 시대를 잘못 만난 비운의 여성이었다.

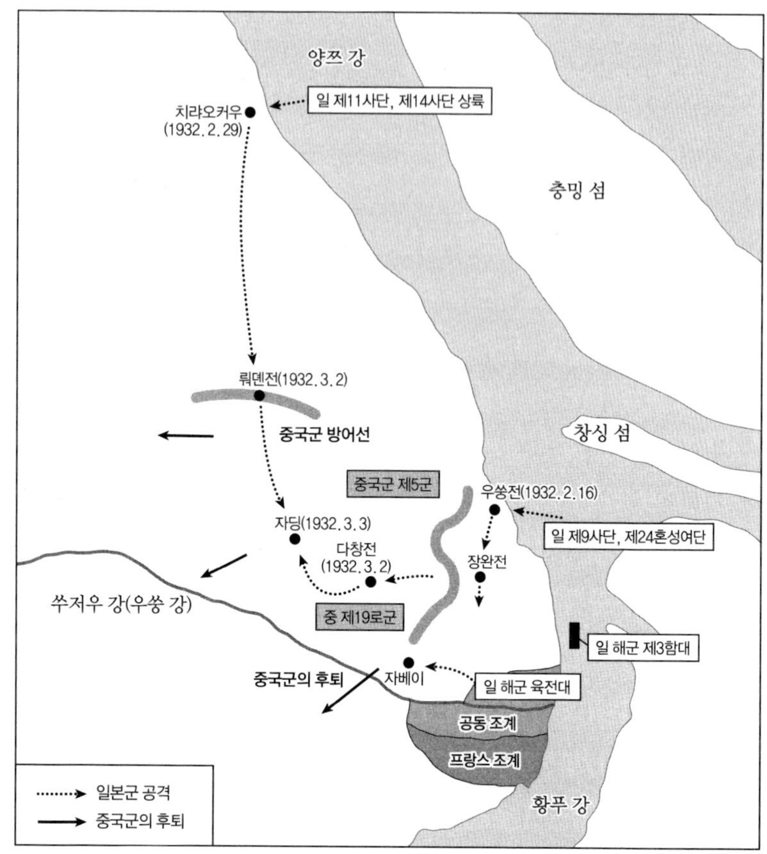

●— 제1차 상하이 사변 당시 중국군의 방어선과 일본군의 공격

난징 정부는 일본군이 2개 사단을 추가 파병했다는 정보를 사전에 파악하고 있었음에도 더 이상의 병력을 증원하거나 방어선을 보강하지 않았다. 난징 정부의 쌍두마차였던 장제스와 왕징웨이는 당초에 예상했던 것 이상으로 일본이 계속해서 병력을 증원하자 전면전으로 이어지는 상황만큼은 피해야 한다고 판단하였다. 더욱이 일본이 어디까지 전쟁을 확대할지 알 수 없는 상태에서 모든 병력을

상하이에 투입했다가 사태가 악화되어 정권 자체가 완전히 붕괴되는 상황을 두려워하지 않을 수 없었다. 따라서 난징 정부는 차이팅카이의 추가적인 병력 증원 요청을 거부하고 소극적인 자세로 돌아섰다.

또 하나의 장애물은 중국 공산당이었다. 만주 사변이 일어났을 때 정부군의 토벌에 맞서 싸우고 있던 중국 공산당은 "힘을 모아 일본의 침략에 대항해야 한다"고 외쳤지만 장제스가 일본의 침략에 대비하기 위해 장시 성에서 공산군 토벌에 투입했던 병력 가운데 4개 사단을 빼내어 상하이와 난징 방면으로 이동시키자 즉각 반격에 나섰다. 그리고 1931년 11월 25일 장시 성 루이진(瑞金)에서 '중화소비에트공화국'을 선포하는 등 일본의 침략을 기회로 오히려 세 불리기에 나섰다. 상하이의 전황이 악화되면서 군정부장인 허잉친(何應欽)이 장시 성의 병력을 추가로 상하이로 수송하려 했으나 장시 성 주석 슝스후이(熊式輝)는 "일본을 상대로 한두 개 사단을 더 보낸들 무슨 의미가 있겠으며 오히려 이로 인해 공산군에 대한 방어선이 무너질 수 있다"며 반대하였다. 일본의 침략을 앞에 두고도 군벌들은 힘을 합치기는커녕 도리어 이런 상황을 악용하는 데만 혈안이 되었다. 중국 공산당 역시 장제스가 일본에 대항하는 대신 내전에만 광분한다고 비난의 목소리를 높였지만, 막상 자신들도 일본과 싸우기에 앞서 우선 국민당 정권부터 타도해야 한다는 식이었다. 이것이 분열된 중국의 현실이었다.

상하이에서 벌어진 전투로 인해 열강들은 경제적으로 막대한 피해를 입자 사태 확대를 반대하며 양자의 중재에 적극적으로 나섰다. 1932년 3월 3일 양측은 정전에 합의했으나 일본군이 정전 협정을 무시하고 자베이 전역을 점령하는 등 국지적인 충돌은 계속 이어졌다. 3월 14일 영국 주중 공사 램프슨 경의 중재로 영국, 미국, 프랑스, 이탈리아 4개국이 합석한 가운데 양국 대표가 만났지만 서로 먼저 병력을 철수하라며 첨예하게 대립하였다. 그러나 일본의 목적은 상하이 그 자체가 아니라 만주로부터 시야를 돌리는 데 있었다. 따라서 막대한 배상금이나 영토를 할양하라는 식의 무리한 요구를 하는 대신, 중국군은 상하이 외곽으로 물러날 것과 향후 상하이 주변에 방어 시설을 설치하지 않으며, 일본군 역시 점령지에서 물러나 전투 이전의 상태로 복귀한다는 정도로 타협하였다. 그러나 반일 감정으로 격앙된 중국인들로서는 정부가 일본과 타협한다는 사실 자체가 굴욕이었다. 학생들과 지식인들은 이런 치욕이 정부의 매국적인 부저항 정책 때문이라며 비난의 화살을 모두 장제스와 왕징웨이에게 돌렸다. 난징에서는 일본에 대한 선전포고와 전면항전을 요구하는 시위가 격렬하게 벌어졌다. 협상 수석 대표였던 궈타이치(郭泰祺)*가 학생들에게 폭행당했고 외교부 건물이 시위대의 공격을 받았으며 이를 진압하는 경찰과 곳곳에서 충돌이 벌어졌다.

그보다 문제는 모든 시선이 상하이에 쏠려 있는 동안 만주에서 친일 괴뢰국이 수립됐다는 것이다. 1932년 3월 1일 동삼성을 주관하는 동북행정위원회가 입헌군주제**의 만주국 건국을 선포하였다. 수도는 신징(新京, 현재의 창춘)으로 하고 집정에는 푸이가, 총리는 푸이의 스승이었던 정샤오쉬(鄭孝胥)가(나중에 장징후이로 교체) 추대되었다. 영토는 관동군이 점령한 동북3성에다 아직 장쉐량의 세력권인 러허 성까지 일방적으로 포함시켰다. 몇 달 후 관동군은 이를 핑계로 러허 사변을 일으키게 된다. 만주국의 인구는 약 3천만 명에 달했고 이 가운데 일본인은 59만 명 정도였다. 국방, 치안은 물론 철도, 항만, 수로 등 모든 군사 부문과 행정을 관동군이 장악했으며 경비는 만주국이 부담했다. 만주국은 실질적으로 아무런 주권도 없는 꼭두각시 정권이었다. 물론 난징 정부는 만주국의 승인을 거부하였다.

국제연맹의 리턴 조사단은 만주국이 일본의 괴뢰 정권이며 만주는 중국의 영토라는 사실을 인정하였다. 또한 만주 사변이나 상하이 사변이 모두 일본의 모략에 의한 것이라고 하였다. 하지만 정작 일본에 대한 직접적인 제재에 대해서는 반대하였다. 리턴과 4명의 위원들 모두 개인적으로는 중국을 동정했으나 일본군을 철수시킬 수 있는 수단이 없는 이상 일본을 자극해서는 안 된다는 본국의 방침에 따르지 않을 수 없었다. 10월 1일 제네바와 베이핑, 도쿄에서 동시에 발표된 리턴 보고서는 만주국을 해체하고 만주에 대한 명목상 중국의 주권은 인정하되, 일본의 관할 아래 비무장 지대로 만들고 장쉐량을 대신하는 새로운 친일 지방 정권을 수립하는 절충안을 제안하였다. 그러나 이것은 중일 양국 모두의 반발과 불신만 샀다. 일본은 1933년 3월 27일 국제연맹 탈퇴를 일방적으로 선언했다. 그러나 국제연맹은 아무런 행동도 하지 못했다. 이것은 관행이 되어 2년 뒤 이디오피아를 무력 침공한 이탈리아도 국제연맹의 비난을 받자 즉각 국제연맹을 탈퇴하였다. 장제스 역시 약소국이 국제연맹에

---

* 베이징 정부와 난징 정부 시절 구웨이쥔과 함께 중국의 대표적인 외교관. 베르사유 강화 회의에서 일본의 21개조 요구의 부당성과 일본이 점령한 산둥 성의 조차지를 반환하라고 강력히 요구하여 결국 일본은 칭다오와 자오저우 만의 조차지를 중국에 돌려줄 수밖에 없었다. 또한 미국과 유럽을 상대로 원조를 얻기 위해 많은 노력을 했으며 대한민국 임시 정부를 후원하여 1968년 우리 정부는 건국훈장 독립장을 추서하였다.

** 만주국은 처음에는 입헌 군주제였으나 일 년 뒤 1933년 3월 제정(帝政)으로 바뀌었고 푸이는 명목상 만주국 황제의 자리로 올랐다. 그러나 실권은 모두 관동군 사령관이 쥐고 있었다.

호소하는 것이 얼마나 부질없는지를 깨달았다. 그는 국제연맹에 기대는 대신, 일본에 대항하기 위한 군사력을 키우기 위해 독일과 소련에 접근하기 시작했다.

╲상하이 사변의 결과

1월 28일부터 3월 3일까지 약 한 달 동안의 전투에서 일본은 총 9만 명의 병력과 군함 80척, 항공기 300대를 투입했으며, 전사 634명, 부상 1,791명이 발생했다고 발표하였다. 이는 만주 사변에서 일본군이 입은 피해(전사 498명, 부상 998명)의 약 두 배 정도였다. 그리고 중국군의 피해에 대해서는 의용군까지 포함해 약 10만 명이 참전하여 최소 2만 5천 명의 사상자가 났다고 주장하였다. 반면, 중국은 일본군의 사상자가 적어도 5천여 명에 달하며 자신들의 손실은 1만 3천 명 정도라고 발표하였다. 일본의 역사학자 우스이 가쓰미의 『만주사변(滿洲事變)』에서는 상하이에서 중국군 사상자 1만 4,326명, 일본군 사상자 3,091명으로 나와 있다. 참고로, 야스쿠니 신사에 합사된 만주 사변 전사자는 1만 7천 명에 달하는데 이는 만주 사변만이 아니라 상하이 사변, 러허 사변 등 중일 전쟁 이전의 모든 일본군 전사자를 합친 숫자이다.

상하이 사변에서 난징 정부의 항일 전략에 대해 프랑스의 좌파 역사학자 장 셰노는 『중국현대사 1911~1949』에서 "제19로군만 분투했을 뿐 난징 정부는 소극적인 태도로 일관했다"고 주장한 반면, 레이 황은 『장제스 일기를 읽다』에서 장제스가 항일전을 직접 주도한 것처럼 기술하여 완전히 상반된 시각을 보여준다. 그러나 어느 쪽도 진실은 아니다. 냉철하게 말하자면 장제스는 적극적인 면과 소극적인 면을 모두 보여주었다. 그는 강 건너 불구경한 것이 아니라

휘하 직계 부대를 최전선에 투입하였고 할 수 있는 모든 수단으로 제19로군을 지원하였다. 그의 제2사단과 제5군은 제19로군과 마찬가지로 막대한 피해를 입었다. 그러나 전황이 점차 불리해지고 전면전으로 확대될 조짐이 보이자 추가 증원을 거부하고 반일 시위를 탄압하였다. 이 때문에 장제스 반대파와 재야 지식인들은 장제스가 일본에 끝까지 저항하는 대신 굴욕적인 타협을 선택했다며 온갖 비난을 퍼부었다.

그러나 싸울 수 있는데 싸우지 않는 것과 싸울 수 없기 때문에 싸우지 않는 것은 엄연히 다르다. 일본군이 상하이 전역을 점령하고 그 여세를 몰아 수도 난징까지 밀고 들어온다 해도 중국으로서는 속수무책이었다. 최악의 경우 난징 정부가 무너져 일본의 꼭두각시들이 지배하는 군벌 할거 시대로 돌아갔을지도 모른다. 만약 중국이 분열되지 않았다면 난징 정부는 상하이는 물론이고 설사 난징을 내주더라도 끝까지 싸웠을 것이다. 일본은 국력의 한계에다 열강들의 압력 앞에 결국 스스로 물러나야 했을 것이다. 하지만 1932년의 중국은 그렇지 못했다는 점에서 결국 문제점은 여기에 있었고 바로 그것이 장제스가 해결해야 할 과제였다.

4

오늘은 만주, 내일은 화북

＼윤봉길의 의거

1932년 4월 29일 상하이 국제 공동 조계의 훙커우(虹口) 공원에서 일본군의 '전승행사'가 열렸다. 삼엄한 경계 속에서 상하이에 거주하는 수많은 일본인들이 모여 축하식을 지켜보는 가운데, 단상 위에는 상하이파견군 사령관 시라카와 요시노리 대장을 비롯해 제3함대 사령관 노무라 기치사부로 중장, 제9사단장 우에다 겐키치 중장, 시게미쓰 마모루 주중 공사, 무라이 구라마쓰 상하이총영사 등 상하이 사변을 주도했던 인물들이 모두 모여서 욱일승천기 앞에 도열해 있었다. 일본 국가의 연주가 거의 끝나갈 무렵 한 청년이 단상 위로 폭탄을 던졌고 그 폭탄은 노무라와 시게미쓰 앞에서 터졌다. 바로 윤봉길 의사의 '훙커우 공원 폭탄 투척 사건'이었다. 그가 던진 한 발의 폭탄으로 가와바타 데이지 상하이 거류민단장(행정위원장)이 즉사했고 시게마쓰 마모루는 다리를 잃었으며* 시라카와 대장과 노무라 중장, 우에다 중장을 비롯해 단상 위에 있던 모든 이들이 중상을 입었다. 시라카와는 열두 번의 수술을 받았지만 부상이 악화되어 5월 26일 사망하였다.

윤봉길은 거사 후 두 번째 폭탄으로 자폭하려고 했으나 실패하여 현장에서 체포되었고 결국 12월 19일 25살의 나이로 총살당했다. 그는 심한 고문에도 불구하고 자신의 정체를 말하지 않았으나 김구의 한인애국단이 "우리가 주도했다"라고 밝히면서 세상에 알려졌다. 또한, 폭탄을 제조하여 윤봉길에게 직접 전달한 사람은 '왕웅'이라는 가명을 쓰고 중국군 간부로 활동하고 있던 김홍일 장군이었다. 이 사건은 장제스가 "1백만 중국군조차 하지 못한 일을 단 한 명의 조선 청년이 해냈다"고 감탄할 만큼 유례없는 사건으로 전 세계의 이목을 집중시켰다. 한 사람의 희생은 그동안 침체되어 가던 우리 독립운동에 다시 불을 지폈으며 완바오 산 사건 이래 극도로 악화되었던 중국인들의 조선에 대한 시각도 바뀌었다.

이 사건 이후 김구는 장제스의 최측근이자 CC단**의 지도자였던 천궈푸(陳果夫)의 도움으로 장제스를 직접 대면할 수 있었다. 장제스는 즉석에서 대한민국 임시 정부에 대한 자금 지원과 황푸군관학교 뤄양분교에 매회 1백 명의 조선인 장교를 훈련시키기로 약속하였다. 그리고 지청천, 이범석이 교관으로 임명되었다. 임시 정부와 중국의 연계는 일본의 항의에 부딪쳐 얼마 가지 않아 중단될 수밖에

---

* 이날 오른쪽 다리를 잃은 시게미쓰는 일본이 패망한 뒤 미국 전함 미주리 호에서 일본 대표로 의족을 한 채 항복 문서에 서명하였다.

** 남의사와 함께 장제스 직속의 특무기관이자 비밀경찰로 우리의 국정원과 유사한 조직이지만 엄밀히 말해서 정부 공식기관이라기보다 장제스 개인의 사조직에 가까워 주로 정권의 전위대 역할을 맡았다. 지도자인 천궈푸, 천리푸 형제의 영문 첫이름을 따 CC단이라고 불렸다.

없었으나 장제스는 조선에 호의를 가지게 되었고 중일 전쟁이 발발한 뒤에는 대한민국 임시 정부에 본격적으로 원조를 시작하였다.

＼중국의 상황

훙커우 공원 사건 일주일 후인 5월 5일 상하이 정전 협정이 체결되었다. 이로써 최악의 상황은 피할 수 있었지만 1931년 9월 18일 만주 사변과 뒤이은 상하이 사변, 그리고 만주국이 건국되는 과정에서 일본의 침략 앞에 중국은 자신들이 얼마나 무기력한지 새삼 깨달아야 했다. 그러나 제대로 저항 한 번 못해봤던 장쉐량의 동북군과 달리 상하이에서 분전은 중국에게 새로운 가능성을 보여주었다. 비록 결국에는 중과부적으로 물러났지만, 중국군은 일진일퇴를 거듭하며 세 차례나 일본군의 강력한 공격을 막아냈다. 손쉽게 승리하리라고 예상했던 일본군으로서는 러일 전쟁 당시의 뤼순 공방전 이래 유례없는 고전이었다. 반면, 청일 전쟁의 패배 이래 일본에 대한 극도의 패배주의에 빠져 있던 중국군은 일치단결하면 얼마든지 잘 싸울 수 있다는 자신감을 얻었다. 장제스는 1931년 11월 국민당 제4차 전국대표대회에서 "우리가 단결할 수 있다면 비록 열 개의 일본이 있어도 우리를 동요시킬 수 없다"라며 당원들부터 앞장서 줄 것을 호소하였다.

그러나 그의 앞에 놓인 것은 장밋빛 미래가 아니었다. 도대체 어디서부터 어떻게 풀어나가야 할지 한 치 앞도 내다볼 수 없었다. 일본의 침략에 맞서기 위해서는 군사력이 있어야 했고 그 군사력을 지지할 경제력이 있어야 했다. 이것은 하루아침에 만들어 낼 수 있는 것이 아니었다. 북벌과 중원대전의 승리에도 불구하고 난징 정부의 지배력이 미치는 지역은 여전히 양쯔 강 하류의 좁은 지역에 불과했다. 화북과 서부 지방의 대부분은 여전히 반(半)독립된 군벌들이 지배하고 있었다. 또한 화중과 화남에서는 농촌을 중심으로 공산당이 세력을 확대하면서 곳곳에 '소비에트 지구'를 만들고 있었다.

국민 정부 내에서도 왕징웨이를 비롯한 복잡한 계파 간의 갈등으로 장제스의 지위는 매우 취약했다. 대외 정책을 좌우하고 있던 왕징웨이는 노골적으로 친일 성향을 드러내며 장제스의 항일 전략이 오히려 일본을 자극하여 더 큰 침략을 불러올 수 있다고 반대하였다. 또한 북벌 전쟁에서 장제스의 동맹자였으며 그와 거의 대등한 힘을 가지고 있던 광시, 광둥 군벌들은 중앙 집권을 강화하려는 장제스의 정책에 반발하여 반란을 일으키기 일쑤였다. 1933년 10월 푸젠 사변이나 1936년 9월 제2차 양광 사변*이 대표적인 사례였다. 중국군의 숫자는 200만 명이 넘었지만 그중에서 장제스에게 충성하는 부대는 10분의 1에 불과했다.

정치적 혼란만큼이나 경제적으로도 외세에 예속되어 어려움이 있었고, 인구의 대부분이 농업에 종사하는 중국의 여건상 가장 중요한 세입인 토지세는 군벌들이 지배하는 지방 정부가 독점하였다. 난징 정부의 재정의 가장 큰 비중을 차지하는 관세 수입은 만주 사변과 상하이 사변으로 큰 타격을 입었다. 청조와 북양 정권이 무분별하게 차용했던 외채와 의화단의 난으로 인한 배상금을 고스란히 물

---

* 양광(兩廣)이란 중국 남부의 광시, 광둥 성을 가리킨다. 1936년 5월 광둥 군벌의 원로 후한민이 사망하자 장제스는 반독립 상태였던 양광에 대한 자치권을 축소하려고 하였다. 여기에 반발한 리쭝런, 바이충시, 천지당 등 광시, 광둥 군벌들은 6월 1일 반란을 선언하였다. 그러나 일본의 침략이 점점 노골화되는 상황에서 국내 여론이 악화되고 비난의 목소리가 높아지자 양측은 무력 충돌 대신 협상을 벌였고, 그해 9월 양광 정부는 반란을 취소하고 난징 정부에 투항하였다. 이 시대를 배경으로 하는 영화가 왕가위 감독의《일대종사(一代宗師)》이다.

려받은 데다, 군비는 날로 늘어나는 반면 세입은 줄어들면서 심각한 적자에 허덕여야 했다. 중국의 공업이 점차 발전하면서 산업 혁명의 초기 모습을 보이고 있었으나 대부분은 방직 공장 같은 경공업이었고 중공업은 전무했다. 게다가 1929년에는 세계 대공황이 시작되었고 황허 강과 양쯔 강의 거듭된 범람, 그리고 가뭄과 홍수 등 계속되는 대규모 자연재해로 농촌 경제가 심각하게 파괴되었으며 수백만 명이 기아에 허덕였다. 이것이 1930년대 초반 중국의 모습이었다.

＼러허 사변

만주를 장악한 관동군은 다음 단계로 러허 성을 노렸다. 만주국이 수립된 이후에도 만주 각지에서는 옛 동북군을 중심으로 치열한 항일 투쟁이 벌어지고 있었다. 1932년 9월에만 해도 만주 전역에는 약 22만 명에 달하는 항일 게릴라들이 있었다. 그들은 곳곳에서 일본군과 교전하고 철도를 파괴하였다. 그러나 관동군이 적극적으로 토벌에 나서면서 1933년 2월에 오면 만주에서 항일 세력은 거의 소멸하였다. 만주 사변 이후 관동군은 대대적으로 병력을 증강하여 1932년에는 9만 4천 명, 1935년에는 16만 4천 명으로 늘어났고 18개의 비행중대와 전차를 비롯한 기계화 부대까지 배치하였다. 또한 관동군은 만주국을 직접 경영하며 온갖 이권에 개입하였다. 만주국은 일본의 꼭두각시라기보다 관동군의 꼭두각시였다.

진저우를 버리고 베이핑으로 물러난 장쉐량은 아직 자신의 세력권인 허베이 성과 러허 성을 기반으로 재기를 노렸다. 그러나 근거지인 만주의 상실로 심각한 재정난에 빠졌고 정치적 지위조차 위태로웠다. 난징 정부와의 관계도 악화되었다. 왕징웨이가 만주를 상실한 책임을 지고 하야하라고 비난하자 장쉐량은 "나도 하야하고 싶지만 많은 부하들과 북중국의 치안을 책임져야 하는 막중한 책무가 있다. 당신도 함께 물러난다면 나도 물러나겠다"고 응수하였다.

러허 성은 장쉐량의 부하인 탕위린이 지배하고 있었다. 그는 젊은 시절 장쭤린, 장징후이, 장쭤샹 등과 함께 마적 생활을 했으며 장쭤린의 의형제이자 동북군 내 구파의 우두머리였다. 탕위린은 만주 사변 이후 관동군과 장쉐량 사이에서 양다리를 걸치고 있었다. 그는 일본의 압력에 못 이겨 만주국 건국식에도 참석하였으나 그렇다고 장쉐량과의 관계를 완전히 끊은 것도 아니었다. 장제스는 장쉐량에게 탕위린이 언제 친일로 전향할지 모른다면서 즉각 해임하라고 압박을 가했지만 장쉐량은 이를 묵살했다. 또한 관동군의 러허 성 침입에 대비해 러허 성으로 병력을 신속하게 증원하라는 조언과 중앙군을 파견하겠다는 제안 역시 거부했다. 중앙군이 자신의 영토에 들어온다면 자신의 위치가 흔들릴 뿐더러 이를 명분 삼아 관동군이 공격해 올지도 모른다고 생각했기 때문이다. 장제스는 장쉐량의 이런 행태가 매국이나 다름없다며 격분했다.

장제스와 장쉐량이 대립하는 가운데, 관동군은 러허 성을 본격적으로 침략하기 시작했다. 마침 관동군 스파이가 차오양사(朝陽寺)라는 절에서 비적에 의해 살해되는 사건이 일어났다. 관동군은 장쉐량의 소행이라고 주장하며 1932년 8월 22일 제8사단을 러허 성으로 출병시켜 탕위린 휘하의 동북군을 단숨에 격파하였다. 그제야 장쉐량은 장제스에게 지원을 요청하였다. 만주 사변으로 공산군 토벌을 일시 중지했다가 상하이 사변이 끝난 직후 네 번째 공산군 토벌 작전을 진행하고 있던 장제스는 장쉐량에게 총력을 기울여 러허 성을 사수해야 한다고 강조하고 중앙군 6개 사단을 파견하겠다고 약속하였다. 실제로 출동한 병력은 4개 사단이었고 그중 3개 사단(제2사단,

제25사단, 제83사단)은 장제스 직계의 정예 부대였다. 장쉐량 역시 5개 여단을 증원하였다. 의용군까지 합해 러허 성에는 23만 5천 명에 달하는 중국군이 집결하였다.

한편, 의화단의 난 이후 일본군은 만리장성의 요충지인 산하이관과 발해만의 항구 도시 친황다오(秦皇島)에 각각 1개 중대를 배치하여 산하이관에 1백여 명이, 친황다오에는 50여 명이 주둔하고 있었다. 또한 톈진의 일본 조계지에도 '지나주둔군' 또는 '톈진군'이라 불리는 일본군 1개 대대가 주둔하고 있었다. 이렇게 화북의 요충지마다 일본군이 배치되어 있다 보니 중국은 전략적으로 매우 불리하였다.

1933년 1월 1일 산하이관 남문 밖에 있는 일본군 헌병초소에 누군가가 수류탄을 던지고 총격을 가한 일이 발생했다. 관동군은 즉각 "중국군의 도발"이라며 산하이관 인근에 주둔한 중국군 진지를 공격하였다. 양측은 이틀에 걸쳐 치열한 전투를 벌였으나 구축함의 함포 사격에다 19문의 야포, 7대의 항공기, 소수의 전차까지 지원받은 일본군은 중국군을 완전히 제압하고 1월 3일 산하이관 전역과 인근의 린위 현성(臨榆縣城)까지 점령하였다.

관동군은 산하이관에서의 충돌을 빌미로 공세를 더욱 확대했다. 러허 성 진저우 부근에 있던 동북군 제16여단과 제19여단을 폭격하였고 1월 10일에는 산하이관 북쪽으로 13킬로미터 떨어진 주먼(九門)을 점령하였다. 이로 인해 관내와 러허 성을 연결하는 장쉐량군의 병참선이 끊어졌다. 전황이 점점 확대되자 2월 10일 베이핑에 있던 장쉐량은 장제스의 처남이자 난징 정부에서도 가장 반일주의자로 이름난 재정부장 쑹쯔원(宋子文)과 함께 러허 성의 성도 청더(承德)로 사령부를 옮기고 모든 수단을 다해 러허 성을 사수하겠

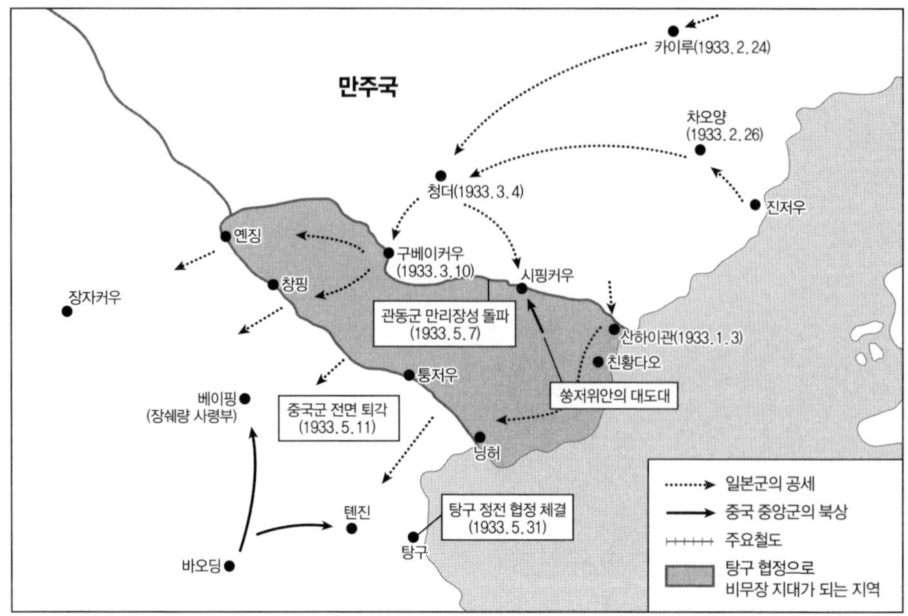

●— 러허 사변. 일본은 1935년 12월 25일 비무장 지대에 친일 괴뢰 정권인 '기동방공자치정부'를 수립하였다.

다고 선언하였다. 관동군 역시 이번 기회에 러허 성을 완전히 장악할 생각으로 "러허 성은 만주국의 영토"라고 선언한 후 제6사단, 제8사단, 제14독립혼성여단, 기병 제4여단, 제2비행대대 등에다 장징후이, 장하이펑이 지휘하는 구 동북군 출신들로 구성된 4만 2천여 명의 만주국 괴뢰군까지 동원하였다. 여기에는 1개 전차 중대(89식 중(中)전차 11대와 92식 중(重)장갑차, 르노 FT-17 경전차 등으로 구성)도 있었다.

10만 명이 넘는 일·만 연합군은 세 방향에서 중국군을 공격하였다. 압도적인 화력과 전차 부대, 항공기의 폭격 앞에 오합지졸에 불과한 동북군은 변변히 싸우지도 않고 무너졌다. 2월 24일 카이루

(開魯)를 수비하던 추이싱우(崔興武)는 관동군과 내통하여 싸우지도 않고 항복했고 차오양(朝陽)의 수비군 역시 태반이 도주하였다. 3월 2일에는 링위안(淩源)이 함락되었고 구원 부대로 링위안으로 향하던 제130사단은 중도에서 일본군의 급습을 받아 사단장이 전사하고 부대는 괴멸당했다. 다음 날 탕위린은 자신의 가족과 사재를 차량에 싣고 1천여 명의 부하들과 함께 청더를 버리고 베이핑으로 도주하였다. 이 때문에 동북군의 사기는 더욱 땅에 떨어졌다. 후퇴하는 중국군의 머리 위로 일본 비행기들이 쉴 새 없이 폭탄을 떨어뜨렸다. 1933년 3월 4일 아침 일본군은 청더에 입성하였다. 이로써 러허 성 전역이 일본의 수중에 들어갔다. 일본군은 그 여세를 몰아 만리장성으로 진격하였다.

장쉐량은 모든 병력과 난징 정부로부터 수송된 군수물자를 만리장성에 배치하여 최후의 방어선을 구축했으나 3월 10일 베이핑 북쪽의 관문인 구베이커우(古北口)가 함락되면서 베이핑마저 위태롭게 되었다. 러허 사변에서 장쉐량과 동북군의 무능함은 또 한 번 증명되었다. 상황이 악화되자 장제스는 공산군 토벌을 즉시 중지하고 바오딩으로 올라왔다. 3월 12일 장제스와 독대한 장쉐량은 패전의 책임을 지고 하야를 선언하였다. 그리고 외유를 명목으로 유럽으로 떠났다. 그의 동북군은 재편되어 군정부장 허잉친의 지휘를 받게 되었다. 그러나 허잉친 역시 압도적으로 우세한 일본군의 남하를 막을 수 없었다. 1933년 3월 26일 허베이 성 북쪽의 만리장성 전역이 일본군의 손에 넘어갔고 그 과정에서 동북군은 물론 중앙군도 막대한 피해를 입었다. 제2사단만 해도 6천 명이 넘는 사상자를 냈다.

제네바에서 열린 국제연맹 총회에서 중국의 입장을 호소하고 있던 구웨이쥔은 러허 사변에서 중국군이 선전하여 전 세계의 이목을 집중시키기를 바랐다. 그는 국제연맹 규약 제16조 "전쟁에 호소한 연맹국은 다른 모든 연맹국에 대해 선전포고한 것으로 간주하고 통상, 금융 등 모든 관계를 단절한다"를 내세워 일본에 대한 경제 제재를 요구했으나 국제연맹은 중국이 일본과 단교하지 않은 이상 제16조의 발동은 불가능하다고 답변하였다. 이에 구웨이쥔은 본국에 대일 단교와 선전포고를 건의하였다. 그러나 비관주의에 빠져 있던 왕징웨이는 어차피 열강은 중국에 관심이 없으며 성급하게 전면전을 선포했다가 상황만 더 악화되어 베이핑과 톈진은 물론 화북 전역이 일본의 손에 넘어갈 것이라고 반대하였다. 결국 구웨이쥔의 제안은 무산되었다.

＼탕구 정전 협정

일본 정부는 장성 이북을 점령한 이상, 사태를 더 이상 확대하지 말라고 관동군에 지시했다. 그러나 1933년 3월 27일 관동군 사령관 무토 노부요시 대장은 상부의 명령을 무시한 채 '관동군 작전명령 제491호'를 발동시켜 4월 11일 장성 이남을 침공하였다. 중국의 허잉친도 중앙군을 중심으로 병력을 증원하였다. 약 5만 명의 병력이 베이핑과 톈진 주변에 집결하여 방어선을 구축하고 반격을 준비하였다. 또한 쑹저위안(宋哲元)의 제29군이 가세하여 일본군의 측면을 위협하였다. 그러나 5월 7일 장성을 돌파한 관동군 제6사단과 제8사단은 중국군을 도처에서 격파했고 베이핑과 톈진의 북쪽 50킬로미터 지점까지 진출하였다. 베이핑이 함락의 위기에 처하자 결국 5월 25일 중국은 일본에 정전을 요청하였고 5월 31일 톈진 외항인 탕구(塘沽)에서 정전 협정이 체결되었다.

탕구 정전 협정(塘沽停戰協定)은 중국에게는 그야말로 굴욕적인 내용이었다. 일본군은 만리장성 이남에서 철수하되, 만리장성 이북 전체를 손에 넣었고 일본의 만주 지배를 사실상 인정함으로써 만주국의 존재를 묵인하는 셈이 되었다. 또한 산하이관을 비롯한 장성의 주요 요충지에 일본군의 주둔을 인정하였다. 중국은 적어도 만리장성에 대해서는 오랜 상징성을 내세워 일본군의 철수와 중국으로의 반환을 필사적으로 요구했으나 관동군은 일언지하에 거부하였다. 오히려 장성 이남의 베이핑 북쪽 전역이 비무장 지대로 지정되어 중국군은 허베이 성 동북부에서 남쪽으로 물러나야 했다. 중국으로서는 또 한 번의 치욕이었다. 군사적으로 참패였고 외교적으로도 참패였다. 또한 만주와 러허 성을 빼앗긴 데다 베이핑과 톈진 이북의 앞마당과 다름없는 지역의 주권을 상실함으로써 이제 무방비 상태가 되어 화북의 안전마저 보장할 수 없게 되었다. 이런 상황은 연운16주를 요나라에 빼앗겼던 북송 시절을 재현한 격이었다.

러허 사변에서 장쉐량의 지휘는 매우 졸렬했다. 탕위린을 비롯한 지휘관들은 제대로 싸우지도 않고 도주하거나 일본과 내통하였다. 또한 만주괴뢰군이 된 옛 동북군 출신들은 관동군의 앞잡이가 되어 침략의 선봉에 섰다. 몇 년 뒤 동북군 장병들은 산시 성(陝西省)에서 공산군과의 싸움에 동원되자 "일본과 싸우겠다"며 반발하지만, 막상 싸울 기회가 있을 때에는 한심한 모습을 보여주었다. 오히려 많은 희생을 내며 용전한 쪽은 허잉친의 중앙군과 쑹저위안의 제29군이었다. 쑹저위안은 '대도대(大刀隊)'라는 결사대를 조직해 일본군 포병 진지를 육탄 돌격으로 점령했다. 비록 작은 승리였지만 그는 '항일 명장'으로 이름을 떨쳤다.

장제스는 '일면저항, 일면외교'를 추진하면서 좀 더 유리한 입장에서 일본과 협상하기 위하여 중국군이 관동군을 격퇴하거나, 적

●— 만리장성을 경비하는 일본군. 탕구 정전 협정으로 일본은 만리장성 이북을 장악한 것은 물론이고 베이핑과 톈진까지 넘보게 되었다.

어도 선전하여 큰 손실을 입히기를 바랐다. 그러나 러허 성과 장성 전투에서 중국군은 완패하고 말았다. 아무리 재야 지식인들이 명분을 내세워 '항일'을 외쳐도 힘이 없다면 소용없었다. 장제스는 가장 먼저 중국을 하나로 뭉쳐야 한다는 사실을 어느 때보다 절실하게 깨달았다.

5
항일을 위해 십 년을 준비하라

1928년 5월 산둥 성 지난에서 일본군이 국민혁명군을 공격한 '지난 사건'이 발생했을 때 장제스는 병력을 철수시키면서 "일본에 대항하기 위해서 우리는 10년간 국력을 배양해야 한다"고 말하였다. '양외필선안내(攘外必先安內)', 즉 외적을 물리치기에 앞서 내부부터 안정시켜야 한다는 그의 주장은 동시기 좌파 지식인들과 여러 당파들, 특히 공산당으로부터 일본의 침략에는 미온적이면서 내전에만 광분한다며 극심한 비난을 받았다. 지금도 중국에서 장제스에 대한 평가는 여기에 머물러 있다. 그러나 그는 상하이 사변과 러허 사변에서 자신의 직속 정예 부대를 투입하는 등 일본군의 공격을 저지하기 위해 모든 노력을 다하였다. 그럼에도 결국 일본에 굴복한 이유는 의지가 부족해서가 아니라 군사력에서 도저히 이길 수 없었기 때문이다. 싸우지도 않고 물러난 쪽은 장제스가 아니라 장쉐량이었다.

장제스는 많은 비난을 무릅쓰고 일본에 대해 유화 정책을 고집하면서도, 한편으로 일본과의 전쟁은 불가피하다고 생각했다. 그는 1934년 10월 정부계 언론지인 『중앙일보(中央日報)』의 외교평론(外交評論)에서 "일본이 중국을 침략한다면 우리가 무력으로 이길 수는 없어도 일본 역시 큰 피해를 입을 것이다. 우리가 내륙으로 후퇴하면서 지구전을 펼친다면 그들은 기껏해야 철도와 연안가의 일부 도시만 점령할 수 있을 것이다"라고 썼다. 또한, 일본의 화북 침략이 갈수록 노골화되자 1936년 7월에 열린 국민당 제5기 전당대회에서도 "가능하다면 평화를 추구하겠지만 우리의 영토와 주권을 침범하는 것은 절대 용인할 수 없으며, 영토를 침해한 어떤 사실도 인정하지 않을 것이고 영토를 침해하는 어떤 협정도 맺지 않을 것"이라며 일본을 향해 경고하였다.

그의 '항일 의지'에 대해 어떻게 평가해야 하는가? 그의 말은 과연 진심이었을까? 아니면 취약한 정권의 안정과 민심의 수습을 위해 '북벌'을 슬로건으로 내세웠던 효종처럼 자신의 독재를 강화하기 위한 한낱 허울 좋은 명분이었나? 이에 대해 답하기 위해서는 중일 전쟁 직전까지 그가 주도했던 정치, 경제, 국방, 외교 등 전반적인 국가 전략의 방향은 무엇이었는지, 실제로 얼마나 실행되었는지, 또 그 결과는 어떠했는지를 살펴봐야 한다.

＼정치적으로 통일하다

북벌이 끝난 후 가장 시급한 과제는 오랜 전란으로 피폐한 중국의 부흥이었다. 일본에 맞서기 위한 군사력을 갖추려면 우선 경제를 재건해야 했다. 경제를 재건하기 위해서는 강력한 통치력이 있어야 했다. 그러나 북벌 직후만 해도 난징 정부의 통치력은 미약하기 짝이 없었다. 명목상의 통일에도 불구하고 난징 정부가 실질적으로 지배하는 영역은 양쯔 강 하류의 상하이와 난징을 중심으로 한 장쑤 성, 안후이 성, 저장 성 3개 성에 불과했다. 이조차도 반독립적인 소군벌과 향촌의 토착 세력이 할거하고 있었고, 농촌과 산악 지대에는 공산군이 잠식하고 있는 형편이었다.

그럼 왜 장제스는 북벌의 성공에도 불구하고 중국 전토는커녕, 고작 대륙의 한쪽 귀퉁이만 차지했던가? 이를 알려면 우선 중국의 왕조 교체기마다 반복된 군벌들의 합종연횡에 대한 이해가 필요하다. 군벌 시대에는 세력의 크기에 따라 한두 개의 작은 마을을 장악한 소군벌부터 여러 개의 성을 장악한 대군벌까지 존재했다. 소군벌은 힘이 미약하므로 주변 세력끼리 연합하거나 더 큰 세력의 유력자에게 복종하였다. 따라서 군벌이란 다양한 세력의 정치적 연합이었다. 군소 군벌은 대군벌이 자신의 기반을 보호해 준다는 조건 아래 복종하였다. 대군벌은 하위의 군소 군벌을 거느렸지만, 대개 그들이 연합한 진영의 우두머리에 지나지 않았고 그들을 실효적으로 지배하지 못했다. 만약 대군벌이 다른 대군벌에 패배하여 휘하의 군소 군벌들을 보호할 능력을 상실하면, 군소 군벌들은 서슴지 않고 등을 돌려 더 실력 있는 군벌에게 귀순하였다. 따라서 중국의 내전은 유럽처럼 일정한 전선을 형성해 밀고 당기는 식이 아니라 한두 번의 큰 싸움으로 한 세력이 통째로 와르르 무너져 내리는 식이었다. 군벌이 다른 군벌과의 싸움에서 이기려면 상대 군벌보다 더 많은 세력을 끌어모아야 했다. 장제스의 북벌 전쟁 역시 마찬가지였다. 그는 북상하면서 합종연횡으로 여러 대군벌과 손을 잡고 수많은 군소 군벌을 포섭하였다. 이를 위해서는 그들의 기반과 이익을 보장해 주어야 했다. 그렇지 않으면 그의 앞길을 가로막는 수백 개가 넘는 군벌들을 하나하나 무력으로 제압해야 하는데 이는 수십 년이 걸려도 불가능한 일인 데다 너무 소모적인 방법이었기 때문이다. 도리어 군벌들이 모두 적의 진영에 가담하여 장제스의 군대가 압도당하는 수가 있었다. 이것이 수천 년간 이어져 온 중국식 군벌 전쟁의 전통적인 행태였다. 이 과정을 통해 우두머리 군벌이 여러 군벌들을 이끌고 최후의 승리를 거두면 천하를 얻는다. 역사에서 보듯이 천하를 손에 쥔 뒤에는 그동안의 협력자들을 하나씩 제거하거나 세력을 줄여 자신의 권력을 강화해 나간다. 느슨한 군벌 연합 정권에서 한 사람에게 절대 권력이 집중되는 과정이 이어지고, 비로소 하나의 대륙에 하나의 절대 권력이 관철되는 통일 국가가 되는 것이다. 이 또한 중국 역대 왕조의 공통된 패턴이었다. 장제스도 마찬가지였다. 중국의 지도자에 오르자마자, 그는 국가 체제의 정비와 권력의 중앙 집권화를 강력하게 추진하였다.

장제스는 내전에만 광분한 것이 아니라 때로는 무력을, 때로는 타협이라는 '당근과 채찍'을 적절히 활용하면서 군벌들의 세력을 축소시키고 중앙 집권화를 추진해 나갔다. 이 과정에서 보인 그의 정치 수완은 대단히 고단수였다. 북벌과 신(新)군벌 내전을 통해 펑위샹을 비롯한 많은 군벌들을 스스로 정계에서 물러나거나 복종하도록 만들었다. 또한 국민당 안에서 최대의 라이벌인 왕징웨이파와 광시, 광둥 군벌들에 대해서는 가능한 한 무력 충돌을 피하고 이해타산을 앞세워 타협하였다. 이런 식으로 그는 국민당 내 반장(反蔣) 세력을 억눌러 자신의 독재를 강화하는 한편, 화남 일대에서 농촌을 중심으로 세력을 확대하고 있던 공산군에게 눈을 돌렸다. 그러나 네 번의 초공 작전은 공산군의 강력한 저항에 부딪쳐 고전의 연속이었고, 만주 사변과 러허 사변 등 일본의 침략으로 인해 중도에 그만둘 수밖에 없었다.

1933년 9월 대중 유화론자인 히로타 고키가 일본의 신임 외무대신이 되자 일시적으로 일본과의 관계가 개선되면서 장제스는 다섯 번째 토벌에 총력을 기울였다. 난징 정부는 중앙군과 현지 지방군까지 총동원해 1백만 명에 달하는 대규모 포위망을 형성하였다. 결국 장시 성의 공산군은 근거지인 루이진에서 쫓겨나 이른바 '대장정'이라 부르는, 2만 5천 리의 고난의 행군을 떠나게 되었다. 이로 인해 화중, 화남에서 공산당의 세력은 거의 소멸하였고 극소수만이 명맥을 유지했다.* 장제스는 도주하는 공산군을 일 년에 걸쳐 추격하면서 쓰촨 성, 윈난 성, 구이저우 성 등 난징 정부의 힘이 잘 미치지 않던 서부 변경 지역에 대한 지배력을 강화하였다. 충칭 군벌 류샹, 쓰촨 군벌 류원후이, 윈난 군벌 룽윈(龍雲), 서북삼마(西北三馬)** 와 같이 한때 자신의 왕국에서 무서울 것 없이 세도를 누렸던 서부 지역 군벌들도 장제스 앞에서는 무릎을 꿇고 자신들의 군대와 자금을 내놓아야 했다. 1936년 7월 리쭝런을 중심으로 광시, 광둥파 군벌들이 일으킨 '제2차 양광 사변'은 1929년부터 반복된 군벌들의 마지막 반장(反蔣) 반란이었다. 양측은 또 한 번 내전 직전까지 갔지만, 일본의 침략에 합심해야 한다는 데 공감하면서(또한 많은 뇌물이 약속되었다) 피를 보지 않고 극적인 타협에 성공하였다.

장제스와 함께 난징 정부를 둘로 나누는 양대 군벌인 리쭝런

---

* 이후 이들은 중일 전쟁과 제2차 국공 합작이 결성되면서 국민혁명군 신4군으로 편성된다.

** 신해혁명부터 국공 내전까지 칭하이 성, 닝샤 성, 간쑤 성을 지배했던 이슬람 군벌들. '칭하이 왕' 마부팡(馬步芳), '닝샤 왕' 마훙쿠이(馬鴻逵), 그리고 마훙빈(馬鴻賓) 3명을 합해 '서북삼마' 또는 '마가군(馬家軍)'이라고 불렀다. 명목상 중앙 정부에 복종하되 실질적으로는 반독립된 봉건 왕국을 유지했으나 국공 내전 말기 인민해방군의 공격을 받아 몰락하였다.

이 굴복하자 더 이상 장제스에게 대적할 수 있는 세력은 없었다. 난징 정부의 지배력은 한층 확대되어 화북과 만주, 서북의 변경을 제외하고 중국 대부분의 지역에 미쳤다. 진정한 의미에서의 통일에 가까워진 것이었다. 그러나 그 과정은 결코 포용이 아닌 모략과 강압에 의한 것이었다. 또한 국민에 의한 민주주의가 아니라 어디까지나 장제스 개인의 전제 정치였기에 심한 반발을 불러일으킨 것은 당연했다.

장제스는 위안스카이나 마오쩌둥처럼 의회 민주주의 자체를 부정하지는 않았다. 그러나 그는 대다수 민중의 정치 수준이 낮고 제국주의 침략에 맞서야 하는 중국의 여건상 서구식 다당제 민주주의는 아직 시기상조이므로 국민당 일당 체제는 불가피하며 이는 쑨원의 삼서론(三序論)*에도 부합하는 것이라고 주장하였다. 한편으로, 장제스는 무력을 기반으로 하는 군벌이지만 그렇다고 다른 군벌들을 완전히 억누를 만큼의 힘은 없었다. 군벌에게 토지와 군대는 자신의 기반이었기에 그것을 빼앗기지 않으려고 저항하는 군벌들과 이들을 약화시켜 중앙의 권위를 강화하려는 장제스와의 갈등은 계속되었다. 양광 사변이나 장쉐량이 일으킨 시안 사건이 대표적인 사례였다.

---

* 쑨원은 중국 민중의 정치 수준이 낮은 이상 일정 기간 국민당이 민중을 계도할 필요가 있다고 주장하였다. 그는 "먼저 깨달은 자가 늦게 깨닫는 자를 이끄는 것이 좋은 정치"라면서 이를 위해 혁명 초기에는 반혁명분자의 제거와 중국의 안정을 위해 군부에 의한 군정을 실시한 다음, 과도기로서 국민당의 일당 체제(훈정)를 거쳐 중국이 서구식 정치체제를 받아들일 충분한 준비가 되었을 때 비로소 헌법에 의한 통치(헌정)으로 넘어가야 한다고 생각했다. 이런 사고는 중국의 뿌리 깊은 엘리트주의와 우민 사상에서 비롯된 것으로 동시기 대다수 지식인들의 공통된 생각이기도 했다. 1980년대 이후 타이완은 헌정으로 넘어간 반면, 현재의 중국 지도부는 여전히 국민들에게 선거권을 주지 않고 일당 독재를 고수하고 있다.

결국 반민주적인 봉건 군벌들의 연합 정권이라는 난징 정부의 태생적인 특성상 장제스는 국민의 대표가 아니라 여러 군벌들의 우두머리일 뿐이었다. 또한 그는 "일본과의 전쟁은 피할 수 없다"고 인정하면서도 재야의 배일 운동에 대해서는 일본을 자극한다며 강경하게 탄압하여 국민들로부터 친일 매국노라는 비난을 자초하기도 하였다. 장제스가 중국의 링컨이 될 수 없었던 것은 단순히 그의 독선적인 성격 탓만은 아니었지만 결과적으로 이는 중일 전쟁이 끝난 후 그가 국공 내전에서 패배하는 가장 큰 원인이 되었다.

그러나 비록 한계는 있었지만 장제스 정권이 신해혁명 이래 분열되었던 중국을 짧은 시간에 하나로 결집시켰다는 사실을 부정할 수 없다. 장제스는 오천 년 중국 역사상 처음으로 중국 민중에게 '중국인'이라는 정체성을 불어넣었다. 그동안 중국 역사에서 끝없이 반복되어온 주변 이민족과의 전쟁은 국가와 국가의 전쟁이 아닌, 왕조의 전쟁일 뿐이었다. 나라가 망해도 대다수 민중에게는 정권이 교체된 것에 지나지 않았다. 그런 생각이 처음으로 바뀐 것이 중일 전쟁이었다. 비로소 중국 민중은 외세의 침략으로부터 나라를 지켜야 한다는 생각을 가지게 되었다. 일본은 온갖 모략에도 불구하고 중국을 군벌 할거 시대로 되돌릴 수 없었다. 8년에 걸친 중일 전쟁에서 중국 민중은 전쟁의 고통과 지독한 궁핍을 마지막 순간까지도 견디어 냈다. 이것이 장제스 정권의 가장 큰 공이다.

＼난징 정부의 경제 정책

북벌이 끝난 직후부터 난징 정부는 국가가 주도하는 국민 경제의 건설을 목표로 재정, 금융, 교통, 농공업, 교육, 문화, 행정 등 전반적인 국가 발전과 경제 부흥을 추진하기 시작하였다. 1931년 5월 난징 정부의 재정부장 쑹쯔원은 '경제 건설 6개년 계획'을 수립하였고 1933년에는 '실업 4개년 계획'을 수립하여 농업과 광공업의 육성을 목표로 16억 원의 예산을 배정하였다. 이것은 당시 신생 소련의 레닌 정권이 1920년대 중반부터 추진하고 있던 경제 개발 계획을 본 딴 것이었다.

가난하고 자본이 부족하고 근대 산업이 빈약한 중국으로서는 서구처럼 민간의 자유로운 시장경제에 의존해서는 발전 속도가 너무 느린 데다 외국 산업에 대항하기에 역부족이었다. 따라서 자본과 자원을 효율적으로 분배하고 산업을 국가가 보호하기 위해서는 중앙 정부가 적극적으로 개입할 필요가 있다는 것이 쑹쯔원과 쿵샹시(孔祥熙), 천궁보(陳公博) 등 난징 정부의 대다수 경제 관료들의 공통된 생각이었다. 다른 점은 레닌이나 마오쩌둥처럼 사회주의식 자력갱생이 아니라 자본주의 체제를 추구하면서 구미 열강과의 관계를 중시하고 이들로부터 경제적 원조와 선진 기술을 획득하기 위해 많은 노력을 기울였다는 점이었다.

그러나 거창한 계획과 의지에도 불구하고 초반에는 성과가 지지부진했다. 1920년대 반짝 호황을 누렸던 농업은 1930년대에 들어서면서 세계 대공황의 여파에다 농산물의 가격 하락, 자연재해로 거의 파탄 직전이었다. 1934년 농민들의 소득은 1931년에 비해 절반에 불과했다. 1931년의 양쯔 강 범람 때는 7개 성에 걸쳐 26만 명이 사망하고 무려 1400만 명의 이재민이 발생했다. 1933년에도 황허 강과 양쯔 강의 범람, 홍수, 가뭄으로 인한 전국의 피해액은 3억 7900만 원에 달했다. 그해 국가 예산의 거의 40퍼센트에 달하는 액수였다. 거듭된 재해는 농촌을 심각하게 파괴하였으며 중국 전체를 기아에 허덕이게 하였다. 특히 만주의 상실은 치명적이었다. 본토에서 만주로 수송되는 물자가 1931년 13억 9600만 원에서 1932년에는 7억 7700만 원으로 급감하면서 관세와 통세*에 의존하던 난징 정부의 세입 역시 큰 타격을 받았다. 일본의 침략이 화북으로 점점 확대되면서 타격은 더욱 늘어났다. 1934년에는 미국이 금본위제도 포기를 선언하여 중국이 가진 은의 3분의 1이 미국으로 유출되었다. 은 본위제를 하고 있던 중국은 치명적인 타격을 받았고 중국 금융의 중심지인 상하이의 경제는 붕괴에 직면하였다.

무엇보다 가장 큰 장애는 청조 이래의 각종 배상금과 북양 정권이 마구잡이로 외국에서 빌린 채무로 인한 거액의 외채 상환과 군비 부담이었다. 또한 대부분의 인구가 농업에 종사하지만 막상 토지세는 지방 정부가 독점하여 세수가 부족했고, 전체 GDP에서 국가 재정의 비중은 5퍼센트 미만이었다. 이렇다 보니 난징 정부가 아무리 노력해도 재정의 만성 적자는 해결할 수 없었다. 1930년대 전 기간에 걸쳐 난징 정부의 재정에서 외채 상환 비율은 매년 약 20~30퍼센트, 군비는 40~50퍼센트에 달한 반면, 경제 건설에 투입되는 예산은 고작 10~20퍼센트에 불과했다. 이조차도 대부분 군대와 관련되는 군수공장의 건설에 사용되었다. 따라서 막상 민간 경제와 기반 인프라 구축에 투입할 수 있는 자금은 매우 부족하여 대부분 공채의 발행과 해외 차관의 차입에 의존해야 했다. 연이율 10퍼센트가 넘는 공채를 남발하고 외국의 원조에 의존하자 경제의 예속화는 더

---

* 군벌 내전 시기에는 물자가 한 지역을 통과할 때마다 지방 정부에 잡다한 통과세를 지불해야 했기에 산업 발전을 저해하고 물가가 높아 민중의 삶을 어렵게 하였다. 북벌 직후 난징 정부는 이를 모두 폐지하고 통세(統稅)라 하여 출하 시에 한 번만 세금을 납부하면 더 이상 잡세를 부과하지 않도록 하였는데 처음에는 난징 정부의 통치력이 어느 정도 미치는 양쯔 강 중하류 일대에만 실시되다가 점차 전국으로 확대되었다.

욱 심화되었다.

하버드대학교를 졸업하고 광저우 중앙은행 총재로서 중국에서 가장 뛰어난 재정 전문가였던 쑹쯔원은 뛰어난 수완을 발휘하여 정부의 재정 확충에 큰 공을 세웠다. 그는 루스벨트 대통령과 대학 동기라는 친분을 이용해 미국 정부에 로비를 하여 많은 원조를 얻어내었고 빈약한 재정에 큰 기여를 하였다. 그러나 과중한 군사비를 축소하여 재정 적자를 줄이려는 그의 노력은 반복되는 내전과 일본의 침략 때문에 거의 실효성이 없었다.

수많은 난관에도 불구하고 난징 정부는 민간 자본에 대한 장려와 산업 보호, 수출입 증대, 구미 열강의 외자 유치를 적극적으로 추진하였다. 또한 철도와 도로, 발전 시설과 같은 기반 시설을 확충하고 우리의 새마을 운동과 유사한 '향촌 건설 운동'이나 '신생활 운동'을 전개하였다. 난징 정부의 본격적인 경제 건설은 공산당 토벌이 어느 정도 마무리되는 1934년 하반기부터 시작되었다. 그중에서도 최우선 순위는 일본에 대항하기 위한 국방 건설과 군수물자의 국산화였는데 여기에서 가장 주목할 점은 독일과의 교류였다.

1919년 파리 강화 회의에서 중국은 일본군이 점령하고 있는 산둥 반도의 독일 조차지를 반환받으려고 노력했으나 일본 대표는 위안스카이와 돤치루이 정권과 맺은 밀약을 내세워 자신들에게 권리가 있다고 주장하였다. 미국과 영국, 프랑스 역시 일본의 손을 들어주었다. 미국의 윌슨 대통령은 말로는 '민족자결'을 부르짖으면서도 막상 전승국들의 횡포를 묵인하는 이중성을 보였다. 그는 중국의 손을 들어줄 경우 일본과의 관계 악화는 물론이고 중국이 이전에 서구 열강과 맺은 다른 불평등 조약에도 영향을 줄까 우려하였다. 즉, 그의 민족자결이란 어디까지나 미국이 손해를 보지 않는 선에서만 용납되었다. 이런 열강들의 행태에 격분한 중국인들은 '반제, 반일, 반군벌'을 외치며 5.4운동을 일으켰고 서구 열강에 대한 감정은 극도로 악화되었다.*

반면, 제1차 세계대전에서 패배한 후 독일의 신생 바이마르 정권은 황제가 다스리던 독일 제2제국과 달리 고압적인 태도를 버리고 우호적으로 대하였다. 바이마르 정권을 대신해 정권을 잡은 히틀러의 나치 역시 이 점은 마찬가지였다. 따라서 중국은 독일에 대해 우방국으로 상당한 신뢰를 가지게 되었다. 히틀러의 집권 후 재무장을 한창 진행하고 있던 독일은 군수품 생산에 필수적인 텅스텐과 안티몬, 주석이 절실하게 필요했지만 영국이 통제하던 런던 시장에서는 구하기 어려웠다. 반면, 중국에는 풍부한 텅스텐과 안티몬이 매장되어 있었고 전 세계 생산량의 3분의 2를 차지하고 있었다. 즉, 독일은 중국의 자원이 필요했고 중국은 독일의 기술과 군수품이 필요했다. 이해관계가 일치하면서 양국은 손을 잡게 되었다.

1934년 1월 24일 '공업산품 상무공사'를 설립하여 독일과의 무역을 총괄하고, 1936년 4월에는 독일-중국 차관 조약을 체결하였다. 독일은 군수용 정밀기계를 비롯한 군수산업에 필요한 각종 기계설비와 1억 마르크의 차관을 제공하고 대신에 중국은 독일의 군수품 생산에 필요한 각종 광물을 제공하는 내용이었다. 중국은 독일이 제공한 차관의 90퍼센트를 무기와 탄약, 군수공장 설비 구입에 사용

---

* 중국의 5.4운동은 미국과 영국의 여론에도 많은 영향을 주어 1922년 워싱턴 회의에서 일본이 산둥 반도에서 철수하도록 압력을 가하여 결국 일본은 물러나야 했다. 그럼에도 일본은 산둥 반도에 대한 야심을 버리지 않은 채 1927년과 1928년에 두 차례에 걸쳐 산둥 출병을 단행하여 장쭤린을 지원했고 1928년 5월 '제2차 산둥 출병'에서는 지난 사건을 일으켜 많은 중국인들을 살해하는 만행을 저질렀다.

하였고, 10퍼센트는 발전, 화공, 금속 등 중화학 공장 설비를 구입하였다. 양국의 관계는 갈수록 긴밀해져 1936년에는 독일 무기 수출의 57.5퍼센트를 중국이 차지하였다.

또한 독일 기업들은 중국의 중공업과 군수 산업의 육성에 중요한 역할을 하였다. 다임러벤츠 사는 난징에 디젤 트럭의 조립공장을, 융커스 항공회사는 항저우에 항공기 제조공장을 지었다. 지멘스 사, I.G.파르벤 사, 크루프 사 등 독일의 주요 기업들은 중국에 적극적으로 진출하여 중화학공장 설립을 지원하였으며 타이위안과 난창, 광저우, 난징, 우한 등에는 대규모 군수공장이 건설되었다. 1937년에 오면 중국은 소총과 기관총, 쌍안경, 방독면, 장갑차량, 박격포와 같은 경화기, 소구경 야포, 탄약을 어느 정도 자급할 수 있었다. 나아가 장갑열차와 중포, 통신 장비, 군용 차량과 같은 중화기와 기계화 장비의 국산화에도 도전했으나 중일 전쟁의 발발과 자금 부족으로 결국 실현하지 못했다.

흔히 중국군의 무기가 매우 열악했을 것이라고 생각하지만 소총을 비롯한 경화기는 서구의 무기를 라이선스 생산하여 오히려 일본군의 조악한 무기보다 우수하였다. 중국군은 주로 독일제 소총을 국산화하여 제식 소총으로 사용하였는데, 한양식 M88식 소총은 제1차 세계대전 당시 독일군의 제식 소총이었던 Gew88의 카피판이었다. 1934년에는 독일 육군이 새로 개발한 Kar98k 소총을 수입한 후 이를 카피한 국민24식('중정식(中正式)'이라고도 불리었다) 소총을 생산하였다. 중국군의 주력 소총이었던 한양식 소총과 중정식 소총은 성능이 우수한 독일제 소총이 베이스였기에 화력과 명중률에서 일본군의 38식 아리사카 보총을 능가했다. 또한 체코제 브루노 ZB.26 경기관총을 카피한 26식 경기관총이나 30절식 중기관총(미제 브라우닝

M1917 중기관총의 카피판), 24식 중기관총(독일제 MG-08의 카피판), 20식 82mm 박격포(프랑스제 81mm 브랑드(Brandt) 박격포의 카피판) 역시 서구에서 수입한 무기들을 국산화했기에 일본군의 화기보다 훨씬 우수하고 신뢰성이 높았다. 이 무기는 중앙군의 정예 부대에 우선적으로 지급되어 중일 전쟁에서 큰 활약을 하였고, 일본군 또한 이를 노획하여 사용하거나 신형 무기 개발에 참고하였다.

1936년 말부터 난징 정부가 추진한 경제 정책의 성과가 점차 나타나면서 공업 생산력은 1926년을 100으로 봤을 때 1931년 134, 1936년에는 186으로 급성장하면서 연평균 성장률은 6.7퍼센트에 달하였다. 비록 여전히 경공업 위주에서 벗어나지는 못했지만 1928년부터 1936년 사이 전국에 2,826개의 공장이 신설되었다. 전력 생산 역시 1926년에 4억 5600만 킬로와트에서 1931년에 7억 4400만 킬로와트, 1936년에는 17억 2400만 킬로와트로 폭발적으로 증가하였다. 동남아시아로의 수출 장려와 세계 경기의 회복으로 대외 무역도 점점 늘어나 1936년의 수출은 전년 대비 20퍼센트 이상 늘어났다. 서구 열강의 대중 투자액도 대폭 늘어나면서 1936년 말 총 18억 달러에 달했다. 영국이 10억 8000만 달러로 가장 많았고 다음으로 미국이 2억 2000만 달러, 프랑스가 1억 8000만 달러, 독일이 1억 4000만 달러 순이었다. 반면, 일본은 만주 사변 이후 중국의 반일 감정이 격앙되면서 대대적인 배일 운동과 일본 제품에 대한 보이콧으로 큰 타격을 입었다.

그러나 상공업의 눈부신 발전에도 불구하고 중국 경제 전체에서 본다면 1931년부터 1936년까지 연평균 GDP 성장률은 2.5퍼센트 정도에 불과했다.* 인구 증가를 고려한다면 사실상 제로나 다름없었다. 그 이유는 첫째, 자원이 풍부하고 근대 산업이 발달해 있는 만주를 빼앗겼기 때문이었고, 둘째, 전체 GDP의 60퍼센트 이상을 차지하는 농업의 침체 때문이었다. 중국은 여전히 전체 인구의 80퍼센트가 농업에 종사하는 전형적인 농업 국가였다. 또한 공산당이 농촌을 중심으로 세력을 확장하고 있었기에 난징 정부로서도 농촌 개혁은 매우 중요한 과제였다. 그러나 결과적으로 면잠과 쌀의 품종개량, 농민 대출 등에서 약간의 성과를 거두었을 뿐 근본적인 개혁에는 실패하였다. 무엇보다 재원 부족에다 농촌 개혁을 주도할 전문가가 없었기 때문이다. 광공업과 관련해서는 구미 열강에서 유학한 다수의 전문가들이 있었으나 정작 농업 분야에는 별로 없었다. 바꾸어 말해서 지식인들이 그만큼 농촌에 무관심했다고도 할 수 있다. 또한 난징 정부의 경제 정책이 상업과 광공업에 집중되어 있어 농촌은 상대적으로 소외될 수밖에 없었다. 일본의 침략에 대항하기 위한 물적 기반의 구축이 일차적 목표였기 때문이었다.

그러나 농촌 개혁이 실패한 가장 큰 이유는 난징 정부의 통치력의 부족과 반봉건적인 중국 사회의 후진성에 있었다. 장제스는 토지 개혁과 재분배를 시도했지만 수천 년간 뿌리를 내리고 있는 향촌 지주 세력의 거센 저항에 부딪쳐 결국 포기하지 않을 수 없었다. 반면, 1950년대 초반 마오쩌둥은 장제스가 누렸던 것보다 훨씬 강력한 권력을 기반으로 중국의 오랜 숙원인 토지 개혁을 하루아침에 실현하였다. 그러나 그는 군중에 의한 인민재판과 같은 사회주의 특유의 폭력적인 방법에 의존했고 집단농장화로 인한 부작용이 매우 커 농

* 1938년 당시 중국의 GDP는 1990년대 물가로 환산했을 때 3205억 달러(만주 제외)에 달하여 프랑스와 일본의 1.4배, 미국의 0.4배, 영국의 0.8배였다(식민지 포함). 이는 미국, 영국, 소련, 독일 다음의 5위에 해당하는 경제 규모였다.

민의 생활은 나아지기는커녕 도리어 퇴보했다는 사실 또한 간과해서는 안 된다. 1970년대까지도 중국 농민들의 삶은 청조 시절보다도 비참하여 현지를 시찰 나온 고위 지도부가 그들의 실상을 보고 큰 충격을 받기도 했다.

╲육군의 근대화

정치적 통일과 경제 재건에 이어, 군사력의 근대화는 어떻게 추진되었을까? 1930년대 초반 중국군은 무려 84개 군, 272개 사단, 18개 독립여단, 21개 독립단(연대) 등 총 200만 명이 넘었다. 이들 군대의 유지 비용은 난징 정부의 전체 연간 수입보다도 많았다. 따라서 정부는 군비의 일부밖에 지불할 수 없었고, 군대의 월급은 수시로 몇 달씩 체불되었다. 지휘계통도 엉망인 데다 편제와 정원도 제각각이었다. 심지어 보병연대만 6개가 넘는 사단도 있었다. 무기, 훈련도 엉망이었다. 부패한 군벌들은 군비를 더 받아내기 위해 서류상으로만 존재하는 유령 부대를 만들어내기도 했다. 따라서 북벌이 끝난 직후 장제스는 군대를 대폭 감축하여 정예화하는 한편, 거기서 나오는 실업자들을 경제 건설을 위한 노동자로 활용하는 계획을 구상하기도 했다. 비록 그 계획은 군벌들의 강력한 반발과 거듭된 내전, 일본의 침략에 부딪쳐 실현하지 못했지만, 1930년대 중반부터 독일의 협력을 얻어 중국군의 일부를 단계적으로 근대화할 수 있었다.

난징 정부는 난잡하고 비효율적인 군대의 지휘 체계를 정비하기 위해 1932년 3월 1일 군사위원회를 설치하였다. 군사위원회는 군정과 군령을 통합한 군사 최고기관이었다. 장제스가 위원장을 맡고 옌시산, 리쭝런, 펑위샹, 장쉐량 등 7명의 주요 군벌의 수장들이 위원으로 추대되었다. 군사위원회의 권한과 조직은 계속 확대되어 중일 전쟁이 일어난 후에는 군사업무 외에도 정부 부처를 비롯한 행정 분야까지 망라하여 중국군 최고사령부로서 역할을 하였다.

1928년 11월 막스 바우어 대령을 시작으로 독일에서 파견된 군사고문단은 중국군의 근대화에 큰 역할을 하였다. 그중에서도 1934년 5월 중국에 부임한 한스 폰 젝트 대장은 베르사유 강화 조약으로 완전히 망가진 독일군이 재무장할 수 있는 기초를 닦아 '독일군의 아버지'라고 불린 인물이었다. 그는 "중국군은 숫자만 많을 뿐 제대로 된 부대는 거의 없다"고 혹평하였다. 그리고 장제스에게 중국군을 300개 사단에서 60개 사단으로 축소하는 것을 목표로 세우고 첫 번째로 1개 교도사단을 창설할 것과, 중국이 자체적인 군수 생산 능력을 갖추기 위해 독일과 무역 협정을 체결하라고 제안하였다. 장제스는 그의 건의를 받아들여 1932년 5월 12일 육군을 48개 군, 96개 사단으로 재편하고 각 사단은 2개 여단 4개 연대 체제(4각 편제)로 통일하라고 지시하였다. 같은 시기 유럽의 군대는 '3각 편제'라 하여 1개 사단을 3개 보병연대, 1개 포병연대로 바꾸어 사단 인원수를 줄이는 대신 화력과 기동성을 강화하는 추세였으나 중국의 여건상 당장 유럽을 따라하기에는 그에 필요한 우수한 간부와 장비의 확충이 어려웠다. 유럽에 비해 군사 후진국이었던 미국과 일본 역시 같은 이유로 중국처럼 '4각 편제'를 고수하였다.

1934년 12월에는 '중앙군 60개 사단 정군계획'이 수립되었고 공산군 토벌이 어느 정도 완료되는 1935년 후반부터 군 개혁이 본격적으로 시작되었다. 그동안 뒤죽박죽이던 육군 편제를 갑, 을 두 가지로 통일시켰다. 갑종 사단은 상비 사단(중앙군)에 해당하고 을종 사단은 향토 사단(지방군)이라 할 수 있었다. 3백 개가 넘는 사단을 중앙군 60개 사단, 지방군 60개 사단으로 감축하는 것을 목표로 하

●— 사열 중인 장제스 직계의 독일식 사단. 중국군 최정예 부대인 이들은 독일 슈타르헬름 사에서 수입한 M1935 헬멧에 인민복(신해혁명 이후 전통적인 청나라 복식을 대신해 유행하였던 중국인들의 국민복)을 입었고 다리에는 각반을 둘렀다. 무기는 중정식 소총이나 독일에서 수입한 Kar98k 소총을 사용했으며 탄약대와 탄띠, 수통, 수류탄 2발, 독일제 군용 나이프, 방독면 등을 지급받았다.

되, 남는 인원은 인원이 부족한 다른 부대에 넣는 식으로 정원을 맞추어 나갔다. 또한 포병, 기병, 기갑, 공병, 해공군 등 특수 병과는 중앙으로 일괄 귀속시켰다.

젝트에 이어 부임한 알렉산더 폰 팔켄하우젠 대장 역시 중국군의 개혁과 근대화, 병력 이동을 위한 철도, 도로 등 기초 인프라의 구축, 공군력의 강화를 주장하였다. 그는 특히 양쯔 강의 군사적인 중요성을 강조하고 독일에서 자재와 차관을 들여와 양쯔 강 하류 연안에 철도를 건설하는 한편, 상하이와 난징 사이에 대규모 방어선과 다수의 포대를 구축하였다. 이 요새선은 '젝트 라인(Seeckt Line)' 또는 제1차 세계대전 당시 독일이 서부 전선에 구축했던 힌

●— 영국제 브로디 철모를 쓰고 26식 경기관총을 겨누고 있는 중국군 병사. 26식 경기관총은 체코제 걸작 경기관총인 브루노 ZB.26을 국산화한 것으로 화력과 명중률, 연사속도 등 모든 면에서 일본의 11년식 경기관총이나 96식 경기관총 등을 훨씬 능가하였다.

덴부르크 방어선의 이름을 따서 '차이니즈 힌덴부르크 라인(Chinese Hindenburg Line)'이라고도 불렀다. 비록 중일 전쟁이 발발할 때까지도 완공하지는 못했지만 중일 전쟁이 일어난 뒤 상하이, 난징 방어전에서 일본군을 저지하는 데 활용되었다.

육군의 개편에 필요한 독일제 신식 장비의 도착이 지연되자 중국군은 우선 보유하고 있는 장비와 무기를 활용하고 나중에 장비가 도입되는 대로 보충해 나갔다. 1936년 말까지 중앙군 20개 사단을 개편하였고 1937년 7월 루거우차오 사건 직전에는 추가로 10개 사단이 개편 완료되었다. 계획상 개편된 사단은 2개 여단 4개 연대(12개 보병대대) 체제에 1개 포병연대(3개 대대)로 구성되며 사단 직속에 공병대대와 수송대대, 위생대, 화학소대 등이 배속되었다. 1개 사단은 1만 7천 명에 3,400여 필의 말을 보유하도록 되어 있었다. 그러나 실제로 계획대로 정원을 제대로 채운 부대는 하나도 없었고 정예 부대인 중앙군조차도 1개 사단의 인원은 많아야 8천 명에서 1만 명 정도였다. 특히 사단 직속 포병이 매우 빈약하여 겨우 1개 대대에 불과하였다. 반면, 일본 육군의 1개 보병 사단의 정원은 평시 1만 명 정도였으나 전시에는 예비군을 충원하여 2만 5천 명에서 3만 명까지 늘어났다. 이는 같은 시기 유럽식 사단의 두 배에 달하는 인원이었다. 또한 사단 직속으로 1개 포병 연대(곡사포 64문)와 1개 수송 연대, 1개 기갑 중대를 보유하여 화력과 기동성에서 중국군을 압도하였다.

또한 루거우차오 사건이 터지기 전에 독일식 최신 장비를 갖출 수 있었던 부대는 중앙군 중에서도 장제스 직계에 속하는 8개 사단*에 지나지 않았다. 이런 최정예 부대조차 차량과 포병 전력은 매우 빈약했다. 따라서 일본과의 격차는 여전히 컸으며, 중앙군을 제외하고 약 3백 개에 달하는 나머지 부대들은 엉망이었다. 더욱이 가장 강력한 독일식 사단조차 화력과 기동력, 인원수에서 일본군의 절반에도 미치지 못했다. 허잉친은 일본군의 상비 사단은 적어도 중국군의 개편 사단의 4배 이상의 전투력을 갖추고 있다고 평가하였다. 그에 따르면, 평시 일본이 보유한 17개 상비 사단에 대응하기 위해서 중국은 적어도 68개 개편 사단이 필요하며, 전시에는 무려 2백 개 이상의 개편 사단이 필요했으나 실제로는 30개 개편 사단에다 최신 장

---

* 일명 '독일식 사단(德械師)'은 독일식으로 훈련 및 편제된 부대로 8개 사단(제1사단(교도사단), 제3사단, 제6사단, 제9사단, 제14사단, 제36사단, 제87사단, 제88사단)이 있었다. 그 외에 22개 사단은 독일식 훈련을 받았으나 독일로부터 무기 수입이 지연되면서 기존의 구식 장비를 그대로 활용해야 했다. 이들 중 일부 사단은 중일 전쟁 이후에 인도된 독일제 장비로 무장하기도 했다.

비를 갖춘 사단은 8개에 불과했다. 해공군과 포병 화력의 열세를 생각한다면 그 격차는 훨씬 더 컸다.

＼해군과 공군의 육성

해군과 공군은 육군보다도 더 열악했다. 중국에는 상하이의 강남조선소, 푸저우의 마미조선소, 샤먼조선소 등 세 개의 조선소가 있었지만 모두 청말 양무운동 시절에 만들어진 낡은 조선소들이었다. 1930년 당시 중국 해군은 함선 55척에 총배수량 3만 9,610톤, 장교 78명, 병사 810명에 불과했으며 군함들 역시 폐선이나 다름없었다. 청일전쟁 당시 7천톤급인 딩위안급 2척을 비롯해 함선 78척, 총배수량 8만 3,900톤을 보유했던 북양 해군에도 미치지 못하는 수준이었다. 제해권의 확보는 고사하고 연해에서의 작전조차 불가능했다.

쑨원은 중국이 바다와 해군을 경시했기 때문에 열강들의 침략에 무기력했으며 열강과 어깨를 나란히 하기 위해서는 반드시 대규모 상선단과 강력한 해군력을 갖추어야 한다고 강조하였다. 그러나 1920년대 군벌 혼란기를 거치며 중국의 연해는 일본이 완전히 장악하였고 산둥 출병, 상하이 사변 등 막강한 함대를 앞세운 일본의 침략 앞에서 속수무책이었다. 따라서 해군부장 천사오콴(陳紹寬)을 비롯한 해군 지휘관들과 사회 각계 지식인들은 해군의 건설이 무엇보다 시급하다며 강력하게 호소하였다.

북벌이 끝난 직후인 1929년 6월 해군부는 향후 15년에 걸쳐 20억 원의 예산을 투입해 전함과 항공모함을 포함해 60만 톤 규모의 대함대를 건설하겠다는 야심찬 마스터플랜을 수립하였다.* 중국 해군의 아버지라 할 수 있는 천사오콴은 난징의 강남수사학당(江南水師學堂)을 졸업하고 영국을 유학한 당대 중국의 몇 안 되는 해군통이었다. 그는 우선 6년간 100여 척의 대소 군함과 60대의 해군 항공기를 확보하고 난징, 상하이, 광저우, 샤먼 등 주요 해안가의 요충지에 군항과 조선소를 건설하여 해군력을 단계적으로 확충해 나갈 생각이었다.

1929년에 배수량 600톤급의 포함 '융쑤이(永綏)'를 건조하는 데 성공한 중국은 1931년에 1,500톤급 포함 '이셴(逸仙)'을 건조하였고, 1932년 7월 일본을 통해 경순양함 '닝하이(寧海)'를 수입한 후 1936년에는 동급함인 '핑하이(平海)'를 상하이 강남조선소에서 건조하였다. 사실 경순양함이라고 하지만 기껏해야 연안용 구축함에 불과했고 최고속도 22킬로노트에 화력이나 장갑도 빈약했다. 그러나 짧은 시간에 이 정도의 건조 능력을 갖출 만큼 중국의 조선 능력이 빠르게 성장했다는 점은 괄목할 만하다. 1937년 7월 개전 직전에 오면 중국 해군은 5개 함대 120척, 배수량 6만여 톤으로 증가되었다. 또한 닝하이에 탑재하기 위해 수상정찰기를 자체 설계하여 제작하는 한편, 함포와 탄약도 어느 정도 국산화에 성공하였다. 1937년에는 80여 명의 해군 장교들이 독일에 파견되어 교육을 받았다.

그러나 이런 거창한 계획에도 불구하고 중국의 현실 앞에서 해군의 육성은 한계에 부딪힐 수밖에 없었다. 장제스는 원칙적으로는 해군의 필요성에 공감했지만 많은 비용과 시간을 필요로 한다는 점에서 아직은 시기상조라는 입장이었다. 닝하이급 군함 한 척의 건조 비용이 중국 화폐로 400만 원이 넘었다. 그보다 더 큰 대형 군함을 외국에 주문하려면 수천만 원의 비용에다 인도받는 데도 몇 년이 걸

---

* 천사오콴이 처음으로 내놓았던 항모 건조와 대양해군의 계획은 83년 뒤인 2012년 9월 중국 최초의 항모인 랴오닝(遼寧) 호가 취역하면서 비로소 실현되었다.

렸다. 내전의 종식과 일본의 침략에 대항하는 게 급선무였던 그에게 값비싼 해군은 사치스러운 낭비로 보이는 게 당연하였다.

따라서 해군은 다른 군에 비해 우선순위가 밀려 1936년 기준으로 전체 군사비의 1퍼센트에 불과한 예산을 배정받았다.* 2척의 경순양함(닝하이, 핑하이)을 비롯한 몇몇 군함을 제외하고는 대부분 청말 또는 북양 정권 시절에 구입한 낡은 소형함이 대부분이었고 전체적으로 중국의 해군 전력은 일본 해군에 비하면 10분의 1에도 미치지 못하였다. 또한 1936년에는 독일로부터 수 척의 소형 잠수함 도입을 추진하기도 했으나 중일 전쟁의 발발로 성사되지 못했다. 미국을 비롯한 열강은 중국 해군에 대한 원조에 인색하였고 군함의 판매를 거부하였다. 천사오콴은 이런 현실에 대해 "해군의 확충을 도모할 여력이 없다"며 한탄하였다. 중국 해군은 중일 전쟁은 물론 국공내전까지도 양쯔 강을 중심으로 제한적인 강상 작전을 할 수 있는 수준에서 벗어나지 못했다.

찬밥 대우였던 해군과는 정반대로, 장제스가 관심을 가진 쪽은 공군이었다. 중국에 항공기가 처음 선보인 시기는 1910년이었다. 유럽에서 제1차 세계대전이 발발하고 항공기가 신형 무기로서 활약하자 중국의 군벌들 역시 경쟁적으로 수입하여 내전에 사용하였다. 장제스 역시 소련의 원조를 받아 쑨원의 호를 딴 '중산 비행대'를 편성하여 북벌 전쟁에 활용하였다. 그는 북벌 전쟁에 승리한 직후 1929년 육군 항공대에서 공군을 독립시켰다. 동시기 영국과 이탈리아를 제외하고 대부분의 구미 열강이나 일본이 여전히 공군의 독립을 반

---

* 1936년 당시 난징 정부의 전체 예산 중 군사비의 비중은 약 40퍼센트였는데, 그중에서 육군이 60퍼센트, 공군이 39퍼센트를 차지했고 해군은 고작 1퍼센트를 조금 넘겼을 뿐이었다.

대했던 모습에 비하면 굉장히 앞서 나간 셈이다. 미국과 일본은 제2차 세계대전이 끝난 후에야 공군을 독립시켰다.

장제스를 비롯한 군 수뇌부들은 상하이 사변과 러허 사변, 장성 전투를 겪으며 근대전에서 제공권의 확보가 얼마나 중요한지를 직접 눈으로 보고 깨달았다. 몸 하나 숨길 수 없는 허허벌판에서 중국군은 일본군의 압도적인 공중 폭격 앞에 속수무책이었다. 따라서 상하이 사변이 끝난 직후부터 장차 일본에 대항할 수 있을 만큼의 전력을 갖추어 중국의 하늘을 지킨다는 목표로 공군의 육성을 적극적으로 추진하였다. 1932년 9월에만 해도 중국 공군은 고작 40여 대의 잡다한 구식 기체밖에 없었으나 우선 1년 안에 3백 대를 확보한다는 목표 아래 미국, 이탈리아 등지에서 항공기 전문가를 초빙하고 각종 항공기를 구매하였다. 또한 해공군의 중앙화 정책에 따라 지방 군벌들이 보유하고 있던 각종 항공기를 모두 중앙으로 귀속시켰다.

1934년 7월에는 군사위원회 직속으로 항공위원회를 설립하여 장제스가 직접 위원장을 맡았고 부인 쑹메이링(宋美齡)이 비서장을 맡아 장제스를 대신해 중국 공군의 육성에 앞장섰다. 나중에 '중국 공군의 어머니'로 불리게 되는 그녀는 미국 정부에 자문을 위한 항공 전문장교를 요청하여 퇴역 군인 클레어 셔놀트 대위가 파견되어 오자 직접 공항까지 마중을 나갈 정도로 환대하였다.

중국은 해외로부터 다량의 항공기를 구입하는 한편, 미국과 이탈리아, 독일 등과 합작하여 전국에 항공기 제조창(상하이, 항저우, 난창 등)과 수리 공장(난징, 난창, 뤄양, 광저우, 항저우, 충칭 등 총 6개소)을 건설하여 커티스 호크 복엽 전투기 등을 라이선스 생산하였다. 중국에서 생산된 이 기체들은 성능도 상당히 양호하였다. 또한 국산 훈련기나 정찰기를 설계, 제작하는 등 단순히 외국 기체를 원조 받기만 한 것이 아니라 자체적으로 소량이나마 제작할 수 있는 수준이었다.

또한 미국과의 관계가 개선되면서 미국인 교관을 초빙해 항저우에는 중앙항공학교를, 난창에는 항공기계학교를 설립하여 조종사와 정비사를 양성하였다. 특히 1936년에는 장제스의 50세 생일을 기념한다는 명목으로 독일과 미국 등에서 P-26 단엽 전투기, HE-111A 수송기, 노스롭2E 경폭격기, 커티스 A-12 지상공격기 등 신예 전투기들을 대거 수입하였고, 1936년 말에는 광시, 광둥 군벌이 보유하고 있던 항공대를 중앙으로 편입하면서 중국 공군의 전력은 이전과 비교가 안될 만큼 비약적으로 증강되었다.

＼난징 정부의 외교

북벌 직후부터 난징 정부는 서구 열강과의 관계를 새롭게 정립하려는 외교적인 노력을 기울였다. 19세기와 20세기 초반에 걸쳐 중국을 반식민지로 만들려고 혈안이 되어 있었던 서구 열강들은 군벌 내전기에도 수차례 무력간섭을 하였다. 대표적인 예가 1925년 6월 23일 광저우에서 반영 시위대를 향해 영국군과 프랑스군이 발포하여 수십 명이 사망했던 '사지 참안(沙基慘案)'과 1927년 3월 24일 장제스의 국민혁명군이 난징에 입성하자 영국과 미국을 비롯한 5개국 함대가 무차별로 포격하여 2천여 명 이상의 무고한 희생자를 낸 '난징 참안(南京慘案)'이다.

그러나 제1차 세계대전과 세계 대공황을 거치며 서구 열강의 대 중국 정책 또한 바뀌었다. 열강은 북벌을 완료한 난징 정부를 중국의 새로운 정통 정부로 인정하고 원조와 투자를 통해 실리적으로 진출하였다. 이는 서구 열강의 힘이 약화되면서 예전처럼 무력으로 제국주의적인 침략을 할 수 없었기 때문이다. 독일이 가장 대표적인 예였다. 독일은 중국에 정밀 기계와 군수품을 대량으로 판매하고 최신 기술을 제공하여 큰 이익을 보았으며 중국 정부와 긴밀한 관계를 유지하였다. 독일이 중국에 대한 영향력을 급격하게 확대하자 일본 역시 긴장하지 않을 수 없어 양국은 외교적 마찰을 빚기도 하였다.

난징 정부는 반제국주의를 추구하면서도 구태의연한 외세 배척 운동으로 고립을 자초하는 대신, 이들과의 관계 개선과 주권 회복에 노력하였다. 청말 이래 상실한 관세 자주권 회복과 조계의 반환, 불평등 조약의 폐지를 목표로 1928년 7월부터 지속적인 교섭을 통해 미국을 시작으로 10개국과 관세 및 통상조약을 차례로 갱신했다. 일본은 중국의 요구를 마지막까지 거부하다가 1930년 5월 마지못해 관세 자주권의 반환에 동의하였다. 또한 미국, 영국으로부터 충칭과 우한, 광저우의 일부 조계를 반환받았다. 장제스의 반공 노선으로 인해 1928년 이래 단절되었던 소련과의 관계 역시 점차 회복되었다. 소련은 중일 전쟁이 발발한 직후인 1937년 8월 중소 불가침 조약을 체결하면서 대규모 군사고문단과 1천여 명의 조종사, 막대한 무기를 제공하는 등 중국의 항전을 원조하였다.

물론 그렇다고 해서 이전의 모든 불평등한 관계가 단숨에 해소될 수는 없었다. 재정난과 경제 건설을 위해 서구 열강들로부터 외채를 끌어다 쓰면서 경제적인 종속 관계가 심화된 것도 사실이다. 더욱이 화북에서 일본의 침략이 확대되고 굴욕적인 조약을 거듭 체결하면서 중국의 주권은 심각하게 훼손되었다. 또한 만주 사변에서 국제연맹이 보여준 무기력한 모습은 중국이 아무리 국제 사회에 호소한다고 해도 동정심은 얻을 수 있을지언정 실질적인 도움을 받을 수는 없다는 냉혹한 사실을 알려주었다. 서구 열강은 철저하게 이해타산적이었으며 자신들과 멀리 떨어진 극동 문제에 개입할 생각이 없었다. 독일과 소련을 제외한 서구 열강들은 일본과의 마찰을 피하기 위해 난징 정부에 대한 직접적인 원조에는 매우 소극적이었다. 열강은 일본의 중국 침략이 강화될수록 이를 견제하기보다 중국에서의 자신들의 경제적 이익을 보존받기 위해 철저하게 대일 유화 정책으로 일관하였다.

독일과의 밀월 관계 역시 1938년 히틀러가 일본과 방공 동맹을 체결하면서 중단되었다. 태평양에서 영국, 미국을 견제하기 위해 일본이 독일에 접근하자 소련을 견제하는 데 혈안이 되어 있던 히틀러는 주변의 반발을 무릅쓰고 성급하게 일본과 방공 협정을 체결하였다. 그는 중국에 아무런 흥미도 없었고 자신의 결정이 독일에 얼마나 해가 될지에 대해서도 무관심했다.

그러나 난징 정부의 외교적 노력은 이전의 청조나 북양 군벌 정권처럼 외세에 의존하여 외세의 침략에 대응한다는 소위 '이이제이(以夷制夷)' 식의 소극적인 전략이 아니라 적극적이고 자주적인 주권 회복 노력이었다. 이런 노력이 비록 하루아침에 성과로 나타나지는 않았지만 중국의 국제적 지위는 꾸준히 회복되었다. 이후 태평양 전쟁이 발발하면서 중국이 연합국의 일원이 되자 영국과 미국은 1943년 1월 청조 이래 누려왔던 중국 내 모든 특권의 포기와 조계의 반환을 수락하였다. 또한 그해 10월 미국에서는 1882년 이래 악명 높았던 인종 차별법인 '중국인 배척법'을 폐지하였다. 이로써 중국은 그동안 짓밟혔던 주권을 되찾고 자주국의 위치를 회복할 수 있었다.

＼장제스 정권의 성과와 한계

장제스가 반(半)봉건적인 군벌로서 부패하고 난폭한 독재자였다는 점은 누구도 부정할 수 없다. 또한 그는 만주 사변 이래 일본의 침략에 대해 유화 정책을 고수하고 반일 운동을 탄압하여 많은 비판을 받았다. 그러나 이것은 전체 맥락을 보지 않고 한쪽 면만 일방적으로 강조한 것이다. 장제스의 난징 정부를 단순히 정권의 유지에만 급급하여 외세 앞에서 한없이 무기력하고 나약했던 청조나 북양 군벌 정권의 연장선으로만 봐서는 안 된다. 그의 정권은 북벌 완료 직후부터 중국의 부흥과 함께 일본의 침략에 맞서야 하는 이중의 과제에 직면하였다. 러허 사변의 패배와 치욕적인 탕구 협정을 체결했을 때 "말만으로는 강적을 타도할 수 없다. 우리는 부흥의 길을 착실히 걷지 않으면 안 된다"는 중국의 사상가 후스(胡適)의 말은 분명 중국의 현실과 앞으로 나아갈 방향을 냉철하게 짚고 있었다. 그의 주장은 감정적으로 격앙된 여론의 비난을 받았지만, 장제스를 비롯한 난징 정부의 지도자들에게 많은 영향을 주었다.

특히 1935년 이후 일본이 본격적으로 화북을 '제2의 만주국'으로 만들려는 음모를 꾀하고 경제적인 침략을 강화하자 존립 자체를 위협받게 된 난징 정부는 일본과의 전쟁은 이미 피할 수 없다고 인식하고 일본을 '주적'으로 규정하였다. 그리고 이에 대항하기 위한 군사력의 확충과 국가 총동원 체제를 구축해 나갔다. 독일을 통해 최신 무기를 획득하는 한편, 이를 국산화하기 위해 노력하였다. 마오쩌둥 이래 중국 정부는 장제스 정권이 나치와 손을 잡았다는 사실 자체가 "부도덕한 행동"이라며 비판하거나 아예 언급을 회피하지만 이는 정당한 평가라고 할 수 없다.

1936년부터 중국 경제가 회복되면서 급등하던 물가도 점차 안정되었다. 1936~1937년에는 대풍작이 이어져 농촌 경제도 조금씩 부흥하였다. 1937년 상반기의 수출 규모는 전년 대비 45퍼센트나 증가하였다. 특히 1935년 11월 3일 화폐 개혁의 선포는 아주 중요한 사건이었다. 신해혁명 이후 지방에 할거하던 군벌들은 군비 조달을 위해 지폐를 남발했고 이 때문에 온갖 종류의 화폐가 난립하여 물자의 유통에 심각한 장애가 되고 있었다. 1920년대에 상하이에 입항했던 미국의 니미츠 제독은 "왜 상하이의 돈을 상하이 밖에서는 쓸 수 없는지 부하들에게 설명하느라 애를 먹었다"고 회고하였다. 화폐 개혁은 그동안 난립했던 수많은 지폐를 난징 정부가 발행하는 법폐(法幣, 법정화폐)로 통일시켜 근대 국가로서의 경제 공동체와 통일 시장을 이루는 데 크게 기여하였다. 진정한 의미에서 '통일'에 근접한 셈이다.

지방 군벌들의 저항에도 불구하고 법폐는 신속하게 전국으로 확산되어 1937년 7월까지 중국 전체 화폐 유통액의 80퍼센트를 차지할 만큼 안정적인 가치를 유지하였다. 이로 인해 화북에 대한 '엔블록 공세'가 실패하여 큰 손실을 입자 일본은 "중국의 폐제 개혁은 노골적인 배일 행위"라며 강력하게 반발하기도 했다. 법폐의 안정으로 국제 시장에서 중국 화폐의 가치나 공채의 신용도는 일본보다도 높았다. 법폐는 중일 전쟁이 발발한 후 중국의 항전 능력을 재정적으로 지탱해주었다. 장제스는 "만약 일본의 침략이 폐제개혁 이전에 시작되었다면 우리는 훨씬 빨리 패망하거나 혹은 치욕을 참고 화평을 구걸해야 했을 것이다. 법폐가 존재한 덕분에 금융과 경제적 질서를 유지하고 장기 항전의 기초를 다질 수 있었다"라고 말하였다.

화폐 개혁과 세제의 정비, 경기 회복으로 국가 세입은 비약적으로 증가하여 1928년 4억 3444만 원에서 1936년에는 11억 4230만 원으로 거의 세 배 가까이 늘어났다. 만주를 빼앗기고 화북까지 일본에 잠식당하고 있는 상황에서 이런 성장은 분명 괄목할 만했다.

일각에서는 "번영의 시대가 가까이 왔다"는 말이 성급하게 나올 정도였다. 이런 발전은 외부적으로 세계 경기의 회복과 내부적으로 내전의 종식에 따른 정치적 안정 덕분이었다. 군사력도 강화되어 어느 정도 일본에 대항할 힘을 갖추게 되었다. 무한한 잠재력을 갖춘 나라가 정치적으로 안정되었을 때 얼마나 빠르게 성장할 수 있는지 보여준다 할 수 있다. 만약 일본의 침략이 없었거나 적어도 몇 년 지연되었다면 중국의 발전은 실로 놀라웠을 것이다.

또한 전쟁 이전만 해도 국가 주도의 계획 경제에도 불구하고 실제로 정부가 지배하는 비중은 전체 경제의 20퍼센트 미만이었고 전체적으로는 시장 자본주의에 의한 민간 경제가 중심이었다. 이는 난징 정부의 경제 정책이 주로 근대적 금융과 군사 분야에 집중되었고 권위가 빈약해 소련처럼 정부가 기업들을 강제로 장악하기에는 무리였기 때문이다. 그동안 중국과 서구의 좌파 학자들은 저장(浙江) 재벌과 결탁한 소수 관료에 의한 지배, 토지의 집중, 만성적 부패가 장제스 정권의 특징이었다고 규정해왔으나, 이런 주장은 '마오쩌둥식 결론'을 무비판적으로 답습한 것일 뿐이다. 엄밀히 따지자면 그러한 현상은 중일 전쟁 후반기와 국공 내전기에 중국 경제가 붕괴되면서 나타난 것이었다.

한편으로, 중국은 안정적으로 산업 발전에 투자하기보다는 당장의 군사력 강화에 집중할 수밖에 없었다. 또한 대내외적인 악재의 반복과 빈약한 재정은 경제 건설의 가장 큰 장애였다. 그리고 중국 경제가 일정한 궤도까지 오르기 위해 적어도 몇 년은 일본의 침략으로부터 자유로워야 했다. 중국에게 가장 필요한 것은 시간이었다. 그러나 1937년 7월 결국 전쟁이 일본과 전면전으로 확대되면서 그동안의 노력마저 물거품이 되었다. 주요 근대 공업이 베이핑, 톈진,

상하이, 난징, 광저우 등 해안 지역에 집중되어 있었기에 일본의 침략에 가장 먼저 노출되었다. 더욱이 전쟁이 장기화되면서 비교적 내륙이라 안전하다고 판단했던 후난 성과 장시 성까지 일본에게 점령당하여 그동안 건설한 많은 공장과 근대 설비들을 포기하거나 더 깊숙한 내륙으로 이동시켜야 했다. 장제스 정권이 결국 '양쯔 강의 기적'을 일으키지 못한 가장 큰 이유는 정권의 무능함이나 의지의 부족이 아니라 바로 이 때문이었다. 40여 년 뒤, 문화혁명이 끝나고 정권을 잡은 덩샤오핑이 중국에 시장경제를 도입하기로 결정했을 때, 중국 공산당에는 아무런 노하우도 없었다. 그는 관료와 학자들에게 장제스 정권의 경제 정책을 연구하라고 지시하였다. 이는 덩샤오핑이 추진한 개혁개방의 밑바탕이 되었다.

＼난징 정부에 대한 결론

현재 중국 교과서에서는 마오쩌둥의 말을 빌려 난징 정부 치하의 옛 중국은 단지 낙후된 봉건 사회이며 "첫째로 가난하였고 둘째로 결핍되어 있었으며(一窮二白) 중국의 공업은 모두 소련이 대신 만들어 주었다"라면서, "양화양정(洋火洋釘)"이라 하여 성냥과 못조차 스스로 만들지 못하고 외국에서 수입해야 했다고 기술하고 있다. 공산당이 내전에 승리하고 1950년 중소 원조 조약이 체결되어 소련의 원조를 받고 나서야 비로소 산업화가 시작되었다는 것이다. 마오쩌둥은 난징 정부를 "국민당 4대 가문*을 중심으로 한 관료자본주의"라며 오로지 "타도의 대상"으로 규정했고, 중국사의 권위자인 로이드 E. 이

---

* '4대 가문'이란 장제스의 장 씨, 쿵샹시의 쿵 씨, 쑹쯔원의 쑹 씨, 천궈푸의 천 씨를 가리키는 것으로 난징 정부 시절의 대표적인 권력층을 의미한다.

스트만 미국 일리노이대학교 교수 역시 난징 정부는 군부가 주도하는 전형적인 봉건 독재 정권이었으며 경제 정책은 매우 미미했다고 주장한다.

그러나 오랫동안 이어져 온 이런 보수적인 시각에 대해, 근래에는 중국 학계에서도 당시 중국의 자생적 역량을 지나치게 과소평가하는 것이라며 비판하는 목소리가 많다. 앞에서 언급했듯이, 난징 정부 치하의 중국은 불완전하게나마 근대적인 시장경제의 기초와 자본주의적 발전이 진행되고 있었고 성냥과 못은 물론이고 트럭과 대포, 항공기에 군함까지 자력으로 만들어 내고 있었다. 시안 사건 직전 장제스는 자신의 일기에서 "앞으로 5년에서 7년의 시간만 있다면 일본에게 충분히 대항할 수 있을 것이다"라고 적었고, 1937년 2월 5일 중국 민족언론지인 『대공보(大公報)』와의 인터뷰에서도 "나는 3년에서 5년의 시간을 더 필요로 한다"고 말했다. 물론 그 시간만큼 일본도 강해지겠지만 중국은 그 이상으로 성장할 것임에 틀림없었다.

결론적으로, 비록 불리한 여건과 구조적인 취약성을 완전히 해소하지는 못했다고 해도 난징 정부는 반(半)봉건, 반(半)식민지에서 탈피하고 자주적인 통일 국가와 근대화를 지향하였다. 짧은 시간에 중국의 정치적 분열과 경제적 위기를 어느 정도 극복했으며 일본의 침략에 대항하기 위한 기반을 구축하는 데 기여하였다. 이런 점은 독재자의 체면만 고려한 주먹구구식 정책으로 자원과 예산을 마구잡이로 낭비했던 이탈리아 무솔리니 정권이나, 지도자의 무지함으로 레닌 식 자력갱생 경제 정책과 책상 위의 엉터리 통계에만 매달리다 중국을 석기 시대로 돌려놓았던 마오쩌둥의 대약진 운동과는 분명히 대조된다.

만주 사변 이래 일본의 침략에 유화 정책으로 일관하며 양보만 거듭했던 난징 정부의 대일 전략은 1935년을 기점으로 변화하였다. 대표적인 대일 유화론자였던 왕징웨이가 1935년 11월 암살 미수를 당하여 중상을 입고 행정원장에서 물러나면서 친일파들의 영향력이 축소된 반면, 장제스가 그 자리를 차지하고 항일주의자인 펑위샹이 군사위원회 부위원장에 임명되는 등 항전파가 주도권을 쥐었기 때문이다. 이후 중국은 내몽골에서 관동군의 침략을 격퇴했으며 루거우차오 사건이 일어나자 이전처럼 굴복하는 대신 전면전을 선포하고 적극적으로 대처했다. 즉, 전체적인 맥락에서 난징 정부의 대일 유화 정책은 현실론에 근거한 부득이한 전술상의 후퇴일 뿐, 일본의 침략에 맞서는 데 필요한 힘을 키우기 위한 수단으로 평가해야 한다.

6

군대가 지배하는 나라

＼제국주의 국가

3백 년간 쇄국 정책을 고수했던 도쿠가와 막부와 달리 야심 넘치는 젊은 하급 사무라이들이 주축이 된 메이지 정부는 적극적인 팽창주의와 제국주의를 추구하였다. 메이지 정부는 막부 정권을 무너뜨린 다음, 문호 개방과 전통적인 특권의 폐지에 반발하는 사무라이(士族)들의 반란을 가차 없이 진압하였다. 또한 빠른 속도로 군사력을 강화하면서 제국주의화되었다. 메이지 유신이 선포된 지 몇 년 지나지 않은 1879년 류큐 왕국(지금의 오키나와)을 강제로 합병하고 타이완을 정벌하였다.* 또한 조선에서 운요 호 사건을 일으켜 불평등 조약을 체결하였다. 그 방법은 미국이 자신들을 강제로 개방시켰던 함포 외교를 그대로 흉내 낸 것이었다.

아시아의 오랜 종주국이자 노쇠한 제국 청나라를 굴복시킨 일본은 10년 후에는 열강의 하나였던 러시아에게도 승리를 거두어 전

세계에 큰 충격을 주었다. 청과 러시아와의 전쟁에서 승리한 대가로 청으로부터는 타이완과 랴오둥 반도를, 러시아로부터는 북위 50도를 경계로 사할린 남부를 할양받았다. 1910년에는 조선을 완전히 병합하였다. 일본의 세력이 욱일승천으로 뻗어가자 트라팔가 해전 이래 지난 백여 년간 세계의 바다를 지배했던 영국조차 극동에서 일본의 힘을 인정하고 동맹을 맺었다. 50년 전만 해도 유럽인들에게 단지 경멸의 대상이었던 나라가 이제는 서구 열강과 어깨를 나란히 하게 된 것이었다.

근대화된 군사력에 자신감을 가지게 된 일본은 본격적으로 침략 전쟁을 시작하였다. 1911년 중국에서 신해혁명이 일어나자 전 총리이자 육군의 원로인 야마가타 아리토모 원수는 청조를 지원한다는 명목으로 2개 사단을 동원하여 대규모 만주 출병을 주장했다. 내각은 국제적인 지탄을 받을 수 있다는 이유로 1개 연대 규모의 병력을 관동주에 추가 파견하는 선으로 마무리하였다. 그러면서도 베이징과 톈진의 일본 조계에 배치된 지나주둔군**의 병력을 증강하고 1912년에는 우한 한커우(漢口)의 조계에도 중지(中支)파견군이라 하여 1개 중대를 주둔시켰다.

탐욕스러운 일본은 이 정도에 만족하지 않았다. 제1차 세계대전이 일어나자 1914년 8월 23일 대독 선전포고를 선언하고 산둥 출병을 결정하였다. 산둥 성에는 칭다오를 중심으로 1898년부터 독일이 통치하는 조차지가 있었다. 9월 2일 산둥 반도 동북쪽 룽커우(龍口) 항에 일본군 제18사단이 상륙한 것을 시작으로, 일본은 야포 150문과 5만 명의 전력으로 영국군 1개 대대의 지원을 받아 산둥 반도를 장악해 나갔다. 일본이 멋대로 중국에 군대를 상륙시킨 것은 명백한 주권 침해였다. 위안스카이 정권이 즉시 철수를 요구했지만 소용없었다. 9월 26일 일본군은 독일의 최대 거점인 칭다오를 포위 공격하였다. 독일군 수비대는 일본군의 10분의 1에 불과했지만 일본군은 한 달이 넘는 포위전 끝에 1,250명의 사상자를 내면서(독일군 사상자는 8백여 명) 11월 10일 독일 조차지를 점령하였다. 또한 일본은 영국, 프랑스와 연합하여 독일의 동양함대를 추적하였다. 그러나 독일 함대와의 전투보다는 사이판, 포나페, 파라오 등 태평양 각지의 독일령 섬을 점령하는 데 혈안이 되었다.

1917년 독일의 무제한 잠수함 작전으로 곤란을 겪고 있던 영국은 일본에 해군 함대의 유럽 파견을 요청하였다. 일본 내각은 처음에는 실익이 없다는 이유로 거부했으나, 연합국 진영에서 발언권을 높여 전후 극동에서 독일의 권리를 차지하겠다는 야심을 품고 2등 순양함 아카시(明石)를 비롯한 18척의 군함으로 편성된 제2특무함대***를 지중해로 파견하였다. 이들은 상선 호위 임무와 대잠 작전

---

* 1871년 12월 타이완에 표류한 오키나와 사람들이 현지 토착민들에게 살해되는 사건이 벌어지자 일본은 이를 명분으로 타이완 정벌을 단행했다. 사이고 다카모리의 동생 사이고 쓰구미치를 사령관으로 규슈 구마모토와 가고시마의 병력 2개 대대 3천여 명을 군함 5척에 탑승시켜 1874년 5월부터 6월까지 타이완 남부에서 토착민들을 상대로 토벌 작전을 실시하였다. 전투에 의한 사상자는 겨우 36명에 불과했으나 530여 명이 풍토병에 걸렸다. 그러나 일본은 이 출병에서 근대전의 경험을 쌓을 수 있었다. 또한 미국은 일본의 타이완 출병을 적극 후원하여 현지에 대한 정보를 제공하고 군사고문단을 파견하였다. 청나라의 실권자 리훙장은 '타이완은 중국의 영토'라며 즉각 철수하라고 요구했으나 무기력한 청군으로서는 대응할 수단이 없었기에 50만 엔의 배상금을 지불하여 일본군을 철수시켰다.

** 당시 일본은 중국 본토를 가리켜 지나(支那)라고 불렀다. 이것은 공식적인 용어는 아니었고 중국을 주권 국가로 보지 않겠다는 일종의 경멸의 뜻이 내포되어 있었다.

*** 제1차 세계대전에서 일본은 3개의 특무함대를 편성하여 제1특무함대는 인도양과 남아프리카에, 제2특무함대는 지중해, 제3특무함대는 남태평양과 호주로 파견하여 각종 임무를 수행하게 하였다.

에 투입되어 36회의 교전을 치르면서 78명의 전사자를 냈다. 덕분에 파리 베르사유 강화 회의에서 팔라우, 마셜 제도를 비롯한 적도 이북의 남양 군도를 위임통치령으로 차지하였고 국제연맹에서도 5대 상임이사국의 하나가 되었다. 또한 중국의 강력한 반발에도 불구하고 중국에서 독일이 가지고 있던 모든 이권을 넘겨받았다.

또한 일본은 러시아에서 적백 내전이 일어나자 열강들의 '간섭 전쟁'에도 적극적으로 가담하였다. 바이칼 호 동쪽의 동부 시베리아를 러시아로부터 독립시켜 친일 괴뢰 정권을 수립하겠다는 욕심으로 미국, 영국과 함께 대규모 병력을 파견하였다. 처음에는 백군의 체코군단*을 지원한다는 명목으로 미군 7천 명, 영국군 5천8백 명, 일본군 1만 2천 명으로 삼국 연합군을 구성하기로 했으나, 일본의 목적은 체코군단을 돕는 것이 아니라 영토 확장에 있었기에 무려 3개 사단 7만 3천 명에 달하는 대병력을 파견하였다. 관동군 제7사단이 북만주에서 바이칼 호로 진격하고 제12사단이 연해주로, 제3사단이 동부 시베리아로 진군했다. 그러나 욕심에만 눈이 멀어 충분한 준비도 없이 진격했다가 추위와 소련군의 반격에 고전을 면치 못했다. 1920년 5월 니콜라옙스크 항에서는 일본군 수비대와 거류민 등 720명이 소련군의 공격을 받아 몰살당하는 참사(尼港事件)가 벌어졌다. 결국 일본은 9억 엔에 달하는 전비에 3천여 명의 전사자와 수많은 동상자 등 2만 명이 넘는 사상자만 내고 1922년 10월까지 잔여

---

* 러시아 황제 니콜라이2세는 제1차 세계대전 중 러시아 내 체코인들과 오스트리아군 체코 출신 포로들을 모아 '체코 부대'를 창설하였다. 러시아혁명과 적백 내전이 일어나자 이들은 백군 편에서 싸웠으며 한때 블라디보스토크를 점령하기도 하였다. 그러나 백군이 열세에 몰리자 이들은 블라디보스토크에서 일본과 미국을 경유해 신생 독립한 조국 체코슬로바키아로 귀향하였다. 그들은 자신들이 가지고 있던 무기의 일부를 우리 독립군에게 판매하여 독립군이 봉오동, 청산리 전투에서 승리하는 데 일조하였다.

병력을 완전히 철수시켰다. 1925년 5월에는 일시적으로 차지했던 북부 사할린도 도로 반환해야 했다. 완벽한 실패였다.

이 전쟁에서 일본군은 청일 전쟁과 러일 전쟁에서는 보이지 않았던 수많은 문제점을 드러냈다. 전쟁의 목적 자체가 불명확했고 전략의 일관성 또한 없었다. 병사들은 자신이 왜 싸워야 하는가에 대해 알지 못했다. 방한복조차 부족하여 추위에 떨다가 전의를 상실하고 대대 병력 전체가 소련군에게 투항하기도 했다. 군기 위반과 탈영 사건도 비일비재했다. 더욱이 막대한 전비는 고스란히 국민들에게 돌아와 대다수 국민은 무거운 세금에 허덕였다. 이득을 본 것은 정치가들과 결탁한 소수의 재벌들뿐이었다.

＼일본의 군벌 정치

19세기 중엽까지도 동아시아의 세 나라, 즉 중국과 조선, 일본은 크게 다를 바 없었다. 봉건적이면서 전통적인 질서에서 벗어나지 못했고 서양을 멸시하면서도 또한 그들의 침략으로 체제가 붕괴될 것을 두려워하며 문을 꽁꽁 닫았다. 그러나 비슷한 출발점에서 시작했지만 반세기가 지나면서 힘의 서열이 바뀌었다. 중국과 조선은 경쟁에서 뒤처져 몰락했고 일본만이 "부유한 나라, 강력한 군대"를 외치며 짧은 시간에 봉건 시대에서 산업 시대로 뛰어넘었다. 서구에서 도입한 기술과 자본으로 철도와 조선소, 근대적인 공장이 일본 전국에 건설되었다. 또한 수많은 학교를 세워 국민들에게 의무 교육을 실시하였다. 메이지 유신부터 10년에 걸친 내전과 해외 원정은 군사 제도와 전략, 전술의 발전을 촉진하였다.

그러나 일본이 다른 아시아 국가들과 달리 서구 열강의 본격적인 침략에서 비켜날 수 있었던 한 이유는 이웃에 중국이라는 거대한 먹이가 있었기 때문이다. 서구 열강은 영토와 자원이 풍부한 중국을 침략하고 약탈하는 데 혈안이 되어 있었고 인구만 많고 자원이 빈약한 일본은 (조선도 마찬가지로) 관심 밖이었다. 서구 열강의 관심이 중국에 집중된 덕분에 일본은 근대화를 추진할 시간적 여유를 벌 수 있었다. 또한 미국과 영국은 극동에서 러시아의 남하를 견제하기 위해 일본의 근대화를 원조하고 류큐와 타이완 출병을 적극적으로 후원하였다.

일본의 지도자들은 취약한 정권을 안정시키고 부국강병의 논리를 국민에게 주입하기 위해 주변국들을 일본의 안보를 위협하는 '가상의 적'으로 규정하기 시작했다. 모든 남성은 징병 대상이 되어 현역과 예비역을 포함해 10년 이상을 복무해야 했고 학교에서는 메이지 정부의 새로운 통치 이념인 천황에 대한 숭배와 국수적인 신도(神道) 사상, 사무라이식 희생과 용기를 가르치며 국가에 절대 충성하라고 세뇌하였다. 이런 분위기 속에 일본 사회는 점차 군대가 지배하는 군사 국가로 변해갔고, 힘을 키워 외세로부터 스스로를 지키자는 논리는 패권주의로 바뀌었다.

메이지 유신 이후 일본 사회에서 군부의 위치는 매우 독특했다. 메이지 초기부터 프로이센식 군제를 모방했던 일본군은 사실상 단점만 고스란히 물려받았다. 근대 이래 의회 민주주의를 추구하는 국가들은 군대가 무력으로 국가를 장악하지 않도록 제도적으로 군의 통수권을 정부와 의회의 통제 아래 놓고 있다. 그러나 일본은 통수권을 독립시켜 군부는 '국가 속의 국가'가 되어 막강한 권한을 휘두르며 사회 전반을 지배하였다. 이는 1878년 8월 육군대신이었던 야마가타 아리토모의 주도로 제정된 '참모본부 조례'와 '육군직제'에서 "군의 통수권은 오로지 천황만이 가질 수 있다"라고 명시하면서부터였다. 군부를 장악하려는 야마가타의 야심이 반영된 것이었으나 결과적으로 군대의 지휘는 천황의 대권(大權)이 되어 군부는 정부의 통제에서 완전히 자유로운 존재가 되었다. 그러나 천황은 허수아비일 뿐 실질적인 권한을 갖고 있지 않았기에, 군부는 사실상 초헌법적인 존재였다.

메이지 유신 이래 러일 전쟁까지 내각과 군부의 수장은 황족이거나 특정 지역(죠슈 번, 사쓰마 번*)이 독점하였다. 이 때문에 육군은 '죠슈 육군', 해군은 '사쓰마 해군'이라 불릴 만큼 일본군은, 두 파벌의 사병 집단으로 전락했고 타 지역 출신들의 극심한 불만을 샀다. 군부를 지배하던 죠슈 번 세력은 1910년대부터 약화되지만 대신 새로운 파벌들이 형성되면서 군부는 정치와 파벌 싸움의 장이 되었다.

일본은 군대의 군정권과 군령권**을 분리하여 군정권은 육군성과 해군성이, 군령권은 참모본부와 군령부가 각각 쥐고 있었다. 네 개나 되는 독립된 기관이 군사권을 나누어 가진 셈이었다. 게다가 우리의 국방부에 해당하는 기구가 없어 이들을 통합 조정하는 게 불가능했다. "두 명의 명장보다 한 명의 우장(愚將)이 낫다"라는 말이 있지만 서로 동격인 조직이 군권을 나누어 가지다 보니 혼란이 빚어지지 않을 리 없었다. 전시에는 최고 사령부로서 천황을 수장으로 육해군대신과 참모총장, 참모차장, 군령부장, 참모본부 작전부장 등 주요 군 수뇌부들이 참석하는 대본영이 구성되었다. 그러나 대본

---

* 죠슈 번은 현재의 야마구치 현, 사쓰마 번은 가고시마 현이다. 죠슈 번과 사쓰마 번의 하급 무사들을 중심으로 도쿠가와 막부에 대한 반(反)막부 운동을 벌이고 천황을 옹립하여 메이지 유신을 일으켜 일본의 정권을 장악하였다.

** 군정권(軍政權)이란 군을 조직하고 편성하는 군사 행정권을 말하며 군령권(軍令權)은 군대를 직접 지휘, 통솔하는 명령권이다.

영은 실질적인 결정을 내릴 수 없었다. 대본영 회의는 실제로는 의례적인 요식 행위일 뿐, 육해군의 수장들이 천황 앞에 모여서 형식적으로 전황을 보고하는 것이 전부였다. 우리의 '국가안전보장회의(NSC)'처럼 대통령의 주도 아래 정부 부처와 군부를 망라하여 국가안보에 대한 모든 정책을 결정하는 조직체와는 거리가 멀었다. 게다가 내각은 대본영에 참석할 수도 없었다. 이 때문에 서로 협조는커녕 정보 공유조차 제대로 이루어지지 않았다. 당연히 전쟁 지도에서 매우 불합리하였다.

내각이 무력했던 이유는 태생적인 취약성 때문이다. 메이지 이래 일본은 소수의 정치 원로들의 정치적 타협을 거쳐 천황이 형식상 지명하는 형태로 총리를 뽑았다. 그러나 총리대신은 명목상 행정부의 수장이지만, 우리의 대통령제와는 달리 내각의 회의를 주관할 뿐 실제 권한은 매우 미약했다. 그나마 군의 원로이면서 강력한 리더십으로 군부를 어느 정도 억눌렀던 다나카 기이치가 1929년 7월 총리에서 물러난 후 무능한 자들이 연이어 자리를 차지하였다. 게다가 1930년 11월 만주 침략을 반대하고 군을 통제하려던 하마구치 오사치 총리가 군부의 사주를 받은 극우파의 저격을 받은 사건을 시작으로, 군부의 폭주에 고삐를 매려고 하는 정치가들에 대한 군부의 테러가 반복되면서 공포심을 느낀 정치가들은 더욱 군부의 눈치 보기에만 급급하게 되었다.

╲장교단의 본질

만주 사변을 비롯해 일본 근현대사를 보다보면 제일 먼저 드는 의문이 안하무인으로 설치던 장교들을 왜 눈감아 주었는가 하는 점이다. 어떤 군대이건 위계질서와 상명하복은 기본적인 원칙이다. 이것이 무시된다면 군대는 국군이 아니라 국가의 이름을 빌린 폭력조직일 뿐이다. 그러나 제국주의 일본군은 직속상관의 명령조차 자신의 마음에 들지 않으면 정면에서 거스르며 만용을 부리는 것이 기본이었다. 일개 소위가 총리 관저에 난입하여 "문답무용(問答無用)"이라 외치며 현직 총리를 한칼에 베어 버렸던 5.15사건이나, 젊은 위관급 장교들이 자신들 손으로 국가를 개조하겠다면서 반란을 일으켰던 2.26사건은 타국에서는 유례를 찾아 볼 수 없는 사건들이었다. 이런 모습이 어떻게 가능했으며 군 상층부는 왜 엄중하게 다스리지 못했을까? 이는 크게 두 가지 관점에서 설명할 수 있다.

첫 번째 이유는 지배 계층의 신분 세습 때문이다. 사관학교를 졸업한 장교의 50퍼센트 이상이 아버지가 고위 장성이거나 관료, 사무라이, 지주 출신 같은 기득권 세력이었다. 막강한 배경을 가진 그들은 정재계의 원로들과도 밀접한 관계를 유지하였다. 따라서 엘리트라는 자부심과 특권 의식으로 똘똘 뭉쳐 병사들이나 하사관들에 대해서는 맹목적인 복종을 강조하고 철저하게 차별하면서도 정작 자신들은 누구의 지시도 받지 않겠다는 듯 정당한 명령조차 무시하는 것은 물론, 하극상마저 일삼았다. 당연히 군대로서 명령과 권위가 설 리 없었다.

두 번째 이유는 같은 동향, 같은 동기들 사이에 존재하는 끈끈한 유대감이었다. 그들은 출신과 배경에 따라 철저하게 배타적이고 폐쇄적인 집단을 형성하였다. 그중에서도 육군대학 출신의 횡포가 가장 심했다. 소학교를 졸업한 후 육군 유년학교로 진학하여 육군사관학교와 육군대학을 거치는 것이 엘리트 중의 엘리트로서 최고의 출세 코스였다. 경쟁도 매우 치열하여 매년 육군대학에 입학하는 숫자는 겨우 30~40명에 불과했다. 이들은 정계와 군부의 핵심에 포진했지만 막상 이들의 사고와 지식은 불균형했다. 이들은 전쟁만 알 뿐, 정치나 사회에 대해서는 문외한이었다. 또한 엘리트 의식에 빠져 자기들만의 배타적인 세계를 만들어서 사관학교 출신이 아닌 장교나 육대 출신이 아닌 장교는 철저하게 차별하여 연대장 이상의 고위 직책은 모두 육군대학 출신들이 독점하였다. 도조 히데키, 이시와라 간지, 쓰지 마사노부, 무타구치 렌야, 도미나가 교지, 스기야마 하지메 등이 바로 대표적인 자들이다. 국가를 농락하면서 결국 일본을 패망으로 이끈 이들은 천황 히로히토의 연호를 따서 "쇼와 군벌(昭和軍閥)"이라고 불리었다.

인사나 작전, 업무 처리 역시 개인적인 인간관계에 좌우되었다. 반대로 자신과 일면식도 없는 상대에게는 계급 고하를 막론하고 비협조적으로 대했다. 이런 행태는 봉건적인 군벌 집단과 다름없지만 특이한 점은 어떤 한 사람을 정점으로 뭉친 것이 아니었기 때문에 명확한 우두머리가 없었다. 수직적인 문화에 익숙한 우리는 이해하기 어렵지만 이런 모습은 사무라이 시절부터 내려온 일본 특유의 문화이기도 하다. 사무라이들에게 '충(忠)'이란 유교 사상에 따라 임금과 국가를 위해 무조건적인 충절을 중시하는 우리의 '충'과는 의미가 다르다. 그들은 자신과 계약 관계를 맺은 주인이 개인적인 은혜를 베풀면 그것에 대한 보상의 개념에서 충성을 하였다. 바꾸어 말해서 은혜가 없다면 충성도 없었다.

서구 문물이 들어온 뒤 군대는 겉보기에는 서구와 다를 바 없었지만 정작 알맹이는 여전히 바뀌지 않았던 것이다. 장교들은 상대의 계급과 상관없이 그가 자신과 사적으로 어떤 관계인가만 생각할 뿐이었다. 따라서 군 원로조차도 후배 장교들을 쉽사리 다스릴 수 없었고 억지로 누르려고 하면 도리어 집단 항명에 부딪쳐 자신이 그들로부터 고립되어 버렸다. 제도적으로는 육해군의 최상층 조직인 참모본부와 군령부가 모든 군대에 대한 명령권과 지휘권을 쥐고 있었지만 실제로는 명령이 제대로 먹혀들 수 없었던 것이다.

그럼 그들에게 천황은 어떤 존재인가? 일본의 장교들은 입으로는 "천황 폐하를 위해 기꺼이 죽겠다"고 외치며 무조건적인 충성과 복종을 맹세하면서 국민들에게도 이를 강요하였다. 천황은 신성불가침의 존재로 어떤 비판도 허용되지 않았다. 그러나 충성을 맹세하는 말과는 달리, 천황 히로히토가 대본영을 통해 어떤 지시를 내려도 현지 지휘관들은 무시하기 일쑤였다. 맹목적인 천황 숭배 사상은 군부가 권력을 휘두르기 위해 천황을 자신들의 방패막이로 써먹는 명분에 불과했다. 그들에게 천황은 숭배의 대상이긴 했지만, 충성과 복종의 대상은 아니었다. 이런 모순적인 행태에 대해 외무성의 어떤 관료는 다음과 같이 신랄하게 비판하기도 했다. "천황은 물에 비친 그림자일 뿐이다. 진짜 달은 그 뒤에서 권력을 휘두르는 군부이다." 메이지 천황 이래 역대 천황들 역시 이를 바꾸려고 노력하기보다 방관하였다. 하나같이 우유부단하고 유약한 성격인 데다 자신이 군부의 허수아비에 불과한 존재라는 사실을 너무나 잘 알고 있었기 때문이다. 오죽하면 히로히토조차 "군부가 나를 질식시키고 있다"고 개탄할 정도였다.

이런 비뚤어진 우월 의식과 횡포로 인해 장교들은 정부와 민간 분야의 엘리트들과도 심한 마찰을 빚지 않을 수 없었다. 만주 사변 당시 관동군을 설득하러 온 외무성 관료 모리시마 모리도의 면전에서 하야 다다시 소위는 칼을 뽑아 들고 "천황의 통수권을 간섭하는 자는 누구라도 용서할 수 없다"고 으름장을 놓았다. 일개 소위가 고위 관료의 생명을 위협한 것에 대해 외무성이 강력히 항의했지만 군부는 오히려 감싸기에 급급했다. 장교들이 이렇다 보니 병사들도 마찬가지였다. 1933년 6월 오사카에서 나카무라 마사카즈라는 일등병이 교통신호를 위반하여 순경의 단속에 걸렸다. 그러나 그가 "황군은 헌병이라면 몰라도 경찰의 명령에 복종할 필요가 없다"라고 단속에 불응하면서 거리 한복판에서 군인과 경찰이 서로 난투극을 벌이는 어이없는 사건이 벌어졌다. "가겠다!"와 "멈춰라!"라는 말이 오고 갔다며 '고스톱 사건'이라고 불리었는데, 군 수뇌부는 도리어 경찰이 군의 체면을 실추시켰다며 사과를 요구하여 양측이 감정 싸움을 벌이다 결국 히로히토가 직접 개입하면서 해결되었다. 평소 일본 최고의 엘리트라고 자부하던 내무성과 외무성의 관료들은 나날이 도를 더하는 군부의 횡포에 분개하면서 철저히 비협조로 일관했다. 일본이 패망하자 그들은 그동안 억눌러 있던 불만을 폭발시켜 군부에 철저하게 보복하였다. 전후 일본에서 군부의 위상이 대폭 축소된 것은 단순히 미국의 대일 점령 정책 때문만은 아니었다. 이런 내부적인 갈등의 결과이기도 한 것이다.

＼시민운동의 실패

군국주의 일본도 1910~1920년대에 걸쳐 '다이쇼 데모크라시(大正 Democracy)'라 하여, 사회주의자들을 중심으로 제국주의적 침략의 반대와 보통선거의 실시, 언론의 자유, 서구 민주주의의 실현을 요구하는 시민운동이 일어났다. 그동안 거듭된 전쟁 때문에 국민의 부담이 날로 늘어나자 불만의 목소리 또한 높아졌기 때문이다. 전국에서 노동운동과 소작료 인하 운동이 벌어졌고 군벌 정치에 대한 비난이 쏟아졌다.

이로 인해 군부의 위상도 일시적으로 축소되었다. 제1차 세계대전 이후 세계적인 군비 감축 분위기와 날로 방대해지는 군비에 대한 비난 여론에 밀려 마지못해 해군은 워싱턴 해군 군축 조약에 참여하였고, 육군 역시 1922년 육군대신 야마나시 한조 대장이 메이지 유신 이래 첫 군축인 '야마나시 군축'을 추진했다. 이어서 우가키 가즈시게 대장과 나가타 데쓰잔 소장 등 육군대학 출신의 개혁파들의 주도로 '우가키 군축'을 단행하였다. 세 번의 군축으로 상비 사단이 21개 사단에서 17개 사단으로 줄어들어 총 4개 사단(제13, 제15, 제17, 제 18사단) 9만 명에 달하는 인원이 감축되었다.

여러 차례의 군대 축소로 많은 장교들이 쫓겨났고, 극심한 승진 적체가 일어났다. 1929년 10월에는 경제 불황을 이유로 문무 관료들의 봉급이 일괄적으로 10퍼센트씩 삭감되었다. 군부의 불만은 극에 달했다. 불평불만에 가득 찬 청년 장교들은 "국가를 개조하겠다"는 정치 구호를 공공연히 외치며 난동을 일삼았다. 이런 행태를 엄중히 다스려야 할 군부의 원로들은 제 식구 감싸기에 급급하여 기강을 더욱 문란하게 만들었다. 오히려 앞장서서 부추기거나 자신들의 전위 부대로 활용하기도 하였다. 그러나 우쭐해진 청년 장교들의 난동이 점점 도를 더하게 되면서 나중에는 군부의 원로들조차 통제할 수 없는 지경에 이르렀다.

1929년 시작된 세계 대공황과 정부의 철저한 탄압, 무엇보다 대다수 국민의 무관심과 의식 부족으로 결국 시민운동은 실패하였고 만주 사변 이후 일본은 군대가 지배하는 나라가 되었다. 군부는 겉으로는 "군은 정치에 관여하지 않는다"고 말했지만 "육해군대신은 국정을 담당해야 하므로 예외"라는 논리로 자신들의 정치 개입을 정당화하였다. 더욱이 2.26사건 이후에는 내각의 일원인 육해군대신을 현역 군인이 차지하였다. 만약 군부가 내각과 대립하여 내각에 참여하기를 거부하면 총리는 내각을 구성할 수 없게 되고 내각은 자동적으로 해산되어야 했다. 한마디로 군부가 정부의 머리 위에 서서 마음만 먹으면 얼마든지 정부를 무력화시킬 수 있었다. 정부가 군을 통제하는 것이 아니라 거꾸로 군이 정부를 통제하는 것이다.

따라서 태국이나 멕시코처럼 군인들이 쿠데타로 직접 정권을 뒤엎는 데 성공한 적은 단 한 번도 없었음에도(물론 시도는 여러 차례 있었다) 군부는 자연스레 일본에서 가장 강력한 집단이 되어 국가를 지배하게 되었다. 중일 전쟁 발발 이후에는 정부가 사실상 군부의 꼭두각시로 전락하면서 내각의 3분의 1 이상을 현역 군인이 차지했다. 1920년대까지는 그나마 국가 예산의 20퍼센트대에서 억제되던 군사비는 만주 사변 이후 급격하게 증가하기 시작하여 중일 전쟁이 발발하는 1937년 이후에는 70퍼센트를 돌파하였다. 과중한 군비 부담으로 경제는 항상 아슬아슬한 긴장 상태였고 국민들의 생활은 갈수록 궁핍해졌다. 대다수 일본인들의 삶은 1백 년 전과 다를 바 없이 가난하고 비참했다. 그러나 군부는 "민중이란 짜면 짤수록 여유가 있는 법"이라며 군비를 끝없이 늘렸다. 국민들에게 무조건적인 순응을 강요하며 입에 재갈을 물리고 언론과 사상을 철저하게 통제하였다. 그런데 대다수 국민들 역시 침략 전쟁에 열광하기는 마찬가지였다. 군대가 출전하면 수만 명의 인파가 쇄도하여 그들을 열렬히 환송했다. 광기에 가까운 모습이었다. 군부가 하늘 높은 줄 모르고 교만했던 것도, 청년 장교들이 폭주했던 것도, 정부가 이를 억누를 수 없었던 것도 가장 큰 이유는 국민이 군부를 지지했기 때문이다.

＼'황군'의 실상

이른바 '천황의 군대(皇軍)'를 자처한 일본군은 천황의 권위를 이용해 병사들에게 엄격한 복종과 총검 만능주의로 상징되는 극단적인 정신주의를 강요하였다. 병영의 내무반에서 일어나는 사병들의 사적 구타와 제재는 이런 군사 문화가 만들어낸 산물이었다. 그렇지만 군대는 전통적인 일본 사회의 서구화를 주도하기도 했다. 대부분 농촌에서 징집된 병사들은 서구식으로 건축된 병영에서 서구식 군복과 가죽 군화를 신었으며 태어나서 처음으로 고기와 양식(洋食)을 먹었다. 군대 생활은 고달팠지만 고향에서 소작농으로 가난하고 비참하게 살던 농촌 청년들에게는 오히려 의식주를 해결하는 방편이 되었고 때로는 출세할 수 있는 기회이기도 했다. 이들은 군대 생활이 이전의 삶보다 훨씬 낫다고 여겼다. 또한 사무라이 시절의 봉건 사고가 남아 있던 농촌 사회는 "사내는 군대를 다녀와야 비로소 사람 구실을 한다"고 생각했기에 병역을 무사히 마친 병사들은 고향으로 돌아가서도 우대를 받았다. 군대에 강한 향수를 가진 이들은 고향에서 재향 군인회와 같은 조직을 결성하여 군부를 지지하고 군국주의 선전에 앞장섰다.

반대로, 농촌에 비해 서구 문물을 비교적 빨리 접했고 상대적으로 고등교육을 받은 도시 출신들에게 병영 문화는 야만스럽고 비문명적으로 여겨졌다. 따라서 어떻게든 징병을 기피하려고 노력했다. 이런 인식의 차이 또한 일본 사회의 괴리와 갈등으로 이어졌다. 군대는 교육 수준이 높고 군대를 불신하는 도시 출신을 기피하고, 용감하지만 교육 수준이 낮고 수동적이며 명령에 맹목적으로 복종하는 농촌 출신을 '최고의 병사'라며 선호하였다. 일본 군대는 고학력자보다 저학력자가, 부자보다는 가난한 사람이, 도시민보다 농촌 출신이 훨씬 많았다.

또한 재력가들일수록 군 면제율이 높았고 입대하더라도 진급에서 훨씬 유리했다. 한마디로 일본군은 출신 배경과 신분에 따라 철저하게 차별받는 세계였다. 출신 신분이 낮은 병사들은 어떻게든 좁은 진급문을 뚫고 입신출세하기 위해 수단과 방법을 가리지 않았다. 진급을 해야 제대 후에도 취업과 결혼에 훨씬 유리했기 때문이다. 또한 많은 병사들은 비참한 생활이 기다리는 농촌으로 돌아가기보다 생계를 위해 부사관으로 지원하였다. 징병제를 실시했던 육군과 달리 지원제였던 해군은 육군에 비해 병영 여건이 좋고 기술을 배울 수 있어서 경쟁이 치열했다.

러일 전쟁 이래 정신력을 강조했던 일본군은 제1차 세계대전을 관전하면서 큰 충격을 받았다. 제1차 세계대전은 이전의 전쟁과는 달랐다. 주로 단기 결전으로 끝났던 19세기의 전쟁과 달리, 제1차 세계대전은 5년 가까이 지속되었고 서구 열강들은 수백만 명의 병력을 동원하였다. 기관총과 항공기, 전차, 독가스 등 당시로서는 최신의 무기가 대량으로 사용되면서 가장 잘 훈련되고 용감한 병사들조차 적진으로 총검 돌격하다 무차별적으로 학살당하였다. 기술의 발전은 인간의 정신력을 능가하였다.

일본은 제1차 세계대전에 직접 참전하지 않았지만 이런 변화를 인식하지 않을 수 없었다. 이에 따라 군 장비의 현대화와 기계화 부대의 창설, 기병의 축소, 정신력 중시에서 화력 중시로 용병 사상의 변화 등 나름대로 개혁을 추구하였다. 장교들 중에서도 진보적인 사상으로 서구식 합리주의를 외치는 이들이 나타났다. 이들은 그동안 지휘관들의 묵인 아래 자행되어 온 고참병의 후임병에 대한 사적 제재를 금지하고 공사의 구분과 사생활을 인정하여 강요된 복종이 아니라 자발적인 복종으로 병영 문화를 개선해야 한다고 주장했다.

그러나 이런 목소리는 소수에 불과했다. 더욱이 일본은 후진적인 사회로서 국력이 미비하여 장기 총력전을 할 수 없었다. 전쟁이 발발했을 때 국가의 모든 자원을 신속하게 동원하기 위해서는 평소 충분한 교육과 훈련을 받은 대규모 예비 병력의 확보, 예비 간부요원의 대량 양성, 그리고 정치, 경제, 문화, 사회 전반에 걸쳐 총력전에 필요한 체제가 갖추어져 있어야 한다. 즉, 구미 열강처럼 국가 시스템이 전 국민을 동원할 수 있는 수준에 도달해야 하는데 반(半)근대화되고 반(半)봉건적인 일본이 하루아침에 이를 흉내 내기에는 무리였다. 또한 교육 수준이 서구에 비해 훨씬 낮았던 일본은 병사들의 숙련도를 유지하기 위해 소수의 장기 복무자 위주의 군대를 지향할 수밖에 없어 잘 훈련된 대규모 예비군을 확보하기 어려웠다. 하지만 일본은 이를 개선하려고 노력하기보다 국력의 한계를 이유로 거꾸로 단기 결전주의와 정신력을 강조하는 쪽으로 흘러버렸다. 이를 위해서는 절대적인 복종이 필요했기에 병사들에게 설사 상급자의 명령이 불법이거나 반인륜적인 것이라 해도 무조건 따르기를 강요했으며 명령에 복종하여 발생한 결과에 대해서는 어떠한 책임도 묻지 않았다. 따라서 일본군 병사들은 점령지에서 약탈과 학살 등 온갖 잔혹한 전쟁 범죄를 아무런 양심의 가책이나 거리낌 없이 자행할 수 있었다.

일본군은 전략, 전술과 교리에서도 여전히 백병전 만능주의와 공격 지상주의를 고집하였다. 근대화된 기계화 부대보다는 보병의 전투력 향상에 집착하였다. 전차 부대는 구색용에 불과했고 야포나 기관총 같은 지원 화기도 형편없었다. 메이지 유신 초반에만 해도 군 내부에서 자유로운 군사 토론을 인정하던 분위기가 있었지만, 1930년대에 오면 도리어 경직되어 어떤 비판이나 논평도 금지하였다. 또한 서구의 군사 선진국과의 인적 교류가 매우 제한적이었기에 대부분의 장교들은 유럽식 선진 전술을 배울 기회가 없었다. 따라서 일본군의 수준은 러일 전쟁 시절에서 멈추어 버렸고 합리성의 측면에서는 오히려 역행하였다. 말단 병사들은 어느 나라 군대 못지않게 용감하고 강인했지만 지휘부로 올라갈수록 책상물림에다 무능하기 짝이 없었다. 태평양 전쟁 중 해군부 교육국장을 지낸 다카기 소키치 해군 소장은 구태의연했던 일본군 장성들에 대해 자신의 회고록인 『태평양해전사(太平洋海戰史)』에서 "그들은 사색도, 독서도 하지 않았으며 계급이 올라갈수록 비판받을 기회도 사라졌다. 신과 같은 존재이자 권위의 우상이었으며 따뜻한 온실 속에서 보호받았다"라고 신랄하게 비판하였다.

무기와 장비 역시 낙후되었다. 무기의 개발이 군부에 의해 주도되면서 기술력은 시대에 뒤떨어졌고 생산 설비도 부족했다. 미국이나 영국, 독일이 민간 기업들의 경쟁을 통해 기술력을 향상시킨 것과는 대조적이었다. 일본 육군이 사용한 기관총이나 야포, 전차 등 주요 무기는 모두 서구로부터 한 세대 이전의 무기를 수입한 뒤 이를 베이스로 국산화한 것들이었다. 그나마도 1930년대 이후 국제 사회에서 고립되면서 더 이상 최신 기술과 무기를 확보할 수 없었다. 따라서 우수한 체코제나 독일제 무기로 무장한 중국군을 상대할 때는 고전을 면치 못했다.

화력보다 백병전을 중시하고 병사들의 맹목적인 복종과 정신력 제일주의를 고집한 이유도 이런 현실 때문이었다. 관동군 사령관과 육군 교육총감을 지낸 무토 노부요시 원수는 병사들 앞에서 "필승의 신념은 물질을 압도한다"라고 훈시했고 보병 교본은 병사들이 화력에 기대지 말고 오직 총검으로 전진하라는 '공격 정신'을 강조했다. 과거의 선입견에 빠져 소련군이나 중국군을 형편없는 오합지졸이라고 비하하며 그들에 대한 연구를 소홀히 했다. 이런 분위기에서 제1차 세계대전을 직접 참관했던 일부 장교들의 진보적인 목소리는 철저히 묻혀버렸다. 구태의연한 집단 문화에서 배출된 책상물림 장교들은 1930년대 이후 군부의 중심이 되어 중일 전쟁과 태평양 전쟁을 지휘하게 된다.

＼제국 국방 방침의 모순

러일 전쟁이 끝난 직후인 1907년, 일본은 천황을 비롯해 육·해군 참모총장과 해군 군령부장, 군의 각 원로들이 참석한 가운데 '제국 국방 방침'을 제정하였다. 일본이 앞으로 추구할 국가 전략의 기본 방침을 세운 것인데, 패망할 때까지 총 세 차례에 걸쳐 개정되었다. 1936년 세 번째 개정은 이시와라 간지가 주도한 것으로, 중일 전쟁 직전에 만들어졌다는 점에서 중요하다. 주요 내용은 육군을 평시 17개 사단, 전시 30개 사단에서 평시 27개 사단, 40개 비행중대와 전시 50개 사단, 140개 비행중대로 확대하고 미국과 소련, 중국을 가상 적국으로 가정한다는 것이었다. 또한, 제1차 세계대전을 교훈 삼아 국가 총력전과 지구전의 필요성을 강조했으나 막상 세부 전쟁 계획에서는 제1차 세계대전 이전의 독일의 단기 결전 전략이었던 '슐리펜 계획'을 모방하였다. 왜냐하면 일본은 독일과 마찬가지로 장기전에 필요한 국력과 자원이 부족했기 때문이다.

제국 국방 방침의 작전계획은 모두 8가지 안이 있었다. 가장 중요하다고 판단되는 것부터 차례대로 우선순위를 매겼다. ① 작전 전반에 대한 총괄방침, ② 대소 작전계획, ③ 대미 작전계획, ④ 대중 작전계획, ⑤ 대영 작전계획, ⑥ 이들 4개국 중 2개국 이상의 국가와 동시 전쟁을 상정한 작전계획, ⑦ 이들 4개국을 제외한 다른 국가와의 전쟁을 상정한 작전계획, ⑧ 동맹국과의 작전계획이었다.

그러나 제국 국방 방침은 모순 덩어리였다. 원래 군사 전략이란 국가 전략의 하위 개념이다. 전쟁과 군사력은 국가가 추구하는 정치적 목표를 위한 수단의 하나일 뿐이지 전쟁 그 자체가 목적이 될 수는 없다. 그러나 일본은 정부가 군부에 끌려 다니다 보니 거꾸로 군부의 군사 전략에 정부의 국가 전략이 종속되는 기현상이 벌어졌다. 정부는 군부가 정한 방침에 맞추어 정치, 외교, 경제 전략을 정해야 했고 이로 인한 모순과 갈등이 끝이 없었다. 당연히 정부에 전쟁을 제대로 지도할 능력이 있을 리 없었다. 또한 국민들에게 총력전과 지구전에 대한 '각오'를 강조하면서도 정작 구체적인 실천 계획은 없었다. 총력전에 대한 개념조차 제대로 세워져 있지 않았기 때문이었다. 군부는 1918년 '군수공업동원법'을 제정하여 유사시 국가에 의한 동원과 징발에 대한 관련 규정을 제정하였고 산업 구조를 전시 체제와 총력전에 대비해 재편하려고 했으나 재벌들의 반발로 흐지부지되었다.

일본의 전쟁 계획에서 중국과의 전쟁은 소련이나 미국보다 우선순위가 낮았다. 사실 일본에게 가장 위협적인 상대는 소련이었다. 극동에서 소련의 군사력은 관동군을 완전히 압도하였다. 만약 소련이 본격적으로 만주를 침공한다면 일본으로서는 만주의 방어조차 장담할 수 없었다. 일본은 여기에 총력을 기울여도 부족할 판이었다. 따라서 중국과의 전쟁계획은 뒷전으로 밀렸고, 다만 유사시 최대 5~6개 사단을 동원하여 그중 2~3개 사단으로 베이핑과 톈진을, 1~2개 사단으로 상하이를, 1개 사단으로 푸젠 성의 성도인 푸저우와 샤먼을 각각 점령한 다음 중국과 강화한다는 추상적인 구상이 전부였다. 그럼에도 이 제국 국방 방침을 개정한 지 겨우 1년 뒤 '루거우차오 사건'이라는 돌발적인 상황이 벌어지자 일부 강경파에 국가 전체가 떠밀려 무작정 중일 전쟁을 시작하게 된다.

또한, 일본군의 교리는 첫째, 공세 지향주의, 둘째, 적 주력에 대한 대규모 섬멸전, 셋째, 속전속결 전략이었다. 이는 청일 전쟁이나 러일 전쟁 당시의 방식을 답습한 것으로, 열세한 국력으로 우세한 적에게 승리할 수 있었던 이유가 여기에 있다고 생각했기 때문이다. 일본은 이를 하나의 성공 모델로서 앞으로의 전쟁에서도 계속 통하리라 여겼다. 하지만 청일 전쟁과 러일 전쟁의 승리는 자신들의 탁월한 용병술이 아니라 상대의 내부적인 모순에 힘입은 바가 더 컸다는 점은 간과되었다.

결국 일본군은 신식 무기를 사용할 뿐 봉건 사무라이 시절에서 벗어나지 못한 군대였다. 그들은 형편없는 국력과 공업력을 만회하기 위해 '상대의 허를 찌르는' 변칙적인 방법에만 매달렸다. 또한 일본은 열강의 간섭이나 국제 사회에서의 고립을 두려워하면서도 주변국을 무력으로 지배하겠다는 야욕에 사로잡히는 등 모순에 빠져 있었다. 군부는 자신들에게 재갈을 물리려는 정치가들에 대해 암살과 테러를 일삼고 심지어 반란을 일으켜 나라를 공포로 몰아갔다. 일본은 중국이 너무나 혼란스러운 나머지 중국인들 스스로 나라를 통치할 능력이 없다며 침략을 정당화했지만, 실상 그들 역시 다를 바 없었다.

7

관동군,
만리장성을 넘다

╲사이토 내각의 대중 유화론

1933년 5월 러허 사변의 승리와 탕구 정전 협정의 체결 이후 일본은 만주국 경영에 주력하면서 중국 침략은 일시적으로 소강상태가 되었다. 그러나 일본의 역량으로는 조선과 만주를 경영하는 일조차 버거웠다. 1927년 쇼와 금융 공황*의 타격과 1929년 세계 대공황에 직격탄을 맞은 일본 경제는 불황의 늪에서 빠져 나오지 못한 데다 만주와 중국에서의 거듭된 출병으로 국가 재정은 적자에 허덕였다. 중국과의 관계 악화로 인한 대중 수출의 격감 또한 큰 타격이었다. 새로운 시장을 개척하여 경제난을 극복하겠다는 명목으로 만주를 침략했지만 이곳을 수탈하기 위해서는 우선 인프라와 산업 설비를 갖추어야 했다. 식민지가 넓어지면 넓어질수록 해외로부터 더 많은 기계와 자재를 수입해야 했고 오히려 경제가 더욱 어려워지는 악순환이 반복되었다.

1930년대 전반기 일본 경제를 좌우했던 다카하시 고레키요 대장성 대신은 공채 발행을 줄이고 군비 지출을 최대한 억제하였다. 또한 1933년 9월에는 대중 유화론을 주장하는 히로타 고키가 외무대신이 되었다. 사이토 마코토 내각은 국제연맹이 만주국 건국을 인정하지 않자 군부의 압박에 못 이겨 국제연맹에서 탈퇴했지만, 한편으로 대공황의 탈출과 국가 재정의 안정을 위해서 일단 중국 침략을 중단하고 만주 경영에만 주력하기로 하였다. 재계 역시 사이토 내각의 대중 유화 정책을 환영하였다. 가뜩이나 세계적인 불황으로 경제 전반에 큰 타격을 입은 데다 수출에서 큰 비중을 차지하고 있던 중국 시장마저 반일 운동이 격화되면서 많은 손실을 입고 있었기 때문이다.

군부도 만소 국경에서 소련과의 국지적인 분쟁이 점차 빈번해지면서 긴장을 풀 수 없었다. 따라서 중국 침략보다는 소련에 대한 대비가 우선이었다. 1930년대 초반만 해도 레닌이 죽은 뒤 정치적으로 혼란스러웠던 소련은 스탈린 치하에서 점차 안정을 찾으며 눈부시게 발전하고 있었다. 또한 군사력을 확충하면서 극동의 병력을 대대적으로 증강하여 1934년 말 관동군은 14만 명인데 비해 소련군은

---

* 간토 대지진 당시 피해를 입은 기업들의 부도를 막는 명목으로 일본 정부는 구제 금융을 실시했다. 그런데 타이완 중앙은행과 스즈키 상점 등 지진과 아무 관계없는 일부 재벌들은 정권과 결탁하여 부실 어음을 남발하였다, 그 금액은 당시 일본 GNP의 1.3퍼센트에 달했다. 집권당인 헌정회(憲政會)와 와카쓰키 레이지로 내각은 스즈키 재벌에 대한 공적자금 지원을 의회에 상정했으나 부결되면서 1927년 4월 17일 전국적 금융 공황이 시작되었다. 이 과정에서 전체 금융 기업의 10퍼센트가 부도가 났는데 대부분 중소 은행들이었다. 3일 뒤 와카쓰키 내각은 총사퇴했다. 일본은 3개월간 모라토리엄을 선언하고 중앙은행의 개입으로 일단 안정되었으나 얼마 뒤 불어닥친 세계 대공황으로 장기간의 불황에 허덕였다. 일부 재벌들의 도덕적 해이와 정경유착이 빚어낸 일이었으나 실제 타격을 입은 쪽은 중소기업들이었고 재벌들은 오히려 중소기업들을 흡수하여 덩치를 키울 수 있었다. 군부는 이들 재벌과 결탁하여 일본 사회를 장악해 나갔다.

23만 명에 달했으며 전차, 야포, 항공 전력에서도 월등히 우세했다.

사이토 내각은 관동군의 돌발적 행동을 단속하는 한편, 1935년 1월에는 주중 일본공사관을 대사관급으로 격상시키는 등 그동안 경색되었던 중일 양국의 관계 개선에 나섰다. 왕징웨이를 만난 히로타는 배일 운동에 대한 적극적인 단속과 무기 수입의 중단을 요구했고 왕징웨이는 먼저 만주국 문제의 해결과 중국 침략 중단부터 약속하라고 맞섰다. 히로타는 명확한 답변은 피하면서도 이전처럼 강압적인 태도로 일방적으로 강요하지는 않았다. 난징 정부도 상하이 사변이나 러허 사변 때처럼 무력으로 맞서기보다 일본과 유화 정책을 고수했다. 가장 큰 이유는 군사력의 열세함과 재정 문제였다. 충분한 준비 없이 감정만 앞세워 일본과 전쟁을 벌여봤자 참담한 결과를 낳을 뿐이라는 사실을 앞서 몇 번의 전투에서 뼈저리게 경험했고, 공산군 토벌과 연이은 내전으로 인한 군비 지출, 대공황의 여파 등으로 중국 경제가 거의 파탄 지경에 몰렸기 때문이다.

1933년의 상황은 중국에게는 최악이었다. 쑹쯔원은 영국계 홍콩은행에 2천만 파운드의 차관을 요청했으나 냉담하게 거절당했다. 서구 열강은 일본과의 마찰을 우려해 중국 정부에 차관을 직접 제공하는 데 매우 소극적이었다. 따라서 중국 입장에서 일본의 유화 정책은 설령 진심이 아닐지라도 반기지 않을 수 없었다. 장제스는 이 시기를 적극 활용해 공산군을 토벌하여 산시 성(陝西省)의 산간벽촌으로 몰아넣었고 또한 군벌들의 힘을 약화시켜 난징 정부의 지배력을 강화하였다. 대외적으로 독일, 소련과의 관계를 개선하여 일본에 대항하기 위한 동맹을 추진하는 한편(성사되지는 못하였다), 군의 근대화와 경제 건설에 나섰다.

그러나 일본의 유화 정책은 그리 오래 가지 못했다. 가장 큰 걸림돌은 출세욕과 공명심이 넘치는 젊은 장교들이었다. 이시와라 간지를 우상으로 떠받드는 이들에게 전쟁은 흥미진진한 모험이자 출세의 수단이었다. 특히 날로 위세를 더하고 있던 강경파들은 "장제스 정권의 친일적 태도는 어디까지나 일시적인 위장술일 뿐 힘을 키워 언젠가 반격할 것이 뻔하다. 따라서 타협은 있을 수 없으며 철저히 강경하게 나가야 한다"라며 정부의 대중 유화 정책에 반발하였다.

관동군은 화북을 다음 목표로 삼아 만리장성을 넘을 기회만 노리고 있었다. 1935년 1월 4일 다롄에서는 관동군 사령부의 주재로 만주와 화북, 내몽골, 기타 중국 각지의 일본 특무기관과 주재 무관들이 모두 한자리에 모였다. 관동군 참모들은 정부의 대중 유화 정책을 성토하면서 중국의 친일 노선은 경제의 피폐와 정치적 상황에 따른 일시적인 궁여지책일 뿐이라고 주장했다. 또한 장제스가 독일로부터 최신 무기를 대량으로 사들이고 일본에 대항하기 위해 군사력을 강화하고 있다며 중국에 대한 노골적인 적개심을 드러냈다. 관동군은 이 회의에서 앞으로의 목표를 "모든 수단을 다해서 난징 정부를 붕괴시키고, 친일 세력을 원조하여 화북에 괴뢰 정권을 수립한 후 본토로부터 분리 독립시킨다"라고 정하였다. 한마디로 정부의 방침을 거스르고 자신들의 주도로 화북 5개 성*에 '제2의 만주국'을 세운다는 망상이었다.

---

* 허베이 성, 차하얼 성, 산시 성, 쑤이위안 성, 산둥 성을 묶어서 일본은 '화북5성' 또는 '북지(北支)'라고 불렀다. 총면적은 109만 제곱킬로미터로 한반도의 약 다섯 배에 달하고 인구는 8천8백만 명 정도였다.

╲관동군의 본격적인 화북 침략

1935년 5월 2일 톈진의 일본 조계에서 친일파 신문 사장들이 잇달아 살해되는 사건이 발생했다. 이들은 일본 특무기관의 지원을 받는 어용 신문을 운영하며 중국인들에게 매국노라고 지탄을 받던 자들이었다. 여기에다 그동안 러허 성에서 항일 활동을 펼치던 동북의용군 산하의 쑨융친(孫永勤)의 부대가 관동군에게 쫓겨 장성을 넘어 톈진 동북쪽에 있는 롼저우에 진입하는 일이 발생하였다. 이곳은 탕구 정전 협정에 따라 중국군이 주둔할 수 없는 비무장 지대였다. 관동군에게는 아주 좋은 시빗거리였다. 관동군은 즉각 1개 혼성여단을 급파해 쑨융친군을 완전히 괴멸시켜 버렸다. 그런데 톈진의 지나주둔군 참모장 사카이 다카시 대좌*는 이 과정에서 중국군이 일본군을 지원하지 않았다는 억지트집을 잡아 허베이 성 정부를 격렬히 비난하였다. 허베이 성 주석이었던 위쉐중(于學忠)은 결국 일본의 압박에 못 이겨 5월 25일 허베이 성 정부를 톈진에서 훨씬 남쪽인 바오딩으로 이동시켰다. 그럼에도 5월 29일 지나주둔군 사령관 우메즈 요시지로 소장은 베이핑에서 허잉친을 만나 다음과 같이 따졌다.

> 1. 장제스는 겉으로만 친일인 척하면서 뒤로는 항일을 준비하는 등 이중 외교를 하고 있다.
> 2. 톈진의 조계에서 일어난 기자 살해 사건은 명백한 테러이며 남의

---

* 그는 일본이 패망하자 베이핑에서 체포되었다. 난징군사법정에서 중국에 대해 하매 협정을 강요하고 화북 침략에 앞장섰다는 죄목으로 사형을 언도받아 1946년 9월 30일 난징 교외의 위화타이(雨花台)에서 총살당했다. 예비역 중장이었던 그는 전범으로 사형당한 일본군 최고위급 장성 가운데 한 명이었다.

사*가 관여했다는 증거가 있다.

허잉친 앞에서 우메즈와 사카이는 매우 고압적인 자세로 "반일을 주도하는 쪽은 장제스인가 아니면 당신인가"라고 따졌다. 그는 허잉친에게 허베이 성 주석인 위쉐중이 장쉐량의 심복으로 만주국의 치안을 어지럽히고 있다며 그를 즉각 파면하고 허베이 성에 있는 중국의 모든 정부 기관과 국민당 조직을 해체하라고 요구했다. 또한 위쉐중의 제51군은 물론 중앙군 제2사단과 제25사단, 남의사 등을 당장 남쪽으로 철수시키라고 하면서 만약 응하지 않으면 일본군은 즉시 행동에 들어가겠다고 협박하였다. 즉, 허베이 성을 무장 해제시키겠다는 말이었다.

다음 날 톈진의 정부 청사 앞에서 일본군은 장갑차와 야포, 기관총을 배치하고 실탄 사격과 전투 훈련을 하는 등 무력시위를 하였다. 톈진은 일촉즉발의 상황이었다. 양측은 수차례에 걸쳐 회담을 열었으나 일본은 한 치도 양보하지 않고 고압적인 자세로 일관하였다. 장제스는 도쿄 주재 중국대사를 통해 히로타 외무대신을 만나 외교적인 타협을 요청했으나 히로타는 "육군의 문제이기에 외무성이 관여할 수 없다"며 대답을 회피하였다. 또한 관동군은 지나주둔군을 지원한다는 명목으로 6월 7일 제11혼성여단을 비롯해 제16사단 1개 대대, 제4기병여단을 산하이관으로 출동시키고 2개 비행중

---

* 장제스 직속의 특무기관으로 다이리(戴笠) 중장이 우두머리였다. 공식적으로는 군사위원회 소속 조사통계국(군통국)이었지만 국민당 특유의 짙은 푸른색 제복을 입고 있다 하여 통상 '남의사(藍衣社)'라고 불리었다. 우리의 기무사에 해당하는 조직으로 항일과 방첩, 정보 수집, 암살 등이 주된 임무였으나 천궈푸의 CC단과 함께 비밀경찰로서 장제스 정권 유지에 활용되어 공산당과 반정부, 반체제 인사들에게는 '저승사자'로 불리었다.

대를 진저우에 집결시켰다. 지나주둔군 역시 2개 대대에 출동 대기 명령을 내렸다. 신변에 위협을 느낀 허잉친은 체면도 버린 채 베이핑과 톈진 사이에 있는 퉁저우(通州)로 야반도주했다.

쓰촨 성 청두에서 공산군을 추격하고 있던 장제스는 보고를 받자 심각한 상황이라고 판단하고 왕징웨이, 황푸(黃郛), 허잉친 등과 함께 대책을 논의하였다. 장제스는 일본이 요구하는 대로 허베이 성에서 중앙군을 철수시킨다면 베이핑과 톈진을 일본에게 그냥 내주는 것과 다를 바 없으며 내몽골, 차하얼 성, 쑤이위안 성에서도 같은 일이 반복되어 결국 화북 전체를 빼앗길 것이라고 말하였다. 그렇게 되면 국민들로부터 중앙 정부의 권위가 부정되어 정권 자체가 몰락할 것이기에 일본의 요구를 단호히 거절해야 한다는 것이 그의 입장이었다. "일본의 최종 목적은 난징 정부의 전복과 중국을 해체시킨 다음 전 국토를 정복하는 데 있다."

그러나 친일 유화파인 왕징웨이와 허잉친은 "일본의 요구를 거절한다면 일본군은 베이핑을 공격할 것이며 상하이, 난징, 광저우 등에 대해서도 공격할 것인데 아군은 이를 방어할 아무런 준비도 되어 있지 않다. 따라서 모든 지역에서 아군의 방어선은 순식간에 붕괴될 것이다. 그때는 어떻게 할 것인가"라며 현실론을 펼쳤다. 그들의 논리는 감정적으로 맞서기보다 우선 지금은 부득이 양보하되 국력을 보전하고 장래에 힘을 키워 대항해야 한다는 것이었다. 반면 항전 강경파인 펑위샹을 중심으로 군부의 수장들은 만장일치로 일본의 요구를 거절하고 사생결단의 각오로 싸워야 한다고 건의하였다. 그러나 왕징웨이는 모든 책임은 자신이 질 테니 일본의 요구를 무조건 수용해야 한다고 끝까지 고집하였다. 결국 장제스도 고심 끝에 왕징웨이의 뜻에 동의하였다.

7월 6일 베이핑에서 '허잉친-우메즈 협정(하매 협정(何梅協定))'이 체결되어 중국은 허베이 성에서 주권을 상실하였다. 허베이 성에는 5만 명에 달하는 중국군이 있었으나 일본군과 한 번 싸워보지도 못한 채 남쪽으로 물러날 수밖에 없었고 베이핑은 사실상 무방비 상태가 되었다. 또한 일본은 중국인들의 배일 운동을 적극적으로 단속하라고 요구하자 중국 정부는 '목린령(睦隣令)'을 발표해 모든 항일 운동을 금지시켰다.

이보다 조금 앞서 6월 5일에는 차하얼 성 북부에 있는 장베이(張北) 현의 현성 북문에서 수상한 일본인 4명이 무단으로 들어오려다가 중국군 위병이 통행증을 요구했으나 제시하지 못하여 하루 동안 억류당하는 사건이 벌어졌다. 사실 이들은 관동군 특무대원들이었고 비밀 임무를 위해 장자커우(張家口)로 향하고 있었다. 이들은 중국군이 자신들을 끌고 가 욕설과 구타를 했다고 주장하였다. 반면 중국은 신분증도 없는 정체불명의 일본인이 멋대로 성문을 통과하도록 내버려둘 이유가 없는 데다 물과 식사를 제공했으며 폭행을 가했다는 것은 터무니없는 억지라며 반박했다.

그럼에도 차하얼 성에 대한 침략의 기회를 노리던 관동군은 이 사건을 좋은 구실로 삼아 성장인 쑹저위안의 파면과 제29군의 철수를 요구하였다. 결국 6월 23일 차하얼 성 주석대리 친더춘(秦德純)과 관동군 특무기관장 도이하라 겐지 사이에 '진토 협정(秦土協定)'이 체결되었다. 하매 협정과 마찬가지로 중국에 매우 굴욕적인 내용이었다. 쑹저위안은 차하얼 성 주석에서 파면되었고 차하얼 성의 동부 지역은 중국군이 주둔할 수 없는 비무장 지대가 되었다. 대신 관동군의 괴뢰 조직인 차하얼 성 보안대가 치안을 맡았다. 중국은 두 개의 협정으로 인해 허베이 성과 차하얼 성의 절반을 빼앗긴 셈이었다. 화북에서 난징 정부의 지배력은 대폭 후퇴하였고 본토마저 위협받게 되었다.

나중에 밝혀지지만, 친일 기자 살해 사건과 특무대원 억류 사건은 모두 관동군이 꾸민 자작극이었다. 이로 인해 모처럼 호전되고 있던 양국 관계에 찬물을 끼얹은 격이었지만 일본 지도부는 "이미 화살이 활을 떠났다면 이를 지지할 수밖에 없다"라는 식으로 사후 승인하는 데에만 급급하였다. 신임 총리였던 오카다 게이스케는 연합함대 사령관과 해군대신을 지낸 군부의 원로였기에 국민들은 그가 갈수록 횡포를 더해가는 군부를 억누를 수 있으리라고 기대하였다. 그러나 카리스마도 없고 우유부단하기만 했던 오카다는 오히려 군부 강경파들에게 휘둘렸다. 더욱이 군부는 워싱턴 해군 군축 조약의 탈퇴와 군축 회의 참가 중단, 군비의 증액을 요구하면서 "이를 승낙하지 않으면 육해군대신은 모두 자리에서 물러나겠다"고 협박했다. 이 말은 오카다 내각을 해체하겠다는 통첩이나 다름없었다. 결국 오카다는 백기를 들었다.

일본군의 이와 같은 폭주가 가능할 수 있었던 것은 단순히 몇몇 강경파들에 의한 돌발행동 때문이 아니라 온건파이건 강경파이건 간에 일본의 지도자들 사이에 중국을 침략하겠다는 목표에는 아무런 이견이 없었기 때문이다. 시게미쓰 마모루 외무대신은 1935년 6월 27일 외무성 회의에서 "중국에 대해 한꺼번에 모든 것을 요구하기보다 하나씩 순차적으로 위협하면서 질질 끌고 나갈 필요가 있다"고 강조하였고 대중 유화론자라는 히로타 역시 나중에 도쿄전범재판에서 "내각은 우선 외교 노력을 하되, 중국이 우리의 요구를 들어주지 않는다면 군부의 무력행사에 찬성하기로 의견을 모았다"고 대답하였다. 결국 그들 역시 관동군과 다를 바 없었던 것이다.

\화북 침략을 묵인하지 않겠다

관동군은 본격적으로 제2의 만주국의 건설을 시작하였다. 신임 지나주둔군 사령관 타다 하야오 중장 역시 관동군에 편승하여 공공연히 '화북 독립'과 '화북5성의 연합'을 주장하였다. '하매 협정'으로 비무장 지대가 된 베이핑-톈진 이북 지역에는 친일파들이 득세하면서 과거 장쭤린 정권의 외교부장이었던 인루겅(殷汝耕)은 관동군의 사주를 받아 1935년 11월 25일 퉁저우에서 '기동방공자치위원회(冀東防共委員會)'*라는 친일 괴뢰 조직을 만들었다.

또한 일본은 화북을 경제적으로 침략하면서 밀수와 아편 판매를 일삼았다. 1935년 한 해 동안에만 화북에서 일본의 밀수 규모는 3억 2천만 원어치에 달했다. 이 때문에 화북 경제는 큰 타격을 받았고 난징 정부의 관세 수입은 10퍼센트 이상 감소하였다. 1937년에 오면 화북 경제의 절반 이상을 일본이 차지하여 만주와 마찬가지로 사실상 일본의 반식민지로 전락하였다.

관동군은 허베이 성과 차하얼 성에 이어 다음 단계로 쑤이위안 성에도 침략의 손길을 뻗었다. 더 나아가 칭하이 성과 신장 성(新疆省) 등 중국 서북부 지역까지도 식민지로 만들 계획이었다. 우선 쑹저위안과 산시 군벌 옌시산, 산둥 군벌 한푸쥐(韓復榘) 등 화북의 주요 대군벌들을 매수하려고 시도했다. 하지만 실패하자 다음은 무력 행동에 나섰다. 몽골 귀족들을 매수한 후 내몽골 자치 정부라는 조직

---

* 여기서 '기(冀)'는 허베이 성의 옛 이름이다. 기동방공자치위원회는 한 달 뒤인 1935년 12월 25일 기동방공자치정부로 개칭하였다. 영역은 약 3만 제곱킬로미터 정도였다. 인루겅은 아예 분리 독립을 꿈꾸었으나 독립 국가가 되기에는 너무 작다는 이유로 일개 자치 정부로 만족해야 했다. 기동방공자치정부는 1940년 3월 왕징웨이의 난징 괴뢰 정권이 수립되자 여기에 편입되어 화북정무위원회로 바뀌었다.

을 만들었다. 그리고 '대원제국의 부활'을 운운하면서 괴뢰 몽골군을 앞세워 쑤이위안 성을 침공하였다. 이런 관동군의 거듭된 도발과 경제 침탈은 모처럼의 해빙 무드를 완전히 깨뜨려 중일 양국의 관계는 급속도로 경색되었다.

장제스는 주중 일본대사인 가와고에 시게루에게 "일본의 화북 침략을 결코 묵인하지 않겠다"며 단호한 입장을 전달하였다. 또한 관동군의 괴뢰 정권인 기동방공자치정부에 대항해 베이핑에서 '기찰정무위원회(冀察政務委員會)'*를 수립하였다. 그리고 진토 협정에 의해 차하얼 성에서 허베이 성으로 이동한 제29군 군장 쑹저위안을 허베이 성 주석 겸 기찰정무위원장으로 임명하여 베이핑과 톈진의 수비와 관동군의 남하에 맞서도록 하였다.

유화 정책으로 일관하던 이전과 달리, 공산군을 산시 성(陝西省)의 산간 오지로 몰아넣는 데 성공한 장제스는 국내 평정을 거의 마무리했다고 판단하고 1936년 초부터 일본에 대해 점차 강경한 입장으로 전환하였다. 또한 관동군의 압력에 못 이겨 화북 군벌들이 배신하는 사태에 대비해 중앙군을 비롯한 10만여 명의 병력을 룽하이 철도(隴海鐵道)*와 핑한 철도(平漢鐵道)**를 따라 북상시켜 화북으로

---

* 여기서 '기'는 허베이 성을, '찰'은 차하얼 성을 가리킨다. 난징 정부는 관동군의 화북 분리에 대항하기 위해 쑹저위안을 위원장으로 기찰정무위원회를 수립했으나 도리어 쑹저위안은 허베이 성에서 난징 정부의 영향력이 줄어든 것을 이용해 중일 양쪽에 대해 중립을 지키면서 자신의 반독립적인 왕국을 유지하였다.

** 장쑤 성 롄윈(連雲)에서 간쑤 성 란저우(蘭州)까지 중국을 동서로 횡단하는 철도로 길이는 1,700킬로미터에 달했다.

*** 베이핑에서 출발하여 후베이 성 한커우까지 중국을 남북으로 관통하는 철도. 농산물과 광물이 풍부한 허베이 성, 허난 성, 후베이 성을 횡단하고 철도 연변에 바오딩, 스자좡, 정저우 등 대도시들이 있어 당시 중국에서 가장 중요한 철도 중 하나였다.

진격할 태세를 갖추었다. 쌍방은 다시 일촉즉발의 상황에 직면하였다. 이것이 시안 사건 직전의 상황이었다.

8
폭풍 전야

1936년에는 세계를 놀라게 하는 두 번의 정치적 사건이 중국과 일본에서 일어났다. 두 사건은 이후 동아시아 역사의 향방을 결정했으며 중일 전쟁과 태평양 전쟁, 나아가 국공 내전에까지 영향을 주었다.

＼도쿄 한복판에서 일어난 반란

2월 26일 새벽 5시, 완전 무장한 군인들의 군화소리가 새벽의 정적을 깨뜨렸다. 소총과 기관총으로 무장한 그들은 도쿄 시가지로 빠르게 진입하여 총리 관저와 국회의사당, 경시청, 육군성, 육군대신 관저, 참모본부 등 주요 정부 부처와 군부 기관을 점거하거나 포위하였다. 주동자는 노나카 시로 대위, 고다 기요사다 대위, 야마구치 이치타로 대위 등 도쿄에 주둔한 제1사단과 근위사단 소속의 20대 초급장교들로, 육군의 양대 파벌 중 하나인 황도파 청년 장교들이었다. 이들이 '쇼와 유신 단행'과 '존황토간(尊皇討奸: 천황을 떠받들고 간신배를 토벌하자)'을 외치면서 수도 한복판에서 반란을 일으킨 것이다. 반란군은 제1사단 제3연대 9백여 명을 중심으로 근위 보병 제3연대, 제1사단 제1연대, 야전중포병 제7연대 등 장교 21명, 병사 1,452명에 달했다.

그들의 목표는 총리 오카다 게이스케를 비롯해 다카하시 고레키요 대장성 장관, 사이토 마코토 전 총리, 와타나베 조타로 육군 교육총감, 스즈키 시종장 등 그동안 군축을 주장하고 군부의 폭주를 억눌러 왔던 군의 원로와 정치가들이었다. 다카하시와 사이토, 와타나베는 자신의 집에서 비명횡사했고, 오카다는 여비서의 방에 숨어 있다가 매제인 마쓰오 덴조 대좌가 반란군 앞에서 "내가 오카다 게이스케다!"라고 외치고 살해당한 덕분에 목숨을 건졌다. 그는 반란군에게 완전히 포위된 총리 관저에서 조문객으로 위장한 다음 탈출할 수 있었다. 스즈키는 중상을 입었으나 기적적으로 목숨을 건졌다. 일본 정계 제일의 원로였던 사이온지 긴모치 전 총리*는 반란이 일어났다는 소식을 듣자 재빨리 시즈오카의 경찰서로 몸을 피하여 습격을 면할 수 있었다. 이것이 바로 메이지 유신 이래 일본 최대의 군사반란이었던 '2.26사건'이었다.

---

* 일본의 유서 깊은 명문 귀족 출신으로 고종을 압박하여 대한제국군의 해산과 조선의 합병을 주도했다. 정계에서 은퇴한 후에도 여전히 일본 제일의 원로 정치가로서 강력한 영향력을 행사하였다. 한편으로 군부의 전횡을 억제하고 무모한 팽창 정책과 군국주의화, 독일-이탈리아와의 삼국 동맹 체결을 반대했으나 그의 힘으로도 이미 고삐 풀린 군부 강경파들을 억누르기에는 역부족이었다. 1940년 11월 24일 그가 죽으면서 남긴 유언은 "도대체 이 나라를 어디로 이끌고 가느냐!"였다.

＼2.26사건의 배경

일본 육군의 내부에는 수많은 파벌이 있었지만, 1930년대부터 크게 '황도파(皇道派)'와 '통제파(統制派)'로 나누어졌다. 황도파는 상하이 사변을 주도했던 아라키 사다오 전 육군대신과 마사키 진자부로 교육총감을 수장으로 하는 파벌이었다. 그들은 1920년대 우가키 육군대신이 주도했던 군축을 반대하고, 재벌과 결탁해 사리사욕에만 눈이 먼 정치가들을 몰아내어 천황이 직접 나라를 통치해야 한다고 주장했다. 또한 독일의 나치즘을 신봉하여 이를 일본 고유의 사무라이 정신과 결합시킬 것과 소련을 침공할 것, 인간의 정신력이 기술보다 우월하다고 주장하는 등 군부 내에서도 가장 극우적이면서 광기 어린 집단이었다. 일본군을 소위 '황군(皇軍)'이라 부르기 시작한 것도 이들이었다.

아라키는 교육총감이자 군부 최고의 원로였던 무토 노부요시 대장의 후원을 받아 1931년 12월 우가키 가즈시게를 대신해 육군대신에 임명되었다. 실권을 쥔 그는 우선 군부에서 우가키파를 모조리 몰아내고 자기 추종 세력을 요직에 배치하였다. 또한 도쿄 경비를 맡고 있던 제1사단을 황도파의 무력으로 활용하였다. 그러나 그의 비호를 믿고 점차 오만해진 황도파 청년 장교들은 온갖 횡포를 부리며 군법과 규율을 무시하였다. 자신들을 제재하려는 비황도파 세력에 대한 암살과 테러를 일삼았고 심지어 국가를 자신들의 손으로 개조하겠다며 공공연히 선동하였다. 1932년 5월 15일에는 이누카이 쓰요시 총리의 군축 정책에 불만을 품고 있던 극우파 '혈맹단(血盟団)' 소속의 위관급 해군 장교들과 육군사관후보생 18명이 총리 관저를 습격하여 총리를 살해하는 '5.15사건'이 일어났다.* 고작 스무 살 남짓한 소위들과 사관후보생들로 구성된 소수의 반란군에 의해 현직 총리가 자신의 관저에서 무참하게 살해당한 것이다. 그러나 황도파가 지배하고 있던 군부는 이들을 반란죄로 일벌백계하기는커녕 모두 사면했다.

황도파의 횡포에 반발한 또 다른 파벌이 육군 군무 국장이었던 나가타 데쓰잔 소장을 우두머리로 한 '통제파'였다. 그는 "군은 정치에 관여하지 않고 군법과 기강을 중시해야 한다"라면서 군대의 감축과 장비의 현대화, 소련에 대한 대비에 주력할 것과 총력전 준비를 강조하였다. 그러나 '군의 정치적 중립'이나 '군 기강 확립'이라는 그의 말도 한낱 명분일 뿐 나가타 역시 행동에서는 아라키와 크게 다를 바 없었다. 결국 군부 내에서 황도파와의 주도권 경쟁이 목적이었다.

아라키는 자신의 정치적 입지를 강화하기 위해 추종 세력을 '황도파'로 키워줬지만 이들의 세력이 지나치게 커지자 수장인 자신조차 통제할 수 없는 지경이 되었다. 그는 과격 장교들에게 자중하라고 권고했으나 도리어 부하들에게 하극상을 당했다. 결국 그는 사방에서 반대 세력의 공격을 받아 완전히 고립된 처지가 되어 1934년 1월 자리에서 물러나야 했다. 11월에는 황도파 장교들이 쿠데타를 꾸미다 발각되는 '11월 사건'이 일어났다. 나가타는 이를 빌미로 또 한 명의 황도파 실세인 마사키 진자부로 중장을 교육총감에서 밀어내고 통제파인 와타나베 조타로를 후임으로 앉혔다. 또한 이 사건에

---

* 1929년에 지어진 총리 관저는 1930년대 격동의 일본 정치사 속에서 몇 번이나 군인들의 습격을 받아 이누카이를 비롯해 많은 사람이 살해당했다. 이후 "한밤중에 군홧발 소리가 들린다", "정원에서 군복 입은 사람들을 보았다"는 등 지금까지도 온갖 괴담이 떠돌며 심지어 1993년에 총리를 지냈던 모리 요시로도 귀신을 봤다고 언급하는 등 총리들은 관저에 들어가기를 꺼린다고 한다.

직간접적으로 연루되었던 황도파 장교 3천 명이 예편되거나 강등되었다. 이로써 통제파가 실권을 잡았고 황도파의 세력은 위축되었다. 그러나 나가타는 1935년 8월 12일 황도파 장교인 아이자와 사부로 중좌의 손에 암살당했다. 아이자와는 나가타의 사무실에 난입하여 "국가를 위태롭게 하는 장본인을 베러 왔다"고 외치면서 군도를 꺼내어 한칼에 나가타를 내리쳤다. 백주대낮에 육군성 건물 한복판에서 벌어진 일이었다. 이로 인해 통제파는 수장을 상실하였고 30~40대의 중견 간부들이 중심이 되었다. 바로 도조 히데키, 이시와라 간지, 쓰지 마사노부 같은 자들이었다. 나가타의 암살은 두 파벌의 싸움을 더욱 격화시켰다.

통제파에게 제1사단은 황도파의 온상이자 언제 들고 일어날지 모르는 위험 요소였다. 그래서 참모본부는 1936년 2월 22일 제1사단을 만주에 파견하기로 결정하였다. 원래 관동군은 조선군(제19사단, 제20사단)과 달리 고정 배치된 부대가 없고 본토에 주둔한 사단을 2년마다 교체 파견하는 것이 관행이었기에 결정 자체는 문제가 없었다. 그러나 제1사단의 황도파 청년 장교들은 "러일 전쟁 이래 제1사단은 수도를 벗어난 적이 없는데 갑자기 이런 명령이 떨어진 것은 통제파가 꾸민 음모"라며 격분했다. 그들 중 몇몇 위관급 장교들이 "내부의 적을 두고 출정할 수 없다"고 외치며 무단으로 병력을 동원해 전대미문의 반란을 일으켰다. 이것이 '2.26사건'이었다.

그러나 병력 동원부터 목표에 대한 습격과 도쿄 중심부 제압까지는 아주 치밀하고 신속하게 진행되었으나 정작 그 이후의 계획은 없었다. 이들의 역량으로는 국가 자체를 전복시켜 정권을 탈취하기는 무리였다. 따라서 주동자들은 육군대신에게 우루루 몰려가 '궐기취지서'라는 것을 내놓고 여기에 동조하라고 뻔뻔하게 요구하였다.

자신들이 일을 저질렀으니 군 상층부에서 뒷수습을 해달라는 뜻이었다. 주요 내용은 "쇼와 천황에게 우리들의 뜻을 전달할 것", "통제파 수장들을 파면하고 체포할 것", "마사키를 총리대신으로, 아라키는 관동군 사령관으로 임명할 것" 등 모두 8개 항목이었다.

육군대신인 가와시마 요시유키는 명색이 육군의 우두머리였으나 오카다와 마찬가지로 주변인들이 '무색무취'라 비웃을 만큼 남의 눈치 보기에만 급급하고 자기 주관도 없는 소심한 위인이었다. 그를 비롯해 일본군의 수뇌들은 너도 나도 능력보다 출신 배경과 연공서열로 그 자리까지 올라갔기에 복지부동과 무사태평만이 우선이었다. 혈기 넘치는 청년 장교들이 무모한 행동을 벌일 수 있었던 이유도 원로들의 나약함을 얕보았기 때문이었다. 가와시마는 반란군이 자신의 관저를 포위한 채 협박하자 허둥대면서 "일단 천황에게 상신하겠다"고 대답한 후 오후 3시 입궁하여 히로히토를 알현하였다. 그러나 히로히토는 그들의 예상과 달리 주제넘다고 격분하고 "반란군을 즉각 진압하라"고 강경하게 명령했다.

한편, 참모본부 작전과장이었던 이시와라 간지 대좌는 자신이 직접 반란군을 설득하여 무기를 내려놓도록 하겠다며 자신만만하게 나섰다. 그는 반란군 사이에 직접 뛰어 들어가 자신이 자랑하는 언변으로 장황하게 떠들었다. 하지만 반란군은 과거 만주 사변의 주모자였고 가장 급진파로 알려진 그가 눈앞에 나타나자 도대체 적인지 아군인지 어리둥절할 뿐이었다. 결국 설득은커녕 쫓겨나듯 돌아온 이시와라는 아직도 우물쭈물하며 눈치만 보고 있는 군부의 원로들을 보자 "너희 같은 멍청이 대장 때문에 이런 일이 벌어지는 것이다!"라고 호통을 쳤다.

사태를 관망하고 있던 군 상층부는 천황의 명령이 떨어지고야

●— 2.26사건 당시 천황 히로히토의 명령에 따라 반란군을 공격하기 위해 해군 육전대 병사들이 대기 중이다.

비로소 도쿄 전역에 계엄령을 선포하였다. 근위사단과 제1함대 소속의 해군 육전대, 헌병대 등 4개 사단 2만 명이 넘는 정부군이 도쿄 중심부로 출동하여 반란군을 완전히 포위하였다. 이시와라 역시 진압군의 선봉에 섰다. 그중에는 고종의 일곱 번째 아들이자 대한제국 마지막 황태자였던 영친왕(英親王) 이은이 지휘하는 제14사단 제59연대도 있었다. 전함 나가토를 비롯해 도쿄 만에 정박한 제1함대는 반란군을 향해 포문을 열었다.

정부군은 반란군을 향해 즉시 해산과 원대 복귀를 명령하고 만약 저항할 경우에는 무력으로 진압하겠다고 엄포하였다. 사실 반란에 가담한 병사들은 대부분 영문도 모른 채 소대장과 중대장의 출동

●— 정부군의 권고에 따라 병영으로 복귀하는 반란군 병사들. 일본군은 평소 부사관과 병사들에게 지휘관이 아무리 부당한 명령을 내리거나 설사 국가를 전복시키는 반란을 요구하더라도 무조건 복종해야 한다고 교육시켰다. 이는 일본군이 국가를 위한 군대가 아니라 장교들을 위한 군대라는 사실을 단적으로 보여주는 예였다.

명령에 따랐을 뿐 반란에 직접 동조한 것은 아니었다. 그들은 그제야 자신들이 반란을 일으켰다는 사실을 알고 동요하기 시작했다. 또한 반란군이 떠받들던 천황은 물론이고, 아라키조차 사태가 불리하게 돌아간다고 판단되자 재빨리 자신은 이번 사건과 아무 관계가 없다고 발뺌하면서 반란군에게 즉각 복귀하라고 명령하였다. 사면초가에 직면한 반란 주모자들에게는 투항하거나 자결하거나 두 가지 선택뿐이었다. 결국 주모자 중 하나인 노나카 시로 대위는 자살하고 나머지는 자수하였다.

그동안 그들을 비호해온 군 수뇌부도 이번 사건은 사안이 너무 커 대충 넘어갈 수가 없었다. 특히 주도권을 잡은 통제파는 황도파

척결의 기회로 삼아 이들을 모두 체포하였다. 그중 15명이 총살형에 처해지고 나머지도 직위 해제되었다. 반란에 참여한 부사관과 병사들은 상관의 명령에 복종했을 뿐이라며 무죄 처분을 받았으나 대신 만주와 중국으로 보내졌다. 그들은 중일 전쟁이 발발하자 제일 먼저 최전선에 투입되어 대부분 전사하였다. 도쿄경비사령관을 비롯해 반란을 사전에 막지 못한 사단장, 연대장, 대대장 등 관련 지휘관들은 강제 예편되었다. 또한 아라키, 마사키 등 황도파 수장들을 비롯해 미나미 지로 관동군 사령관, 혼조 시게루 시종무관장 등 육군 대장 여섯 명 모두 옷을 벗었으며 3천 명이 넘는 황도파 장교들이 모조리 강제 예편되어 황도파의 세력은 급격히 약화되었다. 반란을 일으킨 제1사단은 만주로 파견되었다가 태평양 전쟁이 일어난 뒤 필리핀으로 이동하였다. 전쟁 말기 레이테와 세부 섬 방어전에 투입되었으나 미군과의 전투에서 전멸당했다.

그럼에도 2.26사건의 후유증은 돌이킬 수 없을 만큼 컸다. 정부에서 그나마 소신을 가지고 군부를 견제할 수 있는 정치가들이 모두 살해되어 실질적인 승자는 군부였다. 명색이 해군의 원로이자 일국의 총리이면서 혼자만 숨어서 비굴하게 목숨을 건진 오카다 게이스케는 아주 형편없는 인물이었다. 그는 이 사건의 충격으로 우울증에 시달리다가 3월 9일 스스로 총리에서 물러났다. 그의 뒤를 이어 히로타 고키 외무대신이 신임 총리가 되었으나 그는 전임자보다 더 유약한 위인이었다. 정부와 의회는 군부의 폭력성에 극도의 두려움을 느꼈다. 군 수뇌부도 마찬가지였다. 그들은 청년 장교들의 폭주가 두려워 이들에 대한 통제를 포기하였다. 결과적으로 도조 히데키를 비롯한 참모본부의 중견 간부들이 정계의 실세가 되어 국정을 전횡하는 상황이 초래되었다. 그들 역시 권력과 개인의 출세를 지향하고 정신력과 천황에 대한 맹목적인 숭배를 강조한다는 점에서 황도파와 전혀 다를 바 없었다. 또한 아라키만 해도 2년도 안 되어 고노에 내각의 문부대신으로 복귀하는 등 2.26사건과 연루되어 군복을 벗었던 되었던 고위 장성들과 장교들은 얼마 되지 않아 대부분 복직되었다. 즉, 일본 전체를 뒤흔들어 놓고서도 제대로 책임지는 이는 한 명도 없었던 것이다.

＼장쉐량, 칼을 뽑다—시안 사건

1936년 연초에 일본에서 '2.26사건'이 있었다면 연말에는 중국에서 쿠데타가 일어났다. 시안에서 공산군 토벌을 맡고 있던 장쉐량과 제17로군 사령관 양후청(楊虎城)이 손을 잡고 일으킨 '시안 사건'이었다. 12월 12일 새벽 6시, 장쉐량의 젊은 경호대장 쑨밍주(孫銘九) 상교(대령)가 지휘하는 동북군 1개 중대 2백 명이 시안(西安) 외곽에서 16킬로미터 떨어진 린퉁(臨潼)의 온천 휴양지인 화칭츠(華清池)의 호텔을 급습하였다. 당나라 시절 현종과 양귀비가 사랑을 나누었다는 그곳에는 장제스가 머물고 있었다. 또한 동북군 1개 사단과 제17로군 1개 연대가 시안 시내에 진입해 산시 성(陝西省) 정부를 비롯한 주요 관공서, 경찰서, 남의사 본부, 시안 비행장 등을 신속하게 점령하였다. 장제스 참모들의 숙소였던 영빈관과 중앙군 병영도 기습하여 모두 무장 해제시켰다. 군정부 차장(차관)이자 나중에 중화민국 2대 부총통이 되는 천청(陳誠)과 주사오량(朱紹良), 웨이리황(衛立煌) 등 장제스 직속의 고위 지휘관들 전원이 포로가 되었다. 그들은 장쉐량을 대신해 공산군을 토벌하러 온 사람들이었다.

장제스는 막 일어난 참이었는데 밖에서 총소리가 들렸다. 정문의 보초들이 침입자를 발견하고 총격전이 벌어진 것이었다. 그러나 경호원들은 방심한 채 대부분 잠에 빠져 있었기에 제대로 저항조차 하지 못하고 무장 해제되었다. 그 소란 가운데에도 장제스는 몇몇 호위병을 대동한 채 잠옷 차림으로 허둥지둥 호텔의 담을 넘어 뒷산으로 도주하였다. 그러나 신발도 제대로 신지 못한 그는 엄동설한에다 다리를 다쳐 멀리 도망가지 못한 채 곧 계곡의 바위 사이에서 반란군에게 발견되었다. "너희들이 날 죽일 생각이면 빨리 쏴라!" 장제스가 외치자 쑨밍주는 그의 앞에 무릎을 꿇고 대답했다. "저희는 위원장님을 쏠 생각이 없습니다. 위원장님을 보호하려고 왔을 뿐입니다." 장제스는 병사들의 부축을 받아 반란군의 사령부로 끌려간 뒤 독방에 연금되었다. 반란을 주도한 장쉐량이 직접 장제스와 독대했다. 그는 큰소리로 호통을 치는 장제스에게 "이것은 병란이 아니라 구국을 위한 병간(兵諫)*입니다"라고 달랬다. 그리고 서북 군민의 뜻이라며 8개 항을 내밀며 수락을 요구했다.

1. 난징 국민당 정부를 개편하고 각당 각파의 인사를 참여하게 할 것
2. 내전을 중지하고 무장 항일 정책을 채택할 것
3. 상하이 항일구국회의 지도자를 즉각 석방할 것
4. 전국의 정치범을 석방할 것
5. 집회, 결사 등 모든 자유를 보장할 것
6. 국민의 애국적 조직 활동과 정치적 자유권을 보장할 것
7. 쑨원의 유지를 실천할 것
8. 구국회의를 소집할 것

---

* 춘추전국 시대에 신하가 군주의 잘못을 바로잡기 위해 부득이 군사를 동원한 일화에서 유래된 중국 특유의 표현.

그러나 장제스는 "내가 임의로 정할 바가 아니다. 내가 뤄양으로 갈 수 있도록 해주든지 아니면 이 자리에서 죽여라"며 일언지하에 거부하였다. 두 사람은 고성이 오갈 만큼 팽팽하게 맞섰다. 장제스가 굴복하지 않자 동북군과 제17로군 장교들은 그를 처형해야 한다고 주장했다. 장제스에 대한 극도의 증오심과 불신감을 품고 있던 그들은 장제스를 보호하다 포로로 잡힌 헌병 제3연대장 장샤오셴(蔣孝先) 소장을 즉결 총살하였다. 장샤오셴은 장제스의 조카였다. 장쉐량은 장제스에게 해를 끼치면 큰 대가를 치러야 한다며 부하들을 설득했지만 언제까지 억누를 수 있을지 장담할 수 없었다. 그는 중국 전역과 난징 정부에 자신이 거사를 일으켰다는 사실을 알리면서, 이는 내전의 중지와 항일을 위한 부득이한 선택일 뿐 장제스의 신변을 보장할 것이라며 국민의 지지를 호소했다.

시안 사건은 중국은 물론 전 세계에 큰 충격을 주었다. 급보를 받은 난징 정부는 둘로 갈라졌다. 쑨커, 다이지타오(戴季陶) 등 반장제스파들은 장제스를 제거할 좋은 기회라 생각하고 장제스의 생사를 무시하고 반란군을 즉각 토벌하자고 말했다. 장제스의 오랜 심복이었던 허잉친도 여기에 동의하였다. 친일 유화파인 그는 일본에 대해 점차 강경한 입장을 취하는 장제스와 갈등을 빚고 있었다. 군사위원회 부위원장 펑위샹과 산시 군벌 옌시산은 사태를 관망하였고, 리쭝런을 비롯한 광시, 광둥 군벌들과 기찰정무위원장 쑹저위안, 충칭 군벌 류샹 등 그동안 장제스의 위압에 마지못해 머리를 숙이고 있던 군벌들은 장쉐량의 편을 들어 장제스의 처형을 지지했다. 그러나 장제스의 처 쑹메이링과 처남 쑹쯔원 등은 반란군과 협상해야 한다고 주장했다. 장제스에게 절대적으로 충성하는 황푸군관학교 출신의 장교들 또한 "우리의 지도자에게 무슨 일이 생기면 모든 힘을 다해 반란군을 토벌하겠다"라고 단호하게 선언하였다.

장쉐량은 옌안(延安)의 중국 공산당에도 도움을 요청했다. 장쉐량의 거사는 공산당과 사전에 협의했던 것이 아닌 돌발적인 사건이었기에 공산당에게도 뜻밖이었다. 한동안 격렬한 내부 토론이 벌어졌다. 지도부의 대다수는 그동안 장제스에게 쌓인 원한을 되살리며 인민재판으로 처형하자고 주장했다. 마오쩌둥은 고민 끝에 장제스를 죽인다고 난징 정부를 무너뜨릴 수는 없다며 일단 저우언라이를 시안으로 보내 상황을 알아보게 하고 모스크바의 스탈린에게 보고하여 지시를 기다렸다.

소련 또한 장쉐량이 왕징웨이파와 결탁하고 일본의 사주를 받아 쿠데타를 일으킨 것이 아닌가 하고 오해하고 있었다. 중국 공산당의 전보를 받고서야 비로소 상황을 알아차린 스탈린은 다음과 같이 계산하였다. 지금 상황에서 장제스가 죽으면 중국은 다시 분열되어 난징 정부의 이인자이자 친일파의 우두머리인 왕징웨이가 정권을 잡을 것이 뻔했다. 왕징웨이는 1935년 11월 암살 미수를 당한 후 정계에서 물러나 치료를 명목으로 유럽에 가 있었다. 친일 반소적인 왕징웨이의 복귀는 중국을 이용해 일본을 견제하려는 소련에게 결코 좋을 것이 없었다. 따라서 스탈린은 장제스를 반드시 살릴 필요가 있다고 판단했다. 그는 마오쩌둥에게 장제스를 석방시키고 사태를 평화적으로 해결하라고 지시하였다.

저우언라이는 장제스와 오랜 안면이 있었기에 감회가 새로웠다. 아직 국민당과 공산당이 결별하기 전인 십여 년 전 그는 장제스가 신임하는 측근으로 황푸군관학교의 정치부 주임을 맡고 있었다. 그가 가르친 생도들은 북벌군의 핵심이 되었고 '4.12사건'*으로 국공이 갈라지면서 군관학교의 동기들과 선후배들은 서로 총부리를 겨누게 되었다. 저우언라이는 장제스가 구금된 방에 들어갔다. 그가 알던 강철 같은 의지로 모든 사람들 위에 군림하던 사나이 대신 지치고 공포심과 굴욕감에 사로잡힌 왜소한 노인이 침대 위에 초라하게 누워 있었다. "10년간 뵙지 못했습니다. 참으로 오랜만입니다." 장제스는 지친 표정이면서도 체통을 지키려고 노력하였다. "당신은 나의 옛 부하였소. 나한테 복종해야 하오." 저우언라이는 "홍군 토벌을 중단하고 항일을 같이 하신다면 저와 홍군은 모두 위원장님의 명령에 따를 것입니다"라고 대답하였다. 그는 장쉐량이 했던 말을 반복하면서 내전을 중지하고 서북 지역의 통치는 장쉐량과 양후청 두 사람에게 맡겨야 한다고 주장했다. 그러나 장제스는 한숨을 쉬며 "노력해보겠다"고만 대답할 뿐이었다. 그는 저우언라이의 요구를 받아들이지 않으면 절대 풀려날 수 없다는 사실을 알고 있었지만 그렇다고 여태껏 해온 일을 협박에 못 이겨 손바닥 뒤집듯 바꾼다는 것은 차마 지도자로서의 자존심이 용납하지 않았다.

한편, 동북군과 제17로군, 공산군은 연합하여 '항일연합군'의 결성을 선언하고 혼란스러운 상황을 이용해 간쑤 성과 산시 성(陝西省)의 주요 도시와 요충지, 철도를 장악하였다. 그러나 허잉친은 즉각 반격에 나서 항공기로 시안을 폭격하고 20개 사단을 동원해 반란군을 포위하였다. 양측은 대치한 채 일촉즉발의 상황이었다. 양후청

---

* 타이완에서는 '4.12청당(淸黨)', 중국에서는 '4.12쿠데타'라고 부른다. 장제스는 국민당 내에서 자신의 권력을 공고히 하기 위해 1927년 4월 12일 기습적으로 공산당에 대한 숙청을 명령하였다. 장제스 직계 부대가 동원되어 국민당과 정부 기관, 군의 요직을 차지하고 있던 공산당원들을 모조리 체포하여 수천여 명을 처형하였다. 저우언라이는 상하이의 노동자들을 규합해 군벌 군대를 몰아내고 상하이를 장악하고 있었으나 장제스군의 기습을 받아 괴멸당했고 목숨만 부지해 도주했다. 이 사건으로 쑨원 이래 국민 정부를 후원하고 있던 소련과 국교가 단절되어 원조가 중단되었다.

의 관사에 갇혀 있던 장제스에게도 머리 위로 날아다니는 비행기의 폭음소리가 들릴 정도였다. 허잉친은 당장이라도 시안을 공격할 태세였으나 장제스로서는 다행히도 폭설이 내리면서 작전은 연기되었다. 만약 그대로 본격적인 전투가 시작되었다면 장제스는 살아남지 못했을 것이다. 이때 쑹메이링이 시안에 도착하였다. 시안 사건 열흘째 되는 날이었다. 그녀는 우선 저우언라이를 만났다. 저우언라이는 장제스가 공산당 토벌을 중지하고 항일에 동의한다면 공산당 또한 장제스에게 복종하겠다고 약속했다. 쑹메이링도 동의하면서 자신이 책임지고 장제스를 설득시키기로 하였다.

그날 장제스는 쑹메이링과 저우언라이에게 비로소 설득되어 공산당 토벌을 중지하기로 합의하였다. 대신 그는 구두 약속 외에 어떤 공식 문서도 남기는 것을 거부하였다. 모든 합의 사항은 지도자로서의 명예에 걸고 지키겠다고 말했다. 자존심이 매우 강한 그로서는 장쉐량과 공산당에게 마지못해 굴복했다고 보이기 싫었기 때문이다. 장제스의 성격을 잘 아는 장쉐량과 저우언라이는 그의 요구를 받아들였다. 12월 26일 장제스는 장쉐량과 함께 난징으로 귀환하였고 시안 사건은 더 큰 피를 보지 않은 채 평화적으로 마무리되는 것처럼 보였다.

＼시안 사건의 배경

장쉐량은 1901년생으로 장제스와는 14살 차이였다. 아버지 장쭤린의 영향을 받으면서 성장한 그는 19살에 육군 소장으로 임명되어 펑톈군(동북군)의 주요 지휘관 중 한 사람으로 정치적, 군사적 경험을 쌓았다. 스무 살 때에는 일본을 방문하여 자신과 동년배이었던 황태자 히로히토를 접견했다. 주변 사람들은 두 사람의 생김새가 매우 닮았다며 놀라워했다. 중국의 새로운 지배자가 되겠다는 야심을 품고 있던 장쭤린이 본격적으로 중원의 패권을 놓고 전쟁을 시작하자 그는 선봉에 서서 펑톈군 최정예 부대를 지휘하여 젊은 나이에도 불구하고 수많은 전공을 쌓았다.

북벌 전쟁을 시작한 장제스가 펑위샹, 옌시산과 연합하여 펑톈군을 공격하자 장쭤린은 상대적으로 약한 펑위샹과 옌시산을 장쉐량에게 맡기고 장제스의 상대는 산둥 군벌 장쭝창(張宗昌)과 장쑤 군벌 쑨촨팡(孫傳芳)에게 맡겼다. 두 사람 모두 부패하고 무능하기 짝이 없는 위인들이었다. 장제스를 얕본 장쭤린은 최정예 부대를 투입해 펑위샹과 옌시산을 먼저 꺾은 후 장제스를 각개 격파하겠다는 생각이었으나 오판이었다. 장쉐량은 펑위샹, 옌시산 연합군에게 승리했지만 그사이에 장쭝창과 쑨촨팡이 장제스에게 대참패를 당했다. 베이징이 위협받자 장쭤린은 백기를 들고 만주로 물러날 수밖에 없었다. 이때 관동군은 장쭤린이 만주로 복귀한 다음 일본과의 관계를 끊고 장제스의 밑에 들어가게 되면, 일본이 그동안 만주에서 쌓아올린 모든 것을 잃게 되리라고 생각하고 황구툰 사건을 일으켜 그를 암살하였다.

황구툰 사건이 일어났을 때 장쉐량의 나이는 겨우 스물일곱에 불과했다. 그러나 아버지로부터 정치적 수완을 물려받은 그는 신속하게 정권을 승계하였다. '2대 동북왕'으로서 그는 한때 만주와 화북을 지배했고 난징 정부에서도 국민혁명군 부사령관으로서 장제스 다음 가는 세력을 자랑했다. 그러나 충동적이고 감정적인데다 아버지만큼 야심이 넘쳤던 장쉐량은 지나치게 욕심을 부려 중원 진출을 노렸다. 하지만 방심하는 사이 관동군에게 허를 찔리면서 한순간에 몰락의 길을 걷기 시작했다. 이후 그는 관동군의 거듭된 침략에도 부저항 정책을 고수하다가 대부분의 지반을 상실했고 러허 사변에서도 무력하게 패퇴하였다. 그는 결국 하야를 선언하고 아편 중독을 치료한다는 명목으로 유럽으로 건너갔다.

장쉐량은 근 일 년간 유럽을 떠돌았고, 독일과 이탈리아를 방문하여 괴링과 무솔리니를 만났다. 그는 이들 국가들이 전체주의화되어 가는 모습을 지켜보면서 중국도 부강해지기 위해서는 무솔리니나 히틀러와 같은 강력한 지도자가 필요하다고 생각했다. 1934년 1월 상하이로 귀국한 장쉐량은 일본에 빌붙어 매국노가 된 옛 부하들을 질타했고 장제스를 지지하기 위해 베이핑에서 사유학회(四維學會)*를 조직하였다. 그러나 러허 사변 이후 난징 정부에서는 왕징웨이를 중심으로 한 친일 유화파가 주도권을 잡고 있었고 관동군의 협박에 굴복하여 하매 협정과 진토 협정을 체결하던 시점이었다. 이 때문에 허베이 성 주석이자 동북계인 위쉐중이 해임당해 간쑤 성으로 물러난 대신, 펑위샹의 서북계인 쑹저위안이 들어왔다. 장쉐량은 화북에서도 모든 기반을 빼앗겨 갈 곳을 잃어버린 셈이었다. 그는 난징 정부의 유화 정책을 '매국'이라며 공개적으로 비난하기 시작했고 이 때문에 장제스와의 관계 또한 악화되었다.

장제스는 만주 사변과 러허 사변에서 무기력하게 물러났던 장쉐량에게 완전히 실망한 데다 그가 사실상 몰락하여 더 이상 이용가치가 없다고 생각했다. 마침 공산군이 정부군의 추격에 쫓겨 산시성(陝西省)으로 도주하자 장제스는 그를 서북초비 부사령관으로 임

* 사유(四維)란 사자소학에 나오는 말로, 나라를 유지하는데 필요한 네 가지 덕목(예의, 의리, 청렴, 지치(知耻, 부끄러움을 알다))을 의미한다. 그러나 사실은 베이핑의 정부 쪽 지식인들을 모아 국민당과 장제스를 찬양하고 장제스의 비위를 맞추기 위한 목적으로 장쉐량이 만든 어용 집단이었다.

명한 후 시안으로 보내어 제6차 초공전을 지휘하게 하였다. 1935년 7월 동북군의 잔여 병력 15만여 명을 이끌고 시안으로 이동한 장쉐량은 처음에는 실추된 명예를 되찾기 위해 양후청의 제17로군과 함께 총력을 다해 공격에 나섰다. 그러나 산전수전을 다 겪은 공산군은 장쉐량이 그때까지 싸워왔던 어떤 상대보다도 무서운 적이었다. 루산(廬山)과 즈뤄전(直羅鎭)에서 벌어진 두 차례 전투에서 동북군 제107사단과 제109사단, 제110사단은 쉬하이둥(徐海東)이 지휘하는 공산군 제15군단의 우회 전술과 지형지물을 활용한 공격 앞에 전멸하여 사단장 두 명이 전사하고, 한 명이 포로가 되었다. 동북군은 오합지졸인 데다 지형에도 어두웠다. 중앙의 명령으로 마지못해 머나먼 산시 성(陝西省)까지 왔기에 싸울 의지 또한 없었다. 공산군의 상대가 될 수 없는 것은 당연했다. 게다가 이런 막대한 손실을 입었는데도 싸움에 졌다고 격분한 장제스가 보급마저 중단시키면서 동북군은 끼니조차 해결하기 어려울 만큼 비참한 지경에 몰렸다. 또한 동북군의 후방에 중앙군을 배치하자 장쉐량은 장제스가 자신을 의도적으로 벼랑 끝으로 내몰고 있다고 의심하지 않을 수 없었다.

이런 사정을 속속들이 알고 있던 공산군은 저우언라이를 총책임자로 동북군에 대한 정치공작을 진행했다. 포로로 잡힌 동북군 포로들을 풀어주는 한편 장쉐량과 양후청을 향해 힘을 모으자고 제안했다. 공산군이 외치는 구호는 '중국인은 중국인을 치지 않는다', '국민당은 중국인이 중국인을 치면서 일본인은 치지 않는다', '내전을 멈추고 함께 일본에 맞서자'였다. 사면초가에 몰려 있던 장쉐량으로서는 귀가 솔깃하지 않을 수 없었다. 1935년 12월 장쉐량은 공산군에 대한 작전을 중지했고 1936년 4월에는 저우언라이와 비밀리에 만나 싸움을 중단하기로 합의했다.

장쉐량의 공산군 토벌이 신통치 않고 심지어 양측이 손을 잡았다는 소문이 들려오자 장제스는 12월 4일 시안으로 직접 날라 와 이들을 닦달했다. "한 달 내로 공산 비적들을 무찌르든가, 아니면 중앙군을 투입할 테니 푸젠 성으로 가라." 이것은 장쉐량에게는 최후통첩이나 다름없었다. 장쉐량의 능력으로는 공산군을 이길 수도 없을 뿐더러 그렇다고 아무런 기반도 없는 푸젠 성으로 간다면 동북군은 스스로 와해될 판이었다. 어느 쪽을 택하건 파멸이었다. 하지만 장제스는 장쉐량을 이렇게 몰아붙이면 그가 극단적인 선택을 할 수도 있다는 생각은 전혀 하지 못했다. 그동안 군벌들과의 정치적 투쟁에서 단 한 번도 패배하거나 실수한 적 없이 연전연승을 거두었기에 지나치게 방심하고 있었던 것이다.

진퇴양난에 몰린 장쉐량은 12일에도 양후청과 함께 장제스를 재차 설득하려고 했다. 그러나 그를 철저하게 불신하고 있던 장제스로부터 오히려 호된 질타만 받았다. 격분한 장쉐량은 고심 끝에 결국 쿠데타를 결심하였다. 그렇게 하지 않으면 폭발 직전이었던 부하들의 반란으로 장쉐량 자신이 쫓겨날 판이었다. 그러나 시안 사건은 치밀한 사전 계획 아래 진행된 것이 아니라 즉흥적이고 충동적으로 일어난 사건이었다. 장쉐량은 신속하게 장제스를 습격하여 체포하는 데 성공했지만 막상 그 뒤에 뭘 어떻게 하겠다는 계획이나 스스로 장제스를 대신해 중국의 지도자가 되겠다는 원대한 포부가 있는 것도 아니었다. 어쩌면 장쭤린이었다면 그렇게 했을지도 모른다. 장쉐량이 결코 범용한 인물은 아니었지만 그 정도의 역량은 없었다. 게다가 중앙군에게 포위되자 상황은 더욱 악화되었다. 만약 전투가 벌어진다면 동북군이 이길 리 없었다. 장쉐량은 장제스의 선처에 매달렸다. 결국 장제스가 수락하자 장쉐량은 뒤를 돌아보지도 않고 양후청이나 저우언라이와도 상의하지 않은 채 그를 풀어주었다.

12월 25일 장제스는 13일간의 연금에서 풀려나 쑹메이링과 함께 시안비행장으로 향했다. 독일에서 수입한 융커스 Ju-52 수송기를 개조한 전용기에 장제스가 오르자 장쉐량 또한 뒤따랐다. "너는 따라오지 마라!" 장제스는 냉담하게 말했다. 그러나 후환이 두려웠던 장쉐량은 "제가 직접 모시겠습니다"라며 억지로 동행하였다. 난징에 도착한 장쉐량은 즉각 체포되었고 군사재판에서 10년형을 받았으나 장제스가 사면령을 내렸다. 그러나 이 명령은 여론을 고려한 연극이었을 뿐 장제스는 자신에게 평생 다시없을 굴욕을 준 장쉐량을 용서할 마음이 조금도 없었다. 장제스는 그를 평생 동안 연금한 채 철저하게 감시하였다. 장쉐량은 이후 어떤 지위나 역할도 맡지 못한 채 무려 54년간 가택연금 생활을 해야 했고 타이완이 민주화된 후 1990년 6월에 와서야 연금이 해제되었다. 그의 나이 89살 때였다. 그는 하와이로 건너가 그곳에서 11년을 더 살고 2001년 10월에 1백 살의 나이로 여생을 마쳤다.

장쉐량은 쿠데타의 명분으로 '연공항일(聯共抗日)'을 내걸었으나 상투적인 명분일 뿐 실제로는 항일이나 공산주의와는 전혀 상관없었다. 전형적인 봉건 군벌로서 만주에 있던 시절 반공 탄압에 앞장섰던 그가 새삼스레 공산주의자로 전향했을 리 없었다. 단지 궁지에 몰린 상황에서 부득이 마오쩌둥의 공산군과 일시적으로 손을 잡았을 뿐이다. 그리고 자신의 정치 기반을 유지하기 위해 시안 사건을 일으켰다. 그는 예전에 자신의 지나친 야심이 불러온 대가가 얼마나 컸는지 뼈저리게 깨닫고 있었다. 또 만주 사변에서 일본과 싸우지 않고 물러섰던 결정은 그야말로 후회막급이었을 것이다. 벼랑 끝에 몰리자 사활을 걸고 마지막 도박을 했으나 결과적으로 실패한 셈이었다.

한편, 장제스가 석방된 후 불안감에 떨고 있던 동북군과 제17로군 장병들은 난징에서 장쉐량이 체포되었다는 소식을 듣자 격분했다. 그들로서는 장제스가 약속을 어기고 곧 보복을 시작하리라 생각했다. 이 때문에 동북군 내에서는 일단 사태를 관망하자는 주화파와 당장 중앙군과 일전을 벌여 장쉐량을 구출해야 한다는 혈기 넘치는 소장파들 사이에 내분이 일어나 동북군의 원로이자 제67군장이었던 왕이저(王以哲)가 소장파 장교들의 기습을 받아 살해당하는 일이 벌어졌다. 이 사건으로 동북군은 완전히 분열되어 서로 총부리를 겨누었고 스스로 와해되어 버렸다. 그들 가운데 일부는 공산군에, 일부는 중앙군에 편입되었고, 비적이 되거나 괴뢰 만주군으로 들어가 서로 총부리를 겨누는 운명이 되었다. 시안 사건의 또 다른 공모자였던 양후청 역시 자리에서 물러나야 했고 해외를 떠돌다 국공 내전 말기에 비밀리에 체포되어 살해당했다.

＼시안 사건의 의미

중국에서 시안 사건에 대한 평가는 대체적으로 긍정적이다. 많은 서적들이 "장쉐량의 호소와 국내의 항일 여론에 못이긴 장제스가 비로소 항일을 결심하게 되었다"고 설명한다. 그러나 이는 전후 관계는 쏙 빼놓은 채 시안 사건 하나만으로 장쉐량을 '우국지사'로 둔갑시킨 것에 지나지 않는다. 시안 사건은 분명 당시로서는 충격적인 사건이었지만 과연 역사의 향방을 바꿀 만큼 의미가 있었던가? 장제스는 이미 시안 사건 이전부터 일본과의 전쟁은 불가피하다는 전제 아래 일본에 대해 점차 강경한 입장으로 바꾸고 있었다.

1930년대 초반과 달리 1936년에 오면서 그의 정권은 반대파와 군벌들을 억누르는 데 성공하였고 벽지로 몰아넣은 공산군은 더 이상 위협이 되지 못했다. 그가 그동안 부르짖었던 '양외필선안내'에서 '선안내'를 드디어 이룩한 것이었다. 또한 베이핑-톈진은 장제스로서도 더 이상 물러설 수 없는 마지노선이었다. 일본이 이 선을 넘는 것을 묵인한다면 자칫 화북 전역을 빼앗길 수 있는 데다 국민 여론은 물론이고 군벌들까지 등을 돌릴 수 있었다. 즉, 장제스는 시안 사건 하나로 하루아침에 손바닥 뒤집듯 항일로 돌아선 것이 아니라 오랜 시간 숙고하고 준비한 정치적, 전략적 판단에 따른 것이었다.

결과적으로 시안 사건으로 가장 큰 득을 본 쪽은 중국 공산당이었다. 그들은 장제스의 대대적인 토벌 앞에 풍요로운 후난 성에서 쫓겨나 정부군의 추격을 피해 일 년에 걸친 기나긴 도주를 시작했다. 중국은 이를 '대장정(大長征)'이라고 부르며 "18개의 산맥과 17개의 강을 건너 중국 전역에 혁명의 씨앗을 뿌린 위대한 역사적 사건"이라고 미화하지만 사실은 비참한 후퇴에 불과했다. 거듭되는 전투에다 병사들의 반란과 이탈, 추위와 굶주림 끝에 중국 공산당이 1935년 9월 산시(陝西) 소비에트의 바오안(保安)에 도착했을 때 처음의 십만 명 가운데 마지막까지 살아남은 사람은 8천여 명에 불과했다. 원래 있던 이들과 뒤에 합류한 이들을 합해도 고작 3만 명 정도였다. 게다가 대장정의 고난 속에서도 지도부는 분열되어 주도권을 놓고 치열한 투쟁을 벌였다. 이 투쟁의 승자는 마오쩌둥이었다. 후난 성의 농민 출신으로 쟁쟁한 유학파 지식인들이 핵심을 이루고 있던 공산당 지도부에게 '일개 촌부'라고 멸시당하던 그는 쭌이 회의(遵義會議)*에서 저우언라이와 류사오치, 장원톈 등의 협력을 얻어 왕밍, 장궈타오, 보구 등 소련파 지도부를 단숨에 끌어내리고 당권을 장악하여 지도자에 올랐다. 그러나 마오쩌둥의 승리도 장쉐량이 시안 사건을 일으키지 않았다면 무의미했다.

시안 사건은 중국에서도 가장 척박한 산시 성(陝西省)의 벽촌에 고립된 그들에게는 그야말로 기사회생의 기회였다. 만약 시안 사건이 일어나지 않았다면, 그리하여 동북군을 대신해 중앙군이 본격적으로 토벌을 시작했다면 지칠 대로 지쳐 있던 공산군은 전멸을 면치 못했을 것이었다. 최신 독일제 무기와 독일식으로 훈련된 중앙군은 동북군과는 비교도 안될 만큼 강력했다. 그러나 시안 사건으로 공산군 토벌은 잠정적으로 중단되었다. 이후 중일 전쟁이 발발하자 정식으로 제2차 국공 합작이 결성되어 공산군은 형식상 국민혁명군 제18집단군(제8로군)으로 개편되어 난징 정부의 지휘를 받았으나 실제로는 '국가 속의 국가'가 되어 세력을 급격하게 확장해 나갔다. 장쉐량은 노년에 시안 사건을 회상하면서 "가만히 앉아서 이득을 본 것은 오직 공산당뿐이었다"고 술회하였다.

---

* 대장정 도중인 1935년 1월 구이저우 성 쭌이에서 열린 중국 공산당 중앙정치국 회의. 마오쩌둥은 패배의 원인을 왕밍과 소련 고문인 오토 브라운의 무모한 군사적 모험주의 때문이라며 지도부를 격렬하게 비난하였다. 소수 세력이었던 마오쩌둥이 지도부에게 무모하게 도전하여 승리할 수 있었던 것은 지도부의 한 사람인 저우언라이가 자신의 오류를 인정하고 마오쩌둥의 편을 들었기 때문이었다. 쭌이 회의로 왕밍은 실각했고 마오쩌둥이 당권을 장악하였다.

\ 제2부 \

중일 전쟁, 발발하다

9. 한 병사의 설사가 전쟁을 부르다

10. 개전 선포

11. 베르됭 이래 최대의 격전

12. 3개월의 공방전

13. 난징! 난징!

14. 화북도 무너지다

15. 패배의 충격에서 벗어나

16. 타이얼좡의 승리와 쉬저우 회전

17. 노몬한 전투의 서전—장구펑 사건

18. 우한 함락

9

한 병사의 설사가 전쟁을 부르다

╲바이링먀오 전투

'제2의 만주국'을 꿈꾸는 관동군은 차하얼 성에 이어 서북으로 마수를 뻗기 시작했다. 주동자는 이전에 상하이 사변을 배후에서 조종했던 다나카 류키치 중좌였다. 관동군 정보과장이었던 그는 내몽골 분리 독립운동의 지도자인 덕왕*과 몽골인 귀족들과 손을 잡고 무기와 자금을 지원하여 내몽골군을 모집했다. 그가 조직한 내몽골군은

---

* 본명은 데므치그돈로브(德穆楚克棟魯普), 줄여서 '덕왕(德王)'으로 불리었다. 몽골 귀족 가문 출신으로 젊은 시절부터 범몽골주의와 내몽골의 독립운동을 벌였다. 만주 사변 이후 관동군이 내몽골의 독립을 후원하겠다고 접근하자 손을 잡아 1934년 몽골자치정무위원회를 수립하였다. 1936년 5월 관동군의 후원을 받아 바이링먀오에 몽골군정부를 세웠다. 중일 전쟁이 일어난 뒤 몽강자치정부를 수립하여 주석에 올랐으나 관동군은 그를 이용 대상으로만 삼았고 그의 정권은 만주국처럼 일본의 꼭두각시에 불과했다. 일본 패망 후 장제스에게 항복한 그는 한간으로 처벌받는 대신 공산당 토벌에 협력했으나 국공내전에서 장제스가 패퇴하자 중공에 의해 체포되어 14년간 옥살이를 한 후 석방되었다.

약 1만 3천여 명에 달했으나 대부분 비적 출신으로 오합지졸이나 다름없었다. 그럼에도 다나카 중좌는 중국군을 얕보고 덕왕을 부추겼다. 덕왕은 리서우신(李守信)의 내몽골군과 구 동북군 출신인 왕잉(王英)의 괴뢰군 등 약 2천여 명의 병력과 항공기 8대, 산포 수십 문으로 쑤이위안 성을 침공했다. 관동군은 뒤로 빠진 채 괴뢰 조직을 앞세워 소동을 벌인 다음 현지 정부를 협박하여 내몽골을 분리 독립시키겠다는 속셈이었다.

그러나 다나카의 예상과 달리 쑤이위안 성 주석이자 제35군 군장인 푸쭤이(傅作意)는 1개 사단을 동원하여 신속히 반격에 나섰다. 관동군이 비행대를 동원해 공중에서 지원했지만 내몽골군은 중국군과 마주치자마자 단숨에 무너져 도주했다. 푸쭤이는 여세를 몰아 북상하여 내몽골군의 사령부가 있는 바이링먀오(百靈廟)로 진격했다. 1936년 11월 20일부터 24일까지 4일간의 전투에서 내몽골군은 전사자와 포로가 각각 3백여 명에 달했다. 나머지 병력은 흩어져 버렸다. 푸쭤이의 쑤이위안군은 바이링먀오를 점령하고 대포와 기관총, 탄약 등 대량의 물자도 노획하였다. 중국군의 피해는 전사와 부상자를 합해 3백여 명 정도였다.

다나카는 포기하지 않고 패잔병들을 재규합하였다. 그리고 진자산(金甲山)이 지휘하는 4천여 명의 내몽골군을 동원해 12월 3일 바이링먀오 탈환에 나섰다. 그러나 극심한 추위로 사기가 떨어져 있던 그들은 쑤이위안군 기병대의 기습을 받아 변변히 싸우지도 못하고 단숨에 격파되었다. 중국군 기병들은 도주하는 내몽골군을 추격하여 말 위에서 대도를 사정없이 휘두르며 일방적으로 학살했다. 겁에 질린 일부 패잔병들은 반란을 일으켜 군사고문인 고하마 대좌를 살해한 후 중국군에게 투항해 버렸다. 11월부터 12월까지 벌어진 전투에서 내몽골군의 피해는 7천 명이 넘었고 쑤이위안 성에서 완전히 쫓겨났다.

바이링먀오 전투의 승리는 패배주의와 열등감에 사로잡혀 있던 중국인들에게 모처럼 자신감을 불어넣어 주었다. 전국에서 항일의 열기가 뜨겁게 타올랐고, 그동안 일본의 침략에 굴욕적인 유화 정책을 고수하여 비난받았던 난징 정부에 대한 신뢰도 상당히 회복되었다.

장제스는 푸쭤이에게 일본의 쑤이위안 성 침략에 적극적으로 대응하라고 명령하는 한편, 중앙군을 포함하여 약 20만 명에 달하는 병력을 뤄양에 집결시켜 화북으로 북상시켰다. 심지어 중국군이 만리장성까지 진격하여 러허 성 탈환에 나설 것이라는 풍문이 떠돌면서 관동군과 지나주둔군은 바짝 긴장하였다.

관동군은 경솔한 행동으로 호되게 망신을 당했음에도 이를 반성하기보다 또 다른 구실을 찾는 데 혈안이 되었다. 특히 관동군의 고급참모였던 무토 아키라 대좌는 이를 만류하기 위해 참모본부에서 나온 이시와라 간지 소장의 면전에 대고 "우리는 각하께서 하신대로 따라할 뿐입니다"라고 비웃었다.

＼일본, 독일과 손을 잡다

2.26사건 이후 군부가 득세한 일본은 중국을 더욱 노골적으로 압박하였다. 2.26사건의 책임을 지고 사퇴한 오카다 게이스케를 대신해 외무대신인 히로타 고키가 총리가 되었으나 군의 최고 원로조차도 막지 못하는 군부의 횡포를 관료 출신인 그가 억누를 수 있을 리 없었다. 그는 그동안 온건 노선을 주장했지만 군부 강경파들의 압력을 받자 강경한 태도로 바꾸었다. 쑤이위안 사건이 좋은 빌미가 되었다. 히로타는 중국이 몽골인들의 자치권을 억압한다고 비난하면

서, 중국 내 배일 운동의 단속과 반일파 인사의 추방, 만주국의 승인, 그리고 화남의 주요 도시와 하이난 섬에 일본군 수비대를 배치할 수 있는 권리를 요구하였다. 중국은 그의 협박을 단호히 거부하였다. 오히려 만주는 중국의 영토이며 일본군이야말로 만주에서 즉각 철수하라고 맞섰다.

한편 장제스는 정권의 가장 큰 위협이었던 공산군을 서부의 벽지에 몰아넣고 난징 정부 내 대표적인 반대 세력인 리쭝런의 광시파마저 굴복시켜 국내를 완전히 평정하는 데 성공하였다. 이제 장제스는 자신감을 가지고 본격적으로 반일로 돌아섰다. 마침 대일 유화파의 수장인 왕징웨이가 정계를 은퇴하면서 난징 정부의 주도권은 대일 항전파에게 넘어갔다.

1937년 3월 상하이를 방문한 일본의 경제 사절단은 이전과 달라진 분위기를 절감했다. 그들은 "과거의 중국이 아니다. 중국은 장제스를 중심으로 매우 일사불란한 모습을 보여주고 있다"라며 놀라워했다. 더욱이 양국의 경제 간담회에서 중국의 지일파들조차 일본의 화북 침략을 격렬히 비난하면서 "중국인은 이미 99퍼센트가 배일"이라고 목소리를 높이자 큰 충격을 받았다. 그들은 귀국 후 정부에게 "일본의 거듭된 침략이 중국의 반일 감정을 갈수록 부추기고 있으며 경제적으로도 중국 시장에서 영국, 미국, 독일에 밀리고 있으니 중국 침략을 중단해야 한다"고 건의하였다.

일본은 국제연맹 탈퇴 후 국제 사회에서 고립되지 않기 위해 1936년 11월 25일 베를린에서 독일과 방공 협정을 체결하였다.* 소련의 팽창에 공동으로 대항한다는 명목이었다. 그러나 이 협정이 체

---

* 다음 해인 1937년 11월에 이탈리아가 가입함으로써 '삼국 방공 협정'이라고 불리었다.

결되자 히로타 내각은 당장 여론의 강력한 비난에 직면했다. 만주에서 소련과 충돌하고 있던 일본이 소련을 공동으로 견제하려는 것 자체는 당연하였다. 그러나 전통적인 우방국이며 경제적으로도 긴밀한 관계인 영국과 프랑스 대신 왜 하필 독일과 손을 잡은 것인가? 명분은 소련을 견제한다는 것이었지만, 진짜 목적은 따로 있었다.

1934년 중독 합작 이후 독일이 중국의 근대화를 지원하고 1억 마르크의 원조 협정을 체결하는 등 중국에 대한 영향력을 확대하자, 일본은 심각한 위기감을 느꼈다. 따라서 육군의 강경파들은 중국 침략을 위해서는 우선 독일이 중국에 대한 지원을 끊도록 만들기 위해 독일과 동맹을 맺어야 한다고 주장했다. 또한 그들은 일본이 국제연맹에서 탈퇴한 것도 영국과 프랑스, 미국 때문이라며 일본의 팽창을 위해서는 언젠가 일전을 치르지 않으면 안 된다고 공공연히 주장했다.

그러나 나치 독일의 팽창주의로 인해 유럽에서 가뜩이나 긴장 상태가 높아지고 있는 와중에, 일본이 독일과 손을 잡자 영국과 미국, 프랑스와의 관계만 악화되었다. 소련과의 긴장 상태 역시 최악으로 치달았다. 소련은 그동안 독일의 위협을 우려해 일본에 불가침 조약을 수차례 제안하기도 했으며 만주 사변 당시에는 관동군의 만주 침략을 묵인해주었다. 또한 소련은 북만주에서의 모든 이권을 일본에 넘기는 한편, 만주국에 영사관을 설치하고 열강들 중에서 가장 먼저 만주국의 승인을 제안한 나라였다. 그럼에도 불구하고 일본은 시베리아에 대한 팽창 야욕을 버리지 못하고 소련을 여전히 적대하였다. 일본의 무리한 야심은 소련을 중국에 접근하게 만들었고, 결국 일본은 몇 년 뒤 노몬한 전투에서 소련군에게 최악의 참패를 당하게 된다.

한편, 나치 독일은 히틀러의 집권 이후 베르사유 조약을 무시한 채 본격적인 재무장과 오스트리아 합병을 추진하면서 영국, 프랑스와 극도의 갈등을 빚고 있었다. 히틀러는 일본과 영국의 관계가 나빠진다면 독일에 대한 영국의 압박이 분산되리라 기대했다. 이런 정치적 이해타산에 따라 제1차 세계대전에서 서로 적이었던 두 나라는 손을 잡았다. 그러나 결과적으로 실익이 없었으며 중국과의 관계만 악화되었다. 독일과 중국의 교류는 주로 군사 분야에 집중되어 있었기에 외무성이 아니라 독일 국방군이 주도하고 있었다. 육군 참모총장인 루트비히 베크 상급대장을 비롯한 친중파들은 일본과 방공 협정을 맺어봐야 실익이 없으며 독일의 고립만 초래할 것이라며 반대했다. 그럼에도 불구하고 히틀러와 리벤트로프 외무장관은 자신의 정권을 강화하고 군부를 억누를 수 있는 좋은 기회라 여기고 협정의 체결을 강행하였다. 군부가 정부를 무시하고 전횡하던 일본의 경우와는 정반대라고 할 수 있지만, 어쨌든 가장 어리석은 선택이었다.

강경파가 지배하는 일본 군부 내에서도 중국 침략을 반대하는 온건파들의 목소리가 없지는 않았다. 대표적인 인물이 1937년 3월 참모본부 제1부장으로 임명된 이시와라 간지 소장이었다. 만주 사변을 주도했던 장본인이자 군부의 대표적인 극렬분자였던 그는 이제는 태도를 180도 바꾸어 신중론을 펼치며 중국의 내부 상황이 바뀌었기 때문에 대중 정책 또한 변화해야 한다고 주장했다. "중국군은 예전과 달리 근대적인 장비를 갖추고 근대전에 대비하고 있다. 그들을 에티오피아의 부족 군대와 동일시한다면 큰 오산이다." 이시와라의 주장에 동조하는 일부 장교들도 중국에 대한 강경책을 바꿀 것을 육군성에 건의하였다. 육군과 대립각을 세우고 있던 해군과 외무성 역시 같은 의견이었다. 그들은 장제스 정권을 청조나 북양 군벌처럼 상대해서는 안 되며 변방 지역을 중국에서 분리 독립시킬 수 있다는 발상은 중국의 실상을 모르는 시대착오적 발상이라고 인식하였다. 오히려 중국의 반일 감정만 더욱 악화시킬 뿐이기에 침략 대신 공정한 경제 제휴를 해야 한다고 주장했다. 5월 13일 왕징웨이를 방문한 히다카 주중 대사는 "예전에는 일본이 어디까지 침략할지 중국이 걱정했지만 지금은 반대로 중국이 어디까지 반격할지 걱정"이라며 속내를 드러내었다.

이런 우려의 목소리에도 불구하고 관동군과 군부 강경파는 여전히 침략에 대한 욕심을 버리지 못했다. 청일 전쟁 이래 중국을 멸시해 왔던 그들에게 중국은 단지 나약한 존재이자 좋은 먹잇감일 뿐이었다. 뿌리 깊은 편견에 사로잡혀 있는 이들에게 아무리 현실을 냉철하게 직시해야 한다고 얘기해도 그들이 하루아침에 태도를 바꿀 리 없었다. 그보다 근본적인 이유는 이시와라의 주장 자체가 모순적이었기 때문이다. 그는 "나의 구상은 어디까지나 만주에 있었을 뿐 중국을 완전히 정복하겠다는 의도는 아니었다"라며 과거 자신의 행위를 변명했으나 중국과 만주는 뗄 수 없는 관계라는 점에서 무책임한 궤변이었다. 일본이 무력으로 만주를 정복한 이상 설사 중국을 더 이상 침략하지 않더라도 언젠가 중국이 힘을 되찾는다면 틀림없이 만주는 두 나라의 뜨거운 감자가 될 수밖에 없었다. 일본이 만주를 포기하지 않는 한 중국과의 충돌은 불가피했다. 군부 강경파들은 중국에 대한 유화 정책은 무의미하며 오히려 중국의 힘이 아직 약한 지금 침략의 강도를 더욱 높여 대항할 의지를 확실하게 꺾어놓아야 한다고 반박했다.

탕구 협정과 하매 협정으로 허베이 성 북부를 장악한 지나주둔군과 관동군은 베이핑을 지배하는 쑹저위안을 나날이 압박하는 한편, 화북에 대한 경제적 침략을 더욱 강화하였다. 1937년 2월 관동군 참모부에서 작성한 '대중국 및 몽골 정세판단'에서는 한 걸음 더 나아가 "내몽골과 북중국에 대한 공작을 강행하고 옛 북양 군벌의 수장이었던 우페이푸를 괴뢰로 내세워 북지(北支) 정권을 확립한 다음 산시 성, 쑤이위안 성까지 장악해야 한다"라면서 만주에 이어 화북에 대한 야심까지 노골적으로 드러냈다. 더욱이 "경제 공작만으로는 결코 우리가 바라는 것을 얻을 수 없다"라며 무력 사용도 불사할 태세였다.

히로타 총리는 2.26사건 이후 더욱 도를 더하는 군부의 압력에 못 이겨 독일과의 방공 협정을 수락했다. 하지만 이 때문에 사방에서 비난이 쏟아졌고 결국 그는 책임을 지고 자리에서 물러나야 했다. 이후 그는 고노에 내각에서 다시 외무대신에 임명되었으나 "나 혼자 반대한들 무엇이 바뀌겠는가. 흘러가는 대로 지켜볼 뿐이다"라고 좌절감을 토로하며 완전히 자포자기식이 되어버렸다. 이것은 당시 대다수 일본 관료와 정치가들의 공통된 모습이기도 했다. 태평양 전쟁 말 히로타는 소련의 참전을 막으려고 노력했으나 이미 얄타 회담에서 루스벨트에게 대일 참전을 약속한 스탈린에 의해 거부당했다. 결국 일본이 패망한 뒤 도쿄전범재판에서 A급 전범으로 도조와 함께 교수형에 처해졌다. 적극적으로 전쟁을 주도하지는 않았지만 국정의 최고 책임자로서 보신주의에만 급급했다는 점에서 당연한 결과였다.

히로타의 뒤를 이은 하야시 센주로 내각은 온건파들의 주장을 받아들여 중국과의 관계 개선을 추진했으나 군부의 압박으로 그 역시 4개월 만에 물러났다. 일본 정계를 좌지우지하는 원로 사이온지는 45세의 젊은 정치가 고노에 후미마로에게 마지막 기대를 걸고 그를 총리로 추대했다. 명문 귀족에다 도쿄제국대학을 졸업한 내무성 관료 출신의 엘리트였던 그는 그때까지 정치가로서의 경험이 없었음에도 주변의 인망이 높고 군부와의 관계도 원만했다. 따라서 군부를 적절히 견제하면서 소신껏 국정을 이끌고 나가리라 기대를 받았다. 그러나 이는 착각이었을 뿐 그 역시 유약하고 우유부단한 인물이었다. 사실 이때에 오면 누가 지도자가 된다고 해도 군부를 누른다는 것은 불가능했다. 사이온지는 자신의 기대와 달리, 군부의 꼭두각시처럼 휘둘리며 일본을 갈수록 파멸의 구렁텅이로 끌고 가는 고노에를 보면서 그를 총리에 지명한 것을 죽는 순간까지 후회하였다. 하지만 일본을 그렇게 만든 것은 바로 사이온지 자신이기도 했다. 고노에가 신임 총리가 된 지 한 달 뒤 '루거우차오 사건(7.7사변)'이 일어난다.

＼루거우차오 사건

탕구 협정과 하매 협정의 체결로 원나라 쿠빌라이 이래 중국의 오랜 수도였던 베이핑은 무방비 상태나 다름없었다. 일본군은 만리장성부터 베이핑 동쪽을 모조리 장악하여 삼면에서 포위하였다. 베이핑과 내륙을 연결하는 유일한 통로는 베이핑 서쪽의 융딩 강(永定河)에 놓인 다리 루거우차오였다. 금나라 시절인 1192년에 지어진 아치형의 석조 다리 루거우차오는 길이 266미터, 너비 9미터에 달하여 예로부터 베이징의 중요한 나루터였고 마르코 폴로가 『동방견문록』에서 소개하여 '마르코폴로 다리(Marco Polo Bridge)'라고도 불린다.

베이핑과 톈진 등 허베이 성을 맡고 있던 동북 계열의 위쉐중은 굴욕적인 하매 협정에 따라 서쪽의 간쑤 성으로 철수해야 했다.

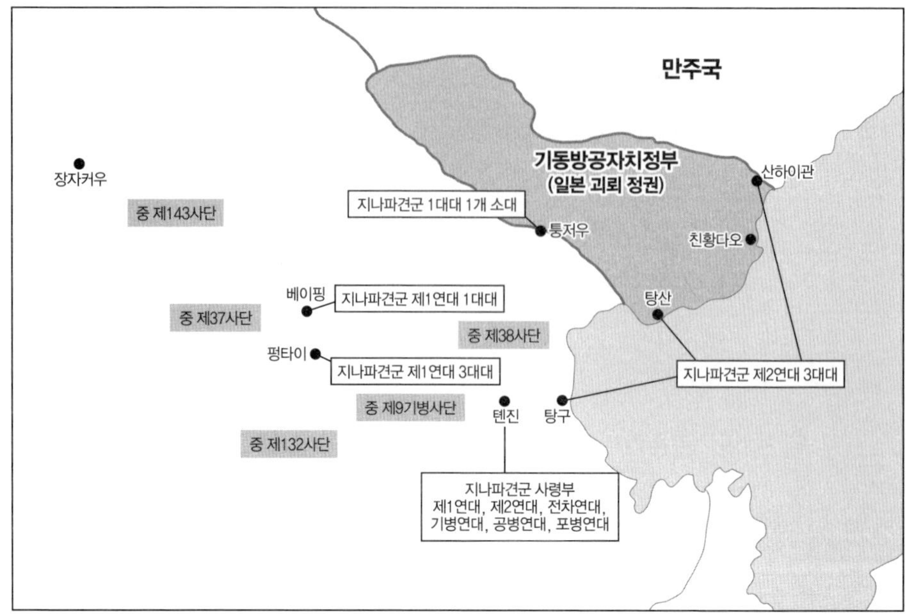

●— 1937년 루거우차오 사건 직전 화북의 상황. 수적으로는 일본군이 훨씬 열세했지만 베이핑과 톈진, 펑타이, 탕구 등 주요 요충지에 병력을 배치하고 있었다. 또한 베이핑과 톈진에는 일본군 외에도 영국, 미국, 프랑스, 이탈리아 4개국 군이 주둔하고 있었다.

대신 차하얼 성을 맡고 있던 서북 계열의 쑹저위안의 제29군이 진토 협정에 의해 허베이 성에 들어와 베이핑과 톈진의 치안과 방어를 맡았다. 병력은 4개 보병사단, 1개 기병사단, 3개 독립여단 등 8만 명에 달했다. 제29군 이외에도 허베이 성과 차하얼 성 전역에 걸쳐 구 동북계, 옌시산계, 펑위샹계 등 10개 사단과 1개 기병여단 약 15만 명이 있었다. 제29군까지 합한다면 중국군의 병력은 23만 명이 넘었다.

융딩 강을 경계로 루거우차오의 서쪽은 일본군이, 루거우차오 동쪽과 완핑 현성(宛平縣城)의 수비는 펑즈안(馮治安)의 제37사단이 맡고 있었다. 이들은 일본군이 점점 노골적으로 도발하자 만약을 대비해 방어 지역에 대한 수비를 강화하였다. 지나주둔군은 원래 의화단의 난 이후 베이징 의정서에 따라 톈진의 공사관과 거류민의 보호를 명목으로 톈진의 일본 조계에 주둔한 부대였다. 1933년만 해도 1개 대대에 불과했던 지나주둔군은 탕구 협정과 하매 협정으로 베이핑과 톈진 이북을 장악한 후 병력을 대폭 증강하여 1936년 말이 되면 1개 혼성여단(2개 보병 연대) 및 1개 포병 연대, 1개 기병대대, 1개 전차대대 등 약 6천여 명에 달했다. 이들은 톈진에 사령부를 두고 산하이관과 베이핑, 펑타이(豊臺), 탕구 등 주요 요충지에 각각 1개 대대를 배치하여 허베이 성 북부 전역을 손아귀에 넣고 있었다. 또한 유사시 관동군이 언제라도 남하할 수 있도록 주요 도로와 철도 또한 장악하였다.(베이핑, 톈진의 조계와 탕구, 산하이관, 친황다오 등지에는 일본군 외에도 영국군 1천 명, 미군이 1천2백여 명, 프랑스군 1천8백여 명, 이탈리아군 3백여 명이 배치되어 있었다.)

루거우차오 사건 전날인 1937년 7월 6일, 펑타이에 주둔하고 있던 지나주둔군 제1보병연대 제3대대장 이치키 기요나오 소좌가 지휘하는 일본군 5백여 명이 중국과의 사전 협의도 없이 루거우차오 동북쪽의 황무지에서 실탄 사격을 하며 군사 훈련을 실시하였다. 이 지역은 중국군의 관할이기에 일본군의 무단 침입은 명백한 탕구 협정 위반이자 의도적인 도발이었다. 일본군이 제멋대로 중국군의 구역에서 훈련을 실시하자 중국군도 완핑 현성에서 대책을 논의했다. 중국군은 일본군의 움직임을 계속 주시하면서 만약 이들이 중국군 진지 1백 미터 이내로 진입할 경우 자위를 위해 발포하여 적극 격퇴하기로 하였다.

양측 사이에 긴장감이 감도는 가운데 이틀 동안은 이렇다 할 충

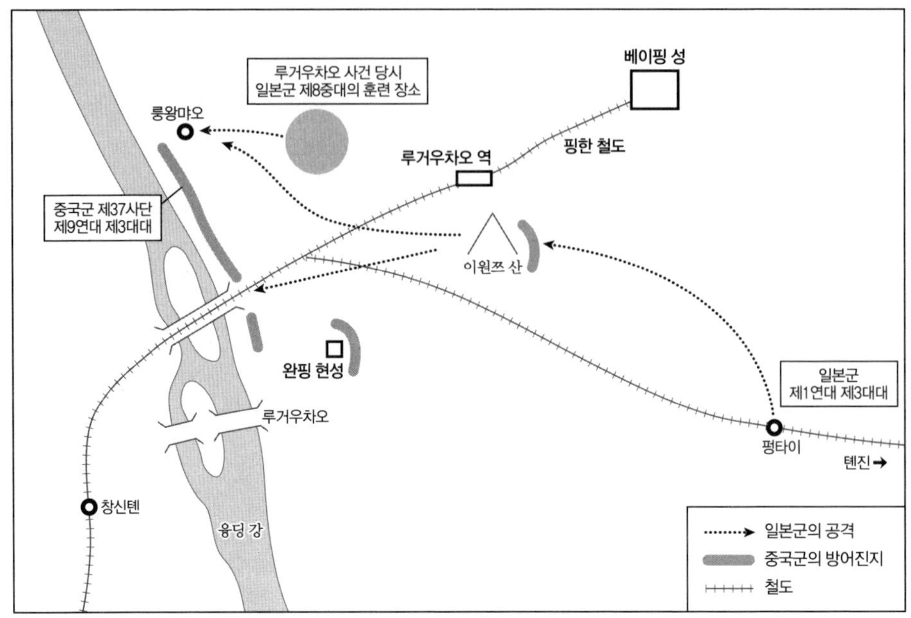

●— 루거우차오 사건 당시 중일 양군의 충돌

돌이 없었다. 그런데 7월 7일 밤 10시 40분, 일본군이 훈련을 끝내고 철수하려는 찰나에 어둠 속에서 몇 발의 총성이 들렸다. 제8중대장 시미즈 세쓰오 대위는 급히 병사를 집결시켜 점호했다. 그런데 이등병 한 명이 보이지 않았다. 시미즈는 제대로 확인도 하지 않은 채 방금의 총성이 중국군의 소행이라고 생각했다. 그는 당장 대대장인 이치키 소좌에게 "루거우차오에서 중국군이 선제공격하여 아군 1명이 실종되었다"고 보고하고 실종된 병사의 수색을 시작하였다. 7월 8일 새벽 0시, 보고는 연대장 무타구치 렌야 대좌에게도 올라갔다. 무타구치는 병력을 즉시 출동시키는 한편, 완핑 현성에 주둔한 중국군과의 교섭을 명령하였다.

그런데 어이없게도, 실종되었다는 병사는 설사 때문에 상관에게 보고도 하지 않고 제멋대로 자리를 비웠을 뿐 20분 후 자기 자리로 돌아왔다. 한마디로 있지도 않은 사람을 찾아 해당 병사를 포함해 모든 중대원들이 두 시간이 넘도록 어둠 속을 뒤지고 있었던 것이다. 시미즈 대위도 그 사실을 알았지만 책임 추궁이 두려워 미적거리다 뒤늦게야 이치키에게 보고했다. 그러나 그사이에 지나주둔군 사령부를 거쳐 본국에까지 보고가 올라갔고 사건은 이미 국제 문제로 비화될 만큼 커져버렸다. 나중에 그는 "나의 허가를 받지 않고 병사가 대열을 이탈해 천천히 용변을 보다가 늦어진 것은 사실이다. 그렇다고 해서 내가 그걸 어떻게 사실대로 밝힐 수 있겠는가. 그의 명예를 생각하지 않을 수 없었다. 그는 다음 날 전투에서 용감하게 싸웠기에 별다른 처분을 내리지 않았다"고 변명하였다. 한편, 중국의 역사서는 중국군이 공포탄을 쏘았다는 일본군의 주장 자체가 아무 증거 없는 날조이며 중국을 도발하기 위한 자작극이었다고 기술하고 있다.

이러한 사실을 알 리 없는 완핑 현장 왕렁자이(王冷齋)는 지나주둔군 특무기관장 마쓰이 다쿠로 대좌의 요구를 받아들여 성 주변을 샅샅이 수색했다. 하지만 실종된 병사가 나올 리가 없었다. 새벽 4시, 베이핑에서 양측 대표들이 모였다. 일본 측 대표는 마쓰이 대좌와 기찰정무위원회의 고문인 사쿠라이 도쿠타로 중좌였고 중국 측 대표는 왕렁자이 외에 제37사단장 펑즈안과 베이핑 시장이자 제29군 부군장인 친더춘 등이었다. 제37사단장 펑즈안은 사건 현장 주변에는 중국군이 한 사람도 없으므로 일본군을 향해 사격을 가했다는 것은 있을 수 없는 일이라고 항변하였다. 그런데도 마쓰이 대좌와 사쿠라이 중좌는 "마침 실종된 병사가 돌아왔다고 한다. 그러나 그가 왜 실종됐는지 조사할 필요가 있다"며 억지를 부렸다. 왕렁자이는 "그가 왜 실종됐는지는 당사자에게 물어 볼 일이다. 더욱 자세하게 조사할 필요가 있다면 쌍방에서 조사원을 파견하면 될 일이 아닌가"라고 응수하였다.

사건은 일단 해프닝으로 마무리되는 것처럼 보였다. 그런데 새벽 4시 20분, 갑자기 무타구치는 현지에 출동해 있는 이치키의 제3대대에 즉각 공격하라고 명령했다. 이치키는 아직 양측이 교섭 중이라는 사실을 알고 있었기에 무타구치의 말에 당황했다. "정말 공격해도 좋습니까?" 전화기에 대고 얼떨떨한 목소리로 되묻는 이치키에게 무타구치는 "정말 해버려도 좋단 말이야"라고 소리를 질렀다. 그러나 이것은 무타구치의 월권행위였다. 그는 직속상관에게도 보고하지 않고 멋대로 공격 명령을 내렸다. 뒤늦게야 이를 안 여단장 가와베 마사카즈 소장은 격분하여 부랴부랴 현장에 왔지만 그렇다고 무타구치를 문책하지도, 공격을 중단시키지도 않고 눈치만 보다가 되돌아갔다. 무타구치는 나중에 "가와베 여단장은 나의 행동을 수긍하고 작전을 수락하였다. 그 결단에 감격하지 않을 수 없었다"라고 회고했지만, 정작 가와베는 "나는 그렇게 말한 기억이 없다"고 반박하였다. 두 사람은 7년 뒤인 1944년 임팔 작전에서도 상관과 부하로 만나게 되는데 그때에도 서로 책임 떠넘기기에만 급급했다. 결국 임팔 작전은 일본군 최악의 대참패로 끝나고 만다.

＼쑹저위안의 오판

1937년 7월 7일 새벽 4시 50분, 일본군은 포격을 가하며 루거우차오를 관통하는 핑한 철도 철교의 중국군 초소를 기습 공격하였다. 이어서 일본군은 이원쯔 산(一文字山)과 루거우차오 북쪽의 룽왕먀오(龍王廟)를 공격하였다. 룽왕먀오에는 중국군이 구축하고 있던 진지가 있었으나 아직 완성되지 않은 데다 뜻밖의 기습을 받자 중국군은 버텨내지 못하고 30분간의 전투 끝에 후퇴하였다. 이어서 이치키 부대는 융딩 강을 도하하여 창신뎬(長辛店)의 중국군 진지를 공격하였고 완핑 현성을 포위했다. 7월 8일 하루 동안 쌍방은 일진일퇴를 거듭하며 치열한 전투를 벌였다. 일본군의 손실은 십수 명에 불과한 반면, 중국군은 전사 20명, 부상 60여 명의 사상자를 냈다.

사태가 점점 확대되자 사쿠라이 중좌는 일본군의 공격을 일단 중지시킨 다음 완핑 현성으로 들어가 다시 왕렁자이와 담판을 시작했다. 그런데 그사이에 직접 루거우차오로 온 무타구치는 완핑 현성으로 최후통첩문을 보내어 중국을 협박했다. 완핑 현성을 비롯해 융딩 강 동쪽에 있는 모든 중국군과 성내의 주민들을 즉시 서쪽으로 철수시키고 성내에서 교섭 중인 사쿠라이 중좌를 밖으로 내보내라는 내용이었다. 왕렁자이가 거부하자 무타구치는 "중국인들에게 황군의 사무라이 정신을 보여주어야 한다"고 외치며 재차 공격 명령을 내렸다. 그는 직접 전투 현장에 있었던 것도 아니면서 기자들 앞에서 피 묻은 붕대를 감고 나타나 "중국군의 도발을 격퇴했다"며 자랑스레 떠들었다.

고향에서 휴가를 즐기고 있었던 쑹저위안은 급보를 받고 "단호하게 적을 섬멸하라"고 명령했다. 그러면서도 뒤로는 "일본이 전면 침공을 시작했다고는 볼 수 없는 이상, 상황을 불필요하게 악화시켜서는 안 되며 필요하다면 약간의 양보를 해도 좋다"라는 모순되는 지시를 내렸다. 이 때문에 중국군은 수적으로 월등히 우세했지만 겨우 한 개 대대에 불과한 일본군을 상대로 적극적으로 반격에 나설 수가 없었다.

루거우차오 주변에서 충돌이 점차 확대되는 가운데 베이핑과 톈진에서는 7월 8일 오후부터 친더춘과 지나주둔군 참모장 하시모토 군 소장 사이에서 정전 교섭이 진행되고 있었다. 다음 날 오후 3시 친더춘은 쑹저위안의 지시에 따라 일본의 요구를 모두 수락하였다. 하시모토 소장 역시 정부의 불확대 방침에 따라 정전에 합의하기로 의견을 모았다. 일단 쌍방은 전투를 중지하고 병력을 원래대로 철수시켰다. 그리고 11일 저녁 8시 정전 협정을 체결하였는데, 중국군 제29군은 일본군에게 사과하고 책임자를 처벌할 것, 중국군을 루거우차오 일대에서 융딩 강 서쪽으로 완전히 철수시키고 배일 운동을 단속할 것 등을 약속하였다. 또한 쑹저위안은 베이핑을 통과하는 열차의 정상 운행과 계엄령의 해제, 전투태세의 완화를 지시하였고 베이핑의 수비 부대를 펑즈안의 제37사단에서 톈진에 있는 장쯔중(張自忠)의 제38사단으로 교체하기로 하였다. 완핑 현성에서도 중국군은 철수하고 대신 기찰정무위원회 소속의 보안대가 경비를 맡기로 하였다.

한편, 장시 성 루산에서 중앙군의 하계 훈련을 주관하고 있던 장제스는 양군이 충돌했다는 보고를 받자 쑹저위안에게 완핑 현성을 사수하여 일본군의 공격을 저지하고, 총력을 다해 빼앗긴 지역을 탈환하라고 명령하였다. 또한 군령부장 쉬융창(徐永昌)을 통해 허난 성에 주둔한 제2집단군 류즈에게 중앙군 4개 사단을 즉시 출동시키라고 명령을 내리는 한편, 쉬저우에 주둔한 쑨롄중(孫連仲)의 제26군에게도 스자좡(石家莊)과 바오딩으로 즉시 북상하라고 명령하였다. 장제스는 전에 없는 강경한 태도로 군정부장인 허잉친에게 전국에 계엄령 및 총동원을 선포하라고 지시했다. "일본은 교활하여 속셈을 알 수 없는 이상 무력 침략에 대비하여야 한다." 게다가 베이핑에서 정전 협정이 체결되었는데도 일본 정부가 조선군 제20사단에다 본토에서 3개 사단을 중국으로 증파하기로 했다는 정보가 들어오자 장제스는 일본의 평화 운운은 눈속임일 뿐이라고 판단하였다. 그는 쑹저위안에게 "왜구는 신의를 중시하지 않는다. 상하이 사변에서도 우리와 이미 평화 조약을 체결하고도 8시간 후 상하이를 공격했다"라며 일본군을 철저히 경계하라고 당부하면서 자신의 지시 없이 독단적으로 일본과 협상하지 말라고 지시하였다. 중국군의 병력은 계속 증원되어, 7월 19일까지 바오딩에 집결한 전력은 전투기 30대와 30개 사단 약 30만 명에 달했다.

그러나 쑹저위안은 "일본군이 베이핑을 공격할 가능성이 있으니 즉시 대비하라"라는 장제스의 경고를 받고서도 오히려 일본에게 공격의 구실을 줄까 두려워 묵살하였다. 그는 사태를 대수롭지 않게 판단하고 "이미 상황은 안정되었으니 병력 증원은 필요 없다"고 답변했다. 도리어 베이핑 성내에 설치된 모든 방어 시설을 철거시키고 평소대로 성문을 열라고 명령하였다. 또한 지나주둔군에게도 북상 중인 중앙군을 바오딩 이남에서 정지시키겠다고 약속하였다.

러허 사변 때만 해도 용감하게 대도대를 지휘하여 일본군 포병 중대를 격퇴하는 등 항일 명장으로 명성을 떨쳤던 쑹저위안은 이때에 와서는 일본의 비위를 맞추기에 급급했다. 1935년 하매 협정으로 난징 정부가 허베이 성에서 철수한 뒤, 그는 허베이 성을 자신의 왕국으로 만들었다. 그는 일본군의 침략보다도 이를 빌미로 허베이 성에 대한 난징 정부의 영향력이 회복되어 자신의 지위가 흔들리는 것을 더 두려워했다. 따라서 그에게는 일본의 요구를 무조건 수용하고 사태를 축소하는 것이 급선무였다. 만주 사변 당시 장쉐량이 일본과 난징 정부 사이에서 똑같은 행태를 벌이다 몰락했음에도 쑹저위안은 그 행태를 고스란히 반복하고 있는 셈이었다. 이런 군벌들의 이기적인 행태가 중국의 최대 병폐였다. 충돌 당시 일본군의 규모는 고작 1개 대대에 불과했기에 차라리 이때 강력하게 대응하여 일본군을 단숨에 격퇴해버렸다면 오히려 사태는 확대되지 않았을지도 모른다. 적어도 베이핑과 톈진을 쉽게 빼앗기지는 않았을 것이다. 그러나 쑹저위안의 소극적인 자세 때문에 중국군은 유리한 상황을 제대로 활용할 수 없었다.

쑹저위안의 예상과 달리, 상황은 점점 악화되었다. 장성 너머에서 관망하고 있던 관동군은 드디어 화북 침략의 구실을 잡았다고 생각했다. 관동군 사령관 우에다 겐키치 대장과 참모장 도조 히데키 중장은 "지금이야말로 화북을 장악할 수 있는 절호의 기회"라고 외치며 본국의 명령도 받지 않고 제1혼성여단과 제11혼성여단을 출동시켰다. 조선군 역시 뒤질세라 제20사단을 급파하였다. 이들은 7월 11일 산하이관에 도착하였다. 관동군 참모 쓰지 마사노부 소좌는 가장 먼저 루거우차오로 달려가 무타구치에게 "관동군이 뒤에서 밀어줄 테니 걱정 말고 마음껏 저질러라"고 앞장서서 선동했다. 심지어 그는 상부에 자신이 직접 폭격기를 몰고 중국군을 폭격할 테니 허가해 달라고 요청했으나 "격추당하면 아까운 비행기만 잃는다"는 말에 마지못해 단념하였다. 안하무인으로 설쳐대는 관동군의 모습에 도리어 지나주둔군 참모들이 "관동군은 전쟁을 너무 쉽게 보고 있는 것이 아닌가?" 하고 어이없어 할 정도였다.

＼주전파에 휘둘리는 고노에

사건 당일 오전, 고노에 후미마로 총리는 루거우차오에서 중일 양군 사이에 소규모 무력 충돌이 일어났다는 보고를 받았다. 그는 "대수롭지 않은 일"이라며 현지에 일임한다고 말했다. 그러나 예상과 달리 상황이 점점 확대되자 그날 저녁 6시에 임시 각의를 열어 사태를 더 이상 확대하지 않기로 정했다. 그런데 강경파인 스기야마 하지메 육군대신이 뒤늦게 반발하면서 이틀 뒤에 각의가 다시 열렸다. 스기야마는 "이번 사건은 중국군의 계획적인 도발임에 틀림없기에 자위권을 위해 모든 조치를 취해야 한다"며 "근본적인 문제는 중국의 반일 사상에 있다. 앞으로도 계속 반복될 것이기에 확실히 눌러놓아야 한다"라고 주장하였다. 그는 천황 히로히토 앞에서 "3개월 안에 중국을 항복시키겠다"라고 호기롭게 장담하는 한편, 본토에서 3개 사단을 중국으로 증원할 것을 건의했다. 그러나 요나이 미쓰마사 해군대신의 반대에 부딪쳐 일단 보류되었다.

참모본부 역시 의견이 둘로 나뉘었다. 주전파는 이번 기회에 병력을 대대적으로 출병해야 한다고 주장했고 신중파는 소련의 위협이 있는 이상 중국과의 전쟁은 피해야 한다고 맞섰다. 처음에는 신중파가 우세했지만, 7월 10일 오후 중국군이 대거 북상하고 있다는 보고가 올라오자 주전파가 주도권을 쥐었다. 특히 주전파들은 스탈린의 군부 숙청으로 소련이 혼란스러운 지금이 중국을 침략하기 가장 좋은 기회라며 강력하게 밀어붙였다. 루거우차오 사건 직전인 1937년 6월에 있었던 소련과의 국경 분쟁에서 일본군의 공격에 소련군이 무기력하게 물러난 것도 주전파들을 기세등등하게 만들어주었다.

주전파들의 압박에 못 이긴 고노에 내각은 불확대 방침을 정한지 이틀도 채 지나지 않아 결정을 180도 뒤집었다. 7월 11일 오후 2시 각료 회의에서 제멋대로 출동한 관동군 2개 여단 및 조선군 제20사단에 대한 사후 승인이 이루어졌다. 또한 고노에는 당일 저녁 총리 관저에 언론계와 재계 대표들을 모두 불러 모아 "중국의 반성을 촉구하기 위해 부득이 출병할 수밖에 없다"며 국론의 일치를 위해 적극 협조해 달라고 요구했다. 군부의 나팔수였던 우익계 신문들은 '거국일치'를 부르짖으며 열광적으로 전쟁을 선동하였다.

지나주둔군은 참모본부에 "이미 정전 협정이 체결되었고 중국군이 일본군에 반격을 가할 가능성은 적다"라고 보고했으나 돌아가는 상황이 점점 극단적으로 흐르자 그들 역시 대세를 따르기로 하였다. 장제스가 예측한 대로 주전파에 휘둘린 일본은 결국 루거우차오 사건을 전면전의 기회로 삼았다. 여기에다 돌이킬 수 없는 또 다른 사건이 상하이에서 일어났다. 1937년 8월 9일 일본 육전대 소속의 중위가 중국군 경비병의 제지를 무시하고 상하이 서쪽 교외의 중국 공군 기지인 훙차오(虹橋) 공항에 멋대로 들어가려다 사살당한 것이다. 일본 해군은 이를 구실로 8월 13일부터 상하이에 대한 공격을 시작하였다.

루거우차오 사건이 일어났을 때, 한 병사의 설사가 순식간에 중일 양국의 전면전으로 확대되어 무려 8년에 걸친 참혹한 싸움으로 이어지리라고는, 그리고 2천만 명이 넘는 사상자를 내고, 태평양 전쟁으로 이어져 결국 일본의 패망으로 끝나리라고는 어느 누구도 생각하지 못했을 것이다. 물론 일본은 중국을 침략하려고 혈안이 되어 있었기에 시간과 방법의 문제일 뿐 어차피 전쟁은 일어났을 것

---

* 1939년 8월 31일 폴란드군복을 입은 여섯 명의 군인들이 독일-폴란드 국경에 있는 작은 마을 글라이비츠의 라디오 방송국을 습격한 사건. 사실 그들은 히틀러의 친위대 소속 특수 부대 대원들이었다. 그들은 사전에 준비한 몇 명의 죄수들에게 폴란드 군복을 입힌 후 처형하고 마치 독일을 침입한 폴란드 군인들처럼 꾸몄다. 이는 독일이 폴란드를 공격하기 위한 명분을 만들기 위한 자작극이었다. 다음 날 새벽 4시 만반의 준비를 갖춘 독일군은 단숨에 폴란드를 기습 공격해 4주 만에 완전히 점령하는 데 성공하였다.

이 틀림없다. 그러나 루거우차오 사건 자체는 '글라이비츠(Gleiwitz) 사건'*처럼 치밀한 계획에서 시작된 것이 아니라 우발적인 것이었다. 일본은 중국을 공격할 아무런 준비도 되어 있지 않았다. 그러나 중국을 과소평가한 강경파들의 선동이 중일 양국을 최악의 전쟁으로 끌고 들어갔다.

10

개전 선포

＼장제스와 고노에, 전쟁을 선언하다

화북의 상황은 점점 악화되었다. 지나주둔군을 지원하기 위해 관동군 2개 여단과 조선군 제20사단 등 2만 명에 달하는 병력이 출동해 산하이관에 집결하였다. 일본은 이번 일을 기회 삼아 그동안 꿈꿔오던 화북을 본격적으로 무력 침략할 생각이었다. 장제스 역시 쑹저위안의 기찰정무위원회가 독단적으로 지나주둔군과 체결한 모든 협약은 무효이며 일본과의 교섭권은 난징 정부에 있다고 선언하였다. 그는 일본이 본격적으로 화북 침략을 시작한 이상 더는 물러설 수 없다고 판단하였다. 그는 7월 12일 화중에 배치된 모든 부대에 대해 허난 성의 성도인 정저우(鄭州)에 즉시 집결하라고 명령하였다. 허베이 성 남부의 창 현(滄縣)에서 바오딩까지 배치된 병력을 베이핑을 향해 북상시키는 한편, 류즈의 제2집단군이 제2방어선을 구축하였다. 또한 차하얼 성에도 15개 사단 및 9개 여단을 보내어 관동군의 측면을 위협하고 핑쑤 철도(平綏鐵道)*를 방어토록 하였다. 주요 철도에는 군용열차를 대거 집결시켜 군대를 신속하게 수송할 수 있도록 만전의 준비를 하였다.

물론 일본군의 공격이 본격적으로 시작된다면 중국으로서는 베이핑과 톈진을 끝까지 지키기는 무리였다. 그러나 장제스는 일본이 병력과 국력의 한계로 장기전에 대처하기 어렵다는 약점을 노렸다. 이른바 "시간을 벌기 위해 공간을 내준다"라는 것이었다. 양국의 군사적 격차를 솔직히 인정하고 영토 자체를 고수하기보다 지연 전술과 소모전을 펼치며 단계적으로 후퇴하여 일본군의 진격을 둔화시킨 다음, 공세가 종말점에 도달했을 때 반격한다는 전형적인 종심 방어 전략이었다. 제2차 세계대전에서 단 한 치의 영토도 내줄 수 없다는 의욕만 앞세워 무작정 국경선을 따라 병력을 분산 배치했다가 독일군에게 단숨에 돌파당했던 폴란드나, 맹목적으로 '후퇴 불가'를 강요하다 파멸적인 피해를 입었던 스탈린과 히틀러에 비한다면 분명 현실적인 판단이었다.

장시 성 루산에서는 7월 15일부터 20일까지 장제스의 주재로 루산 국방 회의가 개최되었다. 이 회의에서는 각 당파와 주요 단체 대표, 유명인사 등 중국의 각계각층의 지도자들 150여 명이 모였다(중공 측 대표인 저우언라이도 루산에 왔으나 회의에 직접 참석하지는 않았다). 장제스는 그 자리에서 "비록 평화를 원하지만 더 이상 피할 수 없는 최악의 상황에 직면한다면 우리는 스스로를 지키기 위해서 어떤 희생에도 불구하고 싸울 것이다"라는 '루산 담화'를 선언하였다.

---

* 허베이 성에서 내몽고에 걸친 철도로 베이핑에서 차하얼 성을 관통해 쑤이위안 성의 성도인 바오터우(包頭)까지 연결된다.

1. 그 어떤 것도 중국의 주권과 영토를 침해할 수 없다.

2. 기찰위원회의 행정조직에 대해 비합법적인 어떤 변경도 용납할 수 없다.

3. 난징 정부가 기찰위원회에 파견한 관리를 파면하라는 일본의 요구를 거부한다.

4. 제29군은 일본으로부터 어떤 구속도 받지 않는다.

이 성명이 발표되자 일본은 "오만한 중국에게 황군의 위력을 보여줘야 한다"라며 펄펄 뛰었다. 1937년 7월 20일 참모본부는 무력 사용을 결의하였다. 7월 27일 고노에 내각은 일단 보류했던 3개 사단(제5사단, 제6사단, 제10사단)의 중국 파병을 최종 승인하였다. 중국에 대한 선전포고였다.

＼베이핑과 톈진이 함락되다

현지에서는 정전 협정에도 불구하고 일본군의 도발과 국지적인 충돌이 반복되면서 양측의 긴장 상태는 갈수록 악화되었다. 완핑 현성을 포위한 채 중국군과 대치하고 있던 일본군 일부 부대는 정전 협정을 무시하고 완핑 현성과 창신뎬을 향해 포격을 다시 시작하였다. 1937년 7월 25일에는 베이핑 남쪽 40킬로미터 떨어진 소도시 랑팡(廊坊)에서 일본군은 베이핑과 톈진을 연결하는 군용 전화선이 절단되었으니 이를 수리해야 한다는 명목으로 멋대로 1개 중대를 진입시켰다. 이곳은 일본군이 진입할 권리가 없는 곳으로서 이런 행동은 명백한 주권 침해였다. 양측은 기관총과 박격포를 동원해 밤새도록 격렬한 전투를 벌였으나 다음 날 새벽 일본군이 항공기로 폭격하고

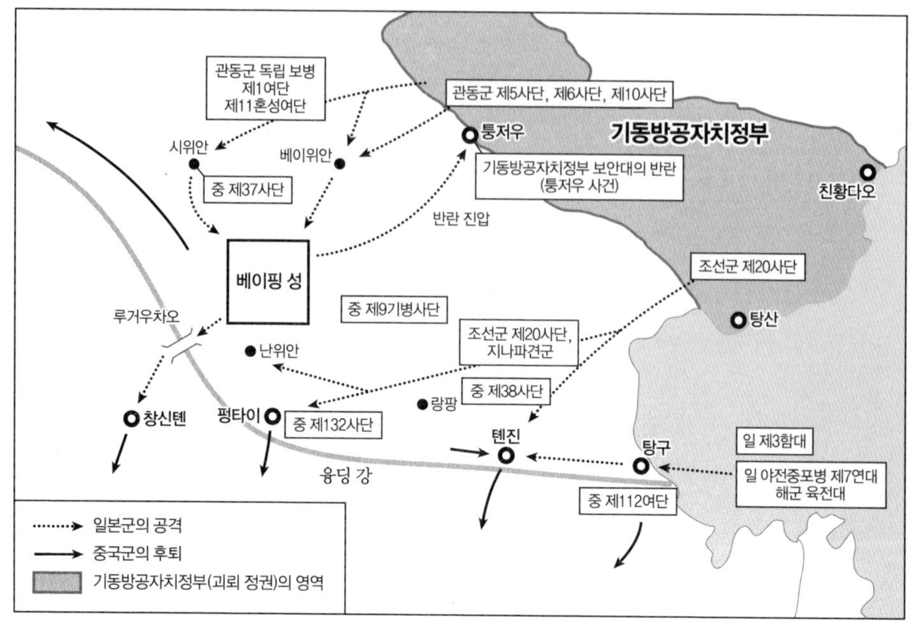

●— 1937년 7월 베이핑-톈진 방면의 전황도

병력을 증원하자 결국 중국군은 패주하였다. 베이핑에서도 충돌이 벌어졌다. 7월 26일 저녁 6시 베이핑의 성문 중 하나인 광안먼(廣安門)으로 일본군 1개 대대가 무단으로 진입하자 성문을 경비하고 있던 중국군은 재빨리 성문을 닫아 이들을 성내에 고립시킨 후 사방에서 포위 공격을 가하였다. 이 때문에 일본군은 전멸의 위기에 처했으나 쑹저위안이 급히 전투 중지를 명령하여 간신히 목숨을 건질 수 있었다.

쑹저위안은 부하들의 반발에도 불구하고 일본의 비위를 거스르지 않으려고 양보에 양보를 거듭하였다. 그럼에도 7월 26일 저녁 지나주둔군은 드디어 최후통첩을 보냈다. 그들은 베이핑과 랑팡에서의 충돌을 구실로 삼아 28일 정오까지 베이핑 교외에 주둔한 모든 중국군은 융딩 강 서쪽으로 철수해야 하며 이를 거부할 경우 총공격을 시작하겠다고 엄포하였다. 그러나 자신들이 기한을 28일 정오로 정해놓고도 정작 일본군의 공격은 28일 오전 8시부터 시작되었다. 이런 식의 비열한 기습은 상대의 주의를 끌어 방심시킨 다음 공격하는 일본군의 상투적인 수법이었다. 사실 일본군은 증원 병력이 도착하면서 3만 명으로 늘어난 데다, 30만 명이 넘는 대규모 중국군이 북상 중이었기에 쑹저위안의 제29군을 신속하게 제압할 필요가 있었다. 쑹저위안은 그제야 일본의 속셈을 깨달았다. 백기를 들지 않는 한 일본군의 공격을 중단시킬 방법은 없었다. 그는 허둥지둥 베이핑에 방어사령부를 설치하고 성곽에 병력을 배치하였다. 또한 바오딩에서 대기하고 있는 쑨롄중, 완푸린 등에게도 원군을 요청하였다. 그러나 너무 늦은 조치였다.

1937년 7월 28일 아침 8시 베이핑-톈진-탕구 전역에 걸쳐 일본군은 쑹저위안군을 일제히 공격하였다. 조선군 제20사단과 지나주둔군 주력은 베이핑 남쪽의 요충지인 난위안(南苑)과 펑타이를, 관동군 독립보병1여단과 제11혼성여단은 시위안(西苑)을 각각 공격하여 펑즈안의 제37사단과 장쯔중의 제38사단에게 치명타를 가하였다. 톈진에서는 쑹저위안군 소속의 보안대 5백여 명이 일본 조계와 지나주둔군 사령부를 선제공격하여 이들을 궁지로 몰아넣기도 했으나 항공기의 엄호를 받은 일본군의 반격으로 결국 격퇴당했다. 또한 톈진 외항인 탕구에서도 다구(大沽)에 배치된 중국군 해안포가 포문을 열어 탕구 항의 일본군 진지를 포격했으나 일본 해군의 엄호를 받은 관동군 야전중포병 제7연대의 공격으로 제압되었다. 이렇게 베이핑과 톈진의 외곽부터 하나하나 방어선을 무너뜨린 일본군은 제5사단, 제6사단, 제10사단 등 세 개 사단이 삼면에서 베이핑을 포위 공격해 중국군 수비대를 격파하였고 7월 30일 밤까지 베이핑과 톈진을 완전히 점령하였다. 중국군 잔존 부대는 철도를 따라 남쪽과 서쪽으로 후퇴하였다. 3일간의 전투에서 일본군의 사상자는 6백여 명에 불과했으나, 중국군은 무려 1만 6천 명의 사상자를 냈다. 특히 황푸군관학교 베이핑 분교의 교관과 학생들은 최일선에서 싸우다 대부분 전사하였다.

한편, 베이핑 동쪽의 퉁저우는 탕구 협정으로 비무장 지대가 되었으나 인루겅 등을 중심으로 친일파들은 관동군의 사주를 받아 이 지역에 '기동방공자치정부'라는 괴뢰 정권을 수립해놓고 있었다. 말이 자치 정부이지 사실상 치외법권 지역과 다름없어 일본인 낭인들과 무뢰배들은 마치 자신들의 세상인 양 중국인들에게 온갖 횡포를 부렸다. 이곳은 밀무역과 아편 밀매의 거점이기도 했다. 기동방공자치정부의 주석 인루겅은 치안 유지를 위해 보안대를 조직했다. 숫자는 약 1만 명이었고 일본의 원조를 받아 약간의 기관총과 야포 또한 가지고 있었다. 그들 대부분은 현지에 사는 중국인이었고 비록 일본의 앞잡이라고 해도 평소 일본인들의 횡포에 불만을 품지 않을 리 없었다. 게다가 랑팡(廊坊) 성을 폭격하기 위해 출격한 일본 폭격기가 실수로 보안대 병영을 폭격하여 여러 명의 사상자가 났다. 이 때문에 더욱 감정이 격앙되면서 7월 29일 새벽, 보안대의 일부 부대가 반란을 일으켜 인루겅을 체포하고 일본군 수비대와 특무기관, 일본인들을 공격하였다. 이 과정에서 민간인을 포함해 2백여 명 이상(조선인 1백여 명 포함)이 살해당하는 사건이 벌어졌다. 일본군 수비대의 대부분은 다른 곳에 출동해 있었기에 퉁저우에 잔류한 병력은 고작 1백여 명에 불과했다. 급보를 받은 톈진의 지나주둔군 사령부에서

●— 베이핑에 입성하는 일본군. 루거우차오 사건이 일어나자 일본은 본격적으로 중국을 침공하여 단숨에 베이핑과 톈진을 점령하였다.

는 즉각 1개 연대를 급파하여 이들을 가차 없이 진압하였다. 그리고 난징 정부가 사주해 벌어진 테러라며 비난의 목소리를 높였다. 인루경은 사건의 책임을 지고 자리에서 쫓겨났고 베이핑에서 은거하다가 일본이 패망한 후 '한간(漢奸)'으로 체포되어 1947년 12월 총살당했다.

만주 사변 당시 자중지란에다 고위 관료들이 모조리 친일파로 돌아서면서 변변한 저항 한 번 못해봤던 장쉐량 정권과는 달리 제29군은 나름대로 선전했다. 그러나 쑹저위안의 이기적인 행동 때문에 유리한 시기를 제대로 활용하지 못했다. 쑹저위안은 뒤늦게야 일본의 속셈을 깨닫고 응전에 나섰으나 일본군이 신속하게 병력을 증강하여 공격을 시작하자 속수무책으로 패주하였다. 그러나 일부 병력은 허난 성과 쑤이위안 성, 차하얼 성 등으로 후퇴한 후 중앙군과 합류하여 계속 저항하였다.

＼장제스와 공산당, 손을 잡다

베이핑과 톈진의 함락은 더 이상 국지적인 충돌이 아니라 전면전을 알리는 신호탄이었다. 중일 전쟁이 본격적으로 시작된 것이다. 일본의 야욕이 명확해지자 국민 정부의 주석 린썬(林森)은 1937년 8월 2일 대국민 성명을 발표하여 "전 국민은 정부를 신뢰하고 대일 항전에 임하라"라고 선언하였다. 8월 7일 난징에서 열린 국민당 전당대회에서는 항일 전쟁을 정식으로 결의하였다. 여기에는 공산군 총사령관 주더(朱德)와 저우언라이, 예젠잉(葉劍英) 등 중국 공산당 대표단도 참석하였다.

시안 사건 직후부터 공산군에 대한 토벌은 잠정적으로 중단되었지만, 아직까지 난징 정부가 공식적으로 공산당의 존재를 인정한 것은 아니었다. 그러나 장제스가 난징에 복귀한 뒤 시안에서는 양측의 협상이 진행되고 있었다. 루산 회의에 참석한 저우언라이는 공산당이 난징 정부에 대한 모든 적대 행위를 중단할 것이며, 소비에트 정권과 적화통일을 포기하고 난징 정부에 복종할 것임을 정식으로 선언하였다. 이로써 십 년 만에 국공 합작이 다시 결성되었다. 8월 19일 장제스는 저우언라이와 담판하여 공산군을 국민혁명군*에 편입시켜 제8로군(제18집단군)으로 개편하고 주더를 총사령관에, 펑더

---

* 북벌 때부터 중국군은 '국민혁명군'이라는 명칭을 사용했으며 중일 전쟁이 끝난 뒤 1947년에야 '중화민국 국군'으로 개칭하였다.

공산당 중앙 조직

- **주석**: 마오쩌둥

  부주석: 주더, 저우언라이

  위원: 마오쩌둥, 주더, 저우언라이, 장원톈(張聞天), 펑더화이, 런비스(任弼時), 린뱌오(林彪), 허룽(賀龍), 류보청(劉伯承), 쉬샹첸(徐向前), 예젠잉

제8팔로군 편제

- **총사령관**: 주더

  부사령관: 펑더화이

  참모장: 예젠잉

– 제115사단(린뱌오): 제343여단, 제344여단, 1만 5천 명

– 제120사단(허룽): 제358여단, 제359여단, 1만 4천 명

– 제129사단(류보청): 제385여단, 제386여단, 1만 3천 명

- **총인원** : 3개 사단 6개 여단 4만 2천 명

화이(彭德懷)를 부사령관, 예젠잉을 참모장에 임명하였다. 국민혁명군의 편제에 맞추어 팔로군은 각각 2개 여단(4개 연대)으로 구성된 3개 사단으로 편성되었다. 이들은 옌시산의 제2전구에 배속되었다. 팔로군의 주력 부대는 옌시산의 명령에 따라 산시 성(陜西省)의 옌안을 출발하여 황허 강을 건너 산시 성으로 들어갔다. 그리고 바로 얼마 전까지 철천지원수였던 중앙군과 산시군, 서북군, 동북군 등 여러 군벌 군대와 연합해 일본군과 싸우게 되었다.

이들과는 별도로 화중, 화남의 13개 성에 흩어진 채 산악 지대를 중심으로 활동하던 공산군 게릴라들이 있었다. 숫자는 모두 합해 1만 3천여 명에 달했다. 10년에 걸쳐 정부군의 토벌에 쫓겨 다녔던

그들로서는 난징 정부에 대한 감정이 좋을 리 없었다. 따라서 이들은 공산당 중앙의 적극적인 설득 끝에 한 달이나 지난 후에야 난징 정부에 복종하기로 동의하였다. 그들은 신편 제4군(신4군)으로 개편되었고 군장은 예팅, 부군장은 샹잉이 임명되었다. 그리고 1938년부터 제3전구에 편입되어 양쯔 강 중하류 일대에서의 유격 활동 임무를 맡았다.

8월 11일에는 항전을 총지휘하기 위한 중국군 총사령부로서 '국방최고회의'가 설치되었다. 군사위원장인 장제스가 주석으로, 시안 사건 직후 행정원장으로 복직한 왕징웨이가 부주석으로 선출되었다. 당권과 군권을 모두 쥔 장제스는 명실상부한 육해공군 총사령관이자 실질적인 중국의 최고 지도자였다. 8월 15일 국가 총동원령이 선포되었고, 8월 20일에는 최전선에 해당되는 중국 동부의 광대한 지역이 5개의 전구(戰區)로 나뉘었다. 이는 효과적인 방어 작전을 수행하기 위해서였다. 여러 개의 성을 포함하는 각각의 전구는 중국군의 전시 편제에서 최상위의 조직으로 3~4개의 집단군(우리의 야전군에 해당)이 배속되어 있었으며 군사위원회의 지휘를 받아 독자적으로 작전을 수행할 수 있었다.

제1전구와 제5전구는 장제스가 직접 사령관이 되어 화북과 양쯔 강 이북의 방어를 맡았고, 제2전구는 산시 군벌 옌시산이 맡아 일본군의 서북 침략에 대항하였다. 제3전구는 서북 군벌 펑위샹을 사령관으로 하여 난징과 상하이 등 중국의 가장 핵심 지역인 양쯔 강 하류 일대를 맡았다. 제4전구는 군정부장 허잉친이 사령관으로 푸젠 성과 광둥 성 등 화남 연안의 방비를 맡았다. 또한 쓰촨 성, 윈난 성, 구이저우 성 등 서남 내륙 지구는 후방 유격구로서 필요시마다 병력을 각 전선에 파견하였다. 전쟁이 점점 내륙으로 확대되면서 전구는 최대 12개까지 늘어나게 된다.

＼중국의 군사력과 전쟁 태세

개전 당시 중국 육군은 정규군 2백만 명에 비정규군까지 합해 350개 사단 약 430만 명에 달했다. 그러나 이는 어디까지나 서류상의 숫자일 뿐이었다. 중국군의 대부분을 차지하는 지방 군벌 군대는 무기와 훈련은 물론 심지어 군복조차 제각각이었다. 난징 정부는 1938년 말을 목표로 군의 재편을 추진했으나 루거우차오 사건이 일어나면서 일부밖에 완료하지 못했다. 그러나 내전 시절 봉건 군벌들의 사병 집단에 불과했던 이전의 중국군과 달리, 전국의 군벌 군대를 중앙의 통제에 놓음으로써 어느 정도 국군화를 실현하였다. 또한 서구에서 최신 무기를 대거 수입하여 장비도 비약적으로 충실해졌다. 특히 현대식으로 재편성한 8개 독일식 사단을 포함해 중앙군 30개 사단은 중국군 최정예 부대로 빈틈없이 훈련을 받아 사기도 매우 높았으며 병사 개개인의 역량은 일본군에 비교해도 손색이 없었다.

하지만 군수나 의료, 포병, 화학전, 차량, 기계화 등 현대전 수행 능력은 여전히 부족했다. 어느 정도 국산화에 성공한 경화기를 제외하고는, 대포와 트럭, 기계화 장비는 세계 여러 나라에서 잡다하게 수입했기에 뒤죽박죽인 데다 부품 부족에 노후화도 심각했다. 기갑 전력으로 독일제 1호 전차, 이탈리아제 CV-33과 CV-35 초경량 전차, 영국제 비커스 경전차, 프랑스제 르노 FT-17 경전차 등 주로 1920년대에서 1930년대 초반에 생산된 구식 경전차와 장갑차 3백여 대를 보유했으나 이 물건들은 화력과 장갑이 빈약하여 전투보다는 훈련에 걸맞은 것들이었다. 이 장비들로 편성된 장갑병단은 상하이 전투와 난징 전투에 투입되었으며 1938년 1월에 제200사단으로 편성되었다. 이 사단은 중국군 유일의 기계화 부대로, 군사위원회 직속의 전략 예비대인 제5군에 배속되어 많은 전투에 투입되었으나 훈련 부족과 분산 운영으로 인해 큰 활약을 하지 못한 채 야금야금 소모되어 갔다.

중국 해군의 전력은 5개 함대 대소 함정 120척, 총 배수량은 6만 톤 정도였다. 주력 함대는 상하이 북서쪽에서 1백여 킬로미터 떨어진 양쯔 강 삼각주에 위치한 장인 항(江陰港)에 정박해 있었다. 이곳은 양쯔 강의 관문이라 할 수 있는 요해지이기에 다수의 포대와 대공화기로 엄중히 보호받고 있었다. 그러나 1930년대에 건조된 닝하이, 핑하이 두 경순양함과 수 척의 포함을 제외한 대부분의 함선은 청불 전쟁과 청일 전쟁에서 해군력이 괴멸된 후 리훙장의 해군 재건 계획에 따라 건조되거나 내전 시절에 군벌들이 외국에서 수입한 소형함들을 중앙에서 일괄적으로 그러모은 것이었다. 따라서 성능도 형편없고 노후화 또한 매우 심하여 기껏해야 제한된 강상 작전이나 수송 임무만을 맡을 수 있었다. 이들은 우세한 일본 해군에 용감하게 맞서 양쯔 강 진입을 저지했으나 일본 폭격기들의 공습을 받아 전쟁 초반에 괴멸당하고 말았다. 간신히 살아남은 극소수의 군함은 양쯔 강 중상류에서 일본군과 군수품을 실은 정크 선단을 기습하거나 기뢰 살포, 함포 사격을 지원하였다.

중국 공군은 난징, 상하이, 뤄양, 난창을 중심으로 전국에 12개 주요 항공기지와 262개 비행장이 있었다. 개전 당시 중국 공군의 정확한 전력은 자료마다 천차만별이다. 장제스의 공군 고문이었던 셔놀트는 중국 공군이 보유한 항공기는 대부분 전투에 사용할 수 없는 훈련기나 노후화가 심한 구식 기체였고 최신 기체는 144대에 지나지 않았으며 그나마 실제 기동이 가능한 것은 겨우 90여 대에 불과

1937년 7월 중국 해군의 전투 편제

- **총사령관**: 천사오콴
- 제1함대: 경순양함 2척, 방호순양함* 2척, 구축함 1척, 포함 6척, 수송함 2척
- 제2함대: 포함 13척, 수뢰정 6척
- 제3함대: 방호순양함 3척, 포함 3척, 구축함 1척, 포뢰정 8척
- 제4함대: 방호순양함 1척, 포함 4척, 구축함 1척, 포뢰정 19척
- 연습함대: 연습순양함 2척
- 해군 육전대: 2개 여단
- **병력**: 1만 2,000명(육전대 3,800명 포함)

했다고 회고하였다. 반면, 일본은 중국 공군의 전력을 과대평가하여 중국 공군이 미국, 독일, 이탈리아 등의 원조를 받아 급속히 성장하여 총 기체 수가 무려 940대에 작전 가능기만도 650대에 달한다고 추산하였다.

종합해 보면, 중국 공군의 전체 항공기 보유 대수는 약 600여 대 정도에, 그중 3분의 2 이상이 낡은 복엽기였고 현대적인 항공기는 1930년대 중반에 수입된 미국제 커티스 호크-III 전투기 60여 대와 P-26 전투기 10여 대, A-12 슈라이크 공격기 20여 대 등 약 150

* 19세기 말부터 20세기 초반까지 드레드노트급 주력 전함을 보조하기 위해 건조한 구식 군함. 전함 다음으로 두꺼운 장갑을 두른 장갑순양함과 달리 방호순양함은 주로 속도와 기동성에 중점을 두어 탄약고와 기관실 같은 주요 부위만 장갑으로 보호했을 뿐 함선 자체는 파편을 간신히 막을 수 있을 만큼 취약했다. 1920년대 이후에는 방호순양함은 경순양함으로, 장갑순양함은 중순양함으로 발전하였다.

1937년 7월 중국 공군의 전투 편제

- **총사령관**: 저우즈러우(周至柔)

– 난창(南昌): 공군 사령부, 제1대대(폭격), 제4대대(전투기), 제5대대(전투기), 제6대대(정찰), 제8대대(중폭격)

– 광더(廣德): 제2대대(폭격)

– 쥐룽(句容): 제3대대(전투기)

– 난징: 제6대대(정찰)

– 시안: 제7대대(정찰)

– 벙부(蚌埠): 제9대대(지상 공격)

- 총 9개 대대, 31개 중대(전투기 100대, 폭격기 80대, 정찰기 100대, 수송기 10대, 기타 2선기 200여 대 등)

여 대 정도였다. 이 항공기들은 성능이 우수하여 일본 전투기들과도 호각 이상이었다. 조종사들은 항저우, 광저우, 뤄양비행학교 등 세 곳에서 훈련을 받았다. 개전 당시 약 7백여 명이 조종 훈련을 마친 상태였다. 비행학교의 수준은 천차만별이어서, 이탈리아인 교관이 운영하는 뤄양비행학교는 수준이 매우 낮은 반면, 미국인 교관이 운영하는 항저우비행학교는 매우 엄격했다. 중일 전쟁이 일어난 뒤 중국 공군은 비록 전력에서 훨씬 열세했지만 일본과 치열한 제공권 쟁탈전을 벌였다.

╲일본의 군사력과 전쟁 태세

일본 육군은 17개 사단에 4개 혼성여단, 4개 기병여단, 5개 포병여단, 3개 전차연대 등 상비군 38만 명에 예비군은 약 190만 명에 달했다. 그러나 일본은 국민개병제에도 불구하고 입영 대상자 모두를 입대시켰다가는 산업과 경제 전반에 큰 타격을 줄 수 있기 때문에 소수의 정예군에 의존해야 했다.* 예비군의 숫자는 많았지만 막상 유사시 신속하게 이들을 동원하여 전선에 투입할 수 있는 시스템이 미비하였다. 물론 메이지 유신 이래 오랜 전통을 유지하는 17개 상비 사단들은 장비도 충실한 데다 대부분 현역으로 구성되어 있어 매우 강력한 전투력을 갖추고 있었다. 그러나 전쟁이 장기화되자 이들만으로는 병력이 부족했기 때문에 급히 새로운 사단을 대대적으로 늘렸다. 이들 부대는 신병과 예비군이 대부분인 데다 잘 훈련된 간부와 하사관이 부족하여 심각한 질적 저하에 시달렸다.

일본군의 강점은 초급장교와 하사관을 중심으로 한 병사들의 강인한 인내심과 훈련, 철저한 복종 문화에 있었다. 반면, 현대전에 필요한 화력과 기계화 장비는 서구 열강에 비해 훨씬 낙후되었으며 기동전에 필수적인 차량도 턱없이 부족했다. 1930년대 내내 군부가 군의 현대화 대신 정치 개입과 파벌 싸움에만 몰두한 결과, 일본군의 무기와 장비의 수준은 러일 전쟁 시절과 크게 다를 바 없었다.

특히 가장 낙후된 분야가 병참이었다. 일본군의 병참 역량은 열강들 중에서도 가장 후진적이었다. 혹평하자면, 19세기 보불 전쟁이나 남북 전쟁 당시의 수준과도 그다지 다를 바 없었다. 차량 부족으로 일본군의 병참 수송은 주로 철도와 우마에 의존했기에 작전 수행에 심한 제약을 받았다. 대부분의 병사들은 자기 발에 의존해 광활한 중국 땅을 터벅터벅 걸어가야 했다. 공세를 시작하려면 병력과

---

* 러일 전쟁이 끝난 뒤 일본은 소규모 정예군을 추구하였기에 1936년을 기준으로 평시 현역입대율은 입영대상자의 15퍼센트 정도에 불과했다. 따라서 그만큼 우수한 인적 자원을 확보할 수 있었다. 그러나 중일 전쟁이 점점 확대되자 학력이나 신체 조건이 부족한 사람까지도 마구 징병하면서 일본군의 수준은 급격하게 낮아졌다.

물자를 공격 지점까지 장시간에 걸쳐 수송해야 했다. 또한 중국군의 최일선은 쉽게 돌파하더라도 부대의 진격 속도를 병참 부대가 뒤따를 수 없어 철도와 도로가 매우 빈약한 중국 내륙 깊숙이 진격하는 것은 불가능했다.

일본군의 또 다른 약점은 평시에는 사단이 최상위 편제였고 그 이상의 편제는 전시에만 임시로 편성된다는 점이었다. 일본은 '향토연대(鄕土聯隊)' 체제였기에 근위 사단을 제외하고는 모든 연대의 병사들은 서로 동향 출신들이었다. 이 때문에 같은 부대원끼리의 결속력은 매우 강했지만 타 부대에 대해서는 매우 배타적이었다. 중일 전쟁이 확대되면서 여러 개의 사단으로 구성되는 야전군이 편성되었으나, 군사령부는 예하 사단들을 제대로 장악할 수 없어 사단별로 제각기 작전을 수행하는 경우가 태반이었다. 따라서 일본군은 독일군이 보여준 입체적인 기동전이나 대규모 포위 섬멸전을 흉내 낼 수 없었다. 반면, 중국군은 이런 일본군의 약점을 이용해 그들을 깊숙이 유인하여 분산시킨 다음 사방에서 단숨에 포위 공격하는 식으로 큰 타격을 입혔다.

당시로서는 신무기였던 전차는 만주 사변 당시 북만주 침공에서 처음으로 실전 사용되었고 이후에도 상하이 사변과 러허 사변에서도 중국군의 방어선을 돌파하는 데 큰 활약을 하였다. 중국군은 이에 대항하기 위해 1936년에 독일로부터 성능이 우수한 37mm Pak 36 대전차포를 도입했으나 수량이 적고 훈련이 부족하였다. 만약 중국군이 충분한 수량의 대전차포를 갖출 수 있었다면 일본군에게는 큰 위협이 되었을 것이다. 사실 전쟁 초반 주요 전장이 된 중국 동부 지역은 독일이 전격전을 벌였던 서부 유럽과 유사한 환경으로 산악 지대가 적고 광활한 평야가 대부분이었다. 따라서 전차를 대량으로 운영하여 기동전을 펼칠 수 있는 최적의 조건이었다. 그러나 일본의 군 수뇌부는 전차를 단지 군마 대용이나 보병의 화력 지원을 위한 이동식 포대로만 취급하였다. 전차 자체도 장갑과 화력이 빈약한 데다 기계적 신뢰성이 낮아 가혹한 전장의 환경을 견디지 못하고 쉽게 고장이 났다. 또한 공업력의 부족으로 생산성이 매우 낮아 89식 중전차의 경우 월 생산량은 2~3대 정도였다. 개전 당시 일본군이 보유한 전차의 숫자는 6백여 대에 불과했고 그나마도 대부분 소련에 대비해 만소 국경에 배치되어 있었다. 또한 독립된 전차 사단을 만드는 대신 보병 사단에 전차들을 중대나 대대 단위로 분산 배치하면서 전장에서 큰 위력을 발휘할 수 없었다. 일본군의 공세의 핵심은 어디까지나 보병이었고 항공기의 근접지원과 포병 화력으로 적진을 돌파한다는 식이었다.

일본 해군은 주력 전함만도 9척에 항공모함 4척, 순양함 33척, 구축함 102척, 잠수함 64척 등 대소 군함 285척에 배수량 115.3만 톤, 총병력은 10만 7천여 명에 달했다. 영국과 미국 다음으로 세계 3위의 해군력이었다. 승무원의 질적 수준도 세계 최고 수준이었고, 시대에 뒤떨어진 육군의 장비와 달리 기술 수준도 매우 높았다. 물론 일본 해군 전부가 중일 전쟁에 투입된 것은 아니다. 주력 함대인 연합함대와 별도로 제3함대가 상하이 방면에 배치되어 동중국해를 전담하였다. 제3함대는 1898년에 건조된 1만톤급 구식 장갑순양함 이즈모(出雲)를 기함으로 2개 전대 및 1개 수뢰전대와 1개 항공전대로 편성되어 있었는데, 대부분 한 세대 이전의 연안용 순양함과 구축함, 포함, 어뢰정 등으로 구성되어 있었다. 이는 일본 해군의 전략상 적 주력 함대와의 결전은 연합함대의 역할인 데다, 어차피 중국 해군은 별 위협이 되지 않으므로 이 정도로도 충분하다고 생각했기 때문이다. 또한 2천5백여 명의 해군 특별육전대가 제3함대에 배속되어 상하이에 주둔하였다.

제2차 상하이 사변이 일어나자 일본은 제3함대의 전력을 대폭 증강하는 한편 제4함대를 증원하였다. 그리고 제3함대와 제4함대를 묶어 '지나방면함대'를 편성하였다. 사령관에는 하세가와 기요시 해군 대장이 임명되었다. 또한 전쟁이 장기화되고 전장이 점점 확대되면서 화남의 연안을 장악하기 위해 1938년 2월에 제5함대가 추가되었다. 일본 해군이 워낙 압도적인 데다 개전 초반 양쯔 강 하류에서 벌어진 장인(江陰) 해전에서 중국 해군을 단숨에 격멸하고 주요 군항과 해군기지를 제압했기에 전쟁 기간 내내 이렇다 할 해전은 없었다.

일본은 공군이 없었고 육해군이 각각 항공대를 독자적으로 보유했다. 조종사 3천 명에 항공기는 육군이 8백여 대, 해군이 730대(육상 부대 360대, 항모기 370대)에 달했다. 주력 기체는 90식 함상전투기와 95식 함상전투기, 89식 함상공격기와 같은 구식 복엽기와 신형 단엽기인 96식 함상전투기, 96식 육상공격기 등이 뒤섞여 있었다. 전체적인 숫자로 본다면 일본이 월등히 우세했지만 대부분이 본토와 만주에 배치되어 있었고 일부만이 중국 전선에 투입할 수 있었기에 전쟁 초반에는 중국 공군에 비해 반드시 우세하다고 할 수는 없었다. 또는 상하이에는 항공 부대가 배치되어 있지 않았기에 타이완이나 규슈 등지에서 출격하여 장거리 폭격에 나서야 했다. 이 때문에 많은 기체들이 비행 도중 불시착하거나 중국 공군의 요격을 받아 큰 손실을 입었다. 3척의 항공모함이 상하이 앞바다에 도착하고 전력을 대대적으로 증강하면서 비로소 제공권은 일본으로 넘어갔다.

＼중국과 일본의 전략

일본은 군사력에서도 월등히 우세했지만, 경제력과 전쟁 수행 능력에서는 격차가 더욱 컸다. 일본은 중화학공업과 군수산업에 대한 적극적인 투자를 통해 1937년에 오면 연간 1,500여 대의 항공기와 각종 야포 7백 문, 전차 및 장갑차 3백여 대, 차량 5천여 대를 생산할 수 있었고 군함 역시 연간 5만 톤의 건조 능력을 가지고 있었다. 비록 부존자원은 빈약했으나 한반도와 만주, 타이완 등 식민지를 수탈하고 영국, 미국으로부터 원자재를 수입할 수 있었다.

반면, 중국은 여전히 후진적인 농업 국가에 머물러 있었다. 군수산업은 소총과 경기관총, 경포, 탄약 정도를 생산하는 정도였고 이조차도 완전히 자급하기에는 역부족이었다. 항공기는 연간 수십 대, 군함은 수백톤급에서 1천톤급 포함을 자체 건조할 수 있었다. 인구가 일본의 4배가 넘었던 중국은 전체 GDP에서 일본의 1.4배에 달했으나 막상 근대 공업은 4분의 1에 불과했고 특히 중화학 공업에서는 감히 비교도 할 수 없었다. 1936년 당시 일본은 연간 석탄 5천만 톤, 철강 580만 톤, 석유 제품 169만 톤을 생산했으나, 중국은 연간 석탄 2천4백만 톤, 철강 7만 톤, 선철 14만 7천 톤과 2백 톤의 석유 제품을 생산할 수 있었다. 또한 국가 재정과 군사비를 보면, 1936년 기준으로 일본의 세입은 22.8억 엔(6.8억 달러), 군사비는 10.9억 엔(3.6억 달러)에 달한 반면, 중국의 세입은 지방 정부까지 포함해 14억 원(4.7억 달러)이었고 군사비는 6.3억 엔(2.1억 달러)에 불과하였다. 중국은 방대한 영토와 풍부한 자원에도 불구하고 대부분의 내륙 지역은 미개발 상태에 머물러 있었다. 따라서 근대 공업과 무기 생산에 필요한 원자재의 대부분을 전적으로 해외 수입에 의존하였다. 또한 대부분의 공장 지대가 상하이와 난징, 톈진, 광저우 등 동부 연안의 일부 도시들에 집중되어 있어 일본군의 공격에 노출된 데다 일본군은 언제 어디서라도 상륙작전을 시도할 수 있어 전략적으로 매우 불리하였다.

대신 중국이 우세한 점은 광대한 영토와 인구였다. 루거우차오 사건 4개월 전인 1937년 3월 중국의 군사위원회 참모본부에서는 '국방작전계획'을 수립하였다. 이는 일본의 침략에 대비해 중국의 방어 전략의 원칙을 제시한 것이었다. 국방작전계획에 따르면, 일본은 주력을 화북에 투입하여 베이핑, 톈진을 점령한 후 정저우-지난-쉬저우로 남하하는 한편, 일부 병력은 서북의 쑤이위안 성, 차하얼 성을 거쳐 산시 성의 성도이자 석탄 매장량이 풍부한 타이위안(太原)을 공략할 것이며, 중국군의 측면을 위협하기 위해 산둥 성의 칭다오나 상하이 등 동부 연안에 상륙할 가능성도 있다고 예상하였다. 그러나 소련의 위협 등을 이유로 모든 전력을 한꺼번에 중국에 투입할 수는 없기 때문에 상당한 병력을 만주와 일본 본토에 남겨두어야 하는 약점도 동시에 지적되었다.

여기에 대항하는 중국의 전략은 광대한 영토를 활용한 내선 작전(內線作戰)*을 원칙으로 하는 지구전과 지연 전술, 유격전이었다. 장제스는 초기 결전은 자살행위이기에 반드시 피해야 하며, 병력을 융통성 있게 운용하면서 하나의 방어선이 돌파되면 그 뒤에 제2, 제3, 제4의 방어선을 연속적으로 구축하고, 이미 돌파된 방어선에서도 병력을 규합하여 유격전을 펼쳐 적을 지치게 할 생각이었다. 한편으

---

* 적국의 침공에 맞서 적군을 자국의 국토 깊숙이 유인하는 전략. 초반에 많은 영토를 잃을 수밖에 없지만 대신 적의 병력은 분산되고 병참선에 심한 부담을 받는 반면, 아군의 병력은 집중되고 병참선이 짧아지는 이점이 있다.

로, 공업 기반이 밀집되어 있고 수도 난징에서 가까운 상하이는 반드시 지키지 않으면 안 되는 곳이었다. 화북과 달리 화남은 난징 정부의 가장 중요한 기반이기 때문이다. 또한, 그는 일본이 결코 중국의 정복에만 만족하지 않고 반드시 태평양 전체의 패권을 노릴 것이기 때문에, 미국, 영국, 소련 등 다른 열강과 일본의 충돌은 불가피하다고 보았다. 중국의 역량으로는 혼자서 일본의 침략을 막아내기에 역부족이므로 반드시 이들과 동맹을 맺어 일본을 고립시켜야 한다는 것이 그의 구상이었다. 물론 아직은 장제스의 막연한 희망사항에 불과했지만, 실제 역사는 그가 말한 대로 진행되었다.

장제스를 중심으로 국론을 일치시켜 장기 항전을 준비하는 중국과 달리, 일본은 여전히 갈팡질팡하고 있었다. 관동군은 중국 침략에 혈안이 된 반면, 참모본부는 중국과의 전쟁이 소련에 대한 대비를 약화시킬 것이며 자칫 소련의 개입을 불러올 수 있다며 개전을 반대하였다. 해군은 해군대로 태평양에서 미국의 위협에 대비하는 것이 우선이라고 주장하였다. 그들은 조직의 이해관계를 앞세워 소모적인 논쟁만 끝없이 벌였다.

내각은 군부의 꼭두각시일 뿐 이들을 조율하고 국론을 모아 나라를 끌고 갈 리더십이 없었다. 한마디로 선장 없는 배가 일본이었다. 전쟁의 목적도, 명분도 불분명하였다. 전면전인가 제한전인가, 중국의 정복이 목적인가 적절한 선에서의 타협이 목적인가, 중국이 타협을 거부했을 때 전쟁의 범위를 어디까지 확대할 것인가, 속전속결로 중국군의 주력을 격멸하여 굴복시킬 만큼 병력은 충분한가, 단기 결전에 실패하여 전쟁이 예상외로 장기화되었을 때 어느 정도까지 감당할 수 있는가, 예비 병력의 확보나 수십만 명을 파병하는 데 필요한 수송수단과 병참의 준비는 충분한가, 소련의 개입 가능성은 어떻게 판단할 것인가, 무엇보다도 전쟁을 과연 어느 선에서 수습할 것인가? 만약 장제스가 끝까지 결사항전을 외치며 내륙 깊숙이 있는 쓰촨 성 청두로 퇴각한다면 어떻게 할 것인가? 중국 동부 해안에서 청두까지의 거리는 직선거리로 따져도 무려 1,600킬로미터가 넘었다. 이는 바르샤바에서 모스크바까지의 거리 1,100킬로미터보다도 500킬로미터나 더 먼 거리이다. 전쟁 수행 능력에서 일본의 4배가 넘고 훨씬 많은 차량과 기동력을 갖추었던 나치 독일조차 병참 문제로 끝까지 해내지 못했던 레이스를 일본이 과연 할 수 있다는 말인가? 일본의 수뇌부는 어느 질문에 대해서도 신중히 고민하지 않았다.

"중국 따위는 2개월, 길어도 1년이면 끝난다"라고 태평스럽게 말하는 군부 강경파에게 중국 침략은 한낱 소련과의 전쟁에 대비한 예행연습에 불과했다. 유아사 구라헤이 내무대신은 "소련에 대한 방비를 태만히 할 수 없기에 중국과의 전쟁은 속히 끝내고 원래대로 돌려야 한다"고 말했다. 그들은 6년 전 만주 사변에서 오합지졸이었던 장쉐량군을 손쉽게 이겼던 기억을 떠올리며 전쟁은 금방 끝날 것으로 생각하고 벌써부터 자축하고 있었다. 물론 일부 신중파들의 우려하는 목소리도 있었으나 전쟁에 열광하는 분위기 속에 묻혀버렸다. 그러나 중국의 역량은 일본이 예상했던 것보다 훨씬 강했다.

11

베르됭 이래 최대의 격전

＼베이핑 탈환전과 중국군의 후퇴

1937년 7월 28일, 일본군은 본격적으로 공격을 시작하였다. 그날로 루거우차오와 완핑 현성을 비롯해 융딩 강 동쪽을 장악하였고, 7월 30일에는 베이핑과 톈진을 점령하였다. 이어서 융딩 강을 도하하여 서쪽의 창신뎬까지 진격했다. 그러나 후퇴하는 쑹저위안군에 대한 추격을 일단 중지하였다. 허베이 성의 요충지이자 중국군의 반격 거점인 바오딩을 공략하기 위해서였다. 본토에서 증원된 3개 사단은 지나주둔군 및 관동군과 합류하였다. 일본군은 베이핑-톈진 일대에 집결했다. 이때만 해도 일본은 전면전까지는 고려하지 않았고 전장을 화북으로 한정할 생각이었다. 즉, 바오딩에 집결한 중국군에 큰 타격을 입힌 후 외교 교섭을 통해 화북 5성의 분리 독립을 강요하겠다는 계획이었다.

중국군은 핑한 철도를 따라 중앙군을 중심으로 대규모 병력을

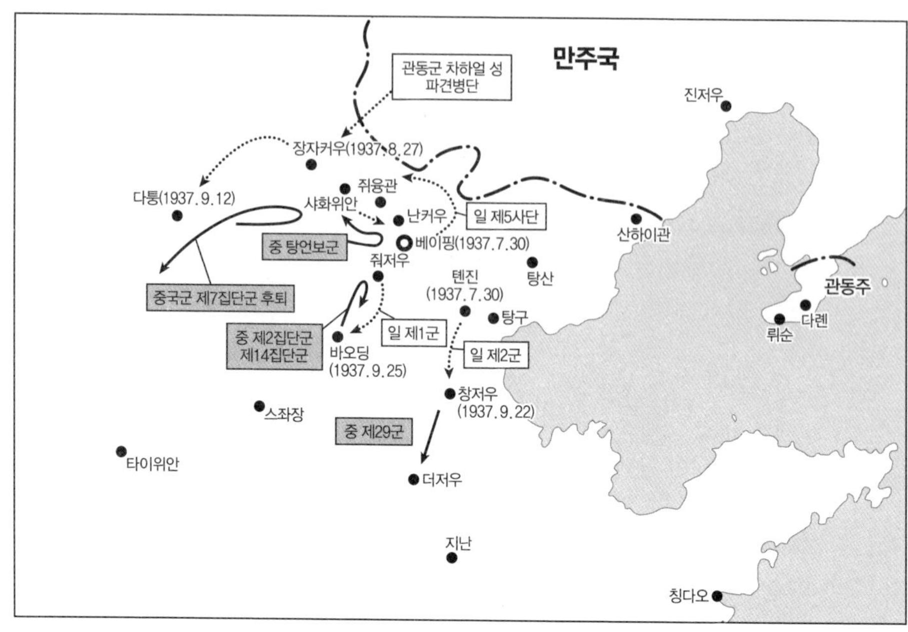

●— 1937년 8~9월 중일 전쟁 초반의 화북 전선. 장제스는 신속하게 반격하여 베이핑과 톈진의 탈환을 노렸다. 그러나 지방 군벌들의 이기적인 행태로 인해 중국군은 큰 타격을 입었고 화북 전선은 붕괴되었다.

차례로 북상시켰다. 베이핑과 톈진에서 패퇴한 쑹저위안군의 잔존 병력 1만 명도 줘저우(涿州)를 관통하는 진푸 철도 주변에 집결하여 반격의 기회를 노렸다. 그리고 차하얼 성에는 푸쭤이가 지휘하는 제7집단군의 15개 사단 및 9개 여단이 핑쑤 철도를 따라 동쪽으로 진격하여 일본군의 측면을 위협하였다. 일부 병력은 만주국 국경 지대를 공격하기도 하였다.

중국 공군도 출동하였다. 중국군은 산둥 성의 더저우(德州)에서 허베이 성 중부의 요충지인 스자좡까지를 제공권 방어 라인으로 삼아 140여 대의 항공기를 뤄양과 지난 등지의 비행장에 분산 배치하

●— 화북으로 행군하는 중국군 제2사단 병사들. 이들은 장제스 직속의 독일식 사단으로 중국군의 정예 부대 가운데 하나였다.

여 일본군의 제공권에 맞서면서 육군을 지원할 태세를 갖추었다.

장제스의 최측근이자 중국군에서 가장 유능한 지휘관 가운데 하나인 탕언보는 베이핑을 탈환하기 위해 중앙군의 정예 부대인 제13군을 지휘하여 바다링(八達嶺)을 넘어 베이핑 서북쪽의 전략적 요충지 난커우(南口)까지 진출하였다. 이곳은 베이핑에서 엎어지면 코 닿을 만큼 가까운 곳으로 일본군에게는 치명적인 위협이 되었다. 따라서 일본 참모본부는 바오딩 공략 작전을 일단 중단하고 우선 탕언보군을 격퇴하여 측면의 위협을 제거하라고 지나주둔군과 관동군에 명령하였다.

1937년 8월 11일 이타가키 세이시로 중장이 지휘하는 제5사단과 관동군 독립혼성 제11여단은 핑쑤 철도를 따라 난커우로 진격하여 탕언보군을 공격하였다. 또한 제5사단 일부 병력은 만리장성의 관문인 쥐융관(居庸關)으로 우회하여 난커우의 배후로 진출하였다. 8월 14일에는 관동군 참모장 도조 히데키 중장을 사령관으로 하는 '차하얼 성 파견병단(도조 병단)'*을 편성하여 장자커우로 진격시켰다. 그리고 탕언보군의 퇴로를 차단하고 이들을 포위하였다. 그러나 탕언보는 양면 공격을 받으면서도 험한 지형지물을 잘 활용하여 이들의 공격을 교묘하게 저지하였다. 전선은 교착 상태가 되었다. 그동안 장제스는 병력을 핑쑤 철도를 따라 동쪽으로 진격시켜 탕언보군을 지원하는 한편, 베이핑과 톈진의 탈환을 노렸다. 중앙군인 류즈의 제2집단군과 웨이리황의 제14집단군을 바오딩에서 베이핑으로 북상시키고, 푸쭤이의 제7집단군이 핑쑤 철도를 통해 동쪽으로 진격하여 탕언보군과 합류하여 베이핑을 협공하여 탈환한다는 계획이었다.

그러나 일본군은 난커우 방면에 병력을 증원하여 쥐융관과 바다링에 맹공을 퍼부었다. 8월 8일부터 2주에 걸쳐 치열한 공방전을 벌였으나 8월 25일 쥐융관이 함락되어 만리장성이 돌파되었다. 탕언보를 구원하기 위해 웨이리황과 류즈, 옌시산은 창신뎬까지 진출했으나 작전 미숙과 협조 부족으로 일본군의 방어선을 돌파하지 못했다. 결과적으로 반격은 실패했고 탕언보의 제13군은 2만 6천 명에 달하는 막대한 사상자를 냈다. 중앙군이 패퇴하자 푸쭤이를 비롯한 여타 군벌 부대들은 싸우지도 않고 퇴각하기 시작했고 이 때문에 중국군의 방어선은 완전히 와해되었다. 결국 탕언보는 다음 날 차하얼 성으로 후퇴하였다. 일본군은 여세를 몰아 그를 추격하여 차하얼 성을 침입했다. 일본군은 샤화위안(下花園)에서 탕언보군을 재차 격파한 후 8월 27일에는 차하얼 성의 성도인 장자커우를 점령하였다. 탕언보의 제13군은 용맹스럽게 싸웠으나, 자신의 병력을 유지하는 데 급급한 다른 군벌들이 명령도 없이 제멋대로 철퇴하는 바람에 측면을 노출하여 중국군 전체가 한꺼번에 패주하였다.

╲전쟁, 상하이로 번지다

화북에서 치열한 일진일퇴가 벌어지고 있는 동안, 8월 13일에는 상하이에서도 전투가 시작되었다.** 7월 말까지만 해도 전장은 베이핑과 톈진 주변으로 국한되어 있었고 화중과 화남에는 아직 전쟁의 불길이 미치지 않고 있었다. 일본 참모본부는 주전장인 화북에서의 공세를 확대하면서, 해군 제3함대의 건의를 받아들여 보조 작전으로 상하이와 산둥 성의 칭다오에 상륙하는 화중 작전을 수립하였다. 일본은 남북으로 중국을 공격하여 단숨에 중국의 중심부를 강타할 생각이었다.

한편, 상하이에는 국제 공동 조계(일본인 거류민들은 '리틀 도쿄'라고 불렀다)를 중심으로 3만 명, 중국 전체에는 약 9만 명에 달하는 일본인이 있었다. 전쟁이 일어난 뒤 양쯔 강 중류의 도시 한커우에서 중국군이 일본 조계를 포위하자 일본으로서는 이들의 안전이 심각한 문제가 되었다. 고노에 내각은 8월 19일까지 중국에 거주하는 모든 일본인에 대해 본국으로 철수하라고 지시하였다. 그런데 8월 9

---

* 관동군 3개 독립여단과 제2비행단으로 구성된 임시 부대로, 1939년 이후 주몽골군(주몽군)으로 확대 개편되어 관동군의 지휘를 받아 내몽골의 수비를 맡았다.

** 중국에서는 '쑹후 항전(淞沪抗戰)' 또는 '8.13전역'이라 부른다.

일 상하이에서 '오오야마(大山) 사건(훙차오 공항 사건)'이 일어났다. (당시 일본은 상하이 국제 공동 조계에 해군 특별육전대 2천5백 명을 주둔시키고 있었다. 또한 영국군 2천6백 명, 미군 2천8백 명, 프랑스군 2천 명, 이탈리아군 8백 명이 각각 주둔하였고, 일본군 제3함대가 상하이와 양쯔 강의 항로를 통제하고 있었다.)

8월 9일 저녁, 해군 특별육전대 소속의 중대장 오오야마 이사오 중위는 부하 한 명을 데리고 중국군의 동태를 살피겠다며 명령도 받지 않고 제멋대로 상하이 서쪽 외곽에 있는 중국군 군용 비행장인 훙차오 공항에 차를 몰고 들어가려고 하였다. 중국군 위병이 제지하자 오오야마 중위는 권총을 발사했고, 중국군이 응사하면서 두 사람 다 그 자리에서 사살되었다.

영웅주의에 빠진 젊은 장교의 무모한 도발이 빚은 사건이었지만, 일본은 "중국군의 발포는 상하이 정전 협정 위반"이라고 억지를 부리며 사건의 공동조사와 중국군 보안대의 철수를 요구하였다. 긴장이 높아지자, 상하이경비사령관인 장즈중은 장제스에게 "일본군이 상하이에서 병력을 급격하게 증강하여 약 1만 명에 달한다"고 보고하였다. 또한 일본군 제3함대가 13척에서 29척으로 증강되었고 연합함대 소속의 제2함대가 규슈의 사세보(佐世保) 항을 출발해 상하이로 오고 있다는 정보가 들어왔다. 이것은 사실이 아니었으나 중국으로서는 긴장하지 않을 수 없었다. 장제스는 1932년 1월 상하이사변 당시의 상황이 재현될 것을 매우 우려하였다. 상하이는 중국의 금융과 자본, 산업의 중심지였고 난징 정부의 경제적 기반이기도 했다. 또한 지리적으로 수도인 난징과도 매우 가까워 상하이가 함락될 경우 난징도 위험해질 수 있었다. 이곳을 빼앗긴다면 중국에게는 치명적인 타격이었다.

따라서 장제스는 신속하게 상하이의 방어진지를 보강하고 병력을 증원하여 일본군의 공격에 대비하라고 지시하였다. 이런 행위는 상하이 공동 조계에서 20킬로미터 이내를 비무장 지대로 정한 정전 협정 위반이었으나 장제스는 어차피 일본이 먼저 탕구 협정과 하매 협정을 깨뜨린 이상 중국 역시 지킬 필요가 없다고 생각하였다. 게다가 일본이 본토에서 상하이로 2개 사단(제3사단, 제11사단)을 보내기로 했다는 정보가 그를 더욱 긴장시켰다. 장제스는 일본의 선제공격에 대비하여 8월 11일부터 독일식 정예 사단인 제87사단과 제88사단, 2개 포병연대 등 상하이 주변의 병력을 시가지로 진입시켜 수비군을 5만 명으로 증강하였다. 이들은 시가지 중심부와 자베이, 북정거장(北停車場), 다창전(大揚鎭), 사천로(四川路)에 있는 일본 육전대 본부의 맞은편 등 공동 조계 외곽을 따라 주요 요충지마다 배치되어 진지를 구축하였다. 또한 제1차 상하이 사변의 경험을 살려 일본군의 우회 상륙에 대비해 우쑹전(吳淞鎭)의 포대를 보강하고 위산(玉山)에도 1천 명의 병력을 배치하였다.

상하이에 전운이 감돌자 공동 조계를 관리하는 4개국 대표들은 8월 10일 중일 양쪽 대표를 만나 또다시 상하이가 전쟁터가 되지 않기를 희망한다고 호소하였다. 그들은 우톄청(吳鐵城) 상하이 특별시장 대리에게도 호소했으나 그는 "이미 내가 할 수 있는 일은 아무것도 없다"면서 중국은 전쟁을 바라지 않지만 자위를 위해서는 행동하지 않을 수 없다고 대답하였다. 중국군이 병력을 대거 증강하여 일본군을 완전히 포위하자 일본은 재차 중국군을 철수시키고 방어 시설을 즉각 철거하라고 경고했으나 중국은 단호하게 거부했다.

1937년 8월 13일 오전, 육전대 1개 분대가 중국군 진지를 향해 총격을 가하며 도발했다. 오후 2시, 일본군은 본격적으로 바쯔차오

(八字橋)를 비롯해 주요 지점에 대한 선제공격을 시작하여 자베이를 점령하였다. 중국군 역시 즉시 반격하여 저녁까지 일본군을 밀어내고 자베이를 도로 탈환하였다. 제2차 상하이 사변의 시작이었다. 일본군은 고작 5천 명이었고, 중국군은 2개 독일식 사단을 포함해 5만 명이 넘었다.

장제스는 일본에서 출발한 2개 사단이 상하이에 도착하려면 적어도 일주일은 걸릴 것으로 예상하고 그전에 한 줌에 불과한 일본 육전대를 완전히 전멸시킬 생각이었다. 물론 일본이 본격적으로 병력을 투입하기 시작하면 제1차 상하이 사변과 마찬가지로 상하이를 계속 방어할 수 있으리라고 장담할 수 없었다. 그러나 장제스는 설령 상하이를 빼앗기더라도 일본군에게 끝없는 소모전을 강요한다면 병력과 물자가 부족한 일본은 금세 한계에 직면할 것이며 결국 물러나지 않을 수 없으리라 자신했다. 특히 상하이와 난징 사이에는 1930년대 중반 독일 군사고문단의 도움을 받아 구축한 거대한 요새선인 '젝트 라인(Seeckt Line)'이 있었다. 젝트 라인은 크게 세 개의 방어선으로 나뉘었다. 제1선이 상하이 교외의 난샹(南翔)부터 자딩(嘉定)까지, 제2선이 쑤저우(蘇州)에서 창수(常熟)까지, 제3선이 장인에서 우시(無錫)를 연결하는 라인이었다. 두꺼운 콘크리트로 된 수많은 토치카에는 독일에서 수입된 150mm 최신 곡사포를 비롯해 다수의 기관총과 대포가 배치되어 '아시아의 마지노선'이라 할 만했다. 장제스는 상하이에서 패배해도 이곳에서 일본군을 충분히 막아내어 수도 난징을 지킬 수 있으리라 기대하였다.

그러나 그의 군사고문이자 풍부한 전쟁 경험을 가지고 있던 폰 팔켄하우젠 장군은 제1차 세계대전 식의 고정 진지를 활용한 방어 작전은 이미 시대에 뒤떨어진 전술이며, 중일 양군의 화력과 제해, 제공권의 압도적인 전력 차이를 고려할 때 무작정 좁은 곳에 인해전술 식으로 병력을 투입한다면 도리어 적에게 포위되어 회복할 수 없는 타격을 입을 수 있다고 경고하였다. 또한 젝트 라인은 아직 미완성 상태였고 수비대와 무기의 배치도 불충분했다. 그러나 상하이에서 이미 충돌이 시작되었다는 보고를 받은 장제스는 싸우지 않고 물러날 수는 없다며 즉각 반격 명령을 내렸다.

장제스는 상하이의 모든 병력을 제9집단군으로 개편하였고 장즈중이 사령관으로 임명되었다. 또한 이들을 엄호하기 위해 수십 대의 경전차와 항공기 260대를 동원하고 제1함대를 중심으로 40척의 해군 함정도 집결시켰다. 공군의 지휘는 미국 군사고문인 셔놀트가 직접 맡았다. 셔놀트의 전략은 피아간의 전력을 고려해 정면 대결보다 '치고 빠지는 식'의 전술을 구사하면서 지상군의 작전을 지원하고 일본 함대를 폭격한다는 것이었다. 천사오콴이 지휘하는 중국 함대는 양쯔 강 입구에 군함을 배치하는 한편, 수백 척의 어선과 상선을 징발해 강바닥에 침몰시켜 일본 해군이 양쯔 강을 거슬러 올라오지 못하도록 차단하였다.

＼중국군, 공격에 나서다

8월 14일 오전 7시, 폭우가 쏟아지는 가운데 자싱(嘉興) 비행장에서 출격한 제35중대 소속의 전투기 편대가 구름 아래로 모습을 드러냈다. 이들은 상하이의 일본 해군 육상 기지와 물자 집적장을 폭격하였다. 중국 공군의 대규모 공습의 시작이었다. 또한 황푸 강을 향해하고 있는 제3함대 기함 이즈모의 머리 위로 커티스 호크 복엽전투기와 노스롭-2E 경폭격기 수십 대로 구성된 대편대가 나타났다. 그들은 불덩어리를 토해내는 대공포화의 화망을 뚫고 맹렬하게 공습을 퍼부었다. 그날 중국 공군은 일본 군함들을 폭격하고 육전대 사령부, 일본군 진지들을 맹타하였다. 그러나 대함 폭격 기술의 부족과 악천후로 인해 일본 함대에 대한 공습은 큰 성과를 내지 못하였다. 또한 민간인 지구에도 몇 발의 폭탄이 떨어져 많은 사상자를 내었다. 우쑹전의 포대에서 중포들이 불을 뿜고 중국 해군의 포함과 어뢰정들도 용감하게 여러 발의 어뢰를 발사했으나 대부분 빗나갔다.

중국군의 대대적인 반격에 충격을 받은 일본군도 곧 항공 부대를 동원하여 공격에 나섰다. 아직 항공모함이 상하이에 도착하지 않았기에 8월 15일 오후 3시 타이완에 주둔한 해군 항공대 소속의 96식육상공격기 20대를 출격시켜 난징과 항저우, 광더(廣德), 난창 등지의 중국군 진지와 비행장에 폭격을 가하였다. 왕복 1천 킬로미터가 넘는 도양(渡洋) 폭격은 항공기의 성능이 열악했던 당시로서는 유례없는 장거리 폭격이었다. 심지어 규슈에서도 출동하려고 했으나 악천후로 일단 보류되었다가 날씨가 좋아지자 공격에 가담하였다. 일본군 조종사들의 숙련도가 얼마나 높았는지를 보여주는 사례이다. 여기에다 항공모함 가가, 류조, 호쇼 세 척이 상하이 앞바다에 곧 도착하면서 함재기들도 가세했다. 일본 폭격기들은 난징을 비롯해 쑤저우, 항저우, 쉬저우 등 양쯔 강 하류 일대의 도시들과 중국군의 주요 군사 거점, 심지어 내륙 깊숙이 있는 우한까지 날아가 무차별로 폭격했고 수많은 민간인 사상자가 발생하였다.

중국 공군의 반격도 만만치 않았다. 8월 15일 난징의 하늘에서 일본 해군의 96식 육상공격기 8대와 중국 공군의 제17중대 P-26전투기들 사이에 벌어진 공중전에서 중국 공군은 단 한 대의 피해도 없이 6대를 격추시켰다. 8월 21일에도 96식 육상공격기 편대 6대 중

4대가 격추당했다. 일본 폭격기들은 출격할 때마다 큰 손실을 입었다. 또한 일본의 전략 폭격에 맞서 중국 폭격기들 역시 일본 제3함대와 상하이의 일본군 진지를 끈질기게 폭격했으며 타이완까지 날아가 주요 시설과 비행장에 폭탄을 떨어뜨렸다.

8월 15일 새벽, 중국군은 제87사단, 제88사단 2개 사단을 중심으로 공격을 시작하였다. 중국군은 그날로 바쯔차오를 비롯해 주요 거점들을 탈환하고 일본군을 뒤로 밀어붙였다. 또한 3개 사단(제15사단, 제118사단, 제36사단)이 추가로 증원되어 중국군은 7만 명 이상으로 늘어났다. 전투가 점점 격화되자 8월 18일 미국, 영국, 프랑스, 이탈리아 4개국 대표단이 다시 한 번 양측에 전투 중지를 요청했으나 중일 양국은 거부하였다. 오히려 중국은 공동 조계가 일본군의 고사포 설치를 도와줄 경우 이를 묵과하지 않겠다고 강경하게 경고하였다.

8월 21일 중국과 소련 사이에 불가침 조약이 체결되었다. 쑨원 시절 매우 밀접했던 양국은 장제스의 반공 정책과 1927년 12월 중국의 일방적 단교 선언 이후 관계가 매우 악화되었으나 1930년대 중반부터 다시 관계가 회복되기 시작했다. 중일 전쟁이 시작되자 스탈린은 소련군 의용 비행대와 함께 나중에 스탈린그라드 전투의 영웅이 되는 바실리 추이코프 중장을 단장으로 하는 3백여 명의 군사고문단을 파견하였다. 이들은 우한에서 팔켄하우젠의 독일 군사고문단과 나란히 주재하였다. 그들은 중국을 돕기 위해 적극적으로 협조하였다. 이때만 해도 그들은 몇 년 뒤 독소 전쟁이 일어나면서 서로에게 총부리를 겨누게 되리라고는 생각하지 못했을 것이다. 또한 소련은 1억 달러의 차관과 소총, 야포, 항공기, 전차 등 약 1억 5천만 달러에 달하는 무기를 제공하기로 약속하였다.* 소련의 원조는 1937

년 말부터 시작되어 1939년까지 아낌없이 제공되었으나 1939년 9월 일소 불가침 조약이 체결되자 급격히 줄어들었고 1941년 6월 독소 전쟁이 일어나자 완전히 중단되었다.

＼일본, 병력을 증원하다

8월 18일 저돌적인 용장으로 이름난 장즈중이 직접 진두에 나서 전투를 독려하였다. 제1차 상하이 사변에서도 제5군을 지휘하여 차이팅카이의 제19로군과 함께 선전했던 장즈중은 바오딩군관학교를 졸업한 뒤 황푸군관학교에서 생도단 단장 등을 맡으며 북벌 전쟁을 비롯해 주요 전투에서 활약한 유능한 지휘관이었다. 독일식 최정예 사단의 장병들은 앞장서서 청천백일기를 휘날리며 일본군 진지를 향해 돌격하였다. 중국군 제87사단은 훙커우 공원에서 조금 떨어진 양수푸(楊樹浦)의 공장 지대에서 치열한 전투 끝에 일본군의 방어선을 돌파하였고 제36사단도 황푸 강 기슭을 따라 부두 쪽으로 일본군을 밀어내었다. 또한 몇 대의 중국군 경전차들이 일본군 진지로 접근했으나 대전차포의 공격을 받아 격파되었다. 중국군은 열 배의 수적 우세를 활용해 끈질기게 공격을 거듭하며 일본군을 좁은 구역으로 몰아넣었지만 강력한 저항에 부딪쳐 결정적인 승리는 거둘 수 없었다. 중국군은 소총과 기관총, 박격포로 무장했을 뿐 일본군을 압도할 수 있는 대구경 중포가 없었다. 일본군 역시 중화기가 없기는 마찬가지였으나 대신 해군의 함포와 항공대의 강력한 지원을 받을 수

---

* 1937년 9월부터 1941년 6월까지 소련은 T-26B 경전차 88대와 트럭 2천 대, 각종 야포 1,140문, 항공기 1,200대, 1만 정의 기관총과 5만 정의 M1891 모신나강 소총, 200만 발의 수류탄, 1억 8만 발의 총탄과 200만 발의 포탄 등을 제공했다.

있었다. 따라서 수적 열세로 고전을 면치 못하면서도 일본군은 증원군이 도착할 때까지 방어선을 그럭저럭 지탱하였다. 전투는 점차 교착 상태가 되었다.

앞서 언급했듯이 고노에 내각이 2개 사단(제3사단, 제11사단)을 상하이로 파병하기로 결정함에 따라, 마쓰이 이와네 대장을 지휘관으로 하는 '상하이파견군'이 편성되어 8월 15일 일본을 출발하였다. 전차와 중포, 고사포, 항공 부대도 포함되었고 전함 나가토, 무츠 2척, 중순양함 6척, 경순양함 4척이 이들을 '수송'하였다. 통상적으로 수송함이 병력과 물자를 수송하고 구축함이 호위하지만 출동을 서두르다 보니 임시방편으로 전함을 수송선으로 활용한 것이다. 하지만 군수품을 충분히 탑재할 수 없어 그들은 현지에 도착하자마자 심각한 병참 부족에 허덕였다.

장제스는 "상하이에서 곧 왜적들을 쓸어버릴 것"이라며 호언장담했으나 상황이 녹록치 않다는 것을 깨달았다. 허잉친을 대신해 군정부장이 된 천청과 장시 성 주석 슝스후이(熊式輝)가 함께 현지를 시찰한 후 난징으로 돌아와 장제스에게 전황을 보고하였다. 슝스후이는 "아군의 병력이 부족하고 일본군의 화력이 막강하여 더 이상 공세를 지속할 수 없다"라고 비관적으로 말하였다. 그러나 천청은 "이길 수 있는가 없는가는 중요하지 않다. 중요한 것은 공격하는가, 공격하지 않는가이다. 만약 화북의 전황이 더 불리해져 일본군이 핑한 철도를 따라 남하한다면 우리는 화북은 물론이고 우한을 비롯해 화중 전체를 빼앗길 것이다. 그러나 일본을 상하이로 끌어들인다면 적의 전력을 양분할 수 있다"라고 단호하게 말했다. 그 말에 장제스는 흥분하여 "공격! 공격! 반드시 공격해야지!(打! 打! 一定打!)"라고 외치며, 화북으로 보낼 예정이었던 주력 부대를 상하이에 집결시키도록 명령하였다.

일개 일본군 중위의 무모한 행동에서 시작된 제2차 상하이 사변은 단순한 '사변'을 넘어서 양군을 합해 무려 1백만 명이 넘는 대병력이 맞부딪치는 거대한 전역(戰域)*으로 확대되고 있었다.

---

* 소부대의 국지적인 전투를 넘어서 넓은 지역에서 대부대와 대부대가 싸우는 공간을 말한다.

12
3개월의 공방전

＼피로 물든 우쑹 해변

제2차 상하이 사변이 시작된 지 10일째인 1937년 8월 23일, 여전히 중국군이 상하이 시가지 중심가의 일본 조계를 포위한 채 일진일퇴의 치열한 전투를 벌이고 있었다. 그때 상하이 북쪽의 우쑹 해안가에 일본의 대함대가 나타났다. 마쓰이 대장이 지휘하는 '상하이파견군'이 도착한 것이었다. 이들은 함포 사격의 지원을 받으며 두 지점으로 나누어 상륙을 시도하였다. 제3사단은 상하이 북쪽 20킬로미터 지점의 우쑹 만에, 그리고 제11사단은 그보다 좀 더 북쪽 15킬로미터 떨어진 촨사전(川沙鎭)에 각각 상륙하였다.

이 일대 역시 원래는 제1차 상하이 사변 이후 정전 협정에 따라 중국군은 어떤 방어 시설도 설치하지 못하는 비무장 지대였다. 그러나 장제스의 명령으로 1935년 말부터 두꺼운 콘크리트로 만든 다수의 크리크와 방어진지가 설치되었고 야포와 기관총을 배치하여 강

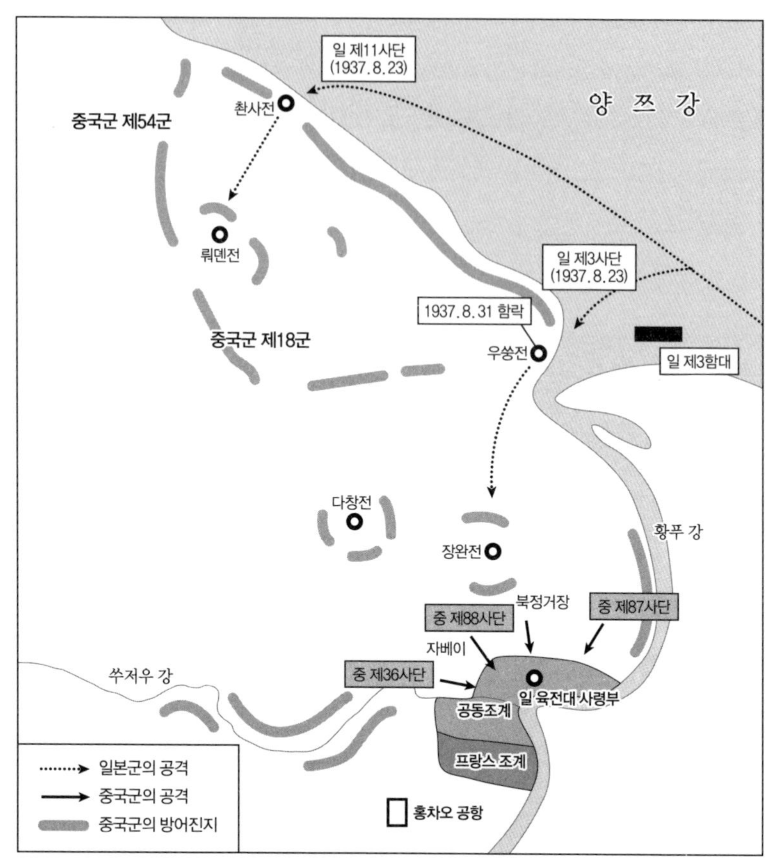

●— 상하이 전역 초반(1937년 8월). 일본군은 중국군의 후방에 상륙했지만 충분한 준비를 갖추지 않았다. 따라서 총검에 의존하여 중국군 방어선에 돌격하다 큰 피해를 입었다.

력한 방어선이 구축되어 있었다. 또한 그 앞에는 넓은 지뢰밭과 철조망 같은 온갖 장애물들이 펼쳐져 있었다. 장제스는 천청의 건의에 따라 이 방면에 중국군의 주력을 집결시켜 일본군의 상륙을 저지하면서 이들을 포위 섬멸하라고 명령하였다. 8월 20일이 되면 이미 상하이에 투입된 중국군 병력은 19개 사단, 6개 여단 등 20만 명으로 늘어났다. 또한 우쑹 만에는 천청이 직접 지휘하는 제18군이 배치되어 강력한 방어선을 구축하고 일본군의 상륙을 기다리고 있었다. 그러나 중국군을 얕본 일본군은 상륙 지점에 대해 충분히 조사하지도 않은 채 무작정 병력부터 투입하였다. 게다가 후속 부대의 증원이나 병참에 대한 준비도 없었고 탄약조차 충분하지 못했다. 일단 있는 것부터 서둘러 보내고 보자는 식이었다.

상륙 제1진에 투입된 제3사단 병사들은 한 사람당 겨우 200발의 탄약만을 지급받고 함포의 엄호 아래 상륙용 주정을 타고 우쑹의 해안을 향해 용감하게 돌진하였다. 그러나 그들이 상륙할 지점은 부드러운 모래사장이 아니라 뻘밭과 거친 암벽이 펼쳐져 있는 곳이었다. 그 뒤로 온갖 철제 장애물과 크리크가 수없이 늘어서 있었다. 일본군이 사거리에 들어오자 중국군의 화기들이 불을 뿜었다. 해안가 주변은 비명소리와 함께 순식간에 일본군의 피로 붉게 물들었다. 일본군은 응사했지만 곧 탄약이 떨어졌다. 그러나 탄약을 보급받을 길이 없었기에 병사들은 밀집 대형을 한 채 총검만 믿고 돌격하다 쉴 새 없이 불을 뿜는 기관총의 탄막 앞에 수많은 사상자만 낸 채 격퇴되었다. 무수한 시체에다 배가 터지고 팔다리가 끊어진 부상병으로 뒤덮인 해안가는 발 디딜 틈조차 없었다. 상륙전에 참가했던 한 일본군 병사는 당시의 참혹한 광경에 대해 이렇게 회상한다.

"우쑹의 해안절벽 아래에 펼쳐진, 나의 눈에 들어온 풍경은 마치 지옥의 그림과 같았다. 지옥도 이렇게 심하지는 않을 것이다. 해안벽 아래의 한쪽은 완전히 시체의 산으로, 바닥도 보이지 않을 만큼 차례차례 겹쳐 있었다. 마치 시장통에 쌓인 참치 떼처럼 수천 병사들의 시체가 쌓여 있었던 것이다. 구역질이 나올 만큼 썩은 냄새가 코를 찔렀다. (……) 이것이 10일 전 상륙했던 나고야 제3사단 병사들의 모습이었다. 그들은 이 땅에 중국군 대부대가 기다리고 있다는 사실을 알았던가, 알지 못했던 것인가. 상륙하자마자 차례차례 죽어간 것이 틀림없다. 병사들은 뭐가 뭔지도 모른 채 죽어갔던 것이다."

제3사단은 상륙 첫날 오전까지 중국군 진지를 신속하게 제압하고 교두보를 마련한 후 내륙으로 진격할 계획이었다. 그것이 얼마나 안이한 생각이었는지는 금세 드러났다. 오히려 중국군의 반격을 우려하여 사단장인 후지타 스스무 중장은 해안의 교두보를 포기하고 함선으로 후퇴할지를 고려할 정도였다. 비록 해상에서의 함포 사격과 항공 엄호를 받으며 백병전 끝에 8월 31일 우쑹 포대를 점령하는데 성공했지만, 상륙 후 17일이나 지난 때였고 해안가에서 고작 3킬로미터를 전진했을 뿐이었다. 이들의 전진 속도는 일일 100~600미터에 불과했다.

촨사전에 상륙한 제11사단 역시 고전의 연속이었다. 상륙 후 6일째까지 5킬로미터를 전진하여 일단 교두보는 마련했으나 이후 한 달 동안 단 한 발짝도 전진할 수 없었다. 제12보병연대는 10일 만에 병력이 3천4백 명에서 9백 명으로 줄어들었다. 제44보병연대는 수차례의 육탄돌격에도 도저히 방어선을 돌파할 수 없자 병사들 중에서 결사대를 모집한 후 폭탄을 들고 중국군 진지로 자살 돌격을 반복하여 거의 한 달 만에 간신히 뤄뎬전(羅店鎭) 남쪽까지 전진할 수 있었다. 뤄뎬전은 상하이 교외의 작은 마을이었지만 상하이와 내륙을 연결하는 도로의 교차점이자 전략적 요충지였기에 중국군은 주변에 수많은 지뢰를 매설하고 강력한 방어선을 구축해 두고 있었다. 중포와 함포 사격에다 일본 폭격기들이 중국군 진지를 정신없이 두

들긴 후에야 병사들이 돌격하여 9월 28일 제11사단은 뤄뎬전을 점령하였다.

상하이파견군이 상륙한 이래 뤄뎬전을 점령하기까지 약 한 달 동안의 전투는 러일 전쟁 당시 뤼순 공방전* 이래 최악의 혈전이었다. 양군 모두에게 "피와 인육의 분쇄기(血肉磨坊)"라고 불릴 정도였다. 중국군 수비대도 50퍼센트가 넘는 사상자를 냈으나 잔존 병력은 질서정연하게 다음 방어선까지 후퇴하여 일본군의 공격에 대비하였다. 따라서 도무지 끝이 보이지 않았다. 메이지 유신 이래 전통을 자랑하는 두 사단은 일본 육군의 최정예로서 전원 현역인 데다 상륙전 훈련도 받은 부대들이었다. 그러나 상륙 후 1주일 만에 사상자는 4천 명에 달했고 한 달 후에는 제3사단이 전사 1,080명과 부상 3,589명, 제11사단이 전사 1,560명과 부상 3,980명을 내며 전체 병력 3만여 명 중 3분의 1을 잃었다. 이는 전공에만 눈이 멀어 충분한 사전 준비도 없이 무모한 상륙 작전을 시도하며 정면 공격을 되풀이시킨 마쓰이와 무능한 참모들의 잘못이었다. 일본군의 맹공에도 불구하고 중국군의 방어선은 여전히 견고했다. 현지를 시찰한 팔켄하우젠은 장제스에게 "비록 적을 완전히 섬멸하는 데는 실패했으나 적이 더 이상 전진하지 못하도록 막을 수 있을 것이다"라고 장담하였다.

＼총력을 기울이다

겨우 2개 사단 3만 명으로 20만 명이 넘는 중국군을 제압할 수 있을 것이라고 낙관했던 마쓰이는 그제야 도저히 방어선을 돌파할 수 없

---

* 1904년 8월부터 1905년 1월까지 벌어진 뤼순 전투에서 일본군의 손실은 전사 1만 5천 명, 부상 4만 4천 명에 달했다.

다고 판단하고 본국에 급히 병력의 증원을 요청하였다. 중국군의 전력이 예상을 훨씬 뛰어넘자 당황한 일본은 1937년 9월 7일 3개 사단의 추가 증파를 결정하였다. 제1차 상하이 사변에서도 중국군을 만만하게 보고 소수의 육전대만으로 무모하게 공격을 시작했다가 실패하고, 결국 세 번에 걸쳐 병력을 찔끔찔끔 증파하다가 큰 피해를 입었음에도 그때의 실수를 똑같이 재현하는 셈이었다.

먼저 타이완군에서 1개 연대(시게후지 지대)를 차출하여 투입하였고* 이어서 제9사단, 제13사단, 제101사단, 야전중포병 제5여단 등 3개 사단과 1개 포병여단이 증파되었다. 그런데 그중에서 제13사단과 제101사단은 급조된 이른바 '특설 사단'**으로 대부분 30대 이상의 중장년층의 예비군과 신병으로 구성된 부대였다. 그들은 대부분 한 가정의 가장으로 제대한 지 근 10년 만에 느닷없이 소집영장 한 통 받고 제대로 훈련도 받지 못한 채 전쟁터에 끌려 나왔으니 싸울 의지가 있을 리 만무했다. 간부들 역시 제대한 지 오래된 예비역들이었다. 무기와 장비도 빈약했다. 그러나 주력 부대가 만주에서 강력한 소련군과 대치하고 있었기에 그들을 쉽사리 빼낼 수도 없고 달리 다른 곳에서 차출할 수 있는 병력도 없었다.

이들은 9월 말에 현지에 도착하여 제11사단과 함께 최일선인 뤄뎬전에 배치되었다. 마쓰이 대장은 중국군 방어의 핵심인 다창전(大揚鎭)의 공략을 일차 목표로 정하였다. 이곳을 점령한다면 상하이

---

* 이들은 9월 18일에 촨사전에 상륙하여 제11사단과 합류하였다.

** 일본은 중일 전쟁의 발발로 병력이 부족해지자 이전에 1925년 우가키 군축으로 해산시켰던 사단과 사단 번호 100번대의 특설 사단들을 급히 대거 신규 편성하였다. 특설 사단은 편제상으로는 상설 사단과 동등했지만 대부분 보충병과 예비역으로 구성된 데다 인원, 훈련 수준, 장비 면에서 훨씬 열악했다.

에서 중국군에게 포위된 육전대의 포위망을 깨뜨릴 수 있었다. 그리고 쑤저우 강(蘇州河)까지 단숨에 남하하여 중국군의 주력을 포위한 후 상하이의 육전대와 협공하여 이들을 완전히 섬멸할 생각이었다. 우측부터 제9사단, 제3사단, 제101사단을 차례로 배치하고 제13사단은 예비대로 하여 10월 8일부터 공세를 시작하였다. 그러나 정작 화력 지원을 해주어야 할 야전중포병 여단은 포탄이 바닥났다. 결국 일본군의 공세는 포병의 지원 없이 보병의 총검 돌격에 의존해야 했다.

뤄덴전에서 다창전에 이르는 공간에도 수백 개에 달하는 콘크리트 토치카들이 줄줄이 배치되어 있었다. 이 토치카들은 작게는 5미터에서 크게는 200미터에 달했고 다수의 야포와 기관총좌가 배치되어 있었다. 독일 기술자들에 의해 설계된 각각의 토치카들은 서로 사각이 없도록 매우 교묘하게 배치되어 일본군이 결사적으로 돌격해 그중 하나를 격파하거나 점령해도 주변의 토치카에서 화력을 집중하여 그들을 사살하였다. 또한 불리할 때에는 병력의 철퇴가 용이하여 다음 방어선으로 물러나 병력을 재정비할 수 있었다. 일본군이 고전을 면치 못하는 것은 당연했다. 그러나 제해권과 제공권에서는 일본이 우세하였기에 병사들은 많은 사상자를 내면서도 함포 사격과 항공 지원을 받아 하나씩 제압해 나갔다.

일본군의 병력이 대거 증원되면서 상하이파견군이 약 10만 명으로 늘어나자 장제스 역시 모든 병력을 보내라고 명령하고 스스로 지휘봉을 들었다. 화중과 화남 각지의 병력이 상하이로 끝없이 수송되어 매일 한두 개의 사단이 열차를 타고 도착하였다. 10월 말에는 7개 집단군 85개 사단 80만 명이 집결하였고 그중에는 독일식 4개 사단(제6사단, 제36사단, 제87사단, 제88사단)을 포함해 중앙군도 30만 명에 달했다. 중국군 전체 병력의 3분의 1이 넘는 숫자였다. 장제스로서는 중국의 사활을 건 셈이었다.

일본군이 충분한 준비 없이 성급한 공격으로 큰 피해를 입었듯, 중국도 마찬가지였다. 중국의 원래 방어 계획은 단계적인 종심 방어를 통한 장기전과 소모전에 있었음에도 장제스는 상하이의 방어에 집착한 나머지 주력 부대를 무계획적으로 밀어 넣었다. 후속 부대가 도착하자마자 휴식도 없이 전선에 투입되었고, 좁은 공간에 너무 많은 병력이 밀집하면서 지휘와 통신, 병참의 문제는 물론이고 전투의 효율도 떨어졌다. 무기와 탄약도 부족했다. 그리고 각 사단들은 전투에 투입됨과 동시에 말 그대로 '녹아내렸다.' 심지어 전함의 함포 사격 한 방에 1개 대대에 해당하는 6백여 명이 한꺼번에 몰살당하기도 했다. 10월 20일까지 일본군의 사상자는 2만 명이 넘었지만, 중국군의 손실은 무려 여섯 배가 넘는 13만 명에 달했다.

9월까지 팽팽하게 벌어지던 상하이 상공에서의 공중전 역시 계속되는 소모전으로 중국 공군의 손실은 갈수록 늘어난 반면, 일본은 항공모함이 차례로 도착하고 신규 전력을 계속 증원하면서 점차 주도권을 잡기 시작하였다. 중국 해군은 양쯔 강 하류에서 일본 해군의 진입을 저지하는 수세적인 전술만 고수할 뿐 주력 함대를 총동원해 상하이 앞바다로 나가 결전을 시도하지는 못했다. 워낙 전력 차이가 컸기에 기회를 살포하고 소수의 어뢰정으로 기습하는 것이 전부였다. 더욱이 양쯔 강 입구의 장인 인근에서 9월 20일부터 일주일 동안 벌어진 해전에서 중국 해군은 4백여 대에 달하는 일본 항공 부대의 대공습을 받아 기함 닝하이를 비롯해 대부분의 함선이 격침되거나 좌초당했다. 남은 잔존 군함들 역시 거듭된 공습으로 10월 말까지 괴멸되었고 소수의 포함만이 난징이나 우한으로 후퇴하였다.

●— 일본군의 폭격으로 폐허가 된 상하이 북정거장. 1932년 제1차 상하이 전투 이후 5년 반 만에 다시 상하이를 사이에 두고 벌어진 전투는 3개월에 걸쳐 중일 양군을 합해 1백만 명 이상이 투입되었다. 이 전투는 중일 전쟁은 물론 20세기를 통틀어서 가장 규모가 크고 치열한 전투 가운데 하나였다.

또한 일본 해군은 9월 초부터 10월까지 푸저우와 샤먼, 진먼 섬 등 푸젠 성의 연안가와 해안 포대, 중국군 병영에 대해서도 대대적으로 공습하고 중국 국적의 선박을 마구 나포하였다. 10월 26일에는 푸젠 성의 입구인 진먼 섬에 해군 육전대가 상륙하여 중국군 수비대와의 치열한 전투 끝에 진먼 섬을 점령하였다.

사실 장제스를 비롯한 중국군 수뇌부는 여태껏 70만 명이 넘는 대병력을 야전에서 지휘해본 경험이 전혀 없었다. 더욱이 중국군에는 다양한 지역에서 모인 잡다한 계파의 군벌 군대가 섞여 있었고 지휘도, 장비도, 군복도 통일되지 않은 데다 심지어 방언으로 인해 언어조차 달랐다. 중앙군과 지방군이 합동으로 야전 훈련을 실시한 적조차 없었다. 같은 중국인이라는 점만 빼면 도무지 공통점이라고는 없는 웬만한 대도시 인구에 맞먹는 연합군을 하루아침에 급조하여 지휘한다는 것은 애초에 불가능한 일이었다.

게다가 장제스가 주력 부대를 상하이로 집중하면서 같은 시간 화북 전선이 위기에 빠졌다. 일본군은 파죽지세로 차하얼 성과 쑤이위안 성을 장악하였다. 상하이 전투는 화북 전선의 보조 작전에 불과했지만 이제는 모든 시선이 이곳으로 쏠리면서 양국 군대의 결전장이 되었고 여기서 어느 쪽이 이기는가에 따라 전쟁 전체의 향방이 좌우될 정도가 되었다. 더욱이 일본군이 상하이 방면으로 병력을 대폭 증강하자 중국군은 점차 밀려나기 시작했다. 10월 13일 광시 군벌의 수장 리쭝런을 만난 장제스는 "곧 모든 왜적을 황푸 강 속으로 수장시킬 것"이라고 호언장담했으나 공격의 주도권을 빼앗겼다는 사실을 깨닫지 않을 수 없었다.

일본군은 새로 도착한 3개 사단을 주축으로 10월 8일 공세를 시작했지만 중국군의 방어선을 결정적으로 돌파하기에는 무리였다. 일차 목표인 다창전에서 5킬로미터 떨어진 곳까지 전진했지만 1킬로미터를 전진하는 데 열흘이 걸릴 정도로 악전고투의 연속이었다. 10월 23일 일본군은 드디어 다창전을 삼면에서 포위한 후 4개 사단(제3사단, 제9사단, 제11사단, 제13사단)으로 재차 총공격을 시작하였다. 중국군 역시 주력을 이곳에 집중시켜 치열한 전투를 벌였다. 일본군은 야전중포병 여단이 보유한 150mm 곡사포를 비롯해 중포 120문을 집결시켜 격렬한 포화를 쏟아부었다. 또한 하늘에서는 400여 대의 항공기들이 쉴 새 없이 폭격을 퍼부었다. 그럼에도 중국군의 방어선이 쉽사리 무너지지 않자 인내심이 바닥난 일본군은 최후의 수단을 사용했다. "독가스다!" 일본군이 흘려보낸 독가스에 중국군 병사들은 패닉에 빠졌다. 독가스는 국제법에 의해 엄중히 금지된 무기였으나 일본군은 수단과 방법을 가리지 않았다. 제아무리 견고한 크리크도 독가스에는 무용지물이었다. 결국 이틀에 걸친 격전 끝에 25일 다창전은 함락되었다. 중국군은 남쪽으로 후퇴하여 쑤저우 강 남안에 포진하였다.

그동안 포위되어 있던 일본 해군 육전대도 육군이 다창전을 점령했다는 소식을 듣자 드디어 반격으로 전환하였다. 10월 26일 장제스는 퇴로가 완전히 차단되기 전에 상하이 중심가에서 모든 병력을 철수시키라고 명령했다. 주력 부대의 철수를 엄호하기 위해 제88사단 소속의 4백여 명의 결사대가 남아 북정거장과 자베이 주변에 진지를 구축하고 방어전을 펼쳤다. 그들은 소총과 수류탄, 몇 정의 기관총만으로 일본군을 나흘간 저지한 후 11월 1일 영국 조계로 물러났다. 나흘의 전투에서 중국군의 사상자는 50명 미만인 반면, 일본군은 전사자만 2백여 명이 넘었고 몇 대의 장갑차가 파괴되었다. 이들의 분투에 대해 1975년 홍콩에서 《팔백장사(八百壯士)》라는 블록버스터 영화를 제작했는데 국내에도 잘 알려진 여배우 린칭샤(林青霞, 임청하)가 이 영화에서 신인으로 출연하였다. 북정거장과 자베이를 점령한 일본군은 11월 6일 밤에는 비바람 속에서 중국군과 처절한 육박전 끝에 요충지인 바쯔차오(八字橋)를 완전히 장악하였다. 중국군은 점점 상하이 외곽으로 밀려났다.

10월 31일 일본군은 쑤저우 강을 도하하여 중국군 진지를 공격하였다. 그러나 일본군은 수십만 명이 빽빽하게 밀집해 있는 중국군 방어선을 도저히 돌파할 수 없었고, 중국군 역시 좁은 지역에 너무 많은 인원이 몰려 있어 일본군의 폭격과 포격에 많은 사상자를 냈다. 전투는 다시 교착 상태가 되었다.

＼일본군의 항저우 만 상륙

일본 참모본부는 10월 20일 전세를 일거에 뒤집기 위해 세 번째 병력 증원을 결정하였다. 화북 전선에서 제6사단을 빼내고, 본토에서 새로 창설된 제18사단, 제114사단, 야전 중포병 제6여단, 독립 산포병 제2연대, 2개 예비 보병연대로 제10군을 편성했다. 황도파의 일원으로 2.26사건에 연루되어 예비역으로 물러났던 야나가와 헤이스케 중장이 현역으로 복귀하여 지휘를 맡았다. 총병력은 약 8만 명에 달했다. 일본은 상하이의 두터운 방어선을 정면으로 공격하는 것이 얼마나 무모한 지 두 달 만에야 겨우 깨달았다. 이번에는 중국군의 주력이 몰려 있는 상하이 남쪽을 크게 우회하여 항저우 만을 기습하기로 하였다. 이곳은 중국군의 주 방어선에서 벗어나 있으면서 동시에 중국군의 퇴로를 단숨에 차단할 수 있는 곳이었다. 또한 일본은 화북 전선에서도 제16사단을 빼내어 상하이파견군에 배속시켰는데 이들이 상륙할 곳은 제11사단이 상륙했던 촨사전보다도 훨씬 북쪽인 바이마오커우(白茆口)였다. 즉, 거대한 포위망을 형성하여 상하이에 집중된 중국군의 주력을 남북에서 협공해 섬멸하겠다는 생각이었다. 또한 상하이 방면의 모든 병력을 통합 지휘하기 위해 이들을 '중지나방면군'으로 편성하고 사령관에 마쓰이 대장을 임명하였다.

1937년 11월 5일 새벽, 상하이 남쪽으로 60킬로미터 떨어진 항저우 만 북쪽 해안가에 일본군 함대가 모습을 드러냈다. 해상과 공중의 엄호를 받으며 제10군은 진산웨이(金山衛) 일대의 해변에 상륙하였다. 항저우 만에서 2킬로미터 북쪽에 있는 이곳에는 극소수의 중국군만이 있을 뿐 제대로 된 방어 시설이 없었기에 저항 없이 쉽게 상륙할 수 있었다. 제10군은 중국을 위압하듯 "일본군 백만 항저우 만 상륙(日軍百萬上陸杭州)"이라고 커다랗게 쓴 애드벌룬까지 공

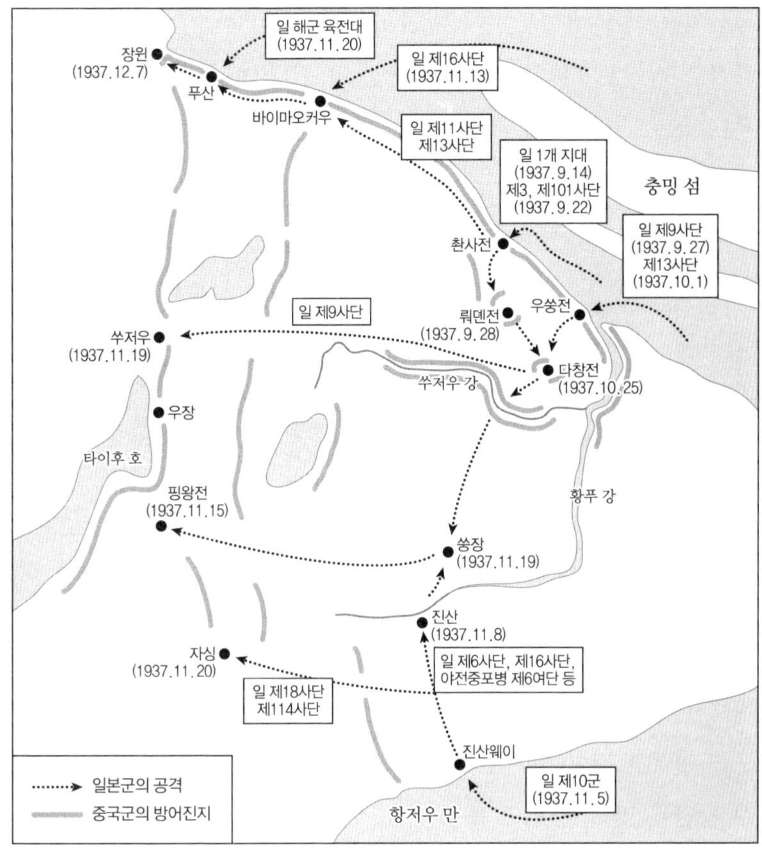

●— 상하이 전역 후반 일본군의 진격(1937년 9~11월)

중에 띄워놓고 자축하면서 수십 대의 전차 부대를 앞세워 내륙으로 단숨에 진격해 들어갔다.

제10군의 항저우 만 상륙은 중국으로서는 허를 찔린 격이었다. 장제스는 일본군이 제1차 상하이 사변 때처럼 전장을 상하이 인근으로만 국한하리라고 여겼지, 남쪽으로 멀리 우회하여 배후를 차단할 것이라고는 전혀 예상하지 못했다. 군사위원회 참모차장이며 중국군에서 가장 유능한 지휘관인 바이충시(白崇禧)가 그 이전에 "상하이로 병력을 더 이상 증원해서는 안 된다"며 상하이를 포기하고 젝트 라인으로 물러날 것을 건의한 바가 있었으나 장제스는 끝까지 공격을 고집하였다. 그는 어째서 일본군의 대규모 우회 상륙을 전혀 고려하지 않고 항저우 만을 비워두었을까? 일본이 중국을 얕보았던 것과 마찬가지로 그 역시 일본의 역량을 과소평가했던 것이다. 이것은 장제스의 치명적인 오판이었고, 중일 전쟁을 통틀어 그가 저지른 최대의 실수였다.

일본의 항저우 만 상륙은 그때까지 팽팽하던 쌍방의 교착 상태를 단숨에 무너뜨렸다. 중국군은 뒤늦게 항저우 만으로 병력을 투입하여 일본군의 전진을 저지하려고 했으나 막대한 사상자만 내고 물러날 수밖에 없었다. 여기서 제67군 군장 우커런(吳克仁) 중장이 전사했다. 지린 성 출신인 그는 장쉐량 휘하에서 러허 사변과 장성 전투에서도 용전했던 명장으로, 시안 사건 이후 자중지란에 빠진 동북군을 이끌고 장제스에게 귀순한 인물이었다. 그는 일본군 제10군 3개 사단에 맞서 황푸 강을 사이에 두고 11월 5일부터 사흘에 걸쳐 치열한 방어전을 벌였으나 결국 중과부적으로 무너졌고 장제스의 후퇴 명령이 떨어지자 11월 8일 밤에 잔존 병력과 함께 퇴각하다 적탄을 맞고 전사했다.

남쪽에서는 일본군 제10군이 황푸 강을 건너 북상하고, 북쪽에서는 상하이파견군이 쑤저우 강을 지나 남쪽으로 쇄도하자 중국군은 남북에서 포위당할 위기에 몰렸다. 이제는 장제스도 작전이 실패했음을 솔직하게 인정하지 않을 수 없었다. 같은 날 산시 성의 성도인 타이위안이 함락되어 화북 전선도 파멸 직전이었다.

11월 8일 장제스는 참모들의 건의를 받아들여 전군의 퇴각을 명령하였다. 새로운 방어선은 푸산(福山)에서 쑤저우를 거쳐 자싱을 연결하는 우푸 선(吳福線)으로 설정되었다. 그러나 군사 작전이란 전진보다 후퇴가 어려운 법이다. 더욱이 중국군은 좁은 공간에 너무 많은 인원이 밀집한 데다 그동안의 전투로 지쳐 있었다. 이런 상황에 대비한 철수 계획이 있을 리도 없었고 수송수단도 불충분했다. 게다가 적에게 삼면에서 포위되어 퇴로마저 차단될 위기에 처하자 중국군은 위에서부터 아래까지 완전히 와해되었다. 장즈중의 제9집단군을 비롯해 대부분의 부대는 군대로서의 질서가 완전히 붕괴되어 소부대 단위로 탈출해야 했고 이 과정에서 엄청난 피해를 입었다. 벌판을 완전히 메운 채 정신없이 도주하는 수십만 명의 인파 위로 일본 폭격기들이 날아다니며 사정없이 폭탄과 총탄을 퍼부었다. 11월 10일, 상하이는 완전히 포위되었고 12일에는 시가지 전역이 일본의 손에 넘어갔다. 11월 13일에는 제16사단이 바이마오커우에 상륙하여 제11사단과 함께 중국군의 퇴로를 차단하는 한편 중국 해군의 사령부가 있는 장인을 향해 맹렬하게 진격하였다.

상하이를 놓고 3개월에 걸쳐 벌어진 전투는 단일 전투로서는 제1차 세계대전에서 가장 치열한 전투였던 베르됭 전투* 이래 최대였으며 제2차 세계대전을 통틀어도 쿠르스크 전투** 다음으로 큰 규모였다. 8월 13일부터 3개월에 걸친 치열한 공방전에서 일본군은 전사 1만 명에 부상 3만 명 등 적어도 4만 명 이상의 사상자를 냈다. 병력도 세 차례에 걸친 증원으로 약 30만 명까지 늘어났다. 중국군의 피해는 그야말로 파멸적이었다. 사상자는 투입 인원 80만 명 중 3분의 1이 넘는 27만 명에 달했는데 사실 정확한 집계조차 불가능할 정도였다. 또한 1명의 군장을 포함해 15명의 고위 장성들이 최일선에서 싸우다 장렬히 전사했다. 진격하는 일본군의 눈앞에는 중국군이 버리고 간 소총, 야포, 차량, 장갑차 등이 산더미처럼 쌓여 있었다. 해군과 공군 또한 괴멸이나 다름없었다. 중국 해군의 기함 닝하이와 핑하이는 대파된 후 일본군에 노획되었고 4천톤급 방호순양함 하이치(海圻)는 좌초되자 승무원들이 자침시켰다. 3천톤급 방호순양함 하이룽(海容)과 하이첸(海琛), 하이처우(海籌) 세 자매 역시 일본 폭격기들의 공습으로 격침당하는 등 대부분의 주력함을 상실했다. 공군도 절반 이상의 기체를 상실하여 양쯔 강 하류에서의 제공권을 완전히 빼앗겼다.

╲상하이 전투의 의미

중국군의 무질서한 퇴각은 훗날 한국 전쟁 초반에 서울 함락 후 패주하는 한국군을 연상케 한다. 한마디로 "내 살을 발라내고 적의 뼈를 자르기 위해" 시작한 전투가 도리어 "적의 살만 발라내고 내 뼈를 자른 격"이 된 셈이었다. 중일 전쟁에서 상위(대위)로 직접 참전했던 타이완의 저명한 역사학자인 레이 황 교수는 장제스가 후퇴 명령을 너무 늦게 내린 것이 패배의 원인이라고 비판한다. 그러나 이것은 단편적인 시각일 뿐이다. 장제스는 일본군이 중국군의 후방에 상륙했

---

* 제1차 세계대전 당시 프랑스의 북동부의 소도시 베르됭(Verdun)을 놓고 1916년 2월부터 10월까지 근 8개월에 걸쳐 독일군과 연합군 사이에 벌어진 전투. 초반에는 프랑스군이 패배 직전까지 몰렸으나 페탱 장군의 용전으로 독일군의 공세를 격퇴하여 승리하였다. 양측의 손실은 프랑스군 37만 명, 독일군 33만 명에 달하였다. 당시 대위였던 드골은 세 번이나 중상을 입고 독일군의 포로가 되었다.

** 제2차 세계대전에서 벌어진 인류 역사상 최대의 전투. 스탈린그라드에서 패배한 독일군은 전세를 역전시키기 위해 쿠르스크의 소련군을 공격하였다. 소련군 역시 독일군의 공격을 미리 파악하여 모든 준비를 갖춘 상태였다. 양측 모두 동원 가능한 모든 병력과 전차, 항공기를 총동원하여 1943년 7월 5일부터 15일까지 약 열흘에 걸쳐 사상 최대의 기갑전과 공중전을 벌였다.

다는 보고를 받자마자 자신의 오판을 인정하고 후퇴 명령을 내렸다. 그것이 조금 더 빨랐다고 해서 결과가 달라지지는 않았을 것이다.

그보다 더 큰 원인은 다음과 같이 정리할 수 있다. 첫째, 장제스는 피아간의 전력 차이와 아군의 열세를 뻔히 알면서도 좁은 지역에 무리하게 많은 병력을 몰아넣고 화력에서 월등히 우세한 적의 전면에 병력을 축차 투입하여 성과 없이 병력만 소모시켰다. 둘째, 전투가 벌어진 3개월 동안 일본군이 후방에 상륙할 가능성을 전혀 고려하지 않았다. 장제스는 아무런 근거도 없이 일본이 1932년과 마찬가지로 전장을 상하이 주변으로만 국한하리라고 막연히 낙관했을 뿐 훨씬 후방인 항저우 만에 우회하여 상륙하리라고는 예상하지 않았다. 셋째, 수십만 명에 달하는 병력을 어떻게 체계적으로 철수시킬 것인가에 대한 계획도, 준비도 없었다. 따라서 퇴로가 차단될 상황에 직면하자 무작정 철수 명령을 내렸고 군대 전체가 공황 상태에 빠져버렸던 것이다. 모든 차량과 중장비가 버려졌고 철수 과정에서만 1만 명이 넘는 병사들이 희생되었다. 상하이와 난징 사이에 구축된 '젝트 라인'에는 많은 수비 부대가 배치되어 있었지만 그들 역시 대부분 전의를 상실한 패잔병들의 물결에 휩쓸려 버렸다.

그렇지만 일본군이 퇴로를 완전히 틀어막기 전에 퇴각 명령이 내려졌기에 적어도 포위 섬멸되는 일은 피할 수 있었다. 만약 장제스가 자신의 오판을 인정하지 않고 후퇴 불가를 고집했다면 중국군은 더 최악의 상황을 당했을 것이다. 비록 대부분의 장비는 상실했지만 탈출에 성공한 많은 병력이 재편되어 다음 전투에 투입될 수 있었다. 이런 모습은 1941년 9월 키에프에서 독일군에 포위당한 70만 명의 소련군이 항복한 것이나 1943년 1월 스탈린그라드에서 7만 5천 명의 추축군이 항복했던 것과는 대조적이다. 스탈린과 히틀러는 현실을 외면하고 끝까지 고집을 부리다가 회복하기 어려운 패배를 여러 번 반복했다. 반면, 장제스는 현대전에 능숙하다고는 할 수는 없어도 지도자로서의 결단력과 유연한 판단력을 보여주었다.

중국군은 비록 마지막에 패배하고 말았지만 3개월간의 전투에서 보여준 분투는 분명 놀라운 것이었다. 비록 화력의 절대적 열세로 중국군은 일본군보다 훨씬 많은 사상자를 냈지만 이는 중국군의 허약함이 아니라 오히려 강인한 인내심과 끈기의 증거라고 봐야 한다. 중국군이 단순히 오합지졸의 집합체였다면 그런 손실을 입기 전에 스스로 무너져 버렸을 것이다. 중국군은 일부 정예 부대를 제외하고 대부분 훈련도 장비도 매우 불충분했지만 끈질기게 진지를 사수하면서 말 그대로 최후의 한 사람이 쓰러질 때까지 싸웠다. 예상을 뛰어넘는 중국군의 전투력은 일본군 수뇌부를 경악시켰고 일본은 세 번이나 병력을 증원해야 했다. 또한 참담한 패전에도 불구하고 독소 전쟁 초반의 소련군과 달리 중국군은 마지막 순간까지도 대규모로 집단 투항하는 일이 없었다는 점은 주목할 만하다. 상하이의 패배는 뼈아픈 것이었으나 중국군 수뇌부에게 훌륭한 교훈이 되었다.

한편 일본의 전략적 무계획성과 졸속에 가까운 작전은 중국이 저지른 실수 이상이었다. 그것은 단지 '피로스의 승리'*일 뿐이었다. 일본군은 청일 전쟁 이래 상륙전과 시가전에 대한 경험을 지속적으로 축적해 왔을 뿐더러, 상하이에 주둔하고 있었던 해군 육전대는 중국군의 우세한 공격을 끝까지 저지할 만큼 최고의 정예 부대였

---

* 기원전 3세기, 에피루스의 왕 피로스는 로마군과 싸워 연전연승을 거두었지만 손실이 너무 커 결국 마지막 전투에서 패배하였다. 이후 '상처뿐인 승리', '이겨도 이겼다 할 수 없는 승리'를 피로스의 승리라고 부른다.

다. 또한 일본은 이미 제1차 상하이 사변에서 동일한 장소에서 동일한 작전을 수행한 경험이 있었다. 양국의 국력과 군사력의 압도적인 차이를 생각한다면 일본군은 훨씬 쉽게 중국군을 제압할 수 있었다. 그럼에도 군 수뇌부는 적 해안가에 대한 상륙전의 어려움을 과소평가했고 이전의 경험에서 어떤 교훈도 배우지 못했다. 1932년에 저질렀던 오류는 1937년에도 고스란히 반복되었다. 적을 얕본 데다 공명심에 사로잡혀 있었던 지휘관들은 충분한 정찰도 하지 않은 채 병력을 이리저리 분산시켜 잘 방비된 중국군 진지를 무작정 공격하다가 막대한 손실을 입었다. 그들은 3개월이나 시간을 허비한 뒤에야 비로소 정면 공격으로는 이길 수 없다는 사실을 인정하고 항저우 만으로 우회 상륙을 선택했다.

일본군의 승리는 전적으로 포병 화력과 제해권, 제공권의 우세함, 그리고 무차별적인 독가스 공격 덕분이었다. 상하이 전투에서 일본은 89식 중전차 39대를 포함해 약 300여 대의 각종 전차와 장갑차를 투입했으나 화력과 방어력이 너무 빈약하여 콘크리트로 된 견고한 중국군 진지를 돌파하기에는 역부족이었다. 게다가 고장이 잦아 얼마 굴러가지도 못하고 태반이 그 자리에 멈추어 섰다. 결국 병사들은 총검에 의지해 지뢰밭과 철조망을 뚫고 기관총이 불을 뿜는 중국군의 진지를 향해 돌격을 반복하다 시체의 산을 쌓았다. 러일 전쟁 당시 뤼순 전투의 모습이 삼십 년 만에 재현된 셈이었다. 그럼에도 전진이 지지부진하자 일본 육군 참모총장이었던 간인노미야 고토히토 친왕은 상하이의 전황을 타개한다는 명목으로 독가스의 사용을 지시했다. 다창전 공략에서 처음 독가스탄을 사용한 일본군은 이후 중국군의 완강한 저항이나 반격에 부딪칠 때마다 독가스 공격을 실시하였다. 국제연맹이 1925년부터 독가스의 사용을 엄중히 금지했음에도 일본군은 중일 전쟁 내내 반인륜적인 독가스탄과 세균 무기를 군인과 민간인을 구분하지 않고 사용하는 만행을 저질렀다. 이로 인해 2백만 명 이상의 중국인이 감염되어 수십만 명이 사망하였고 일본은 국제 사회의 지탄을 받았다.

일본군 현지 부대들은 중국군의 주력을 포위하여 이들을 섬멸하는 대신 난징으로 방향을 바꾸어 서로 먼저 도착하려고 속도 경쟁을 벌였다. 그 덕분에 중국군은 위기에서 벗어나 포위망을 탈출할 수 있었다. 만약 상하이에서 중국군 80만 명이 포위 섬멸되었다면 중일 전쟁은 더 이상 갈 것 없이 거기서 그대로 끝났을지도 모른다. 일본의 실수는 중국에 재기의 기회를 주었다. 그러나, 중국 역시 패배의 충격에서 벗어나 회복하는 데는 적어도 수개월의 시간이 필요했다. 승리에 들떠 파죽지세로 몰려오는 일본군 앞에 난징은 바람 앞의 등불이었다.

13

난징! 난징!

╲장제스, 타협을 거부하다

장제스의 퇴각 명령이 내려지자 상하이와 난징 사이에는 수십만 명에 달하는 중국군 패잔병의 행렬이 끝없이 이어졌다. 공포에 사로잡힌 그들은 이미 군대가 아니라 무질서한 난민이었다. 제1차 세계대전 당시 30만 명이 포로가 되고 30만 명이 탈영하여 전군의 절반을 한순간에 상실했던 이탈리아의 카포레토 전투* 이래 최악의 상황이었다. 중국군 수뇌부는 공황 상태를 바로잡고 후퇴를 막기 위해 즉결 처분권을 가진 독전대(督戰隊)를 투입하여 이들을 위협하고 심지어 기관총을 무차별로 난사하기도 하였다. 그럼에도 패주의 물결을

---

* 1917년 10월 24일 독일, 오스트리아 동맹군의 이탈리아 전선에 대한 대규모 공세. 이탈리아군은 수적으로 우세했으나 완전히 방심한 채 대규모 중포와 독가스 공격을 받자 속수무책으로 무너졌다. 이 전투는 이탈리아군에게는 대재앙이었지만 영국, 프랑스군이 신속하게 증원되면서 전선은 간신히 안정되었다.

멈출 수 없었다. 상하이 전투는 단순한 패배가 아니었다. 장제스는 동원할 수 있는 모든 자원과 병력을 쏟아부었다. 더 이상 새로운 방어선을 구축할 예비 전력은 없었다. 일본군이 멈추지 않는 한 수도 난징의 함락도 시간 문제였다.

한편, 상하이 전투가 한창이던 1937년 8월 30일 중국의 국제연맹 대표 구웨이쥔은 국제연맹에 정식으로 일본의 침략을 제소하였다. 그리고 국제 사회의 개입과 일본에 대한 제재를 강력히 요구하였다. 9월 28일 국제연맹 총회는 중국의 호소를 받아들여 "일본의 행위는 9개국 조약 및 파리 부전 조약* 위반"이라는 결의안을 통과시켰다. 이에 따라 11월 13일 벨기에 브뤼셀에서 개최된 회의에서 일본에 대한 경제 제재와 중국에 대한 원조를 상정했으나 상임이사국이자 일본의 동맹국인 이탈리아의 반대에 부딪쳐 무산되었다. 또한 프랑스가 일본에 대한 석유 수출 금지를 제의했지만 이번에는 일본의 최대 무역당사국인 미국이 반대하는 등 자신들의 이해관계만 중시하는 열강들의 횡포 앞에서 국제연맹은 무기력하기 짝이 없었다.

고노에 내각은 한동안 교착 상태에 빠져 있던 상하이의 전황이 점차 유리해지자 중국에 휴전을 제안하였다. 국지적인 충돌이 전면적으로 확대되기는 했지만 원래 일본의 목표는 화북을 장악하는 데 있었지, 상하이나 중국 전토를 점령하는 것은 아니었다. 더욱이 삼국 방공 협정의 체결 이후 소련과의 긴장이 갈수록 높아지는 상황에

---

* 1928년 8월 27일 파리에서 프랑스와 미국의 주도로 체결된 전쟁 거부 조약. 일체의 무력사용을 포기하며 오로지 평화적 수단으로만 분쟁을 해결한다는 내용으로 독일, 일본, 영국, 소련, 이탈리아 등 총 15개국이 서명하였다. 그러나 조약 위반에 대한 제재 규정이 없어 상징적인 의미만 있었을 뿐 실질적인 전쟁 억지력은 없었다. 일본의 만주 사변이나 이탈리아의 에티오피아 침공 등 1930년대 이후 부전 조약을 위반하는 사례가 반복되었는데도 아무런 역할도 하지 못한 채 유명무실해졌다.

서 중일 전쟁의 장기화는 일본이 결코 바라는 바가 아니었다. 천황 히로히토 역시 전쟁을 빨리 끝내라고 닦달하였다. 따라서 일본은 중국과 정전 협정을 맺은 다음 상하이에 제3사단만 남기고 모두 만주와 화북으로 철수할 계획이었다.

중국과의 교섭은 육군에는 비밀로 한 채 히로타 외상이 주도하였다. 고노에와 히로타로서는 강경파가 득세하고 있는 육군의 강력한 반발을 우려하지 않을 수 없었기 때문이다. 처음에는 영국이 중일 양국의 화해를 중재하겠다고 나섰다. 중국의 최대 이해당사국이던 영국은 전쟁으로 인해 막대한 경제적 손실을 입고 있었다. 그러나 영국을 불신하고 있던 일본이 이를 거절하고 독일에 중재를 요청하였다. 독일은 요청을 받아들였다. 소련이라는 공동의 적을 가지고 있던 독일로서도 동맹국이 중국 전선에 묶여 있는 것은 결코 바라는 바가 아니었다. 히로타는 주중 독일대사 트라우트만을 통해 타협안을 장제스에게 전달하였다. 그러나 일본이 중국에 제시한 내용은 만주와 화북의 주권을 통째로 넘기라는 것과 같은 말이었다.

1. 내몽골에 자치 정부 수립
2. 만주국 국경으로부터 톈진, 베이핑 남방까지 비무장 지대 확대
3. 상하이의 비무장 지대 확대
4. 항일 정책의 중단
5. 일본에 대한 관세율 인하

장제스가 일본 측의 타협안을 넘겨받은 날은 11월 5일이었다. 바로 일본 제10군이 항저우 만에 상륙한 날이었다. 상황은 최악이었다. 원래부터 대일 유화파인 왕징웨이는 물론이고 바이충시, 구주퉁,

중지나방면군의 전투 편제

- **중지나방면군 사령관**: 마쓰이 이와네 대장
- **참모장**: 쓰가타 오사무 소장

– 상하이파견군(아사카 야스히코 친왕): 제3사단, 제9사단, 제11사단, 제13사단, 제101사단, 시게후지 지대, 야전 중포병 제5여단, 야전 중포병2개 독립연대, 전차 제5대대, 비행 제3여단 등

– 제10군(야나가타 헤이스케 중장): 제6사단, 제16사단, 제18사단, 제114사단, 야전중포병 제6여단, 2개 독립보병연대, 쿠니사키 지대 등

- **병력**: 9개 사단, 2개 독립 보병연대, 2개 야전중포병 여단 등 약 30만 명

허잉친 등 고위 참모들조차 화북과 상하이 양쪽 모두 전황이 갈수록 악화되는 이상 부득이 일본의 요구를 받아들일 수밖에 없다고 주장했다. 그러나 장제스는 "우리가 여기서 굴복한다면 국민들이 용납하지 않을 것"이라며 트라우트만에게 "전쟁 전의 상태로 회복하지 않는 한 절대 타협은 없다"며 잘라 말했다. 장제스가 화평안을 거부했다는 말을 듣자 히로타는 "앞으로 전황의 변화에 따라 우리의 요구 조건 역시 더 가중될 것이다"라며 엄포를 놓았다.

그런데 중국과의 교섭이 지지부진한 가운데 일본 정부 역시 뒤늦게 이 사실을 안 육군 강경파들의 격렬한 반발에 부딪쳤다. 강경파들은 오히려 히로타의 화평안이 너무 관대하다며 조건을 더욱 강화해야 한다고 주장했다. 중국이 거부한다면 더욱 확실하게 싸울 의지를 꺾어 스스로 교섭에 나서도록 만들어야 하며, 필요하다면 원래 계획에 없었던 난징도 공략하겠다는 것이 그들의 생각이었다. 그런데 전선의 상황은 또 달랐다. 이때 대본영에서는 전선을 확대하지

말라고 일선에 명령했지만, 상하이파견군과 제10군은 승리에 들뜬 나머지 명령을 묵살한 채 서로 경쟁을 벌이며 난징을 향해 진격을 시작하였다.

＼목표는 난징

1937년 11월 13일, 북쪽에서는 상하이파견군이, 남쪽에서는 제10군이 서로 질세라 레이스를 시작했다. 목표는 상하이 서쪽으로 3백 킬로미터 떨어진 중국의 수도 난징이었다. 항모에서 출격한 해군 항공기들은 퇴각하는 중국군 행렬을 폭격하고 주요 도시와 비행장, 중국군 진지를 쉴 새 없이 두들겼다. 중국군도 병력을 둘로 나누어, 양쯔강 하류의 큰 호수인 타이후 호(太湖)를 방어선으로 삼아 그 북쪽에 좌익군(제15군, 제19군, 제21군)을, 남쪽에는 우익군(제8군, 제10군, 제23군)을 배치하고 수백 개의 토치카로 구성된 젝트 라인에 방어선을 겹겹이 구축하였다. 그러나 수비대의 태반은 여기저기서 급히 징집되어 훈련도 받지 않은 신병들에다 패잔병들이었기 때문에 병력도 장비도 매우 불충분했고 사기도 낮았다.

푸산, 쑤저우, 우장(吳江), 자싱을 연결하는 제1선에서는 일본군에 맞서 격렬한 전투가 벌어졌다. 중국군이 콘크리트로 만든 토치카를 방패로 삼아 나름대로 교묘하게 저항하자 일본군은 많은 사상자를 내며 이 토치카들을 일일이 격파해야 했다. 그러나 중국군의 분투에도 불구하고 일본군을 저지하기에는 역부족이었다. 11월 18일 창수(常熟)가 함락되고 19일에는 쑤저우, 자싱의 방어선이 무너지면서 제1선이 돌파되었다. 11월 27일에는 타이후 호 북방의 전략 요충지인 우시가, 다음 날에는 창저우(常州)가 함락되었다. 남쪽에서는 제10군이 11월 24일 후저우(湖州)를 점령하고 11월 30일에는 안후

●— 난징으로 진격하는 일본군. 철도를 통해 89식 중전차를 이동시키고 있다.

이 성을 침입하여 광더에 도달하였다.

중국군의 방어선이 무너지면서 진격은 비교적 순조로웠지만, 일본군의 행군 속도는 보병의 도보에 전적으로 의존했기에 가장 빠를 때에도 일일 평균 15~20킬로미터에 불과하였다. 이것은 2천 년 전의 로마군대와 다를 바 없었고 제2차 세계대전에서 전격전을 펼치며 일일 60킬로미터 이상으로 질주하던 독일군 기갑 부대와는 감히 비교할 수도 없는 속도였다. 그나마도 차량이 부족해서 병참 부대가 이 정도의 속도조차 따라잡지 못하고 뒤처지면서 일본군은 병참선이 끊어졌다. 식량과 탄약 부족에 허덕이는 병사들은 지나가는 곳마다 온갖 약탈과 만행을 저질렀다. 남자들을 총검으로 학살하고 부녀자들을 능욕했다. 11월 19일 쑤저우를 점령한 일본군은 그곳에서 짐승이나 다를 바 없는 만행을 저질렀다. 많은 사람들이 일본군에게 학살되거나 그들을 피해 도망갔다. 35만 명의 인구는 며칠 만에 수백 명으로 줄어들어 '동양의 베네치아'로 불렸던 도시는 무수한 시체로 뒤덮인 폐허가 되었다.

일본군은 왜 이런 잔혹한 만행을 저질렀을까? 태평양 전쟁에서 대위로 참전했던 역사학자 후지와라 아키라 교수는 "상하이에서 고전했던 것에 대한 보복에다 일본인들이 가진 중국에 대한 경멸감에서 비롯되었다"고 말한다. 또한 전후 일본의 대표적인 소설가였던 이시카와 다쓰조는 "중국군은 위기에 몰리면 군복을 벗고 민간인들 속에 숨었다. 일본 병사들에게 그런 행동은 비겁하게 보였다. 일본군 병사들은 항복이라는 것을 몰랐기 때문에 포로를 대우하는 법 또한 몰랐다"라고 하였다. 이들의 말에는 중국군을 '지나군(支那軍)' 또는 '당군(唐軍)'이라 부르며 멸시하던 일본인들의 우월의식이 당연하다는 듯 깔려 있다. 그러나 이는 사실을 왜곡하는 궤변일 뿐이다. 왜냐하면 일본군 또한 중국군의 포로가 되거나 탈영하여 전향하는 경우도 많이 있었기 때문이다. 또한 일본군이 "포로로서 수치를 당하기보다 명예로운 자결"을 택한다는 것도 대부분 세뇌와 상관들의 억지 강요에 의한 것일 뿐이었다. 중국 내륙 깊숙이 비행하다 중국 공군의 요격으로 격추당하여 포로가 되는 조종사들이 늘어나자 군수뇌부는 "중국군은 포로를 극히 잔인하게 취급하니 깨끗이 자결하라"고 교육시켰고 실제로 적지에 불시착한 많은 조종사들이 그대로 따랐다.

근본적으로 일본군의 잔혹함은 그들의 전근대적이고 후진적인 문화에서 찾아야 한다. 근대 이전만 해도 군대의 약탈과 학살은 일상적인 일이었지만 현대에서는 이런 행위를 군법으로 엄중히 금지하고 있다. 왜냐하면 포로나 민간인에 대한 만행은 국가와 군대의 이미지를 떨어뜨리고 현지인들의 감정을 극도로 악화시키기 때문이다. 또한 병사들은 규율이 무너져 본래의 임무인 전투보다 약탈과 만행에 더 혈안이 되면서 군의 기강이 무너지고 때로는 싸울 의지마저 잃기도 한다. 따라서 군기가 엄격한 군대일수록 전투에서 용감하고 힘없는 자를 보호하는 반면, 오합지졸일수록 힘없는 자들에게만 강한 법이다.

일본군은 후자에 속했다. 종군 병사들의 일기나 편지을 보면 "전투 중 가장 기쁜 일은 약탈이다. 상관들도 보고도 모른 척 한다", "전쟁터에서 강간 정도는 아무렇지도 않게 생각한다" 따위의 내용이 비일비재하다. 그들의 만행은 중국만이 아니라 태평양 전쟁에서도 똑같이 자행되어 포로 학대는 물론이고 민간인을 무참하게 학살하거나 심지어 '식인 행위'를 저지르기도 했다. 일본군이 전장에서 용맹했던 것은 사실이지만 자발적인 애국심이 아니라 상관에 대한 두려움과 양떼 같은 복종심 때문이었다. 그토록 무섭게 싸우다 막상 항복하고 나면 고분고분해 지는 모습 역시 이런 이유였다. 병사들은 품속에 부적을 고이 지닌 채 부적이 총알을 막아준다는 미신을 굳게 믿었다. 그러나 전장 공포증에 시달리는 병사가 늘어나면서 하극상과 만취한 병사들의 병영 폭동이 빈번했다. 이것이 '신병(神兵)'을 자처하는 군대의 진짜 모습이었다.

╲수도를 옮기다

파죽지세로 진격하는 일본군 앞에 난징마저 위태로워지자 장제스는 군사위원회와 참모회의를 열어 대책을 논의했다. 바이충시를 비롯한 대부분의 참모들은 현실론을 내세워 "난징은 전략적으로 가치가 없고 방어가 어려워 포기해야 한다"고 건의하였다. 그러나 후난 군벌이자 군사참의원장이었던 탕성즈가 반대하고 나섰다. 그가 "싸우지도 않고 수도를 버릴 수는 없으며, 난징 교외에 국부인 쑨원의 묘가 있다"고 말하자 장제스 역시 그 말이 옳다고 하였다. "모두 반대하니 당신과 나 둘 중 한 사람이 남아서 이곳을 지켜야 한다." 장제스의 말에 탕성즈는 대답했다. "어떻게 위원장님을 이곳에 남게 하겠습니까?" 1937년 11월 19일 군사위원회는 난징을 포기하고 충칭으로 천도하기로 결정하였다. 모든 정부 기관은 충칭으로, 군사위원회와 주력 부대는 우한으로 이동하였다. 11일 26일 탕성즈가 난징위수사령관으로 임명되어 난징의 수비를 맡았다. 그러나 완전히 혼란에 빠진 난징은 무정부 상태나 다름없었고 심지어 쿠데타가 일어날 것이라는 유언비어까지 떠돌고 있었다.

앞서 일본의 요구를 거부했던 장제스는 상황이 더욱 악화되자 12월 2일 다시 트라우트만을 만나 일본이 화북에 대한 중국의 명목상의 주권만 존중해준다면 모든 요구를 받아들이겠다고 말했다. 그러나 일본은 이미 하루 전에 난징을 점령하기로 결정을 내렸고 선두부대는 벌써 난징에서 1백 킬로미터 떨어진 곳까지 진출해 있었다. 그들은 "크리스마스 전까지 난징을 점령하겠다"고 기세를 올리던 참이었다. 만약 고노에가 장제스의 제안을 수락했다면 일본은 원하는 것을 모두 얻고 전쟁은 끝났을 것이다. 참모본부도 이쯤에서 전쟁을 끝내야 한다며 적극 찬성하였다.

그러나 이번에는 고노에와 히로타가 반대했다. 히로타는 한 달 전과는 상황이 바뀌었으며 그동안 많은 희생을 치렀는데 이제 와서 강화를 서두를 필요가 없다고 주장했다. 고노에 역시 "패배자 주제에 조건을 붙이는 것은 주제 넘는 소리"라고 일축했다. 얼마 전만 해도 군부의 강경파들에게 휘둘리던 두 사람은 승리를 눈앞에 두자 이제는 앞장서서 난징의 점령을 주장하고 만약 일본이 강화를 서두른다면 중국이나 열강에게 얕보일 수 있다며 도리어 군부를 질타하였다. 이런 기막힌 모습에 참모본부 차장이자 군부의 대표적인 강경파였던 타다 하야오 중장조차 "참모본부와 내각의 입장이 완전히 거꾸로 되었다. 실로 기괴하다. 내각은 너무 낙관적으로 생각하고 있다"고 개탄할 정도였다. 이로써 일본은 전쟁을 끝낼 수 있는 마지막 기회를 놓친 셈이었다.

＼난징 함락

탕성즈는 "최후의 일인까지 싸우겠다"고 결사항전을 다짐하며 난징 방어를 준비하였다. 수비 병력은 정규군 외에 헌병, 경찰, 비정규군, 노무자들까지 합하여 13개 사단 15만 명 정도였다. 두위밍(杜聿明)이 지휘하는 장갑병단 제3대대 산하에 약간의 경전차도 있었다. 하지만 병력의 대부분은 상하이에서 패주해온 패잔병을 긁어모아 재편성한 것으로, 온갖 부대의 잡군들이 마구 뒤섞여 있었고 장비도 빈약한 데다 지휘계통도 엉망이었다. 이런 부대로 항공 지원을 받으며 중포와 전차까지 보유한 일본군 정예 부대에 맞선다는 것은 명백히 무리였다. 그러나 중국군에는 비록 상하이에서 많은 손실을 입긴 했지만 정예 부대인 제36사단과 제87사단, 제88사단이 포함되어 있었고, 그들은 여전히 전의를 불태우고 있었다.

그런데 탕성즈는 장제스 앞에서 비장한 모습을 보였지만 그다지 유능한 지휘관이 아니었다. 만약 그가 난징 주변에 있는 유리한 방어 거점을 활용해 지연 전술과 유격전을 펼쳤다면 병참이 끊긴 일본군은 고전을 면치 못했을 것이다. 그러나 그는 난징 교외의 주택이나 건물을 모조리 불태우고 모든 병력을 난징 성에 끌어모아 반경 25킬로미터 이내에 세 겹으로 배치하였다. 난징 성은 두께만도 13미터, 높이 13~25미터, 둘레는 35킬로미터, 성내 면적은 약 70제곱킬로미터에 달했다. 그러나 아무리 견고해도 구시대의 성곽은 중포와 전차, 항공 폭격 앞에서는 무용지물이었다. 게다가 탕성즈는 난징 성 뒤쪽에 놓인 다리를 파괴하고 선착장의 배도 모조리 침몰시키는 등 스스로 모든 퇴로를 없애버렸다. 성안에 거주하는 민간인들은 물론 난징으로 들어오는 피난민들에 대해서도 아무런 대책도 마련하지 않았다. 전쟁 전 난징의 인구는 약 1백만 명에 달했고 많은 사람들이 도망쳤지만 여전히 50만 명 정도가 남아 있었다. 이들은 아무런 보호도 받지 못한 채 완전히 무방비 상태가 되어버렸다. 그는 자국민은 방치한 반면 외국인들에 대해서는 12월 8일까지 퇴거하라고 지시하였다. 이 때문에 아이리스 장은 그녀의 저서인 『난징대학살(The Rape of Nanking)』에서 일본군의 만행을 고발하는 한편, 장제스와 탕성즈 역시 이를 방조한 것이나 다름없다고 비난하기도 하였다.

제74군(제51사단, 제58사단)과 제83군(제154사단, 제156사단)이 성밖 25킬로미터 떨어진 곳에 최외곽 방어선을 구축하였고, 다음으로 제87사단과 제88사단이 난징의 남쪽을, 제36사단이 난징 북쪽의 수비를 맡았다. 쑨원의 묘가 있는 쯔진 산(紫金山)에는 교도총대가 배치되었다. 또한 상하이 방면에서 후퇴해온 병력에다 추가 증원된 부대를 재편하여 각 성문과 성내의 거점마다 배치하였다.

12월 6일 난징 성 교외에 일본군의 선두 부대가 도착하였다. 곧 그들과 중국군 외곽 수비대 사이에 치열한 전투가 벌어지면서 처절한 난징 전투의 막이 올랐다. 양쯔 강을 거슬러 온 일본 해군의 함정들이 난징의 배후를 차단했고, 일본 폭격기들은 난징 시가지를 폭격했다. 중국 공군기들도 이에 맞섰다. 난징의 상공에서는 수십 대의 전투기들이 뒤엉켜 공중전을 벌였고 그때까지 살아남은 중국의 포함 몇 척이 일본 함대에 맞서 싸웠다. 그 와중에 일본 96식 중폭격기의 오폭으로 미국 국적의 석유운반선을 호위하던 미 해군의 포함 파나이 호가 격침되어 2명이 사망하고 48명이 중경상을 입었고, 이들을 구조하려던 영국 경비정 레이디버드 호 역시 공격을 받아 반파되었다. 중국은 이 사건으로 미국과 영국의 개입을 기대했으나 극동에 개입할 여력이 없었던 양국은 일본의 사과와 2백만 달러의 배상금을 받는 선에서 물러났다.

일본군은 중국군의 외곽 방어선을 모두 무너뜨리고 난징 성을 삼면에서 포위하였다. 12월 7일 난징에 도착한 마쓰이 대장은 총공격을 시작하기 전 탕성즈에게 12월 10일 오전까지 무조건 항복하라고 마지막 통첩을 보냈다. 물론 탕성즈는 거부하고 모든 성문을 폐쇄시켰다. 일본군은 총 4개 사단(제6사단, 제9사단, 제16사단, 제114사단) 10만 명에 달했다. 또한 구니사키 지대가 양쯔 강을 도하한 후 난징의 배후를 차단하기 위해 크게 우회하여 북상 중이었다. 난징의 정부 기관들과 군사위원회는 11월 말에 이미 충칭과 우한으로 이동했지만 장제스는 마지막 순간까지 난징에 남아 있다가 결국 이날 비행기를 타고 루산으로 탈출하였다.

12월 10일 오후 1시, 일본군은 전차와 중포를 앞세워 난징 성의 각 성문으로 돌격하였다. 제6사단과 제114사단이 중화먼(中華門)을, 제9사단이 광화먼(光華門)을, 제16사단이 중산먼(中山門)과 타이핑먼(太平門)을 공격하였다. 중국군의 저항은 격렬했다. 일본군은 전차

난징 수비대의 전투 편제

- **사령관**: 탕성즈
  부사령관: 뤄줘잉(羅卓英)
- 제2군(제41사단, 제48사단), 제66군(제159사단, 제160사단), 제71군(제87사단), 제72군(제88사단), 제74군(제51사단, 제58사단), 제78군(제36사단), 제83군(제154사단, 제156사단)
- 교도총대(제103사단, 제112사단), 헌병대(제2연대, 제10연대, 교도연대), 장갑병단 제3대대, 고사포 부대 등
- **총병력**: 7개 군 13개 사단 15만 명, 전차 17량(T-26, 르노FT, CV33 등)

들을 앞세워 성문을 향해 돌격했지만 중국군의 독일제 37mm 대전차포가 불을 뿜자 단숨에 몇 대가 화염에 휩싸인 채 격퇴당했다. 특히 방어의 요충지인 쯔진 산에서는 이틀에 걸쳐 일진일퇴의 혈전이 벌어졌다. 중국군의 강력한 방어에 부딪쳐 한동안 교착 상태가 되었으나 12월 12일 오후 일본군 제9사단 36연대 공병대가 폭탄으로 광화먼 주변을 폭파시킴으로써 1개 대대가 성벽을 뚫고 난징 성내로 진입하는 데 성공하였다. 이를 본 일본인 종군 기자가 "난징 공략에 성공하다!"라는 속보를 본국에 보냈고 NHK가 그대로 방송하여 일본은 그야말로 축제 분위기가 되었다. 그러나 실제로는 중국군의 저항에 부딪혀 일본군은 그 이상 한 발짝도 전진하지 못하고 있었다.

공격이 지지부진하자 일본군은 포탄에 독가스를 넣어 중국군 진지를 향해 발사하기 시작했다. 12월 12일 저녁, 마침내 쯔진 산을 비롯해 중국군 주요 방어선들이 줄줄이 무너지기 시작했다. 일본군은 난징의 성문들을 일제히 돌파하여 드디어 성내로 돌입하였다. 중

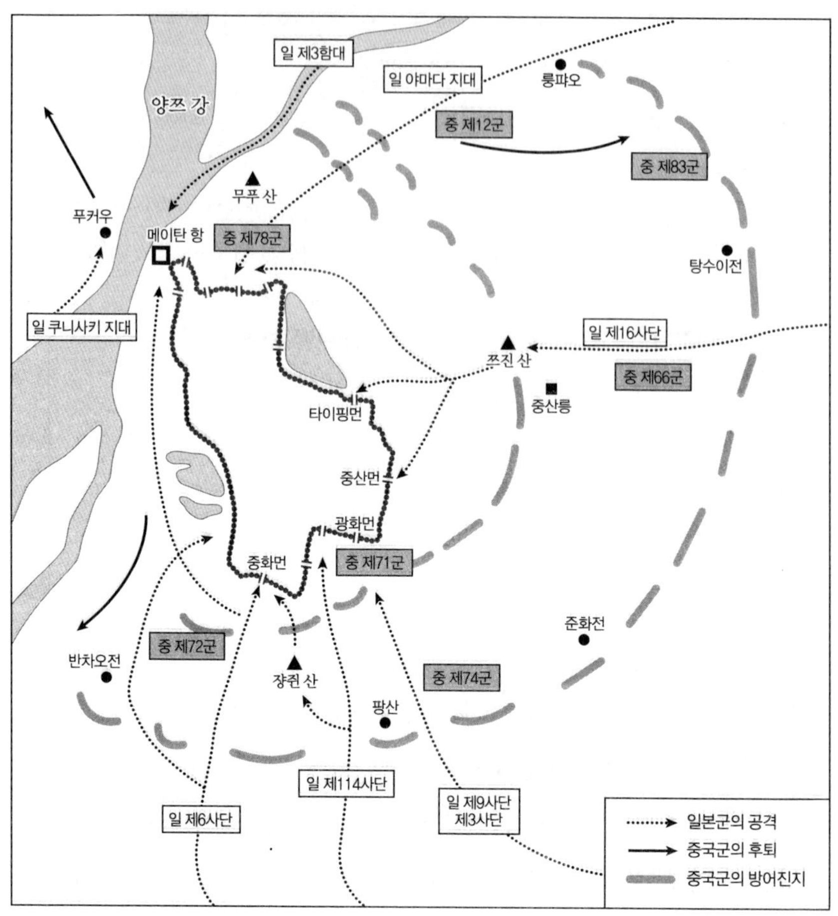

●— 난징 전투(1937년 12월)

국군은 점점 안쪽으로 밀려났지만 건물과 도로 사이에서 전투는 계속되었다. 한편, 구니사키 지대가 양쯔 강 건너편의 푸커우(浦口)를 점령하였다. 푸커우는 난징과 내륙을 연결하는 통로였기에 중국군의 퇴로는 완전히 차단되었다.

오후 8시, 상황이 절망적임을 깨달은 탕성즈는 그제야 전면 후

●— 난징 전투 중 중화먼으로 돌진하는 일본군의 94식 경장갑차 중대. 중국 수비대의 독일제 37mm Pak 36 대전차포의 사격을 받아 4대가 격파되는 등 중국군의 강력한 저항 앞에 일본군 역시 많은 사상자를 냈다.

퇴를 명령했다. 그러나 너무 때늦은 명령이었다. 이미 모든 퇴로는 막힌 데다 통신선이 모두 끊어져 후퇴 명령은 일선 부대에 제대로 전달되지 않았다. 그럼에도 탕성즈는 "각 부대는 개별적으로 포위망을 탈출한 후 다시 집결하라"는 명령만 내리고 민간인 복장으로 갈아입은 후 소수의 참모들만 데리고 가장 먼저 도주하였다. 사령관이 탈출했다는 소문이 퍼지자 그때까지 잘 싸우고 있던 장병들이 동요하면서 사기가 급격히 떨어졌다. 12월 13일 아침, 일본군의 총공격이 시작되었다. 그리고 그날 오후 4시, 중산먼을 통해 들어온 제16사단이 난징 정부 청사를 점령하고 일장기를 내걸었다. 난징 함락의 순간이었다.

지휘계통이 완전히 무너져버린 중국군 병사들은 스스로 탈출해야 했다. 그들 중 일부는 중립 지대로 선포된 외국 조계로 도망쳤다. 그러나 대다수는 난징 서쪽 메이탄 항(煤炭港)의 선착장으로 향했고 그곳은 밀려드는 수십만 명의 민간인과 병사들에 의해 발 디딜 틈조차 없었다. 그들 뒤로는 일본군이 밀려오고 머리 위로는 포탄이 떨어졌다. 또한 메이탄 항의 입구에는 탕성즈가 배치한 독전대가 있었다. 독전대의 역할은 명령 없이 병사들이 도주하는 것을 막는 것이었다. 탕성즈의 후퇴 명령을 듣지 못한 그들은 성문을 봉쇄하였고 이 때문에 같은 전우들끼리 유혈 충돌이 일어났다. 이때의 참혹한 모습은 루 추안 감독의 2009년 영화《난징! 난징!(南京! 南京!)》앞부분에서 사실적으로 묘사하고 있다.

탈출의 현장은 아비규환 그 자체였다. 중국군과 피난민들은 포탄과 기관총 세례를 받으면서 서로 먼저 배에 타려고 밀고 당기다 수많은 사람들이 세찬 격류 속에 빠져 익사하였다. 게다가 그 앞에는 이미 우회하여 퇴로를 차단한 일본군이 기다리고 있었다. 일본군의 기관총이 불을 뿜자 양쯔 강은 수많은 사람들의 피로 붉게 물들었다. 탈출에 실패한 병사들이 전의를 상실한 채 무기를 버리고 일본군에게 투항했지만, 일부는 파괴된 건물의 잔해에 숨어 산발적인 저항을 하면서 일본군에게 많은 피해를 입혔다. 전투는 그 뒤로도 며칠간 지속되었다.

부하들을 버리고 도망친 탕성즈는 우한으로 돌아왔지만 패배의 책임을 지고 모든 직위에서 해임되어 고향에서 한동안 은거하였다.

1939년 5월 군사위원회 위원으로 복직하였으나 이렇다 할 실권이 없는 명예직일 뿐 더 이상 일선에서 활약할 기회는 없었다. 그는 국공 내전 말기 공산당으로 전향하여 공산군이 후난 성을 무혈점령하는 데 큰 공을 세웠다. 이후 후난 성 부주석과 국방위원회 위원 등을 맡았으나 문화대혁명이 일어나자 우익으로 몰려 모든 직위에서 쫓겨났고 어린 홍위병들에게 구타를 당한 후 비참하게 병사하였다.

＼난징 대학살

15만 명의 수비대 중에서 탈출에 성공한 병사들은 난징 동쪽으로 후퇴했던 2개 사단을 포함해 2만 명도 채 되지 못했다. 제87사단은 3백 명만이 양쯔 강을 건너 탈출할 수 있었다. 나머지는 학살에 미친 일본군에게 포로가 되어 무참하게 살해당했다. 무려 6주 동안 포로와 민간인 약 30만 명이 살해되었다. 이것은 20세기에 하나의 도시에서 벌어진 최대의 학살극이었다. 학살을 주도한 사람은 히로히토의 숙부인 아사카 야스히코 친왕이었다. 그는 와병 중이던 마쓰이를 대신해 지휘권을 장악한 뒤 "모든 포로를 죽여라"라고 비밀 명령을 각 부대에 전달하였다.

12월 17일 마쓰이 대장은 난징 시가지에서 군대를 행진시키며 승전 퍼레이드를 벌였다. 그러나 승리는 결코 명예로운 것이 아니었다. 일주일에 걸친 전투에서 중국군은 압도적으로 열세한 상황에서도 용전한 반면, 일본군은 쉽게 승리할 것이라는 예상과 달리 끝까지 고전을 면치 못하였다. 중국군은 약 8만 명의 사상자를 냈고, 2만 명이 포로가 되었다. 또한 탕성즈는 비겁하게 도주했지만 많은 고위 지휘관들이 난징과 운명을 같이 하였다. 난징 시장대리이자 헌병대 부사령관으로 광화먼의 방어를 맡아 마지막까지 싸웠던 샤오산링(蕭山令) 소장은 난징이 함락되자 탕성즈의 후퇴 명령을 거부하고 권총으로 자결했다. 쯔진 산을 수비하던 제159사단 부사단장 뤄처췬(羅策群) 소장은 남은 부하들과 함께 일본군을 향해 돌격하다 적탄을 맞고 장렬히 전사하는 등 진두지휘하던 수많은 여단장, 연대장들이 순국하였다. 일본군 역시 적어도 1만여 명 이상의 사상자를 냈다. 그에 대한 보복은 포로들과 힘없는 민간인들에게 고스란히 되돌아왔다. 일본군은 난징 교외에 거대한 구덩이를 파고 그 앞에 포로들을 줄지어 세워 놓은 채 기관총을 난사하였다. 일본도로 한 사람씩 차례로 참수한 다음 목을 모아놓고 기념사진을 찍기도 했다. 또한 부녀자들을 강간한 후 참수하거나 불구덩이에 집어던졌다. 인간이 할 수 있는 모든 종류의 만행이 난징에서 저질러졌다.

그중에는 '100인 목 베기'시합을 벌였던 노다 쓰요시 소위와 무카이 도시아키 소위, '300인 목 베기'를 달성했다는 다나카 군키치 대위도 있었다. 일본도를 들고 자랑스레 서 있는 이들의 모습은 당시 일본 신문과 잡지에 대서특필되었다. 그들과 제6사단장이었던 다니 히사오 중장은 일본이 패망한 후 중국 정부의 요구에 따라 중국으로 소환되어 난징 대학살의 전범으로서 1948년 1월 28일 난징에서 총살당했다. 마쓰이 역시 휘하 부대의 만행을 방조했다는 책임으로 A급 전범으로 도쿄전범재판에서 사형을 언도받고 1948년 12월 23일 교수형을 받았다. 그러나 정작 학살을 직접 지시한 아사카 야스히코는 맥아더 사령부가 "천황의 일족은 기소하지 않는다"고 방침을 정하면서 면죄받았다.

심지어 일본군은 외국 조계도 포위하여 중국군을 일일이 색출해 처형하였다. 보다 못한 외국인들이 그들의 만행을 막기 위해 노력하였다. 그중의 대표적인 사람이 '중국판 쉰들러 리스트'라고 불

●— 1937년 12월 17일 난징에서 열린 일본군의 승전 퍼레이드. 선두에 선 사람이 중지나방면군 사령관 마쓰이 이와네 대장. 일본군은 승자로서 거창한 입성식을 하고 있었지만 한쪽에서는 이성을 상실한 병사들이 수뇌부의 묵인 아래 포로와 민간인을 상대로 참혹한 학살극과 온갖 만행을 저지르고 있었다.

린 독일인 기업가 욘 라베였다. 나치 당원이자 독일 지멘스 사의 중국지사장이었던 그는 난징의 다른 외국인들과 힘을 모아 '난징 안전지대 국제위원회'를 구성하였다. 욘 라베와 로버트 윌슨 박사가 주도하는 국제위원회는 모두 19명으로 구성되었고 이들은 일본군과 협정을 맺어 조계에 안전 구역을 만들어 중국인 피난민들을 수용하였다. 대학살에서 이들이 구한 중국인은 무려 25만 명에 달했다.

그러나 그는 일본군의 학살과 강간을 방조했다는 비난을 받기도 하였다. 1950년에 중국 『신화일보』는 이들이 자신들의 공장과 교회를 보호하기 위해 일본군과 결탁하여 중국인들을 희생시켰다

●— '100인 목 베기'시합을 벌였던 노다 쓰요시 소위와 무카이 도시아키 소위의 의기양양한 모습. 이들은 일본이 패망한 뒤 중국정부에 의해 기소되어 난징 교외에서 총살당함으로써 죄과를 치렀다.

는 무책임한 기사를 실었다. 사실 상하이나 톈진과 달리 난징의 조계에는 열강들의 수비대가 거의 없었기 때문에 일본군이 협정을 무시하고 안전 구역을 마음대로 출입하며 행패를 부려도 무력한 국제위원회로서는 속수무책이었다. 그러나 그들이 자신들의 목숨을 걸고 최선을 다했다는 점은 분명 높이 평가받아야 한다. 욘 라베는 다음 해에 독일로 돌아왔으나 중립을 지키라는 지시를 어기고 중국인들을 도왔다는 이유로 게슈타포에게 체포되어 고초를 겪었고 종전 후에는 나치 당원이라는 이유로 모든 재산을 빼앗겨 비참하게 살다가 1950년 베를린에서 사망하였다. 장제스 정부는 뒤늦게 그의 행적을 알고 국공 내전 말기 혼란의 와중에도 특사를 보내 난징 시민들이 모은 기부금을 그에게 직접 전달하였다. 욘 라베가 쓴 일기는 1997년에 『존 라베 난징의 굿맨(John Rabe- Der gute Deutsche von

Nanking)』이라는 책으로 출판되었고 2009년에는 영화《존 라베》로 제작되었다.

『라이프』 지의 극동 지부 특파원으로 중일 전쟁을 취재하고 있었던 시어도어 H. 화이트는 만약 일본이 아무런 가치도 없는 난징 공략과 학살극을 벌이는 데 시간을 허비하는 대신, 그대로 양쯔 강 상류까지 단숨에 거슬러 올라갔다면 중국의 저항을 거의 받지 않고 우한이나 충칭, 청두까지도 단숨에 손에 넣었을 것이라고 회고하였다. 일본군은 무익한 학살과 약탈을 저지르는 데 광분한 나머지 가장 좋은 기회를 놓쳤다. 그동안 장제스는 병력을 재편하고 소련의 원조를 받아 힘을 회복하였다. 루거우차오 사건이 일어났을 때 스기야마 육군대신은 히로히토 앞에서 "중국은 3개월이면 끝장낸다"고 장담했지만 벌써 다섯 달이 지나고 있었다.

14

화북도 무너지다

＼위기의 화북 전선

상하이에서 치열한 격전이 벌어지는 동안 또 하나의 전선인 화북에서도 전쟁의 불길이 점점 확대되고 있었다. 베이핑과 톈진을 놓고 치열하게 벌어진 전투에서 결국 중국군은 물러났다. 관동군 참모장 도조 히데키 중장이 지휘하는 '차하얼 성 병단'은 이를 추격하여 차하얼 성과 쑤이위안 성을 차례로 침략하였다. 중앙군인 탕언보군이 패퇴하자 지방 군벌들은 전의를 상실한 채 대부분 싸우지도 않고 후퇴하였다. 덕분에 일본군은 거의 저항을 받지 않은 채 1937년 8월 27일 차하얼 성의 성도인 장자커우를 점령한 다음, 9월 12일에는 다퉁(大同)을 거쳐 쑤이위안 성을 침입하였다. 10월 14일에는 쑤이위안 성의 성도인 쑤이위안을, 17일에는 바오터우를 점령하였고, 이로써 차하얼 성과 쑤이위안 성 전역을 완전히 제압하였다.

중국은 일본의 남하를 막기 위해 허베이 성의 성도인 바오딩을 중심으로 핑한 철도와 진푸 철도 주변에 약 45만 명에 달하는 대병력을 배치하고 방어선을 구축하였다. 또한 8월 20일 열린 군사위원회에서는 일본군의 남하를 저지하기 위해 방어 계획을 다음과 같이 수립하였다.

주요 방어선을 총 3개로 나누어, 제1선은 바오딩에서 창 현까지, 제2선은 안양 현(安陽縣)에서 산둥 성 지난까지, 제3선은 뤄양과 정저우, 카이펑, 쉬저우을 거쳐 장쑤 성 화이인(淮陰)까지 연결되었다. 제1선에는 10개 군 29개 사단이 배치되었다. 쑹저위안의 제1집단군(제29군, 제53군)이 진푸 철도를, 류즈의 제2집단군(제3군, 제26군, 제52군)이 핑한 철도에 각각 배치되었고 주력 부대는 전략적 요충지인 바오딩에 집결하였다. 웨이리황의 제14집단군은 전략예비대로서 우군의 지원을 맡았다. 또한 9월 17일 제1전구에서 허베이 성 동부 방면과 산둥 성을 분리하여 제6전구로 편성하였다. 전구 사령관은 펑위샹이 맡았다. 그는 상하이와 난징 방면의 제3전구를 맡고 있었으나 장제스가 상하이 전투의 진두지휘에 나서자 대신 제6전구를 맡았다.

서북 군벌의 수장으로 '서북왕'이라고도 불리었던 펑위샹은 현대적인 군사 교육을 받은 적이 없기에 군인으로서는 뛰어난 지휘관은 아니었으나 봉건 군벌답지 않게 독실한 기독교도로 청렴결백을 강조하고 부하들에게 아편과 약탈을 엄중히 금지하여 민중으로부터 많은 지지를 받았다. 펑위샹은 반제국, 반군벌 운동을 펼치는 한편, 청조가 몰락한 뒤에도 여전히 자금성을 차지하고 있던 푸이를 "중화민국에는 황제가 없다"며 톈진으로 쫓아버렸다. 또한 그는 '붉은 장군'이라 불릴 만큼 중국 공산당과도 가까운 관계를 유지하였다. 그의 정치장교는 나중에 마오쩌둥의 뒤를 이어 중국의 지도자가 되는 덩샤오핑이었다.

펑위샹의 지휘 아래 30개 사단 40만 명이 넘는 대병력은 여러 겹에 걸쳐 두터운 방어선을 구축하고 더 이상은 한 치도 물러설 수 없다는 각오로 전의를 불태우고 있었다. 또한 그의 휘하에 배속된 쑹저위안, 쑨롄중, 스유싼(石友三), 한푸쥐(韓復榘) 등의 화북 군벌들은 대부분 그의 옛 부하들이기도 했다. 병사들의 사기는 하늘을 찔렀지만, 그렇다고 결코 유리하지는 않았다. 펑위샹의 서북 계열 외에도 다양한 계파의 군벌 군대들이 뒤섞여 있는 데다 무기와 장비도 빈약하고 훈련도 부족한 지방 잡군이 태반이었기 때문이다. 게다가 허베이 성과 허난 성, 산둥 성은 광활한 평야가 펼쳐져 있고 방어에 활용할 수 있는 험준한 산악 지대가 별로 없어 전차와 기계화 부대를 앞세운 일본군에게는 유리한 반면, 중국군으로서는 매우 불리하였다. 가장 무서운 적은 하늘로부터의 공격이었다. 일본의 항공 공격에 대비해 중국 공군 또한 상당한 전력을 화북에 배치했으나 제2차 상하이 사변이 확대되자 대부분의 항공기를 상하이 방면으로 이동시키면서 화북의 하늘은 무방비나 다름없었다.

한편, 일본군은 본토와 만주에서 병력이 증원되어 총 8개 사단에 1개 혼성여단, 임시항공병단 등 37만 명까지 늘어났다. 이들의 지휘를 위해 '북지나방면군'이 창설되었고 사령관에는 데라우치 히사이치 대장이 임명되었다. 그는 일본의 조선 병합 이후 초대 총독이 된 데라우치 마사타케의 장남으로 군인으로서는 매우 무능했으나 집안 배경 덕분에 출세 가도를 달려 온 위인이었다.

차하얼 성과 쑤이위안 성을 장악하여 측면의 위협을 제거한 일본군은 본격적으로 중원을 향해 남하하기 시작하였다. 1937년 9월 4일 북지나방면군 사령관 데라우치 대장은 바오딩 공략을 명령하였

1937년 9월 북지나방면군의 전투 편제

- **북지나방면군**(사령부: 톈진)
  사령관: 데라우치 히사이치 대장
  참모장: 오카베 나오자부로 소장

–군 직할: 제5사단, 제109사단, 1개 혼성여단

–제1군(가쓰키 기요시 중장): 제6사단, 제14사단, 제20사단, 야전중포병 제1여단

–제2군(니시오 도시조 중장): 제10사단, 제16사단, 제108사단

- **총병력**: 8개 사단, 1개 혼성여단, 1개 포병여단 등 37만 명

* 상하이 전투가 확대되면서 제6사단과 제16사단은 1937년 10월 상하이로 이동하였다.

다. 제1군이 공격의 주력을 맡아 베이핑에서 핑한 철도를 따라 남하하고, 제2군은 톈진에서 진푸 철도를 따라 제1군과 나란히 남하하여, 창 현을 점령한 다음 바오딩의 측면으로 우회하여 바오딩에 집결한 중국군의 주력을 양쪽에서 단숨에 포위 섬멸한다는 계획이었다.

＼바오딩 함락

일본군의 공격은 9월 14일부터 시작되었다. 그러나 시작부터 고전의 연속이었다. 상하이와 마찬가지로 중국은 화북에서도 허베이 성 중부와 허난 성, 산둥 성에 거대한 요새 지대를 건설해놓고 있었다. '장제스 라인'이라고 불리는 요새 지대는 화북 동부 전역에 걸쳐 몇 겹에 달하는 요새선의 연속이었고 수많은 크리크와 철조망, 지뢰 지대가 펼쳐져 있었다. 톈진에서 바오딩까지의 거리는 150킬로미터에 불과했지만, 일본군은 셀 수조차 없이 끝없이 늘어선 크리크를 하나

하나 격파하면서 전진해야 했다. 또한, 일본군의 측면에서는 중국군이 역습을 반복하여 일본군을 괴롭히고 병참선을 위협하였다. 양측은 일진일퇴와 혼전을 거듭했다.

그러나 전차와 장갑열차*, 항공기를 앞세운 일본군은 열흘에 걸친 치열한 전투 끝에 결국 중국군의 방어선을 돌파하고 9월 24일 바오딩을 포위하였다. 바오딩은 군사적 요충지로, 특히 바오딩 군관학교는 장제스와 펑위샹이 졸업한 모교이기도 했다. 펑위샹은 결사적으로 저지했으나 만 하루 동안의 전투 끝에 창 현과 바오딩이 동시에 함락되었다. 9월 14일부터 25일까지의 전투에서 중국군의 사상자는 무려 2만 5천 명에 달했으나 일본군 역시 전사 1,488명, 부상 4천여 명에 달하는 손실을 입었다. 제2사단을 비롯한 장제스 직계의 중앙군을 중심으로 중국군의 전의는 대단하여 그야말로 최후의 일인이 전사할 때까지 사격을 퍼부었고 마지막 순간에는 포로가 되기를 거부한 채 수류탄을 터뜨려 자결할 만큼 용전하였다. 일본군은 바오딩을 점령했지만 가장 중요한 목적이었던 중국군의 포위 섬멸에는 실패하였다. 중국군 대부분은 포위되기 전에 다음 방어선까지 교묘하게 후퇴하는 데 성공하였다.

중국군의 제일선을 돌파한 일본군은 다음으로 스자좡을 향해 진격하였다. 스자좡은 인구 5만 명의 도시로 정타이 철도(正太鐵道)**와 핑한 철도가 교차하는 교통의 요지이자 다수의 근대 공장

---

* 전투를 목적으로 두꺼운 장갑판으로 차체를 보호하고 각종 화포와 기관총을 탑재한 무장열차. 철로 위를 이동하면서 병력 수송과 화력 지원을 맡았다. 19세기 후반에서 20세기 초반까지 널리 사용되었다. 그러나 철로가 파괴되면 무용지물인 데다 적 항공기의 공격에 취약했기 때문에 제2차 세계대전 이후 전장에서 사라졌다.

** 산시 성 타이위안에서 허베이 성 스자좡까지 동서로 연결되는 철도이다.

과 물자가 집중되어 있는 군사적 요충지였다. 일본군은 여기에서 또한 번 포위 섬멸을 노렸으나 큰 비가 내려 스자좡과 창 현 사이의 강이 홍수로 범람하면서 교통이 차단되는 바람에 수포로 돌아갔다. 제2군은 1,300척의 바지선을 동원해 스자좡 서쪽으로 진출하여 중국군의 퇴로를 차단하려고 했으나 중국군은 일본군에 의해 포위되기 전에 신속하게 남쪽으로 후퇴하였다. 스자좡은 10월 11일에 함락되었다. 제2방어선인 스자좡마저 무너지자 중국군은 전의를 상실하고 더 이상의 조직적인 저항을 포기한 채 후퇴하기 시작했다.

일본군은 여세를 몰아 황허 강을 넘어 12월 23일 산둥 성 북부를 침입하였고 12월 26일에는 성도 지난을 점령하였다. 1938년 1월 10일에는 해군 육전대가 칭다오 항에 상륙하였다. 그러나 산둥 성의 방어를 책임지고 있던 한푸쥐는 부하들을 버리고 자기 가족들과 사재만 싣고 도망쳤다. 쑹저위안의 제1집단군과 쑨롄중의 제26군 역시 평위샹의 명령을 무시한 채 제대로 싸우지도 않고 퇴각하였다. 이 때문에 모든 방어선이 와해되어 황허 강 이북 전역이 일본군의 손에 들어갔다. 결국 제6전구는 폐지되었고 평위샹은 패전의 책임을 지고 자리에서 물러났다.

＼산시 성을 침공하다

그러나 파죽지세로 진격하던 일본군도 산시 성에서는 중국군의 포위망에 걸려 예상외의 고전을 면치 못하였다. 춘추 오패의 하나였던 진(晋)나라의 산시 성은 황허 강의 상류에 위치하여 인구가 많고 철광석과 석탄 등 지하자원이 풍부하다. 산시 성은 신해혁명 이후 '산시의 토(土) 황제'라 불리던 옌시산이 이십 년이 넘도록 통치하고 있었다. 그는 교활하고 매우 잔인한 봉건 군벌이지만 산시 성의 근대화에 많은 노력을 기울였고 산시 성은 중국 내륙에서 가장 발달한 지역 가운데 하나였다. 특히 성도인 타이위안은 군수 산업과 중화학 공업 등 근대 공업 시설이 밀집해 있었다. 중일 전쟁이 일어나자 산시 성은 제2전구로 편성되어 옌시산이 전구 사령관을 맡았다. 예하 병력은 옌시산의 산시군에다 웨이리황의 중앙군, 산시(陝西)군, 구 동북군, 그리고 북쪽에서 후퇴해온 쑤이위안군과 차하얼군의 패잔병까지 합하여 약 20개 사단 25만 명에 달하였다. 그중에는 주더가 지휘하는 팔로군도 있었다.

앞서 차하얼 성과 쑤이위안 성을 손쉽게 점령한 이타가키 세이시로 중장의 일본군 제5사단은 승리에 들뜬 나머지 바오딩 공략을 지원하라는 참모본부의 명령을 무시하고 제멋대로 방향을 바꾸어 9월 19일 산시 성을 침입하였다. 옌시산은 타이위안의 동북쪽 400킬로미터 떨어진 핑싱관(平型關)에서 방어선을 구축하고 일본군을 저지할 생각이었다. 중국의 그랜드캐니언이라고도 불리는 타이항 산맥 북쪽에 위치한 핑싱관은 만리장성의 요충지였다. 사방이 협곡이라 지형이 험준하고 황허 강의 상류인 탕허 강(唐河)과 연결되면서 급류가 흘러 방어에 매우 유리한 곳으로 춘추전국 시대 이래 "이곳을 지키면 중원을 지킨다"라는 말이 있을 정도였다.

옌시산은 병력을 둘로 나누어 푸쭤이가 지휘하는 제7집단군을 좌익군으로, 양아이위안(楊愛源)이 지휘하는 제6집단군을 우익군으로 만리장성을 따라 배치하였다. 중국군은 만리장성의 성벽과 험준한 산지를 이용해 매우 견고한 진지를 구축하였다. 주더가 지휘하는 팔로군 2개 사단(제115사단과 제120사단)은 유격 부대 역할을 맡았다. 원래 옌시산은 주더에게 다른 부대들과 함께 핑싱관의 수비를 맡아주기를 요청했으나 주더는 "정면 전투는 팔로군의 특기가 아니며 독

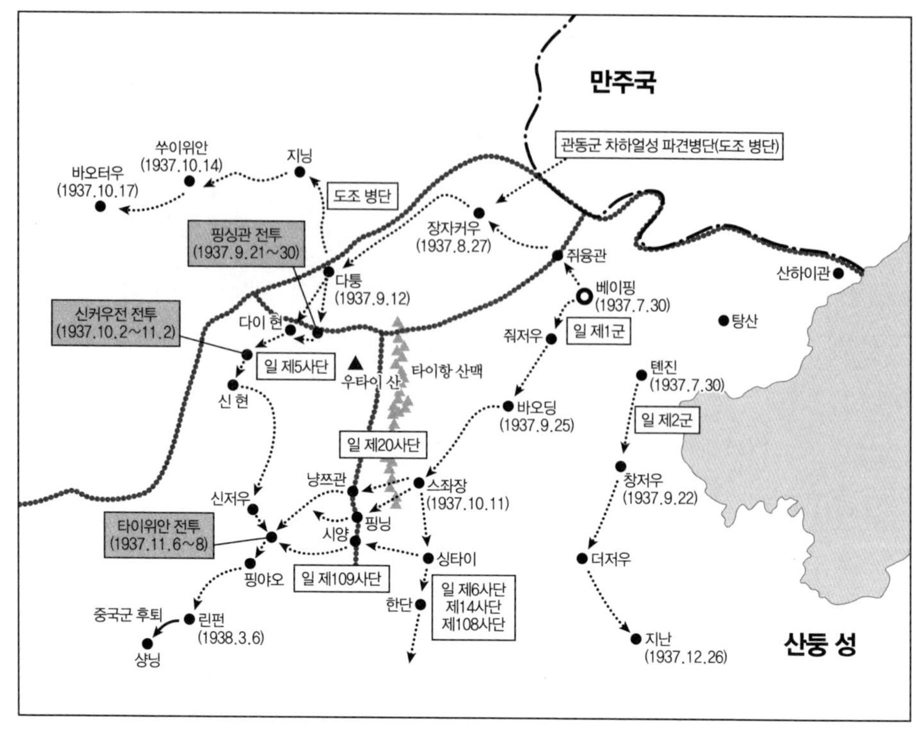

●— 일본군의 산시 성 공략(1937년 9월~1938년 1월)

자적으로 유격전을 수행하겠다"며 거절하였다.

9월 21일 일본군 제5사단의 선두 부대인 제21여단이 핑싱관에 진출하였다. 험준한 산악 지대를 사이에 두고 치열한 전투가 벌어졌다. 그 와중에 린뱌오의 제115사단이 우회한 후 일본군 제21여단의 수송중대를 습격하여 소규모 승리를 거두었다. 그러나 일본군 제5사단은 일진일퇴를 거듭하다 제2혼성여단과 제15혼성여단의 증원을 받아 9월 30일 핑싱관을 돌파하는 데 성공하였다.

핑싱관이 함락되자 옌시산은 모든 병력을 신커우전(忻口鎭)으로 후퇴시켜 제2방어선을 구축하였다. 좌익은 주더를 사령관으로 린뱌오의 제115사단을 비롯해 4개 사단을 배치하고, 우익은 양아이위안을 사령관으로 허룽의 제120사단을 비롯해 4개 사단을 각각 배치하였다. 또한 중앙에는 웨이리황의 중앙군을 주축으로 10개 사단을 타이위안 북쪽에 배치하였다. 후방에는 푸쭤이의 9개 사단이 예비대로 대기하였다.

일본군 제5사단은 바오딩 공격을 지원하라는 명령을 무시하고 제멋대로 산시 성을 침공하는 바람에 바오딩 공략 작전에 큰 차질을 빚게 만든 데다, 중국군을 얕보고 신커우전으로 무작정 전진하다가 예하의 제21여단이 수적으로 열 배 이상 우세한 적에게 포위당하여 6천 명이 넘는 사상자를 냈다. 여단장 미우라 소장이 중상을 입고 후송되었고 대대장 이하 일선 장교들도 줄줄이 전사하였다. 그럼에도 참모본부는 이타가키 중장을 명령불복으로 엄중히 문책하는 대신, 오히려 스자좡을 점령한 제20사단과 제109사단을 서쪽으로 진격시켜 이타가키의 제5사단을 지원하도록 하였다.

장제스는 산둥 성 주석이자 제3집단군 사령관 한푸쥐에게 일본군의 측면과 후방을 교란시켜 이들이 산시 성으로 증원되지 못하도록 저지하라고 명령했다. 그러나 한푸쥐는 명령을 어기고 산둥 성 남쪽으로 퇴각하였다. 그의 비겁한 적전도주는 치명적이었다. 덕분에 일본군 제20사단은 중국군의 아무런 방해를 받지 않고 10월 26일 산시 성을 침입하여 타이항 산맥의 요충지인 냥쯔관(娘子關)을 공격해 점령하였다. 이곳은 타이위안으로 향하는 서쪽 관문으로 타이위안으로부터 겨우 120킬로미터 떨어진 곳이었다.

그때까지 중국군은 2주에 걸쳐 한 발짝도 물러서지 않고 치열한 전투를 벌이고 있었지만 냥쯔관이 함락됨으로써 타이위안의 측면이 위협받는 형세가 되었다. 옌시산은 11월 2일 신커우전에서 전면 퇴각을 명령하였다. 북쪽에서는 일본군 제5사단이, 동쪽에서는 제20사단과 제109사단이 쇄도하여 타이위안을 포위하였다. 일본군은 전차부대와 항공기를 앞세워 11월 6일 맹렬하게 공격을 퍼부었다. 이틀에 걸친 치열한 전투 끝에 11월 8일 타이위안은 결국 함락되었다. 푸쭤이는 2천여 명의 잔존 병력으로 포위망을 뚫고 후퇴하였다. 옌시산의 사령부 역시 일본군의 추격을 피해 산시 성(山西省)과 산시 성(陜西省)의 경계에 있는 소도시 린펀(臨汾)까지 후퇴하였다.

일본군은 병력을 정비한 후 1938년 1월 산시 성 남부로 진격하여 3월 6일 린펀과 푸저우(浦州)까지 점령하면서 산시 성의 대부분을 장악하였다. 그러나 험준한 산악 지대에 부딪치면서 일본군도 병참 문제로 더 이상 추격할 수 없어 제5사단을 비롯한 주력 부대는 타 전선으로 이동하였다. 타이위안에는 북지나방면군 제1군 사령부가 주둔하였고 제20사단이 협곡을 사이에 두고 중국군과 대치 상태를 유지하였다.

게다가 옌시산은 약삭빠르게 부패한 일본군 지휘관에게 몰래 뇌물을 먹이고 더 이상 싸우지 않기로 비밀 협정을 맺었다. 이후에도 국지적인 전투는 간간히 벌어졌으나 산시 전선은 태평양 전쟁이 끝나는 순간까지도 큰 변화는 없었다. 오히려 중국 공산당의 세력이 점점 확대되어 옌시산의 영역을 잠식하자 옌시산이 이에 반격하면서 일본과의 전투보다 국공 간의 충돌이 더욱 빈번해졌다.

15
패배의 충격에서 벗어나

＼"장제스 정권은 상대하지 않겠다"

도처에서 연전연패에다 수도 난징마저 함락되면서 상황은 절망적이었다. 장제스는 난징 함락의 책임과 와병을 이유로 군사위원장직에서 잠시 물러났다. 게다가 1937년 12월 24일 화중에서는 중지나방면군이 항저우를, 이틀 뒤인 26일에는 북지나방면군이 산둥 성의 성도 지난을 점령하였다. 이제는 군부에서 가장 강경파였던 펑위샹조차 "길어야 반년도 지탱하지 못할 것"이라고 비관할 정도였다.

난징이 함락 직전에 몰린 12월 2일, 장제스는 트라우트만 주중 독일대사를 통해 일본의 모든 요구 조건을 수락하겠다면서 강화를 제의했다. 그러나 승리에 도취된 일본은 이를 묵살했다. 일본은 난징을 점령한 뒤 12월 22일에야 비로소 몇 가지 조건을 추가하여 새로운 화평안을 내놓았다. 추가된 내용은 만주국의 승인과 일본이 현재 점령하고 있는 모든 지역을 비무장 지대 및 특별 행정구역화하여 친일 관료로 다스리게 할 것, 거액의 전쟁 배상금 지불 등이었다. 이것은 히로타로부터 이를 넘겨받은 디르크센 주일 독일대사조차 내용을 읽어보고는 "너무 가혹하다"며 중국이 이를 받아들일 리 없다고 말할 정도였다. 그러나 고노에는 기세등등하게 이것도 너무 관대하니 중국이 거절할 테면 거절하라는 식이었다. 그의 주변에는 이번 기회에 전쟁 특수로 떼돈을 벌고 싶어 하는 군산복합체 재벌들과 군부 강경파들의 지지가 있었다. 언론은 연일 연전연승을 떠들며 '황군의 위용'을 선전했고 일본 국민 역시 전쟁에 열광하였다.

12월 27일 임시 수도인 우한에서 트라우트만은 새로 행정원장이 된 쿵샹시에게 일본이 제시한 화평안을 전달하였다. 쿵샹시는 난징에서의 만행을 비난하면서 "이런 조건은 절대 승낙할 수 없다"고 잘라 말했다. 그러나 그동안 연이은 패배의 충격으로 국민 정부 내에서도 왕징웨이를 중심으로 한 주화론자들의 목소리가 점점 커지고 있었다. 그들은 국민들이 더 이상의 고통을 겪지 않도록 '한때의 비분'을 참고 일본에 굴복할 수밖에 없다는 논리를 펼쳤다. 1938년 1월 13일 왕충후이(王寵惠) 외교부장은 트라우트만을 다시 만나 "화평안이 너무 막연하니 자세한 설명을 듣고 싶다"라며 일본이 요구조건을 완화하도록 독일이 나서주기를 요청하였다.

그러나 1938년 1월 16일 고노에 총리는 오만하게도 중국의 굴복만이 있을 뿐 타협은 없다며 "반성의 기회를 주었는데도 스스로를 돌아보지 않는 이상 앞으로 장제스 정권과는 상대하지 않는다"고 말했다. 그리고 가와고에 시게루 주중 대사를 본국으로 소환하였다. 고노에는 일본의 열악한 국력이 중국 전토를 완전히 장악하기에는 역부족인 데다 전쟁이 장기화되면 이를 감당할 수 없다는 사실을 잘 알면서도 승리에 들뜬 나머지 상황을 지나치게 낙관하였다. 장제스 역시 강경하게 "굴복하여 멸망하느니 싸워서 멸망당하는 쪽을 택하겠다"며 주일 대사 쉬스잉(許世英)을 소환하였다. 이로써 대화의 문은 완전히 닫혔고 어느 한쪽이 완전히 항복할 때까지 사생결단으로 싸우는 길만 남게 되었다.

고노에는 중국이 완전히 굴복하든가, 그렇지 않다면 중국에 장제스를 대신하는 새로운 정권을 세워서 이들과 대화하면 될 일이라고 생각하였다. 그리고 이른바 '지나사변 처리 근본 방침'을 수립하여 친일파들의 꼭두각시 정권을 점령지 곳곳에 세웠다. 1937년 12월 14일 관동군은 과거 북양 군벌 정권에서 재정총장을 지냈던 친일파 정치가 왕커민(王克敏)을 내세워 베이핑에서 '중화민국 임시정부'라는 괴뢰 정권을 수립하였다. 중지나방면군 역시 난징의 친일파들을 모아서 1938년 3월 28일 '중화민국 유신정부'를 세웠다. 관할 지역은 상하이와 난징을 비롯해 양쯔 강 하류의 장쑤 성, 안후이 성, 저장 성 일대의 일본군 점령 지역이었으며 정부의 수반은 왕커민과 마찬가지로 북양 군벌 정권에서 고위직을 지낸 량훙즈(梁鴻志)였다. 량훙즈 정권은 난징 정부의 청천백일기 대신 북양 군벌 정부가 사용했던 오색기에다 가운데에는 뻔뻔하게도 '화평건국(和平建國)'이라는 네 글자를 넣었다. 그러나 자신들이 만든 꼭두각시 괴뢰 정권을 상대로 일본이 대화를 한다는 것 자체가 어불성설이었다. 그들은 실체도 실권도 없는 껍데기일 뿐이었다. 괴뢰 정권들의 수뇌부 대부분은 무능한 데다 일본에 빌붙어 사리사욕을 챙기는 데 급급했다. 게다가 일본군이 점령지에서 저지른 온갖 만행과 가혹한 통치는 중국 민중의 격렬한 저항을 불러 일으켰다.

이후 전쟁이 장기화되면서 일본은 점점 깊은 수렁에 빠져 들어갔다. 일본으로서는 도무지 전쟁을 끝낼 방법을 찾을 수 없었다. 그럼에도 불구하고 일본은 자존심만 내세워 벼랑 끝 전술을 끝까지 고집하였고, 결국 천운에 건다는 식으로 미국과의 전쟁을 선택하게 된다. 패망이 코앞까지 다가와서야 중국에 화평을 구걸하지만 장제스는 일언지하에 거절하였다. 뒤늦게야 고노에도 "중국과의 교섭을 중단한 것은 가장 어리석은 실수였다"고 인정하였다. 이미 때늦은 후회였다. 고노에는 일본이 패망한 뒤 자신도 전범으로 몰리자 미군에 체포되기 전날 독약을 먹고 자살하였다. 일본의 힘에 의존해 유지되던 괴뢰 정권들 역시 일본의 패망과 함께 몰락하였고 여기에 가담했던 자들은 모조리 체포되어 '한간'으로 총살형에 처해지거나 중형을 받았다.

＼절망의 겨울

루거우차오 사건부터 1937년 12월 말까지 양군의 손실은 어느 정도였을까? 공식적으로 일본은 자군의 피해가 전사 1만 8천 명에 부상 5만 2천 명 정도였다고 집계했다. 그러나 실제로는 적어도 그 두 배는 넘었으리라. 반면, 중국은 일본군 사망자 5만 1,220명, 부상자 20만 4,880명에 대해 중국군 사망자 12만 5,130명, 부상자 24만 2,232명이라고 집계하였는데 이 역시 신뢰성은 의심스럽다. 물론 중국군의 손실은 일본군보다 훨씬 많았다. 전사자, 부상자, 포로, 행방불명자를 합하여 1백만 명은 넘었을 것이다. 이는 전군의 4분의 1에 해당하는 숫자로, 특히 최정예 부대의 3분의 2 이상을 잃었다. 참고로, 중일 전쟁에서 쌍방의 손실 집계가 들쑥날쑥하고 신뢰성이 낮은 이유는 양국 모두 행정 체계의 미숙과 후진성 때문에 제대로 통계를 집계할 여건이 되지 못했고, 그나마도 전후에 많은 자료가 소실되었기 때문이다. 이것은 병사는 한낱 소모품일 뿐이라는 군 수뇌부의 낮은 인식 때문이기도 했다.

난징 함락 이후 전선은 일시적으로 소강상태가 되었다. 1937년 12월 말 일본이 중국 대륙에 투입한 병력은 16개 사단 50만 명이 넘었다. 이것은 개전 이전에 수립한 '제국 국방 방침'에서 예상한 규모의 4배 이상이었고 전체 육군의 3분의 2에 달하는 숫자였다. 반면, 만주에서는 관동군이 겨우 5개 사단으로 두 배가 넘는 소련군과 대치하고 있었고, 조선에 1개 사단, 본토에 2개 사단이 주둔하고 있었다. 그런데도 중국군을 제압하고 광대한 중국 대륙을 장악하기에는 턱없이 부족했다. 그렇다고 만주나 다른 곳에서 병력을 빼내는 것도 무리였다.

1937년 12월 말 전쟁이 발발한 지 겨우 5개월이 지났지만 일본은 벌써 한계에 직면해 있었다. 흔히 일본이 중국을 '점과 선'으로 점령했다고 말하지만 이조차도 후한 평가이다. 『마이니치신문』의 중국 특파원이었던 마스이 야스이치는 "일본군의 점령지는 '점과 선'은커녕 일본군이 신은 양말뿐이다"라고 기사를 썼다가 군의 검열에 걸려 삭제당하기도 했다. 실제로 일본군이 장악한 곳은 그들이 주둔하고 있는 좁은 병영 안이 전부였다. 그곳에서 벗어나면 언제 어디에서 중국군의 기습을 받을지 몰라 두려움에 떨어야 했다.

일본은 지금까지 타국과의 총력전을 단 한 번도 경험한 적이 없었다. 청일 전쟁과 러일 전쟁은 단기전으로 끝났다. 하지만 그조차도 일본의 전쟁 수행 능력을 한계까지 몰고 갔었다. 단지 상대가 먼저 백기를 든 덕분에 일본은 강화 테이블에서 승자의 자리에 앉을 수 있었다. 만약 전쟁이 조금만 더 길어졌다면 일본 경제가 먼저 붕괴되었을 것이다. 삼십 년이 지난 뒤에도 일본은 여전히 그때와 다를 바 없었다. 전쟁을 어떻게 끝낼 것인가에 대한 구체적인 계획도 없이, 중국 대륙이라는 헤어날 길이 없는 수렁에 갈수록 빠져들면서 시간만 보낼 뿐이었다.

＼장제스, 전선을 정비하다

1937년 말부터 전차, 항공기, 야포 등 소련이 제공하는 대량의 무기가 본격적으로 중국으로 들어오기 시작했다. 또한 많은 외국 선박들이 상하이나 홍콩, 광저우에 입항하여 미국이나 유럽에서 수입한 군수물자를 내려놓았다. 이 물자들은 철도와 차량으로 내륙에 유입되었다. 일본 해군이 중국 연안의 제해권을 장악하고 있었지만 이를 완전히 차단하기는 역부족이었다. 북쪽으로 톈진에서 남쪽으로는 마카오까지 약 2,400킬로미터에 달하는 중국 연해 전체를 통제하는 것은 현실적으로 불가능한 일이었다. 또 한 가지 이유는 일본은 중국 국적의 선박을 제외하고는 제3국 선박의 통행을 차단할 권리가 없었기 때문이다. 일본 해군은 중국군이 쓸 각종 무기나 군수물자를 잔뜩 실은 제3국의 선박을 뻔히 바라볼 수밖에 없었다.

이런 괴상한 상황은 중일 전쟁이 전쟁이면서도 전쟁이 아니었기 때문에 생겼다. 양국은 그때까지도 정식으로 국교를 단절하거나 선전포고를 하지 않은 상태였다. 물론 전쟁이 확대되고 트라우트만의 중재가 실패하자 양국 모두 전쟁의 선포를 진지하게 고려하기도 했다. 그러나 "실익이 없다"는 것이 공통된 결론이었다. 중국이 일본에 선전포고를 한다면 일본은 중국의 해상 수송선을 완전히 차단하고 미국, 영국, 독일 등 중국의 주요 무역국에 대해서도 중국과의 무역을 중단하라고 요구할 것이 뻔했다. 일본 역시 국제연맹이 전쟁을 금지하는 연맹 규약 제16조를 내세워 일본에 대해 경제 제재를 할지도 모른다고 우려하였다. 열강들은 "양국이 선전포고를 하지 않은 이상 전쟁이라고 볼 수 없다"는 명분으로 일본의 중국 침략을 묵인하였다. 만약 선전포고를 한다면 국제연맹은 전쟁에 개입할 근거를 가지게 되는 것이다. 또한 중국과 일본 모두 석유나 원자재, 군수품 수입의 대부분을 미국에 의존하고 있었다. 미국 의회는 1935년 '중립법(Neutrality Acts)'*을 통과시켜 전쟁 중인 나라에 석유와 군수품의 판매를 금지시켰다. 선전포고를 하지 않은 이상 중일 전쟁은 국제법상 전쟁이 아니라 '사변(事變)'이었다. 물론 미국도 경제적 이해관계 때문에 굳이 중립법을 중국과 일본 양국에 적용하지 않았다.

중일 전쟁의 특수성 때문에 일반적인 전쟁 상식으로는 이해하기 어려운 일도 많이 있었다. 예를 들어, 톈진은 일본군이 점령하고 있었음에도 불구하고 중국은 톈진의 세관을 한동안 운용하면서 수입금을 충칭으로 송금하였다. 마찬가지로 일본군의 통치 아래에 있는 상하이에서도 중국은 외국 조계의 치외법권을 이용해 군수물자를 수입하였다. 조계의 공장에서 생산된 무기나 물자 역시 내륙으로 수송되었다. 이른바 '원장(援蔣) 루트'(장제스 정권을 지원하는 루트라는 뜻)라 불리는 원조물자 수송로는 중국에게는 생명선이었다. 일본도 이런 사실을 잘 알고 있었지만 열강과의 마찰을 우려해 묵인하였다. 오히려 부패한 현지 관료나 일본군 장교들은 기업가들과 손을 잡고 암암리에 중국을 상대로 밀수와 암거래를 하여 큰돈을 벌기도 했다. 그러나 유럽에서 제2차 세계대전이 시작되면서 중국에서 열

---

* 이탈리아가 에티오피아를 침공하고 독일이 재무장을 시작하는 등 유럽에서 전운이 감돌자 미국 의회를 장악하고 있던 보수적인 중립파들은 "미국은 제1차 세계대전에서처럼 전쟁에서 주된 역할을 맡아서는 안 된다"라고 주장하면서 1935년 8월 31일 중립법을 통과시켰다. 주요 내용은 전쟁 중인 국가에 무기와 탄약, 군수품을 금지하는 권한을 대통령에게 부여한다는 것이었다. 그러나 1939년 9월 독일이 폴란드를 침공하여 제2차 세계대전이 발발하자 미국이 더 이상 중립을 지킬 수 없게 되어 사실상 유명무실해졌다.

강들의 영향력이 줄어들자 일본은 본격적으로 원장 루트를 차단하여 중국을 고립시켰다. 양국이 서로에게 선전포고를 한 것은 태평양 전쟁이 발발한 다음 날인 1941년 12월 9일이었다.

1938년 1월 우한 한커우로 총사령부를 옮긴 장제스는 손실을 회복하고 전력을 재정비하기 위해 모든 노력을 기울였다. 첫째, 정치적으로는 중국 공산당과의 관계를 개선하기 위해 국민 정부 정치부장에 저우언라이를 임명하는 한편, 중국 내의 모든 정당들과 재야 정치 세력, 해외의 화교들까지 아우르는 국민참정회(國民參政會)를 결성하였다. 각 당파와 각계 인사로 구성된 국민참정회는 국민 정부의 최고 자문기관이자 '전시 국회'로서 중요 정책에 대한 사전심사권과 질의권, 건의권을 가지고 있었다. 이는 명목상으로나마 쑨원 시절부터 고수해온 국민당 일당 독재에서 벗어나 다른 정파의 정치 참여와 정당 활동을 인정하는 것으로, 그동안 각계에서 강력하게 요구해온 민주적인 헌정 정치로 넘어가는 첫 단계라고 할 수 있었다.

물론 한계도 많았다. 참정회 회원을 국민이 직접 뽑는 것이 아니라 국민당 중앙집행위원회에서 지명하였기에 총 2백 명에 달하는 회원의 절반 이상이 국민당원이었다. 나머지 인사들도 대부분 무당파였는데 주로 금융이나 기업, 교육, 언론 등에 속한 인사들이었다. 따라서 재야 정당에 소속된 회원은 극소수였고 중국 공산당은 마오쩌둥을 포함해 겨우 7명에 지나지 않았다. 또한 광범위하게 민의를 수렴하겠다는 처음의 취지와 달리, 갈수록 권한이 축소되면서 국민당의 어용 단체로 전락하여 1940년 이후에는 형식적인 기관과 다름없이 유명무실해졌다. 이로 인해 국민당과 다른 당파 간의 갈등이 심화되었고 민주화를 요구하는 목소리가 나날이 높아졌다. 그러나 비록 한계는 있었어도 국민참정회는 1913년 위안스카이가 국회를 총칼로 해산한 이래 25년 만에 중국에서 처음으로 수립된 대의 기관이자, 중국이 의회 민주 정치로 넘어가는 과도기를 상징하는 단체였다. 전쟁이 끝난 후 1947년 3월 제헌선거가 전국에서 일제히 실시되어 국회에 해당하는 '국민대회'가 열리면서 국민참정회는 자연스레 해산되었다.

국민참정회가 전쟁의 어려운 여건 속에서 만들어진 민주적인 모습이라면 반대로 삼민주의 청년단은 장제스의 독재를 강화하기 위한 파시즘적인 모습이었다. 1938년 7월 창설된 삼민주의 청년단은 전국의 우수한 청년들을 모아 쑨원의 유지를 받들어 국난을 극복하고 항일에 앞장선다는 명목으로 수립되었다. 그러나 사실은 히틀러 유겐트(Hitler Jugend)를 흉내 낸 준군사 조직이자 장제스를 지지하는 전위 집단이었다. 대부분 16세에서 25세 사이의 청소년과 청년층으로 구성되었고 "하나의 사상, 하나의 주의"라는 모토 아래 나라와 혁명을 위해 희생하라고 강조하였다. 결성 당시에는 1천 명에 불과했지만 입단자들이 폭발적으로 늘어나 중일 전쟁 말기에는 1백만 명이 넘었다. 이들은 항일 선전과 근로 봉사 같은 후방 활동 외에도 직접 총을 들고 학도병으로서 전투에 참가하기도 했다. 그러나 숫자가 늘어나고 조직이 전국으로 확대되면서 하나의 권력 집단이 되었다. 이 때문에 국민당이나 정부 기관과도 심한 갈등을 빚자 1947년 결국 장제스에 의해 해산되었다.

둘째, 군사적으로는 후퇴한 부대를 재편하고 신병들을 징집하는 한편, 군수물자를 확보하고 산업 시설을 이전하였다. 또한 허난성과 양쯔 강 중류에 대한 방어선을 강화하여 일본군의 내륙 진공을 막는 데 총력을 기울었다. 장제스는 루거우차오 사건 이래 지난 6개월간의 전쟁에 대해 재평가하면서 그동안의 문제점을 검토하였다. 상하이와 난징에서의 참패가 장제스의 전략적 오판 때문이었다면 화북에서의 실패는 지휘 체계의 혼란과 군벌 지휘관들의 이기적인 행태 때문이었다. 현지 지휘관들이 상부의 명령을 제멋대로 어기거나 후퇴하여 방어 전략 전체가 엉망이 되었고 잘 싸우고 있던 아군마저 측면이 노출되어 붕괴되었다.

가장 대표적인 예가 산둥 군벌 한푸쥐였다. 청조 말에 먹고 살기 위해 신식 군대의 졸병으로 입대하여 파란만장한 인생을 시작한 그는 말 그대로 혼란의 시대가 만들어낸 전형적인 구식 봉건 군벌로 부패하고 무능한 위인이었다. 옌시산의 제2전구가 산시 성에서 치열한 방어전을 펼치고 있을 때 한푸쥐는 증원 병력을 파견하라는 장제스의 명령을 거부하고 도리어 후퇴하였다. 이 때문에 일본군이 산시 성을 침입하자 측면을 위협받은 옌시산은 산시 성을 버리고 후퇴할 수밖에 없었다. 일본군의 산둥 성 침공 때에도 한푸쥐는 자신의 재산과 가족들, 부대의 군수물자만 챙겨 도주하였다. 그의 이기적인 행동은 화북 전선 전체를 붕괴시켰고 일본군은 지난을 비롯해 산둥 성의 대부분을 손쉽게 제압할 수 있었다.

사실 군벌 내전기에 고위 지휘관들의 70퍼센트 이상은 한푸쥐처럼 사회 최하층민이거나 비적 출신이었다. 그들의 상당수는 내전 과정에서 죽거나 물러나면서 정규 군사 교육을 받은 유능한 장교들로 대체되었으나 중일 전쟁이 일어났을 때에도 지방 군벌들의 태반은 이런 무능한 자들이었다. 그들은 국가보다는 자신의 이익이 우선이었다. 당시 중국에 파견된 소련 군사고문 가운데 한 사람이었던 알렉산드르 칼야긴은 이들의 비겁한 행태에 대해 "공격 명령을 받은 지휘관들이 멋대로 후퇴하여도 아무런 처벌도 받지 않았다"라고 비판하기도 했다. 그들은 중국군의 최악의 병폐였다.

결국 장제스는 군기 회복을 위해 한푸쥐를 비롯해 '명령 불복'과 '적전 도주'를 한 여단장급(소장) 이상의 고위 장성 41명을 즉각 체포하여 1938년 1월 24일 집단 총살시켰다. 이후에도 그는 종종 본보기식으로 부패한 관료들이나 멋대로 후퇴한 고위 장교들을 공개 처형하는 가혹한 처벌을 내렸다. 물론 정식 재판을 거치지 않은 극단적인 조치는 서구의 기준에서 본다면 바람직하다고 할 수는 없다. 그러나 중국의 후진적인 여건이나 전쟁이라는 특수한 상황을 염두에 둬야 한다. 1930년대 말 소련은 스탈린이 경험 많은 지휘관들을 숙청하여 독일의 침공 당시 큰 혼란으로 이어졌지만, 덕분에 무능하고 자리만 보전하던 고위 장성들을 도태시키고 젊고 유능한 지휘관들로 빠르게 대체할 수 있었다. 중국도 마찬가지였다. 중일 전쟁 이전의 장제스의 권위는 스탈린처럼 공포 정치를 하기에는 어림도 없을 만큼 취약했다. 군벌들은 걸핏하면 명령을 무시하거나 집단으로 뭉쳐서 장제스에게 대들기 일쑤였다. 그러나 전쟁을 거치면서 장제스의 권위는 강력해졌고, 중국군은 이합집산으로 뭉친 군벌 연합군으로서의 한계를 딛고 규율이 상당히 쇄신되었다.

장제스는 총사령관으로서 권위와 지휘권을 확립하면서 작전에 보다 적극적으로 개입하게 된다. 그러나 전쟁 후반으로 가면서 그는 심지어 대대나 중대 단위의 소부대의 지휘까지 마구잡이로 관여하였다. 이 때문에 작전은 경직되고 융통성이 없어졌다. 더욱이 말년으로 갈수록 스탈린이나 히틀러와 비슷한 편집 증세를 보여주어 국공 내전에서 마오쩌둥에게 참패하는 가장 큰 원인이 되었다.

\ "결국에는 중국이 이길 것이다"

난징이 함락된 직후인 1937년 12월 13일, 군사위원회는 새로운 항전 방침을 정하여 각 전구에 하달하였다. 방어의 중심은 후베이 성의 성도 우한(武漢)이었다. 상하이와 난징을 빼앗긴 중국에 있어 우한은 정치와 군사, 경제의 심장부였다. 또한 내륙 교통의 교차점이자 최대의 곡창 지대이기도 했다. 우한을 상실한다면 상하이와 난징의 상실 이상의 타격을 받게 될 것이었다. 따라서 반드시 지켜내야 했다. 이를 위해 우한 주변의 각 전구에서 광범위한 유격전을 수행하는 한편, 산악 지대를 중심으로 견고한 진지를 구축하여 지형지물을 활용한 지연전을 펼치라는 명령이 하달되었다. 적을 최대한 지치게 한 후 우한 외곽에서 결전을 한다는 종심 방어 전략이었다.

장제스는 상하이와 난징에서 벌어진 전투에서 일본과의 정면 대결이 얼마나 무모한지 새삼 절감하였다. 일본군은 결코 호락호락한 상대가 아니었다. 그는 더 이상 대규모 병력을 한 곳에 집중시켜 무리한 소모전을 벌이는 대신 가능한 주력을 보존하면서 광대한 공간과 인적 자원을 적극적으로 활용하겠다는 전략으로 전환하였다. 그러나 지휘관들이 이를 핑계로 병력 보전에만 급급하여 소극적인 자세로 일관할 것을 우려한 그는 카이펑에서 열린 군사회의에서 "반드시 적극적으로 공세를 취해야 한다. 사방에서 적을 공격하여 적의 기선을 제압하고 자유자재로 공격과 수비를 수행하여 전투의 주도권을 유지하고 적이 대응하지 못하도록 해야 한다"라고 강조하였다. 이것은 이전의 마오쩌둥의 공산군이 국민정부군을 상대로 사용하던 유격 전술을 앞으로는 국민정부군이 일본군을 상대로 재현하겠다는 의미였다.

그는 연전연패에도 불구하고 결국에는 중국이 이길 것이라고 호언장담하였다. "이 전쟁의 승패는 공간과 시간에 의해 결정될 것이며 전쟁을 오래 끌수록 적을 소진시켜 우리는 승리를 달성할 것이다. 광활한 우리 국토와 우세한 인적 자원은 적을 극복하기 위한 충분한 시간을 부여할 것이다. 일본은 이미 자신들의 역량 이상의 병력을 중국에 투입하였고 또한 광대한 지역을 장악하기 위해 지나치게 산개된 데다 더 이상의 병력을 보낼 능력이 없다."

1938년 1월 군사위원회는 각 전구를 재편하였다. 일본군이 서북을 침략하자 간쑤 성과 닝샤 성, 칭하이 성을 제8전구로 편성하였다. 또한 주력 부대를 허난 성의 제1전구와 산둥 성, 장쑤 성의 제5전구에 집중시켰다. 중국의 계획은 일본의 남하를 저지하는 한편, 기회를 보아 반격으로 전환하여 빼앗긴 지역을 적극적으로 탈환하겠다는 것이었다.

일본의 다음 목표는 산둥 성 남부와 장쑤 성이었다. 화북과 화동 두 전선을 연결하고 측면의 위협을 제거하기 위해서였다. 그런 다음 중국의 심장부인 우한으로 진격할 생각이었다. 이를 위해서는 중국군의 주력이 집중해 있는 전략적 요충지인 쉬저우 공략에 승패가 달려 있었다. 쉬저우에는 광시 군벌의 수장 리쭝런이 지휘하는 제5전구 약 15만 명의 병력이 일본군의 공격을 기다리고 있었다. 이들을 격멸하기 위해 쉬저우 북쪽에서 북지나방면군이 남하하고, 남쪽에서 중지나방면군이 북상을 시작하였다. 남북으로 협공하여 제5전구의 중국군을 포위 섬멸하겠다는 것이었다. 장제스 역시 쉬저우를 방어하기 위해 대규모로 병력을 증원하였다. 이제 쉬저우에서 중일 양국은 상하이 전투 이래 다시 한 번 최대의 회전을 벌이게 되었다.

16

타이얼좡의 승리와 쉬저우 회전

＼쉬저우를 사수하라

바오딩의 함락으로 허베이 성 전역이 일본군의 손에 넘어가고 이어서 산둥 성의 방어선마저 무너졌다. 장제스는 일본군의 허난 성 침공을 막기 위해 뤄양, 정저우, 카이펑, 쉬저우를 연결하는 새로운 방어선을 긋고 우한 방어를 위한 최 외곽 라인으로 설정하였다. 그는 직접 최전선을 돌아보면서 앞으로 자신의 허락 없이 후퇴하는 지휘관은 이유를 불문하고 즉결 처분하겠다고 경고하였다. 허베이 성의 함락으로 허난 성으로 물러난 제1전구는 뤄양에 사령부를 두었고 장제스를 대신해 군사위원회 참모총장인 청첸(程潛)이 전구 사령관 겸 허난 성 주석을 맡았다. 예하 병력은 2개 집단군(제1집단군, 제20집단군) 27개 사단 30만 명이었고 황허 강을 사이에 두고 일본군 북지나방면군과 대치하면서 이들의 남하를 저지하였다.

산둥 성 남부와 장쑤 성 일대는 제5전구가 수비하고 있었다. 병력은 5개 집단군(제3집단군, 제11집단군, 제21집단군, 제22집단군, 제24집단군) 30개 사단 35만 명에 달하였다. 그중에서 제11집단군과 제21집단군은 광시 계열의 군대였고, 위쉐중의 제3집단군은 구 동북 계열, 제22집단군과 제27집단군은 쓰촨 성 계열, 제24집단군은 구주퉁이 지휘하는 중앙군이었다. 한마디로 잡다한 군벌 군대가 뒤섞인 혼성 부대였다. 병력의 절반과 사령부는 쉬저우에 배치되었다.

전구 사령관은 '광시왕'이라 불리우는 리쭝런(李宗仁)이였다. 그는 광시 성 구이린 출신으로 광시육군소학당을 졸업한 뒤 바이충시 등과 함께 뛰어난 수완으로 광시 군벌의 수장이었던 루룽팅을 몰아내고 광시 성을 장악하였다. 쑨원과 장제스의 북벌 전쟁에 가담하여 한때 그의 세력은 장제스와 맞먹을 정도였고 장제스, 펑위샹과 형제로서의 맹세를 하기도 했다. 북벌 이후 권력을 놓고 장제스와 몇 번이나 대립했으나 결국 화해를 선택하였다. 그는 중국군 최고 수뇌부에서 근대 전술에 가장 뛰어난 지휘관으로 정평이 난 인물이었다.

장쑤 성 북서쪽에 있는 쉬저우는 중국의 남북을 관통하는 진푸 철도와 동서를 관통하는 룽하이 철도가 교차하는 곳으로, 산둥 성과 허난 성, 안후이 성, 장쑤 성 4개의 성을 연결하는 교통의 요충지이자 중국 최대의 곡창 지대이기도 했다. 따라서 중국으로서는 화중을 지키고 병력과 물자를 수송하기 위해서 쉬저우를 반드시 지켜야 했다. 반대로 일본은 쉬저우를 점령한다면 화북의 북지나방면군과 난징의 중지나방면군으로 둘로 분리되어 있는 전선을 하나로 연결할 수 있었다. 또한 쉬저우 동쪽에는 룽하이 철도의 동쪽 종착지이자 동중국해 연안의 항구도시 하이저우(海州, 지금의 롄윈(連雲))가 인접해 있었다. 하이저우는 샤먼, 광저우와 함께 청조 시절부터 서구와의 무역을 위해 개방된 무역항으로, 중국에서 가장 중요한 항구 중

하나이자 수륙 교통의 요지였다. 일본군이 하이저우 항을 이용한다면 본토와의 병참선을 대폭 단축할 수 있는 데다 진푸 철도와 룽하이 철도를 통해 병력과 물자를 화북과 화중으로 마음대로 수송할 수 있었다. 따라서 양측 모두에게 쉬저우는 반드시 확보하지 않으면 안 되는 곳이었다.

산둥 성이 함락되면서 쉬저우가 전략적으로 더욱 중요해지자 장제스는 참모차장 바이충시를 제5전구의 임시 참모장으로 파견하였다. 바이충시 역시 리쭝런과 마찬가지로 구이린 출신으로 광시 군벌의 우두머리였다. 그는 근대 전술에 능숙했고 지략이 뛰어나 '작은 제갈량'이라 불리며 이름을 떨쳤다. 태평양 전쟁 이후 장제스의 참모장으로 부임한 스틸웰 장군은 중국군 고위 지휘관들을 경멸했지만 바이충시에 대해서만큼은 "중국군에서 가장 뛰어난 장군"이라고 극찬하였다.

또한 제5전구의 병력을 보강하기 위해 군사위원회 직속의 전략예비대인 탕언보의 제20군과 쑨롄중의 제2집단군이 쉬저우로 증원되었다. 쑨롄중의 제2집단군은 바오딩 전투에서 입은 손실을 제대로 보충하지 못했으나 여전히 사기는 높았다. 탕언보의 제20군은 중국군의 최정예 4개 사단(제2사단, 제4사단, 제25사단, 제89사단)으로 구성되었고, 이들은 병력과 장비를 충분히 갖추고 있었다. 또한 직할부대로 3개 포병연대와 1936년에 독일로부터 수입한 신형 150mm 곡사포를 갖춘 곡사포 대대와 대전차포 대대가 배속되어 있었다. 독일 라인메탈 사에서 제작한 37mm Pak 35/36 대전차포는 신뢰성이 높고 빠른 포구속도(762m/s)를 내며 100미터 거리에서 64mm 두께의 강철판을 관통할 수 있어 제2차 세계대전 초반에 독일군의 주력 대전차포로 활용되었다. 장갑이 두꺼운 중전차를 상대하기에는 역부족이기에 유럽 전선에서는 제2차 세계대전 중반 이후 사라졌지만, "종잇조각"이라고 불릴 만큼 방어력이 형편없었던 일본제 전차에는 큰 위력을 발휘하여 상하이와 난징, 바오딩 전투에서 다수의 전차와 장갑차를 격파하였다.

＼타이얼좡의 승리

1938년 2월 16일에 열린 대본영 회의에서 일본은 전선을 재정비하고 전력을 보충하기 위해 일단 여름까지는 모든 작전을 잠정적으로 중단하고 전선을 더 확대하지 않기로 방침을 정하였다. 참모본부 작전과장인 가와베 도라시로 대좌가 직접 비행기를 타고 톈진의 북지나방면군 사령부까지 날아와 대본영의 방침을 전달했다. 하지만 명령불복에 이골이 난 현지 지휘관들에게는 쇠귀에 경 읽기였다. 특히 지난을 점령하여 한껏 고무된 북지나방면군의 제2군 사령관 니시오 도시조 중장은 바로 다음 날인 2월 17일 가와베 대좌가 돌아가자마자 "이건 군사령관의 명령이다"라고 말하면서 제10사단에 산둥 성 남부로 진격하라고 명령했다. 또한 제5사단에게 제10사단을 측면에서 지원하도록 하였다.

두 사단은 즉각 남하하여 제5전구의 최일선 방어선을 돌파하고 산둥 성 남부 전역을 휩쓸었다. 3월 3일에는 제5사단 휘하의 사카모토 지대가 산둥 성과 장쑤 성의 경계에 있는 요충지인 탕터우전(湯頭鎭)을 점령하였다. 내친 김에 니시오 중장은 참모본부에 "눈앞의 적을 격파하기 위해"라는 명분으로 작전 한계선을 쉬저우 북쪽의 대운하까지 확대해달라고 요청하였다. 대본영에서 불확대 방침을 정한 지 며칠 되지도 않았지만 참모본부는 이를 번복하고 조건부로 작전을 승인하였다. 그러나 니시오는 일단 승인만 떨어지면 쉬저우까

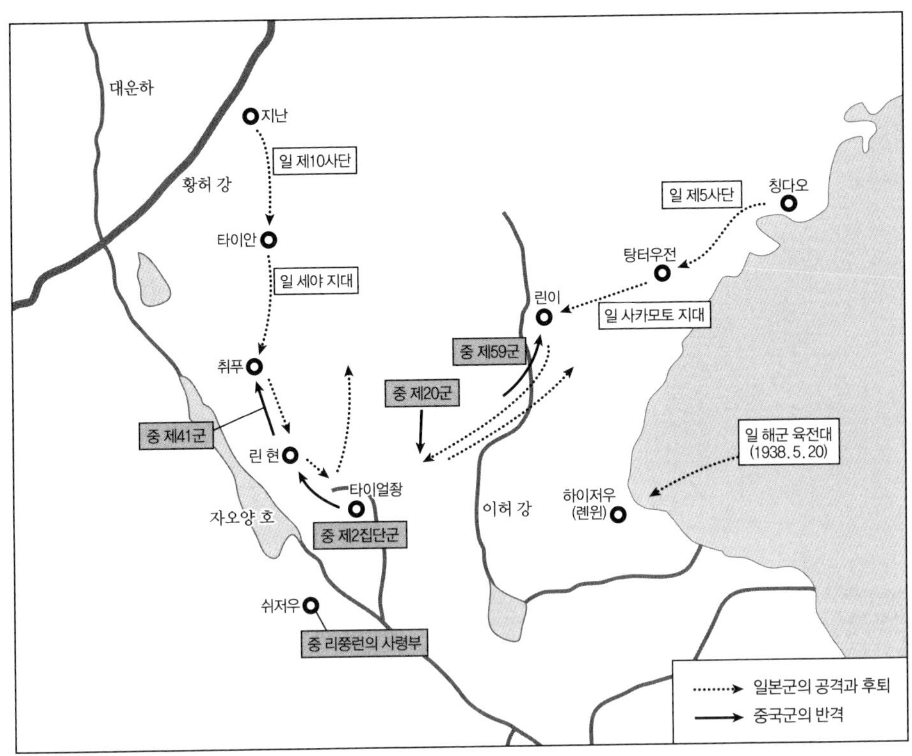

●— 타이얼좡 전투(1938년 3~4월). 이 전투는 일본군에게 유례없는 참패였다. 중국군은 후퇴하는 일본군을 추격해 타이얼좡 북쪽의 기주와 린 현에서 일본군을 소탕하고 이 지역을 탈환하였다.

지 단숨에 점령할 생각이었다.

3월 13일 제5사단 휘하의 사카모토 지대와 제10사단 휘하의 세야 지대가 서로 경쟁하면서 남하하기 시작하였다. 참고로, 일본군의 '지대(支隊)'란 전술적 필요에 따라 정규 사단에서 일부 병력을 빼내 임시로 편성한 편제로 특정 임무가 끝나면 원대 복귀하였다. 작게는 1~2개 대대에서 많게는 1개 여단에다 기병, 전차, 포병대대를 더하는 식으로 편성하였다. 따라서 인원 역시 천차만별로 1천 명에서 여단 규모(5천~7천 명)에 달하기도 했다. 정규 편제가 아니기에 정식 단대호가 없고 지대장의 이름을 따서 붙였다.

중국군의 쉬저우 방어의 핵심은 타이얼좡(台兒莊)이었다. 쉬저우 동북쪽 60킬로미터 떨어진 곳에 있는 소도시 타이얼좡은 쉬저우 방어의 최일선이자 전략적 요충지였다. 또한 도시 남쪽에는 수양제가 건설한 대운하*가 흐르고 있었다. 말하자면 배수의 지세였다. 리쭝런은 1937년 12월부터 타이얼좡 성내의 주민들을 밖으로 대피시키는 한편 수개월에 걸쳐 여러 겹의 진지를 구축하고 요새화하여 철저한 방어 준비를 하였다. 일본군이 본격적으로 쉬저우 공략을 시작하면서 타이얼좡을 중심으로 서북쪽의 린 현 주변에 덩시허우(鄧錫侯)의 제22집단군을, 동북쪽에는 장쯔중의 제59군을 배치하였다. 그 뒤로 쑨롄중의 제2집단군이 타이얼좡 성을 중심으로 전면에 방어선을 구축하였다. 리쭝런은 최정예 부대인 제20군을 여러 진지에 분산 배치할 생각이었으나 탕언보는 "자잘한 구멍을 메우는 식으로 활용하기보다 결정적인 공격에 집중시켜야 한다"며 남하하는 일본군을 깊숙이 유인한 후 압도적인 전력으로 사면에서 포위 섬멸하자고 건의하였다. 그의 주장은 지금까지의 고정 진지전을 완전히 바꾸어 유연한 기동전을 하자는 말이었다. 리쭝런과 바이충시 역시 그의 말에 찬성하여 제20군을 제5전구 직할의 예비 부대로 대기시켰다.

세야 지대는 80여 대의 전차와 장갑차 부대를 앞세워 린 현에서 치열한 전투를 벌인 끝에 중국군의 방어선을 돌파하였다. 이 전

---

* 황허 강과 양쯔 강을 연결하는 중국 남북 수륙 교통의 대동맥으로, 광대한 중국 대륙을 하나로 결합하는 데 큰 역할을 하였다. 대운하는 베이징에서 항저우까지 1,782킬로미터에 달했으나 1958년 대대적으로 정비하면서 현재는 1,515킬로미터로 단축되었다. 중국 역대 왕조는 대운하를 지속적으로 정비해 왔다.

투에서 중국군 제22집단군 산하의 제122사단은 전멸했고 사단장 왕밍장(王銘章)이 전사하였다. 왕밍장을 비롯해 사단 장병들은 모두 쓰촨 성 출신들이었다. 고향에서 수천 킬로미터나 떨어진 땅에서 뼈를 묻어야 했던 것이다. 중일 전쟁에서 일본의 직접적인 침공을 받지 않았던 쓰촨 성은 후방 기지로서 중국의 항전력을 뒷받침해야 했기에 어떤 의미에서는 가장 많은 고통을 겪었다. 8년의 전쟁 동안 약 250만 명의 쓰촨 성 청장년들이 징병되어 가족들과 떨어져 머나먼 전선으로 향하였다.

린 현을 점령한 후 세야 지대는 제63보병연대를 타이얼좡 북쪽까지 진출시켰다. 그리고 휘하 제2대대와 야전중포병 1개 대대로 타이얼좡을 공격하게 하였다. 타이얼좡에는 쑨롄중의 제3집단군 3개 사단이 강력한 방어선을 구축하고 있었다. 일본군은 중국군을 얕본 나머지 제대로 정찰도 하지 않고 고작 2개 대대로 공격한 것이다. 그럼에도 초반에는 항공기의 지원을 받으며 십여 대의 전차를 앞세워 일본군은 중국군 제27사단의 방어선을 순조롭게 돌파한 다음 3월 27일 타이얼좡 성내로 돌입하였다. 그러나 이것은 함정이었다. 중국군은 곧 압도적인 병력으로 포위한 후 사방에서 공격을 퍼부어 일본군을 전멸 직전까지 밀어붙였다. 세야 히라쿠 소장은 이들을 구하기 위해 1개 대대를 급히 증파했지만 이들 역시 중국군에 포위당하여 위기에 처했다. 중국군의 강력한 반격을 당하자 3월 29일 세야 지대의 본대 5천여 명이 타이얼좡으로 진격했다. 일본군은 남문과 동문을 점령한 후 중국군과 치열한 시가전을 벌였다. 일본군의 손실도 컸지만 중국군 역시 사상자가 총병력의 3분의 2에 달했다.

한편, 사카모토 슌 소장이 지휘하는 사카모토 지대는 타이얼좡 동북쪽에 있는 린이(臨沂)에서 장쯔중의 제59군과 치열한 전투를 벌이고 있었다. 그런데 세야 지대가 포위되어 위기에 처했다는 보고를 받자 사카모토는 린이 공략을 중지하고 타이얼좡으로 급히 이동하였다. 이들은 타이얼좡 인근 5킬로미터 떨어진 외곽까지 진출했지만 리쭝런이 예비대인 제20군을 투입하여 이들을 차단했다. 이 때문에 사카모토 지대는 막대한 손실을 입고 더 이상 전진할 수 없었다. 전세가 유리해지자 4월 3일 리쭝런은 총반격으로 전환하라고 명령하였다.

쑨롄중군과 탕언보군 사이에 완전히 포위된 세야 지대는 전멸 직전까지 몰렸다. 결국 4월 6일 세야 소장은 후퇴를 명령하였다. 일본군이 패배를 인정하고 퇴각하는 것은 개전 이래 처음이었다. 세야 지대와 사카모토 지대는 필사적으로 포위망을 돌파하여 북쪽으로 탈출했다. 중국군은 이를 추격하여 린이를 비롯해 그동안 빼앗긴 지역의 대부분을 탈환하였다. 일본군은 유례없는 참패를 당했음에도 불구하고 오히려 제5사단장 이타가키 중장이 "타이얼좡을 점령했다"고 대본영에 성급하게 보고하는 바람에 일본의 선전 방송들은 대승을 거두었다며 크게 떠들었다. 뒤늦게야 이타가키 중장은 "통신이 혼선되면서 착오가 있었다"라고 직접 해명했다.

비록 국지적인 승리였지만, 타이얼좡 전투는 사단급 전투에서 중국군이 처음으로 승리한 전투였다. 중국은 "일본군 제5사단과 제10사단 주력을 대파하고 사상자 2만 수천 이상, 소총 1만 정과 보병포 77문, 전차 40량, 대포 50여 문을 노획하고 700여 명을 포로로 잡았다"고 대대적으로 선전하였다. 물론 다소 과장되기는 했어도 17일간의 전투에서 일본군이 공식적으로 인정한 손실만도 제5사단이 전사 1,088명, 부상 4,137명, 제10사단이 전사 1,281명, 부상 5,478명으로 도합 1만 2천 명이 넘었다. 중국군 역시 약 2만 명에 달하는 사상자를 냈다. 훈련과 장비가 빈약했던 쑨롄중의 제2집단군이 가장 많은 손실을 입었다.

타이얼좡 전투는 쉬저우 전투 전체로 본다면 작은 전초전에 불과했으나, 일본군 스스로도 '메이지 이래 최대의 참패'라 할 정도로 충격이 컸다. 패배의 원인은 중국군을 지나치게 얕보고 무리하게 공격에 나섰기 때문이었다. 또한 중국군은 상하이와 난징 전투처럼 고정된 진지에서 선방어하는 구태의연한 전술에서 벗어나 일본군을 교묘하게 함정에 빠뜨려 포위한 후 사방에서 공격하여 세야 지대를 전멸 직전까지 몰아붙였다. 쑨롄중군은 막대한 손실에도 후퇴하지 않고 끝까지 방어선을 유지하였고 탕언보는 구원에 나선 사카모토 지대를 차단하여 양 부대를 분리시켰다. 각 부대의 적극적인 협조가 승리의 가장 큰 원인이었다. 이런 모습은 이전의 전투에서는 결코 볼 수 없었다. 물론 중국군의 희생도 적지 않았지만, 이전에는 중국군의 손실이 일본군의 다섯 배에서 심지어 열 배에 달했다는 점에서 타이얼좡 전투는 분명 대선전이었다.

그동안 연전연패로 의기소침하던 중국 전역이 모처럼의 승리에 환호했다. 1938년 4월 9일자 영국 로이터 통신도 "영국은 중국의 쉬저우 방어전을 주목한다"며 중국의 항전 능력을 재평가했고 베이핑 주재 미국 영사관의 무관이었던 조지프 스틸웰 대령은 "이 전쟁에서 중국이 이길 것"이라고 자신의 일기에 적었다. 그것이 설령 다소 성급한 판단이었다고 해도 중국군은 그동안의 연전연패의 충격에서 벗어나 점차 수준 낮은 민병대에서 근대전에 익숙한 군대로 변하고 있었다. 타이얼좡의 결과가 그 사실을 증명해주었다. 일본도 무조건 "공격만 하면 이긴다"는 식으로는 승리할 수 없으며 중국군을 압도하기 위해서는 훨씬 더 많은 병력과 물자를 투입해야 한다는 사실을 깨달았다.

＼쉬저우 회전과 리쭝런의 후퇴

타이얼좡의 패배는 전적으로 북지나방면군 제2군 사령관 니시오 중장의 독단적인 행동에서 비롯된 것이었다. 그런데도 일본 대본영은 이를 문책하기는커녕 오히려 그를 육군 삼대 장관 중의 하나인 교육총감으로 승진시켰다. 또한 대본영은 타이얼좡의 패배를 설복하고 중국군의 주력을 격멸한다는 명목으로 전선 불확대 방침을 깨고 1938년 4월 7일 쉬저우를 공략하라고 명령하였다. 작전명은 '흡인(吸引)'이었다. 중국군의 주력을 쉬저우로 빨아들인 후 사상 최대의 포위 섬멸전을 실현하여 중국에 결정적인 타격을 입히겠다는 의미였다. 이를 위해 다른 작전을 모두 중지하고 동원 가능한 병력을 모조리 쉬저우 방면으로 투입하였다. 북쪽에서는 북지나방면군 5개 사단과 2개 혼성여단이, 남쪽에서는 중지나방면군 3개 사단과 2개 독립지대, 여기에 해군 육전대와 임시 항공병단까지 합해 20만 명이 넘는 대병력이었다.

장제스 역시 리쭝런에게 쉬저우를 반드시 지켜야 한다고 강조하면서 타 전구로부터 병력을 대대적으로 증원하였다. 그는 "진푸 철도와 린이에서 남하하는 북지나방면군을 저지하면서 주력 부대는 남쪽으로 전환하여 중지나방면군을 섬멸하라"고 명령하였다. 즉, 남쪽에서 공격하는 일본군이 북쪽보다 전력이 약하다고 판단하고 각개 격파를 노리는 전략이었다. 제5전구의 중국군은 60만 명으로 늘어났다. 상하이 전투 이래 최대의 병력이었다. 쌍방 모두 그야말로 사활을 건 셈이었다.

공세의 주력은 북지나방면군 제2군(제5사단, 제10사단)이었다.

니시오 중장을 대신해 신임 사령관으로 히가시쿠니 나루히코 중장이 부임했다. 그는 황족 출신의 장군으로, 태평양 전쟁 직전 고노에 내각이 사퇴하자 히로히토가 그를 후임으로 고려하기도 한 인물이었다. 히가시쿠니는 미국과의 전쟁을 반대하고 중일 전쟁의 종결을 위해 장제스와의 회담을 비밀리에 추진했으나 도조 히데키의 반대로 실현하지 못했다. 그는 태평양 전쟁 중에는 본토방위사령관을 맡았으며 일본 항복 직후인 1945년 8월 17일 신임 총리가 되어 항복에 반대하는 육군 강경파들을 설득하였고 맥아더 사령부에 적극 협조하여 일본군을 무장 해제시켰다. 그는 전쟁과 관련된 중요 서류를 모아 모조리 불태우라고 지시하고 "일억 총참회론"이라는 괴상한 구호를 외치며 국민 모두의 책임이라며 군부와 정치가들의 전쟁 책임을 호도하기도 했다.

일본군 제2군은 타이얼좡의 북동쪽에서 공세를 시작하여 4월 19일 린이 성을 재점령한 다음 이허 강(沂河)을 도하하였다. 그러나 제5사단은 곧 중국군 6개 사단에 포위당하였고 20일에 걸쳐 일진일퇴의 치열한 전투가 벌어졌다. 제10사단 역시 압도적인 숫자의 중국군에 가로막혀 한 발짝도 전진할 수 없었다. 전진이 지지부진하자 5월 7일 히가시쿠니 중장은 제16사단을 급히 증원하여 공세를 강화하였다. 제16사단이 도착하면서 5월 16일부터 일본군은 공세로 전환하였고 중국군은 점차 밀리기 시작했다.

한편, 4월 초부터 공세를 시작한 제2군과 달리 다른 부대들은 제대로 보조를 맞추지 못한 채 여전히 늑장을 부리고 있었다. 작전 명령이 하달된 지 거의 한 달이 지난 5월 5일에야 남쪽에서 중지나방면군 사령관 하타 슌로쿠 대장은 제9사단과 제13사단에게 북상을 명령했다. 북지나방면군 제1군 역시 5월 7일 카이펑을 향해 진격하였다. 공격이 늦어진 가장 큰 이유는 열악한 병참 때문이었다. 대본영이 전선 불확대 방침을 내린 이유도 바로 이 때문이었는데 결국 북지나방면군의 강력한 요구에 못 이겨 마지못해 작전을 승인했지만 정작 현지 부대들은 욕심만 앞설 뿐 행동은 뒤따르지 못하였다. 작전이 한 달이나 지연되었음에도 여전히 심각한 병참 문제로 병사들은 탄약과 식량 부족에 허덕였다.

남쪽에서 중지나방면군이 본격적으로 공격을 시작하자 리쭝런은 장제스의 명령에 따라 타이얼좡과 린이에 집결해 있던 주력 부대를 급히 남쪽으로 전환시키려고 노력하였다. 그러나 기동력에서 열세인 데다 북쪽에서 북지나방면군과 치열한 전투를 벌이고 있던 중국군에게는 결코 쉬운 일이 아니었다. 중지나방면군 산하 제13사단은 1개 전차 대대를 앞세워 중국군의 후방을 향해 맹렬하게 진격하는 한편 룽하이 철도를 공격하였다. 또한 난징에 주둔한 제3사단도 급히 전선으로 출동하였다. 제13사단은 5월 7일 장쑤 성 푸닝(阜寧)을, 5월 14일에는 안후이 성의 루저우(盧州)를 점령하였다. 서쪽에서는 5월 12일 일본군 제14사단이 황허 강을 건너 중국군의 퇴로를 차단하기 위해 동쪽으로 진격하였다. 제5전구 전체가 포위될 위기였다.

장제스는 점차 상황이 심각해지고 또 일본군의 규모가 처음의 예상을 뛰어넘는 대병력이라는 사실을 확인하자 5월 15일 리쭝런에게 쉬저우를 포기하고 전면 철수하라고 명령하였다. 중앙으로부터 철수 명령이 내려지자 리쭝런은 전 병력을 다섯 개의 부대로 나눈 후 일본군을 피해 서쪽으로 후퇴시켰다. 장쯔중의 제59군이 이들의 철수를 엄호하였다. 그는 상하이 전투에서 대병력을 한꺼번에 철수시켰다가 도리어 엄청난 혼란에 빠졌던 것을 교훈 삼아 치밀한 후퇴

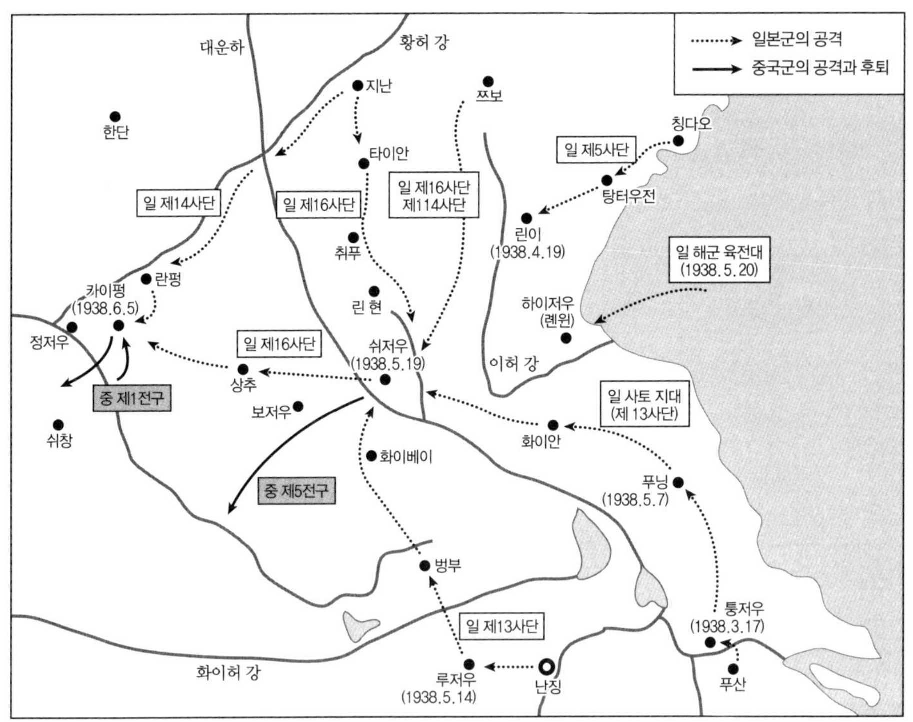

● 쉬저우 회전(1938년 4~5월). 중국군은 결전을 회피하고 소부대로 분산한 후 신속하게 후퇴하였다.

계획을 세워 휘하 병력을 분산하여 기동시켰다. 일본군은 룽하이 철도를 폭파시켜 중국군의 퇴로를 차단하려고 했으나 중국군의 완강한 저항과, 열악한 병참, 우군끼리 경쟁을 벌이는 데 급급한 바람에 실패하였다.

이때 황허 강을 건너 허난 성 동쪽의 란펑(蘭封)을 점령한 제14사단은 카이펑까지 단숨에 진격하려고 무리하게 전진하다가 도리어 중국군 제1전구의 반격을 받아 쉐웨(薛岳)가 지휘하는 12개 사단에게 포위되어 위기에 처했다. 장제스는 단숨에 전멸시키라고 명령했으나 일본군 제16사단이 급히 증원되자 쉐웨는 포위를 풀고 후퇴하였다. 대본영은 제14사단이 포위당한 책임을 물어 제1군 사령관 가쓰키 기요시 중장을 해임하였다. 그는 본토로 송환된 후 강제 예편되었다.

일본군은 남북에서 포위망을 점점 조이며 쉬저우로 진격하였다. 제13사단은 5월 17일 쉬저우 남서쪽의 바왕 산(覇王山)을 기습하여 중국군 제21사단을 격파한 후 산 중턱에 다수의 야포를 배치, 쉬저우 성을 향해 맹렬하게 포격을 가했다. 5월 19일 제13사단 산하 제65보병연대와 전차 제1대대가 쉬저우 성으로 돌진하였다. 그러나 막상 성문을 부수고 들어가자 중국군 주력은 이미 철수하여 성은 텅 비어 있었다. 일본군은 중국군을 놓친 것이다.

대본영은 병참을 이유로 란펑에서 더 이상 서진하지 말라고 명령했지만 일본군은 중국군을 계속 추격하였다. 중국군이 전투를 피하고 후퇴하자 6월 5일 일본군 제14사단은 카이펑을 손쉽게 점령하였다. 이 때문에 정저우마저 위험해지자 장제스는 6월 9일 정저우 동북쪽에 있는 황허 강의 제방을 폭파시켰다. 마침 큰 비까지 내려 강이 범람하는 바람에 서진 중이던 일본군 제14사단과 제16사단은 홍수에 휘말려 많은 병사와 장비가 떠내려가 막대한 피해를 입고 진격을 중지할 수밖에 없었다. 그러나 이로 인해 5만 4천 제곱킬로미터에 달하는 거대한 면적에 걸쳐 2천여 개의 촌락이 수몰되었고 1천만 명이 넘는 이재민이 발생하였다.

쉬저우 전투에서 쌍방은 유례없는 대규모 병력을 투입하였고, 일본이 "러일 전쟁 당시 펑톈 회전 이래 최대의 혈전"이라고 평했을 만큼 처절한 전투가 벌어졌다. 결국 중국군은 우세한 일본군의 공격 앞에 중과부적으로 쉬저우를 포기하고 서쪽으로 철수할 수밖에 없었다. 레이 황 교수는 리쭝런이 병력을 남쪽으로 보내라는 장제스의 명령을 묵살하고 북쪽에 집중한 것이 쉬저우에서 패배한 가장 큰 원인이라고 비판하였지만, 오히려 우세한 일본군에게 남북으로 협공받는 상황에서 그가 병력을 신속하게 후퇴시켜 피해를 최소화한 점을 높이 평가해야 마땅하다. 일본군이 8개 사단, 4개 여단 등 20만 명이 넘는 대병력을 투입한 상황에서 아무리 중국군이 수적으로 세 배 정도 우세해도 피아간의 화력과 기동력의 차이를 고려한다면 일본군을 각개 격파한다는 것은 상식적으로 불가능한 일이었다. 중국군에서 가장 강력한 전투력을 가진 탕언보의 제20군조차 일본군 1개 보병사단 정도의 전투력에 불과했다. 만약 리쭝런이 조금이라도 어물거렸다면 제5전구 전체가 포위 섬멸되었을 것이다. 쉬저우 회전에서 중국군이 입은 피해는 대략 총병력의 1할에 해당하는 5~6만 명 정도로 추산되었다. 비록 후퇴 과정에서 많은 장비를 상실하기는 했지만, 파멸적이었던 상하이 전투에 비한다면 리쭝런의 철수 지휘는 분명 성공적이었다. 일본군 또한 쉬저우 전투 전체를 통틀어 약 4만 3천 명의 사상자를 냈으며 특히 작전의 주력이었던 제2군의 손실은 3만 4천여 명에 달했다.

17

노몬한 전투의 서전 —장구펑 사건

일본이 루거우차오 사건 이래 본격적으로 중국 침략을 시작하면서 가장 우려한 상황은 소련과의 무력 충돌이었다. 만약 소련이 중국과 손을 잡고 만주를 침공한다면 일본은 속수무책이었다. 따라서 신중론자들은 중국과의 전쟁을 한시라도 빨리 끝내야 하며 소련을 자극해서는 안 된다고 경고했지만, 그럼에도 불구하고 관동군은 소련을 얕보고 무모한 도발을 거듭했다. 만소 국경은 나날이 긴장이 높아졌다. 그런 와중에 쉬저우 회전이 끝난 직후 두만강을 사이에 두고 소련군과의 대규모 무력 충돌이 일어났다. 바로 '장구펑 사건(張鼓峰事件)'*이다.

---

* 러시아에서는 전투가 벌어진 인근의 하산 호수(Lake Khasan)의 이름을 따 '하산 호 전투'라고 부른다.

＼간차쯔 섬 사건

만주에서 국경선 분쟁의 역사는 17세기까지 거슬러 올라간다. 청과 제정 러시아 간의 무력 충돌은 1689년 네르친스크 조약이 체결되면서 일단락되었으나 청이 기울자 러시아는 청의 영토를 잠식하기 시작했다. 제2차 아편 전쟁에서 영국과 프랑스 연합군이 베이징을 점령하자 러시아는 청을 압박해 베이징 조약을 체결하였고 우수리 강 동쪽의 약 40만 제곱킬로미터에 달하는 영토를 할양받았다. 이렇게 형성된 양국의 국경선은 20세기 초 두 나라가 모두 몰락한 뒤에도 그대로 이어졌고 1932년 만주국이 건국될 때도 계승되었다.

그런데 네르친스크 조약을 비롯해 그동안 청과 러시아가 맺었던 각종 조약과 협정은 애매한 부분이 많았다. 문구가 해석하기 나름인 데다 1천 킬로미터가 넘는 광대한 국경선을 세세한 곳까지 구체적으로 명시하지 않았다. 따라서 분쟁의 소지가 있을 수밖에 없었다. 가장 불명확한 지역은 헤이룽장 성 동남쪽의 싱카이 호(興凱湖, 러시아어로는 '한카 호')부터 두만강에 이르는 6백여 킬로미터의 동부 지역과 몽골과 접한 서북부의 후룬베이얼 초원지대였다.

1933년까지만 해도 소련은 국내 안정과 경제 개발이 우선이었기에 일본과의 마찰을 피하려고 하였다. 일본 역시 만주국의 수립과 안정에 주력하였다. 따라서 이 지역의 분위기는 국경을 순찰하는 양측 경비대 간의 사소한 충돌이 가끔 일어나는 정도였다. 그런데 1935년부터 무력 충돌 횟수가 점점 빈번해졌다. 1931년부터 1934년까지 4년간 총 152건에 불과했으나, 1935년에는 136건, 1936년에는 203건에 달했다. 규모 면에서도 무장이 빈약한 국경수비대가 아니라 정규군과 기계화 부대, 심지어 해공군까지 동원되었다. 그중에서도 가장 큰 무력 충돌은 루거우차오 사건 직전에 있었던 '간차쯔 섬 사건(乾岔子島事件)'이었다.

간차쯔 섬은 만소 국경 북쪽의 헤이룽 강 한가운데에 있는 작은 섬으로, 양국이 서로 자국의 영토라고 주장하고 있었다. 그런데 관동군은 이 섬에 만주국 경찰과 중국인 노동자들을 상륙시켰다. 소련은 처음에는 외교적으로 항의하였으나 묵살되자 1937년 6월 19일 20여 명의 병력을 상륙시켜 이들을 쫓아내고 일부를 억류하였다. 소련이 무력을 사용하자 관동군 역시 질세라 병력을 현지에 출동시켰고 다시 소련군도 포함 1척과 경비정 1척, 30명의 병력을 증원하여 간차쯔 섬에 진지를 구축하였다.

양측이 대치하면서 상황이 험악해지자 일본 참모본부는 별 가치도 없는 작은 섬 하나 때문에 소련과 전면전까지 벌어진다면 곤란하다고 판단했다. 참모본부는 관동군 사령부에 소련군이 먼저 도발하지 않는 한 무력을 사용하지 말라고 지시하는 한편, 소련과 교섭에 나섰다. 그런데 소련군을 얕본 관동군은 이 명령을 묵살하고 6월 30일 선제공격하였다. 소련군의 포함 1척이 격침되고 1척이 대파, 1척은 도주하였다. 소련군의 참패였다. 소련은 사태 확대를 막기 위해 7월 4일 모든 병력을 철수시켰다. 간차쯔 섬의 승리는 관동군이 소련을 더욱 얕보게 만들었다. 그러나 소련은 이 사건 이후 국경에 병력을 대대적으로 증강하였다. 게다가 일본이 독일, 이탈리아와 손을 잡고 삼국 방공 협정을 체결하자 양국의 관계는 최악으로 치달았다.

＼소련 NKVD 간부의 망명

바실리 블류헤르 원수가 지휘하는 소련 극동군의 규모는 20개 저격사단, 5개 기병사단에 전차 1,500대, 항공기 1,560대, 병력 37만 명에 달했다. 반면, 관동군의 전력은 조선군과 만주국 괴뢰군까지 합해도 그 절반에 불과했다. 더욱이 중국 전선이 확대되면서 빈약한 일본의 국력으로는 만주에 대한 병력 증강이 쉽지 않았다.

한국과 중국, 러시아 삼국의 접경지대에 있는 장구펑(張鼓峯)은 두만강 하구 맞은편에서 4킬로미터 떨어진 해발 149미터의 고지로 나진항이 내려다보인다. 지금은 지린 성 연변조선족 자치주에 속해 있으며 다오산(刀山)이라고도 불리지만 당시에는 이곳의 경계가 매우 모호하였고 서로 자기 지역이라며 주장하였다. 그러나 무력을 불사하면서까지 반드시 확보해야 할 만큼 가치 있는 요충지는 아니었다. 따라서 그때까지만 해도 장구펑 주변에서 무력 충돌이 벌어진 적은 없었다.

그런데 1938년 6월 13일 소련 내무인민위원회(NKVD)*의 최고위 간부인 겐리흐 류시코프가 일본으로 망명하는 사건이 일어났다. 그는 스탈린의 명령에 따라 일본과의 전쟁에 대비해 만주와 인접한 동부 시베리아에서 '외국적이고 국가에 충성하지 않는 요소'를 제거하는 임무를 맡고 있었다. 또한 그는 연해주에서 수십만 명의 조선인을 카자흐스탄 등 중앙아시아로 대거 이주시킨 장본인이기도 하였다. 스탈린은 자신의 수족인 NKVD를 앞세워 정부와 군부에 대한 대대적인 숙청을 진행했으나 NKVD의 권력이 지나치게 커지자 이들도 잘라내기 시작했다. 류시코프 역시 숙청될 위기에 처하자 만주국 국경을 통해 일본으로 망명하였다. 소련은 즉시 그의 송환을 요구했으나 일본이 거부하면서 만소 국경 지대는 일촉즉발의 긴장감이 감돌았다.

7월 6일 일본군 감시병들은 장구펑에 소련군 기병 몇 명이 갑자기 나타나 고지를 점거하고 진지를 구축하는 것을 발견하였다. 보고를 받은 참모본부는 소련군의 의도가 아직 명확하지 않고 규모가 작으므로 불필요한 충돌을 피하고 상황을 주시하라고만 지시하였다. 또한 두만강의 경비를 맡고 있는 조선군 제19사단 제75보병연대장 사토 고토쿠 대좌 역시 이 문제는 외무성에서 해결할 일이지 무력까지 사용할 일은 아니라며 대수롭지 않게 여겼다. 문제는 관동군이었다. 두만강은 관동군의 관할 밖이므로 그들이 간섭할 권한이 없었다. 그럼에도 관동군 사령부는 "러시아는 약점을 보이면 반드시 쳐들어온다. 장구평은 명백한 일본의 영토이며 조선군이 소극적으로 행동한다면 관동군이 나설 수밖에 없다"는 전문을 조선군 사령부로 보냈다. 관동군의 도발적인 문서를 받은 조선군은 매우 자존심이 상했다. 조선군 사령관 고이소 구니아키 대장은 참모본부에 "우선 외교 교섭으로 소련군의 즉각 철수를 요구하되 그래도 철수하지 않으면 무력으로 대처하겠다"며 협박이나 다름없는 전문을 보냈다.

＼소련을 도발하라

한편, 참모본부 작전과장이었던 이나다 마사즈미 대좌는 상부에서 결정한 사안을 무시한 채 자기 마음대로 위력 정찰**을 명분으로 장구평을 공격할 계획을 수립하고 있었다. 그는 국경 지대에서 의도적으로 국지적 도발을 시도한 다음 소련이 이를 명분 삼아 중일 전쟁에 직접 개입할 의사가 있는지를 확인해보겠다는 생각이었다. 한마

* 반혁명 세력을 제거한다는 명목으로 비밀경찰로서의 역할을 하였다. 반체제 인사나 국민들에 대한 감시, 구금, 살해와 강제수용소 운영, 첩보 활동 등을 수행하여 권력자의 수족으로서 가장 강력한 권한을 휘둘렀다. NKVD는 1953년 내무부와 국가보안위원회(KGB)로 분리되었다.

** 적군을 몰래 정찰하지 않고, 상당한 병력을 적진의 정면으로 공격하거나 도발한 후 적군이 어떻게 대응하는지를 분석하여 적군의 역량이나 전투 의지, 배치 상태 등의 정보를 알아내는 가장 적극적인 정찰 방식.

디로 일개 대좌가 국가의 운명을 걸고 모험을 하겠다는 것이나 다름없었다. 이나다는 소련군이 관동군에 비해 수적으로 훨씬 우세하고 전차와 항공기, 야포도 월등히 많지만 장구펑에서 소련군이 동원할 수 있는 병력은 많아야 3~4개 사단에 불과할 것이며 진흙과 연못이 많고 지형이 험하여 전차와 같은 기계화 부대는 쓸모가 없다고 여겼다. 설사 전투가 확대되어도 일본군은 소련군보다 훨씬 정예하므로 숫자나 화력의 열세쯤은 극복할 수 있다는 것이 그의 생각이었다. 따라서 별도의 병력 증원이나 전차, 항공대의 투입은 고려하지 않았다.

그는 장구펑 일대가 협소하고 전략적으로 중요하지 않아 대규모 전투로 확대되지는 않으리라고 아무런 근거도 없이 낙관하였다. 그러나 그의 예상을 뒤집고 이를 명분으로 소련이 본격적으로 만주나 한반도를 침공한다면 어떻게 할 것인가? 국력과 병력에서 절대 열세인 일본으로서는 심각한 위기에 직면할 수 있었다. 게다가 경성에 주둔한 제20사단이 중국 전선으로 이동하여 한반도에 남아 있는 병력은 제19사단밖에 없었다. 최악의 경우, 소련군이 이들을 격파하고 단숨에 남하한다면 주력 부대 대부분이 중국과 만주에 묶여 있는 일본으로서는 한반도 전체가 소련군의 손에 넘어갈 수도 있는 문제였다. 그럼에도 여기에 대해서 아무런 고민도 없었다.

7월 15일에는 장구펑 동남쪽 제52고지를 순찰 중이던 일본군 헌병대가 소련군의 총격을 받았다. 하사관 한 명이 전사하고 나머지는 허둥지둥 도주하였다. 일본은 소련군이 만주국 영내로 무단으로 월경하여 공격했다고 주장한 반면, 소련은 반대로 일본군이 소련 영내로 30미터 들어왔기 때문에 사살했다며 일본군 병사의 시체에서 발견한 국경 지대를 찍은 사진기와 정찰일기 노트를 증거물로 제출하였다. 양측은 자신들의 주장을 한 치도 굽히지 않고 팽팽하게 맞섰다. 소련 정찰기가 수차례 영공을 침입하여 일본군 진지 주변을 날아다니며 일본군을 위협하였다. 장구평 주변에도 전차 부대를 비롯해 소련군이 대대적으로 증원되면서 긴장은 더욱 높아졌다. 7월 20일 교섭이 완전히 결렬되자 소련은 국경 지대의 주민을 후방으로 철수시켰다. 이나다 역시 상관의 승인도 받지 않은 채 자기 마음대로 참모본부의 이름으로 경성의 조선군 사령부에 즉시 소련군을 공격할 준비를 갖추라는 전문을 보냈다. 7월 16일 함경북도 나남에 주둔한 제19사단은 두만강 일대로 집결하였고 18일에는 선봉 부대 3,236명과 말 743필을 배치하여 공격 준비를 마쳤다. 그들은 적 전정찰도 하지 않고 "적의 규모는 병력 4백 명에 야포 2~3문 정도일 것"이라고 추측하였다. 사단장 스에타카 가메조 중장은 "20일과 21일 중 제75보병연대를 앞세워 야습을 할 계획"이라고 참모본부에 보고하였다.

무력 사용을 허가하지도 않았는데 당장 공격하겠다는 보고가 올라오자 대본영과 참모본부는 깜짝 놀라지 않을 수 없었다. 일본군은 쉬저우를 점령한 뒤 중국군의 주력이 몰려 있는 우한을 공략하기 위해 모든 병력과 물자를 끌어 모으고 있었다. 이런 상황에서 소련과의 무력 충돌이 자칫 전면전으로 확대된다면 그야말로 큰일이었다. 천황 히로히토가 대본영의 회의에서 소련과의 무력 충돌을 피하고 외교로 해결하라고 지시하자 참모본부는 제19사단에 별도의 명령이 있을 때까지 작전을 중지하라는 명령을 내렸다.

한편, 제19사단의 연대장 사토 대좌는 우선 장구평 서쪽의 8백 미터 거리에 있는 장권평(將軍峯)부터 공격할 생각이었다. 7월 20일 밤 어둠을 이용해 막 공격을 시작하려는 찰나, 참모본부로부터 작전

중지 명령이 내려왔다. 그러나 사토는 직권으로 작전을 강행하여 1개 중대로 장쥔펑을 점령하였다. 그리고 장쥔펑에 90명을, 그 옆에 있는 사차오펑(沙草峰)에 30명을 배치하여 소련군과 대치하였다. 이는 명백히 천황의 명령조차 묵살한 월권행위였다. 그럼에도 그는 단지 순찰과 정찰 목적으로 병력을 두만강 맞은편에 배치했을 뿐이라고 상부에 변명했다. 스에타카 사단장 역시 사토의 명령 불복을 문책하지 않았다. 그 정도로는 설마 소련군이 반격하지는 않으리라 태평하게 생각하면서 장쥔펑과 사차오펑에 배치된 병력만 남기고 제19사단 주력을 열차에 탑승시켜 차례로 원대 복귀시켰다.

그러나 바실리 블류헤르 원수는 소수의 일본군이 장쥔펑과 사차오펑을 공격해 점령했다는 보고를 받자마자 현장으로 2개 대대를 급파하였다. 7월 29일 오전 9시 일본군 순찰대는 사차오펑 서쪽에서 소련군 1개 소대가 진지를 구축하는 모습을 발견하였다. 제76국경수비대 대장 센다 사다스에 중좌는 사단 본부에 소규모의 소련군이 국경을 침범했기에 이들을 선제공격해 격퇴하겠다고 보고하였다. 스에타카 중장은 소련군을 격퇴한 후 즉시 철수하는 조건으로 승인하였다. 일부 참모는 "소규모라도 일단 병력을 출동시키는 이상 상부에 보고해야 한다"고 주장했으나 그는 "적이 국경을 침범한 것에 대해 조치하는 것은 사단장의 임무"라며 군이 그럴 필요가 없다며 거부하였다. 그러나 그의 속내는 당장이라도 소련군과 싸우고 싶어 안달이 난 데다, 작전을 놓고 상부와 논쟁을 하다 보면 시간이 지체되어 공격의 호기를 잃어버릴 수 있다고 생각했기 때문이었다. 또한 이번 기회에 확실히 강경하게 나가지 않으면 앞으로 소련은 물론 중국도 일본을 얕볼 수 있다며 무책임하게 전쟁을 선동하였다.

사단장의 허가가 떨어지자 센다 중좌는 2개 중대를 동원해 7월

29일 오후 1시 소련군의 진지를 공격하였다. 한동안 치열한 전투가 벌어졌지만 소련군이 기병과 보병을 증원하고 수 대의 전차까지 투입하자 일본군은 당장 열세에 몰렸다. 센다 중좌는 급히 병력의 증원을 요청하였다. 그날 저녁 사토의 제75연대가 열차를 통해 증파되었다. 그날 21시 20분, 제19사단은 뒤늦게야 조선군 사령부에 다음과 같이 보고하였다. "장구평 사건과는 별개로, 적의 불법 도발로 인해 제75보병연대는 귀환을 중지하고 국경 지대에 전진 배치하여 월경한 적과 전투 중임. 모든 책임은 사단장이 직접 지겠음." 병력 출동에 대한 정상적인 승인 절차를 무시한 채 제멋대로 행동해놓고 사태가 뜻밖에 확대되자 그제야 상부에 뒷일을 수습해 달라고 요구하는 격이었다. 그럼에도 고이소의 뒤를 이어 신임 조선군 사령관으로 막 부임한 나카무라 고타로 대장은 제19사단의 요구를 그대로 승인하였다. 제멋대로 행동하는 현지 지휘관들과 이를 방임하는 상층부의 행태에 대해 조선군 사령부의 한 참모는 훗날 이렇게 비판하였다. "제1선 부대의 지휘관에게 국경의 수비를 위임하는 것은 당연하다. 그러나 제19사단은 겉으로는 문제를 일으키지 않겠다고 하고서 막상 사단장 단독으로 행동하여 문제를 일으키고 말았다. 충분한 시간이 있었는데도 왜 사전에 상부와 논의하지 않았는지 모르겠다."

게다가 조선군 사령부는 현지의 상황조차 제대로 파악하지 못한 채 현지 부대의 보고만 믿고 일방적으로 끌려 다녔다. 조선군 사령부는 제19사단에 "장권평과 사차오평 주변의 소련군 진지를 공격해 장악하되 무력행사는 소련군이 선제공격하는 부득이한 경우에만 싸울 것이며 그 외에는 별도 명령에 따르라"고 지시했다. 그러나 정작 제19사단은 이 명령을 제75연대에 전달하지도 않았고 반대로 상부에도 제75연대의 공격 계획을 보고하지 않았다.

＼장구평의 혈전

7월 30일 저녁, 사토 대좌는 사방의 관측이 용이한 장권평 정상에 직접 올라가 지휘소를 설치한 후 주변에 병력을 배치하고 공격 태세를 갖추었다. 스에타카 중장 역시 이들을 지원하기 위해 산포* 부대와 기병, 통신 부대 등을 현지로 증원하였다. 사토 대좌는 메이지 이래 일본군이 자랑하는 특기인 야습으로 장구평을 단숨에 점령하여 적의 간담을 서늘하게 해주겠다고 호언장담하였다.

밤 10시 30분, 350명 규모의 일본군 1개 대대가 서남쪽에서 장구평을 향해 진격하였다. 그들은 달도 없는 캄캄한 어둠 속에서 전날 내린 비로 진창이 된 길을 건너 밤 11시 30분경에는 소련군 전방 150미터 거리까지 순조롭게 진출하였다. 그리고 철조망을 끊고 소련군 진지로 천천히 접근했다. 그러나 소련군은 곧 그들을 발견했고 사격을 개시했다. 7월 31일 새벽 2시 30분이었다. 새벽 5시 15분, 일본군은 치열한 전투 끝에 소련군을 격퇴하고 장구평을 점령하는 데 성공하였다. 약 세 시간에 걸친 전투에서 발생한 양측의 손실에 대해 일본은 전사 45명, 부상 133명에 소련군 전차 17대를 파괴하고 6백여 명의 손실을 입혔다고 주장하였다. 반면, 소련은 전사 13명, 부상 55명, 전차 1대가 파괴되었고 일본군은 4백여 명의 사상자를 내었다고 주장하였다. 어느 쪽이건 전과를 터무니없이 과장했지만 그보다 중요한 것은 어쨌든 일본군이 소련군을 선제공격하여 이들을 몰아내고 장구평을 점령했다는 것이었다.

기선을 빼앗긴 소련군은 당장 탈환에 나섰다. 전차 부대를 앞세

---

* 차량 통행이 어려운 산악 지역 전투에 쓰는 가벼운 대포. 분해하여 운반할 수 있으며 야포보다 작다.

운 3천여 명의 소련군이 8월 1일부터 장구평을 공격하였다. 또한 소련군 포병이 두만강 반대편을 포격하고 항공기 130대를 동원해 경흥, 증산, 고성 등 두만강 접경의 조선 땅과 철도를 무차별로 폭격하였다. 소련군의 맹렬한 포격 앞에 장구평의 일본군은 지형지물을 이용해 간신히 버텼다.

사실 장구평 주변이 너무 협소하여 소련군으로서도 공격이 결코 쉽지는 않았다. 지형적으로 대병력을 전개하기 어려운 데다 우회하는 것도 불가능하였고 폭우가 내리자 전차들은 진창에 빠져 제대로 전진할 수 없었다. 그럼에도 소련군의 야포는 화력과 사거리에서 일본군의 산포를 훨씬 능가하였고 일본군 포병의 사거리 밖에서 일방적인 포격을 퍼부어 큰 타격을 입혔다. 일본군은 점점 궁지로 몰리면서 장구평은 함락 직전에 몰렸다. 소련군이 압도적인 전력으로 일거에 총공격을 시작한다면 고지에 고립된 일본군은 전멸할 판이었다. 사토는 사단 본부에 급히 전문을 보내어 상황이 급박함을 알리면서 장갑열차 1개 중대와 90식 야포 중대 등 포병의 대규모 증원을 요청하였다. 스에타카 중장은 즉시 고사포 부대와 포병을 현장으로 급파하였고 관동군도 역시 제104사단을 현지로 보냈다. (이들은 동만주의 국경도시 훈춘(琿春)에 도착했지만 그 직후 정전 협정이 체결되면서 전투에 투입되지는 않았다.)

장구평 사건이 확대되자 양측은 8월 4일부터 정전 교섭을 시작하였다. 소련은 1886년 청과 러시아 사이에 체결된 훈춘 밀약에서 정한 국경선 밖으로 일본군이 먼저 철수한다면 소련군도 전투를 중지하겠지만 그렇지 않으면 절대 물러서지 않겠다고 강경하게 나섰다. 결국 일본은 소련의 요구를 받아들여 8월 11일 모스크바에서 정전 협정을 체결하였다. 11일 정오를 기해 쌍방은 전투를 중지하며,

일본군은 현재의 선에 1킬로미터 후퇴하고 소련군은 현재의 위치를 유지한다는 내용이었다. 전투만 놓고 본다면 일본군은 장구평을 지켜냈으므로 졌다고 할 수는 없지만, 결과적으로는 백기를 든 셈이었다. 일본군이 물러나면서 장구평과 주변 지역은 양국의 공백 지역으로 남았다.

＼노몬한으로 가는 길

이 분쟁은 러일 전쟁 이래 일본이 처음으로 열강과 싸운 대규모 전투였다. 일본군은 약 7천여 명이 투입되어 전사 526명, 부상 914명을 낸 반면, 소련군은 약 2만여 명이 투입되어 전사 236명, 부상 611명에다 전차 96대와 비행기 3대를 잃었다. 특히 소련군은 장갑이 빈약한 경전차들의 손실이 컸다. 겨우 십여 일의 짧은 전투였으나 양측 모두 결코 적다고 할 수 없는 손실을 입었다. 또한 일본군은 자신들의 전술에서 많은 문제점을 발견하였다. 러일 전쟁 이래 일본 육군 보병 교본에서는 야습할 때에는 화력을 낭비하지 않기 위해 적의 진지에 도달할 때까지 사격을 절대 금지하였다. 그러나 침투 도중에 강력한 화력을 갖춘 적에게 발견된다면 큰 피해를 입는 데다 특히 병사들을 독전하기 위해 공격의 선두에 서야 하는 초급장교들이나 하사관들의 막대한 희생으로 고스란히 이어졌다. 실제로 제75보병연대는 장구평 공격에 참가한 장교의 4분의 1을 잃었다. 일본군은 박격포나 경기관총과 같은 지원화기도 빈약했고 기계화 부대와 포병 화력에서 소련군에 비해 절대적으로 열세하였다.

그러나 근본적인 문제점은 지휘계통과 정상적인 명령 체계를 무시한 채 독단적으로 행동하는 관행에 있었다. 병력의 출동은 군령권과 작전권을 가진 참모본부가 대본영의 회의에서 천황의 승인을 받아 예하 부대에 하달하는 것이 원칙이었다. 현지 부대가 명령도 받지 않고 출동하는 것은 만주 사변 이래 반복되어 온 행태였지만 군 상층부가 매번 적당히 눈감아 주다 보니, 이제는 먼저 출동하고 나중에 승인을 요구하는 것이 아예 관행이 되어버렸다. 참모본부는 허수아비나 다름없었다.

또한 천황과 대본영, 참모본부에서 소련과의 전면전을 우려해 무력 충돌을 금지하고 외교적으로 해결하기로 결정했음에도 참모본부 작전 제2과장 이나다 대좌, 제19사단장 스에타카 중장, 제75연대장 사토 대좌, 제76국경수비대 대장 센다 중좌 등은 이런 방침을 정면에서 묵살하고 충분한 준비도 없이 '불장난'하듯 공격을 시작하였다. 결국 아무런 이득도 없이 제75연대는 전체 병력의 절반 이상을 잃은 채 장구평에서 물러나야 했다.

그럼에도 일본군은 '무패 황군'의 오점이라며 패전을 덮기에만 급급했고 작전을 주도했던 책임자들 역시 아무런 문책도 받지 않았다. 장구평 공격을 계획했던 작전과장 이나다 마사즈미 대좌는 이후 중장까지 승진하여 태평양 전쟁 말기 제16군의 참모장을 맡아 규슈에서 본토 결전을 준비하기도 했다. 그는 패전 후 전범으로 기소되어 7년의 징역형을 선고받았으나 3년 만에 석방되었고 고향에서 조용히 은거하였다. 제19사단장 스에타카 가메조 중장 역시 제12군 사령관으로 승진했고 관동군 제3군 사령관을 거쳐 천황의 보좌기관인 군사참사관을 지낸 다음 1941년 6월에 예편되었다. 제75연대장 사토 고토쿠 대좌는 소련군의 공격에 맞서 한 발짝도 물러나지 않은 대담무쌍한 용장이라며 칭찬을 받아 소장으로 승진하여 제23보병사단장으로 부임하였다. 그는 1943년 버마에 주둔한 제31사단장에 임명되어 다음 해 제15군 사령관이었던 무타구치가 강행한 임팔 작전에 투입되었다. 그러나 병참을 무시한 무리한 작전으로 대참패를 당하자 상관인 무타구치와 대립하였고 이 때문에 사단장에서 해임당했다. 그는 무타구치가 무능하다며 비난을 퍼부었으나 자신도 무능하고 용렬하기는 마찬가지였으며 영국군은 그를 '최고의 아군'이라고 불렀다.

장구펑에서 소련군이 우세한 전력으로도 일본군을 전멸시키지 못한 이유는 일본군의 분투 때문이 아니라 전적으로 지형과 날씨 때문이었다. 그럼에도 일본군이 자신을 과신하고 소련군을 얕보는 분위기는 변함이 없었다. 특히 관동군은 "조선군이 아니라 우리가 나섰다면 멋지게 승리했을 것"이라며 장구펑에서 물러난 조선군을 비웃었다. 관동군은 이렇게 허세를 부리다 10개월 후인 1939년 5월 노몬한 전투에서 소련군의 위력을 호되게 실감하게 된다.

한편, 소련군은 이유가 어떻든 무력으로 장구펑을 탈환하는 데 실패했다. 물론 정전 협정을 맺지 않고 계속 싸웠다면 소련이 틀림없이 이겼을 것이다. 그러나 군부 숙청에 한창 열을 올리고 있던 스탈린은 류시코프의 망명과 장구펑에서의 지휘 실패를 이유로 블류헤르 원수를 극동군 사령관에서 해임한 후 일본 스파이로 몰아 체포하였다. 블류헤르는 NKVD에 의해 심한 고문을 받은 다음 11월 9일 비밀 재판을 거쳐 총살당하였다. 그는 광기 어린 스탈린의 대숙청으로 처형된 수많은 희생자 중의 한 사람이었다.

18

우한 함락

＼중국의 심장부 우한

양쯔 강 중류에서 그 지류인 한수이 강(漢水)이 만나는 곳에 위치한 우한(武漢)은 후베이 성의 성도이며, 고대에는 하구(夏口)라고 불리었다. 삼국지에서는 이곳에서 손견이 유표와 싸우다 전사했고 적벽대전 직전 유비가 조조를 피해 후퇴하여 유기와 합류했던 곳이기도 하다. 유비는 여기서 전열을 재정비한 후 손권과 손을 잡아 적벽대전에서 승리를 거두었고 형주와 서촉을 점령하여 촉나라를 건국하였다.

총 면적이 서울의 약 8배에 달하는 우한은 우창, 한양, 한커우의 3개 지구로 구성된다. 우창은 정치의 중심지, 한커우는 상업의 중심지, 그리고 한양은 군수 산업의 중심지였으며 이를 묶어서 '우한 삼진(武漢三鎭)'이라고도 불렀다. 우한은 삼국 시대부터 화중의 정치, 군사, 문화, 경제의 중심지였고 교통의 요충지이기도 하였다. 이곳의 전략적 가치에 주목한 서구 열강은 1858년 청나라를 압박해 톈진 조약을 체결하면서 조계지를 설치하였고 일본 역시 청일 전쟁에서 승리한 후 한커우에 조계를 만들어 양쯔 강과 화남의 무역 중심지로 활용하였다.

우한은 동양의 '시카고'라고 불릴 만큼 광저우, 상하이와 함께 중국에서도 가장 먼저 서구화된 도시였고, 한양에는 각종 근대 공업을 비롯해 대규모 병기창이 설치되어 있었다. 따라서 신식 문물과 사상이 가장 먼저 유입되었다. 1911년 10월 10월 이곳에서 일어난 우창 봉기는 신해혁명의 방아쇠가 되어 청조가 몰락하는 시작점이 되기도 하였다. 이후 위안스카이가 반혁명전쟁을 일으키면서 위안스카이의 북양군과 쑨원의 혁명군이 이곳을 놓고 일진일퇴의 치열한 전투를 벌이기도 하였고, 장제스의 북벌 전쟁 역시 우한 공략이 첫 번째 목표였다.

양쯔 강의 교통과 무역의 중심인 한커우에는 일본 조계를 중심으로 1,738명의 일본인이 거주하고 있었다. 일본은 한커우를 통해 중국 내륙과 무역을 하였고 주요 수출입 물품은 사탕, 면포, 해산물, 식료품, 도자기, 화학공업약품, 석탄, 시멘트, 기계류 등이었다. 그러나 루거우차오 사건이 발발하고 전쟁이 점차 전면전으로 확대되면서 일본은 중국에 거주하는 모든 거류민의 철수를 명령했다. 특히 한커우에서는 1만 명에 달하는 중국군이 일본 조계를 포위하고 무력시위를 하자 1937년 8월 중순까지 영사관을 폐쇄하고 육전대 1개 대대 7백여 명과 거류민을 모두 상하이로 철수시켰다. 중국은 텅 빈 일본 조계를 무혈점령한 후 한커우에 편입하였다.

＼우한의 방비 태세

난징이 함락되자 장제스는 수도를 충칭으로 천도하는 한편, 한커우에 군사위원회와 총사령부를 설치하였다. 또한 해안가의 공장들을 쓰촨 성과 구이저우 성 등 서부 내륙으로 대규모 이전을 추진했으나 기업들의 비협조와 수송 문제 등으로 제대로 진척되지 못했다.

소련은 독소 전쟁이 시작되자 스탈린의 명령에 따라 다수의 국민과 공장 설비를 우랄 산맥 동쪽으로 강제로 옮겨 전시 생산을 계속할 수 있었지만, 중국은 상하이에서 내륙으로 이동시킨 공장이 전체의 2.75퍼센트에 불과했다. 소수의 공장만을 거의 반강제로 이전할 수 있었으나 이조차도 중요도가 매우 떨어지는 소규모 공장들이었고 대부분은 상하이에 그대로 남거나 영국령 홍콩으로 옮겼다. 총칼 앞에 장사 없다는 식으로 강제 수단을 얼마든지 사용할 수 있었던 스탈린 정권과 달리, 장제스 정권의 관료들은 기업가들을 일일이 설득했다. 그러나 기업가들은 시큰둥한 표정으로 "상하이의 외국 조계에 있으면 결코 적을 이롭게 하는 일은 없을 것"이라며 거부하였다. 상하이의 금융가와 화교들 역시 매우 비협조적이었다.

따라서 우한은 난징 함락 이후 중국 군사, 경제를 지탱하는 가장 중요한 거점이었다. 1938년 1월 장제스는 최측근이자 군정부장인 천청(陳誠)을 우한방어사령관으로 임명하였다. 그는 북벌 전쟁부터 장제스의 오른팔로 활약했으며 초공전을 진두지휘하여 공산군을 궁지로 몰아넣었고 중일 전쟁이 일어나자 상하이 전투를 총지휘했다. 또한 그는 근대 전술에 익숙했으며 중국군 최고위 수뇌부에서 가장 유능한 지휘관 중 한 사람이었다. 팔켄하우젠과 스틸웰 역시 바이충시와 천청만큼은 매우 높이 평가하였다. 천청은 황푸군관학교 1기 졸업생이었기에 장제스를 '위원장'이라 부르지 않고 '교장선

생님'이라고 부를 만큼 장제스와는 친밀한 관계였고 허잉친과는 경쟁 관계이기도 했다.

한편, 쉬저우를 상실한 리쭝런은 일본군의 추격을 교묘하게 피하여 제5전구의 주력을 서쪽으로 탈출시켰다. 비록 많은 장비를 상실했으나 대부분의 병력은 6백 킬로미터를 후퇴하여 정저우와 우한으로 철수하였다. 이들은 다볘 산맥(大別山脈)에서 병력을 정비하고 새로운 방어선을 구축하였다. 허난 성과 안후이 성, 후베이 성을 나누는 경계인 다볘 산맥은 270킬로미터에 걸쳐 펼쳐져 있으며 주봉이 해발 1770미터에 달하는 매우 험준한 산맥이었다. 장제스는 쉬저우 함락 직후부터 우한의 산업 시설을 충칭과 청두 등지로 이동시키는 한편, 우한 일대를 제9전구로 편성하였다. 전구 사령관은 우한방위사령관인 천청이 겸임하였다. 그러나 우한은 난징과 마찬가지로 주변이 넓은 평야 지대이고 험준한 산이 없어 지형적으로 방어에 불리하였다. 따라서 중국군 총사령부는 허난 성과 후베이 성, 안후이 성에 걸친 광대한 지역에 걸쳐 북쪽으로는 다볘 산맥을, 동쪽으로는 포양 호(鄱陽湖) 등 양쯔 강 남안에 펼쳐진 많은 호수와 늪지대를 활용해 방어전을 펼친다는 계획을 세웠다.

천청의 제9전구가 우한의 수비를 맡고, 청쳰의 제1전구와 쉬저우에서 철수해온 리쭝런의 제5전구가 최외곽 방어선이 되었다. 후방에서도 철도를 통해 병력이 계속 증원되었다. 8월 말까지 집결한 병력은 3개 전구를 합해 최대 100만 명(47개 군 120개 사단)까지 늘어났다. 또한 항공기 2백여 대와 군함 30척도 배치되었다. 일본 해군이 양쯔 강을 따라 거슬러올 것을 대비해 기뢰를 살포하여 강의 운행을 차단시켰고, 시가지와 외곽에는 소련제 고사포를 배치하였다. 방어의 핵심은 우한의 관문이라 불리는 마터우전(馬頭鎭)과 톈자전

(田家鎭)이었다. 이 일대는 험준한 고지와 습지가 펼쳐져 있어 방어에 매우 유리한 천험의 요새였기에 예부터 "천하의 관문"이라고 불리었다.

중국군의 전의는 여전히 높았으나, 많은 부대들이 그동안의 연속된 전투로 극도로 소모된 상태였다. 1937년 12월부터 소련으로부터 대량의 무기와 군수품이 수백여 대의 트럭과 마차에 실려 신장성에서 시안을 거쳐 동쪽으로 수송되고 있었다. 그러나 그동안 중국이 상실한 장비와 병력을 보충하기에는 결코 충분하지 않았다. 그나마 소총과 경기관총, 고사포와 같은 경화기와 방독면, 탄약이 대부분이었고 야포나 전차 같은 기계화무기는 매우 적었다. 또한, 우한에 집결한 약 1백만 명에 달하는 병력 중 절반가량만이 중앙군이었고 나머지는 윈난 성, 쓰촨 성, 광둥 성, 광시 성, 후베이 성, 후난 성 등 각지에서 긁어모은 지방 잡군들이었다. 따라서 부대마다 무기, 장비, 훈련에서 격차가 매우 큰 데다 복잡한 지휘계통 때문에 협동 작전 역시 여전히 미숙하였다. 이것이 중국군의 가장 큰 약점이었다.

＼우한 전투의 서막

쉬저우를 공략한 일본의 다음 목표는 우한이었다. 우한의 전략적 가치와 중국군의 방어 태세를 고려할 때 이전과는 비교도 되지 않을 만큼 격렬한 전투가 벌어질 것이 틀림없었다. 따라서 일본군은 가능한 모든 병력을 우한 공략에 집중시키는 한편 중국 주둔 병력을 대대적으로 증원하였다. 또한 1938년 4월 1일 국가 총동원을 선포하여 10개 사단을 새로 편성하였다. 그중에서 2개 사단(제23, 제104사단)은 만주의 관동군에 배속되었고 나머지 8개 사단은 중지나방면군에 편입되었다. 또한 북지나방면군에 속한 제2군을 중지나방면군

1938년 9월 중지나방면군의 전투 편제

- **사령관**: 하타 슌로쿠 대장
  참모장: 가와베 마사카즈 중장
- **제2군**(사령관: 히시가쿠니 나루히코 중장)
  - 제3사단, 제10사단, 제13사단, 제16사단
  - 병력 약 17만 명
- **제11군**(사령관: 오카무라 야스지 중장)
  - 제6사단, 제9사단, 제27사단, 제101사단, 제106사단
  - 병력 약 20만 명
- **군 직할**
  - 제15사단, 제17사단, 제18사단, 제22사단, 제11사단
  - 병력 약 20만 명

에 배속시키는 한편, 제11군을 창설하였다. 중지나방면군은 6개 사단에서 14개 사단으로 늘어났다. 1938년 8월 중국 전선에 배치된 병력은 만주를 제외하고도 23개 사단, 4개 혼성여단 등 80만 명에 달했고, 그중 우한 공략에 동원된 병력은 중지나방면군 제2군과 제11군 등 9개 사단 및 1개 혼성여단 등 총 40만 명으로 개전 이래 최대의 규모였다.

일본은 우한만 함락시키면 장제스 스스로 굴복하거나 적어도 반격의 의지를 상실하리라 기대했다. 따라서 작전 목적도 이전처럼 중국군의 포위 섬멸 대신, 우한 점령에 중점을 두었다. 그리고 장제스의 총사령부가 있는 한커우를 점령한 뒤에는 병참선의 부담을 고려해 더 이상의 공세를 중지하고 점령지에 친일 괴뢰 정권을 세운

다음 부분적으로 병력을 철수시켜 전쟁을 끝낼 계획이었다. 이는 물론 중국의 전의를 과소평가한 일방적인 생각일 뿐이었다.

우한 공략의 사전 작전으로 일본군 제2군이 쉬저우에서 화이허강(淮河)을 도하한 후 남쪽으로 내려와 안후이 성 동북쪽의 도시 루저우(盧州) 부근에 병력을 집결시켰다. 제11군은 지나방면함대 소속 제3함대의 엄호를 받으며 난징에서 서쪽으로 진격하여 안후이 성을 침공하였다. 제2군이 북쪽에서, 제11군이 동쪽에서 우한을 협공하는 형세였다. 선두 부대인 제6사단이 양쯔 강 북안을 따라 진격하여 6월 12일 안칭(安慶)을 점령하였고, 7월 26일에는 강서성의 항구도시이자 수륙교통의 요충지인 주장(九江)을 점령하여 우한 공격을 위한 교두보와 전진 항공 기지를 마련하였다. 주장을 수비하고 있던 중국군은 일본 제3함대의 전진을 막기 위해 강 위에 수백 개의 기뢰를 살포하고 폐선을 침몰시키는 등 격렬하게 저항했으나 역부족이었다. 중국 공군도 소련으로부터 원조받은 신형 단엽기인 I-16전투기로 일본 폭격기를 요격하는 등 양측 공군은 '루거우차오 사건 이래 최대의 공중전'을 벌였다. 주장을 점령한 일본군은 이곳에 비행장을 건설하여 8월 초부터 우한 폭격을 실시하는 한편, 중국 공군과 치열한 공중전을 펼치며 제공권을 점차 장악하였다.

제2군과 제11군이 공격 준비를 마치자, 8월 22일 대본영은 우한 공략을 명령하는 '대륙명 제188호'를 중지나방면군과 제3함대에 하달하였다. 가을에 공세를 시작한 이유는 병참의 어려움과 물자 부족을 만회하기 위해 추수기를 이용하여 식량을 현지 약탈로 조달하기 위해서였다. 제2군만 해도 1만 대에 달하는 각종 차량과 1만 7천 두의 말을 동원했으나 약 40만 명에 달하는 대병력의 병참을 지탱하기에는 역부족이었다. 양쯔 강을 따라 서진했던 제11군은 그나마 강

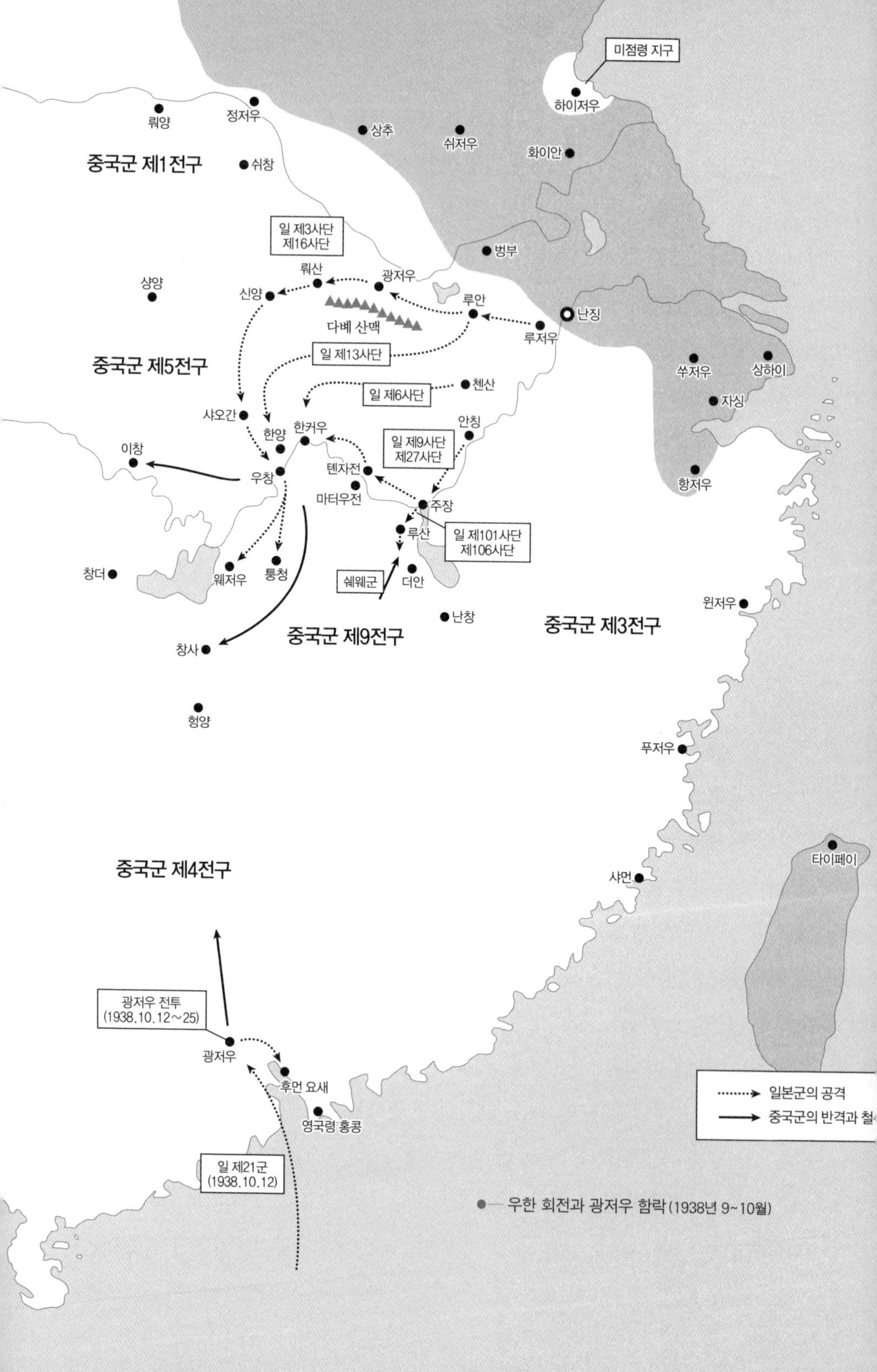

● 우한 회전과 광저우 함락(1938년 9~10월)

을 통해 수송선단을 운영하여 그럭저럭 보급선을 유지할 수 있었지만 제2군은 식량과 의료품 부족에다 더운 날씨에 콜레라까지 퍼지면서 많은 병사들이 후송되었다.

＼피로 길을 씻는 진격로

북쪽에서 남하하는 제2군은 갑군과 을군으로 나누어 진격하였다. 갑군(제3사단, 제10사단)은 다볘 산맥 북방으로 우회한 후 서쪽으로 진격하여 8월 26일 루안(六安)을 점령하였다. 이어서 9월 15일에는 이틀간의 격전 끝에 4개 사단으로 구축된 중국군의 방어선을 간신히 돌파하여 광저우(光州)를 점령하였다. 여기서 일본군은 험준한 산속에서 탄약과 식량 부족에 허덕이며 4천 명이 넘는 사상자를 냈다. 계속 서진하던 일본군은 뤄산(羅山)에서도 중앙군을 중심으로 한 중국군의 강력한 방어선에 부딪혀 5일간의 격전을 벌인 끝에 9월 21일 뤄산을 점령하였다. 그 과정에서 제10사단 제39보병연대만 해도 병력이 2천8백 명에서 8백 명으로 줄어들었다. 4분의 3에 달하는 손실이었다. 게다가 뤄산에서 불과 40~50킬로미터에 떨어진 신양(信陽)에서도 일본군은 더욱 강력한 저항에 부딪쳐 20일이나 지난 뒤인 10월 12일에 비로소 그곳을 점령할 수 있었다. 일본군의 진격은 한 걸음 한 걸음마다 중국군의 격렬한 저항과 역습 앞에 악전고투의 연속이었고 그야말로 '피로 길을 씻는 진격'이었다.

을군(제13사단, 제16사단) 역시 다볘 산맥에서 리쭝런이 지휘하는 제5전구의 강력한 저항에 가로막혔다. 일본군은 9월 16일부터 한 달 동안 일진일퇴를 거듭하며 막대한 사상자를 냈다. 산중에 갇힌 일본군 병사들 중에는 기아와 콜레라에 걸려 사망하거나 후송되는 자들이 속출하였다. 그들은 10월 중순에야 간신히 중국군의 방어선을 돌파했다.

한편, 동쪽에서 양쯔 강을 따라 서진하는 제11군 역시 제101사단과 제106사단이 장시 성과 안후이 성의 경계에 있는 루산과 마안산(馬鞍山)을 공격했으나 험준한 지형과 중국군의 저항에 가로막혀 한 발자국도 전진할 수 없었다. 게다가 제106사단은 무리하게 깊숙이 진격했다가 도리어 쉐웨가 지휘하는 중국군 제1병단에 포위당했다. 이들은 한때 전멸 직전까지 몰렸으나 공중에서 탄약과 식량을 보급하고 제17사단을 급히 증원하면서 간신히 위기에서 벗어나 후퇴할 수 있었다. 제106사단은 전사자만 3천3백 명, 부상자 4천 명에 1만 명이 콜레라와 장티푸스 등 전염병에 걸려 후송되었다. 이는 사단 총원 2만 5천 명 중 70퍼센트에 달하는 손실로 우한 작전 중 최악의 참패였다.

루산에 대한 공격이 실패하자 제11군은 방향을 바꾸어 제9사단과 제27사단, 해군 육전대를 서진시킨 후 우한 방어의 핵심인 마터우전을 공격하였다. 9월 7일부터 1주일간의 치열한 격전 끝에 14일 오전 철벽을 자랑하던 마터우전은 결국 함락되었다. 양 사단은 계속 서진하여 10월 27일 아오한 철도(奧漢鐵道)*를 차단시켰다. 또한 양쯔 강 북안을 따라 서진하고 있던 제6사단은 수적으로 두 배 이상 우세한 중국군 8개 사단의 반격을 받았으나 8일에 걸친 전투 끝에 이들을 격파하고 9월 6일 광지(廣濟)를 점령했다. 그러나 중국군은 광지를 탈환하기 위해 지속적으로 역습을 반복하였다. 일본군은 한 달에 걸쳐 일진일퇴를 거듭하며 중국군을 밀어내어 9월 27일에 간신히 톈자전에 도달했다. 톈자전의 공략을 위해 제6사단 외에 제3함대와 해군 육전대까지 투입되어 맹렬한 공격을 퍼부은 끝에 이틀 뒤인 29일 함락되었다.

우한의 두 관문인 마터우전과 톈자전이 돌파되자 우한 함락도 이제 시간문제였다. 중국군의 격렬한 저항에도 불구하고 일본군은 우한의 북쪽과 동쪽, 그리고 남쪽에서 포위망을 형성하면서 점점 좁혀 들어왔다. 장제스는 더 이상 버티는 것은 불가능하다고 판단하였다. 10월 17일 군사위원회는 우한을 포기하고 충칭으로 퇴각할 것을 선언하였다. 전 전선에 철수명령이 떨어졌다. 중국군은 한커우 북쪽의 핑한 철도 철교를 폭파하고 양쯔 강의 제방을 무너뜨려 일본군의 진격을 지연시키면서 각 부대가 개별적으로 기동 철수하는 방법으로 큰 혼란 없이 서쪽으로 후퇴하였다. 쉬저우 회전 때와 마찬가지의 방법이었다.

10월 24일 일본군 제6사단 선두 부대가 한커우 교외까지 진출하였다. 26일에는 한커우와 우창, 27일에는 한양이 점령되었고 이로써 우한 전역이 일본군의 손에 넘어갔다. 장제스는 우한 함락 직전인 10월 25일 새벽 부인 쑹메이링과 함께 한커우 비행장을 통해 탈출하였다. 그때까지 한커우의 공산당 대표부에 남아 있던 주더와 저우언라이는 옛 일본 조계의 시가지에 불을 지르고 군수 공장 등 주요 시설을 폭파시킨 후 도시를 빠져나왔다. 우한을 점령한 일본군은 11월 3일 자신들의 국경일인 '명치절'** 행사 기념식과 함께 개선퍼레이드를 거창하게 펼쳤다. 우창에는 중지나방면군 산하 화중 지구를 담당하는 제11군 사령부가 설치되었다. 일본군은 후퇴하는 중

---

* 우한에서 출발하여 광둥 성의 광저우까지 연결하는 화남의 주요 철도 중 하나로 핑한 철도와 연결되어 중국을 남북으로 관통한다.

** 도쿠가와 막부를 붕괴시키고 천황 친정을 실현한 메이지 유신을 기념하기 위해 메이지 천황의 생일을 일본의 국경일로 정하여 매년 기념하고 있다.

국군을 계속 추격하여 11월 11일 대본영이 정한 최대 진출 한계선인 퉁청(通城)과 웨저우(岳州)를 점령하여 우한 작전을 종료하였다. 이로써 일본군은 후베이 성의 대부분을 장악하였다.

1938년 8월 20일부터 시작되어 11월 11일까지 약 3개월에 걸친 우한 전투에서 쌍방의 손실에 대한 정확한 통계는 없다. 일본 대본영 선전부는 일본군은 전사자 9천5백 명, 부상자 2만 6천 명의 희생을 낸 데 반해 중국군은 전사자만 19만 5천5백 명, 포로 1만 1천 9백 명에 달한다고 발표하였다. 물론 이는 일본의 일방적인 주장일 뿐이다. 중국군의 강력한 저항으로 쉬저우 회전 이상으로 고전했다는 점에서 그들의 사상자는 그 어느 때보다도 많았을 것이다. 중국군 방어 부대들은 전멸할 때까지 싸웠으며 기습과 매복, 포위 전술을 구사하였다. 일본군은 전차와 항공기의 공중 지원이 있었고 도저히 중국군의 방어선을 돌파할 수 없을 때에는 독가스탄을 무차별로 사용했기에 승리를 거둘 수 있었다. 또한 우한 상공에서 벌어진 공중전에서 일본은 56대의 항공기를 상실했고 중국은 40대를 상실하였다. 일본 전투기들은 작전 반경이 짧아 폭격기들을 제대로 엄호를 하지 못했고 중국 공군은 치고 빠지는 작전으로 많은 일본 폭격기들을 격추시켰다.

＼창사 대방화와 광저우의 함락

후난 성 주석 장즈중은 일본군이 웨저우를 점령하자 후난 성의 성도 창사까지 침공할지 모른다는 공포에 사로잡혔다. 창사는 웨저우 남서쪽으로 겨우 150킬로미터 떨어져 있었다. 우한이 함락된 이상 일본군이 그 여세를 몰아 창사까지 진격해 오더라도 막을 방법이 없었다. 장제스는 "나무 하나 쌀 한 톨도 적에게 넘기지 말라"며 적의 진격로에 있는 모든 것을 파괴하라고 지시하였다.

장즈중은 창사 북쪽의 미수이 강(汨水)까지 적이 진격하여 도하를 시작한다면 그때 경보를 울려 주민들을 대피시키는 한편 시가지에 불을 지를 생각이었다. 그러나 그의 계획과 달리 공황에 빠진 일부 병사들이 명령이 떨어지기도 전에 시가지 곳곳에 불을 지르기 시작했고 불은 바람을 타고 시가지 전체로 퍼져나갔다. 11월 12일 저녁부터 시작된 불길은 이틀 밤낮 동안 타올라 3천 명이 죽고 도시의 3분의 2를 폐허로 만들었다.

이유가 어떻든 최악의 참사 앞에 격분한 창사 시민들이 폭동을 일으켰다. 온갖 비난이 쇄도하자 장제스는 사건 조사를 위해 11월 16일 직접 창사까지 날아왔다. 그러나 자신의 오랜 측근이자 정치적 영향력이 막강한 장즈중에게 차마 책임을 묻지 못하고 대신 그의 부하들에게 모든 책임을 돌렸다. 창사 방위사령관 펑티(酆悌)를 비롯해 몇 명의 고위 간부가 체포되어 그 자리에서 총살당했다. 장즈중은 목숨은 건졌으나 대신 후난 성 주석을 비롯한 모든 직위에서 해임되었다. 그의 뒤를 이어 후난 성 주석 겸 제9전구 사령관에는 쉐웨(薛岳)가 임명되었다. 나중에 '창사의 호랑이'라고 명성을 떨치며 세 번이나 일본군의 창사 공략을 격퇴하는 쉐웨는 과거 쑨원의 경호대장이었으며, 장즈중, 천청과 함께 북벌 전쟁 때부터 활약해 온 장제스의 오른팔이자 중국군에서 가장 뛰어난 지휘관 중의 하나였다.

한편, 일본은 우한 작전과 병행하여 9월 7일 광저우 공략을 시작하였다. 광저우는 쑨원 시절부터 국민 정부의 가장 중요한 거점이었다. 장제스 역시 이곳에서 북벌 전쟁을 시작했었다. 광저우는 중국에서 가장 근대화된 도시 중 하나이자 홍콩을 경유하는 해외 무역의 거점이기도 했다. 광저우와 자유무역항 홍콩을 통해 영국, 프랑스,

미국, 독일, 소련 등지에서 대량의 군수품이 중국 내륙으로 유입되고 있었고 그 양은 전체 군수물자 공급량의 약 80퍼센트에 달했다.

광시 성과 광둥 성의 수비는 제4전구가 맡고 있었다. 전구 사령관은 참모총장인 허잉친이 겸임하고 있었다. 하지만 광둥 성 주석이자 제12집단군 사령관인 위한머우(余漢謀)가 사령관대리로 실질적인 지휘관이었다. 군사위원회는 광둥 성이 공격받을 가능성은 예상했으나 병력이 부족한 일본군이 우한과 광저우를 동시에 공격하지는 않으리라 여겼다. 따라서 광둥 성의 주력 병력은 대부분 우한으로 전용되었고 남아 있는 병력은 9개 사단과 2개 기병사단, 2개 독립여단 등 11만 명에 불과했다. 대부분 지방잡군에다 장비와 무기, 훈련도 불충분했다.

일본은 9월 19일 광저우 공략을 위한 제21군을 편성하였다. 예하 부대는 제5사단, 제18사단, 제104사단, 제4항공단 등 약 7만 명에 달했다. 이들은 상하이, 칭다오, 다롄 등에서 100여 척의 수송선을 타고 출발하여 해군 제5전대, 제9전대와 함께 10월 12일 바이예스만(白耶士灣)에 상륙하였다. 중국군의 저항은 미미했고 제4전구 부사령관이자 광둥 성 주석 위한머우는 장제스의 사수 명령에도 불구하고 제대로 싸우지도 않은 채 광저우의 수비를 포기하고 북쪽으로 후퇴하였다. 이런 행위는 당연히 총살감이었지만, 장제스는 한푸쥐처럼 위한머우를 처형할 수 없었다. 지방 군벌에 불과한 한푸쥐와는 달리 국민 정부 내에서 광둥 군벌의 영향력은 여전히 강력했기 때문이다. 더욱이 반독립적인 광둥 군벌을 통제하려다 몇 번이나 그들의 집단 항명과 반란에 직면한 적이 있는 그로서는 이들을 함부로 대할 수가 없었다. 장제스는 이전에 비해 권위가 많이 강화되었음에도 여전히 많은 제약을 받고 있었다. 또한 지방 군벌들은 장제스가 직접 관여하는 경우에는 마지못해 싸웠지만 장제스의 눈이 미치지 못하는 곳에서는 여전히 전투를 회피하였다.

10월 21일 일본군 제18사단은 광저우를 완전히 점령한 후 제3국 선박들의 입출항을 금지시켰다. 또한 10월 25일 제5사단과 해군 육전대가 함포와 항공기의 엄호를 받으며 광저우의 관문이자 요충지인 후먼 요새(虎門要塞)에 상륙하여 만 하루의 전투 끝에 점령하였다. 후먼 요새의 포대가 불을 뿜었지만 일본 해군은 함포 사격과 폭격기의 맹렬한 공습으로 제압하였다.

10월 12일부터 25일까지 약 2주 동안 진행된 광저우 공략 작전에서 일본군의 사상자는 겨우 1,880명에 불과했다. 변변한 저항 한 번 없이 광저우가 쉽게 함락되자 "위한머우가 일본에게 매수된 것이 아니냐" 하는 비난이 쇄도했다. 결국 위한머우는 광저우 상실의 책임을 지고 스스로 사임을 청했다. 장제스는 처음에는 불문에 부쳤으나 위한머우가 재차 청하자 같은 광둥파 군벌이자 제8집단군 사령관인 장파쿠이(張發奎)를 신임 광둥 성 주석 겸 제4전구 사령관에 임명하였다.

루거우차오 사건 후 1년 반 동안 일본은 중국의 북부와 동부 지역 대부분을 점령하였고, 이제 우한과 광저우만 점령하면 전쟁을 끝낼 수 있으리라 생각하였다. 그러나 중국군은 더욱 깊숙한 내륙으로 후퇴하여 충칭을 중심으로 험준한 산악 지대에 강력한 방어선을 구축한 채 여전히 전의를 불태우고 있었다. 광저우의 상실은 큰 타격이었지만 중국은 곧 새로운 원조 루트를 개척하였다. 광시 성의 성도인 난닝을 거점으로 프랑스령 인도차이나와 연결하는 '하노이 루트'였다. 충칭으로 사령부를 옮긴 장제스는 기세가 꺾이기는커녕 "우한의 함락은 우리의 싸움이 방어전에서 공격으로의 전환점이 될 것"이라고 호언장담하였다. 실제로 그는 교착 상태를 이용해 후방에서 병력을 재정비하고 반격의 기회를 노리고 있었다.

일본은 중국 전토를 장악하고 장제스의 항복을 받아내는 것이 도저히 불가능해 보이자 전략을 바꾸기로 하였다. 첫 번째는 중국을 외부로부터 고립시켜 숨통을 점점 조인다는 것이었다. 두 번째는 중국을 분열시키려는 모략이었다. 그 표적은 중국의 2인자이자 반(反)장제스 세력의 우두머리 왕징웨이였다.

제3부

전반전 종료

19

왕징웨이의 배신

＼왕징웨이와 장제스

왕징웨이(汪精衛)는 장제스와 마오쩌뚱, 장쉐량과 함께 중국 근대사에서 가장 중요한 인물 중의 하나이다. 중국인들은 그를 '한간'의 대명사로 '중국의 이완용'이라고도 부른다.* 지금은 경멸의 대상이지만, 그는 한때 쑨원과 함께 청나라를 무너뜨리고 새로운 시대를 연 혁명 1세대로서 중국에서 가장 영향력 있고 존경받는 사람이었다. 그는 네 살 연하인 장제스와는 많은 부분에서 대조적인 사람이었다. 장제스가 군인이라면 그는 정치가에 사상가였다. 또한 언변이 어눌했던 장제스와 반대로, 그는 학식과 지성을 갖추었고 당대 제일의

* 청나라 시절 만주족에 빌붙어 같은 한족을 밀고하던 한족들을 '한간(漢奸)'이라고 부른 것에서 유래되어 이 말은 청나라가 무너진 후에는 외세와 내통한 민족반역자들을 통칭하는 말이 되었다. 특히 을사늑약과 한일병탄을 주도했던 이완용은 중국에도 잘 알려져 매국노의 대명사로 불리었다.

달변가였다. 게다가 훤칠한 키에 굉장한 미남이기도 했다. 근대 중국을 대표하는 사상가 후스(胡適)는 젊은 시절 왕징웨이에게 완전히 반한 나머지 "그가 여자가 아니라 남자인 것이 아쉽다. 그래도 사랑스럽다"라고 말할 정도였다. 장제스와 왕징웨이의 유일한 공통점은 권력에 대한 욕망이었다. 왕징웨이는 평생토록 장제스와 권력을 놓고 경쟁할 수밖에 없었다.

1895년 광저우에서 봉기를 일으키다 실패하여 일본으로 망명한 쑨원은 1905년 8월 도쿄에서 중국인 유학생들을 모아 반청, 반외세를 외치며 중국혁명동맹회를 결성하였다. 여기에 왕징웨이도 참여했고 그의 혁명가로서의 삶이 시작되었다. 왕징웨이는 중국으로 돌아온 뒤 순친왕 짜이펑을 암살하려고 했으나 혈기만 앞선 나머지 실패하고 말았다. 계획이 너무 엉성한 데다 폭탄이 터지지 않았던 것이다. 그는 그 자리에서 체포되었다. 그러나 이 사건은 왕징웨이를 전국적인 유명인사로 만들었다. 그는 종신형을 선고받았지만 곧 신해혁명이 일어나 청나라가 멸망하면서 석방되었다. 이후 그는 쑨원의 오른팔이 되어 위안스카이를 상대로 혁명전쟁에 앞장서면서 국민당 내에서 주요 요직을 거쳐 단숨에 쑨원 다음의 위치에 오르게 되었다.

한편, 쑨원은 일본에서 망명 생활을 하면서 반청 혁명운동을 벌이고 있던 와중에 친구이자 중국동맹회의 강력한 후원자였던 천치메이(陳其美)를 통해 한 청년을 소개받았다. 그가 바로 장제스였다. 장제스는 바오딩군관학교를 졸업한 후 1907년 청나라의 국비 유학생으로 일본 육군사관학교에 입학하기 위해 도쿄 진무학교(振武学校)*를 다니면서 일본군 제13사단의 포병 견습장교로 근무하고 있었다. 장제스와의 짧은 만남에서 쑨원은 오만하면서 고집 센 그에게서 잊을 수 없는 강한 인상을 받았다. 쑨원은 주변 사람들에게 "저 청년이 앞으로 혁명의 선봉에 설 것"이라고 말했다. 그러나 쑨원도 장제스가 십수 년 뒤 자신을 이어 중국의 지도자가 되리라고는 예상하지 못했다.

그로부터 일 년 뒤 신해혁명이 일어나자 장제스는 일본 육군사관학교 입학을 포기하고 상하이로 갔다. 천치메이는 그를 혁명군 제5연대의 연대장으로 임명하여 항저우 공략을 명령하였다. 장제스의 혁명군은 하루 만에 항저우를 함락시켰고 이어서 난징을 공략하였다. 그는 쑨원과 혁명 지도자들 앞에서 탁월한 군사적 역량을 보여주었다.

1912년 1월 1일 난징에서 중화민국의 건국이 선언되었고 쑨원은 임시 대총통에 취임하였다. 그러나 위안스카이가 반혁명전쟁을 일으켜 쑨원을 공격하였다. 쑨원은 천치메이를 위안스카이 토벌군의 총사령관으로 임명하여 맞섰으나 위안스카이의 군대가 워낙 막강했기에 중과부적으로 패배하였다. 쑨원은 소수의 측근들만 데리고 광저우로 도주해야 했다. 천치메이는 상하이의 조계에 숨었지만 1916년 5월 18일 군벌 장쭝창이 보낸 자객에게 살해당했다.

중국은 위안스카이의 천하가 되었다. 국민당은 해체되고 자신에게 스승과 같은 존재였던 천치메이마저 죽자 갈 곳이 없어진 장제스는 일본과 상하이에서 숨어다니며 한동안 방황하였다. 한때 그는 군인의 길을 포기하고 상하이의 증권사에 취업하거나 상하이의 뒷골목을 지배하는 거대 범죄 조직인 청방(青幇)에 가담하기도 했다.

---

* 청나라에서 일본 육군사관학교에 입학하기 위해 유학 온 학생들을 위해 일본 정부가 설립한 일종의 예비 군사 학교.

장제스 스스로도 나중에 "나는 혼돈 속에서 갈팡질팡하였다"라고 회고할 만큼 인생의 암흑기였다. 그가 쑨원의 광저우 혁명 정부에 가담한 것은 몇 년 뒤였다. 1922년 광시 성 구이린에 사령부를 두고 남방 군벌들과 손을 잡아 본격적으로 북벌 전쟁을 준비하던 쑨원은 장제스를 불렀다. 장제스는 광둥 군벌 천즁밍(陳炯明)의 부하가 되어 한 개 부대의 지휘를 맡았다. 그러나 쑨원의 제1차 북벌 전쟁은 남방 군벌들의 배신으로 실패하였고, 천즁밍은 쿠데타를 일으켜 쑨원의 총통부를 공격하였다. 이 때문에 쑨원은 절체절명의 위기에 처했으나 이때 그를 구원한 사람이 바로 장제스였다. 장제스는 쑨원의 급전을 받자마자 군함 융펑(永豊)을 이끌고 와 쑨원을 상하이로 무사히 데리고 왔다. 이 사건으로 장제스는 쑨원의 신뢰를 얻게 되었다. (융펑 호는 쑨원의 호를 따서 중산(中山) 호로 이름을 바꾸었다.)

＼장제스의 부각

왕징웨이나 랴오중카이(廖仲愷) 같은 쑨원 주변의 쟁쟁한 정치가들과 군벌들에 비하면 감히 명함도 내밀 수 없었던 장제스가 두각을 드러낸 것은 황푸군관학교의 교장을 맡게 되면서부터였다.

천즁밍의 반란으로 충격을 받은 쑨원은 더 이상 군벌들에게 기대기보다 자신이 직접 통솔할 수 있는 군대를 만들어야겠다고 생각했다. 그는 소련의 원조를 받아 1924년 6월 16일 '중국국민당 육군군관학교'를 설립하였다. 광저우 앞바다에 있는 황푸 섬(黃埔島)에 있었기에 '황푸군관학교'라고 불리었다. 소련은 국민당에 적백 내전의 영웅이자 나중에 소련 극동군 사령관이 되는 바실리 블류헤르 장군을 비롯해 60여 명의 군사고문과 자금, 대량의 무기를 지원하였다. 이와 함께 국공 합작이 결성되면서 황푸군관학교에는 국민당과 공산당의 주요 인사들이 두루 참여하였다. 랴오중카이가 당 대표를 맡고 예젠잉이 교육부 부주임을, 저우언라이가 정치부 부주임을 맡았다.

황푸군관학교는 국공 합작의 결실이기도 했으나 동시에 국공 합작의 한계 또한 보여주었다. 애초에 국공 합작은 국민당과 공산당이 반(反)제국주의, 반(反)군벌을 기치로 의기투합한 것이 아니라 소련이 원조를 무기로 합작을 강요해 마지못해 성사된 것이었다. 양측은 서로에 대한 아무런 이해도 없을 뿐더러 사상적으로도 양립 자체가 불가능하였다. 따라서 서로에 대한 불신과 경쟁심은 그대로 남아 있었다. 특히 양측은 앞으로 군사력의 핵심이 될 황푸군관학교의 생도들을 포섭하려고 경쟁하였고, 생도들 역시 반공을 외치는 쑨원주의학회와 공산당이 주도하는 청년군인연합회로 갈라져 대립하기 시작했다. 결국 국공 합작이 깨지자마자 황푸군관학교의 동기들과 선후배들은 서로 총부리를 겨누는 사이가 된다. 또한 장제스를 따르는 쑨원주의학회 생도들이 황푸군관학교를 장악하면서 황푸군관학교는 장제스의 사병집단이 되었다.

1925년 3월 12일, 병석에도 불구하고 내전의 종식과 남북 평화회담의 성사를 위해 베이징에서 장쭤린과 만나고 있던 쑨원이 세상을 떠났다. 혁명의 지도자인 쑨원이 없어지자 광저우 정부는 당장 권력을 놓고 분열되기 시작했다. 왕징웨이는 난징에서 쑨원의 장례식을 주관하면서 자신이 쑨원의 후계자라는 사실을 사람들에게 각인시키려고 애썼다. 그러나 광둥 군벌의 수장 후한민과 랴오중카이, 쉬충즈(許崇智) 역시 자신이 쑨원의 뒤를 이어야 한다고 생각하였다. 그러나 휘하에 군대를 가지고 있던 그들과 달리, 정치가일 뿐 군인이 아닌 왕징웨이에게는 아무런 무력 기반도 없었다. 군벌이 난립하여 내전을 벌이던 시대에는 치명적인 약점이었다. 그는 황푸군관학교장인 장제스에게 눈을 돌려 서로 손을 잡고서 교묘한 정치적 술수로 라이벌들을 하나씩 밀어냈다. 후한민이 랴오중카이를 암살하자 이를 명분 삼아 왕징웨이는 후한민을 소련으로 추방했다. 또한 장제스와 왕징웨이는 힘을 합해 광저우 정부의 군사부장으로 군권을 쥐고 있던 쉬충즈를 상하이로 쫓아냈다. 1925년 6월 15일 광저우에서 국민 정부가 수립되자 왕징웨이는 초대 주석이 되었고, 장제스는 7명으로 구성된 군사위원회 위원이자 광저우 위수사령관 겸 제1군 군사령관에 임명되었다.

╲장제스, 정권을 잡다

왕징웨이는 잠시나마 권력 투쟁의 승자가 되어 달콤함을 누렸다. 그러나 왕징웨이는 장제스를 자신의 부하로만 여겼을 뿐 그에게 날개를 달아주었다는 사실을 깨닫지 못했다. 국민당의 2인자가 된 장제스는 본격적으로 왕징웨이를 끌어내릴 준비를 시작하였다. 1926년 3월 19일 장제스는 국민 정부 해군국 국장이자 공산당원인 리즈룽(李之龍)이 중산 호를 이용해 자신을 블라디보스토크로 납치할 음모를 꾸미고 있다는 보고를 받았다. 명확한 물적 증거가 있는 것은 아니었지만 장제스는 1926년 3월 20일 새벽 3시를 기해 계엄령을 선포하였다. 그리고 헌병 부대를 동원해 리즈룽을 즉각 체포하는 한편, 공산당 주요 기관과 공산당원들의 주택을 포위하고 소련 고문단을 구금하였다.

왕징웨이는 장제스의 기습적인 쿠데타에 노기충천했다. 장제스는 왕징웨이가 공산당과 손을 잡고 자신을 납치하려고 했다고 주장하였고 왕징웨이는 날조라고 맞섰다. 국민당은 두 쪽으로 완전히 갈라져 무력 충돌 직전까지 갔다. 그러나 모스크바에서 국공 합작을 주관하고 있던 스탈린은 합작이 결렬될 경우 소련의 당 지도부로부터 책임을 추궁당할 것을 우려해 중국 공산당에게 무조건 장제스와 타협하라고 압력을 가하였다. 결국 중국 공산당 세력은 대폭 위축되었고 왕징웨이는 프랑스로 망명해야 했다. 이 사건으로 장제스는 단숨에 국민당의 주도권을 장악했다.

중산함 사건은 평생에 걸쳐 반복되는 두 사람의 악연의 시작이었다. 장제스와 왕징웨이는 서로 필요할 때 손을 잡았다가도 다시 대립하기를 반복하였다. 그러나 그때마다 왕징웨이의 패배로 끝났다. 왕징웨이는 몇 번이나 장제스의 암살과 쿠데타를 기도하며 군벌들을 부추겨 반란을 일으켰지만, 단 한 번도 장제스를 이기지 못하고 하야하거나 해외로 망명을 떠났다가 다시 돌아왔다. 그는 입으로는 '독재 타도'와 '민주주의'를 외쳤으나 장제스로부터 권력을 빼앗기 위한 허울 좋은 말일 뿐이었고, 혁명투사로서 모습은 점점 사라져갔다.

1931년 5월 장제스가 후한민을 감금하자 왕징웨이는 광시 군벌과 광둥 군벌들을 부추겨 제1차 양광 사변을 일으켰다. 그리고 광저우에서 광둥 정권을 수립해 장제스의 난징 정부와 대치했다. 그런데 그 직후 만주 사변이 일어났다. 관동군의 침략 앞에 장쉐량이 싸우지도 않고 물러나자 왕징웨이는 "20만 명이 넘는 동북군이 고작 1만여 명의 일본군을 상대로 일전 한 번 치루지 못한 것은 참으로 부끄러운 일"이라며 장쉐량을 비난하였다. 그는 심지어 장쉐량에게 스스로 목숨을 끊으라고까지 말하였다. 그러나 정작 자신은 비밀리에 광둥 정부의 외교부장 천유런(陳友仁)을 일본으로 보내어 "일본이 광둥 정부를 원조한다면 만주에 대해서 자치를 허용하되 그 지배는 일본군에 의존하겠다"는 매국적인 제안을 했다. 비록 일본이 그의 제안을 거부해 성사되지 않았지만 왕징웨이의 이중적인 모습을 잘 보여주는 사례였다. 더욱이 중국인들 사이에 그가 일본과 몰래 손을 잡으려고 했다는 의혹이 퍼져 나가자 왕징웨이는 도리어 '반일'과 '장제스 타도'를 외쳤다.

군벌들의 반란과 일본의 침략으로 내우외환에 직면한 장제스는 왕징웨이가 하야를 요구하자 모든 직책에서 물러나 고향으로 내려갔다. 광시, 광둥 군벌의 지지를 받아 쑨커와 왕징웨이의 연합 정권이 수립되었다. 그러나 막상 일본군이 상하이를 침략하자 왕징웨이는 장제스에게 복귀를 요청했고, 장제스는 군사위원장을 맡아 다시 군권을 장악하였다. 쑨커나 왕징웨이나 국민 정부의 수장이란 허울일 뿐 독자적인 무력이 없었기에 다른 군벌들의 허수아비에 불과하였다. 따라서 군벌들을 억누를 수 있는 가장 강력한 군대를 가진 장제스의 협력 없이는 단 하루도 정부를 지탱할 수 없었다. 이것이 군벌 연합 정권으로서 난징 정부의 태생적인 한계였다. 장제스 또한 난징 정부의 권위를 세우기 위해서 원로 정치가인 왕징웨이의 협력이 필요했다. 둘은 서로를 미워하면서도 부득이 다시 손을 잡아야 했다.

＼젊은 날의 혁명가, 매국노로 추락하다

만주 사변 이후 일본의 침략이 점점 확대되자 장제스는 "일본의 목적은 난징 정부를 전복시키고 중국을 해체하는 데 있다"며 항전을 외쳤다. 반면, 일본과의 교섭을 맡고 있던 왕징웨이는 "일본의 요구를 거절하면 전쟁이 일어날 것이고, 아무 준비가 되어 있지 않은 상태에서 화북은 물론 상하이와 난징까지 위험해진다"라는 현실론을 내세우며 일본의 모든 요구를 받아들여야 한다고 주장했다. 그는 "국민들이 당장의 분함을 이기지 못하여 현실을 제대로 직시하지 않고 일본과의 전쟁을 주장하지만, 중국이 무력으로 일본을 이길 수 없는 이상 우선 역량부터 키워 실력을 충실히 해야 한다"라는 입장이었다. 그는 국민의 지탄을 무릅쓰고 중국에 불리한 상하이 정전 협정이나 탕구 협정 등의 체결을 강행했다. 이 과정에서 그는 협정의 체결만 서두르다 절차를 무시했다는 이유로 탄핵당하기도 했다. 왕징웨이의 타협론은 현실적으로 부득이하다고는 해도 격앙된 국민적 감정과는 배치되지 않을 수 없었기에 "일본에 아첨하는 친일파"라는 온갖 비난이 그에게 쏟아졌다. 일본 역시 장제스는 친미 항전파로 여겨 불신한 반면, 왕징웨이는 신뢰할 만한 인물로 여겼다. 일본이 나중에 왕징웨이를 포섭의 대상으로 삼은 것도 이 때문이었다.

왕징웨이는 겉으로는 '일면저항, 일면교섭'을 외치며 장기저항론과 대일타협론을 내세웠지만 속마음은 패배주의에 빠져 있었다. 상하이 사변과 러허 사변, 만리장성에서의 전투에서 중국군이 연패하자 주변 사람들에게 "일본의 침략에 저항해본들 이길 수 없다는 것은 처음부터 알고 있던 것이다. 단지 마음의 안위를 위해서 저항해 보았을 뿐이다"라고 공공연히 말했다. 또한 장제스가 독일과 협력하여 군사력을 증강하는 것이나 쑹쯔원이 미국과 영국의 원조를 얻어 일본의 경제적 침략에 대항하려는 노력에 대해서도, 일본을 자극하여 더 큰 침략을 불러올 뿐이라며 반대하였다. 그는 자신의 저자세 외교가 일본의 침략을 저지하는 데 아무런 도움도 되지 않는다는 사실이 명백해진 뒤에도 자신의 오판을 인정하려 하지 않았다. 오히려 "교섭과 저항을 동시에 하려고 했기 때문에 둘 다 실패했다"는 궤변만 늘어놓았다. 결국 왕징웨이의 속내는 처음부터 타협만 있을 뿐 저항은 없었던 것이다.

왕징웨이는 국민적 존경의 대상에서 암살의 표적으로 전락하였다. 1935년 11월 1일 그는 난징에서 열린 국민당 제6차 전당대회에서 단체 사진을 찍던 중 한 기자에게 총격을 받았다. 세 발의 총탄이 그의 몸에 명중하였다. 한 발은 그의 왼팔을 스쳤고, 한 발은 그의 왼쪽 뺨에 박혔으며 또 한 발은 척추 주변에 박혔다. 척추 주변에 박힌 탄환은 제거하는 데 실패했다. 이 때문에 왕징웨이는 십여 년 뒤에 골수 종양이 생겨 죽게 된다. 쑨펑밍(孫鳳鳴)이라는 이름의 암살 미수범은 상하이에서 일본군과 격전을 벌였던 제19로군 소속의 장교 출신으로 우익 단체 회원이었다. 그는 국민 정부가 일본의 침략을 묵인하고 있다며 장제스와 왕징웨이를 '친일의 괴수'로 여기고, 일차 목표를 장제스, 이차 목표를 왕징웨이로 정하였다. 그런데 촬영 장소에 장제스가 없자 대신 왕징웨이를 저격한 것이었다.

암살 미수 사건은 왕징웨이에게 정신적으로나 육체적으로나 큰 상처를 주었지만 그렇다고 생각을 바꾸지는 않았다. 그는 당분간 정치 일선에서 물러나야겠다고 여겨 행정원장과 외교부장에서 사직하였다. 왕징웨이의 하야는 국민 정부 내에서 친일 유화파의 몰락으로 이어졌고 장제스를 중심으로 군부 강경파가 주도권을 쥐면서 중국은 대일 항전으로 노선이 바뀌었다.

왕징웨이는 치료와 휴양을 명목으로 홍콩을 거쳐 독일로 갔다. 그러나 진짜 목적은 독일의 중재를 통해 일본과의 관계를 개선하고 중국과 일본, 독일이 삼국 동맹을 체결하도록 하겠다는 것이었다. 이전에 왕징웨이는 장제스가 군사력의 강화를 위해 독일에 접근하는 것을 강력하게 반대해왔음에도, 이제는 독일과 일본이 같은 파시스트 국가로서 점차 가까워지자 이와 같은 구상을 세운 것이었다.

그는 독일 쾰른에서 나치 독일의 지도자인 히틀러와 괴링을 직접 만나 적극적인 협력을 요청했으나 독일은 소극적인 자세로 일관했다. 게다가 장제스는 자신의 허락도 없이 왕징웨이가 멋대로 독일에서 비공식적인 외교 활동을 벌이는 것을 달갑지 않게 여겼다. 장제스는 독일이 극동 문제에 개입할 여지가 없기에 왕징웨이의 구상은 실현 가능성이 없으며 왕징웨이의 독일행은 실추된 자신의 영향력을 회복하려는 데 목적이 있다고 여겼다. 따라서 그는 여러 차례 왕징웨이에게 독일과의 접촉을 중단하고 귀국할 것을 요청했으나 왕징웨이는 시큰둥했다. 어차피 장제스가 주도하는 국민 정부에서 자신이 할 수 있는 것이 별로 없는 데다 장제스의 귀국 요청은 단지 의례적일 뿐이라고 생각했기 때문이다.

왕징웨이가 허송세월을 보내며 체코와 프랑스, 영국 등지를 떠돌고 있던 1936년 12월 12일 중국에 남아 있던 그의 부인 천비쥔(陳璧君)이 급히 전문을 보내왔다. 시안 사건을 알리는 내용이었다. 그는 정계로 복귀할 수 있는 호기라고 생각하고 급히 귀국길에 올라 12월 18일 이탈리아 제노바에서 중국행 배를 탔다. 그러나 12월 25일 시안 사건이 예상보다 빨리 해결되면서 장제스는 석방되어 난징으로 돌아왔다. 그 사실을 알았을 때 왕징웨이는 아직 수에즈 운하를 지나고 있었다. 1937년 1월 14일에야 그는 상하이에 도착하였다. 그럼에도 그는 시안 사건으로 장제스가 권위에 큰 손상을 입어 어쩌면 자신이 주도권을 되찾을 기회가 올지도 모른다고 기대했다. 중국으로 돌아온 왕징웨이는 1월 28일 행정원장 자리에 복귀하였다. 다시 군권은 장제스가, 정무는 왕징웨이가 맡는 형태의 연합 정권이 수립되었다. 겉보기에는 암살 미수 사건 이전으로 되돌아간 것처럼 보이지만 왕징웨이의 권한과 영향력은 오히려 이전보다 훨씬 줄어들었다. 시안 사건은 장제스의 권위에 아무런 타격도 주지 않았던 것이다. 왕징웨이는 자신이 장제스의 허수아비에 불과하다는 사실을 깨닫고 극도의 불만을 품었다.

루거우차오 사건으로 중일 전쟁이 발발하자 왕징웨이는 겉으로는 장제스의 항전 방침에 찬성했지만 여전히 외교적인 교섭으로 해결하자는 입장을 버리지 않았다. 전국적으로 항일 열기가 한창인 분위기에서 섣불리 공개적으로 타협을 입에 담았다가는 국민의 공적이 될 판이었다. 그러나 뒤로는 "어차피 싸워본들 이길 수 없다"는 식의 주장을 계속했다. 특히 난징 함락 직후 일본이 주중 독일대사 트라우트만을 통해 굴욕적인 타협안을 제시하자 "중국의 생존에 지장이 없다면 무조건 받아들여야 한다"고 외쳤다. 반면, 난징 대학살과 같은 일본이 저지른 만행에 대해서는 철저하게 눈을 감았다.

국민 정부 선전부장인 저우포하이(周佛海)를 비롯해 가오중우(高宗武), 슝스후이, 천궁보(陳公博) 등 국민당의 친일 인사들 역시 왕징웨이의 주화론에 동조하면서 "장제스의 항일론은 무책임한 히스테리"라고 비난하였다. 그중에서 가장 대표적인 인물이 저우포하이였다. 저우포하이는 젊은 시절에는 공산주의 사상에 심취하여 1921년 중국공산당 창당대회 1기 멤버이기도 했으나 곧 탈당한 후 국민당에 가담하여 쑨원의 측근이 되었다. 그는 쑨원이 제창한 추상적이고 모호했던 삼민주의 이론을 체계화하였고 장제스 정권에서도 국민 정부 부주석, 행정원 부원장, 재정부장 등 요직을 두루 거쳤다. 그러나 중일 전쟁이 일어나 중국이 연전연패하자 장제스의 항전론에 반발하고 왕징웨이와 손을 잡았다. 그는 중국의 광대한 영토와 인구로 일본을 지치게 만들겠다는 장제스의 지구 전략에 대해서도 "중국은 일본과 비교해서 어떤 면에서도 미치지 못한다는 사실을 장제스는 전혀 이해하지 못하고 있다"며 "일본이 고통을 느낄 때쯤이면 중국은 이미 사망했을 것"이라고 비꼬았다.

왕징웨이와 저우포하이를 중심으로 주화파들은 국민들 사이에 항일 열기가 한창 높아지고 있을 때 '저조구락부(低調俱樂部)'*라는 사조직을 결성하여 일본과의 화평 운동과 비밀 교섭을 준비해나갔다. 또한 장제스가 공산당과 손을 잡고 있는 것에 대해서도 반대하고 당내의 반(反)장제스 세력들을 대거 포섭하였다. 여차하면 장제스를 끌어내리고 자신들이 그 자리를 차지하겠다는 생각이었다. 중국이 갈수록 내륙으로 쫓겨가자 이들의 세력은 나날이 확대되었다. 우한이 함락된 뒤부터 왕징웨이는 노골적으로 자신의 화평론만이 살길이라며 "일본이 중국의 독립을 인정한다면 언제라도 화해할 수 있다"고 주장하였다. 그러나 그의 논리는 분명히 궤변이었다. 일본의 목적이 중국 전토의 장악에 있다는 사실이 분명해졌음에도 오로지 일본의 선처에만 매달리겠다는 것이었기 때문이다.

＼왕징웨이의 망명

난징 함락 직후 일본이 제시한 화평 조약을 장제스가 거부하자 1938년 1월 16일 고노에 총리는 "장제스 정권과는 더 이상 대화하지 않겠다"고 선언하였다. 이때부터 왕징웨이는 본격적으로 일본과의 접촉에 나섰다. 1938년 3월 27일 그는 국민 정부의 외교부 아주(亞洲) 국장이자 자신의 심복인 가오중우를 홍콩으로 보내어 일본 측 요인과 만났다. 가오중우는 "만주와 내몽골에 대해서는 일단 덮어두고 장성 이남의 중국의 주권을 인정해준다면 항전을 중지하겠다"고 제

* '목소리 큰' 주전파와는 반대로, 목소리를 낮추어 주화론을 주장하는 클럽이라는 뜻이다.

안하였다. 11월에도 가오중우와 메이스핑(梅思平)이 상하이에 잠입하여 일본과 재차 접촉하였고 본격적으로 왕징웨이의 망명과 새로운 정권의 수립을 논의하였다. "왕징웨이는 충칭을 탈출하여 쿤밍을 거쳐 홍콩으로 망명한 다음 장제스와의 단절을 선언한다. 여기에 호응하여 윈난 성, 쓰촨 성이 독립을 선포한다. 그리고 윈난 성, 쓰촨 성, 광시 성, 광둥 성 4개 성을 기반으로 왕징웨이의 신정권을 수립한다."

일본에게도 왕징웨이의 제안은 그야말로 반가운 것이었다. 우한을 점령한 후에도 전쟁이 끝날 기미가 없었기 때문이다. 막대한 전비는 일본 경제에 심각한 부담이었다. 또한 미국을 비롯한 서구 열강으로부터 대량의 군수품을 수입하면서 1938년 7월이 되면 외화 보유고가 절반으로 줄어들면서 엔화의 가치가 폭락하였다. 하지만 국민당의 2인자인 왕징웨이가 변절하여 일본으로 전향한다면 중국은 두 쪽으로 갈라질 수도 있었다. 육군대신 이타가키 세이시로 중장의 주도로 일본 정부는 "장제스 정권을 타도하고 새로운 인물로 신정권을 수립하자"라고 결정하였다. 물론 여기서 새로운 인물은 왕징웨이였다. 11월 20일 상하이 중광당(重光堂)에서 일본과 왕징웨이 사이에 소위 '중광당 밀약'이 체결되었다.

1. 중일 방공 협정의 체결과 내몽골과 베이핑-톈진 지구에 대한 일본군의 주둔을 인정한다.
2. 일본인의 중국 내륙 거주 및 영업의 자유를 인정한다.
3. 만주국을 승인한다.
4. 경제 제휴에서 일본의 우선권을 인정하고 화북에 대한 개발 및 이용에서 특별한 편리를 제공한다.

5. 일본은 중국에 대해 전쟁 배상금을 요구하지 않는 대신 중국은 일본 거류민이 입은 피해에 대해서는 별도로 보상한다.
6. 일본군은 2년 이내에 현재 점령 지구에서 완전히 철수한다.

그야말로 굴욕적인 내용이었지만 자신만이 중국을 전란에서 구할 수 있다고 굳게 믿고 있던 왕징웨이는 더 큰 희생을 피하기 위한 부득이한 양보라면서 받아들였다. 그러나 자신이 항전이냐 타협이냐를 놓고 장제스와 대립하고 있듯이, 일본 역시 강경파와 온건파가 있으며, 특히 관동군을 비롯한 강경파들은 무력으로 중국을 정복하겠다는 야욕을 버리지 않고 있다는 사실을 왕징웨이는 간과하였다. 이것이 그의 가장 큰 계산 착오였고 스스로 '제2의 푸이'가 되는 운명을 선택하고 말았다.

왕징웨이는 장제스에게 청두에 강의하러 출장을 간다고 하고서는 12월 18일 부인과 소수의 측근들을 데리고 충칭에서 빠져나와 쿤밍으로 향하였다. 아무것도 모르고 있던 장제스는 전선 시찰을 위해 시안에 가 있었는데 갑자기 윈난 성 주석 룽윈으로부터 "왕징웨이가 예고도 없이 쿤밍에 와서는 일본과의 화평 운운하며 협력을 요구하는데 어떻게 해야 하는가?"라는 보고를 받았다. 깜짝 놀란 장제스는 자신은 왕징웨이와 그런 논의를 한 적도 없으며 일본과는 화평을 논할 여지가 없다는 답변을 보내고 급히 충칭으로 귀환하였다. 그리고 언론에 왕징웨이는 화평을 논할 자격이 없으며, 중국은 화평은커녕 대규모 반격을 준비하고 있다고 발표하였다. "그의 어리석음과 천박함이 그 정도까지 추락할 줄을 미처 몰랐다. 그처럼 파렴치하고 퇴폐적인 인물을 가진 것은 당과 국가의 불행이다." 장제스는 1939년 1월 1일 그의 국민당 당적을 삭제하고 모든 직위에서 해임하였다. 또한 룽윈에게도 왕징웨이는 매국노이며 그의 음모에 동요하지 말라고 강력하게 경고하였다.

쿤밍을 거쳐 베트남 하노이에 도착한 왕징웨이는 일본과 계속 접촉하였다. 그러던 중 3월 21일 장제스가 보낸 남의사 요원이 그를 습격하는 사건이 벌어졌다. 왕징웨이는 간신히 피했으나 대신 그의 비서 부부가 피살되었다. 신변의 위협을 느낀 그는 5월 5일 일본이 보낸 화물선에 숨어 상하이로 갔다. 왕징웨이가 상하이에 도착하자 신정권의 수립이 본격적으로 진행되었다. 그러나 시작부터 진통의 연속이었다. 그가 하노이에 도착한 직후 고노에 총리는 '대중 근본 방침'을 선언하였다. 여기에는 "중국은 만주국을 승인하며, 중일 방공 협정을 체결하여 일본군은 내몽골을 비롯한 특정 지점에 주둔권을 가진다"고 되어 있었다. 정작 '중광당 밀약'에서 가장 중요한 문제인 일본군의 철수는 쏙 빠져 있었다. 왕징웨이는 1940년 6월 도쿄를 직접 방문하여 '중국 주권의 존중'과 '일본군의 철수'를 재차 요구했다. 그러나 고노에는 끝까지 대답을 회피한 채 얼버무렸다. 일본에게 중국의 주권을 보장받고 대등한 입장에서 양국이 친선 관계를 맺겠다는 것이 왕징웨이의 구상이었지만 고노에 내각은 중국에 여러 개의 친일 괴뢰 정권을 수립할 생각이었다. 일본에게 왕징웨이는 중국 통치에 써먹기 위한 꼭두각시일 뿐이었다.

＼난징 괴뢰 정권의 탄생

1940년 3월 30일 난징에서 '중화민국 국민 정부'의 수립식이 거행되었다. 왕커민의 베이핑 정권과 량훙즈의 난징 정권, 몽강 자치 정부* 등 그동안 일본에 의해 수립된 친일 괴뢰 정권들을 모두 망라하는 정권이었다. 왕징웨이는 주석대리 겸 행정원장에 올랐고 저우포하이는 부주석 겸 행정원 부원장, 천궁보는 입법원 원장, 량훙즈는 감찰원 원장, 왕커민은 화북정무위원회 위원장으로 각각 한자리씩 차지하였다.

이때 일본은 과거 북양 군벌의 수장이었고 베이핑에서 은거하고 있던 우페이푸도 회유하려고 시도하였다. 그는 비록 장제스에게 패배하여 몰락했지만 한때 중국의 절반을 지배했고 여전히 화북에서 상당한 명성과 영향력을 가지고 있었다. 그러나 구식 군벌이면서도 일본에 대한 깊은 반감을 가지고 있던 우페이푸는 단호하게 회유를 거절하였다. 그는 1939년 12월 4일 충치 치료를 위해 베이핑의 일본인 병원에 입원했다가 급사했는데 일본에 의해 암살당했다는 설이 유력하다.

왕징웨이는 장제스의 충칭 정부를 대신해 자신들이 중국의 정통 정권이라며 정권의 이름 또한 '중화민국 국민 정부'라고 선언하였다. 그러나 실제 통치구역은 난징과 상하이를 중심으로 장쑤 성과 안후이 성, 산둥 성, 저장 성의 일부 등 일본군이 점령하고 있는 양쯔 강 하류의 좁은 구역에 불과했다. 국기도 청천백일기를 그대로 사용하려고 했으나 장제스 군대와 구분하기 어렵다는 일본의 반대에 부딪쳐 그 위에 황색 깃발을 덧붙였다. 중국에서는 왕징웨이의 국민 정부를 장제스 정권과 구분하여 '난징 괴뢰 정권'이라고 부른다. 화북과 내몽골은 대소전에 대비하기 위한 전략적 요충지이므로 특별 구역으로 설정해야 한다는 관동군의 주장 때문에 이 지역은 왕징웨이 정권의 통치구역에서 제외되었다. 사실 관동군은 육군의 일부 온건파가 멋대로 추진한 왕징웨이 정권 자체를 부정적으로 생각

---

* 일본이 친일 몽골 귀족들을 앞세워 쑤이위안 성과 차하얼 성에 걸쳐 세운 괴뢰 정부.

했기 때문에 협조할 생각이 전혀 없었다. 결국 그는 괴뢰 정권의 수장일 뿐 아무런 실권도 없었고 그의 정권은 일본에 철저하게 예속되었다는 점에서 만주국과 다를 바가 없었다. 정권에 가담한 이들도 모두 청말, 북양 군벌 시절의 고색창연한 관료들과 부귀영화에 눈먼 친일파들이었다. 게다가 괴뢰 정권에 먼저 가담해 있던 이들은 왕징웨이 일당이 뒤늦게 빈손으로 와서 자기들끼리 권력을 독식하려는 속셈이 아닌지 경계하면서 심한 갈등을 빚었다. 미국을 비롯해 대부분의 국가들은 왕징웨이 정권을 만주국과 마찬가지로 일본의 일개 괴뢰 정권이라며 승인을 거부하였다. 독일도 중국과의 관계를 고려해 한동안 보류하다 1941년 7월에야 승인하였고, 이탈리아, 크로아티아, 헝가리 등 일본과 동맹을 맺고 있던 파시스트 국가들이 그 뒤를 이었다.

기대 이하의 결과에 실망하기는 일본도 마찬가지였다. 왕징웨이는 자신과 친분이 있는 제4전구 사령관 장파쿠이나 룽윈 등도 곧 자신에게 합류할 것이라며 큰소리쳤지만 어느 누구도 왕징웨이의 편에 서지 않았고 장제스의 지위 또한 전혀 흔들리지 않았다. 결과적으로 일본에게 왕징웨이 정권은 꼭두각시 이상의 의미가 없었다. 여전히 중국의 정통 정권은 장제스 정부라는 사실을 일본은 인정해야 했다.

물론 왕징웨이는 자신은 정치 인생에서 최악의 오점을 찍었다. 마지막 황제 푸이는 동정의 여지라도 있었지만 왕징웨이는 '조국을 배신한 변절자'일 뿐이었다. 또한, 처음의 약속과 달리 자신들을 괴뢰로만 취급하는 일본의 이중성에 실망한 가오중우 등 일부 인사들은 왕징웨이와 결별하고 홍콩으로 탈출한 뒤 왕징웨이와 일본이 체결한 굴욕적인 밀약 내용을 공개하였다. 이로 인해 왕징웨이 정권

●— 1943년 11월 5일 도조 히데키의 주최로 도쿄에서 열린 이른바 '대동아 회의'. 왕징웨이 외에 필리핀, 만주국, 태국, 버마 등 일본 점령 지역에 수립된 친일 괴뢰 정권의 수반들이 한자리에 모였다. 말로는 "상호 주권 존중"과 "경제 제휴", "인종 차별 철폐"를 운운했으나 일본의 전쟁 수행을 위한 자원 수탈에 적극 협조하라는 자리였다.

의 실체가 널리 알려지면서 국민의 지탄이 쏟아졌다. 그런데도 왕징웨이는 일본의 '대동아 신질서' 건설에 중국이 협력하는 것이야말로 쑨원이 제창했던 '대아시아주의'의 유지를 잇는 것이라며 자신을 변호했다. 그러나 일본의 침략과 잔혹한 통치에 고통을 겪고 있던 대다수 중국인들에게 그의 말은 한낱 궤변일 뿐이었다. 침략자인 일본이 새삼스레 중국을 대등한 파트너로 인정하고 그동안 빼앗은 것을 되돌려줄 리는 없었다. 명색이 중국을 대표하는 정치 원로이자 지성과 학식을 갖추고 산전수전 다 겪은 노련한 정치가였던 그가 그 정도의 사실조차 몰랐을까.

왕징웨이는 자신이야말로 쑨원의 진정한 후계자라고 생각한 사람이었다. 그는 자신보다 한참 후배이자 부하였던 장제스와의 투쟁에서 패하자 권력을 되찾기 위해 수단과 방법을 가리지 않았으나 끝까지 장제스의 그림자에 가려진 2인자에 만족해야 했다. 그는 마지막 수단으로 일본과 결탁해 권력을 되찾으려고 했다. 권력욕과 장제스와의 경쟁에 눈이 먼 나머지 잘못된 짓이라는 것을 뻔히 알면서도 그런 어리석은 선택을 했다고밖에 볼 수 없다. 냉혹한 마키아벨리스트였던 장제스나 마오쩌둥에 비한다면 왕징웨이는 현실 감각이 부족했다.

결국 왕징웨이의 운명은 충칭을 탈출할 때 결정났다. 그의 변절은 전쟁에 어떤 영향도 주지 못했다. 히로히토조차 "왕징웨이를 포섭한 뒤 중국의 새로운 정권을 수립하여 전쟁을 끝내겠다"는 육군의 계획이 너무 허술하다며 "이런 일은 안 되는 것이 당연하고 되는 것이 더 이상하다"라고 말할 정도였다. 왕징웨이와 저우포하이 등 정권의 간부들은 일본의 괴뢰에서 벗어나려고 나름대로 발버둥쳤지만 아무런 소용이 없었다. 저우포하이는 뒤늦게 "일본인들이 하는 일은 늘 이런 식"이라며 노골적으로 불만을 토로하면서 "이제야 내가 틀렸고 항전파가 옳았다는 사실을 알았다"라고 자신의 일기에 남기기도 했다. 더욱이 태평양 전쟁이 일어나자 일본의 패망은 시간문제라고 생각한 그는 자신의 운명에 낙담한 나머지 점을 보거나 충칭에 밀사를 보내어 자수하겠다면서 일본의 군사 정보를 넘겨주기도 했다. 일본의 전세가 점점 기울자 그들은 자포자기식으로 향락에만 빠져 하루하루를 보냈다.

결국 일본의 어설픈 모략과 왕징웨이의 어리석은 권력욕이 만들어낸 한 편의 정치 희극은 일본의 패망과 동시에 비극적으로 끝나고 말았다. 왕징웨이 정권에 가담했던 우두머리들은 모조리 체포되어 아무런 자비도 얻지 못한 채 총살형에 처해지거나 차가운 감옥에

난징 괴뢰 정권과 《색계》

이안 감독의 2007년 영화 《색,계(色,戒)》는 우리에게는 과도한 노출과 파격적인 정사신으로 눈길을 끌었지만 바로 1940년대 왕징웨이의 난징 괴뢰 정권을 배경으로 한 영화이다. 왕징웨이 정권의 비밀경찰이었던 76호의 책임자 딩모춘(丁默邨, 양조위 분)은 원래 장제스의 사조직이었던 CC단의 간부였지만 변절하여 상하이의 남의사 지하 조직을 분쇄하였고 일본에 빌붙어 '중국의 히믈러'라고 불릴 만큼 권세를 누렸다. 남의사는 그를 암살하기 위해 정핑루(鄭平如, 탕웨이 분)라는 여성을 포섭하였다. 정핑루는 딩모춘을 미인계로 유인한 후 암살하려고 했으나 실패하였고 정핑루와 남의사 공작원들은 모두 체포되어 처형당했다. 영화는 실제 역사에 상상력을 더해 만들어졌다. 딩모춘은 비록 미인계에는 걸리지 않았지만 일본이 패망한 뒤 체포되어 1947년 7월 5일 난징에서 총살당했다.

서 옥사하였다. 왕징웨이 자신은 1944년 11월 10일 일본 나고야의 병원에서 치료를 받던 중 사망하였다. 전쟁이 끝난 뒤 1946년 1월 15일, 그의 묘는 폭약으로 폭파되었고 유해도 불에 태워져 들판에 뿌려졌다.

20

진흙탕에 빠지다

＼우한 함락 뒤의 중국

1937년 7월 루거우차오 사건부터 1938년 10월 우한이 함락될 때까지 약 1년 3개월 동안 중국은 패전의 연속이었다. 일본이 점령한 지역은 차하얼 성, 쑤이위안 성, 허베이 성, 산둥 성, 산시 성, 장쑤 성, 안후이 성의 전부와 허난 성의 절반, 그리고 후베이 성, 장시 성, 광둥 성의 일부였다. 총면적은 101만 6천 제곱킬로미터로, 일본 본토의 2.8배에 달했다. 또한 중국 인구 4억 8천만 명의 약 35퍼센트에 해당하는 1억 6천9백만 명이 일본의 통치 아래 들어갔다. 중국이 상실한 대도시들은 중국에서 가장 근대화된 도시들로 정치와 경제, 공업의 중심지였다. 이 시점에서 중국 정부는 관세 수입의 91퍼센트, 공업 능력의 94퍼센트, 전력 생산의 96퍼센트, 방직 공업의 75퍼센트를 상실하였다. 특히 주요 철도와 항구의 대부분을 잃은 것은 기반 기설이 미비하고 해외 의존도가 높은 중국에게 치명적이었다. 장제스는 충칭으로 물러나 쓰촨 성과 윈난 성 등을 기반으로 항전 태세를 정비했지만 충칭이나 청두, 쿤밍은 중국에서도 3급의 소도시에 불과했다. 내륙 서부는 낙후되고 빈곤한 산악 오지가 대부분이었다. 천연자원은 풍부했지만 거의 개발되지 않았고 근대 공업이나 발전 시설도 미미했다. 척박한 땅에 수많은 피난민들이 몰리면서 인구는 과잉 상태였다. 많은 농민들이 적은 농토에 매달려 근근이 기근을 면하였다.

군사적인 손실도 컸다. 1938년 12월 26일 일본 육군성은 다음과 같이 전과를 발표했다. 중국군 전사자 81만 3,300명에 부상자와 포로를 포함하면 2백만 명 이상이며, 주요 함선 19척 격침 및 3척 노획, 항공기 격추 1,503기, 노획 물품 소총 20만 8천 정, 기관총 1만 1천 정, 청룡도 1만 2천 개, 대포 680문, 박격포 1,200문, 전차 및 트럭 560량, 소총탄 1360만 발, 포탄 1만 7천 발, 박격포탄 171만 8천 발 등. 물론 이는 선전을 목적으로 했기에 상당히 부풀려진 것으로, 허잉친은 1938년 12월 말까지 중국군의 전사자는 37만 4천 명 정도라고 회고하였다. 그렇지만 이 정도로도 충분히 대재앙이었다. 어느 나라도 짧은 시간 동안 이 정도의 손실을 입고, 영토의 태반을 빼앗긴 채 버티지는 못할 것이다.

그럼에도 중국은 도무지 무너질 기미를 보이지 않았다. 일본은 중국의 심장부인 우한을 점령하면 중국은 항전 의지를 상실하고 화평을 제안하거나 자중지란으로 스스로 무너지리라 기대하였다. 그러나 현실은 정반대였다. 중지나방면군 사령관 하타 슌로쿠 대장은 1938년 9월 6일 대본영에 '우한, 광저우 작전 이후의 정세 판단'이라는 보고서를 제출하였다. "개전 이래 수차례의 타격에도 불구하고 중국군의 주력은 여전히 존재하며 국민 정부의 통제력도 유지되어 장기 항전을 기도하고 있다. 반면 아군은 이미 한계에 직면하였고 경제적으로도 낙관할 수 없는 상황이라 전장을 확대하기보다 정략과 모략이 필요하다." 군부의 대표적인 강경파 중의 하나였던 그조차 전쟁이 승리로 끝날 가능성은 없으며 오히려 중국의 반격을 받아 전세가 역전될지도 모른다고 비관할 정도였다. 1941년 2월 미국의 루스벨트 대통령의 특사로 충칭을 방문한 로클린 커리 역시 "현재의 중국군은 1937년보다 훨씬 강력해졌으며 병력과 장비, 훈련 상태도 양호하고 사기도 높아 일본의 공격을 두려워하지 않는다"라고 보고하였다. 그는 동시에 일본군은 반대로 시간이 지날수록 사기와 전투력이 명확하게 약해지고 있다고 지적하였다.

우한을 점령한 일본군은 왜 여세를 몰아서 충칭과 청두까지 단숨에 진격하지 못했을까? 정확히 십 년 뒤 마오쩌둥의 인민해방군은 파죽지세로 국민정부군을 밀어붙였고 장제스는 어느 곳에서도 그들의 전진을 막지 못했다. 인민해방군은 노획한 약간의 차량만 가지고 있었을 뿐 전차도, 전투기도, 기계화 부대도 없었다. 단지 소총과 사람의 발에 의존해서 만주에서 하이난, 그리고 신장과 티베트까지, 북에서 남으로 동에서 서로 진격하여 4년 만에 광대한 중국 대륙을 장악하였다. 반면, 일본은 우세한 공업력과 대량의 전차, 전투기, 포병, 막강한 해군까지 보유하고 있었다. 그럼에도 우한에서 발이 묶인 채 더 이상 깊숙이 전진할 수 없었다. 일본군과 마오쩌둥의 군대는 어떤 점이 달랐던 것일까?

가장 큰 이유는 전략의 차이였다. 마오쩌둥은 결정적인 전투마다 국민정부군의 주력을 고립시킨 뒤 포위 섬멸했다. 반면, 일본군은 단지 전투에서 승리했을 뿐 중국군의 격멸에 실패했다. 중국군은 많은 병력과 장비를 상실했지만 주력 부대를 보존한 채 산간 오지로 물러나 새로운 방어선을 구축하였다. 게다가 일본군의 점령지 곳곳에는 미처 후퇴하지 못한 중국군과 새로 침투한 유격대들이 있었다. 그들은 일본군의 병참선을 교란하였다. 이 때문에 후방이 위협받은 일본군은 병력을 계속 뒤로 빼내어 소탕 작전을 벌여야 했고 그만큼 최일선의 공격 능력은 떨어졌다. 또한, 일본군의 가혹한 통치와 만행은 중국인들의 저항을 더욱 부추겼다.

장제스는 전쟁이 본격적으로 시작되기 전부터 일본군에 대한 지연전과 유격전의 중요성을 강조해 왔다. 그는 1938년 11월 28일 후난 성 난웨(南嶽)에서 주요 지휘관들이 모인 회의에서 "전체 병력의 3분의 1을 적 후방에 대한 유격전에 투입해야 한다"고 지시하였다. 광둥 성을 담당하고 있는 장파쿠이의 제4전구와 위쉐중의 노소 전구(장쑤 성과 산둥 성), 루중린의 기찰 전구(허베이 성과 차하얼 성)가 유격 전구로 지정되었다. 이들의 임무는 적 후방에 대한 유격전의 전개와 광범위한 유격 근거지의 건설이었다.

장제스는 공산군 토벌전에서 그들이 보여준 뛰어난 유격 전술에 주목하고 옌안의 중공 정권에 유격 간부 훈련을 위한 교관의 파견을 요청하였다. 제8로군 참모장인 예젠잉을 비롯한 30명의 교관이 파견되었다. 이들은 군사위원회 직속으로 배속되어 탕언보가 주임을 맡고 예젠잉이 부주임을 맡았다. 이후 장제스가 직접 총괄하면서 바이충시와 천청이 부주임, 탕언보가 교육장, 예젠잉이 부교육장으로 임명되었다. 예젠잉을 비롯한 공산당 교관들은 각 부대에서 전투 경험이 비교적 풍부하고 전술 지식을 갖춘 중견 장교들을 선발하여 3개월 과정으로 유격 전술과 폭파 기술 등을 가르쳤다. 1939년 후반부터 국공의 갈등이 점점 악화되면서 예젠잉의 공산당 대표단은 1940년 2월 옌안으로 철수하였으나 이후에도 유격 간부의 훈련은 계속 실시되었다. 1938년 12월 국민정부군의 유격 부대는 80만 명 이상에 달했다. 이것은 같은 시기 20~30만 명 정도였던 공산군 전체 병력의 세 배에 달하는 숫자였다. 그들은 점령지 곳곳에 침투하여 소부대로 분산 배치된 일본군을 습격하고 철도를 파괴하고 지하운동을 벌이는 등 활발하게 활동하였다. 중국군의 유격전은 일본군의 전력을 분산시키고 일본의 국력을 피폐화하는 데 큰 역할을 하였다.

╲일본의 중국 봉쇄 작전

전선이 끝없이 확대되면서 일본은 병력을 계속 늘려야 했다. 전쟁 이전의 17개 사단 30만 명은 1939년이 되면 41개 사단 150만 명으로 늘어났고 그중에서 중국 전선에 배치된 병력은 해군을 제외하고도 25개 사단 80만 명에 달했다. 만주에는 소련의 위협에도 불구하고 겨우 9개 사단이 배치되어 있었다. 러일 전쟁 이래 소수의 정예군에만 의존할 뿐 서구식의 대규모 예비 병력을 확보하기 위한 노력을 하지 않았던 일본은 급히 소집 대상의 연령을 확대하며 병력을 늘렸다. 하지만 이로 인해 국민의 불만이 높아지고, 군대의 질적 수준이 형편없이 떨어졌다. 특히 일선 부대의 핵심이라 할 수 있는 초급 간부와 부사관이 태부족이었다. 사관학교 생도들은 4년의 교육을 받아야 했지만 중일 전쟁의 확대로 전장의 요구가 급격히 늘어나자 인원수를 4백 명에서 2천 명으로 대폭 늘리고 교육 기간도 절반으로 축소하였다. 이조차도 점점 줄어들면서 나중에는 고작 2~3개월의 단기 과정만 거치면 최일선에 무작정 투입하였다. 1941년에 오면 전체 일본군 장교의 36퍼센트만이 정규 과정을 밟았고 특히 하급 지휘관으로 내려갈수록 단기 속성으로 배출된 장교들이 대부분이었다. 덕분에 장교들의 승진은 빨랐지만 능력은 갈수록 형편없어졌다.

병력과 물자의 소모는 끝없이 늘어났지만, 일본군의 공격력은 오히려 무디어졌다. 1937년 7월부터 12월까지 일일 평균 15킬로미터였던 진격 속도는 1938년에는 8킬로미터, 1939년에는 3.2킬로미터로 떨어졌고, 1940년에는 1.6킬로미터에 불과했다. 또한 대규모 공세라 해도 고작해야 3~4개 사단을 국지적으로 동원하는 정도에 지나지 않았다. 그 이상의 작전은 일본의 병참 능력을 넘어섰기 때문에 거의 불가능했다. 따라서 중국 대륙 곳곳에서 국지적이고 소모적인 전투가 반복되었으나 전체적인 전선에는 큰 변화가 없었다. 또한 전투는 고전의 연속이었고, 성급한 공격은 격퇴되기 일쑤였다. 설령 이기더라도 지킬 능력이 없기에 최대한 약탈을 일삼은 뒤 점령지를 포기하고 원 위치로 후퇴했다. 이로 인한 인적, 물적 자원의 소모는 밑 빠진 독에 물붓기 식이었다.

전쟁의 장기화로 일본의 전쟁 비용 또한 눈덩이처럼 커졌다. 1936년에 10.9억 엔이었던 일본의 군사비 지출은 1937년에는 32.8억 엔, 1938년에는 59.6억 엔으로 급격하게 늘어났다. 도대체 일본 경제가 어디까지 감당할 수 있을 것인가. 막대한 군비 지출 덕분에 군수산업이 비약적으로 발전했지만 이는 민간 경제의 철저한 희생에 의해서였다. 기초 산업 역량은 쇠퇴하는 반면, 군수산업만 발전하는 기형적인 구조 속에서 언제든 한순간에 경제가 붕괴될 수 있었다. 게다가 주먹구구식으로 시작된 전쟁은 속전속결로 승리를 거두겠다는 호언장담과 달리 끝이 보이지 았았다. 평화 교섭의 길 역시 일본 스스로 막아 버렸다. 다음 방법으로 선택한 것은 중국의 해상 보급선을 차단하고 내륙 지역에 대한 대대적인 전략 폭격을 실시하여 중국의 전의를 서서히 약화시키겠다는 전략이었다. 한마디로 둘

중에서 어느 쪽이 먼저 쓰러지는지 인내심 싸움이 된 셈이었다.

일본은 중국의 해상 보급로의 80퍼센트를 차지하는 광저우를 공략하여 광저우-홍콩을 연결하는 수송 루트를 차단하는 데 성공했다. 그러나 중국은 재빨리 새로운 보급로를 개척하였다. 이른바 '하노이 루트'와 '버마 루트'였다. 그중에서도 비중이 가장 큰 쪽은 하노이 루트로 전체 수송량의 약 절반을 차지하였다. 미국과 영국, 프랑스, 소련 등에서 수입된 군수 물자는 프랑스령 인도차이나의 하노이 항에서 하역된 후 중불(중국-프랑스령 인도차이나) 철도를 통해 광시 성의 성도인 난닝을 거쳐 내륙으로 들어갔다. 태평양 전쟁이 일어난 뒤 가장 중요한 대중 원조 루트가 되는 버마 루트는 이때만 해도 비중이 낮았다. 랑군 항에서 중부 버마의 라시오까지만 철도가 연결되어 있었고 그다음에는 비포장도로를 따라 험준한 산악 지대를 넘어 머나먼 윈난 성 쿤밍까지 가야 했기 때문이었다. 그리고 신장 성의 중소 국경 지대를 거쳐 넘어오는 소련의 원조 루트인 '서북 루트'가 있었다. 그러나 이것 역시 철도가 없고 사막을 건너야 하는 데다 거리 또한 너무 멀었기 때문에 수송 규모는 미미하였다.

따라서 일본은 중국을 고사시키기 위해서는 무엇보다도 하노이 루트를 차단해야 했다. 해군 수뇌부는 광저우 공략과 함께 그 아래에 있는 하이난 점령을 대본영에 건의하였으나 일단 보류되었다. 사실 하이난을 점령하는 것만으로는 의미가 없었다. 중불 국경 자체를 아예 폐쇄하지 않는 한 다른 루트가 개척될 것이기 때문이다. 또한 이로 인해 영국과 프랑스와 외교적 마찰을 빚을 우려가 있었다. 하이난은 동남아시아를 지배하는 영국, 프랑스의 세력권과 인접해 있었다. 열강은 일본의 중국 침략에는 무관심했지만 자신들의 전통적인 세력권이 위협받는 데는 민감하였다. 자칫 일본이 동남아시아를 노리는 것 아닌가 하고 경계심을 불러일으켜 도리어 중국을 원조할 수도 있었다. 이는 일본이 가장 우려하는 일이기도 했다. 그럼에도 광저우를 점령한 일본 해군이 불가피한 조치라며 하이난 공략을 재차 강력하게 요구하자 대본영은 결국 작전을 수락하였다. 1939년 1월 19일 '대륙명 제265호'가 발령되어 하이난 공략 작전이 시작되었다.

＼하이난 공략

"동양의 하와이"라고 불리는 하이난 섬(海南島)은 중국 최남단에 있으며 중국에서는 타이완 다음으로 큰 섬이다. 면적은 3만 3,920제곱킬로미터이며 당시의 인구는 약 220만 명이었다. 북부는 평야지만 중부와 남부는 대부분 산악 지대로 섬의 중심에는 해발 1,867미터의 우즈 산(五指山)이 있다.

중국군의 수비 병력은 제62군 휘하 제152사단을 중심으로 비정규군 2개 여단과 보안대, 현지 자경단 등이었으며 총병력은 2만 명 정도였다. 제152사단 사령부는 하이난 섬의 북쪽의 항구도시인 충산(瓊山)에 있었고 제62군 부군장 왕이(王毅)가 지휘를 맡고 있었다. 북쪽으로 5킬로미터 떨어진 곳에 위치한 외항인 하이커우(海口)에도 1개 여단이 주둔하였다. 나머지 병력은 섬 전체에 분산되어 있었다. 그러나 전략적인 중요성에도 불구하고 방어 태세는 매우 허술했다. 병사들도 훈련과 장비가 부족한 잡군과 신병이 대부분이었다. 또한 철도나 도로도 제대로 없었고 근대적인 항만 시설 역시 전무한 전형적인 어촌이었다.

일본군은 광저우에 주둔한 제21군 산하의 타이완 혼성여단(보병 제1연대, 제2연대, 산포병연대)과 해군 육전대 3개 대대, 그리고 남

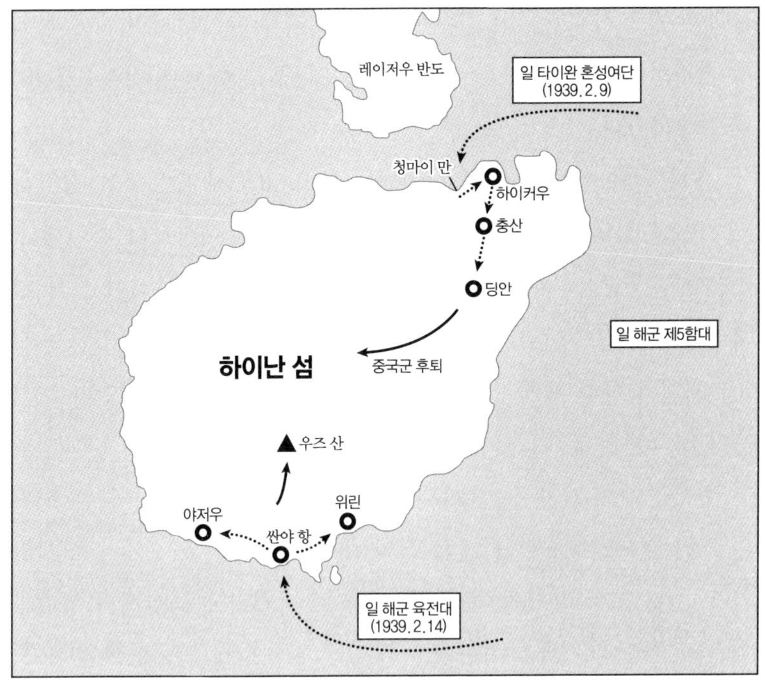

●— 하이난 섬 전투(1939년 2월)

중국해를 관할하기 위해 새로 편성한 해군 제5함대를 동원했다. 공격은 남북에서 협공하는 형태로 진행되었다. 2월 9일 22시 타이완 혼성여단이 하이난 북쪽에 있는 청마이 만(澄迈灣)의 해안가에 상륙하였다. 그들은 5시간에 걸친 전투 끝에 중국군의 방어선을 돌파하여 내륙으로 진격하였다. 또한 하늘에서는 해군 항공대의 폭격기들이 중국군 진지와 병영을 폭격하였다. 타이완 혼성여단은 10일 정오에 하이커우를 점령하고 오후 2시에는 충산까지 단숨에 공략하였다. 또한 남쪽에서도 공격이 시작되어 2월 14일 새벽 5시 해군 육전대 2,550명이 하이난 섬의 싼야 항(三亞港)에 기습 상륙하였다. 해군 육전대는 함포 사격과 항공기의 공중 지원 아래 중국군 수비대를 손쉽게 격파한 다음 해안선을 따라 진격하여 위린(楡林)과 야저우(崖州)를 점령하였다.

일본군은 일주일 만에 하이난의 주요 요충지 대부분을 장악하고 하이난 점령을 선언하였다. 중국군의 저항은 예상보다 미미했다. 그러나 중국군은 해안에서의 전투를 피하고 항전에 유리한 산악 지대로 물러났을 뿐이었다. 특히 동부 산악 지대에는 1천 명이 넘는 신4군 계열의 공산 세력이 대거 포진하고 있었다. 일본은 해안가 도시들만 장악했을 뿐 여전히 내륙의 산악 지대에서는 전투가 반복되었고 중국군의 유격전에 큰 피해를 입었다. 이 때문에 일본군은 병력을 추가 증원하여 약 일 년에 걸쳐 대규모 소탕전을 수차례 실시하였다. 그러나 중국군 역시 야간을 이용해 은밀하게 본토에서 병력과 물자를 들여와서 계속 저항했다. 일본은 몇 번이나 '소탕 완료'를 선언했지만 그때뿐이었다. 일본군의 토벌 작전은 잔혹하기 짝이 없었다. 1939년부터 1940년까지 하이난 섬에 사는 남성의 3분의 1이 무참하게 살해되었다. 이는 난징 대학살에 비견되는 만행이었다. 그럼에도 하이난 섬에서 일본군의 통치력은 일부 해안 지대에 국한되었고 중국군, 특히 공산군은 내륙의 대부분을 장악하였다.

일본군은 하이난 섬 북부의 충산에 비행장을 건설하였다. 이곳에서 출격한 폭격기들은 광시 성과 광둥 성의 대도시와 중불 철도를 폭격하였다. 일본군의 하이난 섬 점령은 중국은 물론 열강들에게도 큰 충격을 주었다. 장제스는 외신과의 인터뷰에서 "이것은 태평양의 만주 사변이며 일본은 태평양 전체로 전쟁을 확대할 것"이라고 경고하면서 서구 열강의 공동 개입을 요청하였다. 이에 대해 아리타 하치로 외상은 "이번 출병은 영구 점령이 목적이 아니라 단지 군사적인 이유로 잠시 점령한 것일 뿐"이라며 변명했으나 미국과 영국, 프랑스는 "그동안 일본이 중국에 대해 영토적 야심이 없다고 매번 천명했음에도 하이난을 점령한 것은 그 진의가 의심스럽다"라며 비난의 목소리를 높였다. 특히 프랑스는 일본이 중불 국경 지대를 폭격하여 많은 손실을 입었다고 항의하며, 3억 프랑의 예산을 급히 투입하여 허술한 인도차이나의 방위력을 대폭 증강하고 수 척의 군함을 급파했다. 또한 그동안 일본과의 마찰을 피하기 위해 중불 국경을 통한 무기 수송을 어느 정도 통제해 왔으나 2월 17일부터 모든 제한을 철폐하였다. 즉, 일본의 봉쇄 작전은 중국에 타격을 가하기는 했지만 동시에 열강들과의 관계가 악화되는 결과를 낳았다. 이것이 일본의 딜레마였다. 게다가 군부 강경파가 주도하는 일본은 열강과의 외교적인 문제를 유연하게 풀어나갈 역량이 없었다. 강경파들은 오히려 극단적인 벼랑 끝 전술로 일본 전체를 몰고 갔다.

한편, 일본은 하이난 섬과 함께 장쑤 성의 요충지인 하이저우(海州)도 공략하였다. 장쑤 성의 북쪽 끝에 위치한 항구도시 하이저우는 쉬저우와 인접해 있으며 룽하이 철도의 종착점이자 외국과의 무역항으로 공업과 상업이 발달해 있었다. 1938년 5월 쉬저우가 함락되면서 일본군은 산둥 성과 장쑤 성의 대부분을 점령했다. 그러나 하이저우는 쉬저우에서 후퇴한 중국군이 강력한 방어선을 구축한 채 일본군의 공격을 수차례 격퇴하며 완강하게 버티고 있었다. 일본의 입장에서 본다면 하이저우는 점령 지구 안의 미점령 지구인 셈이었다. 또한 하이저우는 주변 지역에 대해 유격전을 벌이는 중국군의 배후지로서 일본군의 후방을 위협하였다.

중국군은 제51군과 제57군, 제89군 등 약 5만 명에 달했으나 완전히 고립된 데다 대부분 패잔병이었다. 일본군의 공격은 2월 26일부터 시작되었다. 북지나방면군 산하 제12군 3개 사단이 산둥 성 남쪽과 장쑤 성 북쪽에서 진격하여 세 방향에서 에워쌌고 해군 육전대가 해안가에 상륙하였다. 일본군은 압도적인 전력으로 중국군의 외곽 방어선을 무너뜨린 후 항공 지원을 받으며 포위망을 점점 좁혀나갔다. 하이저우 성은 일주일간의 치열한 전투 끝에 3월 6일 함락되었다. 그러나 많은 중국군 병사들이 산악 지대로 도주하여 계속 저항하였다. 이들에 대한 소탕전은 이후에도 계속되었다.

일본의 대중 봉쇄 작전은 만사 순조로운 듯 보였다. 하지만 중국의 역량을 과소평가한 것이었다. 장제스는 칼을 갈고 있었고 이제 그 칼을 뽑을 참이었다.

21

중국, 반격하다

전선이 지나치게 길어지면서 병력이 부족해진 일본은 더 이상 중국 내륙 깊숙이 진격하는 대신 이미 점령한 지역을 확보하여 안정시키는 데 주력하였다. 중국에 주둔한 병력은 우한 주변에 집중되어 중국군과 대치하고 있었다. 반면, 화북과 내몽골에서는 1개 사단의 할당 구역이 150킬로미터에 달할 만큼 광범위한 공간에 소대, 중대 단위로 병력이 흩어져 있었다. 국민정부군의 유격대와 공산군은 이 빈틈을 타고 침투하여 점점 세력을 확대하면서 일본군의 후방을 위협하였다. 게다가 중국이 주력 부대의 재편을 마치고 공세로 전환할 가능성이 점차 높아지고 있었다. 따라서 우한 점령 직후인 1938년 12월 6일 참모본부는 현지 부대에 다음과 같이 방침을 하달하였다. "조급함을 경계하고 치안 회복을 제1목표로 삼아 중대한 필요가 발생하지 않는 한 점령 지역의 확대를 꾀하지 않으며 점령 지역 내 항일 세력의 궤멸에 중점을 둔다."

그러나 현지 부대들은 상층부의 경고를 대수롭지 않게 여겼고 여전히 중국군을 얕보았다. 특히 우한에 주둔한 제11군은 중국 내륙 깊숙이 돌출해 있어 세 방향에서 포위당한 형세였다. 난창 비행장에서 출격한 중국 공군기들은 양쯔 강을 운행하는 일본군 수송선단을 폭격해 지속적으로 많은 타격을 입혔다. 하타 슌로쿠 대장의 뒤를 이어 신임 중지나방면군 사령관이 된 야마다 오토조 중장은 나중에 최후의 관동군 사령관이 되는 위인으로 전형적인 책상물림의 무능한 지휘관이었다. 그는 선제공격을 자제하라는 대본영의 지시에도 불구하고 싸우고 싶어 안달이 난 제11군의 요구에 못 이겨 "측면의 위협을 제거한다"라는 명목으로 주변의 중국군에 대한 국지적인 공세를 승인하였다.

첫 번째 목표는 장시 성의 성도인 난창(南昌)이었다. 난창은 우한의 남동쪽 2백 킬로미터 거리에 있으며 제3전구와 제9전구의 경계에 있는 전략적 요충지였다. 공산당에게도 난창은 아주 중요한 성지였다. 1927년 8월 1일 허룽과 저우언라이, 주더가 난창에서 첫 번째 공산 봉기를 일으켰다가 준비 부족과 우세한 정부군의 반격으로 참담하게 실패한 곳이기도 했다.

6개월 전 우한 전역에서 일본군 제106사단은 주장(九江)에서 남하하여 단숨에 난창을 공략하려고 했다. 그러나 중국군의 유인전술에 빠져 무리하게 깊숙이 진격하다가 완자링(萬家嶺)에서 쉐웨가 이끄는 중국군 제1병단에게 포위되어 전멸 직전까지 몰렸다. 제106사단은 증원군의 지원을 받아 겨우 후퇴할 수 있었다. 하지만 작전참모인 나리토미 마사이치 중좌를 비롯해 사단 참모 다수가 전사하고 전 병력의 70퍼센트를 잃는 최악의 손실을 입었다. 이는 우한 전역을 통틀어 일본군의 유일한 참패였다.

따라서 제106사단은 이때의 치욕을 되갚겠다고 벼르고 있었다. 1939년 2월 6일 중지나방면군은 제11군에 난창 공격을 하달하였다. 공격 부대는 제11군 산하의 3개 사단(제6사단, 제101사단, 제106사단)을 주축으로 전차 1개 대대(전차 및 장갑차 130대), 1개 포병여단 및 2개 포병연대, 해군 육전대 1개 대대 등 약 12만 명에 달하였다. 특히 제106사단은 적진 돌파의 선봉으로 250문에 달하는 야포를 배속받았다. 단일 작전에서 이 정도의 포병 전력을 집중시킨 것은 일본 육군 역사상 처음이었다.

＼난창의 격전

우한이 함락되었을 때 장제스는 "이것은 결코 후퇴가 아니며 반격으로 전환할 시기가 온 것"이라고 호언하였다. 물론 이것이 정말로 '승리'의 확신에서 나온 것은 아닐 것이다. 우한은 중국의 중심부였고 어느 누구도 여기까지 밀리리라고는 예상하지 못했다. 정부와 군대는 물론 중국 전체가 패배주의, 비관주의에 빠졌고 왕징웨이조차 "더 이상의 저항은 무의미하다"며 자신의 명예와 체면을 던지고 일본으로 도주하였다. 따라서 주변 사람들이 "장제스가 큰소리치는 것일 뿐"이라고 생각하는 것은 당연했다. 그러나 패전이 가까워질수록 주변 사람들에게 장황한 연설만을 늘어놓으며 자아붕괴의 모습마저 보였던 히틀러나 무솔리니와는 달리, 장제스는 실제로 행동으로 옮길 준비를 하고 있었다. 일본군이 더 이상 내륙 깊숙이 들어올 가능성이 없다는 것이 명확해지자 그는 충칭을 중심으로 서남부의 안전한 후방에서 병력을 재편성한 후 1939년 초부터 공세를 시작할 기회를 찾고 있었다.

일본군이 난창 공격을 준비한다는 사실을 중국은 여러 정보망을 통해 파악하였다. 난창을 방어하는 중국군은 쉐웨가 지휘하는 제9전구였다. 우한 전역에서 큰 손실을 입고 후난 성과 장시 성으로 후퇴하기는 했지만 제9전구는 4개 집단군(제1, 제19, 제30, 제32집단군) 39개 사단 20만 명 정도의 전력을 보유하고 있었다. 수적으로는 중국군이 두 배 가까이 우세했다. 하지만 쌍방의 화력과 전투력을 고려할 때 일본군을 격퇴하고 난창을 끝까지 방어한다는 것은 무리였다. 따라서 장제스는 처음에는 일본군의 후난 성 침공을 막는 데 중점을 두고, 난창에서는 중국군의 손실이 50퍼센트에 달할 때까지 버티면서 일본군에게 최대한의 손실을 입힌 다음 난창을 포기하고 주력 부대를 철수시킬 생각이었다.

그런데 장제스는 일본군의 공세가 임박한 시점에 생각을 바꾸었다. "일본군은 그동안의 경험으로 중국군이 수비를 고집하리라 생각할 것이니 그들이 공격을 시작하기 직전에 중국군이 역습에 나선다면 그들의 허를 찌를 수 있을 것이다." 그는 방어 대신 선제공격으로 적의 기선을 제압하는 방안을 제안하였다. 3월 8일 군사위원회는 쉐웨에게 10일까지 모든 준비를 완료한 후 15일부터 공격을 시작하라고 명령하였다. 만약 쉐웨가 계획대로 즉각 공격을 시작했다면 공격을 위해 한창 최일선으로 이동하고 있던 일본군은 혼비백산했을 것이다. 그러나 그 명령은 너무 늦게 내려졌고 제9전구로서는 갑자기 공세로 전환하기는 무리였다. 쉐웨는 도저히 15일까지는 작전을 시작할 수 없으므로 24일로 늦추어 달라고 요청하였다. 그러나 중국군이 공세를 시작하기 직전인 21일 오전 7시 일본군의 공격이 시작되었다.

더안(德安)에서 출발한 일본군은 2백 문이 넘는 야포를 전개하여 메이지 이래 일본 육군 최대의 포병 화력으로 슈수이 강(修水) 남

●— 89식 중전차를 앞세워 난창을 공략하는 일본군.

안의 중국군 진지를 맹타하였다. 최일선 중국군 부대의 강력한 저항에도 불구하고 이틀간의 전투 끝에 방어선은 돌파당했다. 일본군은 3월 23일에 안이(安義)를 점령하고 25일에는 난창 서쪽으로 진출하여 중국군의 증원 부대를 격파한 후 다시 동진하여 난창 교외로 진격하였다. 그러나 중국군의 주력 부대가 결전을 회피하고 신속하게 후방으로 철수하면서 27일 일본군 제101사단은 폐허가 된 난창에 입성하였다.

일본은 작전 시작 일주일 만에 순조롭게 난창을 점령했다고 생각했으나 진짜 전투는 그다음부터였다. 바로 중국군의 춘계 공세가 시작된 것이다. 장제스는 4월 16일을 기하여 제3전구와 제9전구에 "공세로 전환하여 난창을 탈환할 것"을 명령했다. 또한 다른 전구에도 국지적인 공세와 교란 작전으로 일본군이 난창으로 증원하지 못

●— 난창 전투에서 일본군 병사들이 중국군 진지를 향해 돌격하고 있다.

하도록 저지하라고 지시하였다. 중국군의 반격은 일본으로서는 완전히 예상 밖이었다. 중국군은 일본군의 방어선을 돌파하고 4월 21일 난창 성의 일부를 점령하는 데 성공하였다. 위기에 몰린 일본군은 돌격하는 중국군을 향해 독가스탄을 무차별로 발사했다. 이 때문에 중국군은 제29군 군장 천안바오 중장이 전사하는 등 큰 희생을 내고 격퇴당했다. 5월 9일 장제스는 작전 중지와 퇴각 명령을 내렸다. 두 달에 걸친 난창 전투에서 양측의 손실은 중국군의 사상자가 5만 1천 명, 일본군 사상자가 2만 4천 명에 달했다. 중국군이 난창 탈환을 코앞에 두고 실패한 이유는 전적으로 독가스탄 때문이었다.

비록 난창을 탈환하지 못했지만 중국군의 반격은 앞으로 수없이 반복될 치열한 전투의 시작이었다. 우한 함락 전까지 중국군의 전략은 주로 일본군의 공세를 지연시키는 것이었다. 하지만 1939년부터 중국군은 보다 적극적인 공격과 영토의 탈환을 노렸다. 따라서 전투 역시 이전보다 훨씬 치열했고, 교전의 횟수도 늘어났으며, 양측의 손실과 물자 소모 또한 몇 배로 늘어났다. 북지나방면군만 해도 1939년 한 해 동안 크고 작은 전투를 모두 합해 1만 7,457회의 전투를 치렀다. 일본군의 점령 지역 주변에는 반격의 기회를 노리는 중국군의 대부대가 포진해 있었고, 후방에서는 중국군 유격대가 일본군을 괴롭혔다. 또한 일본군의 공격은 항상 중국군의 거센 반격에 부딪혔다.

＼타이얼좡 이래 최대의 승리—짜오양 전투

난창을 확보한 일본군 제11군의 다음 목표는 우한 서쪽의 중국군 제5전구였다. 리쭝런의 제5전구는 우한의 탈환을 꾀하는 한편, 일본군의 병참선인 핑한 철도를 습격하고 있었다. 특히 중국군의 정예 부대인 탕언보의 제31집단군이 제5전구로 증원되어 후베이 성 서쪽 짜오양(棗陽)에서 일본군의 측면을 위협하였다. 짜오양은 우한 서쪽으로 약 200킬로미터 떨어진 곳에 위치했으며 시안과 뤄양을 연결하는 교통의 요충지였다.

우한 서쪽의 위협을 제거하라는 제11군 사령관 야마다 중장의 명령에 따라 5월 1일 짜오양 공략 작전이 시작되었다. 공격군은 제3사단과 제13사단, 제16사단, 제4기병여단 등 11만 3천 명이었다. 여기에 맞서는 리쭝런의 병력은 30개 사단 약 25만 명 정도였다. 일본군이 짜오양을 공격할 계획이라는 정보를 입수한 장제스는 쑨롄중의 제2집단군 일부를 제5전구로 급히 증원했다. 또한 리쭝런은 병력을 나누어 두터운 방어선을 구축하는 한편 일본군을 깊숙이 유인한

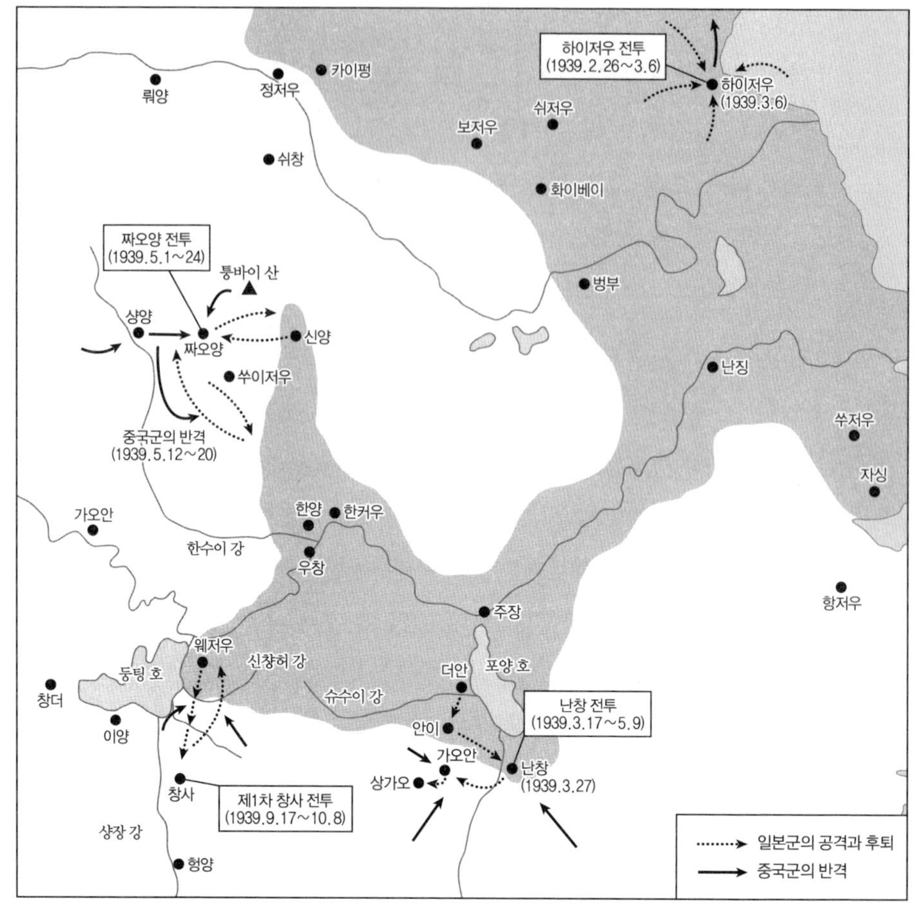

● — 1939년 일본군의 공세와 중국군의 반격(1939년 2~10월)

후 양익에서 협공한다는 계획을 수립하였다.

난창에서와 마찬가지로 일본군의 공격은 처음에는 순조로왔다. 나흘에 걸친 치열한 전투 끝에 일본군 제3사단은 장쯔중의 제33집단군의 방어선 일부를 돌파하는 데 성공하여 짜오양 동쪽으로 진격하였다. 또한 제16사단과 제4기병여단은 짜오양 서쪽으로 우회하여 제3사단과 함께 짜오양을 양쪽에서 포위하였다. 5월 7일 일본군은 짜오양의 수비대인 중국군 제77군을 격파하고 짜오양을 점령하였다. 그리고 제5전구의 주력인 제11집단군과 제31집단군을 포위 섬멸하려고 했으나 중국군은 재빨리 철수하였다. 일본군은 중국군 진영으로 깊숙이 들어오면서 병력이 분산되고 병참선이 길게 늘어진데다 퉁바이 산(桐柏山)에 배치된 중국군 3개 군(제13군, 제84군, 제85군)의 위협을 받았다. 장제스는 일본군이 진격을 멈추자 5월 9일 리쭝런에게 즉시 공세로 전환하라고 명령하고, 쑨롄중의 제2집단군의 주력을 급히 증원하였다.

중국군은 5월 12일부터 반격을 시작하였다. 장쯔중의 제33집단군과 쑨전(孫震)의 제22집단군이 한수이 강(漢水)을 건너 일본군 제13사단과 제16사단의 서쪽 측면을 강타했다. 또한 제2집단군과 제31집단군이 일본군의 배후로 우회하였다. 일본군은 5월 13일부터 전면 후퇴를 시작했지만 한때 포위 섬멸될 위기에 처하였다. 일본군은 항공 폭격과 화학 무기를 대량으로 사용하여 간신히 중국군의 추격을 피할 수 있었다. 중국군의 손실은 2만 8천 명에 달했지만 일본군 역시 2만 1천 명의 사상자를 냈다.

중국군은 5월 20일까지 짜오양을 비롯해 초반에 빼앗겼던 모든 지역을 탈환하였다. 짜오양 전투에서 중국군은 일본군을 깊숙이 유인하면서 이들을 분산시킨 다음, 병참선에 압박을 받은 일본군이 후퇴하자 신속하게 반격으로 전환하였다. 또한 일본군의 측면과 후방으로 진출하여 사방에서 포위하는 기동전을 벌였다. 일본군이 후퇴하면서 독가스탄을 사용하는 바람에 방독면과 화학전 훈련이 부족했던 중국군은 일본군을 완전히 포위 섬멸하는 데는 실패했다. 하지만 이 전투는 중국군이 일본군의 대규모 공세를 성공적으로 격퇴한 방어전 가운데 하나였다. 웨저우(岳州) 북쪽에서 전투가 벌어졌기에 중국에서는 '웨베이(岳北) 대첩'이라고도 부른다.

╲제1차 창사 회전

9월부터 10월까지 전개된 제1차 창사 회전에서도 중국군은 똑같은 방식으로 일본군의 공격을 격퇴하는 데 성공하였다. 앞서 난창을 빼앗긴 쉐웨의 제9전구는 주력 부대를 후난 성에 배치하여 창사를 지키는 데 총력을 기울였다. 창사는 1938년 12월 장즈중의 성급한 청야 작전으로 시가지 대부분이 불에 타 폐허가 된 상태였다. 장제스는 난창이 함락되자 제9전구에 병력을 대거 증원하였다. 일본군의 창사 공격에 대비하면서 하계 공세를 통해 난창과 우한을 탈환하기 위해서였다.

일본 제11군은 난창에서 중국군 제9전구의 춘계 공세를 격퇴하자 후난 성 침공을 노렸다. 이를 위한 전초 작전으로 5월 하순 후베이 성 남부로 진격하여 중국군을 격퇴하고 후베이 성과 후난 성의 경계에 있는 신창허 강(新墻河) 북안까지 점령하였다. 이곳은 창사에서 겨우 80킬로미터 떨어진 곳이었다. 제11군은 중국군이 제9전구에 주력 부대를 집결시켜 우한을 위협한다는 명목으로 대본영에 창사 공략과 제9전구의 격멸을 건의하였다. 같은 시기 노몬한에서 소련군과 무력 충돌이 점점 확대되면서 일촉즉발의 위기였지만 대본영은 제11군의 작전을 수락하였다. 제11군 사령관 오카무라 야스지 중장은 '공상(贛湘) 작전'을 수립하고 제6사단, 제13사단, 제33사단, 제106사단 등 4개 사단 10만 명을 집결시켰다. 일본군의 작전은 제6사단과 제13사단을 주력 부대로 삼아 창사 북서쪽에서 남진하여 후난 성 북부를 침공하고, 보조 부대로 제33사단이 창사 북쪽에서, 제

106사단이 창사 서쪽에서 침공함으로써 삼면에서 중국군을 포위 섬멸하겠다는 것이었다. 또한 지나방면함대 소속의 강상함대도 동원되었다.

장제스는 쉐웨에게 일본군을 깊숙이 유인하면서 소모전을 통해 진격을 둔화시킨 다음, 일본군이 한계에 직면하면 결정적인 순간에 단호하게 공세로 전환하라고 지시하였다. 쉐웨는 일본군과 접한 신창허 강 남안부터 창사 전면에 이르기까지 수많은 참호와 크리크로 구성된 3개의 방어선을 구축하였다. 또한 가축과 식량을 모두 후방으로 옮기고 신창허 강에서 창사에 이르는 철도와 주요 도로를 파괴하였다. 중국군의 총병력은 6개 집단군(제1집단군, 제15집단군, 제19집단군, 제20집단군, 제27집단군, 제30집단군) 20개 군 50개 사단 30만 명 정도였다.

일본군의 공격은 9월 17일부터 시작되었다. 그러나 이미 견고한 방어선을 구축한 중국군의 강력한 저항에 부딪치면서 시작부터 고전의 연속이었다. 장시 성 북서쪽에서 간장 강(贛江)*을 도하하여 서쪽으로 진격한 일본군 제106사단은 장시 성 서부에 있는 도시 가오안(高安)에서 뤄줘잉이 지휘하는 제19집단군과 일진일퇴의 치열한 전투를 벌였다. 일본군은 중국군을 밀어내고 가오안을 한때 점령했지만 곧 중국군의 반격을 받아 다시 빼앗겼다. 가오안 남서쪽에 있는 상가오(上高)를 놓고도 치열한 전투가 벌어졌다. 그러나 일본군 제106사단은 중국군의 방어선을 끝내 돌파하지 못했다.

한편, 오카무라 야스지는 최일선인 신창허 강 북안까지 나와 직

---

* 양쯔 강의 지류 중 하나로 장시 성을 남북으로 관통하며 길이는 약 850킬로미터에 달한다.

접 주력 부대를 지휘하였다. 그러나 관린정(關麟征)의 제15집단군과 양썬(楊森)의 제27집단군의 강력한 저항에 부딪치면서 일본군의 선봉 부대인 제6사단은 19일부터 22일까지 신창허 강 도하를 두 번이나 시도했지만 실패하였다. 중국군의 방어선을 쉽사리 돌파하기 어렵다고 판단한 오카무라는 23일 세 번째 공격을 시작하면서 독가스탄의 사용을 지시하였다. 대량의 독가스탄이 중국군 진지에 떨어지자 중국군 병사들은 당장 가스에 중독되어 공황에 빠졌고, 세 사람의 군장이 전사하는 등 중국군은 막대한 손실을 입었다. 이 틈에 일본군은 단숨에 신창허 강을 도하하여 중국군의 방어선을 돌파하는 데 성공했다. 쉐웨가 전투가 벌어지기 전에 철도와 교량, 도로를 미리 파괴했기 때문에 중국군은 병력을 후퇴시키는 데 많은 지장을 초래했지만, 일본군 역시 전차 부대와 차량 이동에 곤란을 겪기는 마찬가지였다. 일본군의 앞에는 수십 미터마다 중기관총이 배치된 견고한 진지가 연이어 가로막고 있었다. 또한 중국군이 파놓은 대전차호 때문에 전차들은 기동 불능에 빠졌고 곳곳에 매복해 있던 중국군의 기습으로 일본군 수송 부대가 막대한 피해를 입었다. 기후 또한 좋지 않았다. 낮에는 열기가 뜨거운 반면 밤에는 기온이 급격히 떨어져서 전염병이 만연하고 환자가 속출했다.

9월 29일 일본군 제6사단은 미뤄 강(汨羅江)을 건너 창사 북쪽 30킬로미터 떨어진 지점까지 진출했지만 중국군에게 저지당해 더 이상 전진할 수 없었다. 일본군은 식량과 탄약 또한 바닥난 데다 중국군에 의해 측면과 배후 세 방향에서 포위된 형세가 되었다. 오카무라는 점점 상황이 불리해지자 전 부대에 후퇴 명령을 내렸다. 10월 1일부터 일본군은 중국군의 맹렬한 추격을 간신히 피하며 신창허 강을 건너 북쪽으로 후퇴하였다.

일본은 자신들은 전사자 850명, 부상자 2,700명에 불과한 손실을 입은 반면, 중국군에 파멸적인 타격을 가하여 중국군은 전사자만도 4만 4천 명이 넘는다며 전과를 자랑했다. 반면, 중국은 자신들이 일본군의 공세를 격퇴하고 3만 명 이상의 손실을 입혔다고 승전을 발표했다. 물론 양쪽 모두 자신들의 손실은 줄이고 전과는 터무니없이 과장했지만 어쨌든 일본군이 창사를 점령하는 데 실패한 것은 틀림없었다. 쉐웨는 장제스에게 직접 승리를 치하받았다. 제1차 창사 전투는 중일 전쟁에서 무려 네 번에 걸쳐 후난 성에서 벌어지는 가장 치열했던 전투의 시작이었다.

1939년에 접어들면서 일본군은 한계에 직면한 반면, 중국군의 상황은 개선되어 전투력이 강화되었다. 그동안 입었던 손실은 후방에서 새로 징집된 병사와 해외에서 수입된 신형 무기로 채워졌다. 기량이 향상되고 전력이 보강되자 병사들 역시 패배주의에서 벗어나 사기가 하늘을 찔렀다. 장제스는 수동적인 방어 전략을 버리고 과감하게 반격을 시작했고 일본군 후방에서는 수많은 유격대들이 활동하였다. 중국군은 난창을 탈환 직전까지 밀어붙였고 창사와 짜오양에서는 일본군의 공세를 성공적으로 격퇴하였다. 분명한 사실은 일본군은 더 이상 중국군을 군복 입은 농부 따위로 취급할 수 없게 되었다는 것이다. 충분한 준비 없이 무턱대고 깊숙이 진격하면 당장 중국군에게 포위 공격을 받았다. 또한 점령 지역에 침투해 있던 중국 측 스파이들은 일본군의 이동과 작전계획을 충칭에 제공하였다.

일본군은 병력을 몇 배나 증강했지만 결과는 지지부진했다. 도저히 중국군의 방어선을 돌파하여 충칭으로 진격할 수 없었다. 물론 중국군 역시 일본군의 공격을 막을 수는 있었지만 전략적인 판세를 뒤집기에는 역부족이었다. 양측의 힘은 사실상 균형을 이루었다. 국제적인 상황 또한 일본에게 불리해졌다. 중국에 대한 일본의 무리한 경제 봉쇄 작전과 화남에서의 작전은 열강들의 반발로 이어져 이들과의 마찰이 갈수록 악화되었다. 게다가 일본이 중국의 수렁에 갈수록 빠져들고 있는 동안 만소 국경에서는 일본이 그토록 우려해 왔던 소련군과의 대규모 무력 충돌이 벌어졌다. 바로 노몬한 전투였다.

22
관동군, 불곰에게 참패하다

╲오만에 빠진 관동군

1938년 8월 두만강 하류 장구펑에서 벌어진 일본과 소련의 충돌은 일본군이 후퇴하고 정전 협정을 체결하면서 전면전의 위기는 피할 수 있었다. 그러나 이는 미봉책에 불과할 뿐, 긴장 상태는 더욱 고조되어 만소 국경 전역에 걸쳐 국지적인 충돌과 상호 도발이 계속되었다. 더욱이 만주의 방위를 맡고 있던 관동군은 소련군을 얕본 채 장구펑 사건의 설욕을 벼르고 있었다.

한편, 일본과 소련의 충돌이 격화되자 이 기회를 이용해 장제스는 소련과의 군사동맹에 적극적으로 나섰다. 1938년 초 모스크바를 방문한 쑹쯔원은 스탈린에게 대일 공동 전선의 구축을 제안했다. 그러나 스탈린은 참전 조건을 다음과 같이 내걸었다. 첫째, 국제연맹이 일본에 대한 제재를 결정하거나, 둘째, 서구 열강이 소련과 함께 일본에 대해 선전포고를 하거나, 셋째, 일본이 소련을 침략하는 경우가 아니라면 결코 참전할 수 없다고 못 박았다. 이런 소련의 입장은 장구펑 사건 이후에도 변화가 없었다. 장구펑에서 일본과 소련이 한창 치열한 전투를 벌이던 7월 30일에도 중국의 재정부장 쿵샹시는 우한을 방문한 소비에트 전권대표인 루가네츠 오렐스키와 만나 재차 중소 군사동맹의 체결과 일본에 대한 선전 포고를 요청했다. 그러나 한 달도 더 지난 9월 8일 스탈린의 대답은 "노우"였다.

왜 소련은 일본과의 거듭된 충돌에도 불구하고 중국과의 동맹에 소극적이었는가? 적백내전 때 시베리아를 침략했던 일본은 여전히 시베리아에 대한 야심을 버리지 않고 있었다. 일본의 팽창은 분명 소련의 안보에도 중대한 위협이었으므로 소련도 극동의 전력을 지속적으로 증강하였다. 문제는 소련이 그 이상으로 서구 열강의 견제와 국제 사회에서의 고립을 우려했다는 점이다. 스탈린은 소련이 중일 전쟁에 개입한다면 영국과 프랑스가 러일 전쟁 때처럼 일본과 손잡을 가능성이 있다고 생각했다. 또한 1937년 11월 독일-이탈리아-일본 간에 체결된 삼국 방공 협정은 소련을 더욱 압박하였다. 만약 소련이 만주를 공격한다면 독일이 삼국 방공 협정을 내세워 소련을 침공할 수 있었다. 최악의 경우 소련은 독일, 영국, 프랑스, 일본 4개국 연합군을 상대로 싸워야 하는 상황에 맞닥뜨릴 수도 있었다.

서쪽으로는 독일, 동쪽으로는 일본에 끼어버린 상황에서 스탈린은 외교적 고립을 벗어나기 위해 서구 지도자들에게 추축국에 대항하는 집단 안보 체제의 구축을 여러 차례 제안하였다. 그러나 미국은 불간섭주의를 고수했고 영국과 프랑스는 냉담했다. 히틀러가 체코슬로바키아를 합병하면서 히틀러의 야심을 막을 도리가 없다는 사실이 명확해지자 그제야 비로소 영국과 프랑스가 이전보다는 좀 더 전향적인 입장으로 소련을 대하기는 했지만, 여전히 두 나라는 경계의 눈초리를 감추지 않았다. 1939년 8월 12일 모스크바에서 열린 영국, 프랑스, 소련의 삼국 회담은 완전히 실패로 끝났다. 스탈린은 서구 열강이 소련과 동맹을 맺을 의사가 전혀 없다는 사실을 절감하였다. 이런 상황에서 소련이 일본을 공격하는 것은 정치적인 부담이 너무 컸다. 따라서 중국의 거듭된 구애에도 불구하고 "다른 국가들이 공동으로 일본에 대한 무력 제재를 한다면 소련은 언제라도 함께 하겠지만 소련 혼자 일본과 전쟁을 할 수는 없다"라는 말만 앵무새처럼 반복했다. 장제스로서는 실망하지 않을 수 없었다.

한편, 일본은 중일 전쟁으로 막대한 병력과 물자를 소모하면서도 대소 전쟁 준비를 명목으로 군사비의 40퍼센트 이상을 관동군의 증강에 투입하였다. 이로 인해 가뜩이나 열악한 일본의 국력이 분산되면서 소련과 중국 어느 쪽에 대해서도 우세를 확보하지 못하는 어정쩡한 상태가 되었다. 또한 관동군의 주도로 1938년 말 참모본부는 '작전계획 8번'이라는 제목의 소련 침공 시나리오를 수립하였다. 여기에는 두 가지 안이 있었다. 하나는 연해주와 아무르, 자바이칼 지역에서 동시에 전면적인 공격을 개시하는 것이었고, 다른 하나는 만주 북부에 병력을 집중하여 자바이칼과 외몽골을 장악하는 내용이었다. 그러나 이 작전을 위해서는 적어도 25개 사단이 필요했지만 관동군은 고작 9개 사단에 불과했다. 또한 중국 전선에서 상황이 악화되면서 만주의 전력을 증강하기도 어려웠다. 따라서 대본영은 대소전은 아무리 빨라도 1943년 이후에나 가능하리라 예상하고 소련과의 충돌을 가급적 피하면서 독일의 원조를 받아 군사력을 확충할 생각이었다. 그럼에도 1939년 4월 관동군은 대본영의 방침과 상관없이 자체적으로 '소만국경분쟁 처리 요강'을 수립하였다. 이것은 소련과의 국경 분쟁에 대한 관동군 나름의 기본 방침이었다. 이 계획서는 관동군 작전참모 쓰지 마사노부 소좌가 입안했는데 그야말로 현실과 동떨어진 망상이었다.

> "양국 국경선이 명확하지 않은 지역은 현지 지휘관이 '자주적인 입장'에서 국경을 정해야 하며 만약 소련군이 국경을 넘어올 경우 급습하여 섬멸하되 필요하다면 소련령을 넘어도 상관없다. 사태의 수습은 상급 사령부에 맡기고 수적으로 열세해도 반드시 이겨야 한다."

이런 도발적인 내용은 전력이 열세한 관동군으로서는 무모하기 짝이 없는데다, 소련군과 불필요한 충돌을 피하라는 중앙의 방침에도 정면으로 위배되는 것이었다. 극동에서 소련군의 전력은 병력 면에서 관동군의 3배 이상이었으며 항공기와 전차, 야포 면에서는 8배에서 10배 이상이었다. 이 정도의 격차가 나는데도 쓰지 소좌는 관동군이 정신력에서 소련군을 압도하기 때문에 병력이나 화력에서 '다소' 열세해도 얼마든지 이길 수 있다고 생각하였다. 또한 어설픈 대응보다 초전에 강력하게 박살내야 소련이 더 이상 무모한 도전을 하지 않을 것이며 그 여세를 몰아 시베리아 전체를 장악할 수 있을지도 모른다는 논리였다. 또한 관동군의 대소 방침은 참모본부의 승인을 받아야 함에도 그는 정상적인 절차마저 무시하였다. 참모본부는 이런 실태를 잘 알고 있었지만 관동군과 감정적인 충돌을 빚을까 우려해 굳이 문제 삼지 않았다. 그렇다고 계획을 정식으로 승인한 것도 아니고 그냥 덮어버린 꼴이 되었는데, 이 때문에 나중에 노몬한 전투가 확대되자 관동군과 참모본부는 서로를 비난하고 책임을 전가하는 추태를 벌이게 된다.

＼제1차 노몬한 전투

동몽골의 끝, 지금은 몽골공화국의 영토인 노몬한 서쪽 16킬로미터 떨어진 곳에 할힌골 강이 흐르고 있다. 이곳은 일본과 소련이 서로 자기 영토라고 첨예하게 맞서고 있는 지역 중의 하나였다. 일본은 서쪽의 할힌골 강이 국경선이라고 주장한 반면, 소련과 몽골은 동쪽에 있는 노몬한 마을을 경계선으로 삼아야 한다고 주장하였다. 그러나 이때만 해도 이 지역은 아무것도 없는 황무지일 뿐 이 손바닥만 한 곳을 위해 대규모 병력을 투입하여 수만 명의 사상자를 감내해야 할 그런 가치는 없었다.* 그러나 그것은 별로 중요한 문제가 아니었다. 갈수록 감정이 격앙되고 있던 쌍방은 자존심을 내걸고 절대 한 발짝도 물러설 수 없다는 식이었고, 특히 '무적'이라 자처하던 관동군은 소련군을 격파하여 자신들의 위세를 떨칠 기회로 삼을 생각이었다.

1939년 5월 11일 소련 측 외몽골군 기병으로 구성된 소규모 부대가 순찰 중에 할힌골 강 동쪽으로 건너는 일이 벌어졌다. 이 때문에 현지의 경비를 맡고 있던 만주국 수비대와 충돌하였다. 만주국 수비대는 대치 상태를 유지하면서 급히 관동군 사령부에 "외몽골군이 불법 월경하여 전투가 벌어졌다"는 전보를 보냈다. 하이라얼에 주둔하고 있던 관동군 제23사단장 고마쓰바라 미치타로 중장은 아즈마 야조 중좌가 지휘하는 아즈마 지대**를 현지에 급파했다. 5

---

* 구소련 시절에 이 지역에서 대량의 석유가 발견되었고 현재 중국과 몽골 합작으로 유전을 개발하여 시추 중이다. 조사에 따르면 이 일대에 무려 30억 톤의 석유가 매장되어 있다고 한다.

** 제23사단 수색대와 2개 보병중대, 만주국 기병 등으로 편성되었으며 인원수는 약 200여 명 정도였다.

●— 노몬한 인근의 외몽골 초원에서 휴식 중인 일본군 전차병들.

월 15일 그들이 노몬한에 도착하자 몽골군은 전투를 피하고 곧 철수하였다. 아즈마 지대 역시 원대 복귀하면서 별다른 충돌 없이 상황이 종료되는 것처럼 보였다. 그런데 아즈마 지대가 철수하자마자 이번에는 소련군이 몽골군과 함께 할힌골 강을 건너 동쪽으로 넘어왔다. 소련군이 출몰했다는 보고를 받자 고마쓰바라 중장은 아즈마 지대를 보강하여 제64보병연대장 야마가타 다케미쓰 대좌가 지휘하는 야마가타 지대를 증파하였다. 또한 노몬한의 하늘에서는 양측 항공기 사이에 공중전이 벌어졌다.

양군은 노몬한 주변에서 대치하였다. 일본군은 보병 제64연대 제3대대를 주축으로 2개 포병중대와 460여 명의 만주국 기병 등을 합해 총병력은 2천 명 정도였고, 산포 3문과 속사포 3문, 92식 중장갑차 1대를 보유하였다. 소련군은 제11전차여단 소속의 1개 기계화저격대대, 1개 정찰중대 등 소련군 1,200명과 몽골군 제6기병사단 250명 등 약 1,450명 정도로 수적으로는 열세했으나 BA-6 장갑차 16대 등 장갑차 39대와 자주포 4문, 대전차포 6문을 보유하고 있어 화력에서 우세하였다.

관동군 사령부에서는 고마쓰바라 중장에게 일단 신중해야 한다며 "적이 국경을 조금 넘어왔다고 충분한 준비도 없이 성급하게 병력을 출동시켜서는 안 된다"고 지시하였다. 그러나 고마쓰바라는 "이미 출동 명령을 내렸는데 이제 와서 말을 바꾸면 부하들이 나를 뭐라고 생각하겠는가"라며 작전을 강행하였다. 야마가타 대좌 역시 상대의 전력을 과소평가하고 수적 우세를 활용해 소련군을 정면 공격할 생각이었다. 자신이 직접 지휘하는 제3대대 주력이 북쪽에서 공격하기로 하고 동쪽과 남쪽에는 만주국 기병과 일본군 보병 일부를 배치하였다. 이들이 상황을 낙관했던 이유는 노몬한에 배치된 소련군이 2선급의 국경수비대라고 생각했기 때문이었다. 그러나 이는 오판으로, 적의 전력을 제대로 정찰조차 하지 않은 결과였다. 할힌골 강 동쪽으로 도하한 소련군은 강을 등에 지고 반월형의 수비 진형으로 병력을 배치하는 한편, 포병은 강 서안에 포진시켰다. 일본이 측면으로 우회하는 것을 막고 화력의 우세를 이용해 격퇴하겠다는 것이었다.

일본군의 공격은 5월 28일 새벽부터 시작되었다. 선봉에 선 아즈마 지대는 맹렬하게 돌격하여 소련군의 최일선을 손쉽게 돌파하였다. 소련군과 몽골군은 공황 상태에 빠져 후퇴하기 시작했다. 아즈마 지대는 이어서 할힌골 강 서쪽으로 도하할 준비를 하였다. 전투는 일본군의 낙승으로 끝날 것처럼 보였다. 그런데 그 직후 소련군 제36차량화 저격사단 제149연대가 10여 대의 전차를 앞세워 전장에 모습을 드러냈고 이와 함께 소련군은 전 전선에 걸쳐 반격으로 전환했다. 소련군의 전력을 과소평가하고 소수의 병력으로 적진 깊숙이 들어왔던 아즈마 지대는 당장 포위당했다. 그들은 전차를 상대할 대전차 무기가 전혀 없었다. 또한 할힌골 강 서안에서 쏘아대는 포탄이 그들 주변에 쉴 새 없이 떨어졌다. 개활지였기 때문에 몸을 숨기는 것도 불가능했다. 게다가 이들을 지원하러 나선 야마가타 지대의 2개 분대 역시 소련군의 기습을 받아 전원 전사했다. 29일 저녁 아즈마 지대는 전멸했다. 지휘관인 아즈마 중좌 역시 소수의 병력을 이끌고 탈출하려다 총탄을 맞고 전사하였다.

5월 30일에는 몽골군 제6기병사단이 증원되었다. 이들은 일본 전투기들의 폭격으로 큰 손실을 입으면서도 할힌골 강 동쪽에서 7킬로미터까지 진출하여 교두보를 마련하였다. 아즈마 지대가 전멸하자 야마가타 지대는 후퇴하였고, 소련군은 할힌골 강을 완전히 제압하였다. 양측의 손실은 비슷했지만, 어쨌든 제1차 노몬한 전투는 소련군의 압승이었다.

같은 시간 동만주의 국경 지대에서도 무력 충돌이 있었다. 5월 27일 연해주와 인접한 라오허 현(饒河縣) 인근 아무르 강 상류에서 만주국군 기병 제10연대 소속 1개 중대가 소련군과 충돌했다. 만주군은 중대장 이하 80여 명이 전사하고 포정(砲艇) 두 척이 격침, 한 척이 노획당하는 대참패를 당했다. 그러나 관동군 사령부는 관동군 부대가 아닌 만주국군의 패배인 데다 노몬한의 상황이 점차 악화되고 있어 만주국군에게 일단 물러나라고 지시하였다.

＼쇼와의 두 요괴, 쓰지와 핫토리

노몬한에서 야마가타 지대가 패퇴했다는 보고를 받은 관동군은 이에 대한 보복으로 6월 27일 본국에 보고하지도 않고 제멋대로 중폭격기 24대, 경폭격기 6대, 전투기 77대 등 총 107대에 달하는 대규모 항공 부대를 출격시켜 외몽골의 톰스크 비행장을 폭격했다. 이 공습으로 일본군은 100여 대 이상의 기체를 파괴하는 대전과를 올렸다. 소련 역시 항공기를 대거 동원해 보복 공격을 하였다.

상황이 점점 커지자 천황 히로히토는 대본영의 회의에서 직접 "더 이상 사태를 확대하지 말고 외무성에서 나서 소련과 교섭하라"고 지시하였다. 또한 참모본부는 군령권을 발동하여 관동군에게 병력의 무단 출동을 중지하라고 명령하였다. 그러나 관동군은 명령을 묵살하고 제23사단에 "침략자를 격퇴하라"고 지시하였다. 이 때문에 참모본부와 관동군은 감정이 극도로 악화되었다. 참모차장이 관동군 사령부로 전문을 보내어 명령에 불복하는 행태를 질책하면서 "이 작전은 관동군이 임의로 결정할 사안이 아니다"라고 하자 관동군 참모장 이소카이 렌스케 중장은 "북방 문제는 우리에게 맡기고 안심하시라"고 응수했다. 적을 앞에 두고 자기들끼리 싸우는 판이었다.

관동군 참모들 중에서도 가장 호전적인 위인이 핫토리 다쿠시로 중좌와 쓰지 마사노부 소좌였다. 두 사람은 선제공격을 통해 소련군을 철저히 응징해야 한다고 주장하였다. 심지어 쓰지는 "현지 부대가 작전하는 데 있어 일일이 중앙의 인가를 받을 필요는 없다"고 선동하면서, 대본영에서 톰스크 비행장 폭격을 중지하라는 명령이 내려오자 이를 숨기고 과장, 참모장, 군사령관의 결재란에 자신이 멋대로 '대리'라는 이름을 붙여 서명한 후 현지 부대에 폭격 명령을 하달하였다. 일개 소좌가 명령 불복에 직권 남용, 공문서 위조를 한다는 것은 군법으로 중형에 처할 일이었으나 아무런 문책도 없었다. 일본군에서 이런 행위는 오히려 '군인의 용기'라고 여겼다. 겉모습만 서구를 흉내 냈을 뿐 알맹이는 사무라이 시절에 머물러 있던 일본군은 군인의 용기와 전사의 용기를 구분할 줄 몰랐다. 공격은 명령 불복이라도 용납되었으나 후퇴는 명령에 의한 것이라도 '비겁함'으로 치부하였다.

쓰지 마사노부는 육군사관학교를 수석으로 졸업한 엘리트였으나 출세 지향적인 정치군인이었다. 그는 이시와라 간지를 '도사님'이라며 부르며 자신의 인생 멘토로 삼기도 했다. 노몬한 전투에서 자신의 졸렬한 작전으로 참패하자 도리어 현지 부대장들에게 지휘 잘못을 탓하며 할복을 강요하였다. 태평양 전쟁이 일어난 뒤 '이제까지의 전쟁에서 이기는 법'이라는 소책자를 써서 전 군에 배포했는데 정신력과 백병전을 강요하는 시대착오적인 내용이었다. 과달카날 전투에서는 그의 무모한 작전 때문에 병력의 태반이 제대로 싸우지도 못한 채 아사하는 참사가 벌어지기도 했다. 언변의 달인으로 자칭 '작전의 신'이라고 떠들고 다니는 그를 주변 사람들은 '쇼와의 요괴'라고 부르기도 하였다. 남들 앞에서는 모범적인 군인인 양 군기를 바로잡고 상관에게 호통을 치기도 했으나 정작 자신은 말과 행동이 다른 위인이었다. 일본이 패망하자 그는 승려로 변장해 일본으로 숨어들어 왔고 전범시효가 말소된 뒤에야 모습을 드러내어 고향의 중의원 선거에 출마해 자민당 소속 의원이 되었다. 그러나 1961년 4월 라오스를 여행하던 중 실종되어 사망 처리되었다. 그는 20세기의 군인이라기보다 봉건 시대의 음모가나 책략가에 가까웠다.

핫토리 다쿠시로는 육군사관학교를 매우 우수한 성적으로 졸업하여 '육사 34기의 3날개 가운데 한 명'이라 불리었다. 그러나 매우 오만하고 독선적인 성격이었고 머리 속에는 쓰지처럼 허황된 망상과 출세욕만 가득하였다. 또한 이론에만 해박했을 뿐 실전에는 형편없었다. 태평양 전쟁이 일어나자 핫토리와 쓰지는 콤비가 되어 주요 전투를 직접 기획, 입안하였으나 대부분은 참담하게 끝났다. 그럼에도 두 사람은 막강한 인맥 덕분에 아무런 책임도 지지 않고 도리어 출세 가도를 달렸다. 일본이 항복하자 핫토리는 맥아더 사령부(GHQ)에 적극 협조하여 미군의 신뢰를 얻었다. 덕분에 경찰예비대(자위대의 전신)의 막료장으로 내정되기도 했으나 핫토리를 미워하던 요시다 시게루 총리가 그의 임명을 거부하자 불만을 품고 쿠데타를 계획하기도 했다. 이후 한직만 돌다가 1960년 사망하였다. 쓰지와 핫토리는 일본군 중견 참모들의 한심한 수준을 보여주는 단적인 인물이었다.

＼주코프의 등장

첫 번째 전투에서 완패한 관동군은 설욕전을 외치며 노몬한으로 제23사단 주력을 비롯해 제1전차단과 제7사단 소속의 보병 제26연대를 급파하였다. 그중 제1전차단은 일본이 여단제로 편성한 첫 번째 기갑 부대이자 유일한 기갑 부대였다. 2개 기갑연대(제3연대, 제4연대)로 구성되었고 89식 전차 34대와 97식 전차 4대, 95식 경전차 35대 등 전차와 장갑차를 합하여 모두 87대를 보유하고 있었다. 또한 제7사단은 관동군의 전략 예비대이자 최강 부대 중 하나였다. 노몬한에서 소련을 꺾기 위해 자존심을 걸고 히든카드를 꺼낸 셈이었다.

그런데 막상 공세의 주력을 맡은 제23사단은 1938년 4월에 구마모토에서 창설된 신설 사단으로 후방 경비와 치안을 주된 임무로 하는 부대였다. 중국 전선의 확대로 병력이 부족해진 일본이 급히 편성한 5개 사단 중 하나였다. 일본군의 상비 사단은 4단위 편제(보병 4개 연대와 산악포병 1개 연대로 구성)로 구성되어 사단 정원이 2만 5천 명에서 3만 명에 달하고 50대의 차량과 약 5천 마리의 말이 배속되어 있었으나, 제23사단은 3단위 편제(보병 3개 연대와 야포병 1개 연대, 수색연대로 구성)로 구성되어 사단 정원이 1만 5천 명에 불과하였다. 게다가 편성과 훈련이 완료되지 않은 데다 장비와 차량도 부족하였다. 또한 제23사단은 원래 중국 전선에 투입될 예정이었기에 구마모토에서 만주로 이동한 지 얼마 되지 않아 현지 적응 훈련은 1개월도 채 받지 못한 상태였고 병사들 역시 실전을 겪어보지 못한 신병들이 태반이었다. 소련군에 비하면 햇병아리나 다름없었다. 원래 쓰지는 관동군 최강 부대인 제7사단을 동원할 계획이었다. 그런데 뜻밖에도 관동군 사령관 우에다 겐키치 대장의 격렬한 반대에 부딪쳤다. 그는 노몬한 지역의 방어를 맡고 있는 제23사단이 약체 부대라는 이유로 다른 부대에 작전을 맡기는 것은 "황군의 역사에 있어서 선례가 없는 일이며 만약 자신이 제23사단장이었다면 당장 할복했을 것"이라고 눈물까지 흘리며 격노했다. 국가의 운명이 달린 군사 작전에서 수만 명의 목숨보다 사단장 개인의 체면이 더 중요하다는 식의 논리였다. 결국 참모들은 부득이 공격 계획을 수정하여 제7사단은 1개 연대만 동원해 제23사단을 지원하기로 하였다.

그럼에도 관동군이 승리를 낙관한 이유는 노몬한은 철도에서 750킬로미터나 떨어져 있는 데다 도로망이 매우 열악한 변두리 오지였기 때문이다. 소련군이 수백 킬로미터의 사막을 건너 대병력을 이동시킨다는 것은 일본군의 상식으로는 상상이 불가능했다. 또한 소련군이 끈질기며 용감하기는 하지만 상상력이 부족해 정면 공격만 고수하므로, 포위당하거나 퇴로를 차단당하면 쉽게 무너질 것이라고 보았다. 병사들 역시 소련군과 맞닥뜨리면 단숨에 박살내겠다며 의기양양했다. 이 모든 것은 자신들의 기준에서 소련군의 역량을 과소평가한 것에 불과했다.

소련은 훨씬 치밀하게 준비하고 있었다. 6월 5일 노몬한에 새로운 지휘관이 도착하였다. 2년 뒤에 벌어질 독일과의 전쟁에서 소련 제일의 명장으로 명성을 떨치게 될 게오르기 주코프 중장이었다. 그는 투하체프스키 원수가 제창한 기계화전 이론의 강력한 신봉자이자 기동전의 달인이었다. 제1차 세계대전 당시 일개 병사로 군 경력을 시작한 주코프는 노몬한으로 오기 전에는 벨라루스 군관구 부사령관을 맡고 있었다. 그는 나중에 독소 전쟁이 일어나자 모스크바를 방어전을 성공적으로 지휘하여 소련을 위기에서 구하고, 스탈린그라드와 레닌그라드, 베를린 공방전까지 주요 전투를 지휘하여 제2차 세계대전을 승리로 이끌게 된다.

주코프는 동몽골 국경의 방어를 맡은 제57저격군단의 신임 사령관으로 임명된 후 일본군의 공격에 대비해 전력을 대대적으로 증강하였다. 3개 소총병사단과 2개 전차여단, 3개 장갑차여단, 1개 기관총여단, 1개 공수여단과 몽골군 2개 기병사단 등 총병력 5만 7천 명에다 장비도 전차 498대와 장갑차 385대, 야포 540문, 항공기 557대에 달했다. 반면, 노몬한에서 일본군의 전력은 1개 사단과 1개 전차여단, 1개 독립연대 등 3만여 명의 병력에 전차 135대, 항공기 250대, 야포 112문에 불과했다. 아직 이 시기의 소련군에게는 제2차 세계대전의 최고 걸작 전차라는 T-34/76이나 KV-1, KV-2 등 괴물 같은 중전차는 없었다. 주로 BT-5, BT-7, T-26와 같은 1930년대 초반에 제작된 경전차뿐이었다. 이 경전차들은 장갑이 얇고 화염병 공격에 아주 취약했기 때문에 노몬한 전투 직후 일어난 핀란드와의 겨울전쟁에서는 핀란드군의 '몰로토프 칵테일' 공격에 호되게 당했다. 대신 속도가 일본 전차들보다 훨씬 빠르고 포의 관통력 또한 우수했다. 주포인 45mm 대전차포의 관통력은 500미터에서 60mm, 1킬로미터에서도 38mm에 달했다. 반면, 일본군의 주력 전차인 89식 중전차와 97식 중전차의 57mm 유탄포는 보병 지원용이라 대전차용으로는 걸맞지 않았고 아주 근거리에서만 명중시킬 수 있었으며 그나마도 관통력이 형편없었다. 전투가 벌어지면 어떻게 될지는 불 보듯 뻔했다. 또한, 주코프는 현지의 열악한 상황을 고려하여 2,300대에 달하는 트럭을 투입해 병참선을 확보하고 탄약과 식량, 연료 등 5만 2천 톤에 달하는 물자를 비축하는 등 철저하게 준비하였다.

반면, 관동군은 태평하기 짝이 없었다. 그들이 걱정하는 것은 소련군이 싸우지 않고 물러나는 것뿐이었다. 이 때문에 초조해진 그들은 제대로 정찰도, 준비도 하지 않은 채 병사들을 노몬한으로 강행군시켰다. 마침 우기였는데 비로 진창이 된 길을 병사들은 무거운 군장을 맨 채 수십 킬로미터를 터벅터벅 걸어가야 했고 추위와 물 부족에 허덕였다. 그럼에도 오합지졸 소련군을 상대로 총검 돌격 한 번이면 전투가 곧 끝나리라 여긴 병사들의 사기는 매우 높았다.

고마쓰바라 중장은 병력이 집결하자 7월 1일 선제공격을 시작하였다. 일본군의 계획은 공병대가 할힌골 강에 다리를 건설하고 각 부대가 도하하면, 병력을 둘로 나누어 제1전차단과 제64보병연대가 북쪽으로 우회하여 소련군의 퇴로를 차단하고, 제26보병연대와 제72보병연대는 남쪽으로 진격하여 소련군 포병들과 군수품 집적소를 파괴한 후 다시 북상하여, 소련군의 주력을 남북에서 포위 섬멸한다는 것이었다. 작전 계획은 제23사단 참모들이 아니라 관동군의 작전 참모인 핫토리와 쓰지가 직접 세웠다. 그런데 워낙 졸속으로 추진하는 바람에 공병대의 자재와 장비가 빈약하여 그들이 만든 다리는 매우 부실했다. 도저히 전차가 건널 수 없어 보병만 건너고 전차 부대는 그냥 강 건너편에 남았다. 따라서 제23보병여단장 고바야시 코우이치 소장의 지휘 아래 제71보병연대와 제72보병연대, 제26차량화보병연대, 포병대, 공병대 등은 할힌골 강 서쪽으로 도하했지만, 제1전차단과 제28보병연대, 제64보병연대의 도하가 지연되면서 시작부터 작전에 차질이 빚어졌다. 일본군은 작전을 바꾸어 먼저 강을 도하한 고바야시 부대는 그대로 서쪽으로 진격하고 나머지는 남쪽으로 우회하기로 하였다.

한편, 주코프는 일본군의 병참선이 취약하고 기갑 부대가 도하하지 못한 점을 감안해 강을 도하한 일본군 보병 부대를 전차를 앞세워 포위 섬멸할 생각이었다. 또한 일본군의 측면을 공격할 생각으로 제149차량화보병연대와 제9기계화연대를 남쪽에서 우회시켜 할힌골 강 동쪽으로 진출시켰다. 이어서 제7기계화여단과 제11전차여단, 제24차량화보병연대를 증원하였다. 양쪽 모두 기동전으로 상대의 측면을 돌파한 후 남북으로 포위 섬멸한다는 것이었다. 7월 2일 어둠을 이용해 할힌골 강을 도하한 일본군 선두 부대는 소련 측 몽골군 제6기병사단의 공격을 격퇴한 후 계속 진격하였다. 일본군은 소련군의 외곽 방어선은 쉽게 돌파했지만 곧 소련 포병의 맹렬한 포격에 가로막혔고 450여 대에 달하는 소련군 기갑 부대와 마주쳤다. 보병의 지원 없이 단독으로 전장에 나선 소련 전차들을 향해 일본군은 육탄 돌격하여 다수의 전차를 파괴하였다. 그러나 일본군 역시 막대한 손실을 입었다. 곧 식량과 탄약이 떨어졌고 점점 포위당할 위기에 처했다. 또한 노몬한의 모래 때문에 일본군의 소총과 기관총이 고장났다. 소련군 포병과 전차 부대는 일본군의 사거리 밖에서 일방적으로 포격을 가했다. 몸을 숨길 곳도 없었던 일본군의 사상자는 점점 늘어났다.

한편, 할힌골 강을 도하하지 못한 채 강을 따라 남쪽으로 내려가던 제1전차단과 제64보병연대 역시 소련군과 접촉했다. 그들은 어둠 속에서 야습을 시도했지만 우세한 소련군 전차 부대 앞에서 대참패를 당하여 반수 이상의 전차를 상실했으며 제3기갑연대장이 전사했다. 점차 우세를 확보한 소련군은 4일부터 반격을 시작했다. 일본군은 막대한 손실을 입은 채 항공기의 지원 아래 7월 6일 간신히 할힌골 강을 도로 건너 동쪽으로 퇴각했다. 그런데도 일본 정찰기는 오히려 상부에 "소련군이 후퇴하고 있다"라고 잘못된 보고를 하였다. 이 때문에 관동군 사령부는 전황을 제대로 파악하지 못한 채 낙관하였다.

할힌골 강에서 쫓겨난 제23사단은 반격을 위해 일단 병력을 재편하였다. 그러나 값비싼 전차를 모두 잃을 것을 우려한 전차 부대가 후방으로 철수하면서 일본군은 더욱 열세로 몰렸다. 그럼에도 고바쓰바라 중장은 7월 7일 재차 공격을 명령하였다. 일본군은 남쪽의 홀스텐 강으로 남하하여 소련군 제149차량화저격연대를 공격하였다. 일본군은 기갑 전력과 화력의 열세를 보병의 머릿수와 총검 돌격으로 극복하기 위해 자신들의 장기인 야습을 실시했지만 이미 방어선을 견고하게 보강한 소련군을 돌파할 수는 없었다. 날이 밝자 전차와 포병의 지원 아래 소련군 병사들이 진지에서 뛰쳐나와 돌격하였다. 일본군은 일진일퇴 끝에 소련군의 반격을 간신히 격퇴하였다. 소련군은 제149차량화저격연대장이 전사하였다. 그러나 식량과 탄약조차 바닥난 일본군과 달리 소련군은 새로운 부대가 끝없이 증원되었다. 특히 포병 화력의 열세는 일본군에게 도저히 소련군의 방어선을 돌파할 수 없다는 사실을 깨닫게 해주었다. 일본군 병사들은 오랫동안 완강하고 끈기 있는 모습을 보여주었으나 병참선이 끊기고 소련군의 숫자가 점점 늘어나면서 사기가 뚝 떨어졌다. 고바쓰바라 중장조차 비참한 전장을 직접 돌아보면서 자신감을 완전히 상실했다. 이 모든 것은 상대의 전력을 제대로 확인도 하지 않은 채 졸속으로 작전을 추진한 핫토리와 쓰지의 잘못이었다.

제23사단은 소련군의 압도적인 포병 화력에 대항하기 위해 포병을 대대적으로 증원해 달라고 관동군 사령부에 요구하였다. 이에 따라 관동군 포병사령관 우치야마 에이타로 소장이 직접 포병 부대를 이끌고 노몬한으로 달려왔다. 89식 150mm 가농포(곡사포의 일본식 표현) 8문을 포함해 총 82문에 달하는 포를 끌고 왔으나 급하게 출동하는 바람에 야포의 절반 이상이 사거리가 짧은 구식 산포였다. 그중에서 소련군 진지까지 포탄을 날릴 수 있는 것은 46문에 불과했다. 탄약도 부족했다. 반면 소련군 포병은 고지대에 위치하여 일본군의 움직임을 고스란히 내려다볼 수 있었다. 일본군은 7월 23일 재차 총공격을 감행했지만 포병 부대가 소련군 포병에 제압당한 데다 소련군의 병력이 계속 증강되면서 삼일 만에 고바쓰바라는 공격을 중지하였다. 일본군은 전 병력의 3분의 1에 달하는 5천 명 이상의 병력을 상실하였다. 제2차 노몬한 전투도 일본군의 완패였다.

주코프의 반격

전장은 일시적으로 교착 상태가 되었다. 그러나 소련군은 일본군이 장악한 고지들을 향해 포탄을 날리고 보병들로 지속적으로 돌격 공격을 했다. 일본군은 탄약도 떨어졌고 포병에 지원 사격을 요청했지만 정작 포탄이 없었다. 고지에 고립된 일본군 병사들은 소련군이 곧 총공격을 시작하지 않을까 두려움에 떨었다. 참모본부는 관동군에 작전을 중지하라고 명령하였다. 그러나 관동군 참모들은 "수천에 달하는 장병들이 죽었는데 이대로 철수할 수는 없다"며 제3차 공격을 위해 병력을 대거 증원하는 한편, 총지휘를 위해 제6군을 신설하였다. 사령관은 오기스 릿페이 중장이었다. 그는 중국 전선에서 제2사단과 제13사단을 지휘하였으나 큰 전투를 겪어보지 못한 전형적인 책상물림의 무능한 행정 군인이었다. 그가 이런 중차대한 상황에서 노몬한의 지휘를 맡은 것은 오직 연공서열 덕분이었다. 그러니 용장으로 이름난 주코프의 상대가 될 리 없었다. 소련 역시 노몬한의 전황이 점점 확대되자 제57저격군단에 병력을 대거 증원하여 제1집단군으로 확대 편성하였다.

관동군은 8월 24일에 세 번째 공격을 시작할 생각이었으나 열악한 도로 사정으로 인해 병력과 물자가 제대로 증원되지 않았다. 사전에 병참선을 충분히 준비하지 않은 대가였다. 반면, 주코프는 서두르지 않고 대량의 수송 차량을 이용해 병력과 물자를 노몬한으로 계속 증강하는 한편 일본군을 삼면에서 포위하였다. 이 때문에 양측의 전력 차이는 두 배 이상 벌어졌고, 특히 포병 화력 면에서 소련이 압도적으로 우세하였다. 주코프는 병력을 셋으로 나누어 북쪽에서는 제82저격사단 1개 연대와 제7기계화여단, 제11기갑여단을, 중앙에는 제82저격사단 주력과 제36차량화저격사단, 제5기관총여단을, 남쪽에는 제57저격사단과 제8기계화여단, 제6기갑여단을 배치하였다. 또한 예비대로 몽골군 제6기병사단과 제8기병사단을 대기시켰다.

소련의 공세가 임박해 오는데도 관동군은 아무런 대비도 하지 않았다. 제6군 참모들은 전선에서 한참 떨어진 후방에 앉은 채 상황이 어떤지도 전혀 파악하지 못했다. 그들 중에 최전선을 돌아본 사람은 단 한 명도 없었다. 단지 과감하게 선제공격을 시작하여 소련군을 격파하겠다는 말만 앵무새처럼 반복할 뿐이었다. 그러나 이미 많은 손실을 입은 일본군은 방어진지조차 제대로 구축하지 않은 데다 병력의 증원이 늦어지면서 예비대도 없고 포병 화력도 절대적으로 열세였다.

8월 20일 드디어 병력의 배치를 마친 소련군의 총공격이 시작되었다. 주코프는 정면에서 보병이, 양익에서 기갑 부대가 적의 방어선을 돌파하여 일본군의 퇴로를 차단한 후 보자기로 싸듯 포위 섬멸할 생각이었다. 2백여 대의 항공기와 강력한 포병의 지원 아래 전차 5백여 대, 장갑차 346대를 앞세워 압도적인 전력으로 공격을 시작하였다. 이것은 일본군이 예상한 전력의 두 배 이상이었다. 소련군은 공중 폭격과 포격, 기갑 전력으로 홀스텐 강 주변에 포진한 일본군 진지를 강타하였다. 제일 먼저 북쪽에서 우익을 맡고 있던 만주군이 공격을 받았다. 오합지졸에 불과한 그들은 공격을 받자마자 도주하였다. 이 때문에 그 옆의 후이 고지에 있던 일본군 제23사단 수색대 역시 포위당했다. 그들은 소련군의 맹렬한 공격을 받아 간신히 버텼으나 결국 나흘의 전투 끝에 소수의 생존자들만이 24일 밤 포위망을 뚫고 후방으로 탈출하였다. 일본군의 우익이 무너지자 주코프는 즉시 북쪽으로 예비대를 투입해 일본군의 배후로 우회시켰고 21일에는 남쪽에서 기갑 부대가 일본군의 측면을 우회하여 후방으로 진출하였다.

상황이 점점 급박해지고 있는데도 제6군은 전선이 어떻게 돌아가는지조차 모르고 있었다. 8월 23일에야 제26, 제71, 제72보병연대를 동원해 24일부터 남쪽에서 반격한다는 계획을 세웠다. 그러나 준

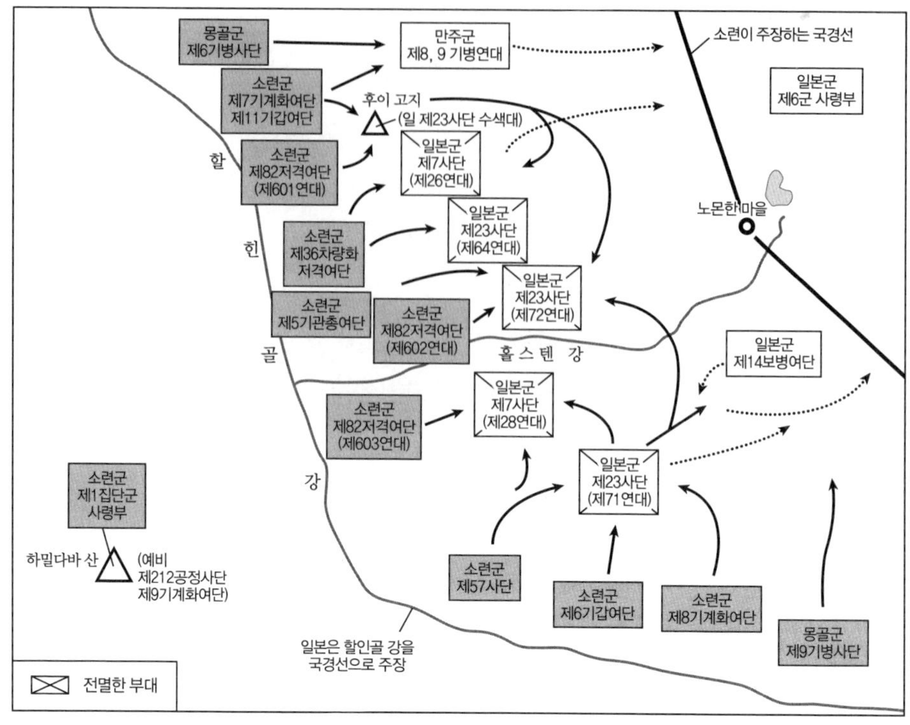

●— 노몬한 전투(1939년 5~8월)

비 부족으로 실제 반격에 나선 부대는 제72보병연대뿐이었다. 포병 지원도 없이 무작정 시작된 반격은 완전히 실패하여 제72보병연대는 문자 그대로 전멸했다. 뒤늦게 공격에 나선 다른 연대들 역시 큰 손실만 입고 격퇴되었다. 제6군의 무리한 반격 작전으로 일본군의 방어선은 더욱 취약해졌다. 소련군의 기갑 부대는 거의 저항을 받지 않은 채 텅 빈 일본군의 후방으로 진격하여 일본군 포병진지들을 급습해 박살냈다. 일본군은 완전히 포위당했다.

일본군 제23사단은 8월 26일 소련군의 투항 권고를 묵살한 채

●— 노몬한 전투에서 소련군의 포로가 된 일본군 병사. 1939년 5월부터 8월까지 벌어진 이 전투는 메이지 유신 이래 일본의 최악의 패배였다. 소련이 얼마나 강한지 깨달은 일본은 시베리아 침략의 야욕을 버리고 대신 남방으로 눈을 돌렸다.

포위망을 돌파하려고 재차 시도했으나 실패했다. 제23사단이 전멸 위기에 처하자 8월 29일 제6군 사령부는 다음과 같은 명령을 내렸다. "각 부대는 신속히 전선을 돌파하여 노몬한으로 '전진'하라." 노몬한은 일본군의 후방에 있으므로 당연히 후퇴하는 것이지만 '전진'이라고 한 것이다. 이런 눈 가리고 아웅 하는 표현은 "황군이 적을 앞에 두고 물러날 수 없다"는 오만함에 빠져 있던 일본군이 패배를 숨길 때 써먹는 상투적 수법이었다. 고립된 상태에서 각 부대는 개별적으로 포위망의 돌파를 시도했지만 차량이 없어 소련군의 포격을 받으며 도보로 탈출해야 했다. 탈출에 성공한 것은 극소수였다. 도망갈 길이 막힌 일부 장교와 병사들은 그 자리에서 할복 자결하기도 했다. 소련군은 8월 31일 포위망을 좁힌 후 일본군 잔존 부대를 완전히 섬멸하였다. 이로써 노몬한 전투는 소련군의 승리로 끝났다.

참담한 패전에도 불구하고 관동군은 병력을 추가 증원하여 복수전을 준비했다. 그러나 소련군의 전력이 워낙 압도적이라 반격은 어떻게 보더라도 불가능했다. 오히려 소련군이 노몬한을 넘어 서만주를 침공한다면 제6군은 물론이고 관동군 전체가 위험에 빠질 판이었다. 9월 3일 대본영에서 작전을 중지하라고 재차 명령하자 관동군도 더 이상 고집을 부릴 수 없었다.

＼노몬한 전투의 결과

노몬한 전투는 소련군의 완승이었다. 일본군은 노몬한 동쪽으로 후퇴하였다. 5월부터 8월까지 3개월간의 전투에서 양측의 손실에 대해 일본은 일본군 전사 및 행방불명 8,440명, 부상 8,766명, 소련군 전사 7,974명, 부상 1만 5,251명이라고 발표하였다. 반면, 소련은 일본군의 손실이 적어도 6만 명이 넘는다고 주장하였다. 현재 야스쿠니 신사에 합사된 노몬한 전투의 일본군 전사자는 모두 1만 8천여 명이다. 신뢰성 있는 자료는 없지만 노몬한에서 입은 양측의 피해는 대략 비슷했을 것이다. 소련군은 수적으로나 화력에서 월등히 우세했지만 훈련이 미숙했으며 인해전술 식의 경직된 교리를 고집하여 국지적으로 공격에 실패하고 많은 손실을 입었다. 또한 후퇴하는 일본군에 대한 추격을 일찌감치 중단하여 전과를 올릴 기회를 포기했다. 만약 주코프가 승리의 여세를 몰아 계속 추격했다면 일본군 제6군 전체가 괴멸했을 것이다. 일본군의 손실은 전체 참전 병력의 32퍼센트에 달했다. 특히 주력이었던 제23사단은 80퍼센트에 가까운 손실을 입었다. 제23보병여단장 고바야시 소장은 중상을 입었고, 제

71연대장인 모리타 대좌와 연대장대리 히가시 중좌, 야포병 제13연대장인 이세 대좌가 전사하였고, 제64연대장인 야마가타 다케미쓰 대좌와 제72연대장인 사카이 대좌, 사단수색대장인 이나오 중좌는 자결하였다.

소련군은 350량에 달하는 전차를 상실하였다. 제병협동전술이 미비했던 소련군은 전차들을 보병의 지원 없이 무작정 일본군의 정면으로 돌진시켰다가 큰 피해를 입었다. 소련 전차들은 지형지물에 숨어 있던 일본군 보병들이 기습하여 화염병으로 공격하면 손쉽게 불타올랐다. 또한 일본군의 주력 대전차포였던 94식 37mm L28 속사포는 장갑이 빈약한 소련제 경전차들을 충분히 격파할 수 있었고 분당 30발에 달하는 빠른 발사속도는 매우 위협적이었다. 게다가 소련 전차는 무전기가 지휘차량에만 장착되어 있어 통신을 전차장의 손짓에 의존한다는 약점이 있었다. 이를 이용해 일본군은 지휘차량만 우선적으로 격파하여 소련군을 혼란에 빠뜨리기도 했다. 반면, 일본은 30여 대의 전차만을 잃었는데 전차 부대를 미리 철수시켰기 때문이었다.

공중전에서 일본군은 180대의 항공기를 잃었고 소련군은 그 두 배에 달하는 350대를 잃었다. 기체의 성능과 조종사의 실력 차이 때문이었다. 소련의 구식 복엽기인 I-15는 일본의 신형 단엽기인 97식 전투기에 비해 모든 면에서 열세였기에 큰 피해를 입었다. 그러나 소련이 신형 단엽기인 I-16과 스페인 내전에 참전한 베테랑 조종사를 대거 투입하자 점차 제공권은 소련군에게 넘어갔다.

노몬한 전투에 대해 "철(鐵)과 살(肉)의 대결"이라며 소련군의 압도적인 기갑 부대에 관동군이 보병으로 맞서다가 패한 것처럼 알려져 있다. 하지만 패배의 가장 큰 이유는 상대에 대한 관동군의 과소평가와 준비 부족, 성급한 공격 때문이었다. 작전을 주도했던 쓰지 소좌는 "적이 설마 그 정도의 대병력을 외몽고의 초원에 전개할 수 있을 줄은 꿈에도 생각하지 못했다"라며 뒤늦게 오판을 인정하였다. 주코프의 소련군은 무리한 보병 돌격과 전술의 미숙함으로 많은 희생을 치렀지만 일본의 선제공격을 격퇴한 후 삼면에서 포위 섬멸하는 전략으로 일본군을 압도할 수 있었다.

패배의 책임을 지고 우에다 관동군 사령관과 이소카이 참모장이 파면되었고 제6군 사령관 오기스 중장과 제23사단장 고마쓰바라 중장 역시 강제 예편되었다. 만주 사변 이래 방약무인하게 제멋대로 행동하던 관동군은 그 기세가 한풀 꺾였고 더 이상 소련을 상대로 무모한 도발을 시도하지 않았다. 그 정도로 노몬한의 패배는 충격적이었다. 그러나 앞장서서 작전을 주도했던 핫토리와 쓰지는 오히려 도쿄의 참모본부로 영전되었다. 오기스 중장은 반복된 군기 위반을 이유로 쓰지를 군에서 쫓아내야 한다고 주장했으나 쓰지는 참모본부의 인맥을 이용해 오히려 요직을 맡았다. 신상필벌은 말뿐이었고 배경과 인맥만 있으면 아무리 큰 실수를 저질러도 적당히 묵인되고 출세할 수 있는 것이 일본군이었다. 일반 국민들에게 패전은 철저하게 은폐되었다. 지금도 일본에서는 노몬한 전투가 제대로 알려져 있지 않다.

╲일소 중립 조약의 체결

노몬한에서 치열한 전투가 한창 벌어지고 있던 8월 23일 모스크바에서 큰 사건이 벌어졌다. 독소 불가침 조약(몰로토프-리벤트로프 조약)이 체결된 것이다. 8월 초만 해도 대독 공동 전선의 구축을 위해 영국과 프랑스에 접근하려고 온갖 노력을 했던 소련이 불과 열흘 뒤에 태도를 180도로 바꿔 독일과 손을 잡자 전 세계가 충격을 받았다. 그 자리에서 스탈린은 독일 외무장관 리벤트로프에게 노몬한에서 일본과의 충돌을 언급하면서 "독일이 일본과의 중재를 맡아 달라"고 요청하였다. 독일이 중재하자 일본 역시 순순히 이를 받아들였다. 일본은 1937년 11월 독일, 이탈리아와 삼국 방공 협정을 체결하여 소련을 양면에서 압박하려고 했지만, 독일과 소련이 불가침조약을 맺자 상황이 바뀌었다는 사실을 인정하지 않을 수 없었다. 독일의 지원 없이 일본 혼자의 힘으로 소련과 맞선다는 것은 자살 행위였다. 게다가 노몬한을 통해 비로소 소련군의 강력함을 절감하였다. 소련군은 결코 러일 전쟁 당시의 무기력한 제정 러시아군이 아니라 전차와 중포 등 막강한 화력과 기계화 장비를 갖춘 현대식 군대였다. 일본은 소련이 주장하는 국경선을 고스란히 받아들였다. 고노에 총리는 도쿄 주재 독일대사와의 면담에서 "소련과 싸우려면 적어도 2년 정도의 시간이 더 필요하다"며 군사적 열세를 솔직하게 인정하였다.

9월 15일 모스크바에서 일소 정전 협정이 체결되었다. 양측은 포로를 교환하는 한편, 일본은 소련의 요구대로 노몬한 주변에서 모든 병력을 철수시켰다. 이로써 1930년대 내내 반복되었던 만소 국경지대의 분쟁은 끝났다. 마침 또 한 번의 큰 사건이 터졌다. 9월 1일 독일이 폴란드를 전면 침공한 것이다. 영국과 프랑스가 독일에 선전포고를 하여 제2차 세계대전이 막을 열었다. 유럽에서의 전쟁으로 극동에서 열강들의 세력이 위축되자 일본은 소련 대신 보다 만만한 남방으로 방향을 돌렸다. 그리고 이를 위해 1940년 7월 2일 소련에 일소 불가침 조약의 체결을 제의하였다. 독소 불가침 조약에도 불구하고 여전히 독일에 대한 불신을 품고 있던 스탈린에게도 결코 나뻐지 않은 제안이었다. 그러나 스탈린은 러일 전쟁에서 일본이 빼앗은 사할린의 석탄과 석유 채굴권의 반환을 선결 조건으로 내세웠다. 일본이 받아들일 수 없는 조건이었다. 결국 일소 불가침 조약은 결렬되었다. 그럼에도 일본 외상 마쓰오카는 소련과의 동맹을 포기하지 않았다. 1940년 9월 27일 베를린에서 독일과 이탈리아, 일본 간의 '삼국추축동맹'이 결성되었다. 독일과 이탈리아, 일본 삼국은 각각 유럽과 아시아에서 주도적 위치에 있음을 인정하고 삼국 중 하나가 제3국으로부터 공격을 받을 경우 서로 원조한다는 내용이었다. 마쓰오카는 여기에 소련까지 넣어 '4국 동맹'이라는 아이디어를 내어 10월 30일 소련에 다음과 같이 제안하였다.

1. 상호 불가침 조약의 체결.
2. 소련은 만주국을 승인하고 일본은 소련이 동유럽에서 획득한 영토에 대해 승인한다.
3. 소련은 장제스 정권에 대한 지지와 원조를 중단한다.
4. 소련은 내몽골과 화북, 중국 서북 지역에 대한 일본의 이익을 보장하고 일본은 외몽골과 신장에서 소련의 이익을 보장한다.
5. 소련은 일본의 프랑스령 인도차이나와 인도네시아 점령을 인정하고 일본은 소련의 아프간, 이란, 인도의 점령을 인정한다.
6. 독일, 일본, 이탈리아는 소련을 파트너로 인정하고 4국 동맹을 체결한다.

그러나 11월 18일 소련은 "불가침 조약의 체결을 위해서는 일본이 러일 전쟁에서 강탈한 남부 사할린과 쿠릴 열도를 반환해야만 가능하다"라고 답변하였다. 물론 일본이 받아들일 리 없으므로 사실상 거부한 셈이었다. 독일 역시 소련에게 4국동맹을 체결하여 네 나라가 세계를 4등분하자고 제안했지만, 스탈린은 "핀란드에서 독일군의 철수와 불가리아에 대한 소련의 영향권 인정"과 같은 독일이 받아들이기 어려운 조건을 내걸었다.

스탈린은 왜 4국동맹의 제안을 거부한 것일까? 독소 불가침 조약의 체결로 서쪽에서의 위협을 제거한 그는 독일과의 관계를 유지하기 위해 많은 노력을 기울였다. 1941년 6월 독일이 일방적으로 조약을 깨고 기습적인 공격을 개시할 때까지, 소련은 히틀러의 비위를 맞추기 위해 86만 5천 톤의 석유와 150만 톤의 곡물, 64만 8천 톤의 목재 등 막대한 자원과 군사 원조에다 독일 해군을 위해 해군 기지를 제공하였다. 심지어 스탈린은 사석에서 "독일과 소련이 함께라면 우리는 천하무적일 것"이라고 말하기도 하였다. 그러면서도 여전히 독일에 대한 깊은 불신감을 가지고 있었던 그는 독일과 동맹을 맺어 본들 상호 모순 때문에 오랫동안 지속될 수 없다고 여겼다. 자칫 서구 열강과의 관계마저 악화되어 국제 사회에서 완전히 고립될 것을 우려했다. 스탈린 특유의 편집증적인 성격 탓이기도 했지만 결과적으로는 옳은 판단이었다.

1941년 4월 13일 모스크바에서 일본 외상 마쓰오카와 소련 외무위원장 몰로토프는 불가침 조약 대신 5년 기한의 일소 중립 조약에 서명하였다. 이 조약은 서로의 영토를 침해하지 않고 어느 한 쪽이 제3국과 전쟁에 돌입해도 중립을 지킨다는 내용이었다. 중립 조약은 마쓰오카가 구상했던 것에 비하면 훨씬 부족했지만 어쨌든 이로써 일본은 '소련의 공포'에 벗어나 동남아를 마음껏 침략할 수 있게 되었다. 또한 1940년부터 1945년까지 소련은 일본에 4천만 톤의 석탄, 1억 4천만 톤의 목재, 5천만 톤의 철, 1천만 톤의 어류 등 막대한 원자재를 제공하였다. 이것은 일본이 미국과 전쟁을 하는 데 활용되었다. 그러나 더 큰 이익을 얻은 쪽은 소련이었다. 2개월 뒤 독일이 전격적으로 소련을 침공했을 때 일본은 소련의 극동 지역을 공격하는 대신 중립을 지켰다. 덕분에 소련은 70만 명에 달하는 극동군의 절반 이상을 서쪽으로 돌릴 수 있었다. 이 병력은 1941년 12월 모스크바를 함락의 위기에서 구하였다. 두 나라의 전쟁은 태평양 전쟁 말기인 1945년 8월에서야 다시 시작된다.

노르망디의 조선인

10여 년 전 네티즌들을 떠들썩하게 했던 한 장의 사진이 있었다. '노르망디의 조선인'이라는 제목의 이 사진에는 독일 군복을 입은 동양인이 있었다. 사진에는 그가 조선인이며 노몬한 전투에서 소련군의 포로가 된 후, 독소 전쟁이 발발하자 소련군에 입대하여 독일군과 싸우다 이번에는 독일군의 포로가 되었고, 다시 독일군이 되어 노르망디에서 연합군의 포로가 되었다는 설명이 들어 있다. 이런 복잡하고 드라마틱한 이야기는 전쟁드라마《밴드 오브 브라더스(Band of Brothers)》의 원작자인 스티븐 앰브로스의『D-DAY』라는 책에서 나왔다. 그는 제101공수사단 이지 중대의 소대장이었던 로버트 브루어 소위의 증언을 옮겨 적었다. 로버트 브루어 소위는 유타 해변에서 4명의 동양인을 포로로 잡았는데 그중 한 사람이 이 사진의 주인공이었다.

이 내용은 2005년 SBS스페셜로 제작되었고 2011년 강재규 감독의 영화《마이웨이》의 모티프가 되었다. 물론 영화는 대부분 허구이지만, 지구 반대편에서 일어난 전쟁에서 조선인이 있었다는 것은 우리에게 매우 흥미롭다. 사진의 설명이 사실이라면 당사자는 무려 세 번이나 군복을 바꿔 입으며 무려 1만 2천 킬로미터에 달하는 거리를 유랑하는 파란만장한 역경을 겪은 셈이다. 그러나 사진의 주인공이 정확히 누구인지, 그게 정말 진실인지는 아쉽게도 그 경로를 직접 추적했던 SBS 취재진도 속 시원히 밝히지는 못했다.

그렇다면 일본은 조선인들을 어떻게 침략 전쟁에 동원했을까? 19세기부터 현지민들을 대거 모집하여 식민지의 치안은 물론 유럽 전쟁에도 투입했던 서구 열강들과 달리, 매우 폐쇄적이고 배타적이었던 일본군은 식민지인들에 대해 심한 불신감을 가지고 있었고 "신성한 황군을 더럽힐 수 없다"는 식의 거부감을 보였다. 조선인에게 병역을 부여한다면 이들의 정치적 발언권이 강화될 것과 혹 생길지 모르는 반란의 가능성을 우려했기 때문이다.

그런데 조선인에게도 병역의 의무를 부여해달라고 앞장선 이가 일본 중의회 의원이자 대표적인 친일파 두목이었던 박춘금(朴春琴)이었다. 일자무식의 폭력배 출신인 그는 일본 우익 단체인 흑룡회와 손을 잡고 조직폭력배를 운영하면서 온갖 행패를 부리며 부를 축적하였고 조선인 농민, 노동자

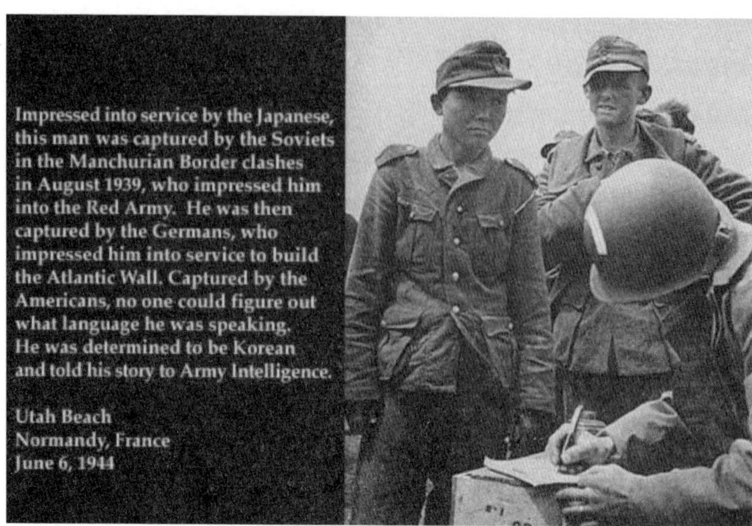

Impressed into service by the Japanese, this man was captured by the Soviets in the Manchurian Border clashes in August 1939, who impressed him into the Red Army. He was then captured by the Germans, who impressed him into service to build the Atlantic Wall. Captured by the Americans, no one could figure out what language he was speaking. He was determined to be Korean and told his story to Army Intelligence.
Utah Beach
Normandy, France
June 6, 1944

●— 스티븐 앰브로스의 『D-DAY』에 나온 독일군복을 입은 동양인. 엠브로스는 사진 속의 인물에 대해 로버트 브루어 소위의 증언을 토대로 "일본군으로 징집되었다가 노몬한에서 소련군의 포로가 된 후 독일군으로 전향한 조선인"이라고 서술했으나 사실은 서로 언어가 통하지 않아 제대로 소통을 하지 못했기에 신빙성은 없다. 그럼에도 이 흥미로운 사진은 강제규 감독에 의해 각색되어 2011년 12월 영화《마이웨이》로 제작되었다.

"이 사람은 일본군으로 징집됐다. 1939년 만주국경 분쟁에서 소련군에 붙잡혔고 소련군으로 편입됐다. 그는 다시 독일군 포로가 되어 대서양 방벽을 건설하는 데 강제 투입되었다. 노르망디 상륙 작전 때 다시 미군의 포로가 됐다. 붙잡혔을 당시 아무도 그가 사용하는 언어를 알아 들을 수가 없었다. 나중에 그는 한국인으로 밝혀졌으며 미 정보부대에 자신의 기구한 운명에 대해 이야기 했다. _1944년 6월 6일 프랑스 노르망디, 유타 해안에서."

들의 쟁의를 깡패들로 무차별 진압하는 등 친일 행위로 중의회까지 진출한 자였다. 1934년 2월 8일 일본 중의원에서 그는 '내선일체'의 실현을 위해 내각과 육군성에 조선인들에게도 '황군'으로서의 의무를 부여해 줄 것을 요구하면서 우선 '지원병제'의 실시를 건의하였다.

육군성은 "조선인을 필요로 할 만큼 병력이 부족하지 않고 지원병제의 실시 역시 시기상조"라고 대답했지만, 박춘금의 입김이 작용한 조선총독부와 조선군 사령부는 논의를 거쳐 '육군지원병제'의 실시에 필요한 각종 행정적 준비를 시작하였다. 그리고 중일 전쟁 직전인 1937년 6월 조선군 사령부의 명의로 육군성에 '조선인 특별지원병제'의 실시를 정식으로 건의하였다. 또한 박춘금을 비롯한 친일 어용단체들은 서울에서 조선인 지원병제 실시를 촉구하는 간담회와 발기대회를 개최하기도 했다. 결국 일본은 1937년 12월 24일 '조선인 특별지원병제'의 실시를 결정하여 1938년 2월 2일 칙령 제95호 '육군특별지원병령'이 공포되었다. 이에 따라 전국에서 2,946명이 '특별지원병'으로 자원하였고 이 중 202명이 제1기 전기(前期) 합격자로서 1938년 6월 15일 경성제국대학 강당에서 입소하였다. 그들은 6개월간의 훈련을 받고 최종적으로 200명이 12월 10일 일본군에 입대되었다. 이어서 제1기 후기 합격자 204명이 입소하여 노몬한 전투가 발발하기 직전인 1939년 5월까지 훈련을 마친 후 200명이 입대하였다.

본인의 의사를 무시한 채 강제로 징병당하는 《마이웨이》의 내용과는 달리, 조선총독부로서는 조선인에게 처음으로 병역을 부여한다는 '상징성' 때문에 적어도 제1기의 선발에는 매우 신중을 기했다. 숫자도 연간 400명으로 제한하였고 '일본어에 능숙하고 황국신민의 자각이 철저한 자', '생활이 중산층 이상인 자', '신체가 강건한 자', '초등교육 이상을 받은 자', '읍면장이 보증하는 자' 등 지원 자격도 까다로웠다. 또한 여러 가지 특혜도 주어졌는데, 제대 후 이들을 황민화의 지도자나 경찰, 공무원 등으로 채용할 계획이었다. 일본은 이런 우대 정책으로 중류층 이상의 자산을 가진 친일파 지식인 계층의 자제들이 대거 지원하리라 기대했으나 실제로는 지원자의 90퍼센트 이상이 소작농 출신이었다. 그들은 일본에 대한 충성심 때문이 아니라 단지 미래가 없는 농촌에서 평생 남의 땅을 부쳐 먹는 신세에서 벗어나기를 기대했다.

중일 전쟁이 장기화되면서 조선인 출신 병사들 중에도 전사자가 늘어나자 "조선인들을 총알받이로 쓰려고 한다"는 소문이 돌면서 지원자는 격감하였다. 하지만 조선총독부로서는 자신들이 주도한 정책이 흐지부지하게 되는 것은 체면이 걸린 문제였기에 각 지방 행정 기관에 목표 인원을 강제 할당하고 향촌의 친일 세력들을 적극 활용하였다. 이들은 사전에 지원 자격에 해당되는 이들을 선별한 후 명부를 만들어 해당 가정을 방문하여 지원을 종용하였다. 예를 들어, 경성제국대학 법학과에 재학하다 지원병으로 끌려간 김익권이라는 사람은 아버지가 이렇게 하소연했다며 회고하였다. "고

등게 경찰이 뻔질나게 찾아와서 너를 찾아내라고 호통을 치니 살 수가 없다. 우리 집안을 위해서 희생한다고 치고 네가 지원해라. 내가 지원서에 이미 대리로 사인했다." 일본의 방식이란 이런 식이었다. 이렇다 보니 1940년부터는 말이 '지원병'이지 강제나 다름없었다. 조선총독부가 1941년 일본 제국의회에 제출한 통계에서도 전체 지원자 가운데 자발적으로 지원한 사람은 35퍼센트도 되지 않았고 나머지는 강압에 의해 마지못해 지원한 자들이었다. 이조차 조선총독부가 체면치레를 위해 '다소' 숫자를 조작한 결과라는 점에서 진짜 자신의 의지로 지원한 사람은 훨씬 적었을 것이다. 나머지 사람들에 대해서는 "모두 '지도적 격려'를 더하여 결의 지원한 자"라며 타의에 의한 강요임을 조선총독부도 인정하였다.

지원자 중에서 부유한 친일파 지식인 계층의 자제들, 도시 출신, 자산가 계층은 거의 없었으며 대부분 농촌의 가난한 소작농 출신들이었다. 학력 역시 80퍼센트 이상이 소학교만 근근이 졸업한 자들이었다. 평시도 아니고 언제 죽을지 모르는 전쟁터에 끌려가야 하는데 이를 과연 가난에서 벗어나기 위한 탈출구라고 볼 수 있을 것인가? 일본에 충성하려는 친일파 유지들이 가장 만만한 이들에게 '지원'을 강요하였을 테고, 그들에게는 선택의 여지가 별로 없었다고밖에 볼 수 없다. 게다가 지원서를 내고 시험을 보려면 오직 자신의 본적지 또는 서울에서만 가능했는데 그 비용 역시 전적으로 본인 부담이었다. 본적지가 아닌 곳에 사는 사람들로서는 이 또한 상당한 부담이었다. 그러니 누가 애써 자원하려고 할 것인가?

이런 실태인데도 친일파 단체인 조선지원병후원회의 회장 윤치호는 1940년 7월 "지원병 부모에게 고하는 글"이라는 제목의 사설에서 "지원병 제도가 실시된 지 3년 만에 지원자 수가 전 조선에 10만 명을 돌파했다고 하니 이렇게 기쁜 일이 어디에 있겠습니까? (……) 아시아 신질서 건설의 위대한 사업에 조선 청소년들이 대화족남아(일본 청년을 의미)와 일체가 되어 참가하게 된 것은 참으로 경하할 일"이라는 망언을 일삼았다.

태평양 전쟁이 시작된 뒤, 일제는 1943년 10월에는 학도지원병제를, 1944년 4월부터 본격적으로 징병제를 실시하였다. 1945년 8월까지 총 38만 5천여 명의 조선인이 군인과 군속으로 징집되었고 이 중에는 군인이 20만 9천 명(육군 18만 7천 명, 해군 2만 2천 명)이었고, 나머지는 군속이었다.

이들은 태평양 전쟁에 끌려가 중국 전선과 남방 각지에 배속되었으며 2만 1,699명이 타향에서 불귀의 객이 되었다. 우리 정부의 항의에도 불구하고 이들은 여전히 야스쿠니 신사에 전범들과 함께 합사되어 있다.

제1기로 선발된 조선인 지원병들은 훈련을 마친 후 전원 조선군에 배치되었다. 처음부터 중국이나 만주에 배치하지 않은 이유는 그들을 보호하기 위해서가 아니었다. 만약이라도 이들이 중국이나 소련으로 탈주한다면 군의 위신이 실추되기 때문이었다. 그만큼 조선인에 대한 불신이 컸다. 관동군에 조선인이 정식으로 배치되기 시작한 때는 1941년부터였다. 1942년에는 화북에도 배치되었고 1943년부터는 일본 본토를 제외하고 모든 전선에 조선인들을 배치하였다.

일본과 소련의 분쟁은 노몬한 전투가 마지막이었는데, 만약 노몬한 전투에 병사로 참전한 조선인이 있다면 그 전에 배치된 제1기 400명 중에 있었을 것이다. 제23사단을 비롯해 노몬한 전투에 투입된 관동군 부대에 조선인 병사가 있었다는 명확한 자료는 없지만 그렇다고 가능성을 완전히 배제하기는 어렵다. 왜냐하면 400명은 모두 처음에는 조선군에 배치되었지만 그 뒤에 타 부대로 파견된 사람도 있었기 때문이다. 실제로 1939년 6월 23일 중국 산시 성에서 중국군의 공격으로 이인석 상병이 전사하였다. 조선인 지원병의 첫 전사자였다.

그러나 몇 안 되는 조선인 지원병이 노몬한 전투가 일어나기 직전에 만소 국경으로 파견되어 노몬한 전투나 인근 지역에서 벌어진 분쟁에 휘말려 소련군의 포로가 되었다가, 포로송환을 거부하고 소련군에 입대하고, 다시 독일군의 포로가 되었다가 독일군으로 전향하여 소위 '동방대대(Ostbataillon)'의 일원이 되어, 연합군의 노르망디 상륙에 때맞추어 광대한 독일 점령지 중에서도 유타 해안에 배치되었다는 주장은 아무래도 너무 비현실적이다. 일설에는 그가 신의주에서 관동군에 의해 강제 징병되었다는 말도 있지만 확인된 것이 아니며 더욱이 일본군의 징병 시스템상 현지 부대가 멋대로 조선인을 병사로 징집한다는 것은 불가능했다.

어쩌면 군인이 아니라 부역자로 끌려갔을지도 모른다. 일본군은 현지의 중국인, 조선인들을 부역자로 대거 끌고 가 병참이나 각종 허드렛일을 맡겼다. SBS 스페셜에 따르면 노몬한 전투에서 소련군의 포로가 된 사람 중에 일본군 외에 70여 명의 몽골인, 중국인, 조선인이 있었다고 한다. 그들은 모두 군인이 아니라 이런 부역자들이었을 것이다.

또 한 가지, 그가 노몬한에서 포로가 된 일본군 병사가 아니라 중앙아시아에서 소련군으로 징집된 '고려인(까레이스키)'일지도 모른다. 연해주에 살고 있던 수십만 명의 조선인들은 1930년대 스탈린의 강제 이주 정책으로 중앙아시아로 대거 이동하였고 지금도 카자흐스탄 등지에 많은 후손들이 남아 있다. 1941년 6월 독소 전쟁이 시작하자 이들도 징집되어 전선에 투입되었고 많은 이들이 독일군의 포로가 되었다가 독일군으로 전향하였다. 1944년 초 서부전선 부사령관으로 임명된 에르빈 롬멜 원수는 북부프랑스에서 연합군의 상륙을 저지하기 위해 대서양 방벽을 건설하기 시작했다. 건설노역자들 태반은 소련 포로 출신의 동방대대였고 그중에는 많은 동양인들도 있었다.

스티븐 앰브로스는 "그는 아마 조국으로 돌아간 뒤 한국 전쟁에 참전했을지도 모른다"고 말했으나 그렇지는 않을 것이다. 왜냐하면 1945년 2월 얄타 회담에서 연합국은 동방대대 출신의 포로들을 본인의 의사와 상관없이 전원 소련으로 강제 송환하기로 합의했기 때문이다. 소련으로 끌려간 그들은 조국에 대한 반역자로 간주되어 총살되거나 시베리아의 유형지로 보내져 10년이 넘는 시간 동안 비참한 수형 생활을 해야 했고 혹독한 환경에서 대부분 집으로 돌아가지 못한 채 죽어갔다. 그가 어떤 이유로 독일군의 군복을 입고 지구 반대편의 전쟁을 겪어야 했건 간에 식민지 시대를 살아야 했던 민족의 기구한 운명이 아닐 수 없다.

23

동계 대공세

＼장제스, 동계 공세를 명령하다

1939년 12월부터 최대 백만 명에 달하는 중국군이 전 전선에 걸쳐 일제히 공격을 개시하였다. 북으로는 내몽골의 만리장성부터 남으로는 중불 국경에 이르기까지 중국 대륙 전역에서 전투가 벌어졌다. 중국군 최초의 대규모 공세이자 중일 전쟁을 통틀어 최대의 작전이었다.

1939년 5월부터 8월까지 있었던 노몬한 전투에서 일본군은 소련군의 압도적인 전력 앞에 완패했다. 또한 지구 반대편에서는 히틀러와 스탈린이 손을 잡아 독소 불가침 조약을 체결하였다. 이 소식은 장제스를 고무시켰다. 그는 독일의 위협이 사라진 소련이 본격적으로 일본을 상대로 전쟁을 시작할지도 모른다고 기대했다. 1939년 10월 29일 제2차 난웨 군사회의에서 그는 "미국과 일본, 일본과 소련의 관계 악화를 보건대 곧 국제 정세는 중국에게 유리하게 전개될 것"이라고 주장하였다. 또한 창사 전투의 성공적인 방어전을 거론하며

"우리의 반격은 결코 무모한 모험이 아니었다. 유리한 형세를 이용해 반격하여 결정적인 승리를 거두었다. 적은 명백히 지쳐 있다. 향후 수세에서 공세로 전환하고 정(靜)에서 동(動)으로 우리의 전략을 바꿀 때다"라며 병력을 총동원해 '동계 공세'를 지시하였다.

주된 작전 목표는 우한을 비롯한 양쯔 강 중류 일대의 탈환이었다. 이를 위해 제2전구(옌시산), 제3전구(구주퉁), 제5전구(리쭝런), 제9전구(쉐웨)가 주공을 맡았다. 나머지 전구는 곳곳에서 국지적인 공세를 시작하여 주공이 시작되기 전 일본군의 주의를 끌고 병력을 분산시키는 역할을 맡았다. 본격적인 공세는 12월 초에 개시하며, 11월 26일부터 각 전구는 준비가 완료되는 대로 차례로 공격을 시작할 계획이었다. 65개 사단 50만 명 이상의 인원과 수십 대의 전차, 항공기, 함선 등 가용 가능한 모든 전력이 투입되는 작전이었다.

＼난닝 함락과 중국군의 반격

그런데 중국군이 공세를 시작하기 직전인 11월 23일, 일본군은 '난닝 작전'을 개시하여 광시 성의 성도이자 프랑스령 인도차이나 국경의 요충지인 난닝을 점령하였다.

동해안 일대의 항구 대부분을 상실한 중국은 1939년 초부터 프랑스령 인도차이나에서 광시 성의 성도 난닝을 연결하는 이른바 '하노이 루트'를 통해 해외로부터 막대한 군수물자를 수입하고 있었다. 하노이 루트의 월 수송량은 4~6천 톤에 달했다. 일본군은 이를 차단하기 위해 1939년 2월 하이난을 제압한 다음 비행장을 건설하고 난닝을 비롯한 광시 성 서부 지역을 폭격하여 큰 피해를 입혔다. 그러나 그 정도로는 하노이 루트를 완전히 차단할 수 없었다. 일본은 육군을 투입하기로 결정하였다.

공격에 동원된 부대는 광저우 주둔 제21군 산하 제5사단을 주력으로 타이완 혼성여단, 지나방면함대 소속의 제2파견함대, 제3연합항공대 등 약 3만 명에 달하였다. 일본 육군 최강 부대 가운데 하나인 제5사단은 원래 노몬한 전투에 투입될 예정이었으나 소련과 정전 협정이 체결되면서 난닝 작전으로 돌려졌다. 그만큼 일본에게 이 작전은 중요했다. 난닝을 방어하는 중국군은 제4전구 산하 제16집단군(사령관: 샤웨이(夏威), 부사령관: 차이팅카이) 휘하의 제31군(제131사단, 제135사단, 제188사단)과 제46군(제170사단, 제175사단, 신편 제19사단) 등 2개 군 6개 사단으로 모두 광시 계열의 군벌 부대였다. 병력은 약 3만 명 정도로 공격군과 거의 비슷했다. 그러나 광시 성의 주력 부대는 수장인 리쭝런을 따라 대부분 제5전구에 투입되었고, 남은 병사들은 대부분 잡군들로 장비와 훈련이 매우 빈약했다.

하이난 섬에서 출발한 일본군은 제2파견함대와 제3연합항공대의 호위를 받으며 약 70척의 수송선을 타고 11월 15일 난닝 남쪽 120킬로미터 떨어진 친저우(欽州)의 해안가에 상륙하였다. 함포 사격과 항공 지원 아래 상륙은 순조롭게 이루어졌다. 일본군은 16일 저녁 친저우 현성을 공격하여 다음 날 완전히 점령하였다.

중국군은 인근 주민들을 북쪽으로 대피시키는 한편, 융장 강(邕江)*에서 강력한 방어선을 구축하였다. 일본군 제5사단은 병력을 둘로 나누어 나카무라 마사오 소장이 지휘하는 나카무라 지대(보병 제21여단)가 난닝 동쪽으로, 아이카와 겐시치 소장이 지휘하는 아이카와 지대(보병 제9여단)를 난닝 서쪽으로 보내 난닝을 양쪽에서 포위할 생각이었다. 두 부대는 인근에서 징발한 어선과 뗏목을 타고 융

---

* 난닝 남쪽에 흐르는 폭 250미터의 하천.

장 강을 도하했다. 그러나 중국군이 완강하게 저항하여 융장 강을 사이에 두고 22일부터 24일까지 치열한 전투가 벌어졌다. 융장 강을 방어하던 중국군 제135사단은 나카무라 지대와 무려 28회에 걸쳐 역습을 반복하며 혈전을 벌였다. 그러나 일본군의 강력한 공중 폭격에는 속수무책이었다. 일본 폭격기들은 11월 19일부터 24일까지 난닝과 주변 지대를 대대적으로 폭격하여 큰 피해를 입혔다. 일본군은 중국군의 방어선을 돌파하고 24일 난닝 시내로 돌입했다. 이틀에 걸쳐 치열한 시가전이 벌어졌고, 결국 26일 난닝은 함락되었다. 중국군은 주요 시설을 완전히 파괴한 후 퇴각하였다.

한편, 오이카와 지대(제5사단 제11연대)는 중불 국경의 요충지인 룽저우(龍州)와 전난관(鎭南館)으로 진격하였다. 이곳은 하노이와 난닝을 연결하는 안난(安南) 철도가 관통하는 곳으로 많은 차량과 군수품이 집적해 있었다. 그러나 중국군 수비대는 일본 폭격기들의 공습으로 큰 피해를 입었기에 일본군에게 쉽게 격파당했다. 일본군은 11월 21일 룽저우를 점령하였다. 중국군은 난닝을 탈환하기 위해 12월 2일 제188사단과 제200사단 1,500여 명의 병력이 전차 4대를 앞세워 돌격했으나 격퇴당했다. 또한 룽저우 방면에서도 제131사단이 오이카와 지대를 공격했지만 실패하였다. 일본군의 전과 발표에 따르면, 보름간의 전투에서 쌍방의 피해는 중국군이 전사 7천7백여 명에 포로 7백여 명에 달한 반면, 일본군은 전사 319명에 부상 692명으로 매우 경미하였으며 대량의 군수 물자도 노획하였다.

난닝의 함락은 중국으로서는 완전히 허를 찔린 격이었다. 제4전구 사령관 장파쿠이는 난닝을 방어하지 못했다는 책임을 지고 스스로 사임하겠다고 했으나 장제스는 반려하였다. 난닝이 '원장 루트'의 가장 중요한 거점이라는 사실을 생각하면 방어 상태가 상당히 허술했다고 하지 않을 수 없다. 중국군 수뇌부는 난닝이 함락되자 매우 당황했으며 장제스도 이런 상황에 미리 대비하지 못했다고 스스로를 비판했다. 그러나 설령 예상했다고 한들 제4전구의 역량으로 일본군의 대규모 공격을 막는 것은 처음부터 역부족이었다.

난닝이 함락되자 장제스는 동계 공세 작전을 대폭 수정하지 않을 수 없었다. 우한 방면에 집중시켰던 주력 부대 중 상당한 전력을 난닝 탈환을 위해 광시 성으로 돌렸다. 또한 난닝에서 후퇴한 병력을 재편하는 한편, 제9전구에서 중앙군 14개 사단 10만 명을 빼내어 광시 성으로 남하시켰고, 쓰촨 성과 구이저우 성 등 다른 전구에서도 병력을 계속 차출했다. 그중에는 중국군 최강 부대인 제5군(제1사단, 제200사단, 신22사단)도 있었다. 제200사단은 그동안의 전투로 많은 손실을 입었음에도 불구하고 여전히 약 2백여 대의 전차와 장갑차*를 보유하고 있었다. 이들의 대부분은 초반 전투에 투입되지 않은 채 후방에서 대기하고 있다가 탈환 작전이 시작되자 공세의 주력이 되었다. 12월 17일까지 난닝 탈환을 위해 집결한 병력은 10개 군 25개 사단 15만 4천 명에 달했다. 또한, 100여 대의 항공기가 구이린과 류저우에 전개하여 이들을 공중 지원하였다. 장제스가 난닝 탈환에 얼마나 심혈을 기울였는지 알 수 있다. 난닝 방면의 총지휘는 구이린 행영** 주임인 바이충시가 맡았다.

---

* 1939년 말 기준으로 T-26 76대, CV-33/35 88대, 르노-17 10대, 비커스 경전차 14대, 독일제 1호 전차 6대 등을 보유하였다.

** 중국 대륙이 워낙 광대하므로 군사위원회와 각 전구 사이에서 상호 연락과 감시, 감독, 필요시 여러 전구 간의 통합 지휘를 위한 작전 사령부로서 시안, 난창, 구이린, 광저우, 충칭 등 주요 거점에 행영(行營)이 설치되었다. 구이린 행영은 후난 성과 광시 성, 광둥 성의 지휘를 총괄하였다.

중국군은 제일 먼저 난닝의 북쪽 50킬로미터 지점에 있는 요충지이자 난닝의 관문인 쿤룬관(崑崙關)을 공격하였다. 일본군 제5사단은 난닝을 점령한 후 중국군이 반격하리라고는 예상하지 못했다. 쿤룬관에 배치된 일본군은 겨우 1개 대대에 불과했다. 따라서 항공기와 전차 부대를 앞세운 열 배 이상의 중국군의 공격은 그들에게 악몽의 시작이나 다름없었다.

＼화북에서의 공세

노몬한의 패배로 일본은 소련에 대한 열세를 확실히 절감하였다. 따라서 일소 정전 협정의 체결에도 불구하고 소련에 대한 전쟁 준비 태세의 강화가 시급하였다. 독일과 불가침 조약을 맺은 소련이 자칫 정전 협정을 깨고 만주로 남하한다면 속수무책이었다. 따라서 중국 전선을 일부 축소하고 주둔 병력도 또한 85만 명에서 50만 명으로 감축하여 남는 병력을 만주로 이동시킬 계획이었다.

참모본부는 설령 중국군이 국지적인 공세를 시작한다 해도 충분히 격퇴할 수 있다고 자신했다. 그러나 중국군의 동계 공세는 일본의 예상을 완전히 뒤엎었다. 12월 초부터 대륙 전역에서 중국군의 공세가 시작되었다. 공격에 나서는 중국군은 잘 훈련된 데다 사기가 매우 왕성했다. 중국군은 화력의 열세를 극복하기 위해 야간에 일본군 진지 부근까지 은밀히 접근한 후 압도적인 수적 우세를 활용해 배후를 차단하고 사면에서 포위 공격하였다. 야습이 장기라는 일본군이 야습에 당한 셈이었다. 또한 중국군은 도처에서 일본군의 병참선을 공격하고 철도와 도로변에 매복해 있다가 후방에서 증원되는 부대를 습격하였다. "일본군 1개 대대는 중국군 1개 사단과 맞먹는다"는 자만심에 빠져 있던 일본은 병력을 광범위한 지역에 분산 배

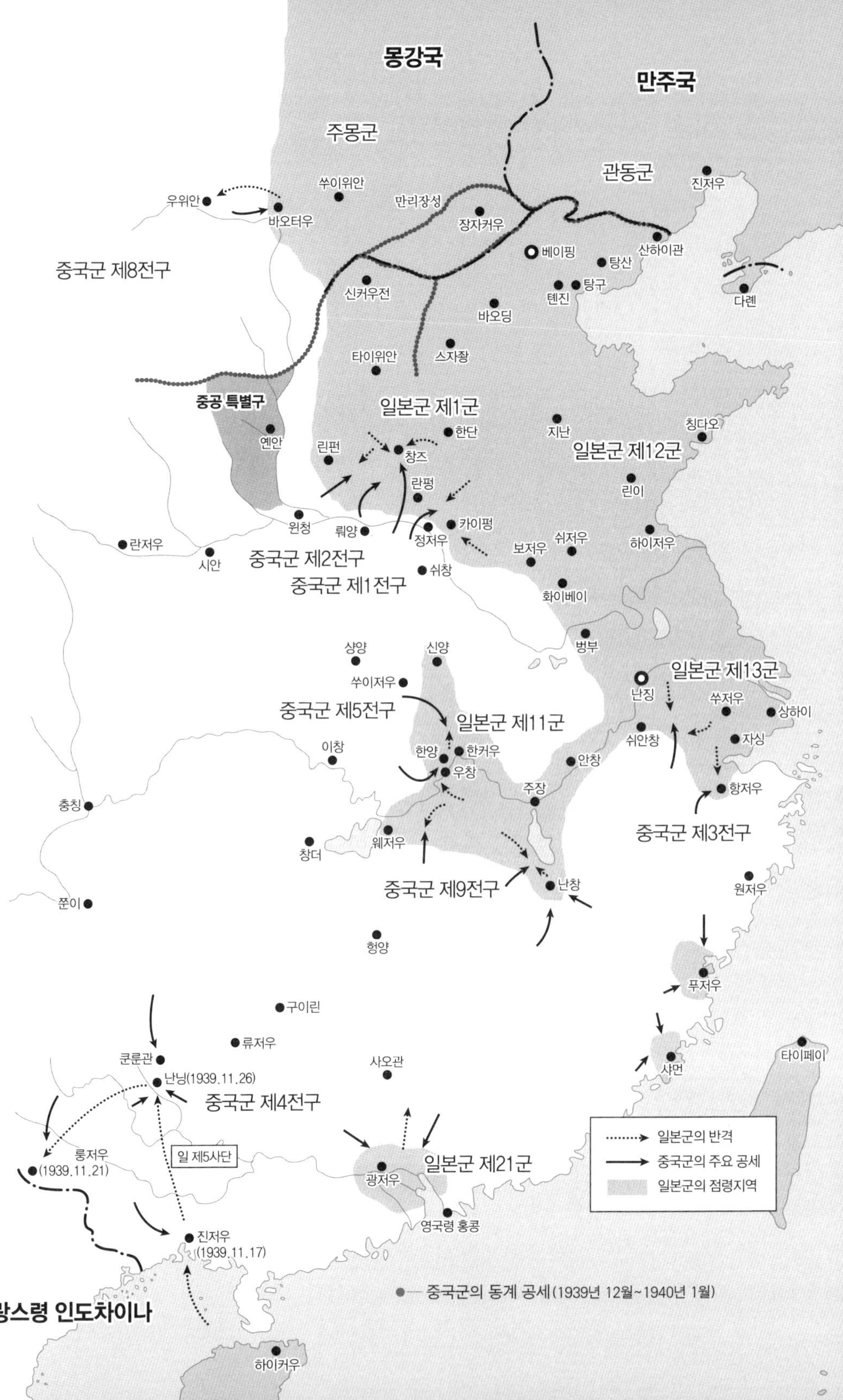

몽강국
만주국
주몽군
관동군
쑤이위안
우위안
바오터우
만리장성
장자커우
진저우
산하이관
베이핑
탕산
탕구
텐진
다롄
중국군 제8전구
신커우전
바오딩
타이위안
스자좡
중공 특별구
옌안
일본군 제1군
한단
린펀
창즈
지난
칭다오
일본군 제12군
란펑
린이
원청
뤄양
카이펑
정저우
란저우
시안
중국군 제2전구
중국군 제1전구
쉬창
보저우
쉬저우
하이저우
화이베이
벙부
샹양
신양
쑤이저우
일본군 제13군
난징
쑤저우
상하이
중국군 제5전구
일본군 제11군
쉬안창
자싱
이창
한양
한커우
우창
안창
주장
항저우
충칭
창더
웨저우
중국군 제3전구
중국군 제9전구
난창
원저우
쭌이
헝양
푸저우
구이린
류저우
쿤룬관
난닝(1939.11.26)
사오관
샤먼
타이페이
중국군 제4전구
일 제5사단
룽저우
(1939.11.21)
광저우
일본군 제21군
영국령 홍콩
진저우
(1939.11.17)
일본군의 반격
중국군의 주요 공세
일본군의 점령지역
중국군의 동계 공세(1939년 12월~1940년 1월)
랑스령 인도차이나
하이커우

치했고 이 때문에 이런 전방위적인 파상 공세에 효과적으로 대응할 수 없었다.

최초의 공세는 제1전구에서 시작되었다. 화북 전선에서 주공을 맡은 제2전구의 공세를 지원하고 일본군의 주의를 분산시키기 위해서였다. 12월 1일 제3집단군의 유격대가 허난 성 남부에서 룽하이 철도와 주요 도로를 파괴하여 일본군의 기동로를 차단하였다. 또한 제81사단이 카이펑과 란펑 일대에 주둔한 일본군 제35사단과 제4기병여단을 공격하였다. 제81사단은 12월 16일 카이펑 성에 진입하여 일본군을 격파하고 제35사단 지휘부를 괴멸시켜 카이펑을 탈환하였다. 또한 제2기병군단이 일본군 제4기병여단을 격파했다. 황허 강 이북에서도 신5군과 제9군, 제36군이 허난 성 남부에서 일본군 제35사단을 격파하고 안양을 탈환했으며 철도와 도로를 파괴하였다. 제47군은 타이항 산(太行山)*을 탈환하였다.

제2전구의 공격은 12월 10일부터 시작되었다. 이들의 목표는 산시 성을 관통하는 주요 철도인 정타이(正太) 철도와 퉁푸(同蒲) 철도**를 차단하여 일본 북지나방면군 제1군을 고립시키고 타이위안과 산시 성 남부 일대를 탈환하는 것이었다. 그런데 중국군이 공세를 시작하기 일주일 전인 12월 3일, 일본군 제37사단은 퉁푸 철도 남서쪽 중탸오 산(中條山) 방면에서 중국군 대부대가 집결하고 있음을 포착했다. 제37사단은 선제공격을 하였다. 그러나 우세한 중국

---

* 허베이 성과 허난 성, 산시 성의 경계에 있는 해발 2천 미터의 산. 남북 600킬로미터, 동서 250킬로미터에 달하며 수직의 낭떠러지 같은 산들이 병풍처럼 늘어서 있어 '중국의 그랜드캐니언'이라고도 불린다.

**쑤이위안 성의 다퉁에서 중국 대륙을 가로질러 난징의 푸커우까지 연결하는 철도.

군의 반격으로 도리어 대패하여 1명의 대대장이 전사하고 3천 명의 사상자를 내는 큰 피해를 입었다. 제37사단의 공격을 격퇴한 제2전구는 본격적으로 공세를 시작하였다. 주력 부대인 제4, 제5, 제14집단군이 동쪽에서, 제34군과 제61군이 서쪽으로 일본군을 포위 공격하였다. 또한 제27군과 제40군이 산시 성 중부의 요충지인 창즈(長治)의 일본군 제36사단을 공격하였다. 12월 말에 마침내 제4집단군과 제5집단군은 일본군 수비대를 괴멸시키고 창즈를 탈환했다. 그러나 일본군 제37사단이 반격하면서 양측은 일진일퇴를 거듭하며 한 달 동안 치열한 전투를 벌였다. 제37사단이 고전을 면치 못하자 일본 제1군은 제41사단 예하 5천 명과 포병, 항공 부대를 증원하여 공격했으나 실패하였다. 그러나 제1군은 병력을 추가 증원한 후 1940년 1월 재차 공격하여 중국군을 간신히 밀어내고 창즈를 재점령하였다.

12월 18일부터는 주사오량의 제8전구의 공세가 시작되었다. 제8전구는 쑤이위안 성 서쪽에서 공격을 시작하였다. 지금의 네이멍구 자치구에 해당하는 쑤이위안 성과 차하얼 성에는 1939년 9월 1일 친일 몽골 귀족들이 관동군의 후원을 받아 몽강자치연합정부(몽강국)를 세웠다. 몽강국은 만주국과 마찬가지로 일본의 괴뢰 정권에 불과했다. 중국군 제35군은 핑쑤 철도의 종점인 바오터우(包頭)를, 제81군은 바오터우 북서쪽에 있는 안베이(安北)를 공격하였고, 이슬람 기병대는 핑쑤 철도를 파괴하여 일본군의 증원을 차단하였다. 또한 마잔산이 지휘하는 유격대가 쑤이위안 성과 차하얼 성에 걸쳐 유격전을 벌였다. 12월 19일 중국군 제35군은 바오터우 성으로 진입하여 치열한 시가전을 벌였다. 또한 증원군으로 오던 일본군 2개 기병연대(제13연대, 제14연대)가 중국군의 기습을 받아 괴멸당했고 제

14기병연대장 고바야시 가즈오 대좌가 전사하였다. 그러나 일본군이 제1기병여단과 주몽군 2개 대대를 증원하여 반격하자 12월 23일 중국군은 바오터우 탈환을 포기하고 물러났다. 일본군은 추격하여 바오터우 서쪽의 중국군 거점인 우위안(五原)을 일시 점령했으나 3월 20일 푸쭤이가 이끄는 제35군의 반격을 받았다. 이틀 동안 치열한 전투 중에, 내몽골 괴뢰군의 반란과 도주로 미즈카와 고레오 중장을 비롯해 4천여 명의 수비대는 전멸했다. 중국군은 22일 밤 우위안을 탈환하였다. 우위안에서 참패했다는 보고를 받은 주몽군(駐蒙軍) 사령관 오카베 나오자부로 중장은 제26사단과 기병집단(2개 기병대대로 구성)을 급파하여 중국군을 격퇴하고 우위안을 재차 점령했다. 그러나 다시 푸쭤이의 반격을 받자 점령지를 버리고 퇴각할 수밖에 없었다.

＼화중과 화남에서의 공세

화중 전선에서는 12월 16일 구주퉁의 제3전구가 양쯔 강 하류의 일본군 제13군을 공격하였다. 제32집단군이 난창을, 제10집단군이 항저우를 공격하였고, 별도로 14개 사단을 '양쯔 강 방면 공격군'으로 편성하여 일본군 제116사단을 공격하여 치열한 백병전 끝에 양쯔 강 하류 일대의 일본군 거점들을 점령하였다. 또한 소부대로 분산 침투한 중국군은 해안가에 대전차포를 설치하고 기뢰를 살포하여 양쯔 강을 오르내리는 일본군 수송선에 큰 피해를 입혔다. 일본군 제116사단은 12월 23일 반격을 시작했으나 중국군의 강력한 저항에 막혀 3일 만에 공격을 중지하였다. 또한 남쪽에서는 제10집단군의 제62사단과 제192사단이 항저우를 공격해 일본군 창고를 폭파시키고 중화민국 유신정부의 정부 청사에 불을 질렀다. 쌍방의 전투는 다음 해 4월까지 이어졌다. 일본군은 본토에서 2개 사단(제101사단, 제106사단)을 증원한 후 4월 22일부터 반격하여 중국군을 격퇴할 수 있었다.

화중 전선에서 중국군의 주력이 집중된 곳은 우한 방면으로, 동계 공세 기간에 가장 치열한 전투가 벌어졌다. 12월 12일 중국군은 우한 탈환에 나섰다. 공격 부대는 제5전구와 제9전구의 최대 71개 사단 50만 명에 달했다. 우한에 주둔한 일본군 제11군은 총 4개 사단이었는데 우한을 중심으로 광범위한 지역에 소부대로 분산 배치되어 있었다. 따라서 수적으로 훨씬 우세한 중국군의 공격을 받자 당장 전멸의 위기에 처했다. 제3사단은 중국군 23개 사단, 제6사단은 중국군 16개 사단, 제13사단은 중국군 49개 사단, 제40사단은 중국군 5개 사단의 공격을 받았다. 중국군은 일본군을 몇 겹으로 포위한 후 외곽 진지를 돌파하고 맹렬하게 밀어붙였다. 상황이 급박해지자 제11군은 전차 부대와 포병, 항공 부대를 투입해 중국군의 공격을 막아내었다. 중국군은 한 달에 걸쳐 야습과 백병전을 거듭하며 끈질기게 공격을 퍼부었지만 일본군이 철도를 통해 후방에서 예비대를 대거 증원하자 도저히 더 이상 전진할 수 없었다.

화남 방면은 난닝 탈환을 중심으로 전투가 전개되었다. 제4전구의 중국군 25개 사단은 12월 17일 전차와 중포를 앞세워 쿤룬관을 대대적으로 공격하기 시작하였다. 일본군 제5사단은 제21보병연대를 쿤룬관으로 급파했지만 이들마저 포위당했다. 제5사단은 급히 나카무라 지대 4천여 명을 추가로 증원했다. 그러나 중국군 유격대에 의해 난닝과 쿤룬관 사이의 도로가 차단되면서 나카무라 지대도 겨우 25킬로미터를 전진한 후 중국군에게 포위당했다. 소수의 일본 해군 전투기들이 지원에 나섰으나 중국 공군에 격퇴당했고 중국

공군기들은 쿤룬관과 난닝 일대의 일본군 진지를 맹폭격하였다. 중국군 제1사단은 전차 부대를 앞세워 쿤룬관을 압박하면서 북쪽 일부를 점령하고 일본군 수비대를 전멸시켰다. 12월 24일 나카무라 지대는 중국군의 포위망을 돌파해 쿤룬관에서 제21보병연대의 생존자들과 합류했지만, 중국군의 거듭되는 공격으로 나카무라 마사오 소장이 전사하고 나카무라 지대는 전멸했다. 결국 12월 30일 일본군은 쿤룬관을 포기했다. 잔존 부대는 난닝으로 후퇴하였다. 제5사단은 전사자만도 1만 명이 넘어 사단 전체가 전멸 직전이었다.

상황이 급박하자 제21군 사령관 안도 리키치 중장은 제5사단에 난닝을 버리고 후퇴하라고 지시했다. 그러나 사단장인 이마무라 히토시 중장은 물러설 수 없다며 고집을 부렸다. 제21군은 11월 말부터 '옹영 작전(翁英作戰)'을 시작하여 광둥 성 북부의 중국군 제12집단군을 공격하고 있었다. 그런데 전멸의 위기에 처한 제5사단이 후퇴를 거부하고 옥쇄하겠다고 하자 안도 중장은 12월 20일 급히 작전을 중지한 후 병력을 광저우로 철수시키고, 휘하의 제18사단과 근위혼성여단을 난닝으로 급파하였다.

장제스도 난닝 탈환에 사활을 걸고 있었다. 그는 19개 사단을 추가로 증원하였고 직접 난닝 북쪽 130킬로미터 떨어진 천강(陳剛)까지 날아와 전투를 독려하였다. 이때 일본군 제21군이 '빈양 작전(賓陽作戰)'을 발동하였다. 제5사단을 구원하는 한편, 난닝 주변에 집결한 중국군 주력 부대를 포위 섬멸한 다음 북상하여 난닝 동북쪽 80킬로미터에 있는 빈양(賓陽)을 점령하는 것이 목표였다. 제18사단과 근위혼성여단이 난닝 남쪽의 친저우를 통해 해상 수송되어 난닝 주변에 집결한 후 1940년 1월 28일부터 일제히 공격을 시작하였다. 일본군은 중국군 제99군의 방어선을 돌파하여 중국군의 배후로 진출하였다. 그리고 난닝을 공격 중인 중국군을 포위하려고 했다. 하지만 중국군 역시 5개 사단 3만 명으로 반격하였다.

그러나 난닝과 빈양 상공의 제공권은 일본에 넘어갔다. 2월 1일 제90전대 소속의 비행대가 빈양을 폭격하였고 이 때문에 중국군 제38집단군 사령부가 일시적으로 지휘계통이 마비되었다. 게다가 제21독립비행단 소속의 79대에 달하는 대규모 편대가 출격하여 중국군 후방을 폭격하여 25개 사단의 퇴로를 차단하였다. 이것이 중국군에게 치명타를 가했다. 다음 날 오후 6시 근위혼성여단이 빈양에 돌입하고 제18사단도 빈양 동북쪽에 진출하여 중국군을 포위하는 형세를 취하였다. 결국 2월 3일 중국군은 난닝 공략을 포기하고 전면적인 퇴각을 시작하였다. 일본군 포위망 안에는 무려 25개 사단에 달하는 중국군이 있었으나 2개 사단과 1개 여단에 불과한 일본군의 병력으로는 이들을 포위 섬멸하는 것은 불가능했다. 일본군은 중국군을 추격하는 대신, 빈양을 버리고 2월 13일 도로 난닝으로 되돌아왔다. 하지만 끝이 아니었다. 이후에도 중국군의 압박이 계속되자 1940년 11월 일본군은 난닝마저 버리고 북베트남으로 퇴각하였다. 이로써 중국군은 중불 국경 일대를 완전히 탈환하였다.

＼이창 함락과 장쯔중의 전사

전 전선에 걸친 중국군의 공세는 맹렬하여 40여 일 동안 크고 작은 전투가 총 1,340회에 달했다. 중국군은 이 과정에서 난창과 바오터우, 난닝 등 전략적으로 중요한 대도시를 비롯해 빼앗긴 영토의 일부를 탈환하거나 탈환 직전까지 밀어붙였다. 그러나 중국군의 공세는 예비 병력과 탄약이 고갈되면서 점차 한계에 직면하였고 1940년 1월 말부터 일본군의 반격이 시작되었다.

우한 지구에서도 중국군의 공세가 한계에 부딪치자 1940년 5월부터 일본군은 '이창 작전'을 시작하였다. 삼국지에서 육손이 유비를 격파한 '이릉대전'이 벌어졌던 후베이 성 이창(宜昌)은 우한 서쪽으로 300킬로미터, 충칭에서는 480킬로미터 떨어진 곳으로 충칭 방어의 최일선이자 중국군 제5전구의 병참기지였다. 소노베 와이치로 중장의 제11군 3개 사단(제3사단, 제13사단, 제39사단)을 주력으로 제6사단과 제34사단, 제40사단에서도 몇 개 대대를 빼내고 그 외에 수 개 독립여단과 2개 전차연대, 중포병 1개 여단, 2개 비행단, 제3비행단, 포함 수 척 등 총 8만 명의 병력이 동원되었다. 여기에 대항하는 중국군은 리쭝런의 제5전구 산하 6개 집단군(제2, 제11, 제22, 제29, 제31, 제33집단군) 13개 군 50개 사단 35만 명이었다. 중국군은 우한 공략에 실패하자 방어로 전환하였다.

일본군의 공세는 5월 1일부터 시작되었다. 양쯔 강 중류의 지류인 한수이 강을 따라 제3사단이 비양(泌陽)으로 진격하였고, 제39사단은 일 년 전에 중국군의 반격으로 참담하게 패퇴했던 짜오양으로 향했다. 제39사단은 다수의 토치카에 의존하여 저항하는 중국군 최일선을 치열한 전투 끝에 돌파한 다음 5월 8일 짜오양을 점령하는데 성공했다. 중국군은 지연 전술을 펼치며 일본군의 측면으로 물러나면서 반격의 기회를 노렸다. 일본군은 짜오양을 점령했지만 병참선이 한계에 직면하자 중국군의 반격을 우려하여 어쩔 수 없이 짜오양을 버리고 퇴각하기 시작했다. 일본군이 후퇴하자 5월 10일 장쯔중이 지휘하는 제33집단군은 반격으로 전환하여 한수이 강을 건너 동쪽으로 진출하였다. 일본군 제13사단과 제39사단, 이케다 지대(제6사단 3개 대대로 편성)가 장쯔중군의 측면을 공격하기 위해 남하했으나 탕언보의 제31집단군이 이들이 빠져나간 빈틈을 파고들어 오히려 일본군 제3사단을 포위하였다. 장쯔중군 역시 일본군의 병참선을 끊어버렸다. 이 때문에 일본군은 위기에 직면했다.

그런데 5월 16일 중국군의 무선통신을 우연히 포착한 일본군은 제33집단군 사령부가 장자지(張家集) 인근의 고지에 있음을 파악하고 제39사단 제231보병연대를 보내 공격에 나섰다. 두 시간에 걸친 치열한 전투 중에 직접 선두에서 진두지휘하던 장쯔중이 일본군의 총탄 5발을 맞고 전사하였다. 제5전구의 우익을 맡고 있던 장쯔중이 전사하자 제33집단군의 지휘체계가 마비되고 중국군의 사기는 크게 떨어졌다. 또한 쑨롄중의 제2집단군과 탕언보의 제31집단군도 일본군의 반격으로 격퇴당했다. 리쭝런은 잔존 부대를 수습해 샹양(襄陽)으로 후퇴하였다. 일본군 제3사단이 이를 추격하여 5월 19일 샹양 부근에서 중국군을 대파하고 리쭝런의 사령부가 있는 라오허커우(老河口)까지 진격하였다.

또한 일본군 제39사단도 후퇴하는 중국군을 추격해 5월 20일 바이허 강(白河)을 건넜다. 그러나 이들이 도하를 마치자 중국군의 매복이 기다리고 있었다. 제39사단은 제233보병연대 연대장이 전사하는 등 막대한 피해를 입고 격퇴당했다.

일본군은 병참선이 한계에 직면한 데다 무더위 속의 강행군으로 병사들도 지칠 대로 지친 상태였다. 공세 한계점에 직면했다고 판단한 제11군 사령관 소노베 중장은 대본영에서 제한된 공세만을 허가했다는 점을 들어 이쯤에서 작전을 종료하라고 명령했다. 그러나 공명심에 눈이 먼 일부 참모들이 작전의 강행을 강력히 주장하였다. 결국 이들의 고집으로 공세는 재차 시작되었다. 군사령관조차 참모들에게 휘둘리는 것이 당시 일본군 지휘부의 모습이었다.

5월 31일, 제3사단과 제39사단은 샹양 성의 중국군에 맹렬한 포격을 가하면서 한수이 강 서안으로 도하하였다. 다음 날 샹양 성을 점령한 후 남쪽으로 진격하였다. 장쯔중이 전사한 데다 이미 그동안의 전투로 너무 많은 희생을 치른 중국군의 방어선이 무너지기 시작했다. 게다가 제 5전구는 중앙군과 군벌군의 혼성 군대라서 부대 간 협조가 잘 되지 않았다. 전구 사령관 리쭝런은 장제스 직계가 아닌 광시 군벌이다 보니 예하 부대에 명령이 제대로 먹혀들지 않았기 때문이었다. 심지어 전황 보고도 제대로 되지 않아 상황이 어떻게 돌아가는지조차 파악할 수 없었다. 남쪽에서는 일본군 제13사단이 이창을 향해 서진하여 중국군을 에워싸는 대해 거대한 포위망을 형성하고 있었다. 후베이 성의 방어선이 붕괴되면 당장 충칭과 쓰촨까지 위협받기에 장제스는 급히 자신이 가장 신뢰하는 참모인 천청과 중앙 직계군인 제18군을 이창으로 급파하였다.

6월 9일 일본군 제13사단은 당양(當陽)에서 중국군 방어선을 돌파하였으나, 북쪽에서 남하하던 제3사단은 지형을 이용한 중국군의 강력한 저항에 가로막혔다. 제11군 사령부는 제13사단에게 이창 공격을 명령했다. 그러나 경쟁 심리를 앞세운 제3사단과 제39사단이 강력하게 반발하자 타협책으로 이들의 병력 일부를 빼내 제13사단과 함께 이창을 공격하도록 하였다. 6월 11일 저녁부터 만 하루 동안의 치열한 전투 끝에 이창은 함락되었다. 제5전구에 대한 소탕 작전은 6월 말까지 계속되었다.

일본군은 이창 작전 전과에 대해 중국군 전사자 6만 3,127명에, 총탄 1200만 발, 쌀 1만 7,415섬을 비롯해 막대한 연료와 탄약을 노획하였다고 발표하였다. 일본군의 피해는 전사 1,403명, 부상자 4,639명에 불과했다. 중국은 중국군 3만 7천 명, 일본군 7천 명이 전사했다고 발표했으나 어쨌든 리쭝런의 제5전구는 동계 공세의 피해까지 합하여 전 병력의 50퍼센트 이상의 손실을 입어 파멸 상태나 다름없었다. 장제스는 "항전 이래 최대의 위기"라고 한탄하였다.

이창의 함락으로 일본군은 목적을 달성했으나, 이를 계속 확보할 것인가를 놓고 논란이 일었다. 처음에는 병력 부족을 이유로 현지를 철저하게 약탈한 후 우한으로 철수할 생각이었으나, 일부 참모들이 충칭과 중국 내륙에 대한 전략 폭격의 전진기지로서 이창을 확보해야 한다고 주장하였다. 이 때문에 일본군은 이창에서 철수했다가 방향을 되돌려 6월 24일 재점령하였다.

장제스는 후베이 성 서부 지역을 제6전구로 편성하고 천청을 사령관으로 임명하였다. 천청은 장제스의 명령에 따라 이창을 탈환하려고 했으나 일본군의 강력한 반격을 받아 실패하였다. 그러나 병참의 압박으로 일본군 역시 더 이상 진격할 수 없었다. 전선은 다시 교착 상태가 되었다.

＼동계 공세의 결과

동계 공세는 중국으로서는 그야말로 야심 찬 반격이었으나 순수하게 군사적 관점에서 본다면 결코 성공적이라고 할 수는 없었다. 1939년 12월부터 1940년 4월까지 양측이 어느 정도의 피해를 입었는가에 대해서는 여타 전투와 마찬가지로 신뢰할 만한 자료는 없다. 일본은 자신들이 전사자 4,600명, 부상자 1만 2,400명의 피해를 입었고, 중국군은 우한 방면에서만도 5만 명 이상의 전사자를 냈다고 전과를 발표하였다. 반면, 중국은 일본군이 전사 2만 명을 비롯해 약 7만 명의 사상자를 냈다고 주장하였다. 중국군은 비록 국지적으로 일본군에게 많은 타격을 입혔고 일부 영토를 일시 탈환하기도 했으나 일본군의 반격으로 후퇴할 수밖에 없었다. 무엇보다 주된 목표였던 우한과 난닝의 탈환에 실패하였다. 이 과정에서 중국군의 손실은 막대하여 일본군은 중국군의 전투 역량이 적어도 20~30퍼센트 이상 감소했다고 평가하였다.

장제스는 1940년 2월 류저우(柳州)에서 열린 군사회의에서 "각 전구가 서로 협력하지 않고 개별적, 축차적으로 병력을 투입하여 전력을 집중하지 못했고 이 때문에 단 한 개의 현조차 함락시키지 못했다"고 강하게 질책하였다. 특히 구주퉁의 제3전구에 대해서는 14개 사단으로 적 1개 사단을 공격했음에도 사흘 만에 공격을 중단했다며 지휘관들의 소극성과 전투 의지를 혹독하게 비판하였다. 전술적으로 장제스의 지적은 일리가 있었다. 하지만 전략적인 관점에서 중국군의 반격은 1944년 6월 소련군의 전략적 공세였던 '바그라티온 작전'*처럼 압도적인 힘의 우위를 바탕으로 한 것이 아니기 때문에 처음부터 전세를 뒤집기에는 역부족이었다. 힘의 우위는 여전히 일본에 있었다. 주요 철도를 빼앗긴 데다 물자와 예비 병력이 부족한 중국군으로서는 동시다발적으로 공격을 할 수도, 장기간 공세를 지속할 능력도 없었다. 게다가 중국 동부 지역은 산지가 적고 대부분 평야이기에 한국 전쟁에서 펑더화이가 그랬던 것처럼 지형지물을 이용해 우회하거나 머릿수로 밀어붙이는 인해전술을 구사할 수 없었다. 반면, 일본군은 광범위한 지역에 병력이 분산 배치되어 있어 한때 위기에 처하기도 했으나 철도를 통해 후방에서 신속하게 병력과 물자를 증원하여 중국군의 공격을 격퇴하였다. 그러나 일본군 역시 철도를 벗어나면 공세를 지속할 수 없었고, 퇴각하는 중국군을 추격해 깊숙이 진격할 경우에는 중국군의 역습을 받았다. 따라서 중국이 이창을 빼앗긴 것을 제외하고는 전선은 전체적으로 거의 변동이 없었다.

그렇다고 해서 1942년 1월 실패로 끝난 스탈린의 성급한 반격처럼** "장제스의 무모한 모험"이라고 비판하는 것 또한 정당하지는 않다. 동세 공세를 앞두고 난웨에서 열린 군사회의에서 장제스는 "지금 우리가 가진 무기와 장비로는 여전히 철저한 대규모 공세 작전을 취할 수 없지만 적의 허점을 지속적으로 공격하여 타격을 가한다면 적이 후퇴하지 않을 수 없을 것"이라고 말하였다. 즉, 그는 단 한 번의 공격으로 일거에 전세를 역전시키겠다는 것이 아니라 장기적인 관점에서 일본군의 전력을 점차 약화시킨다는 생각이었다. 또 한 가지는 정치적, 상징적인 목적이었다. 왕징웨이가 변절하여 일본으로 넘어가 괴뢰 정권 수립에 앞장서는 상황에서 장제스는 비관적인 분위기를 쇄신하고 대내외적으로 중국군이 여전히 싸울 역량이 있다는 것을 과시할 필요가 있었다. 실제로 중국군의 동계 공세는 일본에게 중국의 군사 역량을 재평가하게 만들었다. 이후에도 중국은 현상유지에 만족하지 않고 언제라도 반격으로 전환할 기회를 지속적으로 노렸다. 이 때문에 일본은 중국군에게 결정적인 타격을 입힐 수도, 그렇다고 물러날 수도 없는 진퇴양난에 빠졌다. 태평양 전

---

* 독소 전쟁의 주도권을 쥔 소련군의 하계 대공세. 소련군은 병력에서는 세 배 이상, 전차와 항공기, 야포에는 5배에서 10배 이상의 압도적인 우세로 공격에 나섰다. 1944년 6월 22일부터 시작된 소련군의 공세로 동부 전선의 독일군은 완전히 붕괴되어 소련군은 러시아에서 독일군을 몰아내는 한편 폴란드까지 진격하였다.

** 바바롯사 작전이 시작된 후 독일군은 연전연승을 거두며 모스크바에서 겨우 30킬로미터 떨어진 곳까지 진격했으나 병참선의 한계와 동계 장비의 부족으로 더 이상 전진할 수 없었고 12월 초부터 소련군의 반격을 받아 200킬로미터나 후퇴해야 했다. 승리에 들뜬 스탈린은 주코프와 참모들의 반대에도 불구하고 그 여세를 몰아 단숨에 전세를 역전시킬 생각으로 1942년 1월 르제프의 독일군을 공격했다. 그러나 '방어의 귀재'라 불리던 발터 모델 장군의 저항에 부딪쳐 엄청난 손실만 입고 참담하게 실패했다. 독일군은 전선을 정비해 러시아 남부 지역에 대한 춘계 공세를 시작하였다.

쟁이 일어난 뒤 일본은 미군의 반격에 몰리면서도 끝까지 육군의 대부분을 중국 전선에 묶어두어야 했다. 이런 점에서 동계 공세는 베트남전 당시 미군에게 큰 충격을 주고 진퇴양난에 빠뜨려 결국 군대를 철수하게 만든 북베트남군의 '구정 공세(Tet offensive)'에 비견된다. 전략적인 관점에서, 동계 공세는 이후 전쟁의 흐름에 큰 영향을 주었다고 할 수 있다.

24

팔로군의 전쟁

╲공산당, 장제스에 복종을 선언하다

루거우차오 사건 발발 다음 날인 1937년 7월 8일, 마오쩌둥, 주더, 펑더화이, 쉬샹첸(徐向前) 등 공산당 지도부는 연명으로 "홍군(紅軍, 공산군)은 장제스 위원장의 영도 아래 국가를 위해 목숨을 바쳐 적과 싸워 국토를 지킬 것을 원한다"는 전문을 국민 정부 앞으로 보냈다. 7월 9일에도 공산군 야전지휘관들은 재차 "모든 홍군은 국민혁명군으로 개명하고 명을 받들어 왜구와 목숨을 다해 싸울 것을 바란다"며 충성을 맹세하였다. 8월 22일, 국민 정부는 4만 5천 명의 공산군을 제18집단군(제8로군) 3개 사단으로 개편하였고 9월 23일에는 공산당을 합법적인 정당으로 승인함으로써 '제2차 국공 합작'이 결성되었다. 중국 공산당은 중화 소비에트를 취소하는 대신 자신들의 통치구역을 '산간닝 변구(陝甘寧邊區)'*라는 지방 행정 정부로 인정받았다. 옌안을 중심으로 산시 성(陝西省) 이북과 간쑤 성 동쪽 변경

일대의 23개 현에 10만제곱킬로미터, 인구는 200만 명 정도였다. 대부분 험준한 산악 지대로 매우 낙후되고 척박했다.

제2차 국공 합작은 쑨원 시절의 국공 합작과는 큰 차이가 있었다. 1924년 1월 소련은 쑨원에게 북벌을 위한 자금과 무기를 제공하는 조건으로 국공 합작을 내걸었다. 쑨원은 공산주의에 대해 관심도 없었고 따지자면 오히려 반공에 가까웠지만 소련의 원조를 받기 위해 마지못해 제안을 수락했다. 대신 공산당을 대등한 제휴 세력이 아닌 "개인 자격으로 국민당에 가입해도 좋다"는 식으로 묵인하였다. 쑨원 정권은 야당을 허용하지 않는 일당 독재 정권으로, 국민당의 강령상 이중 당적이 금지되어 있어 원칙적으로 공산당을 탈퇴해야만 국민당에 가입할 수 있었다. 하지만 공산당이 반발하자 쑨원은 그들에 한해서만 이중 당적을 허용하였다.

민주적인 정당 정치가 허용되지 않는 상황에서 공산당은 국민당 안에서 복잡한 정치 계파 중 하나일 뿐 쑨원에 대한 직접적인 비판이나 견제를 할 수 없었다. 자체적인 무력을 보유하는 것도 불가능했다. 따라서 구심점이었던 쑨원이 죽자 당장에 국민당은 둘로 갈라져 장제스를 중심으로 한 우파와 공산당 사이에 치열한 권력 다툼이 일어났다. 이 싸움에서 장제스가 승리하여 국공 합작은 깨졌고, 공산당은 장제스의 토벌을 피해 비참하게 쫓겨 다녀야 했다.

반면, 제2차 국공 합작에서 공산당은 엄청난 정치적 수혜를 받았다. '소비에트 공화국'과 계급투쟁을 포기하는 대가로 삼민주의의

---

* 제2차 국공 합작 당시 중국 공산당의 영역이 산시 성(陝西省)과 간쑤 성(甘肅省), 닝샤 성(寧夏省) 등 서북 변경 3개 성의 경계 지역에 걸쳐져 있었기 때문에 '산간닝 변구'라고 하였다.

틀 안에서 공산주의 활동이 어느 정도 용인되었고 옌안과 그 주변은 '특별구'로 지정되어 독자적인 통치권과 무력을 보유할 수 있었다. 또한 양후청과 장쉐량이 시안 사건으로 몰락하자 그들의 군대와 영토 대부분을 흡수하였다. 공산당에 대한 경제 봉쇄도 해제되었으며 공산주의에 대한 비난도 중지되었다. 더욱이 그들은 통치권에 대한 중앙의 간섭을 배제하였고 세금을 중앙에 납부할 의무도 없었다. 중앙으로부터는 무기와 탄약, 병사들의 급여, 피복 등 군자금으로 매월 50만 원을 지급받았다. 그러면서도 독자적인 지휘권을 행사할 수 있었다. 이것은 다른 지방 정부가 누리지 못하는 특권이었다. 공산당이 보장받은 지위는 사실상 반(半)독립국으로서 '국가 속의 국가'나 다름없었다. 그동안 철저하게 이들을 말살하려고 했던 장제스로서는 그야말로 파격적인 양보였다.

＼국공 합작의 모순

그러나 십여 년에 걸쳐 서로 총부리를 겨누어 오다가 어느 날 한편이 되기로 했다고 해서 하루아침에 그동안 쌓일 대로 쌓인 앙금이 없어질 수 있을까? 장제스가 중국 공산당을 신뢰할 수 없는 가장 큰 이유는 그들의 최종 목표가 자신을 무너뜨리고 '프롤레타리아 독재'를 실현하는 데 있었기 때문이었다. 어느 정부도 그것을 용납할 수는 없을 것이다. 당장은 복종을 서약하지만 진정으로 중국 공산당이 '천하'를 향한 야심을 완전히 버렸다고 누가 장담할 수 있으며, 항일을 명목으로 세력을 불린 뒤 다시 반란을 일으키지 않는다는 보장이 어디에 있는가? 국공 합작이 체결된 지 얼마 되지 않은 1937년 10월 25일 장제스는 자신의 일기에 "공산주의자들의 기회주의와 속임수에 주의해야 한다. 나는 그들의 사악함에 대해 정상적인 방법으로 상대하고 그들의 교활함에 솔직함으로 대응해야 한다"라면서 여전히 중국 공산당에 대한 불신과 경계를 감추지 않았다. 장제스가 마오쩌둥을 믿을 수 없다면 반대로 마오쩌둥은 장제스를 믿을 수 있는가? 장제스가 공산군을 일본군과의 전투에 총알받이로 앞장세우지 않는다는 보장이 어디에 있으며, 상황이 바뀌면 언제 그랬냐는 듯 총부리를 돌려 자신들을 토벌하려고 나설지 누가 알겠는가? 바로 이 점이 국공 합작의 숙명적인 딜레마였다. 그들이 왜 그토록 격렬하게 대립하고 충돌했으며 일본과의 전쟁이 끝나자마자 내전에 돌입했는지 이해하려면 바로 이 점부터 짚고 넘어가지 않으면 안 된다.

마오쩌둥은 겉으로는 장제스에게 복종했지만 국공 합작이 결성되자마자 속셈을 드러냈다. 1937년 8월 22일부터 25일까지 산시성(陝西省) 뤄촨(洛川)에서 열린 공산당 중앙정치국 확대회의에서는 '항일구국 10대 강령'을 선언하여 중국의 승리를 위해 항전에 모든 역량을 동원하기로 결정하였다. 그런데 막상 그 내용을 보면, "국민당은 일본과 타협 투항할 가능성이 높으므로, 공산당이 전쟁을 주도하여 유격전과 항일 근거지를 수립하고 국민당 통치구에서 광범위한 항일 대중 운동을 전개해야 한다"는 것이었다. 이는 국민 정부에 복종하고 계급투쟁을 포기하겠다는 약속을 정면으로 뒤엎는 것이나 다름없었다.

더욱이 군사위원회가 팔로군의 활동 범위를 제2전구의 산시 성 북부 지역으로 국한했음에도 마오쩌둥은 이를 무시한 채 화북3성(산시 성, 차하얼 성, 허베이 성) 전체로 확대했다. 즉, 국민 정부의 지휘를 받지 않고 독자적으로 활동하며 세력을 넓히겠다는 뜻이었다. "우리 당은 반드시 독자적인 원칙을 견지하며 국민당에 대해서 고도의 경계심을 지녀야 한다. 우리 군의 행동은 우리 자신에 의해서만 결정될 수 있을 뿐 장제스의 명령에 따를 수 없다. 우리 홍군이 언제 어느 전선으로 떠나는가는 오로지 우리 사정에 의해 선택한다." 또한 그는 9월 17일에도 주요 지휘관들에게 "홍군은 본질적으로 분견대이며 홍군은 어떤 결정적인 역할도 수행하지 않는다"고 지시하였다. 1937년 12월 모스크바에서 돌아온 왕밍(王明)*은 마오쩌둥의 이중적인 행태를 지적하며 "항일의 역량을 모으기 위해서는 국민 정부에 절대 복종해야 한다"고 주장했지만 마오쩌둥과 류사오치는 그에 대해 '우경 투항주의'라고 격렬하게 비난하면서 당에서 고립시켰다. 물론 이것은 과거의 지도자와 현재의 지도자 사이의 주도권 다툼이 핵심이기 때문에 이것만 가지고 "왕밍은 항일을 주장했는데 마오쩌둥은 반대했다"고 이분법적으로 성급하게 결론을 내릴 수는 없다.

그러나 마오쩌둥은 고위 간부들과의 비밀회의에서 "일본과의 항쟁은 우리 당이 발전할 수 있는 절호의 기회이다. 우리는 70퍼센트를 역량 확대에, 20퍼센트를 국민당과의 투쟁에, 10퍼센트를 일본과의 투쟁에 사용해야 한다. 이를 위해 제1단계는 타협 단계로서 표면상으로는 국민당에게 복종하되 실질적으로는 당의 생존과 발전을 엄호한다. 제2단계는 경쟁 단계로서 공산당의 정치와 군사력의 기초를 2~3년 내에 완성하여 국민당에게 대항할 수 있도록 발전시킨

---

* 본명은 천사오위(陳紹禹)로 모스크바 쑨원대학을 졸업한 후 중국으로 돌아와 소련 유학파들과 손을 잡고 공산당의 실권을 장악하였다. 또한 1931년부터 1937년까지 모스크바에서 중국 코민테른 대표를 맡았다. 그러나 장제스의 토벌로 중공이 장시 성에서 쫓겨나 산시 성(陝西省)의 변경으로 이동하는 과정에서 마오쩌둥이 당권을 장악하자 왕밍의 지위는 실추되었다. 왕밍은 모스크바에서 옌안으로 돌아와 지도부의 일원으로 복귀했지만, 항일 노선을 두고 공산당의 독자 노선을 주장하는 마오쩌둥과 격렬히 대립했다. 그러나 왕밍은 이미 실세가 된 마오쩌둥을 이길 수 없었다. 이후 허울뿐인 직책만 맡다가 1956년 소련으로 망명한 후 마오쩌둥의 독재를 비판하였다.

다. 제3단계는 공격 단계로서 공산당의 근거지를 확대시키고, 국민당을 고립시켜 주도권을 장악한다"고 지시하였다. 즉, 중국 공산당에게 국공 합작이란 공산주의 특유의 상투적인 방법인 '전술상의 일시적 후퇴'일 뿐이었다. 그들은 처음부터 국민 정부와 맺은 어떤 약속도 지킬 의사가 없었으며, 심지어 항일의 의지조차 있었는지 의심하지 않을 수 없다.

결론적으로 공산당은 시대적 분위기에 편승해 '항일'을 주장했을 뿐이고 진짜 속셈은 자신들의 세를 불리는 것이었다. 이것은 장제스에 대한 불신, 그리고 "권력은 총구에서 나온다"고 했던 마오쩌둥 특유의 철학, 폭력에 의한 계급투쟁을 통해 중국을 장악한다는 중국 공산당의 목표 아래 나온 구상이었다. 왕밍과 주더 등 일부 지도부는 "항일 통일 전선"을 외쳤지만 마오쩌둥은 묵살하였다. 그는 1942년 2월 류사오치와 저우언라이, 캉성 등의 도움을 받아 옌안에서 소위 '정풍 운동(整風運動)'을 시작하였다. 명분은 당파 행위와 개인주의의 배격, 이론과 실천의 일치를 내세웠지만 사실은 당내에서 자신에 대한 비판 세력을 제거하고 일인 독재를 구축하는 것이었다. 마오쩌둥은 겉으로는 당원들이 자유롭게 토론하여 서로의 결점을 비판하고 교정하라고 권장했지만 정작 자신과 지도부에 대한 비판에 대해서는 가차 없이 처벌하고 철저하게 통제하였다. 왕밍을 비롯한 지도부 내의 반(反)마오쩌둥 세력들은 강제로 자아비판을 하고 자리에서 물러나야 했다. 또한 일본과 국민당의 첩자를 색출한다는 명목으로 무차별적인 적색 테러가 저질러져 수많은 이들이 고문과 처형을 당했다.

특히 여기에 앞장 선 사람이 비밀경찰의 수장 캉성(康生)이었다. 그는 1933년 소련에 파견되어 내무인민위원회(NKVD)에서 '반혁명분자'에 대한 고문과 암살, 처벌 방법을 배웠다. 그리고 스탈린식 숙청법을 흉내 내어 소련에 체류하던 중국공산당원들 중에서 성향이 의심스럽다고 판단되는 이들을 시베리아의 강제수용소로 보냈다. 1935년 말 옌안으로 돌아온 캉성은 마오쩌둥의 수족이 되어 마오쩌둥의 최대 경쟁 세력인 왕밍과 장궈타오의 세력을 완전히 뿌리 뽑아 마오쩌둥 체제를 구축하는 데 결정적인 역할을 하였다. 저우언라이와 천이, 펑더화이 등 마오쩌둥파 역시 예외 없이 자신의 과오를 비판해야 했다. 마오쩌둥은 "과거의 죄는 묻지 않는다"며 용서하는 형식으로 이전에는 대등했던 그들의 위치를 강등시켜 상하 관계로 만들었다. 캉성은 나중에 류사오치와 덩사오핑, 펑더하이를 실각시키고 '문화대혁명'을 주도한다.

공산당의 권력투쟁 과정에서 무고하게 희생된 사람 중에는 조선 출신의 독립운동가 김산(金山, 본명은 장지학(張志鶴))도 있었다. 그는 1936년 7월 상하이에서 조선민족해방동맹을 창설했고 1938년 8월 조선 혁명가 대표로 선출되었다. 옌안에 체류하는 동안 에드거 스노의 부인이자 여성 저널리스트인 님 웨일스를 통해 우리 민족의 독립 열망을 세계에 알리기도 했다. 그는 중국 공산당의 요청으로 옌안 항일군정대학에서 강의를 맡고 있었다. 그런데 캉성의 명령에 따라 강의실에서 체포되어 재판도 없이 일본의 스파이로 몰려 즉결 처형당했다. 그의 명예는 1984년에 와서야 중국 정부가 "특수한 상황에서 빚어진 잘못된 조치"라고 인정하면서 회복될 수 있었다.

마오쩌둥의 방식은 장제스보다 훨씬 교활하고 철저했다. 군벌 연합 정권으로 권위가 매우 취약했던 장제스와 달리, 마오쩌둥이 절대적인 권력을 누릴 수 있었던 것은 바로 이런 교묘한 정치 투쟁의 결과였다.

1943년부터는 본격적인 우상화가 시작되었고 마오쩌둥은 '살아 있는 신'이나 다름없게 되었다. 류사오치(劉少奇)는 '중국식 마르크스주의'를 제창하여 모든 권력을 마오쩌둥 한 개인에게 집중시켰다. 마오쩌둥과 같은 후난 성 출신이었던 류사오치는 '촌무지렁이'라며 천대받았던 마오쩌둥과 달리 소련 유학파로서 당 중앙위원회 위원과 후베이 성, 상하이의 공산당 조직을 이끄는 중공 지도부의 핵심 세력이었다. '대장정' 당시 쭌이 회의에서 마오쩌둥이 당권을 장악하는 데는 그의 역할이 매우 컸다. 류사오치의 지원이 없었다면 마오쩌둥이 권력을 장악하는 것은 불가능했다. 그러나 류사오치의 지나친 마오쩌둥 신격화는 마오쩌둥을 아예 '신성불가침의 존재'로 만들어 버렸다. 1950년대 말 마오쩌둥이 대약진 운동*을 야심차게 추진했으나 철저하게 실패하면서 정계에서 은퇴하자 류사오치가 제2대 국가 주석에 올라 덩샤오핑과 함께 개혁과 경제 발전을 추진했다. 그러나 권력에 대한 욕심을 버리지 못한 마오쩌둥은 이들이 자신의 지위를 위협한다고 생각하고 어린 학생들을 '홍위병'으로 동원하여 반격하였다. 류사오치는 변변히 저항조차 못해본 채 하루아침에 몰락하여 홍위병들에게 구타와 고문을 당하였고 실각

---

* 마오쩌둥의 주도로 1958년부터 1960년까지 추진된 경제개발계획. 7년 안에 영국을, 10년 안에 미국을 따라잡는다는 목표로 공업 발전에 주력했으나 자본과 기술 없이 의욕만 앞세워 졸속으로 추진하면서 3년 만에 참담한 실패로 끝났다. 특히 가장 큰 타격을 받은 쪽은 농업 분야였다. 1998년 중공중앙당교 출판사에서 출간한 "공화국 중대사건 기록"에 따르면, 1959년부터 1961년까지 사망한 인구는 4천만 명에 달했으며 동 시기는 "금세기 세계 최대의 기근"이자 "중국 역사상 최악의 기근"이었다. 심각한 기근에도 불구하고 마오쩌둥은 모든 비판을 철저히 차단했으며 구호를 요청하는 지방 정부 관료들을 반혁명분자로 몰아 처벌했다. 또한 자신의 체면을 위해 막대한 식량을 라틴아메리카와 아프리카에 원조하였다. 류사오치는 이런 마오쩌둥을 우회적으로 비난했다가 마오쩌둥의 심기를 건드려 결국 몰락하였다.

한 지 1년 뒤 사망하였다.

＼항전 초기 중국 공산당의 활동

국공의 갈등은 항전 초기에는 당장 드러나지 않았다. 주더가 지휘하는 팔로군 주력 부대는 제2전구 사령관 옌시산의 명령에 따라 1937년 8월 하순 옌안을 출발하여 산시 성의 최전선에 투입되었다.

차하얼 성과 쑤이위안 성을 점령한 일본군 제5사단이 산시 성 북부를 침입하여 타이위안으로 진격하자 타이위안의 관문인 핑싱관에서 치열한 전투가 벌어졌다. 린뱌오의 제115사단은 핑싱관 동북쪽의 산악 지대에서 산간 도로 주변에 매복한 후 9월 25일 제5사단 제21여단의 보급 부대 1천여 명을 기습하여 팔로군의 첫 승리를 거두었다. 이것이 이른바 '핑싱관 대첩'으로 중국 공산당은 "일본군 3천 명 살상, 소총 1천 정, 기관총 수십 정과 화포 2문을 노획하고 차량 100대를 파괴"했다며 대대적으로 선전했다. 장제스는 직접 전문을 보내어 승리를 치하하였다. 하지만 실제 일본군의 사상자는 2백여 명 정도였다. 사실 핑싱관 전투는 타이위안 전투의 일부분에 지나지 않았고 더욱이 핑싱관 전투의 주력은 옌시산의 산시군과 웨이리황의 중앙군이었다. 린뱌오의 승리가 고전하던 중국군의 사기를 올린 것은 틀림없지만, 한낱 소규모 국지전을 마치 핑싱관 전투의 전체인 양 과장하는 것은 왜곡이다.

9월 30일 일본군이 핑싱관을 돌파하여 타이위안으로 쇄도하였다. 류보청의 제129사단과 허룽의 제120사단이 타이위안 동쪽의 관문인 냥쯔관 인근에서 국민정부군과 함께 일본군 제20사단에 맞서 치열한 유격전을 벌였다.

1938년 2월에는 팔로군 제129사단이 산시 성 남부 타이항 산

부근의 간선도로에서 벌어진 '선터우링(神頭嶺) 전투'에서 일본군 1천5백여 명을 유인한 후 매복하여 승리를 거두었다.

또한 1939년 10월 말에는 1천2백 명의 병력으로 허베이 성과 산시 성에서 공산군 토벌을 수행하던 일본군 독립혼성 제2여단을 팔로군 제120사단이 타이항 산으로 유인한 후 열 배 이상의 병력으로 포위하였다. 여단장 아베 노리히데 소장은 박격포탄을 맞아 전사하였다. 팔로군은 일본군을 전멸 직전까지 몰아붙였지만 곧 일본군 증원 병력이 도착하여 팔로군을 공격하자 포위를 풀고 철수하였다. 아베 노리히데는 팔로군과 싸우다 전사한 최고위 지휘관이었고 이 전투는 항전 초반 팔로군 최대의 전과였다.

여기까지가 1937년 8월부터 1939년 말까지 약 2년 반 동안 팔로군이 수행한 주요 전투의 사실상 전부였다. 이들이 일본군과의 전투를 전적으로 회피했다고 말할 수는 없지만 적어도 전쟁의 주축이었다고 말할 수는 없을 것이다.

╲국민 정부와 중국 공산당의 대립

1937년 11월 8일 타이위안이 함락되자 팔로군은 더 이상 옌시산의 지휘를 거부한 채 무단으로 전선을 이탈하였다. 또한 화북에서 국민 정부가 일본군에게 패퇴한 것을 이용해 산시 성과 허베이 성, 허난 성 등 일본군의 점령 지역에 침투하여 '해방구'를 형성하고 세력을 급격히 확장하였다. 제115사단은 산시 성 동북부의 우타이 산(五台山)을 중심으로 산시 성과 차하얼 성, 허베이 성의 경계 지역에서 '진차지 변구(晉察冀邊區)'*를, 제120사단은 산시 성과 쑤이위안 성의 경계 지역에서 '진쑤 변구(晉綏邊區)**'를, 제129사단은 타이항 산을 중심으로 산시 성, 허베이 성, 허난 성의 경계 지역에서 '진지

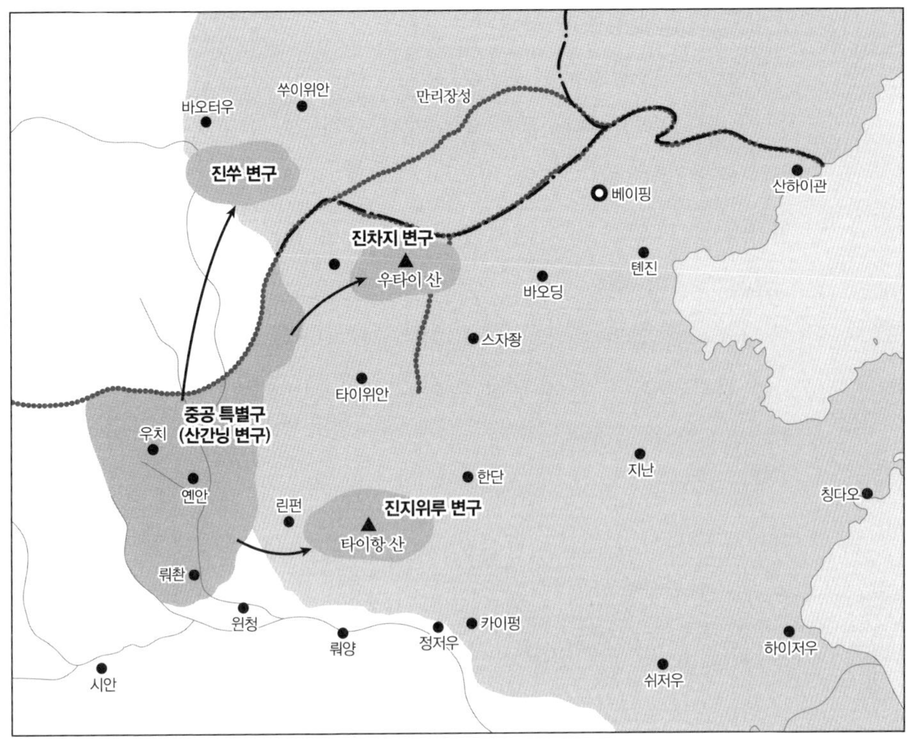

●— 중국 공산당의 팽창(1938~1939년)

위루 변구(晉冀豫魯邊區)'***를 구축하였다. 1940년까지만 해도 일본군은 대도시와 철도 연선에만 병력을 배치했을 뿐 대부분의 점령 지역에 대해서는 방치하여 무정부 상태나 다름없었기에 팔로군은 일본군의 영향력이 미치지 못하는 성의 경계 지역과 산악 지대, 농촌

---

* 진(晉), 찰(察), 기(冀)란 각각 산시 성과 차하얼 성, 허베이 성을 가리킨다.

** 진(晉), 수(綏)는 각각 산시 성과 쑤이위안 성을 가리킨다.

*** 진(晉), 기(冀), 예(豫), 로(魯)는 각각 산시 성과 허베이 성, 안후이 성, 산둥 성을 가리킨다.

을 중심으로 쉽게 침투해 나갔다.

문제는 이런 팔로군의 활동이 국민 정부와의 사전 협의를 거친 것이 아니었다는 점이다. 국민 정부 역시 장제스의 명령으로 일본군 점령 지역을 '유격전구'로 설정하고 대규모 유격대를 침투시켜 항일 활동을 하고 있었고, 따라서 같은 지역에서 같은 활동을 하고 있던 국민정부군의 유격 부대와 팔로군은 정면으로 충돌할 수밖에 없었다. 팔로군이 임의로 국민정부군의 유격 지역을 잠식해 들어가자 1939년 말부터 양측 간의 무력 충돌이 점점 빈번해졌고 국공의 관계는 급격히 악화되었다.

대표적인 예로, 국민정부군이 한창 일본군에 대한 '동계 공세'를 진행하고 있었던 1940년 2월, 옌시산 휘하의 산시군 신편 제12여단이 일본군과의 전투를 위해 이동하던 중에 타이위안 서쪽에서 팔로군의 기습을 받아 괴멸되고 여단장 쉐원자오(薛文教)가 전사하였다. 또한 2월과 3월에는 기찰전구 총사령관 겸 허베이 성 주석인 루중린(鹿鐘麟) 휘하의 유격 부대 전체가 팔로군의 공격으로 괴멸당했고 산둥 성에서는 스유싼의 부대가 괴멸되었다. 8월에는 국민 정부의 산둥 성 정부가 있는 루춘(魯村)이 팔로군에게 장악되었다.

1940년 말이 되면 화북 전역에서 국민 정부의 유격구가 팔로군에 완전히 잠식되어 국민 정부 계열의 유격 부대는 사실상 소멸하였다. 진차지 변구만 해도 약 80만 제곱킬로미터에 인구 2500만 명의 거대한 지역으로 확장되었다. 이렇듯, 일본군 점령 지역 내의 항일 근거지 구축 경쟁에서 국민 정부는 중국 공산당에 완전히 참패하고 있었다.

국민 정부는 1939년 8월부터 1940년 2월까지 화북 지역에서 팔로군이 국민정부군을 공격한 사례가 도합 9건에 달한다고 비난했다. 중공 역시 1939년 1월 국민당 제5기 전당대회에서 국민 정부가 '항일'에서 '반공'으로 방침을 변경하여 팔로군을 중상모략하고 도처에서 팔로군에 대한 도발을 감행했다고 주장하였다. 물론 어느 쪽이 먼저 상대에게 최초의 일발을 쏘았는가를 알아낼 방법은 없을 것이다. 중국 공산당은 국민 정부가 '반공' 노선을 강화했다고 비난했지만 그들 역시 이미 1938년 9월 옌안에서 개최된 중공 제6기 전당대회에서 '공산당의 독자노선'을 강조하고 팔로군의 활동 영역을 화북에서 화중으로 확대하기로 결의한 터였다. 이것은 중국 공산당이 일본군의 점령 지역만이 아니라 국민 정부의 통치 구역에서도 활동하겠다는 의미였다. 이런 행위를 국민 정부가 묵과할 리 없다는 점에서 양측의 충돌이 전적으로 국민 정부 내 반공 우파들 때문이라는 공산당의 비난은 억지였다.

일본군은 국민정부군을 주요 공격 대상으로 삼고 있었기에 병력의 대부분은 우한을 중심으로 화중과 화남에 집중되어 있었다. 1940년 말을 기준으로 일본군의 배치 상황은 다음과 같았다. 화북에는 북지나방면군 2개 군(제1군, 제12군) 7개 사단 및 12개 혼성여단이, 우한 지구에 제11군 6개 사단 및 2개 혼성여단이, 양쯔 강 하류 지구에 제13군 4개 사단 및 5개 혼성여단이, 광저우 지구에 제23군 5개 사단 및 2개 혼성여단이 각각 배치되어 있었다. 면적 대비 병력 밀도로 따지면, 화북을 1로 했을 때 우한 지구가 9, 양쯔 강 하류 지구가 3.5, 광저우 지구는 3.9였다. 즉, 화북은 무주공산이나 다름없었다. 우한을 놓고 일본과 국민 정부가 치열한 일진일퇴의 싸움을 벌이는 동안 팔로군은 화북을 기반으로 마음껏 세력을 확대해 나갔다. 1937년 7월 4만 5천 명에 불과했던 팔로군은 3년 뒤인 1940년 말에는 정규군 40만 명, 민병 100만 명으로 늘어났다. 중국 공산당 통치하의 인구는 약 1억 명에 달하게 되었다. 1941년 중순에 오면 팔로군은 화북에서 일본군 점령 지역의 약 90퍼센트를 잠식하였다.

게다가 팔로군은 항일 전선과는 아무런 상관없는 서북 지역의 칭하이 성과 닝샤 성, 간쑤 성, 신장 성까지 손을 뻗쳤다. 당시 신장 성은 소련의 영향력 아래에 있었다. 1936년 10월 실권자인 성스차이(盛世才)의 묵인 아래 2만 1천여 명에 달하는 공산군 부대가 신장 성으로 진입한 후 중국 공산당은 이 지역에서 세력을 확대해 나갔다. 교활하고 변덕스러웠던 성스차이는 소련의 원조를 얻기 위해 스스로 공산주의자인 양 행세하면서 중국 공산당의 활동을 적극적으로 후원하였다. 1938년 2월에는 성스차이의 요청으로 마오쩌둥의 동생 마오쩌민(毛澤民)*이 성도인 우루무치로 파견되어 신장 성의 재정부장과 중앙은행장을 맡아 화폐 개혁을 비롯해 각종 사업을 추진하기도 하였다.

국공 합작 2년 만에 중국 공산당의 세력이 급격하게 팽창하자 국민 정부도 더 이상 통제할 수 없는 지경이 되었다. 1940년 5월 팔로군 총참모장인 펑더화이가 "우리는 팔로군의 팽창을 저지하는 어떤 세력도 배제할 힘을 가지고 있다"고 호언할 정도였다. 팔로군과는 별도로 화남에서 활동하고 있던 신4군도 1만 명에서 10만 명으

---

* 성스차이와 마오쩌둥의 관계는 오래가지 못했다. 성스차이의 목적은 오직 소련의 원조를 통해 자신의 권력을 유지하는 데 있었고 중국 공산당과의 합작 역시 소련의 비위를 맞추기 위함이었다. 독소 전쟁이 일어나 소련의 세력이 위축되자 하루아침에 반공주의자로 둔갑한 그는 1942년 9월 '백색 쿠데타'를 일으켜 마오쩌민을 비롯한 중국 공산당 측 인사 300명을 체포한 후 한꺼번에 처형하였다. 그리고 충칭에 접근하여 장제스에게 충성을 맹세했다. 그러나 장제스는 오히려 이 기회를 이용해 제42군 3개 사단을 신장 성에 진입시켜 우루무치에 주둔시킨 후 성스차이를 실각시켜 충칭으로 소환하였다. 국공 내전에서 장제스가 패배하자 성스차이는 타이완으로 도주하여 은거 생활을 하였다.

로 열 배나 늘어나 양쯔 강 중류와 하류에 걸친 광범위한 지역에서 유격구를 구축하였고, 난징과 상하이 인근까지 세력을 뻗쳤다. 1940년 5월 4일 공산당 중앙은 신4군에게 "항일을 중지하고 국민당의 반공 완고파의 공격에 저항할 것"을 지시하면서 구주퉁의 제3전구에 대항하여 "모든 법률, 명령에 반대하고 그들과 단호한 투쟁을 벌일 것"을 명령하였다. 본격적으로 국민 정부에 정면 도전하겠다는 것이었다.

장제스는 공산당이 충성의 서약을 깨고 독주하는 행태에 분개했지만 그렇다고 다시 내전을 시작할 수도 없었다. 국내외의 여론과 소련과의 관계를 고려하지 않을 수 없었기 때문이다. 장제스는 산간닝 변구에 대해 경제 봉쇄를 강화하고 병력을 배치하여 통제했지만 아무런 효과가 없었다.

그는 천청의 건의를 받아들여 국공의 관계가 더 이상 악화되지 않도록 1939년 11월부터 중국 공산당과의 협상을 시작하였다. 국민 정부는 200만 원의 군자금을 옌안에 송금하는 한편, 팔로군의 군비와 피복, 급여, 무기 등의 지급을 정규군과 동등하게 대우하고, 허베이 성, 산시 성, 산둥 성 등 화북 지구의 유격구에서 양측이 충돌하지 않도록 쌍방의 경계를 명확히 구분하며, 삼민주의의 범위 내에서 공산당의 활동을 최대한 보장하고 국민 정부에 대한 비판도 어느 정도 허용하겠다는 등 제2차 국공 합작 때보다 상당히 완화된 조건을 제시하였다. 또한 팔로군의 활동 지역을 산시 성 북부에 국한하던 것을 화북으로 확대하되, 신4군은 화중에서 화북으로 이동하라고 지시하였다. 국민 정부로서는 공산군의 무한 확장을 지켜볼 수만은 없기에 자신들이 용납할 수 있는 선에서 타협하되, 이들에 대한 통제를 강화하겠다는 생각이었다.

그러나 이미 세를 엄청나게 불린 공산당은 이 정도의 타협안으로 만족할 생각이 없었다. 그들은 다음과 같이 요구하였다. "팔로군을 당초 3개 사단에서 3개 군 9개 사단으로 증편하고 편제와 장비, 인원에서도 중앙군에 준하는 '갑종군 개편 사단'으로 하며 신4군은 3개 사단으로 인가할 것", "팔로군의 활동 범위를 화북5성 전체로 할 것", "화중과 화남에서 신4군의 유격구를 인정할 것", "국민 정부 내 반공 성향의 관료를 처벌할 것", "산시 성(陝西省)과 신장 성 양 정부의 주석을 공산당이 추천하는 사람으로 임명할 것" 등이었다. 이것은 아예 중국 대륙을 양분하자는 것이나 다름없었다. 물론 국민 정부가 이를 받아들일 리가 없었다. 중공 정권을 일개 지방 정권으로서 통제하려는 국민 정부와 그 통제에서 벗어나려는 공산당, 서로 생각하는 것이 하늘과 땅만큼 차이가 있었기에 1940년 내내 협상은 평행선을 달릴 뿐이었다.

＼중공식 민주주의

그렇다면 왜 국민 정부는 '유격구' 건설에서 공산군에게 완패했을까? 중공의 세력이 그다지 늘어나지 못했다면 국민 정부로서는 이들에 대해 별로 신경 쓸 필요가 없었을 것이다. 장제스는 직접 유격전의 중요성을 강조하고 대규모 유격 부대를 편성하는 등 나름대로 적극적인 노력을 하였다. 1938년 말 전국의 유격 부대는 80만 명에 달했고 수적으로 팔로군을 세 배나 압도하였다. 이들은 일본군 후방에서 적극적인 유격 활동을 수행했다. 1939년 말 동계 공세에서도 수만 명이 넘는 유격대들이 곳곳에서 철도와 도로를 파괴하고 일본군 수비대를 습격하였다. 국민 정부는 일본군이 점령한 지역의 지방 행정 기관 대부분을 여전히 통제하고 있었다.

그러나 이런 노력에도 불구하고 1939년부터 국민 정부의 유격구는 점차 공산군에게 잠식되기 시작했고, 심지어 유격 부대들이 공산당으로 스스로 전향하는 예도 많이 있었다. 국민 정부가 중국 공산당에 밀리게 된 이유는 첫째, 1940년까지 일본군이 국민 정부를 상대하는 데 대부분의 병력을 집중했기에 국민 정부로서는 역량이 분산될 수밖에 없었던 데 반해 공산군은 일본군과의 큰 충돌 없이 모든 역량을 '해방구' 건설에 집중할 수 있었기 때문이다. 둘째, 국민 정부군의 패배로 인해 국민 정부가 구축한 농촌의 행정기관들이 붕괴되면서 그 공백을 공산군이 신속하게 파고들어 이들을 포섭하였기 때문이다. 그러나 가장 큰 이유는 민중 사이로 파고들어가는 전략에서 공산당이 국민 정부보다 명백히 한 수 위였다는 점이다.

주로 군사적 측면에서 유격 활동을 했던 국민 정부와 달리, 팔로군은 민족 해방 전쟁과 계급투쟁을 적절히 줄타기하면서 민중 속으로 침투해 들어갔다. 화북에 사는 농민들의 80퍼센트 이상이 소작농이나 반(半)소작농과 같은 빈농들이었지만, 그렇다고 중국 공산당이 이전처럼 '계급투쟁'만을 고수하며 부농들의 토지 몰수를 강행했다면 빈농 이외의 계층의 심한 반발로 이어져 오히려 이들로부터 배척당했을 것이다. 그러나 공산당은 1930년대에 소비에트 구에서 급진적인 토지 정책을 실시하다 실패하여 결국 '대장정'으로 내몰렸던 쓰라린 경험을 잊지 않았다. 그들은 보다 타협적인 방법을 선택했다. 중국 공산당은 향촌에서 주민들에 의한 자치와 선거를 실시하면서 이른바 '3.3제(공산당원 3분의 1, 비공산당원 3분의 1, 중립파 3분의 1)'라 하여 공산당원 이외의 부농과 지식인 세력 또한 적극적으로 포섭하였다. 반면, 국민 정부는 상급 기관에서 일방적으로 관료들을 내려 보낼 뿐 현지 주민들의 자치를 인정하지 않아 불만을 샀다. 공산당은 이러한 국민 정부의 비민주성을 적극적으로 선전하였다. 또한, 무조건 강제로 토지를 빼앗는 과거의 방식 대신 소작료 인하 운동과 같은 온건한 방법으로 빈농의 부담을 경감시키면서도, 소작료를 2년간 내지 않은 토지에 대해서는 소작지를 회수할 수 있게 하여 중소지주의 재산권을 보호하였다. 이렇게 공산당의 정책은 지주들이 어느 정도 순응할 수 있는 여지를 두어 저항을 최소화하였다. 이 때문에 국민당의 향촌 통치 기반은 뿌리부터 완전히 붕괴되었다.

그러나 간과해서는 안 되는 점은, 공산당의 '민주성'은 공산당 지도부에 의해 언제라도 손쉽게 훼손될 수 있다는 점이었다. 대표적인 예로 마오쩌둥, 류사오치 등이 주도한 '정풍 운동'은 당내의 반혁명분자를 숙청해야 한다는 식으로 변질되면서 옌안은 물론 해방구 전역에 걸쳐 현지 주민들 간의 집단적인 린치를 야기했다. 또한 인민재판을 통해 많은 지식인들과 당원, 지주들이 살해되기도 했다. 이 모습은 1960~70년대 중국을 광적으로 휩쓴 '문화대혁명'의 전초나 다름없었고 무엇보다 마오쩌둥 정권이 가진 태생적인 한계이기도 했다.

＼팔로군 최대의 작전—백단 대전

국민정부군의 '동계 공세'에 참여하지 않았던 팔로군은 1940년 8월부터 독자적으로 공세를 시작하였다. 100개 단(연대)이 참여했다고 하여 나중에 '백단 대전(百團大戰)'이라고 불린 이 작전은 중일 전쟁을 통틀어 팔로군의 유일한 대규모 공세였다. 그러나 백단 대전은 처음부터 중국 공산당 지도부가 중앙 차원에서 조직적으로 계획한 작전이 아니었다. 류보청과 덩샤오핑의 '진지위루 변구'에서 시작된 국지적인 공세에 타 변구와 부대들이 자발적으로 참여하면서 처음

계획보다 확대된 것이다. 이런 점에서 장제스가 주도한 '동계 공세'와는 명확한 차이가 있었다.

일본군이 진지위루 변구를 봉쇄하고 압박을 가하자 1940년 3월 류보청은 화북의 철도 연변의 일본군 거점들을 기습 공격하기로 하였다. 류보청의 건의를 받은 팔로군 참모장 펑더화이는 이들의 역량만으로는 일본군의 봉쇄를 돌파하기 어렵다고 생각하고, 7월 22일 진지위루 변구와 진차지 변구가 연합하여 22개 연대 4만 명으로 정타이 철도를 공격하는 '정타이(正太) 작전'을 실시하기로 결정하였다. 팔로군이 이렇게 결정한 배경은 "세력 확대에만 광분하고 일본군과의 전투에는 소극적이다"라는 비난 여론이 팽배해 있었기 때문이다.

8월 8일 팔로군 총사령부에서 '전역행동명령'이 하달되었다. 8월 20일부터 본격적인 작전이 시작되었다. 주된 공격 목표는 정타이 철도와 퉁푸 철도, 주요 간선 도로를 파괴하여 산시 성과 허베이 성 일대에서 일본군의 활동에 타격을 가하는 것이었다. 병력 부족으로 소대, 중대 단위로 흩어져 있었던 일본군은 당장 큰 위기에 처했다. 곳곳에서 철도와 도로가 파괴되고 일본군 진지들은 동시다발적으로 공격을 받았다. 또한 다른 변구도 차례로 공격에 가담하면서 공격의 범위는 점점 확대되어 지도부가 작전 종료를 선언하는 12월 5일까지 화북 전역에서 최대 115개 연대 40여만 명 가량이 참가하였다. 양측의 피해는 명확하지 않으나 팔로군은 대소 전투 1,824회를 치르는 동안 474킬로미터의 철도를 파괴하고 2만 명의 일본군과 5천여 명의 친일 괴뢰군을 살상했으며, 자신들은 2만 2천여 명의 손실을 입었다고 전과를 발표하였다. 그러나 일본 쪽의 기록은 사상자 4천여 명에 교량 파괴 73회, 터널 파괴 3회, 역 20개소 소실, 철도 파괴 117건(총 44킬로미터) 정도였다.

중국에서는 백단 대전을 팔로군의 대표적인 항일 투쟁으로 "항전 역량을 대내외에 널리 보여주었다"며 자랑한다. 하지만 작전을 직접 총지휘했던 펑더화이는 자신의 회고록에서 "옌안의 동의 없이 전투 명령을 내렸다는 이유로 마오쩌둥은 대단히 화를 냈다. 20만 명의 병력을 투입한 것은 너무 무모했다고 마오쩌둥은 생각했다"며 마오쩌둥이 작전에 매우 회의적이었다고 적었다. 그는 지도부의 극심한 비판을 받았고 몇 번이나 공개석상에서 자아비판을 해야 했다. 백단 대전은 당 지도부와 예하 지휘관들 사이의 괴리와 갈등을 명확히 보여주었다. 주더와 펑더화이를 비롯해 순수한 열정이 넘치는 군 지휘관들은 정치와 상관없이 일본군과 적극적으로 싸우기를 원했다. 하지만 마오쩌둥은 전력을 최대한 보전하여 장제스와의 내전에 대비하는 것이 최우선이라고 생각하였다. 그로부터 20여 년이 지난 뒤, 펑더화이는 대약진 운동을 놓고 공개적으로 비판하다 마오쩌둥의 심기를 건드린 대가로 1959년 7월 루산 회의에서 새삼스레 19년 전의 백단 대전을 놓고 혹독한 비판을 받은 뒤 완전히 몰락하였다. 중국 제일의 맹장이자 혁명원로도 말년에는 감옥에서 심한 고초를 겪으면서 면회 온 조카에게 "젊은 시절 사회주의가 뭔지도 모르면서 꼴값만 떨었다"며 탄식했다.

팔로군의 백단 대전은 어떤 명확한 공격 목표를 정하여 전투력을 한 곳에 집중시켜 공격하는 일반적인 정규전이 아니라, 광범위한 지역에 분산된 일본군 초소를 공격하고 철도와 도로, 시설을 파괴하는 비정규전의 형태로 진행되었다. 군사적인 관점에서는 중국 공산당의 선전처럼 일본군에게 대단한 타격을 가한 것은 아니었으나 화북 전체의 치안을 급격히 악화시켜 일본의 통치력을 심각하게 위협하였다. 일본은 1941년 초부터 화북 지구에 병력을 대대적으로 증강하기 시작했다. 1941년 11월에 오면 북지나방면군은 9개 사단, 14개 독립 여단 등 총 32만 5천 명과 북지치안군(친일 괴뢰군) 11만 7천 명으로 늘어났다. 또한 일본은 수많은 특무조직을 향촌으로 침투시키고 치밀한 정보망을 구축하여 국민 정부와 공산당의 지하요원들을 색출 소탕하였다. 1942년 1월부터 4월에만 약 6천5백여 명이 검거되었다. 또한 일본군은 팔로군이 활동하는 항일 근거지 주변으로 도로와 토치카, 차단벽을 건설하여 봉쇄하는 한편, 현지 주민을 대량으로 학살하고 집단부락에 강제 이주시켰다. 이 때문에 팔로군의 세력은 급격히 축소되어 1943년이 되면 화북 전역에서 거의 소멸하였다.

그러나 이런 상황은 1944년부터 다시 변했다. 남방 전선에서 전황이 악화되자 일본이 화북과 만주의 병력을 대거 차출했기 때문이다. 특히 1944년 4월 중국 대륙을 관통하는 최대의 공세 작전인 '이치고 작전(一號作戰)'을 위해 만주와 화북에서 병력과 물자를 대거 차출하면서 그 빈자리를 신병들로 채워 넣었다. 이 때문에 화북의 치안은 다시 공백 상태가 되었다. 팔로군은 해방구를 신속하게 재건하기 시작했다. 그동안 화북의 점령지 주민들은 '양면촌(兩面村)'이라 하여, 팔로군과 일본군 사이에서 적당히 줄타기를 했으나 일본의 패망이 가까워지자 많은 사람들이 재빨리 팔로군에 입대하면서 공산당의 세력은 급격하게 늘어나게 된다.

╲국공 최악의 충돌—완난 사변

1940년 9월 19일 군사위원회는 팔로군 사령관 주더에게 화중과 화남에서 활동 중인 공산군을 11월 말까지 황허 강 이북으로 이동시키라고 명령했다. 화남에서 급격히 세력을 확대해 나가는 중공의 세력을 어떻게든 통제하려는 의도였다. 그러나 중국 공산당은 "비정규군의 강북 이동은 곤란하다"며 거부하였다. 군사위원회는 재차 "12월 31일까지 먼저 강남에 있는 신4군은 강북으로 이동하고 다시 1월 30일까지 황허 강 이북으로 이동하라"고 명령하였다. 이는 최후통첩이나 다름없었다. 만약 공산당이 다시 거부한다면 당장 국공 합작이 깨질 판이었다. 결국 주더는 신4군에 북상을 명령하였다. 그런데 1941년 1월 6일 신4군 사령부 소속의 병사 1만여 명이 안후이 성 남쪽에서 국민정부군 7개 사단 8만 명에 포위되어 괴멸하는 사건이 벌어졌다. 이 과정에서 신4군의 3천여 명이 살해되었고 군장 예팅(葉挺)을 비롯해 3천여 명이 포로가 되었으며 부군장 샹잉(項英)과 2천여 명만이 포위망을 뚫고 도주하는 데 성공하였다. 이것이 바로 '완난 사변(皖南事變)'이다.

이 사건은 어떻게 일어난 것일까? 중국 공산당과 국민 정부의 주장은 완전히 상반된다. 중공은 처음부터 장제스의 치밀하고 교묘한 함정이었다고 주장한 반면, 국민 정부는 신4군이 군사위원회의 명령을 거부하고 도리어 1월 5일 국민정부군 제40사단을 기습하자 제3전구 사령관 구주퉁이 신속하게 반격 명령을 내려 이들을 괴멸시켰다고 주장하였다. 과연 어느 쪽의 주장이 옳은가? 완난 사변은 제2차 국공 합작 이래 최악의 충돌이었지만 이미 1939년 말부터 양측의 무력 충돌이 빈번하게 벌어지고 있었다는 점에서 결코 돌발적인 사건이 아니었다.

과연 국민 정부의 주장대로 신4군이 국민정부군을 선제공격했다가 도리어 반격을 받아 괴멸당한 것일까? 이전에도 공산군은 국민정부군을 여러 차례 공격한 사례가 있었다. 그러나 신4군이 사방에서 포위 공격을 받고 군장이 포로가 되는 참패를 당했다는 점에서 신4군이 먼저 공격했다는 주장은 아무래도 믿기 어렵다. 그렇다면 중국 공산당의 주장대로 국민 정부가 치밀하게 계획한 음모였을까? 시어도어 H. 화이트는 중국 공산당의 손을 들어 "장제스가 덫을 놓고 학살을 명령했다"고 주장하였다. 그러나 공산군 전부를 한꺼번에 공격하는 것도 아니고, 단지 신4군의 한 개 부대를 괴멸시켰다고 해서 장제스가 도대체 무엇을 얻을 것인가? 공산군의 활동이 위축될 리도 없고 큰 타격을 준 것도 아니다. 오히려 중공에게 좋은 선전거리만을 제공했을 뿐이었다. 실제로 공산당은 완난 사변 직후 "이 사건은 국민당 내 친일 완고파에 의해 계획된 것이며 전국의 인민과 세계가 주목해야 한다"고 펄펄 뛰며 외국 기자와 각국 외교관들을 향해 장제스에 대한 비난의 목소리를 높였다.

한편, 레이 황은 "저우언라이는 장제스가 직접 명령했다는 것을 부인하였다. 그는 장제스의 부하들이 멋대로 저지른 짓이라고 말했다"고 한다. 완난 사변은 어느 한쪽이 상대를 말살할 생각으로 함정을 팠다거나, 장제스와 마오쩌둥이 직접 개입했다고 볼 수 있는 근거는 없다. 그보다는 국민정부군의 제3전구와 신4군 사이의 해묵은 갈등과 불화 속에서 신4군이 처음에 정해진 이동 경로를 벗어나 행군하자 (중국 공산당은 미리 중앙의 승인을 받은 것이라고 주장했지만) 현지에서는 이를 빌미로 명령 불복이라며 공격했을 가능성이 높다. 즉, 완난 사변은 이 사건 하나만 떼어놓고 따져서는 안 되며 근본적으로 그동안 쌓일 대로 쌓인 양측의 불화가 빚어낸 참극이었다고 봐야 한다.

1941년 1월 23일 국민 정부 선전부는 완난 사변에 대해 "이는 결코 반공 탄압이 아니며 단지 명령에 불복한 신4군의 군기 위반을 처벌했을 뿐"이라고 발표했다. 대신 중국 공산당과 팔로군에 대한 직접적인 비난은 피하였다. 장제스는 국공의 갈등이 대내외적으로 이슈화되기를 원하지 않았으며 특히 최대 원조국인 소련과의 관계에 악영향을 줄 것을 심각하게 우려하였다. 중국 공산당 역시 아직은 장제스와의 정면대결이 시기상조라 판단하였다. 따라서 완난 사변에도 불구하고 국공 합작은 결렬되지 않은 채 유지되었다. 더욱이 중국 공산당은 이 기회를 이용해 천이와 류사오치를 장시 성으로 내려보내 신4군 지도부를 재건하면서, 그동안 옌안의 영향력에서 어느 정도 자유로웠던 신4군을 팔로군 휘하로 편입시켜 완전히 장악하였다. 신4군은 7개 사단, 1개 독립여단 등 정규군으로 재편되어 완난 사변 이전보다 훨씬 강해졌다.

그런데 장제스의 우려와 달리, 소련은 국공의 문제에 관여할 의사가 전혀 없었다. 소련이 중국을 원조하는 이유는 이데올로기 때문이 아니라 어디까지나 극동에서 일본을 견제하기 위한 전략적인 목적 때문이었다. 더욱이 스탈린은 중국 공산당을 그다지 신뢰하지 않았다. 마오쩌둥이 왕밍을 비롯한 소련파를 몰아내고 권력을 장악했기 때문이다. 소련 외무위원장 몰로토프는 "소위 중국 공산주의자들은 전혀 공산주의자가 아니며 사실 공산주의와는 아무런 인연도 없는 사람들이다. 우리가 그들의 배후로 지목될 아무런 이유도 없으며, 우리는 결코 중국 내부의 분열과 내전을 바라지 않는다"고 냉담하게 말했다.

공산주의 종주국인 소련이 중국 공산당을 푸대접하는 것과는 반대로, 자본주의 국가이자 나중에 철천지원수가 되는 미국은 중국 공산당에 매우 우호적이었다. 루스벨트의 특사로 충칭을 방문한 커리는 1941년 2월 8일 장제스를 만난 자리에서 "항일 전쟁에서 승리하기 위해서는 국공 간의 이견을 배제할 필요가 있다"며 양측의 화해를 종용하였다. 이에 대해 장제스는 "루스벨트가 중공의 유인비어에 속은 것이 아닌가" 하고 대단히 불쾌하게 여겼다. 커리는 귀국 후에도 루스벨트에게 "중국 공산당은 중국에서 민중의 지지를 끌어낼 수 있는 유일한 정당"이라고 보고하였다. 미국이 중국 공산당에 우호적이었던 이유는 철저하게 반소, 반공적이었던 유럽과 달리 미국 사회가 전반적으로 공산주의에 대한 거부감이 적었고 심지어 젊은 지식인 계층은 공산주의에 대한 일종의 환상마저 가지고 있었기 때문이다. 이런 경향은 루스벨트 행정부가 들어서면서 더욱 강해졌다. 소련에 개인적인 호감을 가지고 있던 루스벨트는 미 의회 내 보수파의 반대에도 불구하고 시베리아 출병 이래 극도로 악화된 미소 양국의 관계를 정상화하는 한편 소련에 기술자를 대거 파견하고 최신 기계류를 제공하였다. 공산혁명으로 국제 사회에서 고립된 데다 제1차 세계대전과 내전으로 완전히 파괴된 소련이 낙후된 농업국가에서 거대한 공업대국으로 탈바꿈할 수 있었던 것은 미국의 원조가 있었기 때문이다.

루스벨트 행정부는 유럽과 아시아에서 점점 확산되는 파시즘에 대해서는 노골적으로 혐오감을 드러냈는데 나치 독일과 일본, 이탈리아는 물론이고 영국과 프랑스에 대해서도 마찬가지였다. 반면, 스탈린 정권의 독재나 인권 탄압에 대해서는 철저하게 눈을 감는 이중적인 모습을 보였다. 중국에 대해서도 마찬가지였다. 장제스 정권에 대해서는 반봉건적이고 부패한 독재 정권이라고 비판하면서 마오쩌둥 정권은 "중국에서 가장 민주적인 정권"이라고 찬양하였다. 브룩스 앳킨슨, 너새니얼 페퍼, 에드거 스노 등 좌파 언론인들이 게재하는 칼럼은 국공 갈등의 책임이 전적으로 장제스 정권에 있으며 충칭은 무능하고 부패한 반면 옌안은 활기가 넘치고 항일 전쟁에서 큰 활약을 하고 있다고 묘사하였다. 물론 그들의 눈에는 중국 공산당 내부에서 벌어지는 추악한 권력 투쟁은 보이지 않았다.

╲팔로군은 무엇을 했는가

팔로군의 항일 투쟁에 대해 어떻게 평가해야 할까? 그동안 많은 학자들은 국민당과 공산당의 정치적 갈등에 초점을 맞추면서 마오쩌둥의 '유격전'은 중국 현대 군사전략의 대명사인 양 극찬하는 반면, 장제스는 일본과의 전쟁을 회피하고 내전에만 열중했다는 식으로 설명하였다. 이런 편파적인 시각은, 첫째로, 국공 내전에서 승리하여 대륙의 새로운 지배자가 된 중국 공산당의 사관을 그대로 답습한 것이다. 둘째, 이런 시각은 중일 전쟁 동안 중국에 체류하였던 미국의 관찰자들에 의한 것이다. 그들은 자신들의 관점에서 장제스 정권의 부정적인 모습을 부각시키면서, 반대로 마오쩌둥과 팔로군에 대해서는 미화하였다. 그러나 중일 전쟁의 주역은 분명 장제스와 국민정부군이었다. 장제스의 최정예 부대들은 버마에서 큰 희생을 치르며 승리를 거두었다. 또한 국민정부군은 비록 1944년 일본군 최대의 공세였던 '이치고 작전'에서 참패했지만, 1945년 초부터 미국의 대규모 원조를 받아 병력을 재편하고 반격을 시작하였다. 장제스는 결코 연합군의 승리에 무임승차한 것이 아니었다. 오히려 전력을 보전하며 세력 확대에만 집착한 쪽은 중국 공산당이었다. 마오쩌둥은 '지구전'을 명목으로 손실이 큰 작전은 피하면서 일본의 점령지와 국민정부의 통치 영역을 야금야금 잠식하는 전략을 구사하였다. 국공의 충돌이 빚어진 가장 큰 이유도 여기에 있었다.

팔로군은 1945년 봄부터 공세로 전환하여 4월부터 5월까지 화북 일대에서 총 109차례의 전투를 벌였다. 그러나 모두 소규모 유격전이었다는 점에서 본격적인 반격이라고 말할 수는 없다. 물론 약자가 강자를 상대하기 위해 결전을 회피하고 전력을 축적하는 것 자체는 매우 현명한 전략이다. 그러나 이는 최후의 국면에 도달했을 때 전면적인 반격으로 전환한다는 전제가 있을 때의 이야기이다. 대표적인 예로 베트남전에서 베트남민족해방전선(베트콩)은 유격전을 벌이면서도, 희생을 두려워하지 않고 정면 공격 또한 회피하지 않았다. 반면, 중국 공산당은 소련군이 만주를 침공하고 일본의 패망이 초읽기에 들어간 1945년 8월 11일에야 비로소 예하 부대에 만주로 진격하라고 명령하였다. 공산군은 소련군의 뒤를 쫓아가는 식으로 주요 도시와 요충지를 신속하게 장악하였고, 일본군과 만주국의 군경 4만 5천 명을 무장 해제시킨 후 공산군에 흡수하였다. 이 과정에서 국민정부군과 격렬한 충돌이 일어난 것은 물론, 도시에 먼저 진입한 국민정부군이 팔로군의 기습을 받아 도로 쫓겨나는 일도 비일비재했다.

물론 팔로군 병사들 개개인은 항일을 위해 온몸을 바쳤고 많은 희생을 치른 것도 사실이다. 그러나 그들의 희생과 당 지도부의 항일 의지는 별개의 문제이다. 8년의 전쟁에서 국민정부군의 사상자는 321만 명에 달했고(물론 이는 공식 집계일 뿐 실제로는 그 두 배가 넘는다는 설도 있다) 두 명의 집단군 사령관을 포함해 206명의 장성이 전사하였다. 이것은 그들이 결코 전투를 회피하거나 소극적으로 싸우지 않았다는 증거이다.

반면, 중공은 팔로군이 일본군 52만여 명과 괴뢰군 49만여 명을 살상하고 전사자 16만 명을 포함해 58만 3천 명의 손실을 입었다고 선전했지만 과장된 주장일 뿐이다. 팔로군과의 전투에서 전사한 일본군의 고위 장성은 아베 소장을 비롯해 단 3명이었으며, 팔로군 고위 지휘관(중공군은 1955년까지는 계급은 없고 직책만 있었다) 중에서는 팔로군 부참모장 쭤취안(左權)과 신4군 제4사단장 펑쉐펑(彭雪楓)이 전사한 것이 전부였다.* 더욱이 펑쉐펑은 1944년 11월 허난 성에서 국민정부군을 공격하다 전사했음에도 중국에서는 그가 일본군과 싸우다 순국했다고 왜곡한다.

전쟁 기간 장제스는 수시로 최전선을 시찰하며 방어 태세를 점검하고 병사들을 격려하였다. 반면에 마오쩌둥은 단 한 번도 옌안을 벗어나지 않았다. 이 때문에 스탈린조차 "중국 공산당은 항일에 소극적이다"라며 비난하였다. 일본군은 옌안을 수차례 폭격한 것이 전부일 뿐 단 한 번도 직접 공격한 적이 없었다. 만약 팔로군이 정말 위협이 되었다면 옌안은 무사하지 못했을 것이다.

중일 전쟁을 거치면서 중공의 세력은 급격하게 확대되었다. 일본이 항복했을 때 팔로군의 세력은 정규군만도 130만 명에 달했고, 통치 구역은 104만 제곱킬로미터로 늘어났다. 국공 내전이 벌어지는 1946년 봄이 되면 공산군이 장악한 지역은 중국 전체의 4분의 1이 넘는 230만 제곱킬로미터에 달했다. 마오쩌둥이 장제스와의 협상 테이블에서 대등하게 설 수 있었던 것도 바로 이런 힘에 대한 자신감 덕분이었다. 마오쩌둥이 외쳤던 '지구 전략'은 일본군이 아니라 장제스와의 내전에서 유감없이 발휘되었다. 바로 이것이 팔로군의 전쟁이었다.

중공중앙문헌연구실에서 편찬한 『마오쩌둥 외교문선(毛澤東外交文選)』에는 이런 말이 수록되어 있다. 1956년 마오쩌둥은 중일 우호를 위해 중국을 방문한 엔도 사부로 전 육군 중장에게 이렇게 말했다. "일본 제국주의는 첫째, 장제스의 힘을 약하게 해주었다. 둘째로, 우리의 공산당 지도부의 근거지와 군대 확충을 도왔다. 항일 전쟁 전, 한때 30만 명에 달했던 우리 군대는 우리 스스로 저지른 실수로 불과 2만 명밖에 남지 않게 되었다. 그러나 일본과 8년 전쟁을 치르면서 우리 군대는 120만 명으로 늘었다. 이것이 큰 도움을 받은 것이 아니고 무엇인가?"**

---

* 완난 사변으로 신4군 지도부가 큰 타격을 입은 뒤, 군사위원회는 신4군이 반란을 일으켰다며 이들의 해산을 명령했다. 그러나 중국 공산당은 불복하고 천이를 신4군 군장으로, 류사오치(劉少奇)를 정치위원으로 임명하여 신4군을 재건하였다. 국공 내전이 일어나자 신4군은 화동야전군으로 개편되어 산둥 성에서 국민정부군과 싸워 승리를 거두었다.

** 이 문건은 2011년 1월에 공개되었는데 이 문건에 수록된 "일본의 침략에 감사한다"라는 마오쩌둥의 발언이 논란이 되자 중국 공산당의 기관지 『베이징일보』는 "마오의 말은 진심이 아니라 유머와 풍자가 섞인 위트일 뿐"이라고 해명하였다.

25

일본, 남방을 노리다

＼프랑스의 패망

1940년 6월 22일, 프랑스가 독일에 항복하였다. 6월 25일 0시 35분을 기해 모든 전투는 끝났다. 5월 10일에 독일이 서유럽을 침공한 지 고작 6주 만의 일이었다. 전차와 항공기를 앞세운 독일군의 '전격전' 앞에 연합군은 제대로 된 저항 한 번 하지 못한 채 속수무책으로 붕괴되었다. 6월 14일에는 파리가 함락되었다. 제1차 세계대전의 영웅이자 스페인 대사를 거쳐 전쟁 직후 부수상이 된 앙리 페탱 원수는 연합군이 붕괴되자 신임 수상이 되어 독일에 무조건 항복을 수락하였다. 유럽 최강의 군사력을 자랑했던 프랑스가 그렇게 손쉽게 와해되리라고는 어느 누구도 예상하지 못했다. 심지어 히틀러와 독일군 수뇌부조차.

1940년 5월 15일 아침 7시 30분 폴 레노 프랑스 수상은 런던의 처칠 총리에게 급히 전화를 걸어 다음과 같이 말했다. "우리는 패배했습니다! 전투에 완전히 졌습니다!" 당황한 처칠은 급히 파리로 날아가 레노 수상과 달라디에 국방장관 등이 참석한 회의에서 프랑스군 총사령관 모리스 가믈랭 원수에게 "당신은 언제, 어디에서, 어떻게 독일군의 측면을 공격할 계획입니까?"라고 물었다. 그러나 이미 모든 의욕을 잃어버린 가믈랭은 "수적으로 열세하고 장비도 열세하며 방법까지 열세해서 공격할 수 없습니다"라고 대답하였다.

독일이 프랑스를 공격할 때만 해도 프랑스군을 비롯한 연합군은 독일군을 모든 면에서 압도하였다. 연합군 병력이 152개 사단인데 비해 독일군은 135개 사단이었고, 전차는 연합군이 4,204대인데 비해 독일군은 2,439대였으며, 항공기도 연합군 4,981대, 독일군 3,369대, 야포도 연합군이 1만 3,974문을 보유한 것에 비해 독일군은 7,378문에 불과했다. 해군력은 아예 비교가 되지 않았다. 독일군은 재무장을 시작한 지 고작 2~3년에 불과하였다. 가믈랭이 처칠을 향해 참담한 표정으로 "더 이상 예비대가 없다"고 말할 때조차 프랑스군에는 여전히 100만 명 이상의 병력이 남아 있었다. 나중에 페탱은 패전의 원인이 "너무 적은 병력, 너무 적은 무기, 너무 적은 동맹국" 때문이라고 변명했지만 이는 궤변일 뿐이다.

패배의 가장 큰 원인은 지도자의 리더십 결여에 있었다. 레노 수상은 북아프리카의 식민지로 수도를 옮겨서 끝까지 항전하자고 주장했지만 이미 패배주의에 빠진 각료들은 독일에 항복하기를 원했다. 각료들이 항전에 반대하자 그 자리에서 사퇴를 선언한 후 페탱에게 자신의 자리를 넘겨버렸다. 총사령관 가믈랭은 독일이 공격하기 직전만 해도 "독일이 우리를 공격하는 호의를 보인다면 독일에게 10억 프랑을 주겠다"며 허풍을 떨었지만 정작 독일군이 공격하자 일주일도 되지 않아 전의를 상실했다. 그에게는 끝까지 싸워서 이기겠다는 어떤 의지도, 노력도 없었다.

패배주의는 일부 수뇌부만이 아니라 프랑스 전체의 모습이었다. 처칠은 프랑스군의 전선을 시찰한 후 "만사 냉랭하게 나 몰라라 하는 분위기가 만연했다"며 프랑스군의 극도로 저하된 사기와 무력감에 큰 충격을 받았다. 대부분의 프랑스군은 독일군과 부딪치면 총 한 발 쏘지 않고 무기를 던진 채 항복해버렸다. 국민들 역시 마찬가지였다. 제1차 세계대전의 처참한 전투를 기억하고 있던 프랑스인들은 그때의 악몽이 반복되기를 원치 않았다. 이 당시 프랑스의 모습은 나라가 침략을 받아 국난에 직면했을 때 지도자의 리더십과 승리를 향한 의지가 전쟁에 얼마나 큰 영향을 주는지 단적으로 보여준다. 그들은 독일의 가혹한 압제를 받고 나서야 비로소 정신을 차리고 저항에 나섰다.

＼프랑스령 인도차이나 침공과 삼국동맹

프랑스의 항복은 직접적인 관계가 없는 극동에도 영향을 주었다. 일본이 프랑스령 인도차이나 침공을 시작으로 본격적으로 남방 침략에 나선 것이다.

일본은 중국의 해외 수송로를 봉쇄하기 위해 1939년 2월 하이난을 공략한 다음 11월에는 광시 성의 성도인 난닝을 점령하고 중불 국경까지 진격하였다. 이것은 중국에 큰 타격을 입혔지만, 프랑스가 일본군의 무력사용을 인도차이나에 대한 중대한 위협으로 간주하면서 마찰을 빚었다. 게다가 1939년 6월 친일파 살인 사건에 대한 용의자 인도 문제를 놓고 일본군이 톈진의 영국 조계를 포위하는 사건이 벌어지면서 일본은 전통적인 우방이었던 영국과도 최악의 갈등으로 치달았다. 그러나 일본은 외교적인 노력으로 관계를 회복하려하기보다 고압적인 태도로 일관하였다.

됭케르크에서 30만 명의 영불 연합군이 목숨만 건져 후퇴하고 프랑스의 항복이 시간문제가 되자 일본 참모본부는 연일 회의를 개최하며 '유럽 정세의 급변에 따른 향후 전쟁 방침'을 논의하였다. 7월 3일 육해군은 '세계정세의 추이에 따른 시국처리 요강'을 작성한 후 7월 22일 고노에 내각에 제출하였다.

1. 전쟁 개시는 기습을 원칙으로 한다.
2. 필리핀에 대해서 가능한 충돌을 회피하되 부득이한 경우 무력을 사용한다.
3. 우선 싱가포르를 공격한다. 다음으로 네덜란드령 동인도를 급습하여 점령한다.
4. 적당한 시기에 홍콩을 점령한다.
5. 만약 가능하다면 영국, 네덜란드를 분리시켜 싱가포르를 점령하지 않고 직접 네덜란드령 동인도를 기습하여 중요 자원을 확보한다.
6. 이를 위해 사용하는 병력은 수 개 사단 이하로 통제한다.

고노에 내각은 이 요강을 7월 27일 원안 그대로 승인하였다. 소련과의 전쟁이 승산이 없다는 사실을 절감한 군부는 대신에 영국과 프랑스의 패배를 기회 삼아 동남아시아를 침략할 속셈이었다. 특히 동남아시아는 시베리아와 달리 석유와 고무, 천연가스 등이 풍부하여 전략적 가치가 높은 지역이었다. 그러나 군부의 계획은 지나치게 낙관적이었다. 끝없는 군비 지출로 인해 일본의 경제는 1939년 말부터 점차 쇠퇴하고 있었다. 철강과 중유의 생산은 1938년을 기점으로 감소하기 시작했고 식량 생산 역시 1940년부터 줄어들었다. 국민의 생활은 갈수록 궁핍해졌다. 밑 빠진 독에 물 붓기 식으로 병력과 물자를 쏟아부으면서 중국 전선 하나도 마무리 짓지 못한 일본이 새로운 전쟁을 시작하겠다는 것은 누가 보더라도 억지였다.

더욱이 동남아 침공은 곧 미국과의 충돌을 의미했다. 1939년 9월 참모본부는 일본 최고 경제 전문가들로 '전쟁경제연구반'을 구성하여 미국과 전쟁을 할 경우 얼마나 승산이 있는지 연구하였다. 1년 반 동안 치밀한 연구를 통해 나온 결과는 실로 참담했다. 양국의 국력 차이는 일본을 1로 보았을 때 미국은 20에 해당했으며, 결론은 '전쟁 불가'였다. 1941년 미국의 GDP와 철강 생산은 일본의 12배, 인구에서 1.86배, 자동차 보유에서는 160배, 석유 생산에서 무려 780배에 달했다. 정상적으로는 이길 수가 없었다.

그럼에도 군부는 독일이 승리하자 우익 언론들을 앞장세워 "독일 승리의 버스에 늦으면 안 된다"며 무책임하게 선동하였다. 패배는 숨겼고 '눈부신' 승리만을 떠들었다. 대다수 국민도 이러한 군국주의 분위기에 휩쓸려 전쟁을 얕보았다. 즉, 일본의 남방 침략은 자신의 역량에 그만한 자신이 있어서가 아니라 독일의 승리에 편승하여 재미를 보겠다는, 전형적인 기회주의의 소산이었다. 만약 독일이 소련을 점령하고 영국마저 항복시켜 유럽을 장악한다면 미국 역시 백기를 들 것이라고 생각한 일본은 그전에 최대한 이익을 얻어야 한다는 강박감에 사로잡혔다.

일본은 프랑스가 패망하자 인도차이나의 프랑스 식민 정부를 압박하여 하노이 루트의 폐쇄를 요구하였다. 또한 중불 국경에 이를 감시할 수 있는 감시단의 주재를 강요하였다. 조르주 카트루 인도차이나 총독은 이에 굴복하여 1939년 7월 7일 하노이 루트를 폐쇄했다. 영국도 7월 17일 버마 루트를 폐쇄하였다. 이것은 중국에게 그야말로 사활이 걸린 일이었다. 프랑스 식민 정부가 양보하자 기고만장해진 일본은 한술 더 떠서 북부 인도차이나의 통행권 및 군사 시설의 건설과 사용권, 3개 비행장에 대한 사용권을 추가로 요구하였다. 비시 프랑스의 수장인 페탱은 일본의 압박에 굴복한 조르주 카트루를 파면하고 대신에 극동함대 사령관인 장 드쿠 제독을 신임 총독으로 임명하여 일본에 맞서도록 하였다. 그러나 프랑스 식민지군은 수적으로는 5만 명에 달했으나 대부분 장비와 훈련이 형편없는 현지 부대들이었고 구식복엽기 100대, 경전차 20대가 전부였다. 그들은 1940년 10월 라오스와 캄보디아의 국경을 침공한 태국군의 공격조차 막아낼 수 없었다. 장 드쿠 제독은 일본군의 위협에 대항하기 위해 영국과 미국, 중국과 연합하는 방안을 구상하기도 했으나 현실적으로 그들 역시 남을 도와줄 상황이 아니었다. 결국 장 드쿠는 프랑스의 인도차이나 지배권을 보장받는 조건으로 일본의 요구를 무조건 수용하였다. 8월 30일 양국은 각서를 교환하였고 9월 6일에 정식으로 조인하기로 합의하였다.

그런데 정식 조약을 체결하기 직전 난닝과 중국-인도차이나 국경에 주둔하고 있던 일본군 제5사단의 일부 부대가 명령도 없이 국경을 넘어가 프랑스군과 충돌하였다. 양국 정부가 체결한 합의사안을 현지 부대가 무시한 사건이었다. 그러나 고노에 내각은 문책은 커녕 이를 핑계로 9월 23일 0시를 기해 제5사단 및 해군 육전대 3개 대대의 인도차이나 침공을 결정하였다. 또한 프랑스군이 저항할 경우 무력을 사용해도 좋다는 명령을 내렸다. 일본군이 국경을 돌파하자 9월 23일부터 24일까지 일본군과 프랑스 식민지군 사이에 소규모 충돌이 곳곳에서 벌어졌다. 일본의 육군 항공대가 하이퐁을 폭격하여 37명의 민간인이 사망하기도 하였다. 결국 프랑스군은 저항을 포기하였고 2만 5천 명의 일본군은 별다른 전투 없이 북부 인도차이나를 손쉽게 점령하였다.

일본군은 프랑스군 비행장을 접수하여 윈난 성과 구이저우 성 등 중국 남부 지역을 무차별로 폭격하였다. 게다가 점령 지역에서 대량의 식량을 약탈하여 1940년 9월부터 12월까지 3개월간 약탈한 쌀만도 46만 8천 톤에 달했다. 전후 베트남 정부가 조사한 결과에 따르면 일본의 식량 수탈로 북부 델타 지역에서 2백만 명 이상이 아사하였다.

일본의 북부 인도차이나 진주는 독일이 비시 프랑스와 맺은 조약을 명백히 위반한 것이었다. 독일은 비시 프랑스의 주권과 영토, 해외 식민지를 보장해주었고 이를 통해 프랑스령 북아프리카(알제리, 튀니지)에 욕심을 내던 무솔리니를 억제하였다. 그러나 일본의 인도차이나 점령에 대해서는 묵인하는 이중성을 보였다. 이런 모순적인 행태는 프랑스인들의 감정을 악화시켰다. 추축국 사이의 결속력 또한 약화시켰다. 이런 원칙 없는 행동은 추축 진영이 결국 패망하는 가장 큰 이유 가운데 하나가 되었다.

일본이 북부 인도차이나를 점령한 직후인 9월 27일 독일과 일본, 이탈리아 삼국이 군사동맹을 체결하였다. 10년을 유효기간으로 하는 추축동맹으로서 독일과 이탈리아는 유럽에서, 일본은 동아시아에서의 배타적 지배권을 가진다는 것을 서로 인정한다는 내용이었다. 그러나 독일과 이탈리아와의 동맹에 대해서 일본 내에서도 많은 반대가 있었다. 독일, 이탈리아와의 관계 강화와 남진 정책은 미국과 영국, 프랑스와의 관계 악화로 직결될 수밖에 없었다. 특히 미국에 경제적 의존도가 높은 일본이 아무 대책 없이 대미 무역이 단절될 경우 심각한 타격을 받을 것은 불 보듯 뻔했다. 따라서 해군 원로이자 전 외상이었던 노무라 기치사부로는 미국과의 관계를 개선해야 한다며 중국 내 미국의 권익과 양쯔 강에서 제3국 선박의 통행을 재개할 수 있도록 보장하자고 제안하였다. 또한 전 해군대신이자 고노에를 대신해 1940년 1월 신임 총리가 된 요나이 미쓰마사 역시 추축동맹에 가입할 경우 미국과 관계가 악화될 수 있다며 강하게 반대하였다. 그러나 이 때문에 요나이는 육군의 극단주의자들에게 몇 번이나 암살당할 뻔했고 결국 7개월 만에 총리 자리에서 물러나야 했다.

그 뒤를 이어 제2차 고노에 내각이 결성되었다. 다시 총리 자리에 복귀한 고노에는 육군이 요구하는 대로 '북방남진(北防南進)'을 정부의 정식 방침으로 정했고 또한 외무성의 대표적인 대미 강경파인 마쓰오카 요스케를 신임 외상으로 임명하였다. 마쓰오카는 소위 '대동아공영권', 즉 "이는 일본이 주도하는 동아시아 신질서이며 네덜란드령 동인도와 프랑스령 인도차이나를 포함한다"고 외치며 추축동맹의 결성을 강행하였다. 그런데 그토록 반대를 무릅쓰고 체결한 추축동맹은 상징성 외에는 일본에게 도움이 되는 것이 아무것도 없었다. 미국과 영국은 독일과 동맹을 맺은 일본을 적국으로 간주하였다. 일본의 요구로 버마 루트를 3개월간 폐쇄했던 영국은 10월 4일 통행을 재개하여 대중 원조를 시작하였다. 처칠은 하원 연설에서 "추축동맹의 내용은 일본에게 유리할 것이 없는데도 그것을 강행한 이유를 모르겠다"면서 일본의 경솔함을 비꼬았다.

사실 마쓰오카는 개인적인 욕심에 눈이 먼 나머지, 충분한 준비도 연구도 없이 졸속으로 추축동맹의 가입을 강행하였다. 외무차관과 외무성 간부들은 물론 주독일, 주이탈리아 대사의 의견조차 한 번 물어보지 않았다. 독일과 이탈리아의 국내 사정이나 군사력에 대해서도 정확하게 알아보지도 않고 막연히 두 나라를 과대평가하였다. 나라의 운명이 걸린 사안을 일개 관료가 전횡한 셈이었다.

이전까지 미국은 극동에 대해 철저하게 불간섭주의를 고수하고 있었다. 중일 전쟁 때문에 많은 경제적 손실을 입었지만 그보다 일본에 대한 이해관계가 월등히 중요했으므로 굳이 중국 문제 때문에 일본과 대립각을 세울 필요가 없다고 여겼다. 그러나 일본이 프랑스령 인도차이나를 점령하고 추축동맹에 가담하자 미국도 경계하지 않을 수 없었다. 또한 미국은 암호 해독을 통해 일본이 대미 개전조차 불사하기로 결정했다는 정보를 모두 파악하고 있었다. 따라서 루스벨트는 고노에 내각이 군부가 제출한 남방 침략 계획을 승인하기 전날인 1940년 7월 26일 영국, 네덜란드와 함께 전쟁물자의 대일 수출을 허가제로 전환하였고, 11월에는 중국에 1억 달러의 차관을 제공하기로 결정하였다. 영국 역시 12월 10일 500만 파운드의 차관과 500만 파운드의 신용차관을 중국에 제공하였다.

이리하여 한때 고사 상태에 직면했던 중국은 숨통이 트였다. 내친 김에 장제스는 루스벨트에게 일본의 전략 폭격에 대항하고 괴멸 상태에 빠진 중국 공군의 재건을 위해 전투기 500대와 조종사를 지원해달라고 요청하였다. 루스벨트는 보수적인 의회를 고려해 직접 원조하는 대신 5천만 달러의 차관을 공여하였다. 중국은 이 돈으로 영국으로부터 P-40 워호크 전투기 100대를 구입하였다. 또한 셔놀트는 미군 항공대 장교들을 대상으로 의용군을 모집하였다. 이것이 미국인 제1의용대대, 통칭 '플라잉타이거스'였다.

이제 중일 전쟁은 더 이상 두 나라만의 전쟁이 아니었다. 일본은 무모한 야심에 눈이 먼 나머지 중국에서 동남아시아로, 그리고 태평양 전체로 칼날을 겨누었다.

＼상가오 회전

태평양 전쟁 직전까지 중국 전선의 상황은 어떠했을까? 1939년 12월부터 1940년 4월까지 다섯 달에 걸쳐 진행된 장제스의 야심 찬 '동계 공세'가 실패로 끝나면서 많은 인력과 물자를 상실한 중국은 일단 수세로 전환하였다. 마침 일본의 압력에 굴복한 영국과 프랑스가 인도차이나, 버마 국경을 폐쇄하면서 무기 수입에 심각한 차질이 발생했다. 게다가 1940년 9월 일본과 중립 조약을 체결한 소련이 대중 원조를 대폭 줄여버렸다. 난징에서는 왕징웨이의 괴뢰 정권이 수립되었고 완난 사변으로 국공의 대립은 극에 달했다. 중국은 항전 이래 최악의 궁지에 몰렸다.

한편, 일본은 장기 전략 방침에 따라 중국 전선에 대해 일단 현상유지에 주력하였다. 일본군은 대규모 작전 대신에 기존 점령지 통제를 강화하며 중국을 봉쇄하고 내륙에 대한 전략 폭격에 나섰다. 일본이 충칭으로 진격하지 못한 가장 큰 이유는 병참 능력의 부족 때문이었다. 일본의 병참 능력은 대단히 열악했다. 일본의 한국전쟁사 전문가이자 중일 전쟁에서 제40사단의 초급장교로서 화중 전선을 전전했던 사사키 하루타카(일본 육사 54기)는 자신의 저서 『창사작전(長沙作戰)』에서 당시 상황을 이렇게 회상하였다.

> "각자가 30킬로그램이나 되는 장구와 병기를 메고 밤낮 없이 걸었으며 휴식할 때에는 노상에서 잔다. 숙영할 때에는 민가로 달려가 쌀, 소금, 부식을 약탈하고, 식사를 한 후 출발 전에 두 끼분의 도시락을 준비하여 걷고 또 걷는다. 공격을 시작하면 7~10일분 식량을 등에 지고 출발하지만 이후의 추가 보급이 없어 돌아올 때 역시 약탈할 수밖에 없었다."

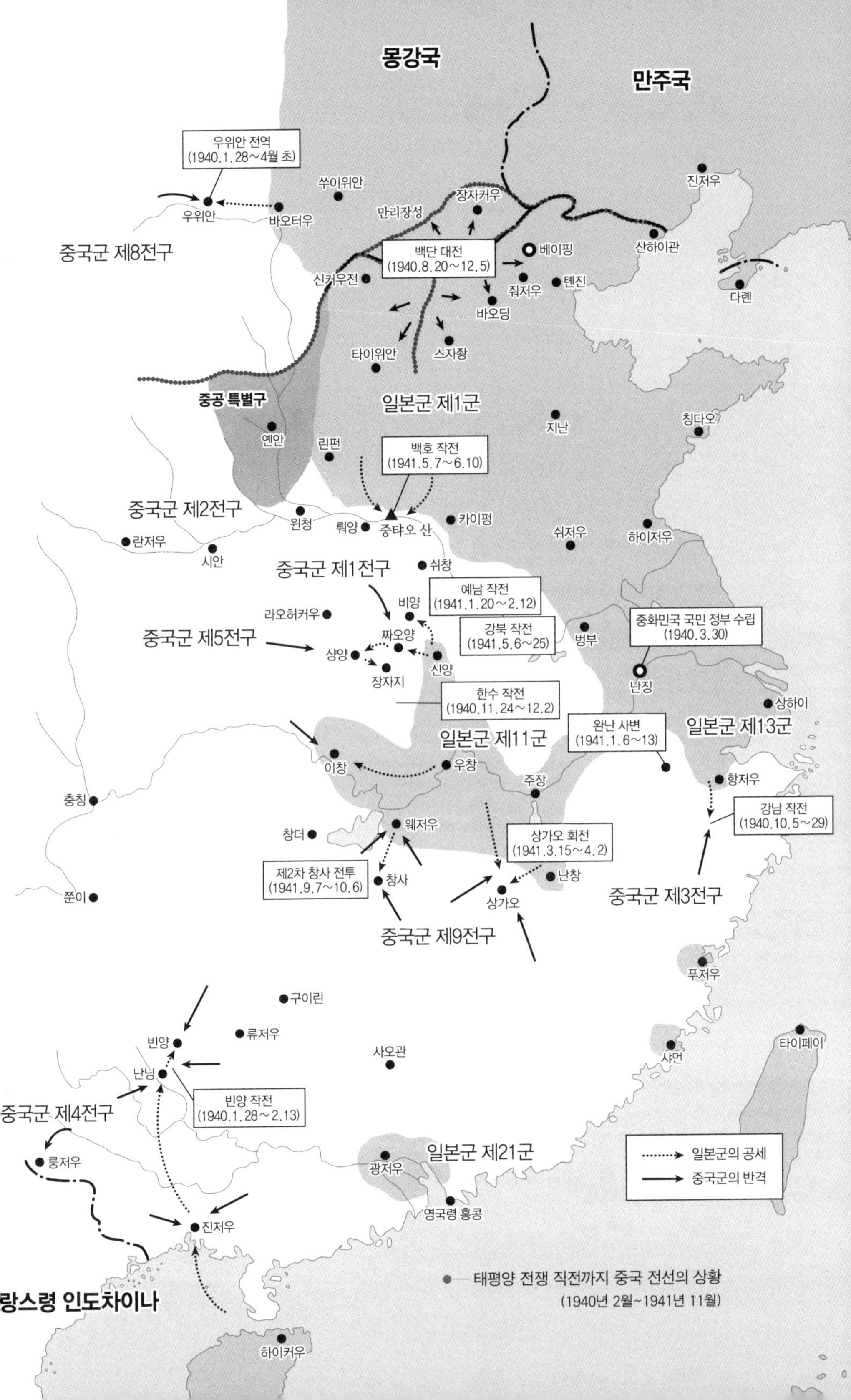

태평양 전쟁 직전까지 중국 전선의 상황
(1940년 2월~1941년 11월)

개전 초만 해도 철도를 이용해 쾌속 진격했으나 중국군이 철도망이 빈약한 서부 오지로 후퇴하자, 수송수단과 비축 물자 등 병참 능력이 뒷받침되지 않아 더 이상 공세를 이어갈 수 없었다. 탄약은 물론 식량(특히 부식)조차 전선으로 수송하지 못하여 현지 약탈에 의존해야 했다. 장교들은 사비를 들여 번쩍이는 제복을 입고 점령지의 향락가를 활보했지만 대다수의 병사들은 다 해어진 군복을 일 년이 넘도록 입고 영양실조에 허덕이며 진격로 주변에 있는 벼이삭을 훑고 민가를 약탈했다. 작전은 주둔지에서 크게 벗어나지 못한 채 일정 반경에 있는 중국군 진지를 정기적으로 공격하고 마치 퇴근하듯 돌아오기를 반복하였다. 물론 그때마다 중국군의 완강한 저항에 부딪쳐야 했고, 별다른 전과를 얻지도 못한 채 병력과 물자만 소모했다.

장제스는 1941년 10월 20일 난웨에서 열린 군사회의에서 주요 지휘관들에게 일본군의 역량이 점점 쇠퇴하고 있다는 사실을 지적하였다.

> "일본군의 사기는 우한 회전 이후 점차 하락하여 이제 교육, 훈련, 기술, 체격 어느 면에서도 이전보다 크게 뒤진다. 질적으로도 이전과 차이가 있을 뿐만 아니라 양적으로도 한계에 도달해 있다. 우리는 현재 그들을 타파할 자신이 있다. 일본군은 어느 지점으로 진격하더라도 2주가 한계이며 2주가 넘으면 스스로 철퇴하지 않으면 안 된다."

하지만 일본이 한계에 직면했다고 해도 중국 역시 지쳐 있기는 마찬가지였다. 일본군은 우한과 양쯔 강 중하류에서 국지적이고 제한적인 단기 공세를 반복하였다. 주된 공격 대상은 제1전구와 제3전구, 제5전구, 제9전구였다. 그러나 중국군의 저항 역시 여전히 완강하여 고전의 연속이었고 중국군에게 많은 손실을 입혔으나 일본군의 손실도 적지 않았다. 게다가 목표 지역을 어렵게 점령해놓고도 일본군은 공세종말점에 도달하면 온갖 약탈을 자행한 후 퇴각하였다. 일본군이 후퇴하면 즉시 중국군이 반격과 추격에 나섰고 매복하고 있던 중국군 유격대가 도처에서 습격하였다. 이런 상황이 1944년까지 끝없이 반복되었다.

1940년 말부터 태평양 전쟁 직전까지 전개된 일본군의 주요 작전에는 1940년 10월 제13군이 안후이 성과 장쑤 성 북부에서 제3전구를 공격한 '강남 작전(江南作戰)', 11월 말 제11군이 후베이 성 한수이 강 주변의 제5전구를 공격한 '한수 작전(漢水作戰)', 1941년 1월 말 탕언보의 제31집단군이 이창을 위협하자 제11군이 선제공격하여 격퇴한 '예남 작전(予南作戰)', 제2차 창사 작전의 전초 작전으로 1941년 5월 후베이 성 서부에서 제5전구를 공격한 '강북 작전(江北作戰)' 등이 있었다.

또한, 북지나방면군은 산시 성 남부에서 유격전을 전개하고 있던 웨이리황의 제1전구를 괴멸하기 위해 제1군을 주력으로 총 6개 사단 및 2개 혼성여단과 제3비행단을 동원해 1941년 5월 7일부터 '백호 작전(百號作戰, 중탸오 산 전역(中条山戰役))'을 개시하였다. 6월 10일까지 약 한 달간 진행된 이 전투에서 중국군 제1전구 2개 집단군은 괴멸적인 타격을 입어 4만 명이 넘는 사상자를 내는 대참패를 당하였다. 이 전투는 중일 전쟁을 통틀어 중국군 최악의 참패 중 하나였다. 이로 인해 산시 성에서 국민정부군의 세력은 급격히 약화되었고, 팔로군이 그 공백을 잠식해 나갔다.

그러나 1941년 3월 15일부터 4월 2일까지 장시 성 북부 상가오(上高会)에서 벌어진 '상가오 회전'에서는 일본군이 대참패를 당했다. 쉐웨의 중국군 제9전구는 후베이 성과 장시 성 일대에서 국지적인 공격을 반복하였다. 특히 뤄줘잉의 제19집단군은 장시 성의 성도 난창의 탈환을 노리면서 우한에 대한 병참선을 위협하였다. 일본군 제11군은 제19집단군을 격멸하여 난창에 대한 위협을 제거하기 위해 1941년 3월 15일 '금강 작전(錦江作戰)'을 시작하였다. 병력은 제33사단과 제34사단, 1개 혼성여단, 제3비행단 등이었다. 일본군은 두 갈래로 진격하면서 중국군 제70군을 격파한 다음 상가오로 향했다. 그러나 중국군 제49군과 제74군의 강력한 저항에 부딪쳐 일진일퇴의 치열한 혼전이 벌어졌다. 일본군은 제34사단 사령부가 중국군의 습격을 받아 한때 위기에 처하는 등 고전하다가 결국 작전 일주일 만인 3월 23일 상가오 공략을 포기하고 후퇴하기 시작했다.

쉐웨는 뤄줘잉에게 반격을 명령했다. 3월 24일 중국군 제72군이 증원되면서 일본군 제34사단은 무려 9개 사단에 포위당했다. 일본 제11군 사령관 소노베 중장은 급히 제33사단에 제34사단의 구원을 지시했다. 그러나 제33사단 역시 중국군에 포위당하여 측면과 배후를 난타당하며 고전을 면치 못했다. 3월 27일 제34사단은 어둠을 이용해 포위망 돌파에 성공했지만 중국군 제49군과 제70군 등 6개 사단의 추격을 받으며 쏟아지는 비를 뚫고 정신없이 도주해야 했다. 이 과정에서 수백여 명의 부상병과 환자들이 아무렇게나 버려졌다. 또한 독립혼성 제20여단이 중국군 제49군에 포위당하여 전멸적인 타격을 입었고 제33사단도 중국군의 포위망을 강행 돌파하며 많은 손실을 입었다. 병참선이 끊긴 일본군은 식량과 탄약마저 떨어졌다. 일본군은 비행기로 공중 보급을 받으며 4월 2일에야 간신히 출발지점으로 되돌아 올 수 있었다. 중국군은 4월 2일까지 빼앗긴 모든 지역을 회복하였다. 이 패배의 충격으로 제34사단 참모장 사쿠라이 도쿠타로 대좌가 할복했다.

중국은 '공전의 대승리'라며 "일본군의 피해는 전사자만 1만 5천 명에 달했으며 포로 17명을 붙잡고, 산포 6문, 경기관총 24정, 소총 400여 정, 각종 탄약 11만 발을 노획하였다"고 전과를 발표하였다. 장제스는 제19집단군 사령관 뤄줘잉에게 직접 승리를 치하하면서 15만 원의 상금을 지급하였고, 군사위원회는 뤄줘잉의 유인 작전과 포위 전술에 대한 연구보고서를 배포하여 앞으로의 방어 전략에 적극 활용하라고 지시하였다.

김홍일 장군 역시 중앙군 제19사단장(제70군에 배속)으로 상가오 회전에 참전하여 큰 활약을 하였다. 중국군에서 복무한 외국인 가운데 최고위 장성이었던 그는 장제스의 북벌 전쟁에서 소교(소령)로 참전하여 허잉친의 참모로 활약하였다. 훗날 그는 제102사단 참모장, 제19집단군 참모처장, 제19사단장, 지식청년군 부참모장 등 중요 직책을 두루 거쳤고 광복군 참모장을 맡는다. 그는 중국군 중장(2성), 한국군 중장(3성)을 지내 한국군 유일의 5성 장군이라고도 불린다.

╲제2차 창사 전투

이 시기 벌어진 전투 가운데 가장 크고 치열했던 전투는 제2차 창사 전투였다. 1939년 9월 제1차 창사 전투에서 패배한 일본군은 1941년 1월부터 재차 창사 공략을 준비하였다. 작전은 7월경에 시작할 예정이었다. 그런데 6월 22일 뜻밖의 사건이 벌어졌다. 독일이 소련을 침공한 것이다. 대본영은 앞으로의 국제 정세가 어떻게 흘러갈지 추이를 지켜보기 위해 일단 창사 작전을 연기하였다. 그런데 제11군이 대본영의 방침에 반발하며 본격적인 남방 작전에 앞서 중국군의 주력인 제9전구에 결정적인 타격을 가해야 한다며 창사 공략을 강력히 주장하였다. 성화에 못 이긴 대본영은 마지못해 8월 26일 작전을 승인하였다. 대신 제9전구의 격멸에 주목적을 두고 창사 점령 후 즉시 철수하라고 지시하였다.

동원된 병력은 제11군 산하 4개 사단(제3사단, 제4사단, 제6사단, 제40사단)과 4개 독립지대(9개 보병대대 및 3개 포병대대), 제13전차연대(94식 경장갑차 및 95식 경전차 장비), 제14야전중포병연대, 2개 비행대 등 약 12만 명에 달하여 제1차 창사 작전을 능가하는 규모였다. 중국군은 8월 중순부터 창사 방면에서 일본군이 병력과 물자를 대대적으로 증강하고 있다는 정보를 입수하고 곧 창사 공략이 시작되리라 예상하였다. 장제스는 쉐웨에게 창사 북쪽에서 지연전과 유격전을 벌여 적의 손실을 최대한 강요하고 주력 부대는 적의 측후방으로 접근하여 포위 섬멸하라고 명령하였다. 또한 제9전구가 그동안의 전투로 상당히 약화되었기에 제3전구와 제5전구, 제6전구에서 병력을 대거 빼내어 제9전구로 증원시켰다. 또한 각 전구에 일본군에 대한 견제 공격을 지시하였다. 제9전구의 병력은 증원 부대까지 합해 4개 집단군(제1집단군, 제19집단군, 제27집단군, 제30집단군) 12개 군 50만 명에 달했다.

일본군의 공격은 제1차 창사 전투와 똑같은 형태로 진행되었다. 9월 7일 사전 작전으로 제6사단이 다윈 산(大雲山)을 공격하여 중국군의 측면을 위협하고 제40사단이 중국군 제58군을 기습하여 격파하였다. 9월 18일 일본군 주력 부대는 신창허 강 북안에 무려 332문에 달하는 야포를 집결시킨 뒤 맹렬한 포격으로 중국군의 최일선 방어진지를 강타하였다. 그리고 신창허 강을 단숨에 도하하여 중국군 제4군의 최외곽 방어선을 돌파하였다. 하지만 중국군 제26군과 제37군은 미수이 강(汨水) 주변의 지형지물을 이용해 다수의 크리크와 참호를 파고 강력한 방어선을 구축하고 있었다. 일본군은 사흘에 걸쳐 치열한 전투를 벌인 끝에 9월 25일 이를 돌파하였다. 중국군 제10군 역시 미수이 강 부근에서 일본군 제3사단의 공격을 받아 격퇴당했고, 제9전구 최강 부대인 제74군이 일본군 제3사단 및 제6사단과 이틀 동안 백병전과 야습을 반복하며 격전을 벌였지만 결국 9월 27일 동쪽으로 퇴각하였다. 중국군 부대들은 일본군의 전진을 막지 못하고 패주하는 것처럼 보였다. 하지만 사실은 질서정연하게 일본군의 측면으로 물러나 다음 공격에 대비하고 있었다. 도로 곳곳이 파괴된 데다 중국군이 설치한 대전차 장애물로 인해 일본군의 포병과 전차 부대는 더 이상 전진할 수 없었다.

창사 전면의 방어선이 무너지자 쉐웨는 창사에서 철수 명령을 내리고 사령부를 창사 남쪽의 샹탄(湘潭)으로 옮겼다. 9월 27일 저녁 일본군 제4사단이 창사 성내로 진입하였다. 주민들은 사전에 모두 피난했기 때문에 시가지는 텅 비어 있었다. 제3사단은 후퇴하는 중국군을 추격하여 창사 남쪽 52킬로미터 떨어진 주저우(株洲)까지 장악했다. 일본군은 "창사 공략 성공!"이라고 발표하며 기뻐했다. 하지만 이것은 중국군의 함정이었다.

일본군을 깊숙이 유인하는 데 성공한 중국군은 창사 외곽의 광범위한 지역에서 대규모 포위망을 형성하였다. 9월 26일 장제스는 반격을 명령했다. 사면에서 포위당하고 퇴로마저 위협받자 제11군 사령관 아나미 고레치카 중장은 10월 1일 창사를 포기하고 퇴각을 명령했다. 중국군 4개 군(제4군, 제20군, 제58군, 제72군)이 일본군의 병참선을 차단했다. 하늘에서는 중국 공군의 소련제 SB-2 폭격기들이 후퇴하는 일본군을 공격했다. 일본군은 한때 포위 섬멸의 위기에 처하기도 했으나 악전고투 끝에 포위망을 간신히 돌파한 후 10월 6일 신창허 강 이북으로 철수하였다. 일본은 중국군 5만 4천 명을 사살하고 자신들은 전사 1,670명, 부상 5,184명의 손실을 입었다고 발표했지만, 중국은 일본군이 최소 5만 명 이상의 손실을 입었다고 발표하였다.

장제스는 쉐웨에게 반격을 지시하면서 일본군 제11군의 주력이 창사 작전에 투입된 것을 이용해 천청의 제6전구에 대해서도 이창 탈환을 명령했다. 9월 28일 제6전구 15개 사단이 삼면에서 이창을 포위 공격하였다. 중국군은 독일제 150mm 곡사포를 비롯한 140문에 달하는 대량의 야포를 집결시켜 무시무시한 화력으로 일본군 제13사단을 강타하였다. 이 때문에 제13사단은 전 병력의 3분의 1을 상실하는 막대한 손실을 입고 당장 전멸 직전에 몰렸다. 아나미 중장은 제13사단을 구원하기 위해 제39사단을 급히 증원하였다. 일본군 포병은 2천5백 발에 달하는 대량의 독가스탄을 무차별로 발사하였다. 수천 명이 넘는 중국군 병사들이 독가스에 중독되거나 죽었다. 결국 10월 10일 천청은 이창 공략을 포기하고 모든 병력을 후퇴시켰다. 사실 제13사단장 우치야마 에이타로 중장은 중국군의 공세가 너무 강력하여 전멸이 시간문제라고 생각하고서 군기를 불태우고 사단장 이하 참모 전원이 자결할 준비까지 하고 있었는데 구사일생으로 살아난 셈이었다. 한편, 미국은 일본의 독가스 공격을 비난하였다. 루스벨트 대통령은 마셜 참모총장에게 독가스전을 대비하라고 지시했다.

레이 황은 당시 중국군이 "지독히도 형편없는 상황에 몰려 있었다"며 중국군의 사기가 땅에 떨어지고 군기가 무너졌다고 비판했지만 실제로는 중국군의 역량은 오히려 전쟁 초반보다 향상되고 있었다. 장제스의 권위는 여전히 흔들리지 않았으며 예하 지휘관들은 할 수 있는 한 적극적으로 작전을 수행했다. 특히 이창 탈환 작전은 동계 공세 이래 첫 번째 대규모 반격 작전이었으며, 창사 공략에 집중하고 있던 일본군의 허를 찔러 전략적 요충지인 이창을 탈환 직전까지 밀어붙였다. 일본군은 국제법으로 금지된 독가스를 대량으로 사용하여 간신히 위기에서 벗어날 수 있었다.

레이 황이 지적한 '문제점'은 오히려 일본군에서 더 심각하게 나타났다. 전쟁이 장기화되면서 간부와 병사들의 질적 저하는 심각했다. 최정예 사단조차 고참병들을 대거 상실하면서 훈련을 제대로 받지 못한 신병들이 자리를 차지했다. 출세에만 혈안이 된 장교들은 부하의 목숨을 하찮게 취급하고 무리한 작전을 반복했다. 병사들은 스스로를 '1전 5리의 목숨'이라고 불렀다. 전사통지서에 붙이는 우표 값이 1전 5리였기 때문이다. 병사들의 인내심이 한계에 직면하면서 하극상과 군기 위반 사고가 나날이 늘어났고 심지어 병영 폭동이 일어나 진압 부대가 출동하는 일도 비일비재했다. 허위보고 또한 만연하였다. 패배하여 후퇴한 작전에 대해서조차 "당초 목적을 달성하고 자발적으로 철수하였다"며 전과를 과장하고 자신들의 손실은 정확한 숫자 대신 "경미함"이라고 표현하였다. 이런 상황에서 요행만 믿고 시작한 것이 바로 미국과의 전쟁이었다.

26

중국 창공의 혈전

╲중일 전쟁 초반의 공중전

중일 전쟁이 일어나기 직전, 장제스가 가장 심혈을 기울인 부분이 공군력의 확충이었다. 1930년대 초반 그는 일본군과의 전투를 통해 제공권의 확보가 얼마나 중요한지 뼈저리게 깨달았다. 그는 공군을 육군에서 독립시켜 육해군과 동등한 지위에 올려놓았다. 또한 자신이 항공위원회 위원장을, 비서장으로 자신의 부인인 쑹메이링을 임명하고 일본의 침략에 대항할 수 있는 공군력의 건설을 목표로 세웠다. 쑹메이링은 남편을 대신해 미국, 독일, 이탈리아, 영국, 프랑스 등 해외 각국에서 적극적으로 비행기를 구입하고 공군 전문가와 조종사, 기술자, 훈련교관의 확보에 나섰다. 공군력 건설을 위해 국민정부는 재정난에도 불구하고 국방 예산의 30~40퍼센트를 공군에 우선 배정하였다. 중국이 공군력을 급격하게 확대하자 일본도 경계하지 않을 수 없었다.

중국은 자체적인 항공기 생산 능력을 갖추기 위해 외국과 합작하여 3곳의 항공기 제조창과 6곳의 항공기 수리공장을 건설하였고, 연간 수십 대의 항공기를 라이선스 생산하였다. 또한 항저우와 뤄양, 광저우에 전문적인 항공학교를 설립하여 조종사를 훈련시켰다. 그 외에 지방 군벌들이 자체적으로 운영하는 군관학교에도 비행학과가 있었다. 중국 공산당 역시 1937년 말부터 신장 성 성도인 우루무치에 있는 신장항공학교에 43명의 훈련생을 입교시켜 비행교육을 받게 했다. 공산당은 또한 이전에 국민정부군으로부터 노획한 몇 대의 낡은 복엽기로 최초의 비행대를 편성했다. 이들은 나중에 인민해방군 공군의 근간이 되었다.

장제스의 후원 아래 중국 공군은 1936년부터 비약적으로 성장했다. 1937년 3월 군사위원회가 수립한 '국방작전계획'에서는 일본과 전쟁이 시작되면 중국 공군은 장거리 폭격기를 동원해 규슈는 물론, 도쿄와 오사카, 교토 등 일본 본토의 대도시들을 보복 공격해야 한다고 명시하였다. 이는 수세적인 전략에서 벗어나 적극적으로 일본에 맞서겠다는 의지의 표현이었다. 그러나 외형상의 성장에도 불구하고 중일 전쟁이 시작되었을 때 중국 공군은 여전히 일본에 대항하기에는 역부족이었다. 수적으로도 부족할 뿐만 아니라 세계 각국에서 구매한 온갖 잡다한 기체들로 편성된 데다 대부분의 항공기가 노후화가 심각한 구식 기체들이었다.

훈련 상태도 천차만별이었다. 중일 전쟁이 일어나기 직전 장제스의 공군고문으로 파견된 클레어 셔놀트 대위는 어느 날 이탈리아인 교관이 맡고 있던 뤄양의 비행학교 초급과정 훈련생들의 비행을 참관했다. "아주 좋은 날씨인데도 불구하고 내 눈앞에서 이착륙하던 13대 중 6대가 파괴되었다." 반면, 미국인 교관이 운영하는 항저우의 중앙항공학교는 훈련이 매우 엄격하여 400명의 지원자 중 실제 입학을 허락받은 사람은 150명, 최종 졸업자는 그중에서 겨우 30~50퍼센트에 지나지 않았다. 또한 중국계 미국인으로 중일 전쟁 초반 중국 공군 최고의 에이스였던 천루이뎬(陳瑞鈿, 미국명 아서 친(Arthur Chin))처럼 해외에서 비행 훈련을 받은 이들도 있었다. 그는 구식 복엽기인 글로스터 글래디에이터를 타고 훨씬 성능이 우수한 일본 전투기들을 상대로 싸웠고 1939년 12월 중상을 입어 일선에서 물러날 때까지 총 8.5대(여기서 0.5대는 공동 격추를 의미)를 격추시켰다.

중일 전쟁이 일어나자 중일 양국은 상하이 방면에 공군력을 총동원해 치열한 전투를 벌였다. 일본은 전쟁 초반부터 중국의 전의를 꺾기 위해 이른바 "도양폭격(渡洋爆擊)"을 실시하였다. 타이완, 규슈, 제주도의 항공 부대가 장거리 전략 폭격에 나서 중국의 주요 도시와 군사기지, 비행장을 무차별적으로 공격한 것이다. 여기에 대항해 중국 공군은 폭격기들만 기습하고 빠지는 식의 유격전을 구사했다. 일본 전투기는 항속거리가 짧아 폭격기를 엄호하기 어려운 데다 폭격기 역시 '하늘을 나는 라이터'라고 불릴 만큼 방어력이 취약하여 중국 전투기의 공격을 받으면 쉽게 격추당했다. 중국 공군이 보유한 기체는 대부분 구식 복엽기였지만 1930년대 중반에 미국, 이탈리아, 소련 등에서 수입한 커티스 호크-III, CR-32, I-15, I-16 전투기들은 전쟁 초반 일본 해군의 주력이었던 95식, 96식 함상전투기와 호각 이상이었다. 또한 일본의 전략 폭격에 맞서 중국 폭격기들도 상하이의 일본 함대를 맹렬하게 공습하고 타이완까지 날아가 폭탄을 떨어뜨렸다.

상하이 전투 초반에 일본 함대에 대한 중국 공군의 공습이 거의 피해를 주지 못했지만 그렇다고 그들의 조종 실력이 형편없었다고 생각하는 것은 성급하다. 중국 공군은 대함 공격 훈련을 전혀 받지 못한 데다 이때만 해도 항공기의 대함 공격 기술은 매우 미숙하여 지상 폭격과 마찬가지로 저고도에서 수평으로 비행하면서 폭탄을 떨어뜨리는 식이었다. 몇 년 뒤에 벌어지는 진주만 기습이나 타란토 공습*처럼 정박된 군함에 대한 기습 공격이라면 몰라도 전투 기동 중인 함선에 대해 대공포와 적기의 방해를 뿌리치고 수평폭격으로 정확히 명중시키는 것은 당시로서는 거의 불가능한 일이었다. 그럼에도 중국 공군은 8월 말까지 보름 동안 총 41회에 걸쳐 끈질기게 일본 함대를 공격하였다.

상하이와 난징 상공에서 벌어진 공중전에서도 중국 공군은 한동안 팽팽하게 싸웠다. 이 기간 중국 공군의 에이스로 가장 명성을 떨친 사람은 류추이강(劉粹剛)이었다. 공군 상위(대위)로 제5대대 제24중대장을 맡았던 그는 상하이 전투가 벌어지자 커티스 호크-III 복엽전투기를 타고 일본 구축함을 반파하였고 상하이의 일본 해군 육전대 사령부를 폭격하였다. 그는 9월 말까지 총 13대의 일본 항공기를 격추하여 중국 공군 최고의 에이스가 되었다. 그러나 화북의 전황이 악화되자 산시 성 타이위안에 파견되었다가 1937년 10월 26일 비행 중 추락하여 사망하였다.

1937년 말까지 중국은 144대를 상실하고 일본기 129대를 격추했다고 주장한 반면, 일본은 중국기 241대를 격추하고 자신들은 17대를 상실했다고 주장하였다. 물론 쌍방의 전력 차이와 훈련 수준을

---

* 1940년 11월 11일. 영국 해군이 이탈리아 해군 기지인 타란토를 기습한 전투. 완전히 방심하고 있던 이탈리아 해군은 구식 뇌격기 12대의 공격으로 주력 전함 3척이 대파당하는 대패를 당했다. 이 전투는 항공기의 공습만으로 적 함대를 괴멸시킨 최초의 사건으로, 야마모토 제독은 타란토를 직접 방문한 후 진주만 기습에 대한 아이디어를 얻었다.

고려했을 때 양측의 손실이 거의 호각이었다고는 생각할 수 없지만 중국 공군은 당대 세계 최고의 기량을 갖춘 일본 해군 항공대를 상대로 질적, 수적 열세에도 불구하고 충분히 선전한 셈이었다.

＼소련 의용비행단의 참전

1937년 8월 21일 중소 불가침 조약이 체결되어 소련의 군사 원조가 시작되자 중국 공군도 점차 강화되었다. 장제스는 일본의 압도적인 항공력에 중국군이 큰 피해를 입고 있다며 소련에 항공기와 조종사, 훈련교관의 파견을 호소하였다. 그리하여 1937년 10월 소련 의용비행대가 결성되었다. 스페인 내전의 에이스였던 파벨 리차고프 소장이 지휘하는 2개 비행대대(I-16 31기, SB-2 31기)를 비롯해 전투기 155대, 폭격기 62대, 연습기 8대와 조종사, 훈련교관, 지상요원 등 447명이 신장 성을 통해 중국으로 입국하였다. 간쑤 성의 성도인 란저우(蘭州)에 사령부를 설치하고 쓰촨 성의 청두와 후베이 성의 라오허커우에 비행학교를 각각 설립하였다.

중소 연합공군의 첫 번째 출격은 난징 방어전이었다. 소련인 조종사들이 조종하는 I-16 23대와 SB-2 20대가 1937년 12월 1일 난징 비행장에 도착하였다. 그들은 난징을 향해 쇄도하는 일본군을 지상 공격하고, 일본 비행대에 맞서 치열한 공중전을 벌였으며, 난징이 함락된 후에는 난징의 일본군 병영을 폭격하였다. 소련이 본격적으로 조종사와 전투기를 중국군에 제공하기 시작하자 일본은 주일 소련대사에게 강력히 항의했다. 그러나 소련 측은 "우리는 조종사를 보낸 사실이 없다"고 딱 잡아떼었다.

1938년 2월 23일에는 소련 의용대대의 포이닝 대위가 지휘하는 SB-2 폭격기 28대가 타이완의 쑹산(松山) 비행장을 공습하여 활주로에 늘어선 일본 항공기 40대를 격파했다. 또한 4월 29일에는 우한 상공에서 일본 전투기 46대와 소련 조종사를 포함한 60대의 중국 전투기가 출격하여 치열한 전투를 벌였다. 이 전투에서 중국은 21대를 격추하고 9대를 상실했다고 주장한 반면, 일본은 51대를 격추하고 4대를 상실했다고 발표하였다. 우한 전역 전체에서 쌍방의 피해는 일본이 56대를, 중국은 40대를 상실하였는데 일본은 특히 96식 육상공격기의 피해가 컸다.

5월 20일에는 중국 공군의 폭격기들이 일본 본토까지 날아가는 사건이 일어났다. 제14국제의용군대대*의 마틴 B-10 쌍발 폭격기 2대와 대대장 쉬후안성(徐煥昇) 소교(소령) 등 6명의 승무원은 충칭을 출발하여 우한을 거쳐 규슈의 구마모토까지 날아갔다. 두 대의 폭격기는 일본군의 만행을 알리는 1백만 부의 선전 삐라를 뿌린 후 아무런 피해 없이 무사히 귀환하였다. 이는 일본 본토가 적 항공기의 침입을 당한 최초의 사건으로, 1942년 4월 두리틀 폭격대가 도쿄를 공습한 것보다 4년이나 앞선 것이었다. 방공망이 허술했던 일본으로서는 완전히 허를 찔린 셈이었다. 그럼에도 국민들의 사기가 떨어질 수 있다는 이유로 일본 언론은 "국적불명기 침입"이라며 한낱 토막기사로 다루었다. 하지만, 이 사건에 큰 충격을 받은 일본 지도부는 더 이상 자신들의 영토가 안전할 수만은 없다는 사실을 깨닫고 부랴부랴 국민들에게 공습 대비 훈련을 시키고 방공호를 파도록 하였다. 김구 선생의 비서였던 해암 안병무 선생은 "삐라가 아니라 폭탄을 떨어뜨

---

* 중일 전쟁 초반 조종사의 부족을 메우기 위해 셔놀트의 주도로 6명의 중국인을 포함해 20여 명의 외국인 조종사를 고용해 창설한 외국인 용병 비행대. A-17, A-19 단엽 공격기와 B-10 쌍발 폭격기 등을 보유하였고 주로 지상 폭격을 맡아 일본군에게 큰 피해를 입혔다.

렸어야 했다"라고 안타까움을 토로하기도 했다. 그러나 B-10 폭격기의 짧은 항속거리상 폭탄을 만재한 상태로 일본까지 비행하기는 무리였다. 당시 기술로 초장거리 전략 폭격은 유례없는 일이었기에 이런 시도를 했다는 사실만으로도 대단한 일이었다. 그러나 우한이 함락되면서 중국 공군의 일본 본토 폭격은 더 이상 시도되지 못했다.

1938년 10월에는 일본에게 점령된 한커우 비행장을 중소 연합공군이 대대적으로 공습하여 활주로에 늘어선 60여 대의 비행기를 일거에 파괴하였고 이때 일본 제1연합항공대 사령관 쓰카하라 니시조 소장 또한 한쪽 팔이 절단되는 중상을 입었다.

＼일본의 전략 폭격과 제로 전투기의 등장

우한 점령 직후인 1938년 12월 2일 대본영은 중지나방면군에게 전략 폭격으로 중국의 중심부를 파괴하라는 '항공 격멸전'을 지시하였다. 그리하여 1938년 12월부터 충칭과 청두, 시안, 란저우, 뤄양 등 내륙의 대도시들과 주요 비행장에 대한 대규모 전략 폭격이 시작되었다. 특히 주요 목표는 중국의 임시 수도인 충칭과 소련 의용비행대의 기지가 있는 란저우였다. 1938년 12월부터 1939년 3월까지 4개월 동안 총 27회의 전략 폭격이 실시되었다. 그러나 일본 폭격기들은 중소 연합공군의 반격과 대공포 사격으로 큰 피해를 입었고 충칭에 대한 폭격 역시 안개 때문에 실패하였다. 이 과정에서 많은 조종사가 격추되거나 불시착하여 중국군의 포로가 되었고 다수의 기체가 노획되었다.

일본의 본격적인 충칭 공습은 1939년 5월4일부터 시작되었다. 충칭은 최일선으로부터 800킬로미터나 떨어진 데다 안개와 잦은 비, 험준한 산맥이 천연의 장애물이 되어주었기에 상대적으로 폭격으로부터 안전한 곳이었다. 1938년 초부터 일본군의 폭격을 받았으나 주로 비행장과 군사시설에 국한된 것이었고, 중국은 충칭 시 외곽에 있는 기존의 소수의 대공포 외에 따로 대공 방어를 강화하지 않았다. 따라서 충칭 시가지에 대한 일본의 무차별 폭격은 엄청난 충격을 주었고 도시는 대혼란에 빠졌다. 장제스는 충칭도 안심할 수 없다며 보다 안쪽인 청두로 수도 이전을 고려할 정도였다.

또한 1940년부터 상황은 갈수록 중국 공군에 불리해졌다. 1939년 9월 일소 정전 협정의 체결과 함께 유럽의 정세가 급변하면서 스탈린의 관심사는 극동에서 유럽으로 이동하였고 소련의 원조가 격감하였다. 게다가 일본은 전략 폭격과 중국의 공군력을 완전히 제거하기 위해 '오지 항공 공격 작전(101호 작전)'을 발동하였다. 그리하여 중국에 배치된 항공력을 총동원해 1940년 5월 17일부터 9월 4일까지 충칭을 비롯한 대도시와 주요 비행장에 대한 대대적인 공습이 실시되었다. 이른바 '충칭 대폭격'이었다.

전쟁 전 충칭의 인구는 20만 명에 불과했지만 피난민들이 유입되면서 100만 명까지 늘어나 있었다. 맨해튼 크기만 한 장소에 빽빽하게 밀집한 건물의 대부분은 화재에 취약한 나무로 되어 있었다. 일본 폭격기들이 소이탄을 퍼붓자 화재가 건잡을 수 없이 커져 시가지 전체로 퍼졌다. 일본군은 1회 출격 때마다 약 1백여 대의 폭격기를 투입하여 폭탄을 퍼부었다. 『라이프』 지의 충칭 주재 특파원이었던 칼 마이던스는 "어떤 도시도 일찌기 당한 적이 없는 맹폭격"이라고 묘사하였다.

물론 중소 연합공군의 반격도 만만치 않았다. 충칭에서만 16대 이상의 일본군 폭격기가 격추되었고 다수가 피격되었다. 중국 공군의 에이스인 류저성(柳哲生)은 소련제 I-16 단엽전투기를 타고 충칭

●— 충칭 대폭격 당시의 참상. 일본은 중국을 전략 폭격으로 항복시키겠다며 충칭을 비롯한 대도시를 무차별로 폭격했다. 중국은 대공포가 부족한 데다 하늘로부터의 공격에 아무런 대비도 되어 있지 않았다. 초반에는 완전히 공황 상태에 빠져 좁은 장소에 많은 군중들이 몰려 질식하거나 압사하는 일이 자주 발생했으나 시간이 지나면서 대비책을 강화하여 피해가 줄어들었다.

의 하늘에서 일본 폭격기를 요격하여 9대를 격추시켰다. 그는 미국 참모대학에 유학을 갈 때까지 1937년부터 1941년까지 총 11대를 격추시켜 류추이강 다음 가는 톱 에이스가 되었다. 일본 폭격기들은 일본이 점령한 비행장에서 중국 내륙까지의 거리가 너무 멀어 전투기의 엄호를 제대로 받을 수 없었다.

그런데 이런 상황은 8월부터 역전되었다. '0식 함상전투기', 이른바 제로 전투기가 등장했다. 태평양 전쟁 초반 남방 전선을 누비며 연합군에게 공포의 대상이었던 제로 전투기는 최대 항속거리가 무려 3천 킬로미터에 달했으며 속도와 화력 모든 면에서 중국 공군의 주력 전투기인 I-16을 완전히 능가했다. 1940년 8월 19일 이창 비행장에서 출격한 일본의 96식 함상공격기와 제로 전투기 편대 약 200대는 중국 공군의 주요 비행장을 습격하여 완전히 초토화시켰다. 중국 공군은 결사적으로 저항했으나 제로기의 위력은 압도적이었다. 9월 13일 충칭 상공에서 벌어진 I-16 27대와 제로기 13대의 공중전에서는 2배의 수적 우세에도 불구하고 중국 공군이 일방적으로 전멸당했다.

신형 제로 전투기를 앞세워 중국의 하늘을 장악한 일본은 본격적인 전략 폭격을 시작했다. 4개월간의 공습에서 충칭에는 1만 발의 폭탄이 떨어졌으며 장제스의 거처도 폭격당했다. 그는 폭격이 끝난 후 초토화된 충칭 시가지를 보면서 자신의 일기에 "차마 눈 뜨고 볼 수 없는 지경이다. 후세의 국민들은 오늘 자신들의 부모가 당한 역사상 미증유의 고난을 기억하지 않으면 안 된다"라고 한탄하였다. 중국 공군은 180대의 기체를 상실하여 사실상 괴멸이나 다름없었다. 1940년 말 잔존 기체는 겨우 65대에 불과했다.

일본의 충칭 대폭격은 1938년 2월부터 1943년 8월까지 장장 5년 5개월간 지속되었고 충칭은 '가장 오랫동안 폭격을 받은 도시'가 되었다. 런던 폭격에 비할 바는 아니라도 일본 공군은 그보다 훨씬 좁고 인구가 밀집한 지역에 총 218회에 걸쳐 3천 톤의 폭탄을 떨어뜨렸다. 중국 정부의 추산으로는 1만 1,800명이 사망하였다.

제로기의 등장으로 중국 공군은 일본 폭격기에 대한 요격 자체가 불가능해졌다. 중국의 하늘은 일본의 독무대가 되었다. 일본 폭격기들은 충칭을 비롯해 중국 하늘을 마음껏 누비며 군인과 민간인을 가리지 않고 폭탄을 떨어뜨렸다. 장제스의 고향도 예외가 아니었다. 저장 성 평화 현(奉化縣)에 있는 장제스의 본가에는 장징궈의 어머니이자 장제스의 첫 번째 부인 마오푸하이(毛福海)가 살고 있었는데 그녀는 1939년 12월 일본군의 공습으로 사망하였다.

중국의 더 큰 악재는 1941년 6월 독소 전쟁의 발발이었다. 소련은 이 때문에 중국에 대한 원조를 완전히 중단하였고 의용비행대 역시 모두 철수시켰다. 소련의 의용비행대는 1937년부터 1941년까지 총 1,250대의 각종 항공기와 연인원 2천여 명이 파견되었으며, 그중 2백 명 이상이 전사하였다. 그들의 전과에 대해서는 정확히 알려져 있지 않으나 1938년부터 1940년까지 총 50회의 작전에서 81대 격추, 지상 격파 114대, 함선 격침 14척 등으로 알려져 있다.

＼셔놀트와 플라잉타이거스

소련 의용대마저 철수하자 중국 공군은 더 이상 일본의 상대가 될 수 없었다. 통상 조종사 한 명을 제대로 육성하기 위해서는 적어도 3~4년의 기간이 필요한데 그럴 시간도, 이들을 훈련시킬 교관도, 기체도 턱없이 부족했다. 그런데 1940년 9월 일본이 삼국동맹을 체결하고 북부 인도차이나를 침략하여 본격적으로 남방 진출에 대한 야심을 드러내자 미국과 영국은 중국에 대한 원조를 시작하였다. 중국으로서는 그야말로 천우신조였다. 장제스는 루스벨트에게 직접 서신을 보내어 일본의 전략 폭격으로 인한 극심한 피해를 호소하고 공군력의 지원을 요청하였다. 루스벨트는 5천만 달러의 차관을 중국에 공여하여, 미국이 영국에게 P-40 워호크 전투기 100대를 판매하고 다시 중국이 미국으로부터 받은 돈으로 영국에서 전투기를 구입하는 형식으로 지원하였다.

또한 장제스의 공군 자문으로 쿤밍에서 중국 공군의 훈련을 맡고 있던 셔놀트는 조종사의 확보 역시 시급하다며 장제스에게 미국에서 비행사를 모집하는 방안을 건의하였다. 장제스는 자신의 동서이자 미국에서 로비 임무를 맡고 있던 쑹쯔원을 통해 루스벨트에게 적극적인 로비를 펼쳤다. 쑹쯔원은 결국 1년 계약에 기간이 끝나면 원대 복귀한다는 조건으로 100명의 조종사와 200명의 지상요원을 미군 항공대에서 모집할 수 있는 권리를 얻어냈다. 말하자면 미국이 중국에게 '잠시 빌려주는' 셈이었는데 미국은 아직 일본과 정식으로 전쟁 상태가 아니었기 때문에 일종의 '꼼수'를 부린 셈이었다.

1941년 4월 15일 정식으로 승인이 떨어지자 셔놀트는 미 해군과 육군, 해병대를 상대로 한 달 동안 의용대를 모집하였다. 지원자는 일단 군에서 퇴역 후 일시금으로 500달러를 지급받고 매월 600달러의 급여를 받되 적기 1대를 격추할 때마다 500달러를 추가 지급받을 수 있는 파격적인 조건이었다. 그는 이들이 '용병'이라는 특성상 통솔하기 어려울 것을 우려해 "상관의 명령에 불복하거나 상습적인 음주, 마약, 전투와 무관한 질병(성병), 꾀병, 기밀 누설 등은 즉시 해고사유"라고 계약서에 못 박아 엄격한 규율을 요구하였다. 해군에서 50명, 육군에서 35명, 해병대에서 15명 등 총 100명의 조종사와 지상요원 200명이 선발되었다. 이들은 '센트럴항공제작 회사'와 계약한 민간인 신분으로 미국을 출발하여 버마로 향했다. 그리고 버마에서 미국인 제1의용대대가 정식으로 창설되었다. 그들의 별명은 '플라잉타이거스', 중국명으로는 '비호대(飛虎隊)'였다.

그러나 미 항공대는 실전 경험도 없고 전반적으로 훈련 수준이 대단히 낮았다. 게다가 지원자의 3분의 2 이상이 폭격기 조종사 출신이라 중국 전선에서 몇 년째 일본군의 실력을 실감했던 셔놀트는 이들이 잘 훈련되고 경험이 풍부한 일본군의 상대가 되리라고는 도저히 생각할 수가 없었다. 사실 태평양 전쟁이 일어나기 전만 해도 미국의 전투 태세 자체가 형편없었던 데다 이탈리아 항공 전략가 줄리오 두에*의 '전략 폭격 사상'을 신봉하여 폭격기 만능론에 매달려 있었다. 또한 미 공군 내에는 "일본 전투기는 구닥다리이며 일본인들은 근시라 전투기 조종에 걸맞지 않다" 따위의 막연한 편견이 퍼져 있었고 미군 조종사들은 일본군을 근거도 없이 얕보았다.

셔놀트는 버마에 도착하자마자 랑군 근처의 비행장을 빌려 여름부터 가을까지 몇 달에 걸쳐 이들을 매우 강도 높게 훈련시켰다. 그 과정에서 40명의 조종사가 탈락하여 본국으로 귀국하였다. 기체도 부품 수급 문제로 30여 대가 파손되어 70대만이 남았다. 태평양 전쟁 초반 미 육군 항공대의 주력 전투기는 P-40 워호크였다. 영화《진주만》에서는 무기도 없이 주인공이 황당한 곡예비행으로 제로 전투기를 격추하는 모습이 나온다. P-40 워호크 전투기는 강력한 화력과 튼튼한 방어력, 조종이 간편하다는 장점이 있었으나 속도와 기동성이 좋지 못해 독일 공군의 BF-109 전투기에게 일방적으로 격추당했고 태평양 전선에서도 고전을 면치 못했다. 셔놀트 스스로도 미국의 P-40이 일본의 제로 전투기나 97식 전투기의 상대가 되지 못한다고 생각했다. 대신 그는 전투기 두 대가 한 조가 되어 적기 앞에서 급강하하면서 발포하고 이탈하는 것을 반복하는 '일격이탈 전술'을 고안하여 조종사들을 훈련시켰다. "P-40으로 일본 전투기를 상대로 의표를 찌르려고 한다거나 묘기를 보여줄 생각을 하지 마라. 그것은 불가능하다."

---

* 이탈리아 공군 장성이자 항공 전략 사상의 선구자. 그는 미래 전쟁은 제공권의 장악이 승리의 열쇠라고 주장하였고 적의 도시에 대한 대규모 공중 폭격을 강조하였다.

이들이 한창 훈련 중이던 1941년 12월 7일 일본이 진주만을 기습함으로써 미국과 일본은 전면전에 돌입하였다. 영국령 버마 역시 일본군의 공격을 받았다. 플라잉타이거스에 주어진 첫 임무는 중국의 유일한 원조 루트인 버마 루트를 보호하고 랑군과 쿤밍, 중국의 하늘을 방어하는 것이었다. 셔놀트는 부대를 세 개로 나누어 제1전대와 제2전대는 쿤밍에, 제3전대는 랑군에 배치하였다.

1941년 12월 20일 쿤밍의 하늘에 일본의 99식 경폭격기 10대가 나타나자 플라잉타이거스가 요격에 나섰다. 플라잉타이거스는 적기를 3대 이상을 격추하였고 그들의 피해는 전무했다. 이것이 플라잉타이거스의 첫 출격이자 첫 승리였다. 12월 23일 일본의 97식 중폭격기 60대, 99식 경폭격기 27대와 이를 엄호하기 위한 97식 전투기 30대 등 100여 대가 넘는 대규모 편대가 버마의 랑군 시가지를 공습하여 1천 명의 사상자를 내었다. 랑군 부근에 주둔하고 있던 제3전대는 겨우 18대에 불과했고 버마 주둔 영국 공군 역시 형편없었다. 그러나 연합공군은 용감하게 맞서 격렬한 공중전을 펼쳤다. 플라잉타이거스가 P-40 3대를, 영국 공군이 F2A 전투기 4대를 상실했지만 일본 폭격기는 8대가 격추되었다. 25일에 벌어진 공중전에서도 일본은 8대를, 영국은 5대를 상실했고 플라잉타이거스는 단지 P-40 2대가 반파되어 불시착하였다.

1942년 3월 21일 플라잉타이거스와 영국 공군은 합동으로 일본군 비행장을 기습하여 지상에서 20대의 항공기를 격파하였다. 그러나 일본 전투기들의 반격을 받아 영국 공군은 F2A 전투기 17대를, 플라잉타이거스는 P-40 1대를 잃었다. 일본군이 랑군을 함락시키고 버마 전역을 점령하면서 플라잉타이거스는 잔존 기체를 전부 쿤밍으로 철수시켰다.

●— 중국에서 활약했던 플라잉타이거스의 대원들. 자유분방했던 셔놀트의 '건달들'은 많은 문제를 일으키기도 했지만 철저한 훈련 덕분에 실력만큼은 연합군 공군을 통틀어 최고였다.

태평양 전쟁이 발발하면서 일본은 항공 전력의 대부분을 남방 전선에 투입하였다. 1941년 12월 당시 일본은 총 143개 비행단 중 본토에 15개, 만주에 37개, 남방에 78개를 배치하였다. 반면 중국 전선에는 제3비행집단 산하 13개 비행단 390여 대만이 잔류하였다. 그러나 한 줌밖에 되지 않는 중국 공군과 플라잉타이거스에 비한다면 이 정도 숫자로도 충분히 압도적인 전력이었다. 그럼에도 약 7개월 동안 중국과 버마의 상공에서 플라잉타이거스는 약 297대의 일본 항공기를 격추 또는 지상 격파하였다.* 플라잉타이거스는 총 80대의 전투기를 상실했으나 일본과의 공중전에서 상실한 것은 겨우 12대였고 전사한 사람은 13명에 불과했다. 수적으로도 열세했고 성능에서도 뒤떨어지는 P-40을 타고서도 일본과의 공중전에서 우위를 차지한 것이다. 이것은 같은 시기 연합군의 어떤 부대보다도 뛰어난 전과였다.

미 육군에 있을 때부터 자유분방한 성격이었던 셔놀트는 형식적인 관료주의를 철저히 배격하고 외부의 어떤 간섭도 배제했다. 또한 소신껏 전술을 짜고 자기만큼이나 제멋대로인 부대원들을 적절히 통제하였다. 전투와 훈련에 대해서는 매우 엄격한 규율을 요구하면서도 평상시에는 도가 지나치지 않는 한 사고를 치더라도 적당한 선에서 눈감아주었다. 이런 점이 플라잉타이거스가 급조된 외국인 용병부대에다 기강이 형편없었음에도 전투에서는 매우 용감하게 싸울 수 있었던 비결이었다. 그러나 태평양 전쟁이 일어난 뒤 셔놀트의 상관으로 조지프 스틸웰이 부임해 왔다. 그는 청교도 정신이 매우 투철한 데다 융통성과는 거리가 먼 인물이었다. 그는 셔놀트의 '건달들'이 멋대로 행동하는 것을 눈엣가시처럼 여겼다. 두 사람은 전쟁 기간 내내 심하게 대립했다.

셔놀트는 시어도어 H. 화이트와의 인터뷰에서 스틸웰과 왜 처음부터 사이가 틀어졌는지에 대해 이렇게 대답하였다. "그것은 나의 창녀집 문제 때문이었소. 우리 애(부하들)들은 그걸 가져야 할 때 가져야 합니다. 그들은 추한 것을 취하는 것처럼 때로는 깨끗한 것도 가져야 하죠." 그의 공군 부대는 쿤밍에 주둔해 있었고 다른 곳과 마찬가지로 쿤밍의 부대 주변에는 유명한 뒷골목이 있었다. 그의 부대원들은 이 골목을 들락거렸고 성병은 그들의 전투력을 감소시켰다.

---

* 물론 플라잉타이거스의 전과는 실제보다 과장되었으며 실제로는 153대 또는 115대라는 주장도 있다.

그들의 비행기가 지상에서 일본군의 폭격을 받는 것과 같은 수준의 전투력 손실이 생기자 셔놀트는 비행기를 인도로 보내어 의료진과 12명의 인도 매춘부들을 실어 왔다. 이 매춘부들은 깨끗하게 성병을 치료받고 검진이 끝난 후에 이들의 위안부로 전속 배치되었다. 문제는 스틸웰이 그것을 용납하지 않았던 것이다. 그는 그 보고를 듣고 완전히 폭발했다. 그는 미 공군 비행기가 매춘부들을 태우고 히말라야 산맥을 넘는다는 것은 어불성설이라고 생각했다. 셔놀트는 어쩔 수 없이 그의 '창녀집'을 폐쇄해야 했다.

플라잉타이거즈는 1942년 7월 4일 헝양 상공의 공중전에서 피해 없이 97식 전투기 4대를 격추시킨 것을 마지막으로 미 육군 제23전투비행단(이후 제14공군으로 확대)으로 재편되어 인도의 제10공군에 편입되었다. 셔놀트 또한 준장으로 승진하여 제23전투비행단의 사령관이 되었다. 그는 루스벨트 앞에서 자신의 전과를 자랑하며 "105대의 전투기와 42대의 폭격기만 있으면 백만 톤의 일본 해군을 수장시켜 전쟁에서 승리할 수 있다"고 큰소리쳤다. 이것은 누가 보더라도 말도 안 되는 허풍이었지만 그가 정말로 그렇게 믿어서 그런 말을 한 것은 아닐 것이다. 미국의 전략에서 중국이 완전히 소외되는 상황에서 대통령의 관심을 끌어 더 많은 지원을 받아내기 위해 일부러 과장된 주장을 했다고 봐야 할 것이다. 한 전선을 맡고 있는 지휘관으로서 정직만이 능사는 아니며 때로는 이런 쇼맨십도 필요한 법이다.

＼중국의 하늘을 되찾다

1942년 9월 쿤밍 비행장에 P-40 전투기 편대 27대가 착륙하였다. 일본 전투기 5대를 격추시킨 에이스 뤄잉더(羅英德) 소교가 지휘하는 편대가 인도에서 히말라야 산맥을 넘어 돌아온 것이다. 이들은 인도 카라치(Karachi) 비행장에서 미군에 의해 훈련받은 첫 번째 중국인 조종사들이었다. 1940년 여름 이래 제로 전투기의 압도적인 성능 앞에서 속수무책으로 괴멸당했던 중국 공군이 2년 만에 부활한 셈이었다. 미국은 P-40 전투기 이외에도 자국군에서 채택되지 않은 P-66 전투기 82대와 P-43 전투기 41대를 중국에 제공하였다. 성능은 다소 부족했지만 단 한 대의 전투기가 아쉬운 중국에게는 감지덕지였다.

중국 공군은 우선 쿤밍과 충칭의 대공 방위를 맡으면서 셔놀트의 주중 미공군(China Air Task Force, CATF)과 연계하여 일본군과 치열한 항공전을 벌이며 중국 서부 지방에서부터 점차 제공권을 확보해나갔다. 또한 구이린과 즈장, 헝양, 류저우, 링링(零陵) 등 광시 성과 후베이 성, 후난 성에 비행장을 건설하여 전진기지를 확보한 후 일본군이 점령하고 있는 난창, 이창, 우한 등 양쯔 강 중류와 홍콩, 광저우, 하이난까지 작전 범위를 넓혀가며 일본군 기지와 비행장을 폭격하여 큰 피해를 입혔다. 1943년 3월 셔놀트의 제23전투비행단은 중국 전구를 전담하는 제14공군으로 확대되었다. 10월에는 중국 공군과 미 제14공군을 통합한 중미 연합공군(CACW, China American Composite Wing)이 창설되었다.

점점 강화되는 중미 연합공군의 공세 앞에서 일본도 중국 비행장을 폭격하는 등 1943년 내내 일진일퇴의 소모전을 벌였으나 이미 태평양에서 미군의 강력한 공세에 몰리기 시작한 일본은 손실된 전력을 회복할 길이 없었다. 게다가 1943년 말부터 중국 전선에 신형 P-51 머스탱 전투기와 B-25 폭격기가 배치되자 일본의 구식 전투기들로는 도저히 상대할 수 없었다. 1943년 11월 25일 P-51 7대,

P-38 8대, B-25 14대 등 29대의 중미 연합공군이 출동하여 타이완 남서쪽의 신주(新竹) 비행장을 습격하였다. 이곳에는 제로 전투기를 비롯해 약 100여 대의 각종 항공기가 있었다. P-51, P-38 전투기 앞에서 일본은 14대가 격추당했고 31대가 지상에서 파괴되었다. 반면 중미 연합공군의 피해는 B-25 폭격기 2대가 대공포 사격으로 경미한 피해를 입었을 뿐이었다. 그야말로 압승이었다. 1944년 3월 4일에는 P-40 전투기 22대와 B-25 폭격기 6대가 하이난을 공습하여 제로 전투기 10대를 격추하고 20대를 지상에서 파괴했다. 중미 연합공군의 피해는 전혀 없었다.

1944년 5월에는 인도 주둔 제20폭격비행단이 쓰촨 성 청두에 배치되면서 우한과 난징, 타이완 등 일본이 점령한 주요 도시와 비행장, 사령부는 물론 1944년부터는 규슈까지 미국의 전략 폭격의 대상이 되었다. 그 위력은 이전에 일본이 보여주었던 전략 폭격과는 차원이 달랐다. 날개에 미 공군을 상징하는'흰 별'을 단 비행기는 일본군에게 공포의 대상이었다. 주간에 이동하는 것은 자살행위나 다름없을 정도였다.

반면 일본은 1944년 4월 이치고 작전 초반 제5항공군 산하 약 2백여 대의 항공기를 동원한 것이 전부였다. 중미 연합공군의 주력이 스틸웰의 북부 버마 작전을 지원하기 위해 이동하면서 일본은 잠시 제공권을 장악할 수 있었지만 중미 연합공군이 복귀하자 곧 역전되었다. 1944년 말에 오면 미 제14공군은 480대, 중국 공군은 240대에 달한 반면, 일본은 제5항공군 산하 150여 대에 불과했다. 게다가 모두 구식 기체들이었으며 부품 부족으로 가동률도 매우 낮았다.

한때 2천여 대가 넘는 항공기를 중국 대륙 전역에 전개하여 일방적으로 중국의 도시들을 두들기던 시절은 이미 과거의 추억일 뿐이었다. 태평양에서 미군의 공세 앞에 도처에서 밀리면서 구식 연습기에 훈련생을 태워 가미카제 특공을 시도하고 있던 것이 일본이었다. 하물며 중국 전선에 돌릴 전력 따위가 있을 리 없었다. 중미 연합공군에게 정신없이 난타당하던 일본은 남은 전력을 모아 반격에 나섰다. 1944년 9월부터 11월까지 청두의 B-29 비행장을 여러 차례 습격했으나 강력한 방공망과 요격으로 큰 피해만 입었다. 오히려 12월 8일에는 난징 비행장이 습격당하여 중미 연합공군 측 P-51 전투기 편대와의 공중전에서 일본은 27대의 항공기를 상실하는 대참패를 당했다.

╲한커우 대공습

1944년 12월 18일에는 중일 전쟁 이래 최대의 항공 작전이 실행되었다. 목표는 후베이 성의 성도 우한 한커우였다. 한커우에는 화중, 화남 방면을 총지휘하는 일본군 제6방면군의 사령부가 있었다. 또한 한커우는 교통의 요지로서 일본에게는 전진 사령부가 있는 곳이자 병참기지로서 난징 다음으로 중요한 전략적 거점이었다. 또한 주요 군수공장들이 밀집하여 탄약과 무기를 생산하였다. 중국은 1938년 10월에 이곳을 빼앗긴 이래 몇 번이나 탈환을 꾀하였고 1945년 초부터 결행을 계획하고 있던 반공 작전(反攻作戰)의 일차 목표 역시 우한이었다.

중미 연합공군의 전력이 총동원되는 한편, 필리핀 방면으로 이동 예정이었던 제20폭격비행단의 B-29 편대도 동원되었다. 12월 18일 아침 84대의 B-29 4발 폭격기에다 P-38, P-40, P-51 전투기 등 각종 항공기 3백여 대가 청두와 쿤밍, 즈장 등 여러 비행장에서 일제히 출격하였다.

한커우 비행장에는 일본 제5항공군 산하 제8비행사단 3개 전대(25전대, 48전대, 85전대)가 주둔하고 있었다. 오후 12시 7분. "B-29 다수 접근 중!", 한커우 상공에서 경계 비행 중이던 정찰기로부터 다급한 무전이 들어왔다. 경보가 울리고 허둥지둥 뛰어나온 조종사들이 활주로에 주기되어 있던 전투기에 탑승했다. 한 대씩, 한 대씩 차례로 출격했지만 고작 40대도 채 되지 못했다. 제85전대 4식 전투기 18대, 제25전대와 제48전대의 1식 전투기 20대였다. 이것이 비행할 수 있는 기체의 전부였다. 그들의 눈앞에는 하늘을 뒤덮는 어마어마한 대편대의 무리가 항적을 그리며 자신들을 향해 날아오고 있었다. 잠시 치열한 공중전이 벌어졌지만 압도적인 수적 차이로 일본 전투기들은 수수다발처럼 격추당했다. 2시 36분 전투기 149대의 호위를 받는 B-24 34대로 구성된 공격 부대의 제2파가 몰려왔을 때, 제8비행사단의 전력은 이미 괴멸 상태였다.

한커우의 일본 조계와 비행장, 군수공장, 제6방면군 사령부에는 무시무시한 폭탄의 비가 쏟아졌다. 이날 무려 500톤 이상의 폭탄과 소이탄이 떨어졌다. 한번 불붙으면 꺼지지 않는 소이탄 덕분에 일본 조계는 90퍼센트 이상이 전소되고 한커우 시가지의 절반이 불바다가 되어 3일간 불탔다. 비행장도 초토화되어 지상에서 기체 20대가 파괴되었고, 남은 기체는 20대도 채 되지 않았다. 반면, 중미 연합공군의 피해는 미미했다. 이날의 작전은 앞으로 본격적으로 시작될 일본 본토 폭격의 예고편이었다. 소이탄 공격이 매우 효과적이라는 사실을 알게 된 미 공군은 이후 일본 본토 공격 시 대량의 소이탄을 사용해 일본의 도시들을 불의 지옥으로 만들었다. 일본의 몰락은 이미 하늘에서 시작되고 있었던 것이다.

이날 이후 일본은 화중과 화남 일대의 제공권을 완전히 포기하고 잔존 기체를 난징으로 철수시켰다. 1945년 1월이 되면 중국의 하늘에서 더 이상 일본의 비행기는 구경조차 할 수 없었다. 종종 구식 기체를 탄 가미카제 전투기가 중국 비행장으로 돌격하는 것이 전부였다. 일본은 제공권을 완전히 빼앗기면서 한때 중국의 하늘을 지배하던 역전의 베테랑들조차 줄줄이 전사하였다. 그중에는 "B-24 격추왕"이라 불리며 40대 이상의 각종 항공기를 격추시킨 오자키 나카카즈 대위, 18대를 격추시킨 에이스로 1944년 12월 18일 우한 상공에서 혼자서 P-51 전투기 10대와 싸우다 전사한 와카마쓰 유키요시 소좌도 있었다. 일본 조종사들 사이에는 "노병은 죽지 않는다"라는 제1차 세계대전 시절의 영국 군가의 가사를 따서 "노병은 죽을 뿐이다"라는 말이 유행했다.

태평양 전쟁이 끝날 때까지 미국은 중국 공군에 모두 1,387대의 항공기를 제공하고 조종사를 훈련시켰다. 1945년 12월 중국 공군은 약 6백여 대의 각종 항공기와 12만 9,700명의 병력을 보유하였다. 일본이 항복하자 중미 연합공군은 1945년 9월 15일부로 해체되었다. 셔놀트 장군 역시 일본 항복 직전인 1945년 7월 6일 영예롭게 퇴역하여 8월 7일 중국을 떠나 미국으로 돌아갔다. 그는 중국의 하늘에서 벌어진 전쟁에서 최대 공로자이자 승리자였다.

＼ 제4부 ＼

진주만에서 일본의 몰락까지

27

패망으로 향한 길

1941년 12월 2일 오후 5시 30분, 야마모토는 진주만을 향해 가고 있던 나구모 기동함대를 비롯해 제일선에서 숨죽인 채 명령을 기다리고 있던 모든 함대에 전문을 타전하였다. "니다카 산에 올라라(新高山ノボレ 1208)."*

일본 시간으로 12월 8일 새벽 1시 30분(현지 시각으로 12월 7일 오전 6시), 나구모 주이치 중장이 지휘하는 기동함대는 하와이 오하후 섬 북쪽 370킬로미터 떨어진 곳에서 전투 대형으로 전개하였다. "황국의 흥망이 이 일전에 달려 있다." 나구모의 훈시와 함께 후치다 미쓰오 중좌가 인솔하는 공습부대 제1파 183대가 6척의 항공모함에

* 니다카 산은 현재 타이완의 위산 산(玉山)으로 해발 3,952미터에 달하여 동북아에서 가장 높은 산이다. 일본 본토와 식민지를 통틀어 가장 높은 산의 이름을 따서 암호명으로 쓴 것이다. 덧붙여 작전 중지는 "ツクバヤマハレ(쓰쿠바 산은 맑음)."

서 일제히 발진하였다. 같은 시각 남방총군 휘하의 선봉 부대인 다쿠미 지대가 영국령 말레이의 코타바루에 상륙하였다.

일본 시간으로 새벽 3시 25분(진주만 시각으로 7시 55분), 진주만의 하늘에 모습을 드러낸 폭격기들은 무방비 상태로 정박 중인 미국 태평양함대에 어뢰와 폭탄을 퍼부었다. 막 아침을 먹고 일요일의 휴식을 즐기고 있던 미국 병사들에게는 그야말로 날벼락이었다. 기습은 완벽한 성공이었다. 일렬로 늘어선 전함들의 옆구리에 어뢰가 명중하자 거체가 요동치며 화염에 휩싸인 채 기울어졌다. 대공포가 맹렬하게 포탄을 쏘아댔지만 폭격기들은 탄막을 뚫고 급강하하여 폭탄을 투하했다. 폭탄은 전함의 갑판을 강타했다. 군용 비행장과 항만 시설 역시 폭격을 받았고 호놀룰루의 번화가에도 폭탄 파편이 떨어졌다. 1시간 45분 뒤 미국이 자랑하던 태평양함대는 반신불수가 되었다. 188대의 항공기가 격파되고 159대가 손상을 입었다. 또한 8척의 전함 중에서 4척의 주력 전함이 침몰하고 4척이 반파되었다. 전사자 2,403명에 부상자 1,178명이었다.* 반면, 일본의 손실은 항공기 29대와 잠수함 1척, 특수 잠항정 5척에 불과했고 사상자는 1백여 명 이내였다. 앞으로 3년 9개월간 이어지는 태평양 전쟁의 서막이었다.

---

* 진주만 기습은 미국인들에게 큰 충격을 주었고 전술적으로 일본 해군의 압도적인 승리였지만 흔히 알려진 것처럼 미국에 큰 타격을 준 것은 아니었다. 주력 전함 8척이 모두 격침되었지만 진주만의 수심이 깊지 않아 좌초되었을 뿐이었다. 전함들은 모두 신속하게 수리되어 두세 달 뒤에 전선에 복귀할 수 있었다. 또한 나구모 제독은 미군의 반격을 우려해 빨리 철수하는 데 급급하여 가장 중요한 항만 시설과 유류 시설을 파괴하지 못했다. 이 사건을 조사한 니미츠 제독은 "태평양함대가 진주만에서 기습받지 않은 대신 먼 바다에서 싸웠다면 훨씬 피해가 컸을 것이다. 진주만 기습은 미 해군에게는 치욕이지만 어떤 의미에서는 하늘이 도왔던 것"이라고 말했다.

╲미국의 고립주의

시곗바늘을 다시 진주만 기습 이전으로 돌려보자. 만주 사변 이래 대다수 미국인들에게 일본의 중국 침략이란 머나먼 세계에서 일어나는 이야기일 뿐이었다. 미국이 아직 심각성을 깨닫지 못하는 동안, 대중 원조에 적극적인 쪽은 독일과 소련이었다. 소련은 일본을 견제하고자 하는 안보적인 이유로 중국을 도왔다. 막대한 자금과 무기를 제공하고 최대 2천여 명에 달하는 의용비행단까지 파견하는 등 중국을 통해 대리전쟁을 하는 것이나 다름없었다. 히틀러의 나치 독일은 자국 군대의 재무장과 무기 생산에 필수적인 텅스텐, 안티몬 등 전략물자의 확보를 위해 중국을 도왔다(중국이 생산하는 양의 90퍼센트 이상을 독점했다). 또한 독일은 중국에 군수품과 무기, 정밀기계를 수출하여 많은 돈을 벌었다.

반면, 미국은 일본의 중국 침략을 도의적으로 비난한 것이 전부였다. 정작 국제연맹의 대일 제재에 대해서는 반대하여 무산시켰다. 1933년 6월 주중 미국대사 넬슨 존슨은 언론과의 인터뷰에서 "일본의 만주 침략은 미국과 무관하다. 오히려 그로 인해 일본이 필요한 물품이나 기계를 미국으로부터 수입할 테니 미국의 경제적 이익에도 도움이 된다"며 자신들의 속내를 솔직히 드러내었다.

1930년대에 미국은 국내적으로는 대공황의 극복, 대외적으로는 유럽 문제가 우선이었다. 주요 열강들의 해군력을 제한하는 워싱턴 해군 군축 조약*의 체결 덕분에 1923년 8월부터 미국은 더 이상 막대한 돈만 소요되고 국민에게 인기 없는 해군 경쟁에 신경을 쓸 필요가 없어졌다. 또한 대다수 미국인은 아메리카 대륙 바깥에서 일어나는 어떤 전쟁에 대한 개입에도 심한 거부감을 가지고 있었다. 왜냐하면 제1차 세계대전 당시 미국과 아무런 상관도 없는 전쟁터에서 많은 미국인들이 희생을 치렀지만 영국과 프랑스의 식민 제국의 생명력을 연장시켜 주었을 뿐이라고 생각했기 때문이다. 이런 분위기 속에 미국은 철저한 고립주의로 돌아갔다. 군대는 대폭 축소되었으며 국내 여론의 주류는 '반전(反戰)'이었다. 대공황으로 경제가 극도로 침체되자 이런 분위기는 더욱 심화되었다. 유럽이나 아프리카, 극동에서 벌어지는 일은 그들에게 관심 밖이었다. 1940년 5월 유럽에서 전쟁이 일어났을 때 한 여론조사에 따르면, 미국 국민의 단지 7.7퍼센트만이 "즉시 참전"에 동의하였고, 40퍼센트는 "어떤 경우에도 참전해서는 안 된다"고 응답하였다.

1935년에는 미 의회에서 '중립법'이 통과되었다. 교전국에 대해서는 무기를 판매할 수 없다는 내용이었다. 그러나 막상 미국은 에티오피아를 침공한 이탈리아에 석유를 판매했고 중일 전쟁에 대해서도 "국제법상 전쟁이 아니다"라는 논리로 중국과 일본 양쪽에 군수품과 석유, 자재를 판매하여 큰 이익을 보았다. 만약 미국이 중립법을 내세워 침략국들에 대한 강력한 경제 제재와 무역 금수를 실시했다면 이탈리아와 일본은 당장 손을 들어야 했을 것이다. 그러나 그렇게 한다면 이들과의 외교적 마찰에다 경제적 손실을 감수해야

---

* 1921년 11월부터 12월까지 워싱턴에서 개최된 해군 군축 회의. 1923년 8월 17일 발효되었다. 미국과 영국, 일본, 프랑스, 이탈리아 5대 해군국이 참가하여 전함의 총톤수를 각각 5:5:3:1.67:1.67로 제한하였다. 원래 이 군축 조약의 목적은 미국과 영국 사이의 건함 경쟁을 억제하는 데 있었다. 그러나 엉뚱하게도 불만을 품은 쪽은 일본이었다. 일본 해군은 자신들의 전함 전력이 적어도 영, 미의 70퍼센트는 되어야 한다고 주장했지만 60퍼센트만 인정받았기 때문이다. 그러나 미국과 영국은 지리적으로 함대가 분산되는 반면, 일본은 태평양에 집중할 수 있기 때문에 태평양에만 국한한다면 오히려 일본이 우세했다. 또한 일본의 열악한 재정 여건으로는 해군이 요구하는 규모의 전함을 보유할 능력이 없었다. 그럼에도 군부 내 극단주의자들은 미국과 영국이 부당하게 횡포를 부린다며 국민들의 적개심을 고취했다.

했으므로, 자신들과 아무런 관계도 없는 약소국들을 위해 굳이 그렇게까지 할 이유가 없다는 것이 미국인들의 생각이었다.

물론 미국 내에서도 이런 근시안적이고 이기적인 분위기에 대한 비판의 목소리가 있었다. 대표적인 사람이 백악관의 주인이었던 프랭클린 루스벨트 대통령이었다. 그는 만주국의 승인을 거부하고 1937년 10월 6일 의회 연설에서 일본의 침략을 강력히 비난하면서 "수동적인 정책은 결코 침략국을 억제할 수 없으며 강력한 경제 제재를 통해 전쟁 확대를 방지해야 한다"고 주장하였다. 그러나 그의 호소에도 불구하고 여전히 여론은 냉담했고 의회의 다수는 전통적인 고립주의자들이 차지하고 있었다.

1937년 12월 난징 전투에서 일본의 폭격으로 미 해군의 포함 파나이 호가 격침되어 다수의 사상자가 나는 사건이 일어났을 때 미국은 외교적 항의를 했을 뿐 그 이상 문제를 확대하지 않았다. 만약 일본이 본격적으로 태평양을 침략한다면 오랜 기간 워싱턴 해군 군축 조약에 묶여 있던 미 해군의 능력으로는 대응할 방법이 없었다. 1938년 5월에야 칼 빈슨(Carl Vinson) 의원의 주도로 1938년 5월 해군 확장 계획인 '빈슨법(Second Vinson Act)'이 미 의회에 통과되면서 신조함의 대규모 건조가 시작되었다. 그럼에도 미국의 군비 증강은 매우 완만했으며 1938년도 미국의 국방 예산은 일본의 65퍼센트에 불과했다. 특히 태평양에서의 군사적 힘은 일본이 명백히 우세했다.

한편, 유럽의 상황 역시 점점 악화되고 있었다. 히틀러는 오스트리아를 합병한 후 체코슬로바키아 침략을 준비했다. 체코슬로바키아와 영국, 프랑스는 군사동맹을 맺고 있었으나 영국 수상 체임벌린과 프랑스 수상 달라디에는 체코슬로바키아 때문에 자국이 전쟁에 휘말리는 사태를 원하지 않았다. 그들은 수데텐란트(Sudetenland)의 할양을 요구하는 히틀러의 모든 요구 조건을 받아들였다(1938년 뮌헨 협정). 체코슬로바키아는 독일군에 대항할 수 있는 충분한 군사력을 갖추고 있었지만 영국과 프랑스의 압력에 굴복하면서 싸움 한 번 해보지 못한 채 북서부 영토를 잃었다. (얼마 안 가서 체코슬로바키아인들은 히틀러에게 나라 전체를 빼앗긴다.) 히틀러는 더욱 자신감을 얻었고, 일본과 이탈리아 역시 서구 열강들을 얕보게 되었다. 열강 지도자들은 참혹한 전쟁을 피한다는 명분을 내세워 19세기 식의 밀실 회담으로 나치 독일에 대한 유화 정책을 고수했지만 결과적으로 추축국의 야욕을 저지하기는커녕 도리어 도와준 셈이 되었다. 독일과 이탈리아, 일본은 삼국 방공 협정을 체결하여 관계를 강화하였다. 그런 가운데 1939년 2월에 일본이 프랑스령 인도차이나 접경지대인 하이난 섬을 점령하자 미국은 일본이 본격적으로 남진하려는 것이 아닌가 하고 경계하기 시작하였다.

그럼에도 1939년까지 미국의 대일 정책은 여전히 우유부단하였다. 1939년 4월 톈진에서 친일파 살인 사건이 일어나 중국인 용의자의 인도 문제를 놓고 일본과 영국이 대립하면서 6월 14일 일본군이 톈진의 영국 조계를 포위하는 일이 일어났다. 일본군은 영국 조계를 출입하는 영국인들의 옷을 벗기고 고압적으로 강제 검문하는 등의 모욕을 주었다. 영국은 미국이 함께 개입하여 일본을 압박해주기를 원했으나 일본과의 정면충돌을 우려한 미국의 조지 마셜 참모총장과 조지프 그루 주일 대사가 반대하였다. 미국이 소극적인 태도를 보이자 꼬리를 내릴 수밖에 없게 된 영국은 7월 23일 일본의 중국 침략을 묵인하고 중국에 대한 어떤 원조도 하지 않겠다는 '크레이기-아리타 협정(Craigie-有田 協定)'에 조인하였다. 이 조약은 지난 1백여 년간 아시아에서 누려온 영국의 지위가 사실상 땅에 떨어졌음을 상징하는 것이었다.

한편, 미국은 7월 26일 1911년 이래 유지해온 미일 통상항해 조약의 연장 불가를 결정하였다. 미국이 사전 협의 없이 이 결정을 일방적으로 통보하자 격분한 일본 외무성과 군부의 대미 강경파들은 주미 대사를 즉각 소환해야 한다고 외쳤다. 1939년 11월 4일 노무라 기치사부로 외상과 조지프 그루 주일 대사 간의 제1차 국교 조정 회담이 열렸다. 그루 대사는 일본군의 무차별 폭격과 중국에 대한 봉쇄로 미국인이 사망하고 수백만 달러의 경제적 손실을 입었다고 비난하였다. 노무라는 개인적으로는 그루의 주장에 동의하면서도 대미 강경 노선을 고집하는 군부 강경파들 때문에 이러지도 저러지도 못하는 곤란한 입장에 놓였다. 결국 국교 조정 회담은 결렬되었고 1940년 1월 26일을 기하여 미일 통상항해 조약이 만료됨으로써 미국과 일본은 무조약 상태가 되었다.

그러나 미국이 실제로 어떤 제재 조치나 무역 단절을 실행하지는 않았다. 단지 무조약 상태가 되었을 뿐 양국의 무역 자체에는 어떤 영향도 주지 않았다. 왜냐하면 미국의 수출에서 일본의 비중은 8.6퍼센트에 달하여(중국은 3퍼센트) 영국, 캐나다 다음으로 중요한 무역 시장이었기 때문이다. 따라서 루스벨트 정부로서는 일본에 대한 경제적 이해관계가 큰 상황에서 무리하게 일본을 압박한다면 제일 먼저 국내 여론부터 악화되어 선거에 불리해질 수 있었다. 1940년 7월 '일본의 중국 침략'에 대한 국민 여론조사에서 겨우 12퍼센트만이 "무력을 사용해서라도 일본을 제재해야 한다"고 대답했고 47퍼센트는 "일본이 장악하도록 내버려 두어야 한다"고 대답하였다. 이런 분위기에서 루스벨트는 직접적인 행동 대신, 서부 캘리포니아

샌디에이고에 배치된 미국 태평양함대를 1940년 5월 하와이의 진주만으로 전진 배치시켰다. 일본에 대한 무언의 압박이었다.

1940년 5월 10일 새벽, 독일이 네덜란드와 벨기에를 전격 침공하였다. 4일 만에 네덜란드 전역이 독일군의 수중에 들어갔다. 네덜란드가 무너지자 일본은 이를 기회 삼아 5월 20일 네덜란드령 동인도 식민 정부(현재의 인도네시아)를 압박하여 석유를 비롯한 주요 전략물자의 판매를 보증해달라고 요구하였다. 그 양은 엄청났다. 연간 석유 100만 톤, 고무 2만 톤, 보크사이트 20만 톤, 니켈 15만 톤, 고철 10만 톤 등 인도네시아에서 생산되는 물자의 대부분을 일본이 독점하겠다는 것이나 다름없었다. 또한 물자의 수송을 감독한다는 명목으로 일본인으로 구성된 특별팀의 상주도 요구하였다. 일본의 압력에 저항할 힘이 없던 네덜란드령 동인도 식민 정부는 일본의 모든 요구를 받아들였다. 다만 일본인 감독관의 상주는 주권 문제라며 거부하였다.

일본이 네덜란드령 동인도를 압박하자 미국 내에서도 우려의 목소리가 점점 높아졌다. 그러나 즉각 일본에 대한 경제 제재를 실시해야 한다는 주장과, 경제 제재가 일본을 자극해 도리어 무력 충돌로 이어질 수 있다는 주장이 팽팽하게 맞섰다. 루스벨트는 네덜란드령 동인도의 최대 석유 기업인 스탠더드바큠 사와의 비밀 교섭을 통해 일본으로 가는 석유 수출을 의도적으로 지연시켰다. 일본은 네덜란드와 일본 사이의 문제에 미국이 끼어들어 일본의 권익을 해친다며 격분하였다.

대동아공영권을 꿈꾸다

왜 이 시점에서 일본은 중국에서 갑자기 동남아시아로 침략의 방향

●— 1940년 9월 북부 인도차이나에 진입하는 일본군 제5사단. 지난 1백 년간 이곳의 지배자였던 프랑스는 변변한 저항도 못한 채 일본의 무력 앞에 무릎을 꿇었다. 이것은 일본의 본격적인 남방 침략의 시작이었다.

을 전환했을까? 가장 큰 이유는 바로 자원 때문이었다. 만주 사변 이래 일본은 만주와 중국 동부 지역의 대부분을 장악하였다. 그 면적은 만주국을 제외하고도 1941년 말 기준으로 일본 본토의 3.5배에 달하는 광대한 영역이었다. 그러나 중국에는 석탄과 철은 풍부했지만, 정작 일본 경제가 절실히 필요로 하는 석유나 고무, 구리, 주석과 같은 자원은 없었다. 물론 중국 침략의 목적이 자원 확보에 있었던 것은 아니지만, 전쟁이 장기화되자 일본은 갈수록 자원 부족에 시달렸다. 따라서 프랑스령 인도차이나와 네덜란드령 동인도에 눈독을 들이기 시작했다. 그곳에는 일본이 원하는 모든 것이 있었다.

유럽의 전쟁으로 서구 열강의 관심이 아시아에서 멀어지자 군부의 일부 강경파들은 이 기회를 이용해 동남아시아를 통째로 장악

●— 1940년 9월 27일 삼국 추축 동맹의 체결을 축하하기 위해 도쿄의 일본 외무성에서 열린 파티에서 건배를 제의하는 외상 마쓰오카 요스케. 그는 삼국동맹을 자신의 최대 업적이라고 떠벌렸지만 사실은 최악의 오판이었고 이로 인해 미국과의 관계가 최악으로 치닫게 되었다.

하여 "경제적 자급자족을 이룩하자"고 외쳤다. 이 주장이 정계와 군부, 재계 전반으로 확산되면서 1940년 7월 27일 고노에 내각은 '북방남진(北防南進)'과 '대동아 신질서의 건설'을 국가 방침으로 정하였다. 그리고 8월 1일 국무회의에서 마쓰오카 외상이 처음으로 '대동아공영권(大同亞共榮圈)'이라는 단어를 공식화하였다. 대동아공영권이란 원래 메이지 초기 정한론자(征韓論者) 중의 한 사람이었던 다루이 도키치의 '흥아론(興亞論)'이나 '대아시아주의' 따위에서 비롯된 말이다. 또한 만주 사변 당시 관동군 참모였던 이시와라 간지가 소위 '오족협화(五族協和)'*를 외쳤고, 만철주식회사의 간부인 미야자키 마사요시 또한 동아시아에서 서구 열강을 몰아내고 일본을 맹주로 하는 자치 국가들을 건설하자는 '동아연맹'을 주장하였다. 이들은 말로는 '아시아인의 해방'을 외쳤지만 그 내용은 히틀러가 외쳤던 '생존권 이론(Lebensraum)'**과 다를 바 없었다. 일본의 야심은 날로 커져 일본은 중국은 물론 동남아시아와 인도, 호주까지 노리게 되었다.

일본이 본격적으로 동남아시아를 위협하자 미국도 더 이상 묵과할 수 없었다. 일본의 침략이 중국에 국한될 때에는 미국과 상관이 없었지만, 프랑스령 인도차이나와 네덜란드령 동인도를 침략하는 것은 이야기가 달랐다. 동남아시아에 직접적인 이해관계를 가지고 있는 미국과 영국으로서는 당장 자국의 안보상 중대한 위협이었다. 일본이 이를 발판으로 영국령 말레이와 싱가포르, 필리핀, 괌을 침략하고 더 나아가 호주와 하와이, 심지어 미 서부 지역까지 도미노처럼 공격하지 않는다는 보장이 없었기 때문이다.

1940년 9월 24일 일본군 제5사단이 북부 인도차이나를 점령하였다. 3일 뒤에는 베를린에서 독일, 이탈리아, 일본 삼국의 추축동맹이 결성되었다. 추축동맹은 1937년의 삼국 방공 협정과 달리 '소련과의 전쟁'을 배제했다는 점에서 누가 보더라도 미국과 영국을 겨냥한 것이었다. 일본이 독일, 이탈리아와 손을 잡은 이유는 일본 혼자서 미국과 맞서는 것은 불가능하지만 삼국이 함께 미국을 양면에서

---

*5족은 일본인, 한족, 조선인, 만주인, 몽골인을 통칭하는 것으로, 아시아를 대표하는 5개 민족이 공동 번영을 누리되 그 지배권은 일본이 가져야 한다는 논리였다.

**독일 민족의 생존 공간을 확보하기 위해 주변 국가들을 침략해야 한다는 극단적인 국수주의 이념. 그는 자신의 저서인 『나의 투쟁』에서 생존권 이론과 영국, 프랑스가 주도하고 있는 세계 질서의 재편을 주장하였다. 제1차 세계대전의 패전 이래 불만을 품고 있던 독일 국민들은 히틀러의 선동에 넘어가 제2차 세계대전을 일으켰다.

압박한다면 아무리 미국이라도 유럽과 아시아 양쪽을 동시에 상대하는 것은 무리이므로, 아시아에서 일본의 패권을 묵인할 수밖에 없으리라는 계산 때문이었다. 러일 전쟁에서도 영국과 동맹을 맺어 강적 러시아를 꺾었던 일본은 미국을 상대로 같은 전략을 써보겠다는 속셈이었다.

그러나 일본은 중요한 사실을 간과하였다. 첫째, 미국은 제정 러시아와는 모든 면에서 차원이 다른 강한 나라였다. 둘째, 일본은 독일과 이탈리아의 군사력을 지나치게 과대평가했다. 무엇보다도 일본은 석유를 비롯한 주요 전략물자와 군수품 수입의 거의 전부를 미국에 의존하고 있었다. 만약 미국과의 관계가 악화되어 무역이 단절된다면 아무런 대책이 없었다. 대표적인 예로, 독일은 오래전부터 석탄에서 석유를 뽑는 석탄액화법을 개발해 인조석유 생산에 많은 노력을 기울였다. 1941년에 이르면 독일은 연간 350만 톤에 달하는 인조석유를 생산하여 석유 소비량의 절반, 특히 항공용 가솔린의 90퍼센트 이상을 조달하고 있었다. 이것이 불가능했다면 애초에 독일은 전쟁 자체를 일으키지 못했을 것이다. 석유를 자급할 수 없는 일본 역시 인조석유의 생산을 계획했다. 하지만 일본은 지도부의 무관심과 관료들의 태만으로 태평양 전쟁 직전까지 겨우 연간 10만 톤을 생산할 수 있었다. 석유가 없다면 전차도, 군함도, 항공기도 움직일 수 없다. 그런데 어떻게 미국을 적으로 돌려 전쟁을 할 것인가?

결과적으로 일본의 추축동맹 가입은 최악의 오판이었다. 추축동맹을 주도했던 외상 마쓰오카는 어디까지나 독일의 승리에 편승해 어부지리를 얻어 보겠다는 것이지 미국과 정말로 일전을 벌이겠다는 의도는 아니었다. 그가 자신의 생각이 얼마나 안이하고 어리석었는지를 깨닫는 데는 그리 오래 걸리지 않았다. 미국을 양면에서 압박하겠다는 일본의 생각과 달리, 오히려 고립된 쪽은 일본이었다. 미국은 즉각 추축동맹 가입에 대한 보복으로 영국, 중국, 네덜란드와 손을 잡고 'ABCD포위망'*을 구축하는 한편 중국에 대한 대규모 원조를 시작하였다. 이는 오랜 전쟁과 일본의 경제 봉쇄로 극도의 물자 부족에 허덕이던 중국에게 천우신조나 다름없었다. 일본은 스스로 제 무덤을 판 격이었다. 또한 1941년 3월 11일 미 의회는 루스벨트의 강력한 요청으로 '전시무기대여법(Lend And Lease Act)'을 통과시켰다. 주요 수혜 대상은 영국이었지만 중국도 포함되었고 독소전쟁이 일어난 뒤에는 소련도 추가되었다. 장제스는 자신의 일기에 "루스벨트 대통령이 정식으로 적극적인 중국 원조를 약속하였다. 이것은 항전에 일대 중요한 사건이다"라고 썼다. 일본의 어리석은 야심 덕분에 장제스가 그토록 외쳐왔던 세계 정세의 변화와 대일 공동전선의 구축이 현실로 다가온 것이다. 미국은 경제 제재와 금수 조치를 점차 강화하여 일본의 목줄을 조금씩 죄었다.

일본의 군부 강경파들은 미국에게 굴복할 수 없으며 오직 무력행사만이 있을 뿐이라며 독일과 손을 잡고 미국과의 전쟁도 불사해야 한다고 고집했다. 그러나 그들의 호언과 달리, 독일과 일본은 거리가 너무 멀어 서로 협력할 수 없었고 협력을 위해 노력하지도 않았다. 추축동맹은 무엇을 위한 동맹이었던가? 일 년 뒤 병석에서 진주만 기습 소식을 들은 마쓰오카는 눈물을 흘리며 자신의 측근에게 말했다. "삼국 동맹의 체결은 일생일대의 실수다. 나는 무엇으로 천황께 용서를 빌어야 할지 모르겠다."

---

* 여기서 ABCD는 미국(America), 영국(Britain), 중국(China), 네덜란드(Dutch)의 첫 글자를 각각 딴 것이다.

＼벼랑으로 향하는 대미 교섭

1941년 4월 16일 미국과 일본 사이에 교섭이 시작되었다. 주미 대사로 임명된 노무라 기치사부로는 미 국무장관 코델 헐에게 다섯 가지 항목으로 된 일본의 요구 사항을 전달하였다.

1. 일본이 가입한 추축동맹은 순전히 방어적인 것이며, 독일이 현재 참전하지 않은 제3국(미국)의 공격을 받았을 경우에만 군사 원조의 의무가 있다.
2. 미국은 앞으로 유럽에서의 전쟁에 참여하지 말 것이며 전적으로 자국의 방위만을 고려해야 한다.
3. 미국은 만주국을 승인하고 왕징웨이 정권과의 통합을 전제로 장제스 정권에 대해 일본과의 화평을 권고하며 중일 양국의 화평이 수립되면 일본군은 단계적으로 중국에서 철병한다.
4. 미국은 미일 통상 조약을 부활시킨다.
5. 미국은 일본의 남태평양에서의 자원 획득에 협력하고 필리핀의 독립을 공동으로 보장한다.

일본의 요구는 한마디로 미국은 태평양에서 일본의 팽창을 인정하고 여기에 끼어들지 말라는 얘기였다. 헐 국무장관은 이를 단호하게 거부하면서 오히려 미국의 교섭원칙 4가지를 내세우며 맞섰다.

1. 모든 국가의 영토 및 주권을 존중할 것
2. 타국의 내정 불간섭 원칙 존중
3. 무역의 기회 균등 원칙
4. 태평양에서의 현상 유지

동시에 헐은 일본이 남방 침략을 포기하고 중국에서 철수하는 대가로 만주국을 묵인하는 양해안도 제시했다. 그러나 마쓰오카 외상은 타협은 절대 없으며 미국이 일본의 요구 사항을 받아들이지 않는다면 교섭 자체를 중단하겠다며 '벼랑 끝 전술'로 맞섰다. 협상은 난항의 연속이었다. 쌍방의 주장이 팽팽하게 맞서는 동안, 1941년 6월 22일 독일이 전격적으로 소련을 침공하였다.

일본이 히틀러의 소련 침공 계획에 대해 전혀 모르지는 않았을 것이다. 독일이 소련과의 국경에 대규모 병력을 집결시키고 전면적인 침공을 준비하고 있다는 사실을 숨길 방법은 없었다. 실제로 소련 정보부는 물론이고 미국과 영국 역시 이에 대한 정보를 입수하여 스탈린에게 독일의 침공 가능성을 강력하게 경고하기도 했다. 소련 스파이로서 도쿄 주재 독일대사관에서 활동하고 있던 리하르트 조르게는 독일군의 이동 상황을 입수하여 모스크바에 수시로 보고하였다. 일본 역시 여러 가지 루트를 통해 어느 정도는 파악했을 것임에 틀림없다.

그럼에도 경고를 끝까지 무시했던 스탈린과 마찬가지로 일본 역시 뒤통수를 맞았다. 히틀러는 이탈리아와 루마니아, 헝가리, 핀란드 등 다른 동맹국들에 대해서는 사전에 침공 계획을 알리고 참전을 요구했다. 그러나 히틀러는 정작 일본에는 사전 언질을 한마디도 주지 않았다. 마쓰오카는 일소 중립 조약 체결을 위해 모스크바로 가는 도중에 베를린에서 히틀러를 만났지만 아무런 정보도 제공받지 못했을 뿐더러 독일은 일본이 소련과 중립 조약을 체결한다는 것에 대해서도 반대하지 않았다. 마쓰오카는 독소 전쟁이 일어난 직후 열린 내각회의에서 "나는 그런 얘기를 들은 적이 없다. 만약 그들이 전쟁을 할 줄 알았다면 결코 일소 중립 조약을 체결하지 않았을 것이며 당연히 독일과의 협력에 주력했을 것이다"라고 변명하였다. 마쓰오카는 독일과 소련 간의 전쟁 가능성을 물론 완전히 배제할 수는 없지만 독소 양국이 타협할 가능성이 더 높다고 보았다. 대부분의 일본 수뇌부도 그와 같은 생각이었다. 그렇다고 해도 일본의 안이함과 정보력의 부재는 분명 비판받을 만하다. 독일이 일본에 공식적으로 참전을 요구한 것은 독소 전쟁이 발발한 지 10일이 지난 뒤였다. 7월 1일 독일 외상 리벤트로프는 일본 외무성에 "독일이 서쪽에서 공격하고 일본이 동쪽에서 공격하여 겨울이 오기 전까지 쌍방이 중간지점에서 만날 것"을 제안하였다. 참모본부 내 대소 강경파들은 독일의 제안을 받아들여 일소 중립 조약을 깨뜨리고 소련을 즉각 공격하자고 주장했다. 내각과 군부는 연일 회의를 개최하여 격론을 벌였다. 그러나 소련 극동군은 여전히 70만 명에 달하는 반면, 관동군의 전력은 그 절반도 되지 않아 시베리아 침공은 현실적으로 무리라는 주장이 대세였다.

1941년 7월 2일 천황 히로히토가 참석한 어전 회의에서 '정세의 추이에 따른 제국 국책 요강'을 결정하였다. 독소 전쟁의 추이가 일본에게 결정적으로 유리하다고 판단될 때에야 소련을 침공하기로 하고, 우선은 미국과의 교섭과 남방 문제 해결에 주력한다는 내용이었다. 말하자면 상황을 지켜보다가 독일의 승리가 확실해지면 잽싸게 끼어들어 어부지리를 얻겠다는 전형적인 기회주의였다. 일본은 독일의 제안을 거부하고, 대신 7월 28일 북부 인도차이나의 제23군을 남부로 보내 인도차이나 전역을 완전히 장악하였다. 이는 비시 프랑스와의 협정을 깨는 것이었다.

미국은 암호 해독을 통해 일본의 이러한 움직임을 모두 알고 있었다. 미국은 일본군의 남부 인도차이나 점령 직전인 7월 25일 미국 내 일본 자산을 동결시키는 한편, 다음 날인 26일에는 영국, 네덜란드와 공동으로 대일 금수 조치를 선언하였다. 이 때문에 일본의 해외 무역은 4분의 1로 격감하였다. 8월 1일에는 대일 석유 수출을 10분의 1로 줄였다. 석유 생산품의 80퍼센트, 휘발유 소요량의 90퍼센트, 기계 부품의 60퍼센트, 고철의 75퍼센트 이상을 미국에 의존하고 있던 일본은 바로 타격을 입었다. 도쿄의 주식 시장이 폭락하고 경제가 휘청거렸다. 8월 14일에는 루스벨트와 처칠이 영국 전함 프린스오브웨일스 호의 선상에서 만나 양국이 공동으로 독일의 침략에 대응한다는 '대서양 헌장'을 선언하였다. 이것은 미국이 사실상 중립 정책을 버리고 유럽 전쟁에 본격적으로 개입하겠다는 뜻이었다.

일본에 대한 경제 제재의 수위를 어느 정도로 할 것인가에 대해서는 미국 행정부에서도 많은 논란이 있었다. 루스벨트는 일본의 남방 침략을 좌시하지 않겠다는 미국의 의지를 보여줄 필요가 있다고 생각했지만 자칫 양국의 관계가 완전히 단절되어 일본으로 하여금 극단적인 선택을 하게 할 가능성에 대해서도 우려하지 않을 수 없었다.

제1차 세계대전이 끝난 뒤 근 이십년 간 전통적인 소규모 모병제를 고수해온 미국은 전쟁 준비가 전혀 되어 있지 않았다. 1940년 9월에야 논란 끝에 '평시징병법'이 통과되면서 21세부터 35세까지의 모든 남성들은 자신의 거주지에 있는 징병위원회에 신고하는 것이 의무화되었다. 그러나 1940년 말까지도 미국의 현역 병력은 45만 8천 명에 불과했다. 1941년 12월이 되면 150만 명으로 늘어나지만, 짧은 시간에 급격하게 머릿수를 늘렸기 때문에 무기는 태반

구분		전함	항모	중순양함	경순양함	구축함	잠수함	계
연합군	영국	2	–	1	7	13	–	23
	미국	9	3	13	11	80	56	172
	네덜란드	–	–	–	3	7	13	23
	계	11	3	14	21	100	69	218
일본		10	10	14	18	113	63	228

●— 태평양 전쟁 직전 태평양에서의 연합군과 일본 해군력

이 구식인 데다 이조차 부족했고 병사들의 훈련 역시 충분하지 못했다. 해군도 마찬가지였다. 전체 해군력은 미국이 일본보다 우세했지만 미 해군은 태평양과 대서양으로 나뉘어 있어 전략적으로 불리했다. 태평양만 따지면 영국과 네덜란드의 함대를 합쳐도 일본보다 열세했다. 게다가 승무원의 질적 차이에다 미국의 주력함 다수가 건조된 지 이십 년이 넘은 노후함이라는 점을 생각하면 양국의 격차는 더욱 컸다. 미국은 1940년 7월에야 본격적인 대규모 건함 계획인 '양대양 해군법(Two-Ocean Navy act)'을 통과시켰다. 40억 달러의 예산을 투입하여 엑세스급 항공모함 18척을 비롯해 각종 군함 257척(총 배수량 130만톤 규모)과 1만 5천 대의 항공기를 제작하는 미 해군 역사상 유례없는 대사업이었다. 이것은 일본 해군 전체와 거의 맞먹는 규모였다. 하지만 이를 위해서는 적어도 수 년 이상의 시간이 필요했다. 새로 건조된 신형 전함들이 있었으나 대부분 대서양에 배치되었고, 대서양 연안에서 활동하는 독일 잠수함의 위협 때문에 그것들을 태평양으로 가져 올 수도 없었다. 만약 일본이 선제공격을 해온다면 미국으로서는 그야말로 속수무책이었다.

루스벨트로서는 대일 제재의 수위에 대해 신중하게 접근하지

않을 수 없었다. 그는 일단 부분적인 자산 동결부터 시작하여 일본과의 협상 추이를 지켜보면서 단계적으로 경제 제재를 확대할 생각이었다. 즉, 처음부터 전면적인 금수 조치까지 고려한 것은 아니었다. 석유의 금수 조치 역시 비항공기 연료에 대해서는 제한적으로 허가하였다. 그러나 일본이 앞에서는 협상 운운하면서 뒤로는 전쟁을 준비하고 있다며 분노하던 헐 국무장관과 딘 애치슨 국무차관보는 루스벨트의 지시를 확대 해석하여 아예 석유의 대일 수출을 전면 중단시켰다.

미국이 석유와 주요 원자재의 대일 수출을 전격 중단하자 일본은 그야말로 경악했다. 일본은 1940년 미국에서 500만 톤의 석유를 수입했으나 1941년에는 110만 톤으로 격감했다. 국내 비축분은 겨우 18개월 분량에 불과했고 아무런 대비책도 없었다. 벼랑 끝 전술을 고집하다 정말로 벼랑 끝에 몰린 고노에 총리는 그제야 마쓰오카를 외상에서 해임하고 각료들에게 미국의 요구를 수용할 것과 미일 양국의 정상 회담 개최를 제의하였다. 그러나 그의 제안은 육군대신 도조 히데키를 비롯한 군부 강경파들의 격렬한 반발에 직면하여 제대로 논의조차 되지 못한 채 무산되었다. 9월 6일, 대본영은 육해군의 요구에 따라 미국과의 교섭 기한을 10월 상순까지로 정하고 그때까지 성과가 없을 경우 즉각 전쟁을 시작하기로 결정하였다.

1. 제국은 자존자위의 보전을 위해 미국을 상대로 전쟁을 불사한다는 결의에 따라 대략 10월 하순을 목표로 전쟁 준비를 완료한다.
2. 제국은 위의 사항과 병행하여 미국과 영국에 대해 외교 수단을 다하여 제국의 요구 관철에 노력한다.
3. 10월 상순에 이르러도 우리의 요구가 관철될 가능성이 없다면

즉각 미국, 영국, 네덜란드를 상대로 개전을 결의한다.

또한, 미국과의 교섭을 위해 소위 '최소한의 요구 내용과 이를 위한 최대한의 양보안'이라는 것을 작성하였다.

1. 일본의 지나 사변 처리에 관여하지 않고 장제스 정권에 대한 원조를 중지한다.
2. 아시아와 태평양에서 일본의 국방을 위협하지 않는다.
3. 일본과의 무역을 회복하고 일본이 필요로 하는 물자 확보에 적극 협조한다.
4. 미국이 받아들인다면 일본은 더 이상 무력 진출을 하지 않을 것이며 프랑스령 인도차이나에서 적당한 시기에 철병할 용의가 있다.

과연 이런 일방적인 요구를 미국이 수락하리라고 생각할 수 있을까? 대미 교섭이란 요식행위일 뿐 일본은 처음부터 전쟁에 목적을 두고 있었다. 9월 6일에 열린 어전 회의에서 히로히토는 "3개월이면 남방 작전을 끝내겠다"고 자신만만하게 장담하는 스기야마 참모총장에게 "어떤 근거로 그렇게 말하는가!"라고 전에 없이 신랄하게 추궁하였다. 그 자리에 참석한 전원은 꿀 먹은 벙어리인 양 입을 다물었다. 무거운 침묵이 흐른 후 나가노 군령부장은 마지못해 "전쟁보다는 외교에 노력하겠다"고 대답하였다.

일본 정계에 폭넓은 정보망을 갖고 있던 리하르트 조르게는 이 회의의 결과를 즉시 모스크바에 보고하였다. 당시 소련은 독일의 공격으로 심각한 패배를 당하여 수도 모스크바조차 풍전등화의 위기였음에도 70만 명이 넘는 소련 극동군을 그대로 유지하고 있었다. 만에 하나 일본의 공격을 우려했기 때문이다. 그러나 조르게의 보고를 받은 스탈린은 일본이 틀림없이 미국을 공격할 것이라고 확신했다. 그는 극동의 병력을 서쪽으로 즉각 이동시키라고 명령하였다. 이리하여 시베리아에서 급히 수송된 소련의 정예 부대들은 모스크바 코앞에서 독일군의 공세를 격퇴하게 된다. 스탈린은 모스크바를 방문한 이든 영국 외상에게 "시베리아의 병력을 투입한 것이 전황을 호전시킬 수 있었던 최대의 비결이오"라고 말하였다. 만약 일본이 독일과 함께 동서에서 동시에 소련을 공격했다면 제2차 세계대전의 향방이 달라졌을지도 모른다.

\도조의 허세

고노에는 여전히 미국과의 교섭을 통해 전면전만은 피할 수 있으리라는 실낱같은 기대를 품고 있었다. 그러나 한낱 허황된 희망일 뿐이었다. 미국은 대동아공영권을 인정하고 아시아에서 물러나라는 일본의 요구를 결코 받아들일 수 없었고 반대로 일본 또한 삼국동맹을 탈퇴하고 중국에서 전면 철수하라는 미국의 요구를 받아들일 수 없었다. 쌍방의 요구는 극과 극을 달렸고 중간점을 찾는다는 것은 불가능했다.

1941년 10월 12일 고노에의 사택에서 도조 히데키 육군대신, 오이카와 고시로 해군대신, 도요다 데이지로 외무대신, 스즈키 데이이치 기획원 총재 등 수뇌부들이 한자리에 모였다. 어떻게 해야 10월까지 대미 교섭을 타결하여 전쟁을 피할 수 있을지를 논의하기 위해서였다. 고노에와 도요다는 현실론을 내세워 미국의 양보를 얻기 위해서는 일단 육군이 중국에서 철병하는 모습을 보여주어야 한다고 제안했다. 그러나 도조는 "중국에서 물러나는 일은 절대 불가하다"고 잘라 말했다. 군부의 실세인 육군이 양보하지 않는 한 고노에로서는 아무리 애를 써도 소용이 없었다.

10월 16일 결국 군부의 압박에 못 이겨 고노에 내각은 총사퇴하였다. 천황 히로히토는 내무대신 기도 고이치의 추천으로 신임 총리에 도조 히데키를 임명하였다. 이 결정은 도조 스스로도 뜻밖이었다. 처음에는 황족 중에서 총리가 임명될 예정이었다. 그러나 기도 고이치는 히로히토에게 "만일 황족 내각이 미국과의 전쟁을 결정했다가 패한다면 황실이 국민의 원망의 대상이 될 것"이라고 반대하였다. 대신에 그는 군부 강경파의 우두머리인 도조를 추천하였다. 그들의 생각에도 미국과의 전쟁은 승산이 없기에 나중에 패전에 대비한 희생양으로 그를 고른 셈이다. 덕분에 일본이 패망한 뒤 도조는 전쟁을 일으킨 모든 책임을 지고 교수형을 당한 반면, 천황과 황실은 전쟁의 책임을 피해갈 수 있었다.

일본은 교섭이냐 전쟁이냐조차 결정하지 못한 채 갈팡질팡하였다. 수뇌부는 겉으로는 호전적인 척하면서도 막상 책임은 서로 떠넘기기에 급급하였다. 천황 히로히토 역시 다를 바 없었다. 그가 히틀러나 무솔리니처럼 앞장서서 전쟁을 지휘한 것은 아니지만, 처음부터 끝까지 수수방관하면서 국가 원수로서 책임 있는 모습을 보이지 않았다는 점에서 그 역시 전범의 하나일 뿐이다. 얼떨결에 고노에를 대신해 총리가 된 도조 역시 뾰족한 수가 있을 리 없었다. 매일 회의가 열렸으나 같은 말의 반복일 뿐이었고 아무런 결론도 나오지 않았다. 육군대신일 때는 주전파의 선봉에 서서 고노에의 우유부단함을 몰아붙였던 그도 막상 총리의 자리에 앉자 이러지도 저러지도 못하는 진퇴양난의 처지에 몰려 주변 사람들을 실망시켰다. 육군 강경파들은 하루속히 미국과의 전쟁을 결심하라며 "총리의 자리에 오르더니 겁쟁이가 되었는가!"라고 그를 공공연히 비난하였다. 도조는 고민 끝에 11월 1일 최종안이라며 3가지 선택을 내놓았다.

> 제1안, 전쟁 없이 와신상담한다.
>
> 제2안, 즉각 개전을 결의하고 전쟁으로 해결한다.
>
> 제3안, 전쟁 결의하에 작전 준비와 외교를 병행하되, 가능한 외교적 타결에 최선을 다한다.

새삼스러울 것도 없는 원론적인 단어의 나열에 불과했으나, 일단 제3안을 선택하기로 의견을 모았다. 하지만 육군은 이미 남방 작전을 위해 군대를 동원했는데 이제 와서 도로 물린다면 장병들의 사기가 떨어질 것이라며 11월 30일 밤 12시를 외교 교섭의 기한으로 못 박았다. 도조 내각에 대한 최후통첩이나 다름없었다. 도조는 얼마 전까지 육군대신을 지낸 육군의 수장이었지만 이런 육군의 횡포에 아무 말도 할 수 없었다. 사실 그는 일본군 수뇌부에 널려 있던 전형적인 책상물림 장군에 불과했다. 주전파들을 선동해 고노에 내각을 붕괴시켰으나 막상 자신이 총리가 되자 미국과의 전쟁이 얼마나 무모한지 인정하지 않을 수 없었다. 겉보기에는 대범하고 성실했으나 실제로는 매우 소심하고 옹졸했으며 무타구치 렌야와 같은 자신에게 아부를 떠는 무능한 자들만 기용하고 유능한 지휘관은 좌천시켰다. 도조와 사이가 아주 나빴던 이시와라는 그를 가리켜 "도조 상등병"이라며 비웃었다.

더욱이 태평양 전쟁 후반으로 갈수록 그가 육군대신을 비롯한 내각의 주요 직책을 겸직하여 사실상 일인 독재나 다름없게 되었다. 그럼에도 일본이 패망한 뒤 도쿄전범재판에서 A급 전범으로 기소되자 도조는 "모든 것은 천황이 시켰다", "대미 개전은 겁쟁이 내각과 얼빠진 국민들 때문"이라며 자기변명을 구차하게 늘어놓았다. 그는 일본이 항복한 지 한 달이나 지난 뒤에 자신이 전범으로 체포될 것이 확실시되자 그제야 권총 자살을 하려다 너무 서툰 솜씨로 실패하였고, 1948년 12월 23일 연합군에 의해 교수형에 처해졌다. 그의 유골은 화장 후 버려졌다가 현재 야스쿠니 신사에 합사되어 있다. 그의 손녀인 도조 유코는 할아버지의 명예를 회복한다는 명목으로, 태평양 전쟁이 침략 전쟁이라는 사실을 부정하고 일제의 강제 징용과 위안부 동원, 난징 대학살 등의 만행은 모두 날조라고 주장하는 등 전쟁에 대한 반성은커녕 일본의 우경화에 앞장서고 있다. 그녀는 2007년 참의원 선거에 도전했다가 낙선하기도 했다.

＼일본의 허황된 속셈

일본이 '벼랑 끝 전술'을 고집한 것에는 나름대로 "승산이 없지는 않다"라는 기대가 있었기 때문이다. 그들은 다음과 같은 논리로 자신들의 기대감을 정당화했다. 첫째, 독일이 소련에 승리를 거두고 일본이 남방 작전을 신속히 끝내어 상황이 매우 유리해진다면 미국도 결국 물러날 수밖에 없을 것이다. 둘째, 미국의 군비가 아직 충실하지 못한 지금이 전쟁을 하기에 가장 적당한 시점이며 만약 이때를 놓치면 갈수록 격차가 벌어져 미국에 압도될 것이다. 셋째, 삼국동맹에 의해 독일과 이탈리아가 일본의 방패막이가 되어 줄 것이다. 9월 7일 어전 회의에서 도조는 히로히토에게 "만약 일본이 전쟁을 시작해도 미국과 영국은 우선 독일과 이탈리아를 공격하고 그다음에 일본을 공격할 것입니다"라고 말했다. 여기에는 독일, 이탈리아가 승리하리라는 전제가 당연한 듯 깔려 있었고 상황이 역전된다면 어떻게 할 것인가에 대한 고민은 전혀 없었다.

한껏 기세가 오른 군부는 말할 것도 없고 이를 견제해야 할 정치가들 역시 "여기까지 왔다면 할 수 없다"는 식이었다. 언론들도 "1억 총진군", "국민의 각오" 따위의 기사를 연일 게재하며 무책임한 선동을 일삼았다. 일본의 대표적인 경제 잡지였던 『오리엔탈 이코노미스트』는 1941년 9월호에서 "석유는 생존에 불가결한 상품인데도 미국의 변덕과 호의에 의존할 수밖에 없는 일본은 미국의 비위를 비굴하게 맞추고 있다. 그러나 어떤 인종과 민족도 자존심이 있다면 그와 같은 방식을 감수할 수는 없다"고 주장하였다. 물론 실상을 정확히 알고 있는 이들도 있었다. 그러나 뒤에서만 "터무니없는 짓을 하고 있다"고 고개를 저을 뿐 막상 앞에 나서서 광기 어린 분위기에 맞설 용기를 가진 자는 단 한명도 없었다.

해군은 미국과 전쟁이 시작되면 당장 선봉에서 싸워야 할 입장이었다. 그들은 미국을 절대 이길 수 없다는 사실을 알고 있었다. 지금은 자신들의 전력이 '다소' 우세하다 해도 그 우세함이 얼마나 갈 것인가? 한두 번의 전투로 미 해군을 격멸할 수도 없을 뿐더러, 전쟁이 장기화되어 미국이 반격에 나선다면 순식간에 압도될 것이 뻔했다. 미국의 자원은 넘쳐나는 반면, 국력과 자원이 빈약한 일본은 함선과 항공기를 대량으로 잃는다면 보충할 방법이 없었다.

그럼에도 불구하고 일본 해군은 "육군 앞에서 우는 소리를 할 수 없다"는 자존심을 내세워 기세등등하게 주전론을 고집하였다. 태평양 전쟁 말기에 연합함대의 마지막 사령관이 되는 도요다 소에무는 "해군은 오랜 세월 큰 예산을 받아 바다의 수호신을 자처해왔는데 이제 와서 갑자기 자신이 없다고는 도저히 말할 수 없었다"라고 회고하였다. 해군대신으로서 해군의 수장인 오이카와 고시로 대장 역시 무능하고 우유부단한 위인이었다. "승리할 자신이 있는가?"라고 묻는 도조에게는 "솔직히 자신은 없다"고 하면서도 막상 내각 회의에서는 입을 다물며 주변의 눈치만 보았다. 모두 이런 식이었다.

진주만 공격을 명령받은 나구모 중장은 연합함대 사령관 야마모토 대장이 "만약 타협이 성사되면 즉각 작전을 중지하라"고 명령하자 해군의 체면과 사기를 들먹이며 "적을 눈앞에 두고 돌아갈 수 없다"고 반발했다. 심지어 어떤 지휘관은 "한번 지른 소변을 중간에서 멈출 수는 없지 않느냐"며 비웃기까지 했다. 일본인들이 '해군의 지성'이라 말하는 야마모토 이소로쿠 역시 다르다고 할 수 있을까? 그가 도조 앞에서 "1년이나 1년 반은 그럭저럭 싸울 수 있지만, 그 이후는 장담할 수 없다"고 말한 것에 대해 일본인들은 그의 선견지명을 칭찬한다. 그러나 베스트셀러 『대공의 사무라이(大空のサムライ)』의 저자이자 애꾸 조종사로 유명한 사카이 사부로는 "야마모토가 진정으로 나라를 걱정하는 명장이라면 누구나 다 아는 그따위 뻔한 말이 아니라 아예 몸을 던져 할복할 각오로 반대했어야 했다"고 신랄하게 비판했다. 참고로, 고전 영화 《도라 도라 도라(Tora! Tora! Tora!)》에서 진주만 기습이 성공했다는 보고에 야마모토가 근심에 찬 표정으로 "우리가 잠자는 거인을 깨운 것은 아닌가"라고 중얼거리는 매우 인상적인 모습이 나오는데 사실은 영화가 만들어낸 허구일 뿐이다. 그는 그런 말을 한 적이 없었다.

＼헐 노트와 일본의 개전 결정

천황 앞에서는 외교적 타결에 최선을 다하겠다고 하면서도 막상 일본이 미국에 내놓은 것은 결국 기존의 주장을 되풀이하는 것에 지나지 않았다. 더욱이 협상과 관계없이 일본의 전쟁 준비는 착착 진행되고 있었다. 11월 5일 나구모 주이치 중장이 지휘하는 25척의 함대는 은밀하게 홋카이도 동쪽 쿠릴 열도의 이투루프 섬 히토캇푸 만으로 이동했다. 미국 태평양함대가 있는 진주만으로 출동하기 위해서였다. 또한 데라우치 히사이치 대장을 사령관으로 '남방총군'을 편성했다. 전체 육군 15개 군 51개 사단 가운데 4개 군(제14군, 제15군, 제16군, 제25군) 11개 사단 36만 명과 육군 항공대의 3분의 1이 동원되었다. 혼마 마사하루 중장의 제14군(제16사단, 제48사단)은 필리핀을, 이이다 쇼지로 중장의 제15군(제33사단, 제55사단)은 태국과 버마를, 이마무라 히토시 중장의 제16군(제2사단, 제38사단)은 프랑스령 인도차이나를, 야마시타 도모유키 중장의 제25군(근위사단, 제5사단, 제18사단)은 말레이시아를 각각 맡았다. 그 외에 3개 사단(제3사단, 제21사단, 제3비행집단)과 제5비행집단(항공기 600여 대)은 직할부대로 대기하였다.

미국도 일본과의 협상이 진전이 없자 재무장관 헨리 모겐소가 루스벨트에게 새로운 타협안을 제시하였다. 이른바 '모겐소 안'은 일본이 남부 인도차이나에서 철수하고 남방 침략을 중지한다는 조건으로 미국은 통상의 재개와 자산 동결의 철회, 태평양에서 미군 병력의 축소, 북부 인도차이나에서 최대 2만 5천 명 선에서 일본군의 주둔 권리를 보장한다는 내용이었다. 중국 전선에 대해서는 아예 언급조차 하지 않았다. 이는 일본의 중국 침략을 계속 묵인하면서 극동에서 일본의 지위를 일정 부분 인정한다는 상당히 파격적인 양보였다.

그러나 '모겐소 안'은 중국은 물론 영국의 강력한 반발에 부딪쳤다. 장제스는 미국이 중국을 희생시켜 평화를 얻으려고 한다며 비난했다. 마침 암호해독기 '매직'을 통해 일본이 동중국해에서 육해군을 집결시켜 본격적인 군사행동을 시작하고 있다는 사실이 명백해지자 루스벨트는 더 이상의 교섭 자체가 무의미하다고 판단했다. 미국은 초강경으로 급선회하였고, 11월 26일 미국 국무장관 헐은 주미 일본대사 노무라에게 10개 항목으로 된, 후일 '헐 노트'로 알려진 각서를 내밀었다. 그 내용은 일본의 모든 요구를 거부한다는 사실상의 최후통첩이었다.

1. 미국과 일본은 불가침 조약을 체결한다.
2. 프랑스령 인도차이나의 영토 주권의 존중과 이에 관한 협정을 체결한다.
3. 일본군은 중국과 프랑스령 인도차이나에서 전면 철수한다.
4. 양국은 중국에서 장제스 정권 이외의 어떤 정권에 대한 원조도 금지한다.
5. 양국은 중국에서의 모든 치외법권을 포기한다.
6. 양국은 통상협정 체결을 위한 협의를 시작한다.
7. 양국은 상호 자산 동결 조치를 철회한다.
8. 엔화와 달러 환율의 안정에 관한 협정과 이를 위한 자금을 절반씩 부담한다.
9. 제3국과 체결하는 협정이 본 협정에 모순되는 해석이 없도록 노력한다.
10. 타국이 본 협정을 준수, 적용하도록 노력한다.

노무라를 통해 '헐 노트'를 전달받은 도조와 수뇌부는 "미국의 종이 되느냐 아니면 전쟁이냐" 두 가지 선택*밖에 없다고 생각했다. 12월 1일 어전 회의가 열렸다. 침통한 분위기 속에서 전쟁이 결정되었다. 그리고 일주일 뒤 진주만과 동남아시아에 대한 일본군의 공격이 시작되었다.

* 미국이 최후통첩으로 제시한 '헐 노트(Hull Note)'가 일본을 궁지로 몰아 태평양 전쟁이 일어났다는 주장은 사실이 아니다. 헐 노트라는 단어는 도쿄전범재판에서 일본 측 변호인들이 자신들의 전쟁 책임을 희석시키기 위해 만들어낸 것이다. 도조 내각은 미국이 자신들의 요구를 거부했다는 사실만 중시했을 뿐 미국이 제시한 협상안에 대해서는 제대로 논의 한 번 하지 않았다. 물론 중국에서 철병하라는 요구는 일본이 받아들이기 어려운 것이었으나 미국이 그동안 일본의 중국 침략을 묵인해 왔다는 점에서 협상을 통해 조정할 수도 있었다. 일본은 최소한의 노력조차 할 생각이 없었다.

28
'까다로운 죠', 중국에 오다

＼연합국 국가들의 딜레마

> "1941년 12월 7일. 아메리카 합중국은 일본 제국의 해군과 공군으로부터 갑작스러운, 그리고 의도적인 공격을 받았습니다. 저는 의회에 미국이 일본 제국에 대해 전쟁 상태가 되었음을 선포해 줄 것을 정식으로 요청합니다."

일본의 진주만 기습 다음 날인 12월 8일, 긴급 소집된 미 의회는 루스벨트의 연설 직후 상원에서는 만장일치로, 하원에서는 388 대 1로 일본에 대한 선전포고를 결의하였다.* 이 뉴스를 들은 윈스턴 처칠은 기뻐하면서 "이것으로 히틀러의 운명은 결정되었다. 무솔리니의 운명도 결정되었다. 일본도 산산조각 나게 되었다"고 말했다. 환호성을 외친 것은 장제스도 마찬가지였다. 그는 자신의 일기에 "행운은 결코 어떤 사람에게 오랫동안 마냥 미소만 짓는 것이 아니다"라고 썼다.

만주 사변 이래 10년, 루거우차오 사건이 발발한 지 4년 반 동안 외부로부터 고립된 채 일본과 싸워야 했던 중국은 드디어 미국과 영국이라는 막강한 동맹국을 얻었다. 12월 9일 국민 정부의 주석 린썬(林森)**은 일본을 비롯한 추축국들에 대해 선전포고를 선언하였다. 중일 전쟁은 드디어 '사변'에서 벗어나 공식적으로 '전쟁'이 되었다. 제2차 세계대전은 독일, 이탈리아, 일본의 3대 추축국과 미국, 영국, 중국, 소련의 4대 연합국 사이의 전쟁으로 확대되었다.

1941년 12월 31일 장제스는 중국 전구의 연합군 최고사령관으로 추대되었다. 그의 지휘 권역은 태국과 인도차이나 등 동남아시아 지역까지 망라하였다. 다음 날 워싱턴에서 연합국 26개국 대표들이 모여 추축국에 공동으로 대항하겠다는 '연합국 공동선언'을 발표하였다. 중국 대표로 참석한 쑹쯔원은 선언문에 루스벨트 대통령과 처칠 수상, 그리고 전 소련 외상이자 주미 대사인 리트비노프에 이어서 서명하였다. 이것은 연합국들이 중국을 4대 강국의 하나로 대우하겠다는 의미였다. 또한 루스벨트는 중국을 돕기 위해 5억 달러의 차관을 아무런 조건이나 담보 없이 제공하기로 결정하였다.

장제스는 이제야 중국이 그동안 일본과의 전쟁에서 치러왔던 희생과 역사적 위대함에 걸맞는 대우를 받게 되었다고 생각했다. 그러나 미국의 융숭한 대접이 결코 공짜가 아니라는 사실을 깨닫는 데는 오래 걸리지 않았다. 장제스의 강력한 요청에도 불구하고 중국은 연합참모회의***에 대표를 참석시킬 수 없었다. 즉, 중국은 연합국 진영에서 아무런 발언권도 없다는 의미였다. 다른 연합국과의 정보 공유나 전략적 협의도 불가능했다. 결국 중국은 겉으로만 연합국의 일원이 되었을 뿐 여전히 고립된 나라였다.

가장 중요한 문제는 미국이 유럽과 태평양, 어느 쪽에 우선순위를 둘 것인가 하는 것이었다. 이것은 추축국의 운명만이 아니라 미국을 제외한 다른 연합국의 운명 또한 좌우할 문제였다. 모두 강력한 적을 상대로 간신히 버티고 있었고 미국의 지원을 절실히 원했다. 처칠과 장제스는 진주만 기습 직후부터 미국을 상대로 치열한 외교전을 벌였다. 그러나 이 싸움의 승자는 처칠이었고 패배한 장제스는 전쟁의 주역에서 완전히 밀려났다. 처음에 불리한 쪽은 처칠이었다. 진주만을 기습한 나라는 독일이 아니라 일본이었다. 루스벨트가 선전포고한 상대 역시 독일이 아니라 일본이었다. 일본이 독일과

---

* 유일하게 반대표를 던진 의원은 미국 최초의 여성 하원의원이었던 저넷 랭킨 여사였다. 반전 운동가였던 그녀는 "저는 여자이기 때문에 전쟁터에 나갈 수 없습니다. 다른 사람을 전쟁터에 보내는 것 또한 반대합니다"라며 자신의 소신을 솔직하게 밝혔다. 물론 일본의 진주만 기습 직후 감정이 극도로 격앙되어 있던 미국 사회의 분위기에서 홀로 전쟁을 반대했기에 온갖 비난과 협박을 받았고 재선에도 실패하였다. 그러나 국민들의 희생을 아무렇지 않게 강요하는 대다수 정치가들 사이에서 그녀의 소신 있는 용기는 시간이 지난 뒤 미국 국민들에게 높이 평가받아 현재 미국 연방의회 의사당 앞에는 그녀의 동상이 민주주의의 상징으로 서 있다.

** 쑨원과 함께 중국 동맹회를 이끈 원로 정치가로서 1931년부터 1943년까지 12년간 국민 정부 주석을 맡았다. 그러나 실질적인 권한은 장제스에게 있었기에 상징적인 국가원수에 불과했다. 우리 정부는 그에게 대한민국 임시 정부를 후원한 공로로 1968년 대한민국 건국훈장 대통령장을 추서하였다.

*** 연합국 사이의 의견을 조율하고 지휘계통을 일원화하기 위해 설치된 상설 기구. 영국 육군 참모총장 앨런 브룩 대장과 미국 육군 참모총장 조지 마셜 대장을 수장으로 영국군의 삼군 총장과 미국의 합동참모, 기타 연합국 대표들로 구성되었다. 1942년 1월부터 종전까지 총 200여 회의 회의가 열렸고 카이로 회담, 얄타 회담, 포츠담 회담 등 연합국 정상들이 참석한 회담만도 10회에 달했다. 영국과 미국은 같은 영어권이라는 점을 제외하고는 매우 이질적인 나라였다. 이들이 서로 힘을 합치고 이견을 최소화하는 데 연합참모회의는 큰 기여를 하였다. 그러나 중국에게는 참여의 기회 자체를 주지 않았고 소련은 시종일관 자국의 이익만 내세워 비타협적인 자세로 일관하는 등 한계도 많았다.

동맹을 맺었지만 이 동맹은 어디까지나 '공수(共守) 동맹'일 뿐 선제 공격은 해당되지 않았다. 또한, 대다수 미국인들에게 독일과 일본은 별개의 대륙에 존재하는 별개의 국가였다. 이든 외무장관은 흥분한 처칠을 향해 이 사실을 지적하면서 "미국과 영국이 동맹국이 된 것은 사실이지만 일본과의 전쟁에 한해서일 뿐입니다"라고 냉정하게 말했다.

물론 루스벨트는 처음부터 처칠의 편이었다. 그는 12월 9일 의회에서 "우리가 일본을 상대로 싸워서 이긴다 한들 그 나머지 세계가 히틀러와 무솔리니에 의해 지배당하게 된다면 무슨 의미가 있는가?"라고 연설하면서 일본과 독일이 한편이라는 사실과 일본보다 독일과의 전쟁이 더 중요함을 강조하였다. 하지만 그는 처칠이 미국을 방문하고 싶다고 요청하자 "진주만을 유럽 전쟁에 개입하기 위한 명분으로 활용하려는 것이 아닌가"라는 여론의 오해를 살 수 있다며 난색을 표명하였다. 루스벨트 자신은 아시아보다 유럽을 더 중시했지만 독일이 미국을 먼저 공격하지 않는 이상 일본에 대한 즉각적인 보복을 주장하는 국민들을 설득할 방법이 없었다.

처칠은 장제스에게 "우리는 언제나 친구였다. 이제 우리는 공동의 적과 마주보고 있다"고 하면서도 루스벨트에게는 유럽이 전쟁의 중심이며 유럽을 가장 우선시해야 한다고 강조하였다. "나는 대통령에게 미국의 여론은 전쟁에서 중국의 공헌도를 과대평가하는 것 같다고 말했다. 물론 나는 중국인들을 존경하고 사랑했으며 거듭되는 그들의 실정을 안타깝게 생각했다. 그렇다고 해서 완전히 비현실적인 가치 기준이라고 생각하는 것을 내가 수용하리라 기대해서는 안 된다."

처칠과 루스벨트의 고민을 손쉽게 해결해준 사람은 다름 아닌 히틀러였다. 12월 11일 히틀러는 주변의 반대를 무릅쓰고 미국에 대한 선전포고를 강행하였다. 그는 미국이 영국과 소련을 원조하고 있는 이상 어차피 미국의 참전은 시간문제이므로 선전포고 따위는 요식행위일 뿐이라고 생각했다. 이것은 히틀러가 내린 최악의 결정 중 하나였다. 덕분에 루스벨트는 유럽 전선에 개입할 명분을 얻었다. 물론 미국의 여론은 일본에 대한 복수가 우선이라는 쪽이었지만 루스벨트, 마셜, 아이젠하워는 연합군의 첫 번째 공격 목표가 독일이라는 사실을 분명히 하였다. 4월 1일 루스벨트는 '레인보우 플랜-5'를 승인하였다. 1939년에 수립된 '레인보우 플랜(Rainbow Plan)'은 유사시를 대비한 미국의 전쟁 수행 계획이었다. 여기에는 다양한 시나리오가 있었는데, 그중에서 '플랜-5'는 대서양과 태평양에서 양면 전쟁을 수행하는 상황에 처했을 때를 가정한 것이었다. 이 경우 미국은 태평양에 대해서는 현상유지에 주력하면서, 영국과 프랑스와 동맹을 맺어 먼저 독일과 이탈리아를 패배시킨 다음, 마지막으로 일본을 공격한다는 내용이었다.

반면, 루거우차오 사건 이래 서구 열강과 손을 잡는 날만 손꼽아 기다려온 장제스는 연합국 진영이 추축국 중에서 가장 허약한 일본부터 타도하여 추축 진영의 한 축을 무너뜨린 다음 독일을 공격할 것이라고 예상하였다. 만약 미국과 소련, 영국이 일본 본토를 공습하고 본토와 대륙의 교통을 차단한 다음 중국군이 총반격을 개시한다면 일본은 일 년도 못 버티고 항복할 것이 틀림없었다. 그러나 그의 기대는 루스벨트의 결정으로 한순간에 무너졌다. 장제스는 12월 8일 파니우시킨 소련대사에게 소련의 대일 선전포고를 재차 요청했지만 이 또한 거부당했다. 12월 12일 스탈린은 "소련은 독일과의 전쟁에 모든 역량을 집중해야 하며 일부 병력을 극동으로 파견할 수 없는 입장이다. 향후 일본과의 전쟁에 대한 준비를 하겠지만 이를 위해서는 시간이 필요하다"면서 다시는 이런 요청을 하지 말라고 냉담하게 말했다. 당장 독일과 치열한 전쟁을 하고 있는 영국과 소련으로서는 일본과의 전쟁은 중요하지 않았다. 장제스는 동맹국을 얻었다고 생각했지만 현실은 냉혹했고 앞으로도 중국이 혼자 싸워야 한다는 사실에는 아무런 변화가 없었다.

개인적으로 중국에 우호적이었던 루스벨트는 앞으로 세계 질서를 주도할 4대 강국에 중국을 포함시켰다. 그러나 처칠과 스탈린은 그의 이런 생각을 비웃으며 중국에 대한 노골적인 멸시감을 드러냈다. 루스벨트가 중국을 돕기 위해 일본이 점령한 버마를 공격하자고 제안하자 처칠은 버마는 촉박한 문제가 아닐 뿐더러 "중국이 강대국이라면 자력으로 그것을 입증해야 할 것"이라며 노골적으로 비꼬았다. 스탈린 역시 독일을 항복시킨 다음 소련이 서쪽에서 일본을 공격하면 극동 문제는 자연히 해결된다고 주장하였다. 그러나 영국은 북아프리카에서 롬멜이 이끄는 소수의 추축군에게 정신없이 난타당하고 있었고 소련 역시 독일군의 공격 앞에서 고전을 면치 못하고 있었다는 점에서 과연 그들이 중국을 약하다고 비웃을 자격이 있었던가? 루스벨트도 시간이 지나면서 중국에 대한 관심이 점점 멀어졌다. 결국 연합국 지도자들에게 중국은 한낱 약소국이자 주변 세력에 불과하였다. 장제스는 카이로 회담에는 초청받았지만 훨씬 중요한 테헤란 회담과 얄타 회담에서는 철저하게 배제당했다. 두 회의에서 연합국의 세 지도자들은 중국을 빼놓은 채 앞으로의 전쟁 방침과 전쟁이 끝난 뒤의 구상을 자기들끼리 논의하였다.

한편, 이러한 서구 열강의 태도에 동조하는 세력은 중국 내부에도 있었다. 바로 중국 공산당이었다. 팔로군 기관지인 『해방일보』는

1941년 12월 18일자 사설에서 "세계 전황의 중심은 유럽과 대서양에 있기 때문에 독일만 타도하면 일본은 자연히 해결된다"고 주장하였다. 논리의 옳고 그름을 떠나, 이는 독일이 항복할 때까지 중국인이 앞으로 더 많은 피를 흘리는 데 동의한다는 얘기였다. 루거우차오 사건 이전부터 줄기차게 항일을 외쳐온 그들의 이런 주장은 이율배반적이었다. 실상 중국 공산당의 목적은 일본과의 전쟁이 아니라 그 뒤에 필연적으로 시작될 장제스와의 내전에 대비하는 데 있었다. 공산당으로서는 장제스와 맞설 만큼 충분히 힘을 비축할 때까지 전쟁은 지속되어야 했다. 전쟁이 늦게 끝날수록, 그리고 국민정부군과 일본군이 서로 더 많은 피를 흘릴수록 자신들에게 유리했다.

＼'까다로운 죠'의 등장

장제스는 중국 전구 연합군 최고사령관으로 임명되자 루스벨트에게 자신의 참모장 역할을 맡을 미국 육군의 고위 장성을 파견해달라고 요청하였다. 여기에는 한 가지 단서가 있었다. 해당 장교가 반드시 극동 문제의 전문가일 필요는 없다는 것이었다. 장제스가 굳이 이런 단서를 단 이유는 무엇일까? 바로 '까다로운 죠'라 불리는 조지프 스틸웰 때문이었다. 미 육군 전체를 통틀어 스틸웰에 비견할 만한 '중국통'은 없었다. 그는 중국어에 능통했으며 두 번이나 주중 육군 무관을 지내는 등 13년을 중국에서 보냈다. 문제는 그가 중국에서 보낸 시간만큼 중국에 우호적인 인물이라면 좋을 텐데 그게 아니라 오히려 정반대였다는 점이다.

태평양 전쟁이 일어났을 때, 스틸웰은 캘리포니아 주 몬터레이에 주둔한 미 육군 제3병단 사령관으로 미국 서부 해안 지역의 방어를 맡고 있었다. 그는 1980년에 개봉한 스티븐 스필버그 감독의 고

전 영화《1941》에서도 냉정하면서 괴팍하고 깐깐한 노인으로 등장한다. 이 B급 코미디 영화는 진주만 기습 직후의 LA를 배경으로 오랜 평화에 젖어 있다가 갑작스러운 전쟁으로 허둥대는 미국 사회와 군기 빠진 미군의 모습을 재미있게 묘사한다.

스틸웰은 58세로 명예로운 퇴역을 눈앞에 두고 있었다. 그러나 일본의 진주만 공격으로 전시 상태가 되자 퇴역은 연기되었고 롬멜의 독일군과 싸우기 위해 북아프리카로 갈 예정이었다. 그런데 육군 참모총장 마셜이 루스벨트에게 미 육군에서 유일한 극동 전문가라며 그를 장제스의 참모장으로 강력하게 추천하였다. 스틸웰은 자신이 중국으로 가게 되었다는 말을 들었을 때 매우 당황했다. "나를 중국에 보낸다고? 천만의 말씀. 그들은 아직도 나를 함부로 부려먹어도 되는 하찮은 대위쯤으로 생각하는 것 같다. 진흙길을 도보로 걷고 쿨리(coolie)*와 어울리며 군용열차를 타던 내 모습을 기억하고 있는 모양이다." 스틸웰은 오랜 중국 생활을 통해 누구보다 중국 사회에 대해 잘 알고 있다고 자부했지만 그의 중국 생활이란 중국인을 하인으로 부리는 백인으로서의 경험이 다였다. 그에게 중국인이란 자신과 똑같은 인간이 아니라 "무지하고 미개한 쿨리"에 불과했다. 중국으로서는 가장 기피할 수밖에 없는 인물이었다. 게다가 사교적인 것과는 거리가 멀었고 오만하고 독선적이며 자신의 마음에 들지 않는 상대에게는 적대감을 감추지 않는 성격이었다. 이 때문에 그는 전쟁 내내 중국은 물론 영국과도 심한 마찰을 빚었다.

---

* 19세기 이래 서구인들이 중국인을 비하하여 부르던 말. 19세기 중엽부터 중국과 인도에서 많은 노동자들이 미국 사회로 건너왔다. 이들은 주로 광산과 농장에서 육체노동을 하였고 사실상 노예나 다름없는 대우를 받으며 온갖 차별과 멸시를 당했다.

원래 마셜이 후보로 점찍었던 사람은 스틸웰이 아니라 제1차 세계대전에서 퍼싱 원수의 참모를 지냈던 휴 드럼 소장이었다. 그는 육군에서 대규모 야전군을 지휘한 경험이 있는 몇 안 되는 사람이었다. 그러나 그는 마셜이 중국을 부차적으로 취급하고 있다는 사실을 간파하고 중국으로 가는 조건으로 충분한 병력과 군수품을 지원해 달라고 요구하였다. 그러나 '레인보우 플랜-5'에 따라 모든 전력을 독일과의 전쟁에 집중할 계획이었던 마셜은 드럼의 요구를 거절하였다. 그 대신 중국에서 근무한 경험이 있는 스틸웰에게 의향을 물어보았던 것이다.

자신의 일기에는 온갖 불평을 적어 놓았던 스틸웰은 막상 마셜 앞에서는 "지휘권이 주어진다면 가겠다"고 대답하였다. 육군장관 헨리 스팀슨은 스틸웰에게 "장제스가 중국군의 모든 지휘권을 주기로 약속했다"며 자신이 확실히 보장할 수 있다고 말하였다. 물론 거짓말이었다. 하지만 스틸웰은 그 말을 믿었고 제안을 승낙했다. 그런데 그는 유능하고 책임감이 강한 군인이기는 했으나 그전까지 주로 후방 행정과 해외 무관, 신병 교육을 맡았을 뿐 야전 지휘관으로서 실전 경험은 전혀 없었다. 그가 "오케이"라고 대답하면서 중국에서 자신이 맡게 될 책무에 대해 얼마나 신중하게 고민했는지는 알 수 없다. 그러나 그가 맡게 될 임무가 미군을 통틀어 가장 복잡하고 민감하며 정치 경험이 없는 일개 군인이 맡기에는 터무니없이 과중한 자리라고는 미처 생각지 못했음이 분명하다. 공식 직함만도 중국 전구 연합참모장에다 충칭연합군사위원회 미국 대표, 중국-인도-버마 전구의 미군 총사령관, 대중 원조 물자 관리통제관, 버마 루트 감독관, 재중 미 공군 지휘관 등 여덟 개에 달했다.

가장 큰 문제는 그가 맡은 권한과 책임의 범위가 실제로는 대단히 모호하다는 점이었다. 마셜은 스틸웰에게 "중국 내 여러 당파를 화합시키고, 미국의 원조를 최대한 효율적으로 활용해 중국군의 전투 능력을 향상하고, 그들의 지휘권을 장악하는 것이 바로 당신의 임무"라고 말했지만 그것이 현실적으로 가능한지, 이를 위해 스틸웰에게 무엇을 얼마나 제공할지에 대해서는 아무것도 약속하지 않았다. 또한 미국 정부의 전략적 목표가 유럽에 있으며 중국은 관심 밖이라는 말도 하지 않았다. 루스벨트와 마셜의 진짜 목적은 아시아 대륙에 군대를 직접 파견하는 대신 스틸웰이라는 고위 장성 한 사람을 중국으로 보내어 '독일과의 싸움에만 급급할 뿐 대일 전쟁에 소극적인 게 아니냐' 하는 미국 내 여론을 달래기 위함이었다. 장제스의 목적은 또 달랐다. 그는 자신을 보좌해주면서 중국이 바라는 바를 미국에 강력하게 전달할 수 있는 영향력을 갖춘 우호적인 인물을 원했다. 물론 스팀슨이 스틸웰에게 건넨 호언과 달리 장제스는 중국군의 지휘권을 생면부지의 외국인에게 맡길 생각이 전혀 없었다.

장제스는 미국의 원조를 통해 중국군을 재건하여 중국군이 가까운 미래에 있을 일본에 대한 반격의 주된 세력이 되기를 기대했다. 한편, 스틸웰은 자신의 주도로 일본군을 격퇴하고 전쟁 영웅이 되겠다는 야심을 품었다. 그러나 두 사람의 욕심과는 달리, 미국에게 중국은 '계륵(鷄肋)' 같은 존재에 불과했다. 미국은 중국이 아니라 태평양을 거쳐 일본을 공격할 계획이었고 중국의 역할은 일본 육군의 대부분을 묶어 두면서 그들이 미군과의 전투에 투입되지 않도록 막는 것으로 충분하다고 여겼다. 개전 직전 미국은 10개 사단을 편성하여 그중 7개를 유럽에, 2개를 브라질에, 1개는 하와이에 배치한다는 계획을 수립했지만 여기에 중국과 동남아시아에 대한 계획은 없었다. 영국은 영국대로 전쟁이 끝난 뒤 중국이 새로운 강대국으로 등장하여 인도와 버마에서 자신들의 세력권을 위협하지 않을까 우려했다. 아시아에서 대영 제국의 지위를 고수하려는 처칠은 어떻게든 중국을 견제하려고만 했다. 이 점이 바로 각각의 연합국이 처한 딜레마였다.

스틸웰과 똑같은 입장에 처해 있던 사람이 북아프리카에서 '사막의 여우'라 불리던 독일의 롬멜이었다. 두 사람 모두 의욕을 가지고 맡은 임무에 최선을 다했지만 상부의 무관심과 어정쩡한 전략 때문에 그들의 활약은 빛이 바랬고 오히려 상층부의 입장을 곤란하게 만들 뿐이었다. 게다가 사령관이라는 자리는 군인으로서의 능력보다도 동맹국과의 정치적, 외교적 수완이 더 요구되는 법이다. 그러나 외교 경험이 전혀 없는 군인에게 복잡한 정치적 갈등을 이해하고 적당히 조율하기를 요구하는 것은 무리였다. 즉, 이후에 벌어지는 극단적인 갈등은 단순히 어느 한 사람의 잘못이 아니라 처음부터 잘못된 인선의 결과였다. 스틸웰 역시 곧 이런 분위기를 눈치챘다. 마셜은 그에게 병사 한 명 주지 않은 채 현지에서 스스로 알아서 해결하기를 요구하였다. 이것은 어떤 의미에서는 리비아에서 소수의 병력으로 우세한 영국군과 싸워야 했던 롬멜보다도 불리한 처지였다. 스틸웰은 중국으로 떠나기 직전 자신의 일기에 "제사상에 제물로 올리는 양이 바로 나"라고 썼는데 결과적으로 틀린 말이 아니었다.

태평양 전쟁 당시 미국의 대중 원조

• 주요 지원 물량

- 전차(M3 경전차): 100대
- 각종 차량(지프, 트럭 등): 2만 4,991대
- 야포(37mm M3 대전차포, 155mm 곡사포 등): 2,053문
- 소총(M1903, 리-엔필드 등): 30만 5,000정
- 기관총(M1917, M2 등): 10만 정
- 철모(M1917, M1): 14만 6,000개
- 폭격기(B-25, A-28): 151대
- 전투기(P-38, P-40, P-51 등): 679대
- 수송기(C-43, C-46, C-47 등): 120대
- 훈련기: 43대
- 식량(콩, 완두콩, 각종 야채 등): 3만 3,000톤

• 항목별 지원 금액

- 무기 및 군수기계류: 1억 5300만 달러
- 항공기 및 관련 물자: 1억 8700만 달러
- 전차, 차량: 9,400만 달러
- 선박, 해상수출 장비: 3600만 달러
- 군용 장비: 4700만 달러
- 서비스 및 기타 비용(각종 인건비, 정부물품, 민수품 등): 3억 2800만 달러
- 총계: 8억 4500만 달러

유럽과 태평양에서 추축국의 세력이 점점 커지자 루스벨트는 1940년 12월 29일 대국민 연설에서 "미국은 민주주의를 지키는 병기고(arsenal of democracy)가 되어야 한다"며 국민들을 설득하였다. 그리고 의회에 '전시무기대여법'을 상정해 고립주의자들의 반대를 무릅쓰고 1941년 3월 11일 통과시켰다. 미국은 대일 승전일인 1945년 9월 2일까지 약 4년 반에 걸쳐 다른 연합국들에 약 500억 달러 상당의 무기와 군수품, 원자재, 식량을 지원하여

제2차 세계대전을 승리로 이끌었다. 무기대여법의 수혜국은 모두 39개국에 달했다.

중국 역시 1941년 5월부터 무기대여법에 따라 미국의 원조를 받게 되었다. 그러나 무기대여법의 진짜 목적은 궁지에 몰린 영국을 도와 유럽에서 나치 독일을 몰아내기 위함이었다. 영국은 약 310억 달러, 소련에는 110억 달러의 물자가 제공되었지만 중국에는 전체의 2퍼센트도 채 되지 않는 8억 4500만 달러가 제공되었다. 또한 1942년 3월 5억 달러의 차관을 제공했던 루스벨트는 장제스와 스틸웰의 대립으로 양국의 관계가 악화되자 전쟁이 끝날 때까지 더 이상의 차관 제공을 거부하였다.

미국이 무기대여법으로 제공한 물자의 대부분은 스틸웰 휘하의 중국군과 셔놀트의 미 제14공군을 위해 사용되었다. 그 외 대다수 중국군은 단 한 정의 소총조차 얻지 못했다. 일본군의 대대적인 공세로 파멸적인 위기에 직면했던 1944년 6월에야 스틸웰은 마지못해 M1 75mm 곡사포 60문과 M1 바주카포 506문, 그리고 중국 내 미군 비행장을 보호하는 데 사용할 몇 개의 대공포대를 내놓았다. 이것이 중국이 처음으로 미국으로부터 획득한 무기였다. 그나마 5천만 달러어치의 물자는 전쟁이 끝난 후에야 양도되었다. 특히 미국은 중국이 가장 절실하게 필요로 했던 식량과 무기, 차량 등의 제공에 매우 인색했다. 미국은 소련에는 전쟁이 끝날 때까지 550만 톤의 식량을 제공했지만, 중국이 1942년부터 1944년까지 반복된 가뭄과 재해로 최악의 기근에 시달리며 수백만 명이 아사하는 동안 아무런 도움도 주지 않았다. 중국의 동부 해안가와 버마 루트가 일본에 의해 봉쇄되면서 물자 수송이 어려웠던 탓도 있지만, 가장 큰 이유는 미국의 전략적 관심이 일차적으로 유럽에 있었고 중국은 관심 밖이었기 때문이다. 심지어 버마 루트를 통제하던 영국군은 람군을 통해 중국으로 들어갈 예정이었던 트럭 150대분의 원조물자를 중간에서 가로채기도 했고, 북아프리카의 상황이 급박하자 중국으로 향하던 이십여 대의 전투기를 실은 선박을 루스벨트의 묵인 아래 북아프리카로 빼돌리기도 했다. 태평양 전쟁 내내 미국의 대중 원조는 끝까지 '생색내기'에 불과했다.

미국의 본격적인 대중 원조는 오히려 국공 내전이 일어나면서 이루어졌다. 공식적으로만 20억 770만 달러가 지원되었고 이 중 16억 달러가 무상 양여였다. 이 금액은 민간 차원의 원조와 탄약 등 군수물자의 무상 인도, 중국의 전후 복구를 위한 인도적 지원금이 제외된 것이다. 일본의 역사학자 이케다 마코토는 트루먼 행정부가 국공 내전 중 장제스 정권에 최대 60억 달러에 달하는 차관과 군수물자를 제공했다고 추정하였다.

29

파죽지세의 일본

"건국 2천6백 년 이래 우리는 싸움에서 패한 적이 없습니다. 제국의 성쇠와 아시아의 흥망이 이 일전에 달려 있습니다. 일억 국민이 나라를 위해 목숨을 바칠 때입니다. 천황 폐하의 뜻 아래 진충보국의 정신이 있는 한 아무리 영미라 해도 두려워할 것이 없습니다!"

1941년 12월 8일 11시 30분, 미국에 대한 선전포고와 진주만 기습의 성공을 알리는 도조 히데키의 특별 성명이 라디오를 타고 전국에 전파되었다. 일본 열도 전체가 흥분의 도가니였다. 승리에 취한 국민들은 일장기를 흔들며 환희에 떨었다. 도쿄의 주식시장이 유례없이 폭등한 것만큼이나 일본군의 남방 침략 역시 그동안의 우려를 단숨에 날리듯 파죽지세로 진행되었다. 반면, 연합군은 패주의 연속이었다.

영국은 북아프리카에서 롬멜과의 싸움에 모든 전력을 집중하

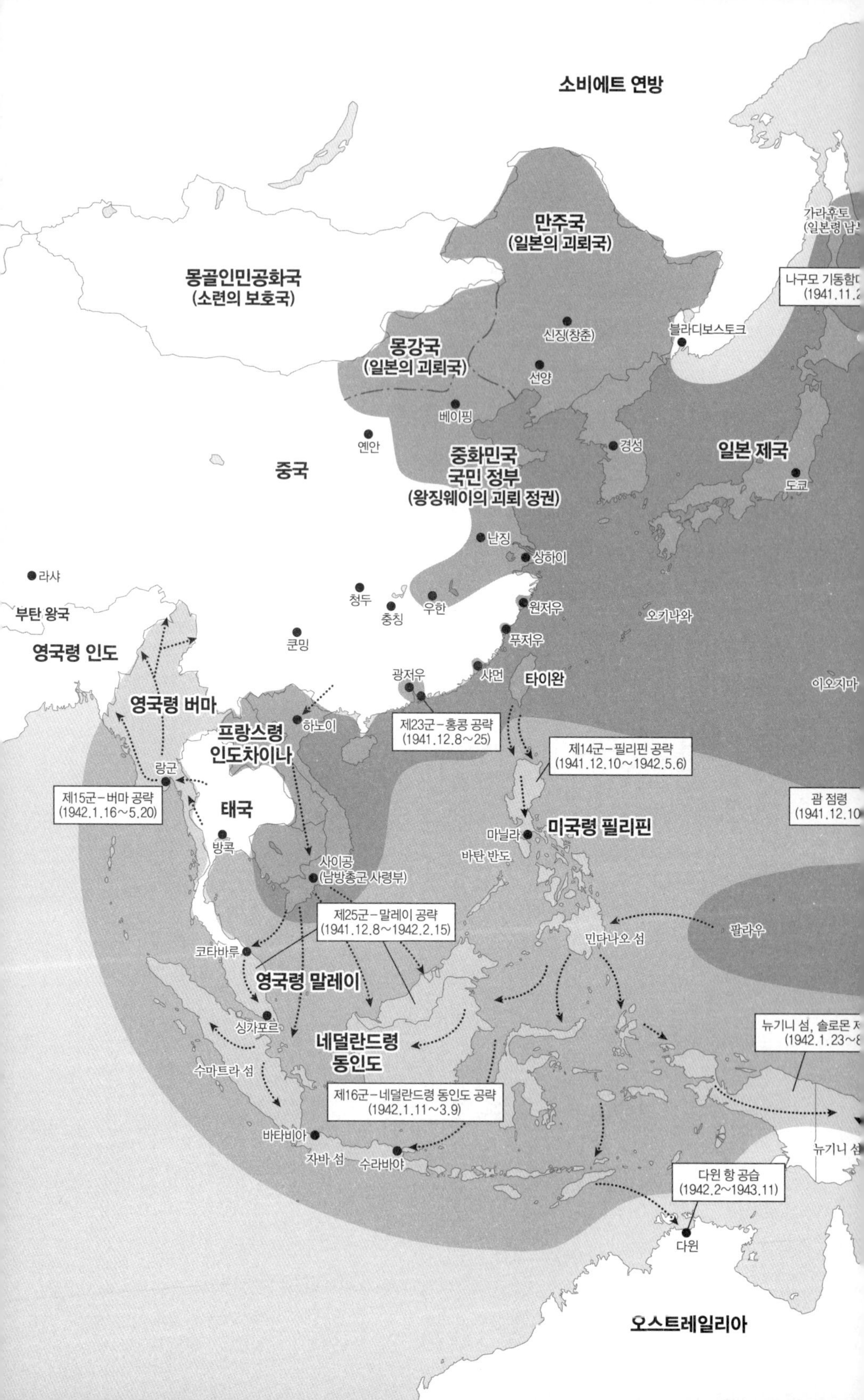

소비에트 연방
몽골인민공화국
(소련의 보호국)
만주국
(일본의 괴뢰국)
몽강국
(일본의 괴뢰국)
신징(창춘)
블라디보스토크
선양
베이핑
연안
중국
중화민국
국민 정부
(왕징웨이의 괴뢰 정권)
경성
일본 제국
도쿄
난징
상하이
라사
부탄 왕국
영국령 인도
청두
충칭
우한
원저우
푸저우
쿤밍
오키나와
광저우
샤먼
타이완
영국령 버마
프랑스령
인도차이나
하노이
제23군-홍콩 공략
(1941.12.8~25)
제14군-필리핀 공략
(1941.12.10~1942.5.6)
랑군
제15군-버마 공략
(1942.1.16~5.20)
태국
방콕
마닐라
미국령 필리핀
바탄 반도
사이공
(남방총군 사령부)
제25군-말레이 공략
(1941.12.8~1942.2.15)
팔라우
민다나오 섬
코타바루
영국령 말레이
싱가포르
네덜란드령
동인도
수마트라 섬
제16군-네덜란드령 동인도 공략
(1942.1.11~3.9)
바타비아
자바 섬
수라바야
다윈 항 공습
(1942.2~1943.11)
다윈
오스트레일리아
이오지마

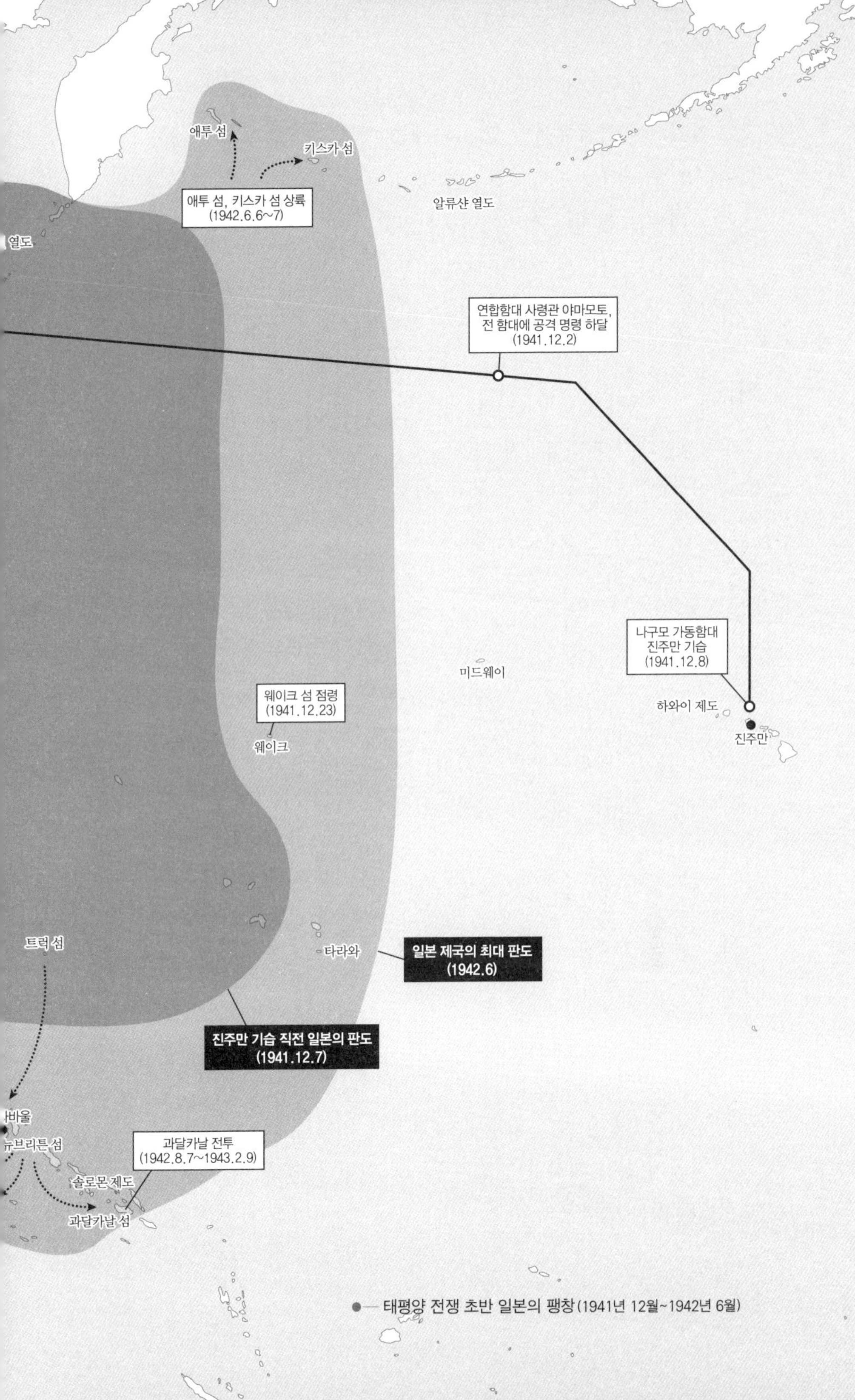

● 태평양 전쟁 초반 일본의 팽창(1941년 12월~1942년 6월)

고 있었기에 극동에서의 방어 태세는 매우 빈약했다. 홍콩에는 1만 3천 명, 말레이에는 약 8만 8천 명에 달하는 병력이 주둔하고 있었으나 대부분 현지의 식민지인들이었고 장비도 구식인 데다 훈련도 형편없었다. 이들은 정규군과의 전투보다 치안 임무에 적합한 수준이었다. 본국이 독일에 점령당한 네덜란드령 동인도와 미국의 식민지인 필리핀도 마찬가지였다. 호주 역시 대부분의 병력을 북아프리카에 파견했기에 정작 본토는 무방비 상태였다. 따라서 진주만의 미 태평양함대가 괴멸당하자 태평양에서 일본군의 진격을 저지할 수단이 없었다. 다만, 연합군은 장비와 훈련 상태가 형편없긴 하지만 적어도 수적으로는 일본군을 압도하고 있었다.

진주만 기습 후 미국, 영국, 네덜란드, 호주 4개국은 12월 23일 워싱턴에서 일본의 침략에 공동 대응하기로 합의하고 1942년 1월 10일 네덜란드령 동인도의 자카르타에 동남아시아 전구 연합군사령부를 설치하였다. 사령관에는 일 년 전 영국 중동군 사령관으로 열 배가 넘는 이탈리아군을 격퇴했으나 롬멜에게 참패하여 해임당한 아치볼드 웨이블 대장이 임명되었다. 그러나 너무 늦은 조치였다. 연합군의 방어 전략은 말라야에서 수마트라와 자바, 호주 북부를 연결하는 '말레이 방벽'을 구축한다는 것이었으나 연합군 간의 이견과 협조 부족, 일본군의 신속한 진격으로 시작조차 해보지 못한 채 와해되어 각개 격파당했다.

＼말레이 전역

운명의 진주만 기습이 있었던 12월 8일, 이날은 연합군에게 그야말로 악몽이었다. 태평양의 필리핀, 괌, 웨이크, 홍콩, 말레이 등지에 흩어져 있는 연합군의 주요 비행장과 군항, 사령부가 폭격당했고 동시다발적으로 상륙한 일본군에 점령되었다. 무방비 상태였던 연합군은 미처 대응할 시간조차 없었다. 진주만 기습 직후 타이완에서 출격한 일본 해군 제11항공함대 소속의 96식 육상공격기 108대와 제로 전투기 84대가 필리핀의 클라크 비행장을 공습하였다. B-17 폭격기 18대를 비롯해 108대의 미군 항공기가 지상에서 이륙조차 하지 못한 채 격파되었다. 이어서 니콜스 비행장과 상글리 비행장, 마닐라 만의 카비테 군항 등 주요 비행장과 군항이 폭격당하여 필리핀에 있던 미군의 해·공군력은 단 3일 만에 문자 그대로 전멸하였다.

그날 오후 1시 30분, 야마시타 도모유키 중장이 지휘하는 제25군 산하의 제18사단이 영국령 말레이 반도 최북단의 코타바루에 상륙한 것을 시작으로 일본군은 도처에서 영국군을 격파하였다. 영국군은 8만 명이 넘었지만 항공기와 전차를 앞세운 일본군 3개 사단 6만 명의 맹렬한 진격 앞에 방어선조차 제대로 구축하지 못하고 무너졌다.

영국군 극동군 사령관 아서 퍼시벌 중장은 일본군을 과소평가하고 있었다. 그는 지형지물을 이용해 일본군의 공격을 방어한다는 막연한 구상만 했을 뿐 진지 구축과 병사들의 훈련을 게을리한 데다 방어 태세도 제대로 갖추지 않았다. 게다가 무기와 탄약도 부족했다. 반면, 유능한 전술가이자 맹장으로 이름난 야마시타는 철저하게 준비하였고 전술적으로도 매우 교묘하여 영국군의 허를 찔렀다. 그동안 영국군은 울창한 정글 지대에서 전차는 쓸모가 없다고 여겼지만, 일본군은 경전차와 자전거 부대를 이용해 신속하게 진격하였다. 예상치 못한 곳에서 적군이 나타나자 영국군은 혼비백산하여 도주하거나 항복하였다. 파죽지세로 진격하는 야마시타의 제25군 앞에서 퍼시벌은 속수무책이었다. 개전 이틀 뒤인 12월 10일 남중국해에서 영국이 자랑하던 신예 전함 프린스오브웨일스 호와 순양전함 리펄스 호가 일본의 공습을 받아 격침당했다. 1942년 2월 8일 영국의 극동 최대의 요새인 싱가포르가 포위되었고 일주일에 걸친 격전 끝에 2월 15일 함락되었다.

싱가포르가 함락되자 퍼시벌 중장은 변변히 싸워보지도 못한 채 결국 백기를 들었다. 포로는 13만 명이 넘었다. 영국 육군 역사상 최대의 항복이었다. 협상 테이블에서 퍼시벌은 조금이라도 유리한 조건으로 교섭하려 했지만 승자인 야마시타가 고압적으로 책상을 내리치며 "Yes or No!"라고 한 것은 유명한 일화이다. 그런 두 사람의 처지가 3년 반 뒤에는 180도 바뀌어 야마시타는 전범으로 처형당하고 포로에서 풀려난 퍼시벌은 전함 미주리에서 맥아더와 함께 일본의 항복 조인식에 참석하는 영예를 누리게 된다. 어쨌든 일본은 겨우 2개월 만에 말레이 반도 전체를 장악했다. 크고 작은 96회의 전투에서, 일본군이 전사자 2천여 명을 포함해 약 5천 명 미만의 사상자를 낸 것에 반해, 영국군은 전사자만 해도 5천 명이 넘었다. 야마시타는 '말레이의 호랑이'라 불리며 명성을 떨쳤다. 후에 처칠은 "영국군 역사상 최악의 재난이었다"고 회고하였다.

사카이 다카시 중장이 지휘하는 제23군은 영국령 홍콩을 공격하여 1941년 12월 14일 주룽 반도를 제압하고 25일 저녁까지 홍콩을 함락시켰다. 18일간의 전투에서 일본군의 손실은 전사 7백 명 등 2천2백 명에 불과한 반면, 영국군은 1천7백 명이 전사하고 1만 1천 명이 포로가 되었다. 12월 10일에는 겨우 427명의 미 해병이 수비하는 미국령 괌에 5천4백 명의 일본 해군 육전대가 상륙하여 간단하게 제압하였다. 웨이크 섬에서는 미 해병대의 반격을 받아 일본은 경순양함 1척과 구축함 2척이 반파되고 구축함 2척이 격침되는 참패를 당했다. 그러나 일본군은 재공격을 감행하여 12월 23일 웨이크 섬도 결국 함락시켰다. 또한 미드웨이 섬은 괌과 웨이크 섬과 함께 일본군의 일차 공략 목표였지만 작전이 연기되면서 공습과 함포 포격만 받았다. 반년 뒤 이곳에서 '미드웨이 해전'이 벌어져 나구모의 일본 기동함대가 괴멸당한다.

╲태국도 굴복하다

한편, 일본은 말레이 상륙과 동시에 중립국인 태국도 침공하였다. 일본은 1940년 6월 태국과 상호불가침 조약을 체결하였다. 그러나 이를 무시하고 일본군 제5사단은 태국과 말레이의 접경지대에 있는 싱고라와 빠따니에 상륙하였다. 일본군은 태국에 최후통첩을 보내 말레이와 버마 침공을 위한 통로를 제공할 것, 태국-일본 공동 방위 조약을 체결할 것, 추축국의 일원으로 연합군에 선전포고할 것을 강요하였다. 그런데 일본군은 양국 정부의 교섭이 완료되지도 않았는데도 일단 상륙부터 시작하였다. 태국 남부 지역 곳곳에서 충돌이 벌어졌다. 태국군은 180명, 일본군은 140명의 사상자를 냈다. 그러나 태국의 피분 송크람 총리는 태국군에 저항을 중지하라고 지시하였고, 곧 12월 11일 태국과 일본 사이에 영토통과 협정이 체결되었다. 사실상 항복이나 다름없었다. 이로써 일본군은 큰 충돌 없이 수도 방콕을 비롯해 태국 전역을 장악하였다.

태국 총리였던 피분은 원래 친일 성향이 강한 관료였다. 그러나 그는 태평양 전쟁이 일어나기 전부터 일본의 침략을 심각하게 우려하여 1941년 9월 전국에 총동원령을 선포하는 한편, 미국과 영국 정부에 군사적 원조와 전투기 10대, 폭격기 24대의 판매를 요청했다. 그러나 미국은 태국을 불신하고 있었고 영국은 도와줄 능력이 없었다. 태국은 일본의 침략에 홀로 맞서거나 아니면 굴복하거나 둘 중 하나를 선택해야 했다. 피분은 "이 난국을 어떻게 해결해야 내가 나중에 나라를 팔았다는 말을 듣지 않을지 모르겠다. 그러나 그들의 요구를 받아들이지 않으면 일본은 우리 군대의 무장을 해제할 것이고 그러면 끝장이다"라고 탄식했다.

그런데 일본군이 진입했다는 이유로 영국 공군이 방콕과 태국 남부 지방을 폭격하였다. 격분한 태국은 1942년 1월 25일 영국에 선전포고를 선언하였다. 물론 태국 정부 내에도 일본의 눈부신 승리를 보면서 어쩌면 일본이 이길지도 모르니 일본에 붙어야 한다고 주장하는 친일 관료들이 있었다. 태국의 사례는 강대국들 사이에 끼여 생존하기 위해서는 약소국이 얼마나 위험한 줄타기를 하지 않으면 안 되는지 보여준다. 태국은 연합군에 대항해 직접 전투를 벌이지는 않았으나 일본군의 버마 침공을 지원하고 막대한 자원을 제공하는 한편, 일본군과 함께 중국 남부의 윈난 성을 위협하기도 하였다.

일본은 버마를 점령한 뒤 곧 버마와 태국을 연결하는 병참용 철도 건설에 착수하였다. 20만 명에 달하는 태국인과 버마인, 말레이인 노동자들이 강제 동원되었다. 우기임에도 불구하고 공사를 강행하는 바람에 그중 4천 명이 죽고 1만 4천 명이 부상을 입어 '죽음의 철도 공사'라고 악명을 떨쳤다. 데이비드 린 감독의 1957년 고전 영화《콰이강의 다리(The Bridge on the River Kwai)》가 바로 이 철도 건설을 배경으로 한 영화이다. 영화에서는 연합군 포로에게 강제노동을 시키고 마구 학대하는 일본군의 잔혹한 모습을 묘사하고 있지만 실제로는 연합군 포로보다 태국인과 버마인들의 희생이 훨씬 컸다.

태국은 형식상 일본과 동맹 관계였지만 반식민지나 다름없었다. 일본은 모든 산업 시설과 군사 지휘권, 외교권, 행정권을 장악하였다. 또한 관세를 철폐하고 주요 항만과 철도를 장악했으며 생필품과 의약품을 비롯한 모든 물자를 강제 징발하고 막대한 쌀과 자원을 수탈하였다. 이 때문에 태국은 심각한 인플레이션에 허덕였다. 일본의 횡포가 갈수록 심해지자 태국인들의 반일 감정도 격화되었다. 피분 총리도 일본의 수탈을 공공연히 비난하는 한편 비밀리에 연합군과 교섭하여 태국의 입장을 호소하고, 또 중국군과 연계하여 일본에 대항할 계획을 추진하기도 하였다. 또한 주미 공사인 세니 쁘라못을 중심으로 자유타이군이 결성되어 연합군에 협조하기도 했다.

이 때문에 비록 추축국의 일원이자 일본의 동맹국이었음에도 연합군은 태국을 적국으로 간주하지 않았고 태국 역시 국토가 전쟁터가 되는 것을 피할 수 있었다. 덧붙여, 피분은 일본의 패색이 점차 짙어지자 조국을 구하기 위해 스스로 모든 책임을 지고 1943년 7월 총리 자리에서 물러났다. 1945년 10월 전범으로 기소되었지만 곧 무죄로 석방되었고 다시 독재자의 자리에 올랐다. 그는 독재와 부정선거, 부패를 일삼다 결국 1957년 9월 군부 쿠데타가 일어나 일본으로 도주하였다. 평가가 극과 극으로 갈리는 인물이나 태평양 전쟁 기간에 강력한 리더십으로 조국을 전쟁의 참화로부터 구한 사실만큼은 인정하지 않을 수 없다.

＼필리핀 함락

1928년 미 해군은 태평양에서 일본의 공격을 받았을 때를 대비한 '오렌지 계획(War Plan Orange)'을 수립하였다. 그중에서 '플랜-3'은 일본의 필리핀 공격이 시작되면 루손 섬에서 지연 작전을 펼치며 주력 부대를 방어에 유리한 바탄 반도로 철수시킨 다음 6개월 동안 버티면서 병력이 증원되면 반격에 나선다는 내용이었다. 필리핀 극동군 사령관 더글러스 맥아더 대장은 일본의 위협이 현실화되자 1941년 1월부터 바탄과 마닐라 만 입구를 요새화하였다. 그러나 이 작전은 태평양함대가 건재한 상태로 다른 적국 없이 일본만을 상대한다는 전제가 깔려 있었다. 따라서 가장 중요한 태평양함대가 괴멸되어 제해권이 일본 해군에게 넘어간 데다, 미국의 전략이 태평양이 아니라 유럽에 중점을 두면서 이 계획은 무용지물이나 다름없게 되었다. 더욱이 바탄 반도에 충분한 식량을 비축하지 않았다는 것이 가장 큰 취약점이었다.

필리핀의 수비 병력은 미군 1만 3,500명을 포함해 2개 현역 사단과 10개 예비 사단 13만 명 정도였다. 그러나 다른 연합군과 마찬가지로, 그들 역시 장비와 훈련 상태가 형편없었다. 병사들은 구식 엔필드 소총과 스프링필드 소총으로 무장했고 대전차포와 대공포, 야포, 차량도 부족한 데다 심지어 철모조차 충분하지 못했다. 필리핀에 주둔한 미국 극동항공군은 규모 면에서는 각종 항공기를 합해 307대에 달하여 미군의 해외 파견 부대 중에서 가장 규모가 컸다. 그러나 대부분 구식에다 노후화가 심해 실제 비행이 가능한 기체는 P-40 전투기 54대와 P-35 전투기 18대, B-17 폭격기 33대 등 고작 1백여 대 정도였다. 더욱이 맥아더는 진주만이 기습당했다는 보고를 받고도 상황을 제대로 파악하지 못하여 경계 강화를 신속하게 지시하지 않았다. 이 때문에 주요 비행장과 군사기지, 군항이 무방비 상태로 일본군의 공습을 받아 막대한 피해를 입었다.

1941년 12월 10일 일본군 혼마 중장의 제14군이 필리핀 루손 섬의 남쪽과 북쪽에 상륙하였다. 극동항공군의 잔존 기체들이 루손 섬으로 접근하는 일본 함대를 용감하게 공격하여 구축함 1척과 수척의 수송선을 격침하는 전과를 올렸다. 하지만 그 과정에서 대부분 격추당했고 극소수만이 오스트레일리아로 철수하였다. 혼마 중장의 일본군이 루손 섬에 본격적으로 상륙하자 웨인라이트 소장의 북부루손군이 일본군을 일시적으로 저지했으나 압도적인 일본군을 막아낼 수 없었다. 또한 남부에서도 파커 준장이 지휘하는 남부루손군이 패퇴하면서 마닐라의 방어선이 무너졌다. 맥아더는 제공권과 제해권이 없는 상태에서 방어전은 자살 행위라고 보고 바탄의 정글 속으로 모든 병력을 철수시켰다. 1942년 1월 2월 일본군은 비무장 도시로 선포된 마닐라에 무혈 입성하였다. 그리고 제16사단과 제65독립혼성여단으로 바탄을 포위하였다. 비록 포위되긴 했지만 미국-필리핀 연합군은 8만 명에 달하여 3만 명에 불과한 일본군을 수적으로 압도했다. 그러나 식량과 의약품의 부족으로 심각한 기아에 허덕여야 했다. 그들은 수차례 일본군의 돌격을 저지하고 큰 피해를 입혔으나 반대로 일본군의 포위망을 돌파할 수도 없어 사기가 급격히 떨어졌다.

일본군은 야포 200문, 전차 50대, 항공기 100대를 앞세워 3월 31일부터 총공격을 개시하였다. 일본군은 치열한 전투를 거치며 진지를 하나씩 점령했다. 4월 9일 바탄 반도는 함락되었고 미군과 필리핀군 7만 6천 명이 항복하였다. 바탄 함락 직전 맥아더는 마누엘 케손 필리핀 대통령과 함께 어뢰정을 타고 호주로 탈출했다. 웨인라이트는 2천 명의 잔존 병력을 이끌고 바탄 반도 남쪽에 있는 작은 섬 코레히도르로 철수하여 계속 싸웠지만 결국 5월 6일 항복하였다. 혼마는 항복한 웨인라이트에게 민다나오 섬을 비롯해 그때까지도 필리핀 곳곳에서 저항하고 있던 부대들을 향해 투항을 권고하는 방송을 하라고 윽박지르면서 이를 거부하면 부하들을 모두 죽이겠다고 협박하였다. 이것은 제네바 협정 위반이었지만 웨인라이트는 거부할 수 없었다. 그의 방송을 들은 연합국 병사들이 전의를 상실하고 하나씩 투항하면서 6월 9일 필리핀 전역은 완전히 종료되었다.

일본군은 연합군 포로들에게 물과 식량도 주지 않고 100킬로미터 이상을 강행군시켰다. 뜨거운 태양 아래에서 많은 포로들이 죽어나갔다. 온갖 학대는 물론이고 낙오자에 대해서는 가차 없이 총검으로 살해하여 이른바 '죽음의 행진' 과정에서 적어도 7천 명 이상이 사망하였다. 그 잔혹함은 중국 전선에서 중국군 포로에게 대한 것과 전혀 다르지 않았다. 웨인라이트는 타이완을 거쳐 만주국 수도인 신징 근교의 포로수용소까지 끌려갔다. 그는 마찬가지로 포로가 된 퍼시벌과 이곳에서 만났다. 둘 다 고위급 포로임에도 매우 가혹한 대접을 받아 종전 직전 OSS에 의해 구출되었을 때는 몸무게가 절반으로 줄어 있었다. 웨인라이트는 퍼시벌과 함께 전함 미주리 호에서 일본의 항복 조인식에 참석하였다. 반대로 그를 포로로 잡았던 혼마는 포로 학대 및 살해죄로 B급 전범으로 기소되어 처형당했다.

약 6개월간의 치열했던 필리핀 전역에서 연합군은 전사 1만 명에 7만 5천 명이 포로가 되었고, 일본군은 전사자 7천 명을 포함해 약 3만 명에 달하는 사상자를 냈다. 그러나 힘없이 무너졌던 다른 연합군과 달리 필리핀에서 미군은 맥아더의 지휘 아래 완강하게 저항하였다. 이 때문에 일본은 이후의 작전에 상당한 차질을 빚은 반면, 미국은 전열을 정비할 수 있는 시간을 벌 수 있었다.

1942년 1월 11일에는 네덜란드령 동인도에 대한 일본의 공격이 시작되었다. 이마무라 히토시 중장이 지휘하는 일본군 제16군은 말레이와 필리핀을 거쳐 네덜란드령 동인도의 심장부인 자바 섬으로 진격하면서 보르네오를 비롯한 주요 해안 도시를 차례로 제압하였다. 방어군은 네덜란드군 약 6만 5천 명과 말레이에서 후퇴한 영국군 및 호주군 1만 6천여 명 등 8만여 명에 달했지만 그중 네덜란드군은 대부분 현지 출신의 민병대였고 영국군과 호주군 역시 패잔병이었다. 2월 14일 네덜란드령 동인도 최대의 유전 지대인 수마트라 팔렘방의 유전 시설들이 제1정진단(第1挺進團)*의 기습을 받아 점령되었다. 이 작전은 일본군이 수행한 최초의 공수 작전이었다.

2월 27일 자바 섬 인근에서 벌어진 자바 해전에서 순양함 5척과 구축함 9척으로 구성된 4개국 연합 함대는 순양함 3척과 구축함 7척을 동원한 일본 해군보다 우세했지만 지휘계통의 혼란과 제공권의 열세로 일본군에게 일방적으로 난타당한 뒤 괴멸당했다. 일본 해군의 손실은 구축함 1척이 대파된 것이 전부였다. 이 해전의 패배로 자바 섬은 완전히 고립되었다. 동남아시아 전구 연합군 사령관 웨이블은 2월 25일 인도 콜롬보(현재의 스리랑카)로 탈출하였다. 28일 일본군이 완전히 고립된 자바 섬에 대해 본격적인 공격을 개시하여 바타비아(현재의 자카르타)와 세마랑에 상륙하자 3월 9일 네덜란드군은 변변한 저항 한 번 해보지 못하고 항복하였다. 포로가 된 연합군은 8만여 명에 달했지만, 일본군의 손실은 겨우 전사 840명, 부상 1,784

---

* 일본 육군이 운영한 공수 부대. 일본의 공수 부대 편성은 다른 열강들에 비해 상당히 늦은 편이었는데 태평양 전쟁 직전인 1941년 11월 20일 해군이 요코스카 진수부 산하에 2개의 특별육전대를 편성한 것이 최초의 공수 부대였다. 여기에 경쟁심을 느낀 육군 역시 12월 1일 남방총군 직할 부대로 제1정진단을 편성하였다. 2개 연대 4천여 명 정도였다. 이들은 네덜란드령 동인도의 팔렘방에서의 공수 작전을 시작으로, 태평양 전쟁 동안 총 네 번의 공수작전을 수행했으나 1944년 필리핀 전투에서 대부분 괴멸당했고, 1945년 5월 24일 오키나와에서 미군에 점령된 비행장 탈환을 위한 마지막 특공 작전을 벌이다 전멸당했다.

명에 불과했다.

네덜란드령 동인도가 무너지자 호주도 위협받게 되었다. 1942년 2월 19일 호주 북부의 군항 다윈의 하늘에 일장기를 단 대규모 편대가 모습을 드러냈다. 다윈 항에 적기가 나타난 것은 처음인 데다 일본군이 여기까지 나타나리라고는 아무도 예상하지 못했기에 무방비나 다름없었다. 나구모 제독이 지휘하는 4척의 항공모함에서 발진한 240대에 달하는 폭격기들의 공습에 243명이 죽고 400여 명이 부상을 입었으며 8척의 군함이 격침되었다. 다윈 항은 1943년 11월까지 총 64회의 폭격을 받았다. 당시의 참화는 2008년 휴 잭맨과 니콜 키드먼 주연의 영화《오스트레일리아》에서 재현되었다. 2월 23일에는 일본군이 남태평양의 요충지인 뉴브리튼 섬에 상륙하여 라바울을 점령하였다. 라바울에는 일본군 제8방면군 사령부가 설치되었고 호주 침공을 위한 전진기지로서 요새화되었다. 3월에는 뉴기니 전역이 일본군의 손에 들어갔다. 이제 호주의 방어조차 장담할 수 없었다.

＼일본의 버마 침공

진주만 기습 이래 겨우 6개월 만에 일본 제국의 판도는 북으로는 알류샨 열도에서 남으로는 뉴기니, 동으로는 웨이크 제도, 서로는 태국에 이르렀다. 호주를 제외한 광활한 태평양 전역이 일본의 손에 들어왔다. 일본군의 맹렬한 진격 앞에서 맥아더의 미군을 제외하고는 연합군의 저항은 형편없었다. 아시아에서 오랫동안 지배자로 군림해왔던 서구 열강의 힘이란 한낱 허상일 뿐이었다. 일본이 장악한 영역은 무려 2600만 제곱킬로미터에, 인구는 1억 5천만 명에 달했다. 석유와 천연가스, 고무, 망간, 주석, 니켈 등의 자원은 넘칠 정도였다. '자원 확보'라는 일본의 당초 목적은 달성된 셈이었다. 그러나 일본은 만족하지 못했다. 다음 목표는 태국에 인접한 버마였다. 영국이 통치하고 있던 버마는 인도의 관문이자 미국의 원조물자가 중국으로 들어가는 운송 루트인 '버마 루트'가 있는 곳이었다. 버마 루트는 랑군 항에서 만달레이를 경유해 윈난 성 쿤밍까지 총 2,300킬로미터에 달하는 길로서, 하노이 루트와 홍콩 루트를 빼앗긴 상황에서 중국과 외부를 연결하는 유일한 통로였다. 중국의 서부 지역은 세계의 지붕이라는 히말라야 산맥이 가로막고 있었다.

원래 일본이 수립한 남방 작전계획에는 버마 공략에 대한 것은 없었다. 전략적인 측면에서도 버마는 그다지 가치 있는 곳은 아니었다. 물론 버마에도 석유와 풍부한 자원이 있었지만 이미 네덜란드령 동인도와 말레이를 점령했기에 굳이 병력을 분산시켜 무리하게 전선을 확대할 필요는 없었다. 그럼에도 예상을 뛰어넘는 승리에 기고만장해진 군부는 그 여세를 몰아 영국의 위협을 제거하고 중국의 원조 루트를 차단한다는 명목으로 버마 공략 작전을 강행하였다.

1941년 12월 23일 60대의 폭격기가 버마의 랑군 시가지를 무차별로 폭격하여 2천 명이 사망하였다. 이어서 1942년 1월 16일 이이다 쇼지로 중장의 일본군 제15군이 태국 국경을 통해 버마 동부의 정글 지대를 돌파하고 랑군 동쪽으로 겨우 140킬로미터에 떨어진 해안도시 모울메인까지 단숨에 진출하였다. 버마의 방위 태세 또한 형편없었다. 허튼 중장이 지휘하는 버마 주둔 영국군은 대부분 현지 출신인 데다 인도에서 증원된 병력을 합해도 겨우 1만 4천 명 정도였다. 항공기도 겨우 35대밖에 없었다. 허튼 중장 또한 다른 연합군 지휘관들과 마찬가지로 일본군의 위협을 대수롭지 않게 여겼고 방어 태세도 제대로 갖추지 않았다.

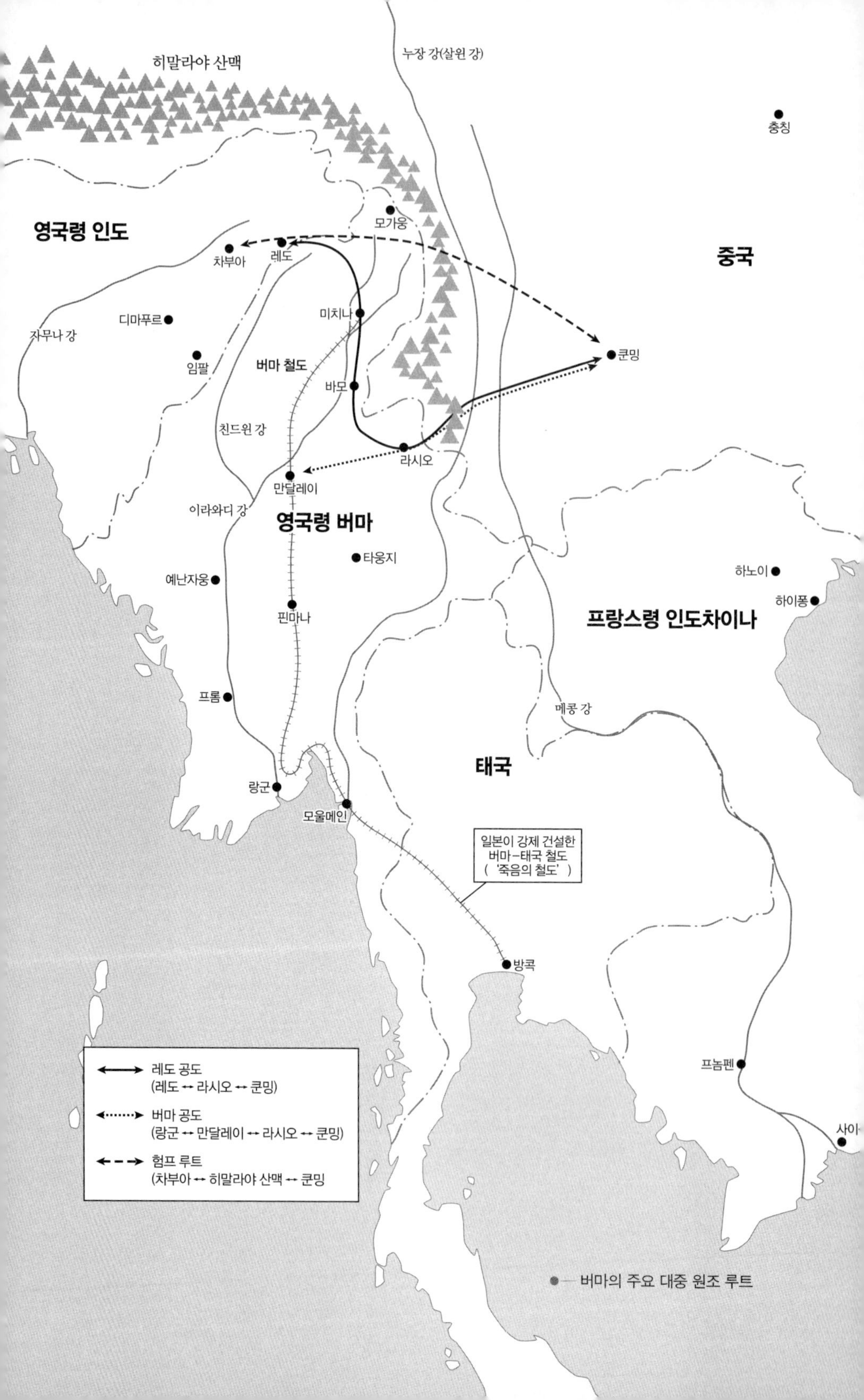

히말라야 산맥
누장 강(살윈 강)
충칭
영국령 인도
모가웅
차부아
레도
중국
미치나
디마푸르
자무나 강
쿤밍
임팔
버마 철도
바모
친드윈 강
라시오
만달레이
이라와디 강
영국령 버마
타웅지
하노이
예난자웅
하이퐁
핀마나
프랑스령 인도차이나
프롬
메콩 강
태국
랑군
모울메인
일본이 강제 건설한
버마-태국 철도
('죽음의 철도')
방콕
레도 공도
(레도 ↔ 라시오 ↔ 쿤밍)
버마 공도
(랑군 ↔ 만달레이 ↔ 라시오 ↔ 쿤밍)
험프 루트
(차부아 ↔ 히말라야 산맥 ↔ 쿤밍
프놈펜
사이
버마의 주요 대중 원조 루트

일본의 위협이 본격화되는 1941년 중반부터 중국과 영국 양국은 버마 방어를 위한 대책을 논의했다. 그러나 영국은 북아프리카에서 독일군 롬멜의 이집트 침공을 막는 데 사활을 걸고 있다 보니 버마로 증원할 병력이 없었다. 1941년 12월 23일에야 장제스의 요청으로 충칭에서 미국, 영국, 중국의 삼국 연합군사회의가 개최되어 상호 협력 방안을 논의했다. 그러나 양측의 의견 차이는 컸다. 장제스는 영국에 버마 공동 방위를 제안하면서, 중국군의 버마 진입을 허용해달라고 요구했다. 하지만 영국은 버마와 인도에서 중국의 영향력 확대를 우려해 거절하였다. 1942년 1월 1일 버마를 포함하는 중국 전구의 연합군사령부가 창설되면서 장제스가 총사령관으로 추대되었지만 영국의 비협조 때문에 형식적인 지위에 불과했다. 이렇다 보니 일본에 공동으로 맞서기 위한 방어계획의 수립과 양국 간 연락 체계의 구성조차 추진되지 못했다. 일본군의 버마 공격 직전에야 중국군은 버마 국경에 진입할 수 있었다. 하지만 영국은 식량과 유류를 제공하기로 한 약속을 무시하였고 심지어 현지 지도 한 장 주지 않았다. 처칠은 동남아시아 전구 연합군 사령관 웨이블에게 버마를 반드시 지킬 필요는 없으며 일본군이 인도를 침공하지 않도록 저지하는 선이면 충분하다고 지시하였다.

막상 일본군이 침공하자 영국군은 속수무책이었다. 버마와 인도인들로 구성된 수비대는 제대로 싸우지도 않고 정글 속으로 도주하였다. 일본군이 살윈 강을 도하하자 2월 27일 레지놀드 스미드 버마 총독은 런던에 "나는 랑군을 구제할 방법이 없다"고 통신을 보냈고 깜짝 놀란 처칠은 됭케르크 철수의 영웅인 해럴드 알렉산더 중장을 인도-버마 영국군 사령관으로 임명해 급파하였다. 그는 현지를 시찰한 뒤 이런 상황에서 버마를 지켜내는 것이 도저히 불가능하다고 판단했다. 그는 랑군 교외에 있는 1억 5천만 갤런에 달하는 석유 저장고를 비롯한 주요 시설을 폭파하는 한편 잔존 부대를 구출하는 데 주력하였다. 랑군은 3월 7일 일본군의 손에 넘어갔다.

╲중국원정군의 파견

스틸웰이 버마로 온 것은 이런 혼란의 순간이었다. 중국 전구의 참모장으로 임명된 그는 소수의 참모들과 함께 중국과 버마 국경에 있는 라시오에서 장제스를 만났다. 스틸웰은 자신이 중국군에 대한 지휘권을 보장받았다고 생각했으나 장제스는 단지 자신을 보좌할 사람을 보내달라고 했을 뿐이었다. 따라서 스틸웰의 권한에 대해 합의된 것은 아무것도 없었다. 사실 스틸웰의 요구는 중국에게는 터무니없었다. 1920년대 이래 독일과 소련에서 파견된 많은 군사고문들이 장제스의 곁을 거쳐 갔지만 그들 중에서 중국군의 지휘권을 요구한 사람은 아무도 없었다. 스틸웰은 미국 정부가 중국에 거액의 원조를 제공한 이상 그에 합당한 권리를 받는 것이 당연하다고 생각했지만 장제스로서는 실전에서 대부대를 지휘해본 경험도 없고 일본군에 대해서도 전혀 알지 못하는 이 미국인이 5년 이상 일본군과 싸워온 자신들보다 더 나으리라고 생각할 이유가 전혀 없었다.

또한 스틸웰이 간과한 사실은 중국인들이 외국인에게 뿌리 깊은 거부감을 갖고 있다는 사실이었다. 중국인 특유의 중화사상은 둘째치고라도, 장제스를 비롯해 중국군 지휘관들은 아편 전쟁 이래 서구 열강이 중국에서 보여준 수많은 만행과 횡포, 멸시를 그대로 기억하고 있었다. 1923년 10월 10일 광저우에서 영국은 반영 시위대를 향해 군함으로 포격하여 수십 명의 황푸군관학교 생도와 많은 중국인들을 죽였고, 1927년 3월 24일 장제스의 북벌군이 난징을 점령했을 때에도 미국과 영국은 무력간섭에 나서 난징 시내를 포격하였다. 만주 사변 이래 일본의 침략을 묵인해왔던 미국이 이제 와서 원조를 내세워 '사대 외교'를 강요하는 것은 장제스에게는 억지나 다름없었다. 스틸웰 스스로도 "그들 입장에서 생각한다면 대단히 중요한 작전 구역에 있는 2개 군을 생면부지의 신뢰할 수 없는 외국인에게 순순히 맡기리라고 기대하는 것은 무리"라고 솔직히 인정하였다. 그러면서도 그는 설득보다 백인 우월주의와 중국에 대한 멸시감을 드러내며 끝까지 고압적인 태도와 책임 전가, 비난으로 일관하며 양국의 관계를 악화시켰다.

또한 연합참모회의를 통해 연합국 사이의 이견을 원만하게 조정하였던 다른 전구와는 달리, 중국 전구에서는 서로 간의 갈등을 해결하기 위한 어떤 노력도 없었다. 한번은 "야포는 어디 있습니까?"라고 묻는 영국의 알렉산더 중장에게 제5군 사령관 두위밍이 "야포는 소중한 것이며 파괴되어서는 안 되므로 후방으로 철수시켰습니다"라고 성의 없이 대답한 적이 있었다. 전후 사정을 모르는 미국인 기자들은 중국군을 비웃었다. 하지만 두위밍은 일본군과의 전투에서 수차례 승리한 적이 있는 경험이 풍부한 지휘관이며 버마 전투에서 그의 부대가 가장 큰 피해를 감당했다는 점에서 미국인들의 비난과 조롱은 가당치 않은 것이었다.

버마 방어에 소극적이던 영국과 달리, 평생 처음으로 한 개 전선의 지휘를 맡게 된 스틸웰은 의욕에 넘쳤다. 장제스는 버마 방어를 위한 병력을 제공해달라는 스틸웰의 요청을 받아들여 '중국원정군'을 편성하였다. 중국원정군은 제5군(신22사단, 제96사단, 제200사단)과 제6군(제49사단, 잠편55사단*, 제93사단), 제66군(신28사단, 신29사단, 신38사단)으로 구성되었다. 병력은 3개 군 9개 사단 10만 명 정도였으며 사령관에는 뤄줘잉이 임명되었다. 그는 상가오 회전을 비롯해 수많은 전투에서 활약하였고 중국군에서 가장 유능한 지휘관 가운데 한 사람이었다.

그러나 중국원정군은 급히 편성된 데다 각 사단의 병력은 6천 명에서 8천 명 정도에 불과했으며 중화기와 차량이 부족하였다. 따라서 1개 군이라고 해도 인원은 2만 명도 채 되지 않아 일본군 1개 사단보다도 적었다. 그렇지만 새로 편성된 잠편55사단을 제외하고는 병사들은 대부분 실전 경험이 매우 풍부했으며 중국이 처음으로 연합군의 일원으로서 외국군과 합동 작전을 하는 것이기에 다들 자부심과 사기가 넘쳤다. 이들은 중국군 최정예 부대이자 장제스가 내놓을 수 있는 최상의 전력이었다. 그중에 쑨리런(孫立人)이 지휘하는 신38사단과 다이안란(戴安瀾)의 제200사단이 가장 강했다. 또한 군 직속 부대로 각각 1개 포병대대가 배속되었고 75mm, 105mm, 150mm 곡사포와 82mm 박격포로 무장했다. 그중에서 제5군만이 1개 대전차 대대(독일제 37mm Pak 36 32문)를 보유했다. 또한 제200사단은 소련제 T-26 경전차 24대와 BT-5 경전차 2대, BA-20 장갑차 15대, 이탈리아제 CV-33 경전차 11대 등을 보유했다.

＼버마의 함락과 참담한 패주

스틸웰의 명령에 따라 1942년 2월 초 중국원정군의 선발 부대가 중국-버마 국경에 도착했다. 하지만 영국이 진입을 거부하면서 이들

---

* 잠편사(暫編師)란 전쟁의 장기화로 인력과 장비가 부족하자 갓 징집한 보충병만으로 급조한 임시 사단이다. 정규 사단에 비해 훈련이 매우 부족했으며 중화기와 차량도 거의 없었다. 주로 병참 지원과 예비 부대로서의 임무를 수행하였다.

은 국경 지대에서 한 달 가까이 아까운 시간을 허비해야 했다. 일본군이 버마 국경을 넘자 비로소 영국은 중국군의 버마 진입을 허가했다. 그러나 유류 부족 때문에 제5군 휘하의 기계화 부대인 제200사단만이 랑군 북쪽의 퉁구로 전진할 수 있었고 나머지 2개 사단(신22사단, 제96사단)은 여전히 훨씬 북쪽의 만달레이와 라시오 사이에 있었다. 제6군은 태국 접경의 켕퉁으로 이동했으나 정작 그곳에는 일본군이 없었다. 여기에다 3월 21일부터 22일까지 200대에 달하는 일본 폭격기들의 대대적인 공습으로 버마에 주둔한 영국 공군과 셔놀트의 플라잉타이거스 제3전대는 막대한 피해를 입은 채 소수의 잔존 기체만이 각각 인도와 중국으로 철수하였다. 4월 5일에는 나구모의 기동함대가 영국 동양함대의 본거지인 실론 섬의 콜롬보를 강습하였다. 항모 허미즈와 순양함 2척이 격침되었다. 서머빌 제독은 잔존 함대를 동부 아프리카로 철수시켰다. 버마와 인도양에서 연합군은 제해권과 제공권을 완전히 상실하였다. 상황은 최악이었다.

중국군은 사전에 충분한 계획 없이 따로따로 투입되는 바람에 넓은 지역에 무의미하게 분산되어 버렸고 영국군과의 연계 작전도 불가능했다. 또한 버마의 태반을 차지하는 정글에 대비해 일본군은 치밀한 적응 훈련을 실시한 반면, 정글을 난생 처음 구경하는 중국군은 물론이고 1백 년 이상 버마를 지배했던 영국군조차 정글전에 대한 훈련이나 경험이 전혀 없었다. 영국인들은 착취와 군림에만 익숙할 뿐이었다. 또한 현지 버마인들의 적대적인 모습에 중국군은 당황하지 않을 수 없었다. 버마인들은 독립 쟁취의 기회라고 생각하고 반영 운동을 벌이며 한편으로는 일본군을 돕고 있었고, 영국군도 버마를 애써 지키기보다 퇴로가 차단되기 전에 인도로 도주할 생각뿐이었다. 상황이 이렇다 보니 중국과 영국 모두 무모한 반격보다 모

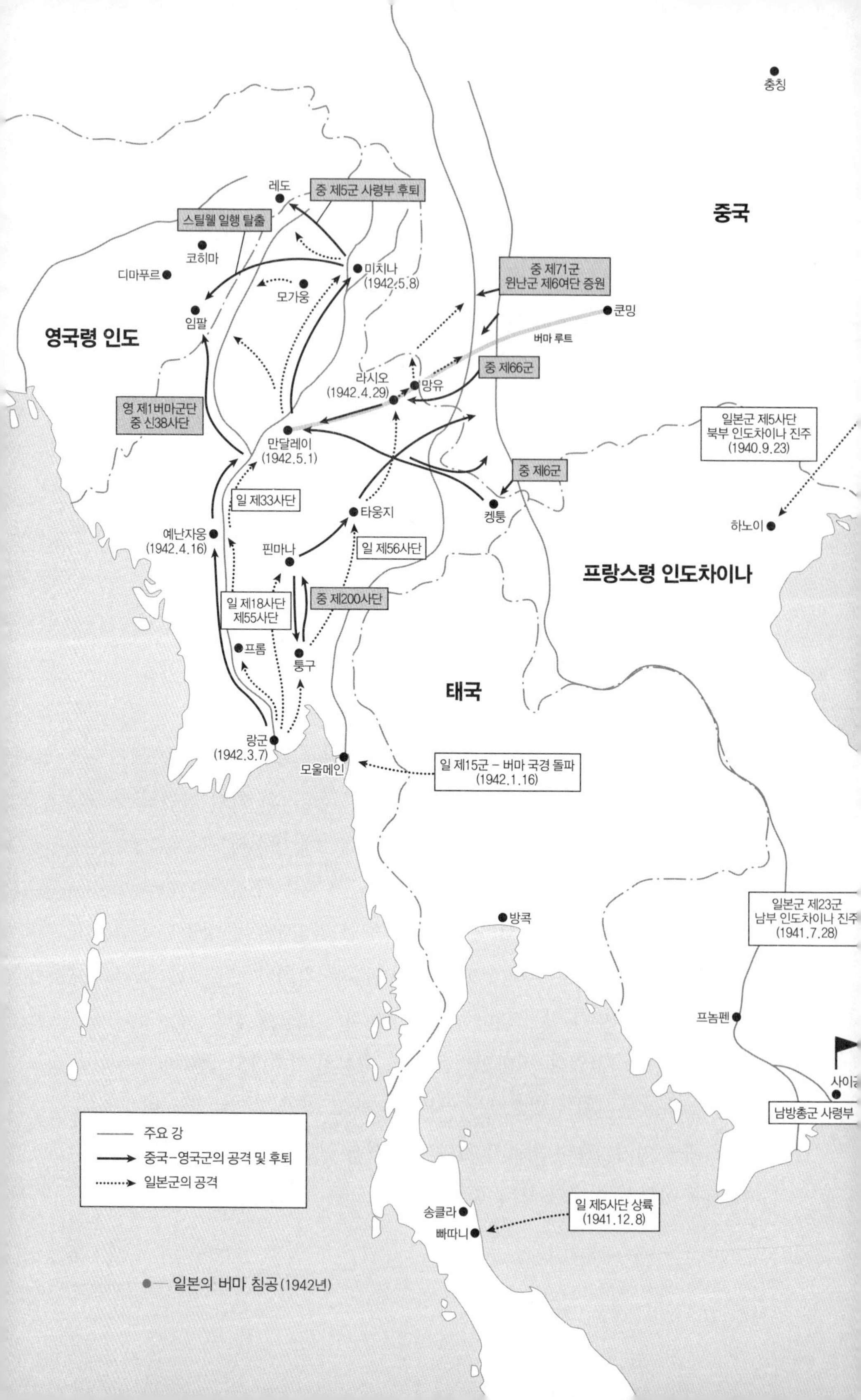
충칭
중국
레도
중 제5군 사령부 후퇴
스틸웰 일행 탈출
코히마
디마푸르
미치나
(1942.5.8)
모가웅
중 제71군
윈난군 제6여단 증원
쿤밍
임팔
영국령 인도
버마 루트
중 제66군
라시오
(1942.4.29)
망유
영 제1버마군단
중 신38사단
만달레이
(1942.5.1)
일본군 제5사단
북부 인도차이나 진주
(1940.9.23)
중 제6군
일 제33사단
타웅지
켕퉁
하노이
예난자웅
(1942.4.16)
핀마나
일 제56사단
프랑스령 인도차이나
일 제18사단
제55사단
중 제200사단
프롬
퉁구
태국
랑군
(1942.3.7)
모울메인
일 제15군 – 버마 국경 돌파
(1942.1.16)
방콕
일본군 제23군
남부 인도차이나 진주
(1941.7.28)
프놈펜
남방총군 사령부
주요 강
중국-영국군의 공격 및 후퇴
일본군의 공격
송클라
빠따니
일 제5사단 상륙
(1941.12.8)

● 일본의 버마 침공(1942년)

든 병력을 버마 북쪽으로 철수하여 험준한 산악 지대를 이용해 방어선을 구축하자고 주장하였다. 그러나 스틸웰은 일본군의 전력을 정확히 파악하지도 않은 채 "적은 전차도 대포도 없고 병력도 약하다"며 무작정 반격에 나설 것을 고집하였다.

장제스는 영국군이 함께 반격에 나설 생각이 없는 데다 중국군 역시 집결을 완료하지 못했고, 영국군이 연료를 제공하지 않아 제200사단의 전차 부대가 일선에 도착하지 못했다며 공격은 불가능하다고 반대하였다. 또한 그는 현재 중국군과 영국군이 서로 연합 작전을 제대로 수행하지 못하고 있으므로 스틸웰이 양국 연합군을 단일 지휘하는 방안을 제안하였다. 그러나 스틸웰은 "전선에서 1,600마일(약 2,560킬로미터)이나 떨어진 곳에 있는 주제에 사사건건 끊임없이 간섭한다"라며 장제스의 제안을 묵살하고서, 영국군을 무시한 채 중국군만으로 랑군과 퉁구의 탈환 작전을 강행하였다. 그는 랑군을 탈환해야 미국의 원조물자가 중국으로 들어올 수 있다고 주장했으나 설사 그의 작전이 성공한다 해도 이미 인도양에서 제공권과 제해권을 상실한 상황에서 랑군 탈환은 아무런 의미가 없었다.

작전은 엉망진창이었다. 3월 24일 일본군이 만달레이를 공격하자 스틸웰은 중국군 잠편55사단과 제200사단에 반격을 명령하였다. 그러나 알렉산더 중장은 영국군이 스웨다웅에서 패배하자 사전 통고도 없이 일방적으로 퇴각 명령을 내렸고 이 때문에 중국군 두 사단은 일본군에 포위되었다. 버마 주둔 영국군 사령관 슬림의 제1버마군단 역시 일본군에 패주하여 북쪽의 유전 지대로 후퇴하였다. 중국군 일선 부대와의 통신이 끊어지자 스틸웰은 직접 참모를 보내어 명령을 전달하려고 했으나 정작 그들은 중국어를 몰랐다. 스틸웰이 자신의 충고를 무시한 채 멋대로 행동하여 중국군을 무익하게 희생시키고 있다고 생각한 장제스가 직접 개입하면서 상황은 더욱 혼란에 빠졌다.

스틸웰의 야심 찬 공격은 나흘 만에 철저하게 실패로 끝났다. 제200사단은 퉁구 시내에서 고립되어 12일 동안 치열한 방어전을 펼친 후 두위밍의 명령에 따라 북쪽의 핀마나로 퇴각하였다. 대부분 신병인 데다 훈련과 장비가 빈약했던 잠편55사단은 핀마나와 라시오를 연결하는 간선도로를 방어하고 있었으나 전차와 포병을 앞세운 일본군 제56사단의 기습을 받아 순식간에 무너졌다. 극도로 흥분한 스틸웰은 "1개 사단이 하루아침에 없어졌다는 말은 들어보지 못했다"며 비난을 퍼부었다. 그러나 잠편55사단이 패배한 이유는 영국군이 사전 통보도 없이 멋대로 후퇴하여 측면이 노출되었기 때문이었다. 전의를 완전히 상실한 영국군은 제대로 싸우지도 않은 채 예난자웅의 유전 지대를 폭파한 후 북쪽으로 정신없이 후퇴하였다. 그러나 일본군 제33사단에 의해 예난자웅이 함락되자 슬림의 제1버마군단은 분단되었고 일부 병력이 포위되었다. 인도-버마 영국군 사령관 알렉산더가 중국군에 구원을 요청하자 쑨리런이 지휘하는 신38사단이 출동하였다. 신38사단은 이틀의 격전 끝에 예난자웅을 탈환하여 영국군 7천 명과 포로, 선교사, 신문기자 등 500명을 구출하는 데 성공하였고 제17인도사단도 구출하였다. 쑨리런의 승리는 연합군의 버마 작전 동안 유일하게 성공적인 작전이었다. 중국군 지휘관들을 노골적으로 멸시하던 '까다로운 죠'조차 쑨리런을 '동양의 롬멜'이라며 그의 용기와 지휘 능력을 극찬하였다. 그러나 4월 29일 라시오가 함락됨으로써 중국군의 퇴로가 완전히 차단되었다.

결국 연합군은 작전 실패를 인정하고 전면적인 철수를 시작하였다. 그러나 일본군의 추격과 공습 때문에 각 부대는 완전히 흩어진 채 정글을 뚫고 제 살길을 찾아야 했다. 뤄줘잉의 중국원정군 사령부와 쑨리런의 신38사단은 영국군과 함께 인도의 임팔로, 두위밍의 제5군 사령부와 신22사단은 레도로, 제96사단은 윈난 성으로 각각 철수하였다. 그러나 스틸웰의 명령으로 타웅지를 탈환했던 제200사단은 그곳에서 일본군에 포위되었다. 두위밍은 제200사단에 급히 철수를 지시했다. 제200사단은 간신히 포위망을 돌파할 수 있었으나 사단장 다이안란을 비롯해 병력의 반수 이상을 잃고 말았다.

철수 과정은 비참했다. 쑨리런의 신38사단만이 그런대로 건재했을 뿐 나머지는 괴멸적인 타격을 입었고 모든 차량과 장비가 버려졌다. 퇴각로에는 귀환에 실패한 병사들의 유골이 길을 하얗게 뒤덮었다. 게다가 일본군은 윈난 성 남부 지역을 침공하여 누장 강(怒江, 살윈 강의 중국 이름)까지 진격하였다. 중국군은 버마 루트의 통로였던 후이퉁차오(惠通橋) 다리를 폭파시켜야 했고 급히 3개 사단(제2예비사단, 제36사단, 제88사단)을 투입하였다. 다행히도 일본군은 누장 강 서안에서 멈춰 더 이상 전진하지 않았다.

스틸웰 자신은 소수의 병력으로 버마 북부의 미치나에서 최후의 항전을 시도했다. 그러나 미치나는 5월 8일 일본군의 공격을 받아 함락되었다. 그는 소수의 참모, 간호사, 선교사, 종군기자, 중국인 병사들로 이루어진 백여 명의 행렬과 함께 도보로 정글 속에서 비를 맞아가며 220킬로미터의 험난한 길을 도주해야 했다. 완전히 누더기가 된 그의 일행은 5월 19일 임팔에 구사일생으로 도착할 수 있었다. 스틸웰은 나중에 "지옥에서의 탈출"이라고 회고하였다. 함께 탈출했던 타임라이프 지의 종군기자들은 스틸웰의 실책을 비난하는 대신, 참모들과 함께 정글의 험로를 앞장서서 뚫고 가는 그의 모습을 사진에 담아 "초인적인 불굴의 의지"를 보여주었다며 극찬했다.

●— 일본군의 추격을 피해 버마의 울창한 정글을 뚫고 탈출하는 스틸웰 일행. 고령의 나이에도 불구하고 정글과 독충, 험난한 지형과 싸워가며 앞장서서 걷는 모습은 사람들에게 깊은 인상을 주었다.

덕분에 그는 패장에서 도리어 영웅이 되었다.

한편, 스틸웰과 연락이 완전히 두절되어 버마에 파병한 부대들이 어떤 상황에 처했는지조차 파악할 수 없었던 장제스는 5월 6일에야 두위밍을 통해 인도로 퇴각 중이라는 사실을 보고받았다. 그는 스틸웰이 아무런 사전 협의도 없이 자신이 맡긴 중국군을 팽개친 채 멋대로 인도로 도주했다며 격분하였다. 물론 스틸웰은 스틸웰대로 할 말이 있었다. "이른바 제5열이라 부르는 현지 독립 세력의 적대적 행동, 제공권의 결여, 일본군의 선제공격, 열악한 장비, 탄약의 부족, 무능한 지휘관들, 영국군의 비협조적이고 패배주의적 태도, 형편없는 방어 전략, 장제스의 간섭, 먹통이 된 통신망 등등. 한마디로 모든 것이 절망적이었다." 또한 그는 중국군을 "죄다 총살시켜야 한다"고 비난을 퍼부었다. 무리한 공격을 시도한 자신의 실수에 대해서는 어느 것도 인정하지 않았다. 반면, 예난자웅에서 중국군의 도움을 받은 슬림 중장은 "중국군은 비록 장비는 빈약했지만 매우 강인하고 용감했으며 전투 경험이 풍부했다. 그들은 베테랑이었으며 일본군과 가장 잘 싸웠다고 주장할 수 있다"고 극찬하였다.

버마에서의 파멸은 장제스에게는 재앙이었다. 1명의 사단장이 전사했고 파견 병력 중 4분의 3에 달하는 병력을 잃었다. 이것은 중국이 최정예 부대의 대부분을 상실했으며 버마 루트마저 차단되어 더 이상 외부의 원조를 받을 수 없다는 말이었다. 중국은 완전히 고립되었다.

6월 4일 충칭에서 장제스와 스틸웰은 다시 만났다. 장제스가 "이번에 나는 좋은 교훈을 배웠소. 충분히 지불할 가치가 있는 것이었소"라고 말하자 스틸웰은 "방어보다는 그래도 공격이 대가가 적습니다"라고 대답했다. 겉으로는 화기애애하게 보였지만 두 사람은 이미 서로에게 돌이킬 수 없는 증오심을 품고 있었다. 장제스는 워싱턴에 머무르고 있는 쑹쯔원에게 "스틸웰은 임무에 아주 태만하다"고 욕을 퍼부었다. 스틸웰 역시 자신의 일기에 "무지하고 즉흥적이고 완고한 인물이 중국을 지배하고 있다. 일본이 중국을 박살내든지 아니면 혁명이 일어나서 그를 쫓아내든지 양단 간에 결정이 나야 한다"고 갈겨썼다. 스틸웰과 사이가 아주 나빴던 셔놀트는 스틸웰의 지휘는 믿을 수 없을 만큼 형편없었다며 "만약 그가 중국군 지휘관이었다면 총살당했을 것"이라고 혹평하였다.

만약 일본이 버마 점령 직후 그 여세를 몰아 중국 남부와 동부, 북부 세 방향에서 총공격했다면 중국은 그대로 백기를 들 수밖에 없었을 것이다. 그러나 처음부터 주먹구구식이었던 일본의 전쟁 계획은 동남아시아를 점령하는 것까지만 수립되어 있었을 뿐 그다음은 없었다. 육군은 남방 작전이 어느 정도 마무리됐으니 독소 전쟁에 호응하여 소련을 공격하자고 주장했고, 해군은 하와이와 호주를 공략하자고 주장했다. 일본은 예상 이상으로 손쉽게 승리하자 기고만장해져서 끝없이 새로운 먹이를 찾아 나섰다. 그러나 그런 여유도 잠시였다. 1942년 6월 5일에 벌어진 미드웨이 해전에서 일본 해군은 참패했고 일본은 단숨에 수세에 몰리게 되었다.

30

제3차 창사 전투와 절공 작전

＼일본의 전략적 방만

진주만 기습과 함께 일본의 모든 관심은 동남아시아에 집중되었다. 일본 해군이 새로운 전쟁의 이름을 '태평양 전쟁' 또는 '흥아전쟁(興亞戰爭)'이라고 제안했지만 "전쟁의 목적은 대동아 신질서의 건설이다. 따라서 전장이 반드시 태평양만으로 국한되리라고 할 수 없다"는 육군의 고집에 밀려 소위 '대동아전쟁(大東亞戰爭)'으로 결정되었다. 입으로는 '자존자위의 전쟁'이라고 외치면서도 그들의 진짜 속셈은 여기에 있었던 것이다.

원래 주전장이었던 중국은 어느새 일본의 관심 밖으로 밀려났다. 물론 중국 전선에는 여전히 만주를 제외하고도 27개 사단 70만 명이 배치되어 있었다. 전체 육군 51개 사단 240만 명의 약 30퍼센트를 차지하는 규모였고, 본토 주둔군을 제외할 경우 50퍼센트가 넘었다. 그런데 다나카 신이치 소장을 비롯해 여전히 소련 침공에 대한 미련을 버리지 못하는 군부의 대소 강경파들이 있었다. 고노에 내각이 미국과의 개전을 앞두고 있는 와중에도 그들은 여전히 독일에 호응하여 소련 극동 지역을 침공해야 한다고 주장하였다. 1941년 7월 초부터 '관동군 특종 연습'이라는 이름을 붙여 관동군의 전력을 대대적으로 증강하였다. 30만 명 정도였던 관동군은 일거에 80만 명까지 늘어났고 조선군 병력은 10만 명으로 늘었다. 본토에는 4개 사단만이 남아 있었다. 병력과 물자가 여기저기 분산되면서 정작 남방 작전에 투입된 병력은 전체의 15퍼센트 남짓한 11개 사단 36만 명에 불과했다. 이는 일본이 미국을 상대로 총력을 기울여도 이길 수 있을까 말까 하는 판에 나라의 운명이 걸린 전쟁을 얼마나 무책임하고 안이하게 추진했는지 보여준다.

미국과의 전쟁이 시작된 뒤에도, 관동군은 소련이 극동군을 서쪽으로 빼내면 기회를 보아 단숨에 시베리아를 공략한다는 야심을 버리지 않았다. 그러나 파죽지세로 연전연승하던 독일군의 진격은 겨울이 오자 둔화되었고 모스크바 코앞에서 소련군의 반격을 받아 결국 참패를 당하고 후퇴하였다. 독소 전쟁은 점점 교착 상태가 되어 갔다. 더욱이 1942년 6월에 미드웨이에서 일본 해군이 괴멸적인 타격을 입으면서 태평양에서의 전세가 뒤집어지자 일본으로서는 쉽사리 소련을 공격할 용기를 낼 수 없었다. 관동군의 열의도 감소하여 1942년 8월에 오면 소련 침공 계획을 완전히 포기하였다. 그렇지만 관동군은 북방의 위협에 대비해야 한다는 명목으로 만주로 수송된 병력과 물자를 내놓기를 완강히 거부하였다. 독일과 사생결단의 전쟁을 하고 있던 소련이 만주를 침공할 리가 없다는 점에서 이것은 관동군의 이기적인 행태일 뿐이었다. 남부 태평양에서 미국의 본격적인 반격이 시작되면서 1943년 내내 뉴기니 일대에서 치열한 소모전이 벌어져 물자와 병력 부족에 허덕이는 와중에도 관동군은 여전히 비협조적이었다. 미군이 필리핀까지 위협하여 전황이 급격히 악화되는 1944년 초에 와서야 비로소 관동군 산하의 부대들이 중국과 남방 전선으로 차례로 이동하기 시작했다.

태평양 전쟁 초반의 승리는 분명히 예상을 뛰어넘는 전과였다. 하지만 냉철하게 본다면 질적으로 형편없고 싸울 의지도 없는 식민지 군대를 기습하여 이겼을 뿐이었다. 일본군은 병력과 물자도 부족했고 수송 선박도 부족했다. 실제로 홍콩 공략만 해도 일본군은 겨우 개전 2주 만에 포탄이 바닥났다. 만약 남방 침략에서 연합군의 저항이 조금만 더 완강했다면 일본군의 작전은 초반부터 심각한 차질에 직면했을 것이다. 1941년 말 일본이 보유한 선박은 600만톤 정도의 규모였다. 그중에서 400만톤을 군이 징발하였고 민수용은 200만톤에 불과했다. 이 정도 규모로는 아무리 동남아시아를 점령해도 석유나 원자재 같은 자원을 일본 본토까지 수송할 수 없어 무용지물이었다. 게다가 작전이 확대되어 더 많은 병력과 물자를 수송해야 한다거나 미 해군의 공격으로 다수의 선박을 상실하는 경우에는 추가로 선박을 보충할 방법도 없었다. 이것이 일본의 실상이었다.

원래 도조 내각의 계획은 장기전으로는 승산이 없으므로 속전속결로 승리를 거두어 미국의 전의를 상실하게 한 후 외교 교섭으로 전쟁을 끝낸다는 것이었다. 그러나 한낱 허울일 뿐이었다. 군부는 서전에서 손쉽게 승리하자 1942년 3월 9일 향후 방침에 대해 "계속해서 전과를 확대하고 기회를 보아 적극적 방책을 강구한다"와 같은 애매모호한 계획을 내놓았다. 미국과의 교섭은 논의조차 되지 않았다. 만약 일본이 처음부터 외교 교섭에 의지가 있었다면 점령지에서 연합군 포로들과 민간인들을 그토록 잔혹하게 대하며 인권을 유린하지는 않았을 것이다. 포로들을 가득 태운 수송선은 화물선을 개조했기에 열악하기 짝이 없었고 포로들에게 물과 음식도 제대로 주지 않았다. 연합군 포로들은 '지옥선'이라고 불렀다. 또한 일본군은 아무런 근거도 없이 미국의 반격은 1943년 이후에나 가능할 것이라고 낙관하면서 이 여세를 몰아 더 밀어붙여야 한다며 전선을 끊임없이 확대하였다.

그들의 전략적 방만함과 터무니없는 과대망상, 지휘부의 혼선과 무능함은 독일과 이탈리아 이상이었다. 이러한 무리한 확장 때문에 본토와 동남아시아를 연결하는 해상 수송로가 무방비로 노출되었다. 미국 태평양함대 사령관 니미츠 제독은 태평양 전쟁 초반부터 항모 부대를 동원해 길버트 제도와 마셜 제도의 일본군 기지와 수송선단을 습격하여 큰 피해를 입히기 시작했다. 일본 해군이 미국 해군과 무리한 소모전을 펼치는 동안 유조선과 상선들은 아무런 보호도 받지 못한 채 속수무책으로 미국 잠수함의 공격에 침몰하였다. 그럼에도 야마모토 제독을 비롯한 일본 해군 수뇌부는 미 해군과 결전을 벌여 '쓰시마 해전'*의 영광을 재현하겠다는 허황된 야심에만 골몰했고 정작 해상 보급로 보호에는 관심도 없었다.

＼제3차 창사 전투

개전 5년째, 중국 전선은 여전히 끝이 보이지 않았다. 대본영은 "장군벌(蔣軍閥, 장제스)은 항전력을 상실한 채 대륙 깊숙이 숨어버렸다. 중국의 전략적 요충지는 우리 수중에 있으며 왕징웨이 정권을 중심으로 이미 정치, 경제가 안정되어 아무런 염려도 없다"는 평가를 내놓았다. 하지만 이는 터무니없는 허세였다. 중국군은 여전히 건재했고 일본군은 악전고투를 반복하고 있었다. 1942년 9월에서야 참모

본부는 '지나 사변 이래 최대의 작전(5호 작전)'이란 것을 수립하였다. 지나파견군을 총동원해 충칭과 청두를 공략하여 중일 전쟁을 종결시킨다는 계획으로, 작전은 1943년 봄에 시작할 예정이었다. 그러나 이미 유리한 시기를 놓친 뒷북치기였다. 게다가 미드웨이 해전에서 패배한 직후 1942년 8월 미 해병대가 과달카날에 상륙하면서 전황이 점점 악화되고 있었다. 과달카날에서 이치키 기요나오 대좌가 지휘하는 이치키 지대 2천 명은 월등히 우세한 미 해병대의 공격을 받아 전멸하였고 이치키 자신도 할복 자결했다.** 뒤이어 투입된 제17군 3만여 명 역시 미군의 공격을 받고 병참선이 차단되어 전염병과 기아로 허덕이다 병력의 3분의 2를 잃은 채 거지꼴이나 다름없는 모습으로 비참하게 철수하였다. 이 때문에 중국에 대한 총공세는 취소되었다. 도리어 중국에 배치된 항공 부대와 기계화 부대, 군수 물자를 대거 빼내어 남방으로 투입해야 했다.

태평양 전쟁이 벌어진 때부터 1944년 4월 일본 최후의 대규모 공세였던 '이치고 작전(一號作戰)'이 개시될 때까지 중국 전선에는 이렇다 할 변화가 없었다. 후베이 성, 후난 성을 중심으로 한 국지적인 소모전과 일본군 후방에서 활동하는 중국군 유격대에 대한 토벌

---

* 러일 전쟁에서 도고 제독이 지휘하는 일본 함대가 러시아 발틱함대를 격멸한 해전. 이 해전으로 러시아는 전의를 상실하고 굴욕적인 포츠머스 조약을 체결하였다. 쓰시마 해전의 승리 때문에 일본 해군은 그 뒤로도 적 함대와의 단 한 번의 결전으로 전쟁에서 이길 수 있다는 결전 사상을 끝까지 고수했다. 그러나 전쟁의 양상은 한두 번의 전투로 끝나는 게 아니라 총력전으로 바뀐 지 오래였다.

** 루거우차오 사건 당시 중국군을 도발하고 최초의 일발을 쏘았던 이치키 대좌는 과달카날에서 적의 전력을 과소평가하여 겨우 2천 명에 불과한 병력으로 충분한 정찰도 하지 않은 채 1만 6천 명이 넘는 미 해병대를 향해 무모한 돌격을 했다가 전멸했다. 그는 군기를 불태운 뒤 할복자결했다고 알려졌으나 실제로 그의 모습을 본 사람은 아무도 없었기에 부하들을 버리고 정글로 도망쳤다는 설도 있다.

전이 전부였다. 게다가 일본군은 충분한 준비 없이 연례행사마냥 공격을 실시했고 매번 중국군의 강력한 방어에 큰 손실만 입고 격퇴되었다.

태평양 전쟁이 일어난 뒤 첫 번째 주요 전투는 제3차 창사 전투였다. 1941년 12월 8일 광저우에 주둔한 일본군 제23군이 영국령 홍콩을 공격하자 쉐웨의 제9전구는 일본군의 배후를 위협하고 영국군을 지원하기 위해 창사 근교에 주둔한 2개 군(제4군, 잠편 제2군)을 광둥 성으로 남하시켰다. 이 정보를 포착한 대본영은 중국군이 홍콩 작전을 방해하지 못하도록 제11군에게 창사를 공격하라고 지시하였다. 그러나 이것은 어디까지나 견제의 목적일 뿐 본격적으로 제9전구와 결전을 벌여 창사를 점령하라는 의미는 아니었다. 이에 따라 제11군 사령관 아나미 고레치카 중장은 '4호 작전'을 발동하여 창사 공격을 명령하였다. 공격군은 제11군 휘하의 3개 사단(제3사단, 제6사단, 제40사단) 및 독립혼성 제9여단, 3개 독립지대, 제1비행단 등 총 12만 명에 야포 600문, 항공기 200여 대였다.

그러나 1941년 9월부터 10월까지 진행된 제2차 창사 전투에서 중국군의 반격을 받아 격퇴당한 지 겨우 두 달 만에 다시 공격을 시작한다는 것은 처음부터 무리였다. 또한 이전의 두 차례의 창사 공격이 실패한 이유가 충분한 준비 없이 상대를 얕보고 정면 공격을 고집했기 때문인데도 일본군의 작전은 그때와 마찬가지였다. 병력과 차량은 물론이고, 탄약과 식량, 의약품도 턱없이 부족했다. 중국군을 얕보는 것도 변함없었다. 일본군은 창사를 수비하는 중국군이 제2차 창사 전투로 큰 타격을 입어 3개 군 7개 사단 4~5만 명 정도에 불과하리라 생각했다.

물론 쉐웨의 제9전구가 그동안의 전투로 피폐해진 것은 사실이었다. 지리적으로 중국의 한가운데인 데다 우한을 위협하는 중국군의 중핵 지역이기 때문에 매번 일본군의 집중 공격을 받을 수밖에 없었다. 제2차 창사 전투의 승리에도 불구하고 손실이 적지 않은 데다 방어 진지도 대부분 파괴된 상태였다. 장제스는 일본군의 제3차 창사 공세가 예상되자 급히 창사로 3개 군(제73군, 제74군, 제79군)을 증원하였다. 또한 쉐웨에게 창사를 반드시 사수하지 않으면 안 된다고 강조하였다. 쉐웨 역시 창사의 사령부에 주요 지휘관과 고위 관료, 민간 지도자들을 모아 놓고 "이 전투에서 승리하지 못하면 나라가 패망한다는 각오로 싸워달라"며 군민이 합심해 주기를 호소하였다.

중국군의 방어 작전은 기본적으로 이전과 동일했다. 우선 창사 북부에서 지형지물을 이용해 지연 전술을 펼치며 최대한 적의 희생을 강요하면서 창사까지 후퇴한다. 그런 다음 적의 병참이 한계에 직면하면 결정적인 순간에 예비 병력을 투입하여 삼면에서 포위 공격을 한다는 것이었다. 쉐웨는 인근 주민들을 총동원하여 신창허 강에서 창사에 이르는 주요 도로 곳곳에 장애물을 설치하고 방어진지와 참호를 급히 보강하였다. 몇 겹에 달하는 방어선을 배치하는 한편, 창사 근교에는 결전 부대로서 쉐웨 직속의 최정예 부대인 제10군과 독일제 150mm 곡사포를 보유한 야전 중포병여단을 배치했다. 또한 쉐웨는 작전의 성공은 전적으로 각 부대 간의 적절한 협조와 일사불란한 지휘에 있다고 보고, 이전에 예하 부대와의 통신이 끊어져 혼란을 겪었던 것을 경험 삼아, 사령부에서 일선 진지까지 다수의 유선회선을 빈틈없이 설치하였다. 제9전구의 병력은 4개 집단군(제1집단군, 제19집단군, 제27집단군, 제30집단군) 아래에 14개 군 37개 사단 약 30만 명 정도였다. 일본군이 예상한 것보다 다섯 배나 많은 수였다.

병력을 광범위한 지역에 분산시켜 지연 작전을 펼치며 후퇴했다가 반격하는 식의 중국군의 전술은 미국 육군 교리에 따라 전투력을 한 곳에 집중하는 것을 당연하게 생각하는 미 군사고문단의 시각에서는 도저히 이해하기 어려운 방식이었다. 그러나 화력과 기동성, 제공권에서 절대적으로 열세한 중국군으로서는 이와 같은 '후퇴 결전' 외에는 별로 선택의 여지가 없었다. 중국군은 그동안 누적된 경험을 통해 일본군은 정면 공격과 양익 포위라는 경직된 전술을 고수하고 있으며 특히 그들의 병참 능력이 10일에서 길어야 2주가 한계임을 잘 알고 있었다. 즉, 중국군의 전술은 일본군의 약점을 나름대로 역이용한 것이었다. 평소 중국군에 대한 경멸을 감추지 않았던 스틸웰은 "중국군 지휘관들은 상상력이 결핍되어 있고 용병의 기본 원칙조차 모른다"며 비웃었으나 이는 일본군과의 전투 경험이 없는 그의 몰이해일 뿐이었다. 영국군과 소련군은 무리하게 진지를 고수하다 퇴로가 차단되어 대거 항복하는 경우가 여러 차례 있었으나, 중국군은 피아간의 화력 차이로 인해 많은 사상자를 내는 것은 어쩔 수 없다 해도 적어도 부대 전체가 대규모로 포위 섬멸되는 경우는 드물었다. 이는 전술적으로 훨씬 유연하고 유능했다는 증거이다.

＼창사, 연합군이 처음으로 이기다

1941년 12월 24일 맹렬한 포격과 항공 폭격 아래 일본군의 주력 부대인 제6사단과 제40사단이 신창허 강 도하를 시작했다. 제2차 창사 전투에서 중국군에게 쫓겨 신창허 강 북안으로 후퇴한 지 꼭 3개월 만이었다. 신창허 강 남안에서 최일선의 방어를 맡고 있던 부대는 양선(楊森)이 지휘하는 제27집단군 휘하의 제20군이었다. 중국군 병사들은 방어진지와 지형지물을 이용해 격렬하게 저항하였고 치열한 전투가 벌어졌다. 일본군은 돌격을 반복했지만 콘크리트 크리크 안에서 쉴 새 없이 기관총을 쏘아대는 중국군 앞에서 시체를 쌓으며 고전을 면치 못했다. 그럼에도 불구하고 정면 공격만 반복하는 일본군의 전술은 전혀 바뀌지 않았다. 주간의 공격이 실패하자 일본군은 제3사단을 증원한 뒤 어둠을 이용해 재차 총공격을 시도하여 다음날 아침에서야 중국군의 방어선을 간신히 돌파하였다.

한편, 앞에서 언급했듯이 12월 25일 사카이 다카시 중장의 제23군은 열흘에 걸친 전투 끝에 영국군 수비대를 제압하고 홍콩을 점령하는 데 성공하였다. 중국군 증원 부대는 일본군의 견제 때문에 도저히 홍콩까지 진격할 수 없었다. 따라서 창사에 중국군을 묶어두는 게 목적이었던 제11군은 더 이상 작전을 진행할 이유가 사라진 셈이었다. 지나파견군 사령부 역시 병참의 한계를 우려하여 제11군에 작전을 중지하고 우한으로 복귀하라고 명령했다. 그러나 제11군 사령관 아나미 중장은 이대로 창사까지 진격하여 이전의 패전을 설복하겠다는 욕심을 부렸다. 그는 병참 준비가 충분하지 못하다는 참모들의 반대에도 불구하고 독단적으로 "창사 공략"을 명령하였다.

작전은 속개되었다. 제3사단과 제6사단, 제40사단이 26일 밤부터 29일까지 악천후 속에서 미수이 강을 도하했다. 하지만 쏟아지는 빗속에서 미수이 강 남안에 포진한 중국군의 맹렬한 사격을 받아가며 벌인 무리한 도하 작전이었기에 많은 손실을 입었다. 게다가 일본군은 제40사단의 후방으로 우회한 중국군에 의해 퇴로를 차단당하고 제40치중병(수송)연대의 연대장 모리카와 케이우 중좌가 전사하는 등 참패를 당했다. 제40사단은 병참선이 끊어진 데다 식량과 탄약마저 떨어져 더 이상 전진할 수 없었다.

한편, 미수이 강 남안에서 일본군과 치열한 전투를 벌이던 중국군 제37군이 물러나기 시작했다. 아나미 중장은 제3사단과 제6사단에 즉각 추격하라고 명령했다. 그러나 중국군의 후퇴는 병참에 허덕이는 일본군을 창사까지 유인하기 위한 기만 작전이었다.

1942년 1월 1일, 일본군 제3사단 선봉 부대가 창사 성 교외 동쪽에 흐르는 류양허 강(瀏陽河)을 건넜다. 일본군은 창사 공격에 앞서 1개 대대로 창사 성 북쪽의 고지에 포진한 중국군 진지를 야습하였다. 그러나 대대장이 전사하는 등 큰 손실만 입고 격퇴당했다. 중국군은 일본군 대대장의 사체에서 작전계획서와 일본군의 배치도, 병참 상황 등 중요 서류를 입수하였다. 쉐웨는 "이 종이 한 장이 아무리 가벼워도 1만 정의 기관총보다 무겁다"라며 치하하였다. 제3사단은 창사를 삼면에서 포위한 채 리위탕(李玉堂)의 제10군과 치열한 전투를 벌였지만 창사 서쪽의 웨루 산(岳麓山)에 포진한 야전중포병 여단이 쏘아대는 포탄이 사방에서 떨어졌다. 성능이 우수한 독일제 150mm 중포의 위력은 일본군의 야포를 훨씬 능가하였다. 제3사단장 데시마 후사타로 중장은 손실이 갈수록 늘어나는 데다 도저히 중국군의 방어선을 돌파할 수 없자 창사 동쪽 12킬로미터 지점까지 진출한 제6사단에 직접 참모를 보내어 지원을 요청했다. 그러나 개인적으로 데시마 중장과 사이가 매우 나빴던 제6사단장 간다 마사타네 중장은 요청을 묵살하였다. 아나미 중장이 직접 제6사단에 명령을 내려 제3사단과 협조하라고 압박하자 제6사단은 마지못해 공격에 나섰다. 제6사단은 창사 성 북쪽을 급습해 진지 일부를 장악했지만 웨루 산에서 쏘아대는 중국군의 집중포화를 받아 많은 사상자를 냈다.

일본군이 창사를 놓고 일진일퇴의 치열한 전투를 벌이는 동안 그들의 배후에는 30개 사단에 달하는 중국군이 거대한 포위망을 형성하고 있었다. 또한 류양허 강의 도하 지점에 남아 있던 일본군 수비대와 공병 부대, 수송 부대는 중국군의 습격을 받아 괴멸되었다. 장제스는 리위탕에게 "제10군의 창사 방어가 전투의 승패를 좌우한다"라는 전문을 보내어 독려하는 한편, 쉐웨에게 총반격을 지시하였다. 1월 3일 전황이 점점 악화되자 아나미 중장은 작전 중지와 철수를 명령하였다. 그럼에도 제3사단장 데시마 중장은 하루만 더 있으면 창사를 점령할 수 있다고 고집을 부리며 제6사단의 협력을 요구했다. 그러나 제6사단장 간다 중장은 군사령관의 명령에 복종해야 한다며 후퇴 명령을 내렸다. 제3사단은 부득이 단독으로 창사를 재차 총공격했으나 중국군의 반격과 중포 사격 앞에 여지없이 박살났다. 그제야 제3사단은 후퇴하기 시작했으나 이미 중국군은 그들의 퇴로를 몇 겹으로 둘러싸고 있었다. 일본군은 소부대로 흩어져 개별적으로 포위망을 뚫고 도주해야 했다.

한편, 미수이 강을 도하한 뒤 중국군의 저지로 제40사단은 창사 북쪽의 타이산탕(大山唐)에서 발이 묶여 있었다. 이들은 제3사단과 제6사단의 후퇴를 엄호하였으나 탄약이 떨어진 상태였다. 1월 7일 중국군 제37군은 이들을 포위한 후 맹렬한 포격과 함께 총공격을 시작하였다. 제40사단은 한때 전멸 직전에 몰렸으나 중국군의 포위망을 돌파한 제3사단과 합류하면서 위기에서 벗어났다. 그러나 제6사단은 중국군 3개 군 9개 사단의 포위망에 걸려 이를 강행돌파하면서 막대한 희생을 치러야 했고, 독립혼성 제9여단의 야마사키 대대는 중국군에 포위되어 군조(중사) 1명을 제외하고 대대장 이하 전원이 전사하였다. 일본군은 간신히 중국군의 추격을 뿌리치며 1월 20일까지 신창허 강을 다시 건너 원래의 진지로 복귀하였다. 그 과정에서 추위와 굶주림으로 수많은 동상자가 발생했고 많은 이들이 버려졌다. 일본군은 참담한 패전이었음에도 전사 1,591명, 부상 4,412명의 손실에 중국군 2만 8천 명을 사살했다고 발표하였다. 반면, 중국은 일본군의 사상자가 5만 6,944명에 달했으며 포로 139명과 대량의 노획품을 획득했다고 발표하였다.

물론 중국의 전과 발표가 과장되었다고 해도 중국군이 일본군의 공격을 훌륭하게 격퇴하고 창사를 또 한 번 지켜낸 것은 틀림없는 사실이었다. 『런던타임스』는 "12월 7일 이래 연합군의 유일한 승리는 중국군의 창사 전투뿐이다"라고 대서특필하였다. 중국군의 승리는 동남아시아에서 연전연패하던 연합군의 사기를 드높였다. 중국군의 전술은 지속적으로 개선된 반면, 일본군은 여전히 중국군을 과소평가하고 성급하게 공격했으며 이전의 반복된 실패를 되풀이했다. 사단장들은 적을 앞에 두고 서로 질시와 불화로 추태를 벌였다. 일본군이 전멸하지 않고 중국군의 포위망을 돌파할 수 있었던 것은 전적으로 항공 지원 덕분이었다. 제40사단장 아오키 마사카즈 중장은 나중에 "생각하고 싶지 않다. 창사 전투는 공포 그 한마디로 끝날 뿐이다"라고 회고하였다. 이 전투에서 큰 타격을 입은 제11군은 1942년 내내 아무것도 하지 못한 채 병력을 재편하는 데 급급하였다.

╲두리틀 폭격대와 절공 작전

1942년 4월 18일 정오, 제임스 두리틀 중령이 지휘하는 B-25 폭격기 편대 13대가 도쿄 상공에 나타나 폭격을 하였다. 또한 3대의 폭격기가 각각 나고야와 오사카, 고베를 폭격하였다. 일본 본토가 처음으로 적의 공격을 받은 것이다. 미군의 이 공습으로 사망 39명, 부상 307명에 166채의 가옥이 파괴되었다. 피해는 크지 않았으나 일본은 큰 충격을 받았다. 더욱이 그 과정에서 두리틀 편대는 단 한 대도 격추되지 않았다. 비록 허를 찔렸다고 해도 일본의 방공망이 그야말로 형편없으며 주요 도시들이 무방비 상태라는 사실이 드러났다.

두리틀 폭격으로 일본 군부는 자존심에 큰 상처를 입었다고 생각했다. 해군은 미 기동 부대의 격멸에 나섰고, 육군 역시 중국 대륙에 있는 적의 공군기지를 공격하기로 했다. 미 공군의 B-25 폭격기 일부가 중국 저장 성의 중국군 비행장에 착륙하자, 앞으로 이 지역이 일본 본토 공습을 위한 미 공군의 기지가 될 수 있다고 판단한 일본군은 지나파견군 사령관 하타 슌로쿠 대장에게 '절공 작전(浙贛作戰)'을 지시하였다.

작전 목표는 저장 성과 장시 성을 수비하는 중국군 제3전구의 격파와 이 일대의 중국군 항공기지와 비행장의 파괴였다. 공격 부대는 상하이에 주둔하는 제13군 6개 사단과 제11군 2개 사단으로 총 8개 사단 18만 명에 달했다. 제13군은 저장 성 항저우에서 출발해 서진하고, 제11군은 장시 성 난창에서 출발해 동쪽으로 진격하여 중국군 제3전구를 양면에서 협공한다는 계획이었다. 또한 제1비행단이 제공권의 확보와 비행장의 제압을 맡았고 해군 육전대도 동원되어 저장 성 남부의 항구도시 원저우(溫州)를 공략하기로 하였다. 구주퉁이 지휘하는 중국군 제3전구는 4개 집단군 34개 사단 26만 명 정도였다. 그러나 제3전구는 충칭에서 멀리 떨어져 있었기에 병참이 열악했고 무장과 훈련 또한 매우 빈약한 지방 잡군들이 대부분이었다.

제13군은 5월 15일부터, 제11군은 5월 27일부터 공격을 시작하였다. 이들은 중국군의 방어선을 돌파하고 저장 성 전역을 휩쓸고 다니며 주요 비행장을 파괴하였다. 7월 1일 장시 성 서쪽 헝펑(橫峰)에서 양군이 만나면서 작전은 완료되었다. 일본군은 진격 과정에서 온갖 파괴와 잔학 행위를 일삼았다. 셔놀트의 회고에 따르면, 적어도 25만 명의 중국인이 학살되어 난징 대학살에 비견될 정도였다.

절공 작전에서 중국군은 일방적으로 패주한 것처럼 알려져 있지만 실제로는 매우 강력한 방어전을 펼쳤다. 장제스는 제9전구에서 3개 군을 급히 증원하였고 취저우(衢州)를 중심으로 완강하게 저항하는 한편, 도처에서 유격전을 벌이며 반격했다. 장마철이라 도로가 완전히 흙탕이 되자 병참 한계에 직면한 일본군은 '자급자족'을 방침으로 정하고 별도의 '수탈 부대'까지 두어 주변 지역을 무차별 약탈하였다. 그러나 중국군의 청야 작전과 연이은 폭우로 인해 일본군 일선 병사들은 식량 부족과 전염병에 허덕였다.

중국군 제3전구는 7만 명에 달하는 사상자를 내어 괴멸에 가까운 타격을 입었다. 그러나 일본군의 피해도 만만치 않았다. 대본영은 일본군의 손실이 전사 1,284명, 부상 2,767명, 병상자 1만 1,812명인데 반해 중국군은 전사자 2만 4,430명, 포로 8,564명이라고 발표하였다. 하지만 실제 일본군 사상자는 3만 6천 명에 달했다. 또한 제15사단장 사카이 나오지 중장이 지뢰를 밟아 전사하였다. 일본군은 대부분의 점령지를 버리고 원위치로 철수하였다. 철수하는 과정에서도 중국군의 추격과 역습을 받았고 굶주림과 질병으로 수많은 환자가 발생했다. 그러나 장제스의 고향인 펑화 현을 비롯해 저장성은 일본군에 의해 처참할 정도로 파괴되었다. 비행장을 목표로 삼았다는 점에서 1944년 이치고 작전과 유사하지만, 실상 두리틀 비행대의 도쿄 폭격에 대한 무차별 보복일 뿐이었다. 이때는 미 공군이 중국 대륙에서 발진할 역량이 아직 없었기 때문이다. 이 작전을 총지휘한 하타 슌로쿠 대장은 민간인들에 대한 대량 학살을 주도했다는 이유로 패전 뒤 도쿄전범재판에서 A급 전범으로 종신형을 선고

받았다. 그러나 고령을 이유로 6년만 복역하고 석방되었다.

＼삼광 작전

화북에서는 더 파괴적인 살육이 벌어졌다. 그동안 일본군은 우한을 중심으로 화중 일대에 병력의 대부분을 배치하였고, 화북은 무방비에 가까웠다. 베이핑, 톈진 등 주요 대도시와 철도 연변에 수비대를 배치했을 뿐, 행정과 치안은 화북정부위원회와 같은 친일 괴뢰 정권에 맡겨두고 있었다. 점령지의 대부분을 차지하는 농촌 지역은 아예 방치한 것이나 다름없었다. 이 공백을 팔로군이 잠식해 들어가면서 일본의 지배력은 급격히 악화되었다. 북지나방면군 사령관 오카무라 야스지 대장은 일본군의 지배력이 미치는 정도에 따라 화북의 점령 구역을 치안 지구와 준치안 지구, 미치안 지구 세 가지로 구분하였는데 한 가지 예를 든다면 이런 식이었다. 거리에 처녀들이 전혀 보이지 않으면 미치안 지구, 집안의 창가에 숨어서 일본군을 신기하게 쳐다보면 준치안 지구, 일본군이 있는데도 평범하게 걷고 있다면 치안 지구라는 것이다. 북지나방면군의 계산으로는 치안 지구는 전체의 10퍼센트도 되지 않았다.

북지나방면군은 1940년 8월부터 이른바 '신멸(燼滅) 작전'*을 시작하여 대대적인 토벌과 무차별적인 만행을 저질렀다. 또한 보갑제(保甲制)**의 실시, 특무 조직과 반공자위대의 운영, 팔로군 활동

---

* "모두 태우고, 모두 죽이고, 모두 약탈한다(殺光, 燒光, 槍光)" 하여 "삼광(三光) 작전"이라고도 불렀다.

** 일종의 연좌제로서 마을 안에서 주민 한 사람만 법을 위반해도 마을 전체에 책임을 묻고 공동으로 처벌하는 제도. 보갑제로 인해 주민들은 서로를 의심하고 감시할 수밖에 없었으며 부모가 자식을, 자식이 부모를 고발하는 일이 비일비재했다.

지역에 대한 경제 봉쇄를 실시하였다. 도처에서 마을을 불태우고 농토는 황무지로 만들었으며 주민들을 강제로 집단이주시켰다. 러허성만 해도 33만 채의 가옥이 불타고 7만 5천 명이 살해되었다. 또한 3만 명이 체포되었고 총인구 400만 명 중 105만 명이 집단부락에 수용되었다.

이로 인해 화북에서 지하 활동을 하고 있던 국민당 계열과 공산당 계열의 항일 요원 대다수가 체포되거나 투항하여 그동안 구축한 지하조직이 완전히 괴멸되었다. 2만 회가 넘는 일본군의 토벌전으로 항일 유격대원 11만 명이 사살되고 4만 5천 명이 포로가 되었다. 심지어 일본군은 황허 강의 제방을 터뜨려 1만 개의 마을이 쓸려 내려가고 수십만 명의 사상자와 3백만 명이 넘는 이재민이 발생하였다. 이 때문에 팔로군은 화북의 근거지를 버리고 산악 지대로 도주해야 했고 일 년 만에 세력권은 6분의 1 이하로 축소되었다. 그러나 재래식 전투가 중심이었던 국민 정부와 달리 비정규전을 구사했던 중국 공산당에게 이런 패배는 전술적인 후퇴일 뿐이었다. 그들은 거점과 병력을 아무리 잃어도 간부들만 살아남으면 얼마든지 기반을 회복할 수 있었다. 1944년 이후 일본군이 화북과 만주에서의 병력을 대거 남쪽으로 이동시키자 팔로군은 신속하게 '해방구'를 재건해 나갔다.

31

중국의 스탈린그라드 —창더 전투

＼파탄에 몰리는 일본

"대단한 한 해였어. 금년은 정말 위대한 해야!" 처칠은 1943년 마지막 날에 건배하면서 이렇게 외쳤다. 그의 말대로 1943년은 전쟁의 승패를 결정하였다. 연합군은 승리를 점차 굳혀나간 반면 추축군은 도처에서 수세에 몰리고 있었다. 1943년 1월 31일 스탈린그라드에서 포위되어 아사 직전이었던 약 9만 1천여 명의 추축군이 소련군에 투항하였다. 그러나 더 큰 파국은 북아프리카와 지중해에서 일어났다. 2년에 걸쳐 온갖 신화와 전설을 쌓아왔던 롬멜의 위대한 영웅담도 드디어 종지부를 찍었다. 1943년 5월 13일 튀니지가 함락되면서 27만 5천 명에 달하는 독일군과 이탈리아군이 포로가 되었다. 동부전선에서는 히틀러의 야심 찬 대반격이었던 쿠르스크 전역이 실패했다. 이후 독일은 소련의 연이은 맹반격을 받으며 점점 수세에 몰렸다. 1943년 9월에는 무솔리니 정권이 붕괴되고 이탈리아가 항복하여 추축의 한 축이 떨어져 나갔다. 연합군의 전략 폭격기들이 밤낮없이 독일의 대도시와 산업 지대를 마구 두들기며 유럽의 하늘을 제압하였다.

태평양도 마찬가지였다. 1942년 6월 미드웨이 해전의 참패는 그동안 욱일승천하듯 기세를 떨치던 일본의 팽창에 종지부를 찍었다. 1942년 8월부터 1944년 1월까지 약 1년 반에 걸친 과달카날과 솔로몬, 뉴기니 제도에서 벌어진 공방전은 태평양 전쟁의 승패를 결정하였다. 지킬 능력도 없으면서 한 치의 땅도 내줄 수 없다는 식으로 무리하게 병력을 분산했던 일본은 한번 무너지기 시작하자 연전연패의 연속이었다. 많은 부대가 남태평양의 여러 섬에 고립된 채 식량도 탄약도 없이 비참한 전투를 강요당했다. 1941년 1월 도조 히데키가 육군 훈령으로 "전진훈(戰陣訓)"을 하달하여 모든 일본 군민들에게 적의 포로가 되지 말고 자결하라고 지시했기에 병사들은 자신의 의지와 상관없이 맹목적인 죽음을 택해야 했다. 일본 지도부는 자신들의 무능함으로 수많은 병사들이 무익하게 죽어가는 데도 이를 '옥쇄(玉碎, 구슬처럼 아름답게 부서진다는 뜻)'라 부르며 미화하는 데 급급하였다. 뉴기니 제도에서 벌어진 공방전에서 일본은 30만 명의 병력과 군함, 그리고 항공력의 대부분을 투입했으나 13만 명이 전사하고 22만톤 규모의 군함 70척과 항공기 8천 대를 잃었다. 일본의 국력으로는 도저히 회복할 수 없는 손실이었다. 게다가 연합함대 사령관 야마모토 이소로쿠도 1943년 4월 18일 전선 시찰을 위해 라바울 기지를 출발했다가 미리 기다리고 있던 미군 전투기의 습격을 받아 전사하였다. 그제야 일본은 항공기의 중요성을 깨닫고 부랴부랴 항공기 생산에 총력을 기울였지만 압도적인 미군의 공세 앞에 극심한 항공기 소모량을 따라잡는 것조차 버거울 정도였다.

수세에 몰린 일본은 장정들을 대거 징집하였다. 육군의 병력은 1941년 12월 240만 명에서 1943년 12월에는 290만 명으로 늘어났다. 머릿수를 채우기 위해 신체적, 정신적 장애가 있는 사람도 예외 없이 입대시켰고 병력의 질적 수준은 형편없이 떨어졌다. 장비도 턱없이 부족하여 구식 무기를 그대로 사용해야 했다. 화력과 훈련의 부족을 숫자로 메우고 병사들에게는 정신력과 용병술로 극복할 것을 요구했다. 반면, 배경이 좋은 사람들은 연줄이나 뇌물을 써서 병역을 면제받았다.

인구 대비 징집률에서 본다면 일본은 독일이나 소련은 물론 미국에도 미치지 못했다. 1944년 기준으로 독일이 17퍼센트, 소련이 20퍼센트, 영국이 12퍼센트, 미국이 7.5퍼센트인데 비해 일본은 겨우 6.3퍼센트에 불과했다. 그럼에도 일본이 병력 확보에 허덕인 이유는 국력과 사회 구조가 낙후되었기 때문이다. 공장 설비가 부족한 일본은 군수품 생산을 늘리기 위해 숙련 노동자들을 징집하는 대신 농민들로 빈자리를 채웠는데, 그렇다고 농촌에서 장정들을 마구 빼낸다면 농업 기반이 붕괴될 수 있기에 무작정 병력을 늘릴 수도 없는 처지였다. 또한 농촌 출신 병사들은 강인하고 명령에 맹목적으로 복종하는 대신 교육 수준이 매우 낮아 근대 무기와 전술에 숙련되는 데 많은 시간이 소요되었다. 그리고 여성과 식민지인의 권리를 향상시킨다는 명목으로 이들의 전시 동원에 적극적이었던 서구와 달리 일본은 여성의 인력 동원을 미혼으로 한정하였다. 식민지인에 대해서도 극도의 불신과 편견으로 배척하다가 전쟁 말기에 와서야 조선인과 타이완인들을 강제 징병하기 시작하였다. 결국 일본은 국력도 열악할 뿐더러 사회의 후진성과 부조리 등 총체적으로 문제투성이였다.

일본은 국민에게 끝없는 희생을 요구했지만 전시 생산은 1943년에 정점을 찍은 뒤 감소하기 시작했다. 강철 생산은 1943년 630만 톤에서 1944년에는 460만 톤으로, 석탄은 5500만 톤에서 4930만 톤으로 감소하였다. 미국에 비한다면 10분의 1에도 미치지 못했다. 전차 생산에서도 일본이 1942년에 1,200대를 정점으로 1943년에는 790대, 1944년에는 295대로 급격히 줄어든 반면, 미국은 1943년 한 해에만 약 3만 대에 달하는 전차를 생산하였다. 1942년부터 1944년까지 미국이 항모 90척에다 6,755척의 각종 함정을 건조하는 동안 일본은 항모 7척을 포함해 고작 438척의 함정을 건조하였다. 항공기에서도 일본은 1942년에 9,500대, 1943년에 1만 7천 대, 1944년에 2만 6천 대를 생산했지만 미국은 1943년 한 해에만 8만 대가 넘는 항공기를 생산했다. 생산력이 최고조에 달한 때에는 B-24 중폭격기를 한 시간에 한 대꼴로 생산할 정도였다. 일본은 상상도 못할 수준이었다.

일본의 경제가 점점 쇠락하게 된 이유는 일본 해군이 미 해군과 결전을 벌이겠다는 것에 매달린 나머지 해상 수송선의 보호는 뒷전이었기 때문이다. 일본은 1942년 4월에야 해상 수송로 방위를 전담하는 해상호위대를 창설했으나 휘하 전력이라고는 낡은 구축함과 상선을 개조한 포함 수 척에 불과했다. 피해가 급증하자 비로소 1943년 11월 대본영 직속의 해상호위 총사령부를 창설했다. 그러나 해군의 관심 부족으로 전력은 그다지 보강되지 못했다. 게다가 "적과의 전투가 아닌, 상선의 호위 따위는 하찮은 임무"라고 생각하는 분위기가 지배적이었고 여기에 배속되는 것 자체를 좌천으로 여겼다. 그러니 지휘관들은 해상선 보호가 얼마나 중요한지 깨닫지 못했다. 이런 모습은 패망하는 순간까지도 마찬가지였다. 1943년 한 해에만 130만톤의 선박이, 1944년에는 무려 270만톤의 선박이 격침되었다. 동남아시아의 점령지에서 아무리 원유와 원자재를 생산해도 일본까지 선적할 배가 없으니 한낱 그림의 떡이었고 일본 경제는 붕괴 일로였다. 군함과 항공기는 기름이 없어 출격할 수 없었다. 전쟁 말기에는 소나무에서 항공기 연료를 뽑겠다고 하여 전 국민이 소나무 뿌리 캐기에 매달렸다. 갈수록 미국과의 격차가 벌어지며 궁지로 몰리자 도조는 뒤늦게야 "참으로 애석하다. 쇼와 17년(1942년) 동안 우리는 아무것도 하지 못하였다"고 한탄하였다. 초반의 승리는 온데간데없었다. 파죽지세로 북상하는 미군 앞에서 일본군은 이리저리 끌려다니며 몰락을 향해 달릴 뿐이었다.

＼강북 섬멸 작전

태평양에서의 전세가 급격히 악화되자 대본영은 중국에 대한 총공세를 보류하는 한편, 미국에 대한 반격에 모든 역량을 집중하기로 했다. 지나파견군에는 전력을 보전하는 데 주력하고 불필요한 공격을 하지 말라고 명령하였다. 그러나 상황이 유리했던 1942년에는 이렇다 할 작전을 수행하지 않았던 지나파견군은 대본영의 명령을 묵살한 채 1943년 일 년 내내 "우한의 위협을 제거 한다"는 명목으로 후베이 성과 후난 성의 중국군을 상대로 세 차례에 걸친 이른바 '섬멸 작전'을 전개하였다. 이 작전들은 전술적으로는 중국군에게 많은 손실을 입혔고, 특히 창더 전투는 초반에 중국에 패배를 안겨 카이로 회담에 참석한 장제스의 위신을 추락시키는 데 일조하였다. 그러나 전략적으로 아무런 의미도 없었을 뿐더러, 중국군의 강력한 반격으로 많은 사상자만 낸 채 점령지를 버리고 후퇴할 수밖에 없었다.

첫 번째 작전은 1943년 2월 초부터 3월 말까지 진행된 '강북 섬

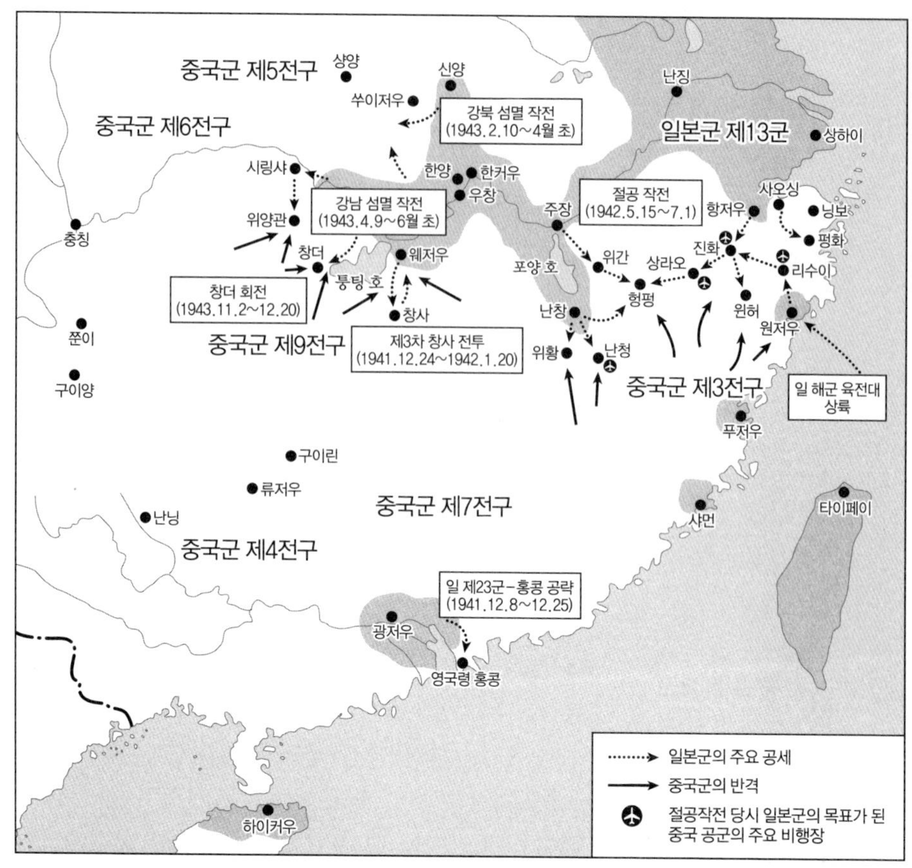

●— 중국 전선의 상황(1941년 12월~1943년 12월)

멸 작전'이었다. 작전 목적은 후베이 성 남부의 웨이저우 일대에서 활동하는 중국군 제6전구 산하 2개 사단(제118사단, 제128사단)에 대한 포위 섬멸이었다. 이들 중국군은 국민정부군과 공산군 유격대가 뒤섞여 있었고 장비와 무기, 훈련도 형편없었다.

공격에는 일본군 제11군 산하 3개 사단(제13사단, 제40사단, 제58사단)이 동원되었다. 제13사단이 북쪽에서, 제40사단이 남쪽에서 각각 우회 포위하고 제58사단은 예비대와 추격을 맡았다. 2월 10일부터 시작된 공격에서 중국군 제118사단은 일본군 제13사단과 제40사단의 협공을 받아 전멸하였다. 이로 인해 제128사단 역시 사기가 급격히 떨어졌다. 특히 휘하 여단장이 적과 내통하여 제128사단장 왕징짜이(王頸哉)가 포로가 되고 사단 전체가 전멸하였다. 일본군은 3월 말까지 후베이 성 남부의 중국군을 소탕하였고 제40사단은 반격해온 중국군 제149사단과 제150사단을 격퇴한 후 점령지를 버리고 다시 원위치로 복귀하였다. '강북 섬멸 작전'에서 일본군은 화력은 물론 수적으로도 두 배 이상 우세하였고 전투는 일방적으로 진행되었다. 일본군의 손실은 전사 254명, 부상 890명에 불과한 반면, 중국군은 8천6백여 명이 전사하고 2만 3천 명이 포로가 되는 큰 손실을 입었다. 그러나 일본군 역시 진격 과정에서 병참상의 애로와 추위로 인해 많은 동상자가 발생하였다.

＼강남 섬멸 작전

두 번째 작전은 후베이 성 서부 지역을 침공하여 이창과 둥팅 호 사이의 중국군 제6전구의 주력을 섬멸한다는 '강남 섬멸 작전'이었다.* 그러나 진짜 목표는 후베이 성의 곡창 지대를 약탈하여 식량을 확보하는 데 있었다. 후베이 성 서부 지역은 충칭으로 들어가는 길목이었기에 중국군의 저항도 훨씬 완강할 것이라고 보고 투입 병력 역시 강북 섬멸전보다 훨씬 대규모였다. 제11군 산하의 4개 사단(제3사단, 제13사단, 제40사단, 제58사단)과 독립혼성 제17여단, 다른 사단에서 임시로 차출된 수 개의 독립 지대, 1만 명 정도의 왕징웨이 정

---

* 중국에서는 '어시 회전(鄂西会戰)'이라고 부른다. 참고로, '악(鄂)'은 후베이 성의 옛 이름이다.

권의 난징 괴뢰군까지 합하여 총 10만 명에 달했다. 그러나 준비 부족에다 병참 문제로 각 부대가 일제히 공격을 시작하지 못하고 개별적으로 투입되면서 공격력이 분산되었다.

4월 9월 이창에서 제40사단 소속의 도다 지대를 중심으로 제3사단, 독립혼성 제17여단의 일부 부대가 공격을 시작하였다. 이들은 서남쪽으로 진격하여 중국군 제73군을 격퇴하고 15일까지 둥팅 호 북안을 장악하여 이 지역의 식량을 약탈하였다. 이어서 제13사단과 제58사단이 이창 남동쪽의 즈장(芷江)에서 중국군 제87군을 격파하였고 5월 중순에는 쓰촨 성과 후베이 성 경계에 있는 시링샤(西陵峽)까지 진격하여 스파이 요새(石牌要塞)를 공격하였다. 싼샤(三峽) 협곡에 구축된 스파이 요새는 충칭의 관문이었다. 만약 이곳이 뚫린다면 당장 충칭이 위기에 처하는 요지였다. 제6전구 사령관 천청은 요새 수비군인 제11사단에게 결사 방어를 지시했다. 제11사단은 중앙군의 정예 부대였다. 일본군 제13사단은 맹렬하게 공격을 퍼부었으나 중국군의 저항과 험준한 지형에 가로막혀 방어선을 끝까지 돌파할 수 없었다. 이것이 중일 전쟁을 통틀어 일본군이 충칭에 가장 깊숙이 접근한 순간이었다.

또한 미국 제14공군과 중국 공군이 연합하여 일본 전투기들과 치열한 전투를 벌이며 일본군의 병참에 큰 타격을 가하였다. 특히 중국 공군의 에이스이자 제23비행중대의 중대장이었던 저우즈카이(周志開) 상위는 P-40 전투기를 타고 하야부사 전투기 2기를 격추시키고 1기를 반파하는 활약을 하여 장제스로부터 청천백일기장을 수여받았다. 그는 중일 전쟁 동안 총 6.5기의 일본 전투기를 격추했으나 1943년 12월 단독 비행을 하다 일본 전투기 5대의 습격을 받아 전사하였다.

●— 왕징웨이의 난징 괴뢰군. 소위 '화평군(和平軍)'이라 불리었다. 독일제 M1935 헬멧과 일본제 90식 철모를 쓴 병사가 섞여 있는 것이 인상적이다. 이들은 대부분 일본군에 투항하거나 포로가 되었다가 전향한 중국군이었기에 군복과 장비도 중국제와 일본제를 혼용하여 사용했다. 수적으로는 최대 30만 명이 넘었으나, 훈련과 사기가 낮고 장비도 형편없어 전투에는 거의 쓸모가 없었다. 주로 후방에서 병참 지원과 유격대 토벌을 맡았고 종종 일본군과 함께 전선에 투입되어 옛 전우들에게 총부리를 겨누기도 했다.

스파이 요새를 놓고 치열한 전투가 벌어지는 동안 천청은 반격을 시작하였다. 중국군은 일본군의 배후로 우회하여 위양관(漁洋關)을 탈환한 뒤 일본군을 앞뒤로 포위하는 형세를 취하였다. 퇴로가 차단될 위기에 처한 일본군 제13사단은 5월 29일 스파이 요새 공략을 포기하고 후퇴하기 시작했다. 그들은 중국군의 추격을 받아 한때 포위 섬멸될 위기에 처했지만 제3사단 등의 지원을 받아 간신히 탈출할 수 있었다. 일본은 자신들이 전사 771명, 부상 2,746명의 피해를 입었고 중국군 3만 명 사살, 4천 명의 포로, 전투기 13대 격추, 박격포 48문, 산포 8문, 속사포 9문 노획 등의 전과를 올렸다고 발표한 반면, 중국은 일본군 2만 5천여 명 이상을 살상했다고 주장하였다. 일본군은 점령 지역에서 이른바 '창자오(廠窖) 학살 사건'을 일으켜 포로와 민간인 등 3만 명을 학살하고 2천 명 이상의 여성을 강간하는 만행을 저질렀다.

＼피의 창더 전투

1943년 하반기가 되면서 태평양의 전황이 더욱 악화되었다. 이에 대본영은 이른바 '갑호전용계획(甲號轉用計劃)'을 수립하여 중국 전역에서 5개 사단을 빼내고, 별도로 제3기갑사단을 비롯해 5개 사단을 언제라도 남방으로 보낼 수 있도록 지나파견군에서 대본영 직속으로 배속하기로 하였다. 제11군에서도 휘하의 7개 사단 가운데 3개 사단을 차출할 계획이었다. 그런데 제11군 사령관인 요코야마 이사무 중장은 대규모 병력의 갑작스런 전용은 전선의 균형을 깨뜨려 중국군의 반격을 초래할 수 있으므로 사전에 한 차례 더 공세를 실시하여 위협을 미리 제거해야 한다고 주장하였다. 대본영은 그의 건의를 승인하여 '창더 섬멸 작전'을 하달하였다.

작전 목표는 후난 성 북부의 요충지이자 곡창 지대인 창더를 점령하고 중국군 제6전구와 제9전구에 결정적인 타격을 가한다는 것이었다. 공격 병력은 제11군 예하 5개 사단에서 수 개 대대씩 차출하고 제13군에서도 일부 병력을 증원받아 총 35개 대대 6만 명 정도였다. 또한 제3비행사단의 항공기도 소수 동원되었다. 그동안 일본은 중국의 하늘을 지배해왔지만, 태평양 전선이 갈수록 악화되면서 항공 전력의 대부분을 남방 전선으로 이동시킨 데다 손실 기체에 대한 보충도 제대로 이루어지지 않은 상태였다. 반면, 중미 연합공군은 나날이 강화되었다.

일본군은 11월 2일 둥팅 호 북안을 따라 남서쪽으로 진격하여 후난 성을 침공하였다. 제6전구 사령관 천청은 산하 3개 집단군(제10집단군, 제26집단군, 제29집단군)을 동원하여 방어선을 구축하고 제74군이 창더의 수비를, 제18군이 반격을 위한 예비대로서 창더 북부에서 일본군을 포위 격멸할 계획을 수립하였다. 그러나 각 부대의 연계가 제대로 되지 않은 데다 큰 비가 내리면서 양쯔 강이 범람하여 제10집단군의 전개가 늦어졌다. 덕분에 일본군은 중국군 방어선을 순조롭게 돌파할 수 있었고 11월 말에는 창더를 삼면에서 포위하였다.

카이로 회담에서 막 귀국한 장제스는 창더 수비를 맡고 있는 제57사단장 위청완(余程萬)에게 절대 사수를 명령하는 한편 천청을 비롯한 예하 지휘관들에게 "창더는 중국의 스탈린그라드 전투*가 되어야 한다"고 강조하였다. 쉐웨는 증원 병력을 급파하여 일본군의 병참선을 위협하였고 중미 연합공군 200여 대가 총 1,800회에 걸쳐 출격하여 일본군의 행렬과 수송차량에 맹렬한 폭격을 퍼부었다. 쌍방의 격전은 유례없이 치열하여 사상자가 속출하였다. 중국군은 신5사단장 펑스량(彭士量)이 전사하는 등 제73군은 병력의 80퍼센트 이상을 상실하였으며, 제44군도 제150사단장 쉬궈장(許國璋)이 전

---

*1942년 7월부터 1943년 2월까지 소련 남부의 공업도시 스탈린그라드를 두고 벌어진 전투. 초반에는 독일군이 우세하여 스탈린그라드 시가지의 90퍼센트 이상을 장악했으나 겨울이 오자 심각한 병참난에 허덕였다. 1942년 11월 주코프 원수의 지휘 아래 1백만 명이 넘는 소련군이 반격을 시작하여 30만 명의 추축군을 거대한 포위망에 가두었다. 1942년 2월 2일 독일 제6군 사령관 파울루스 원수는 항복을 선언하였다. 추축군은 60만 명의 사상자를 내었지만 소련군의 손실도 110만 명에 달했다.

사하고 사단 전체가 전멸하는 큰 피해를 입었다. 일본군 역시 제3사단 보병 제6연대장 나카하타 고이치 대좌가 미 공군의 공중 폭격을 받아 전사하였고, 제13사단 보병 제65연대는 중국군의 기습을 받아 연대장이 중상을 입자 군기를 불태운 후 후퇴하였다.

그러나 중국군의 피해가 속출하면서 창더 전면의 방어선이 무너졌다. 창더는 완전히 포위되었다. 창더를 방어하는 제57사단 8천 명은 사단장 위청완의 지휘 아래 하천과 지형지물을 이용해 견고한 방어선을 구축하고 있었다. 위청완은 천청과 두위밍, 팔로군의 쉬샹첸(나중에 인민해방군 10대 원수의 한 사람) 등과 함께 황푸군관학교 1기생으로 특히 방어전에 잔뼈가 굵은 명장이었다. 11월 22일 일본군 제116사단이 창더 성을 향해 돌격하여 외곽 진지에서 치열한 전투가 벌어졌다. 그러나 일본군은 중국군의 강력한 저항에 부딪쳐 보병 제109연대장 누노 데이치 대좌가 전사하는 등 많은 손실을 입고 격퇴되었다.

예상외의 고전에 11월 25일 제11군 사령관 요코야마 중장이 직접 진두지휘를 맡았다. 제3사단과 제68사단을 추가로 증원한 후 이차 공격을 개시하여 치열한 혈전 끝에 29일 선두 부대가 성내에 돌입하는 데 성공했다. 그러나 중국군의 저항으로 더 이상 전진할 수 없었다. 요코야마 중장은 중국군의 방어선을 도저히 돌파할 수 없다고 판단하고 창더 성을 향해 독가스 공격을 퍼부었다. 일본군은 창더 작전 내내 독가스 외에도 악명 높은 731부대 요원들까지 투입해 페스트균과 같은 생물학 무기를 무차별로 살포하였다. 이 때문에 7천 명 이상의 중국군이 사망하였으나 일본군 역시 1만 명이 감염되어 후송되는 등 많은 손실을 입었다.

독가스 공격을 받자 중국군의 방어선은 무너지기 시작했다. 이

미 그동안의 전투로 제57사단의 손실은 무려 90퍼센트 이상에 달해 있었다. 통상적으로 한 부대가 50퍼센트 이상의 손실을 입으면 부대로서 더 이상 전투가 불가능하다는 점에서 중국군의 분투는 대단한 것이었다. 일본군이 성내로 진입한 뒤에도 중국군의 잔존 병력들은 폐허가 된 건물 사이에 숨어 저격하는 등 끝까지 저항하였다. 일본군은 시가지에 불을 지르고 일일이 소탕 작전을 벌였다. 함락이 초읽기에 들어가자 위청완은 2백여 명의 부하들만 거느리고 성밖으로 탈출하였다. 중국군 제10군이 창더의 구원을 위해 접근했으나 일본군의 반격을 받아 제10예비사단장 쑨밍진(孫明瑾)이 전사하는 큰 피해를 입고 격퇴되었다. 12월 3일 일본군의 총공격이 시작되었다. 만 하루 동안의 전투 끝에 잔존 수비대는 전멸하여 83명의 부상자들이 포로가 되었다. 그들은 창더 전투 최후의 생존자들이었다.

위청완은 마지막까지 분전했음에도 그가 명령 없이 후퇴했다고 생각한 장제스는 격분하여 그를 당장 체포하라고 명령했다. 그는 군사재판에서 사형을 언도받았지만 뒤늦게 그의 용전이 알려지면서 4개월 만에 무죄로 석방되어 장제스의 치하를 받았다. 위청완은 제74군의 부군장으로 복직한 뒤 다시 제26군의 군장으로 승진했으나 국공 내전에서 장제스가 패배하자 홍콩으로 망명하였다. 그는 은거 생활을 하던 중 우연히 폭주족들과 시비가 붙어 그들의 총에 맞아 어이없이 사망하였다.

한편, 창더에서 치열한 전투가 벌어지는 동안 천청은 후베이 성 북부에서 공세를 개시하여 일본군 수비대를 전멸시키고 비행장과 물자집적소를 파괴하는 등 거대한 포위망을 형성하였다. 중국군의 압박이 점점 강화되자 12월 11일 요코야마 중장은 작전을 중지하고 창더에서 철수하라고 명령하였다. 중국군은 후퇴하는 일본군을 추격하여 큰 피해를 입혔으며 창더를 비롯해 모든 지역을 탈환하였다. 전선은 원래 상태로 회복되었다.

그런데 이 전투를 관전한 미국 군사고문단은 일본군의 당초 목적이 '점령'이 아니라 '약탈'에 있었고 중국군의 반격 때문이 아니라 스스로 철수했을 뿐이므로 이를 과연 승리라고 볼 수 있냐며 중국군의 전과를 평가절하하였다. 천청은 중국군이 지연전을 통해 일본군의 진격을 저지하였고 이후 적극적인 반격을 실시하여 격퇴했으니 승리로 보는 것이 당연하다며 반박하였다.

양쪽의 주장은 절반씩 맞다고 해야 할 것이다. 일본군이 처음부터 영구적인 점령이 아니라 중국군의 소모와 약탈에 목적이 있던 것도 사실이다. 하지만 중국군이 외곽에서 포위망을 형성하여 퇴로를 차단하자 포위 섬멸될 것을 우려한 일본군이 신속하게 후퇴한 것도 사실이다. 만약 중국군이 제대로 저항하지 않고 도주했다면 일본군은 진격을 멈출 이유도, 점령지를 포기하고 되돌아갈 이유도 없었을 것이다. 중국군은 퇴각하는 일본군을 마지못해 뒤따라가며 수동적으로 점령지를 회복한 것이 아니라 적의 배후를 우회하여 퇴로를 차단하였고 도처에서 유격전을 벌이는 등 적극적인 작전으로 일본군에게 큰 피해를 입혔다.

중국군이 스탈린그라드에서 독일 제6군을 포위했던 소련군의 승리를 재현하지 못한 이유는 우유부단하게 시간을 보내며 철수의 기회를 놓친 독일의 파울루스와 달리 요코야마는 재빨리 후퇴 명령을 내린 데다, 중국군은 소련군이 가지고 있던 거대한 전차 부대가 없었기 때문이다. 그런 점에서 미국 군사고문단의 비난은 분명 사실을 왜곡하는 것이었다. 더욱이 루스벨트 대통령과 그의 참모들은 중국 전선의 상황을 거의 알지 못했으며 스틸웰이 보내주는 단편적이고 인종적 편견까지 더해진 정보만을 접하고 있었다. 이것은 미국의 대중 정책에 심각한 악영향을 주었다.

＼중국의 참혹한 현실

창더 회전은 중일 전쟁을 통틀어 가장 치열하고 처절한 전투였다. 일본군은 전사 1,274명, 부상 2,977명의 손실을 입은 대신 중국군 사단장 6명을 비롯해 2만 9천 명을 사살하고 1만 4천 명을 포로로 획득했다고 주장했다. 반면 중국군은 일본군 4만 명 이상을 살상했다고 발표하였다. 실제 양측의 손실은 그 중간 정도일 것이다. 충분한 준비 없이 성급하게 작전을 시작한 일본군도 큰 피해를 입었지만, 중국군의 손실은 파멸적이었다. 사단장 3명이 전사하고 제4사단, 제9사단, 제57사단은 완전히 전멸했으며, 제6전구와 제9전구의 손실은 도저히 회복할 수 없을 정도였다. 여타 전구들 역시 그동안 누적된 손실로 심각하게 약화되어 붕괴 직전이나 다름없었다.

중국군이 극도로 약화된 이유 중 하나는 스틸웰의 버마 탈환 작전 때문이다. 1942년 초 자신의 첫 싸움에서 일본군에게 완패한 채 인도로 쫓겨갔던 스틸웰은 하루라도 빨리 버마를 탈환하여 명예를 회복하기를 원하였다. 그는 장제스에게 험프 루트는 비상 통로일 뿐 중국에 충분한 물자를 제공할 수 없으므로 북부 버마를 탈환하여 일본의 봉쇄망을 뚫어야 한다고 주장하였다. 장제스는 500대의 항공기를 지원 받고 험프 루트의 물자를 매달 5천 톤으로 늘리는 조건으로(물론 미국은 약속을 지키지 않았다) 스틸웰에게 병력을 제공하는 데 동의하였다. 스틸웰은 1942년 7월부터 인도와 쿤밍에서 새로운 부대를 편성하여 미국식으로 훈련시켰다. 이를 위해 30만 명에 달하는 최정예 병력을 각 전구에서 빼내야 했다. 이들은 앞으로 있을 반격을 위한 전력이었지만 스틸웰은 중국의 전황에는 아랑곳없이 자신의 버마 탈환 작전에 사용하기 위해 이 병력을 꼭 쥐고 있었다. 그때까지 장제스는 하릴없이 지켜볼 수밖에 없었다.

그러나 중국군이 약화된 가장 큰 이유는 중국이 너무나 궁핍하고 피폐해졌기 때문이었다. 중국은 전 국토의 4분의 1을 빼앗겼고 여기에는 가장 비옥한 곡창 지대와 대부분의 산업 시설이 포함되어 있었다. 나머지 땅은 너무나 척박했고, 피난민의 유입으로 인구는 과잉 상태였다. 게다가 1942년부터 매년 반복되는 가뭄으로 심각한 기근까지 겹쳐 전국에서 수백만 명의 아사자가 발생하였다. 특히 허난 성은 최악의 기근에 직면하여 전체 인구의 10퍼센트가 넘는 300만 명이 아사하였다. 심지어 사람을 잡아먹는 일도 비일비재하였다. 당시의 참상은 시어도어 H. 화이트의 회고록과 류전윈(劉震雲)의 논픽션 소설 『1942년을 생각한다(溫故 1942)』*에서 잘 묘사되어 있다. 화이트는 목숨을 걸고 직접 허난 성을 돌며 현지의 비참한 실태를 취재하였고 충칭으로 돌아온 후 장제스를 면담하여 구호를 요청하였다. 그는 "장제스는 진실을 알자 큰 충격을 받았으며 직접 부패한 관리의 총살과 식량의 수송을 지시하였고 그 뒤 허난 성의 지인으로부터 식량 문제가 다소 개선되었다는 편지를 받았다"고 회고하였다.

화이트나 재중 외교관 스튜어트 등 당시 중국에 체류하던 미국인들은 장제스 정권이 허난 성에서 수백만에 달하는 국민들이 굶

---

* 류전윈은 이 소설에서 허난 성의 한 지주와 그의 가족이 유례없는 기근으로 인해 겪어야 했던 비극적인 이야기를 통해 당시의 비참함과 전쟁의 참상을 사실적으로 묘사했다. 이 소설은 2012년 펑샤오강(馮小剛) 감독에 의해 《1942》라는 영화로 제작 개봉되었다.

●— '험프 루트'를 비행하는 C-46 코만도 수송기. 세계의 지붕이라 불리는 험준한 히말라야 산맥을 가로질러야 했기에 중간에 추락하는 기체가 태반이었지만 외부로부터 고립된 중국에게는 귀중한 생명줄이었다.

어 죽어가는 것을 지켜만 본다며 비난하였다. 하지만 과연 그가 무엇을 할 수 있었을까? 허난 성의 기근은 자연재해와 전쟁의 결과였다. 스탈린의 의도적인 정치 보복으로 1천만 명이 아사한 1933년의 우크라이나 기근이나 마오쩌둥의 무리한 공업화 정책(대약진 운동)으로 무려 4천만 명을 아사시킨 1958년~1961년의 기근과는 달랐다. 물론 장제스가 부족한 식량 보급의 우선권을 민간인보다 군대에 두면서 상황을 악화시킨 것은 틀림없지만, 애초에 허난 성은 일본군과 인접한 데다 충칭에서 너무 멀었다. 허난 성으로 향하는 모든 철도와 항구는 일본군이 장악하고 있었기에 인근 지역에서 식량을 수송할 수도, 해외에서 식량을 수입할 수도 없었다. 무엇보다도 중국 전체가 기근에 허덕이고 있었다. 그런데도 미국은 중국이 스스로 해결하기를 요구했을 뿐 그들의 비참한 상황을 철저히 외면했다. 과연 미국인들이 장제스를 비난할 자격이 있는가?

완전히 고립된 중국은 영국과 소련이 누리던 미국의 풍족한 원조 혜택을 받지 못했다. 전쟁 초기만 해도 중국은 상당한 재고물자가 비축되어 있었고 하노이 루트와 버마 루트, 점령지에서의 밀수를 통해 물자를 어느 정도 확보할 수 있었다. 그러나 전쟁이 장기화되면서 비축분이 바닥나고 외부의 물자마저 들어오지 못하면서 이전까지 비교적 완만하게 오르던 물가는 1940년부터 급격하게 치솟기 시작했다. 얼마 안 되는 공장들조차 원료 부족과 심각한 인플레이션으로 가동률은 20퍼센트 이하로 떨어졌다. 게다가 일본은 중국 경제를 붕괴시키기 위해 점령지에서 노획한 중국 화폐를 내륙에 마구 유포하여 인플레이션을 더욱 악화시켰다.

장제스는 강력한 물가 통제를 실시하는 한편, 매점매석을 단속하고 청두 시장 양취안위(楊全宇)를 비롯해 최고위급 관료들을 본보기로 삼아 시민들이 보는 앞에서 공개 총살시켰지만 이 정도로는 근본적인 해결책이 될 수 없었다. 세수는 줄어든 반면 군비 부담은 갈수록 늘어났다. 재정난에 허덕인 정부가 화폐 발행을 늘리자 물가는 폭등하였다. 거듭되는 가뭄에다 주요 철도를 상실하면서 물자마저 제대로 수송할 수 없어 도처에서 폭동과 쌀 약탈이 벌어졌다. 모든 것이 부족하다 보니 부정부패가 만연하는 것은 당연하였다. 어떤 일간지는 법폐 100원으로 1937년에 소 2마리를 살 수 있었으나 1943년에는 닭 1마리, 1945년에는 계란 1개, 1949년에는 겨우 종이 한 장을 살 수 있다며 하늘 높은 줄 모르고 치솟는 물가를 비꼬는 정치 만화를 게재했다가 검열당하기도 했다.

중국은 치열한 소모전으로 전장에서의 손실은 끔찍한 수준이었지만 낙후된 행정 시스템 때문에 제대로 징병을 실시할 수 없었다. 중국은 1936년부터 징병제를 선포하고 전국을 60개의 군구로 나누어 적령기의 장정들을 징병했으나 실제로는 각 마을마다 일정한 인원을 강제 할당하는 식이었다. 따라서 대부분의 병사들은 가장 가난한 소작농들이었고 억지로 끌려가거나 그나마 군대라면 굶주림을 피할 수 있을 거라는 헛된 희망을 가지고 지원하였다. 심지어 '강제모병대'가 편성되어 마을과 들판을 돌며 농삿일을 하던 사람들까지 마구 납치하였다. 식량과 의약품의 부족으로 수많은 신병들이 일선에 배치되기도 전에 수백 킬로미터를 행군하다가 죽어나갔다. 이렇게 죽은 숫자만도 무려 140만 명에 달했다. 이는 전쟁 동안 징집된 총인원 1400만 명의 10퍼센트였다. 이런 상황을 보고받은 장제스는 한 징집소를 불시 점검했다가 큰 충격을 받고 그 자리에서 책임자들을 총살시키기도 하였다.

군대는 굶주렸고 전염병까지 만연했다. 군정부장 허잉친은 인도로 파견될 장병들 가운데 신체검사에서 합격한 인원은 22.4퍼센트에 불과하다고 보고하였다. 탈락한 사람의 절반 가까이는 전염성 결막염이었고 20퍼센트가 옴 피부병, 그리고 18퍼센트가 신장 미달, 체중 부족이었다. 전염병이 만연한 이유는 영양실조와 의약품의 부족 탓도 있지만 위생과 청결에 대한 개념 자체가 낮았기 때문이다. 수십 명이 수건 하나를 돌려쓰면서 결막염이 순식간에 부대 전체로 전파되었다. 식기와 수저를 같이 사용하거나 심지어 식수로 쓰는 우물 옆에 화장실을 만드는 일도 있었다. 이런 일은 쉽게 개선되지 않았다.

무기의 부족도 심각했다. 두세 명의 병사가 소총 한 정을 함께 쓰는 일은 매우 흔한 일이었다. 또한 병사들과 고락을 같이하고 군량을 아껴 굶주린 주민들에게 나누어 주는 장교들이 있는가 하면, 많은 장교들이 부패하여 물자를 빼돌리고 식량과 군수품, 의료품을 암시장에 몰래 내다팔았다. 충칭과 청두의 군수공장에서 생산되는 탄약은 모두 합해 매월 1600만 발에 불과했다. 400만 명의 중국군에게 일인당 4발씩 돌아가는 양이었다.

화이트의 말대로 당대 서구인의 관점에서 본다면 중국이 그토록 오랫동안 버틴 사실 자체가 가장 큰 기적이었다. 그들의 시각에서는 중국인들의 인내심과 끈기는 도저히 이해하기 어려운 것이었다. 중국 대륙의 광대한 공간이 일본의 진격을 저지하는 데 중요한 역할을 한 것은 틀림없지만, 중국 역사에서 이민족의 침략을 받아 몇 번이나 정복당했다는 사실을 생각하면 단지 지리적 이유만으로 설명할 수는 없다. 제1차 세계대전에서 영국, 프랑스, 독일, 러시아는 중국보다 훨씬 산업화되고 부유했지만, 전쟁이 장기화되자 국민들의 불만이 팽배해지면서 내부에서부터 무너지기 시작하였고, 결국 가장 먼저 나가떨어진 쪽이 패배하고 말았다.

반면 중국은 청일 전쟁, 길게는 아편 전쟁 이래 근 백여 년 동안 혼란의 연속이었으며 안정을 누릴 잠깐의 여유조차 없었다. 장기간의 전쟁을 위한 준비 역시 없었다. 장제스는 독재를 지향했지만, 공포와 압제로 국민들의 희생을 강요할 수 있었던 스탈린의 철권통치에 비한다면 정권의 기반이 훨씬 취약했다. 또한 지방에 할거하는 군벌들, 그중에서도 '국가 속의 국가'인 중공 정권은 가장 적대적인 위협이었다. 근근이 유지되고 있던 국공의 관계는 1943년이 되면 최악으로 치달았고 중국 공산당은 장제스 정권을 전복시키기 위한 내전을 준비하고 있었다. 이런 상황에서, 전쟁의 고통과 궁핍을 이겨

내지 못하고 스스로 무너졌던 제정 러시아나 독일 제2제국과 달리 중국에서는 끝까지 말기적 모습이 나타나지 않았다는 사실은 분명 경이로운 것이다. 물론 전쟁 후반으로 갈수록 끝없는 수탈에 반발한 농민들의 저항과 반란이 늘어났지만, 혁명이나 정권의 타도가 그들의 목적은 아니었다. 그러나 마지막 순간까지 항복하거나 타협을 거부했던 장제스의 지구 전략은 국민들에게 엄청난 고통과 희생을 요구하였다. 1944년 중국은 최악의 위기에 직면했다.

32

카이로에서 얄타까지

＼중국의 처지

태평양 전쟁이 일어나자 중국은 오랜 고립에서 벗어나 연합국의 일원이 되었지만, 이것은 또 다른 투쟁의 시작이기도 했다. 이 총성 없는 싸움은 어떤 의미에서는 일본과의 전쟁보다 훨씬 더 복잡했다. 중국의 지도자로서 장제스의 과제는 미국과 동맹국들로부터 중국이 필요로 하는 지원을 얻어내면서 동시에 청말 이래 땅에 떨어진 주권 또한 회복해야 한다는 것이었다. 이것은 딜레마였다. 남에게 뭔가를 받으면 받을수록 그만큼 종속되지 않을 수 없기 때문이다. 더욱이 새로운 동맹국들은 결코 우호적이지 않았다. 영국은 중국을 철저하게 경멸하였고 소련은 탐욕스러웠으며 미국은 애매모호하면서 이중적이었다.

루스벨트가 중국을 4대 강국으로 인정하고 5억 달러에 달하는 거액의 차관을 '통 크게' 내놓았을 때 장제스는 드디어 위치에 걸맞는 대우를 받게 되었다며 흡족해 했다. 그러나 그것이 성급한 판단이었음을 깨닫는 데는 오랜 시간이 걸리지 않았다. 원조는 결코 공짜가 아니었으며 그에 상응하는 대가가 뒤따랐다. 추축국 진영에서 이탈리아가 제 역할을 하지 못하여 점점 독일의 괴뢰로 전락했던 것처럼, 어느 나라든 합당한 대우를 받고 싶다면 나름대로 승리에 기여해야 했다. 무임승차는 용납되지 않았다. 철저한 힘의 논리에 따른 강대국들의 이해관계만 존재할 뿐이었다. 오만한 처칠조차 미국에 점점 의존하게 되면서 대영 제국의 지위가 하락하는 현실을 감내해야 했다. 반면 소련은 미국의 막대한 원조에 의존하면서도 큰소리 칠 수 있었다. 만약 소련이 패배하거나 독일과 강화할 경우 미국은 혼자서 독일과 싸워야 했기 때문이다.

레이 황의 지적대로 중국은 마땅히 협상을 벌일 만한 카드가 없었다. 장제스는 중국이 일본 육군의 대부분을 잡아두고 이들이 다른 전선으로 전용되지 않도록 막는 것만으로도 연합국의 승리에 충분히 기여하고 있다고 생각했다. 그러나 태평양 전쟁은 독소 전쟁과 달리 주요 전장이 바다였고 미국의 시각에서 중국의 역할은 그다지 중요하지 않았다.

미국은 일본 육군을 중국 대륙에 묶어두는 것만으로 충분했기에 애써 이들을 중국에서 몰아내려고 노력할 필요가 없었다. 반면, 중국은 간신히 현상을 유지하는 정도였고 전세를 역전시켜 국토에서 일본을 몰아내려면 외부의 강력한 지원이 있어야 했다. 즉, 중국은 미국의 지원을 절실히 필요로 한 반면, 미국은 중국의 지원이 필요 없었다. 중국은 여전히 약소국이었다. 장제스와 스틸웰의 대립은 단적인 예였다. 1942년 1월 연합군 중국 전구 총사령관으로 추대된 장제스가 루스벨트에게 고위급 장교의 파견을 요청한 이유는 어디까지나 군사고문으로서 도움과, 다른 두 대국(영국, 소련)과 마찬가지로 미국의 원조를 누릴 수 있도록 교섭해주는 중간자를 원했기 때문이었다. 1930년대 소련과 독일에서 파견된 군사고문단은 그 역할에 충실했다. 그러나 스틸웰은 그들과 달리 훨씬 야심적인 인물이었다. 게다가 루스벨트와 마셜이 그에게 부여한 권한은 모호하면서도 아주 막강하였다. 자신이 무리하게 강행한 버마 방어전의 실패로 중국군 3개 군이 완전히 괴멸했지만 스틸웰은 책임을 동맹국들의 무능함으로 돌렸다. 장제스는 격분하지 않을 수 없었다.

장제스는 미국에 대해 중국이 절실하게 필요로 하는 원조에는 소극적이면서 이를 무기로 온갖 모욕적인 언사와 부당한 내정 간섭을 한다고 생각했다. 반면 스틸웰은 중국이 제 역할은 하지 않으면서 끝없이 뭔가를 뜯어내려고만 한다고 생각했다. 그는 중국이 미국의 원조를 받고 있는 이상 제 역할을 하지 못한다면 당연히 원조도 중단될 것이며, 또한 총 300개 사단 약 380만 명에 달하여 쓸데없이 머릿수만 많은 중국군을 90개 사단으로 축소하고 개혁해야 한다고 압박하였다. 장제스의 입장에서 본다면 스틸웰의 말은 명백한 월권에다 지극히 무례한 내정간섭이었다.

스틸웰에 우호적인 일부 학자들은 장제스가 중국군을 개혁하자는 스틸웰의 건의를 받아들였다면 중국군은 훨씬 강화되었을 것이며 중일 전쟁의 향방은 물론 국공 내전에서도 승리했으리라고 주장한다. 그런데 중국군을 축소시켜 현대화하고 정예화하자는 스틸웰의 요구는 장제스가 이전에 야심차게 추진했던 내용과 크게 다를 게 없다는 점에서 장제스로서는 거부할 이유가 없었다. 그럼에도 왜 장제스는 이 문제 때문에 스틸웰과 대립했을까? 스틸웰의 '중국군 근대화' 계획은 미국이 여기에 필요한 물자를 충분히 제공한다는 전제에서 의미가 있었다. 문제는 미국이 그럴 의사가 전혀 없었다는 점이다. 유럽에 최우선 순위를 두었던 루스벨트는 장제스의 원조 확대와 미국 지상군의 대규모 파병 요청을 거부하였다. 원조물자를 독점하고 자기 휘하의 부대 이외에는 소총 한 정 나눠주기를 거부했던 스틸웰 역시 마찬가지였다. 그는 "중국이 말하는 5년간의 영웅적인 항쟁 따위는 말도 안 되는 거짓 선전"이라며 중국을 노골적으로 비난했다.

장제스와 스틸웰의 갈등의 근본적인 원인은 상대에 대한 이해 부족과 불신이었다. 장제스는 미국이 물자는 주지 않으면서 말로만 '개혁' 운운하는 것은 자신을 허수아비로 만들고 중국군을 장악하려는 음모라고 의심하였다. 더욱이 이전에 이미 군대의 축소를 시도하다 몇 번이나 반란을 경험했던 그에게 이 문제는 스틸웰이 생각하는 것보다 훨씬 민감한 문제였다. 반면, 스틸웰은 장제스가 자신의 자리를 지키는 데만 급급하다고 생각했다. 두 사람은 상대에게 심한 편견을 가진 채 조금도 서로를 이해하려 하지 않았다. 장제스가 스틸웰을 몇 번이나 내쫓으려고 결심했지만 매번 마지막 순간에 포기했던 이유는 이로 인해 원조에서 불이익을 받을까 우려했기 때문이었다.

그나마도 미국의 원조는 결코 중국을 위한 것이 아니었다. 미국의 목적은 어디까지나 일본 본토를 폭격하기 위한 비행장을 확보하는 데 있었다. 따라서 원조물자 역시 중국군을 강화하는 데 직접 제공되기보다 이런 용도로 활용되었다. 중국의 청두와 구이린에는 비행장이 건설되어 이곳에서 출격한 폭격기들이 만주국과 타이완, 양쯔 강 하류, 규슈 일대를 휩쓸었다. 그러나 비용 대비 효과가 낮았고, 그나마도 1944년 일본의 '이치고 작전'으로 중국 내 미 공군의 비행장들은 완전히 박살나버렸다. 하지만 미국은 태평양에서 승리를 거두었고 곧 사이판을 비롯한 마리아나 제도를 점령하여 그곳에 비행장을 지었다. 미국은 여기에서 신형 B-29 전략 폭격기를 출격시켜 일본 본토의 대도시들을 차근차근 초토화시켜 나갔다. 1945년 3월에 이오지마를, 6월에는 오키나와를 점령하면서 일본 본토에 대한 공습은 더욱 용이해졌다. B-29의 융단 폭격으로 완전히 초토화된 일본은 결국 본토에서의 결전을 포기한 채 항복해야 했다. 1945년 8월 히로시마에 최초의 원폭 '리틀 보이'를 투하한 폴 티베츠 대령의 B-29 역시 마리아나 제도의 티니언 섬에서 출격한 것이었다.

＼세 나라의 딜레마

미국에게도 장제스는 결코 호락호락한 상대가 아니었다. 외세에 한없이 비굴했던 청조와 북양 정권의 위정자들과 달리 장제스는 '중국의 정신적 지주'를 자처했고, 그를 직접 인터뷰했던 화이트의 표현대로 중국인의 자부심 그 자체였다. 그는 북벌 직후부터 1930년대 내내 열강과 지속적인 교섭으로 주권 회복을 위해 노력했고, 1943년 1월 11일 마침내 모든 불평등 조약을 폐지하였다. 비로소 중국은 아편 전쟁 이래 1백여 년에 걸쳐 열강들에게 짓밟혀온 오욕의 역사에서 벗어났다. 10월 30일에는 모스크바에서 열린 전후 국제평화조직의 창설 회의에 중국은 미국, 영국, 소련과 함께 참여하여 유엔 5대 상임이사국의 반열에 올랐다.*

또한 장제스는 한국과 베트남의 독립운동 단체들을 적극적으로 지원하고 두 나라의 즉각적인 독립과 김구의 임시 정부에 대한 승인을 국제 사회에 강력하게 요구하였다. 그러나 이런 행보는 미국과 영국의 강한 경계심과 견제를 불러왔다. 루스벨트와 처칠은 중국이 주변 지역에 대해 팽창적인 야심을 품고 있는 것이 아닌가 의심했고 심지어 한반도를 군사적으로 점령할 가능성도 있다고 판단하였다. 장제스가 지원하는 충칭의 대한민국 임시 정부나 베트남 독립동맹**, 베트남 국민당***은 미국의 시각에서 본다면 중국에 예속된 친중 단체에 지나지 않았다. 미국이 대한민국 임시 정부를 끝까지 승인하지 않은 것은 이런 이유 때문이기도 했다.

게다가 영국의 비협조와 견제는 미국 이상이었다. 처칠은 중국을 전후 세계 질서를 주도할 4대 강국의 하나로 포함시키려는 루스벨트의 생각에 노골적으로 불쾌감을 드러냈다. 한편으로 그는 중국이 아시아에서 영국의 세력권(버마와 인도 등)을 위협하지 않을까 우려하였다. 일본의 버마 침공이 임박했던 1942년 처칠은 인도-버마 전선을 맡고 있는 동남아시아 전구 연합군 사령관 웨이블에게 "중국군의 버마 진입을 최대한 저지하라"고 지시하였다. 따라서 중국원정군은 영국의 병참 지원을 제대로 받을 수 없었다.

1943년 11월 미국, 영국, 중국 삼국의 첫 정상회담이었던 카이로 회담은 최초로 연합국의 대일 전략을 논의하는 자리이기도 했다. 처음에는 스탈린도 참석하기로 했으나 장제스가 이 회담에 참석한다는 말을 듣고서 일본을 자극할 것을 우려해 불참하기로 통보했다. 처칠은 장제스 부부를 피라미드 관광이나 시켜 카이로 회담의 들러리로 만들 생각이었다. 그러나 자신의 예상과 달리 장제스가 오히려 회의를 적극적으로 주도하자 처칠은 "장제스 때문에 별 중요성도 없는 중국 이야기로 산만해져 버렸다"며 노골적으로 불만을 토로했다.

카이로 회담에서 장제스는 많은 것을 얻어냈다. 일본에게 빼앗긴 만주와 타이완, 평후 제도(澎湖諸島)****는 중국으로 반환이 결정되었다. 또한 1944년 연초에 인도와 버마에 대한 대규모 상륙 작전으로 버마 탈환 작전을 시작하기로 하였다. 홍콩 반환과 티베트 문제, 전후 일본에 대한 군정에서 중국의 참여와 배상 문제에 대해서도 장제스는 적극적으로 거론하여 긍정적인 답변을 얻었다. 그러나 한국의 즉각적인 독립을 강력하게 주장한 장제스의 제안은 초안에는 반영되었지만 루스벨트와 처칠의 반대에 부딪쳤다. 루스벨트는 한국은 자치 능력이 없으며 충분한 준비 없이 독립할 경우 심각한 혼란에 빠질 수 있다며 40년간의 신탁통치를 거쳐 '적당한' 시기에 독립해야 한다고 주장하였고, 그에 따라 합의문의 내용은 바뀌었다. 당사자들의 의사는 철저히 무시한 채 한반도 문제는 강대국 지도자들 마음대로 정해졌다. 어쨌거나 카이로 회담을 마치고 11월 26일 중국으로 귀국하면서, 쑹메이링은 루스벨트에게 직접 편지를 써 감사를 표시하였다. "총통은 대통령께서 중국을 위해 취해주신 각종

---

* 그러나 헨리 키신저의 중국 방문 이후 미중 국교 정상화가 이루어지면서 1971년 10월 유엔에서 타이완은 축출되었고 타이완이 누리던 모든 지위는 중화인민공화국이 그대로 계승하였다. 덕분에 중일 전쟁에 아무런 기여도 하지 않았던 중국 공산당이 이전의 적이었던 미국의 후원 아래 유엔 상임이사국의 지위를 누리게 되었다. 냉엄한 국제 정치의 현실을 단적으로 보여주는 모습이었다.

** 1941년 5월 응우옌 아이꾸옥이 중국 광둥 성 둥관(東莞)에서 결성한 베트남 독립 단체. 인도차이나 공산당을 중심으로 각종 정파를 아우르는 베트남 최대의 독립 단체였다. 응우옌 아이꾸옥은 자금과 무기 지원을 받기 위해 충칭에서 장제스와의 면담을 요청했으나 그를 공산당 스파이라고 오해한 장제스는 도리어 구금했다. 그 뒤 두 사람은 항일 공동 전선을 구축하기로 합의하였고 응우옌 아이꾸옥은 자신의 이름을 중국식인 호찌민(胡志明)으로 개명하였다. 중국은 베트남해방군(베트민)의 육성을 적극 후원하였다.

*** 1927년 12월 응우옌 타이혹이 하노이에서 결성한 베트남 독립 단체. 중국 국민당을 모방했으며 주로 북부 베트남에서 활동하며 프랑스의 식민 지배에 대항하였다.

**** 푸젠 성과 타이완 사이에 있는 90여 개의 섬으로 구성된 군도로 '타이완의 하와이'라고 불릴 만큼 아름다운 관광지이다. 타이완 서쪽으로 50킬로미터 떨어져 있으며 타이완이 실효지배하고 있다. 청일 전쟁에서 청나라가 패배한 뒤 일본에 강제로 빼앗겼으나 1945년 8월 중국에 반환되었다.

조치에 깊이 감사드린다는 말을 다시 한 번 전해드립니다. 오늘 오후 각하께 작별인사를 할 때, 총통은 감동한 나머지 자신의 심정을 표현할 적절한 말을 찾지도 못했고 각하의 우의에 대한 감사의 뜻을 제대로 전달하지도 못했다고 합니다."

장제스는 카이로 회담이 대단히 만족스럽다고 기뻐했으나 순진한 생각이었다. 그는 열강들의 방식을 잘 모르고 있었다. 정작 연합군의 중요한 전략은 그가 배제된 곳에서 결정되었다. 카이로 회담이 끝난 직후 루스벨트와 처칠은 스탈린을 만나기 위해 이란의 테헤란으로 날아갔다. 테헤란 회담에서 스탈린은 늦어도 1944년 봄까지 오버로드 작전(노르망디 상륙 작전의 암호명)을 시작하라고 강력하게 요구하였고, 루스벨트와 처칠도 이에 동의하였다. 더 나아가 처칠은 모든 자원을 오버로드 작전에 집중해야 하며 별 가치도 없는 중국을 위해 새로운 전선을 만든다는 것은 "적절하지 못하다"고 말했다. 전후에도 대영 제국의 영광을 유지하겠다는 야심을 품고 있던 그는 장제스의 홍콩 반환 요구를 코웃음치면서 루스벨트의 대중 우호 정책을 "잠꼬대 같은 소리"라고 비꼬았다. 결국 세 사람은 카이로에서 장제스에게 약속했던 내용을 무시하고 버마 상륙 작전을 없던 일로 하기로 결정하였다. 그러나 테헤란 회담에서 처칠 역시 자신이 미국과 소련이라는 양대 초강대국 사이에서 낀 신세라는 사실을 새삼 깨달아야 했다. "나는 테헤란에서 처음으로 우리가 얼마나 작은 나라인지 실감했다. 한쪽에는 커다란 러시아 곰이, 한쪽에는 거대한 미국 버팔로가 앉아 있었고 나는 그 사이에 낀 불쌍하고 볼품없는 영국 당나귀였다."

충칭으로 돌아온 장제스는 자신이 카이로에서 이룩한 업적을 중국 언론에 자랑스레 떠들었다. 그러나 그 직후에 그는 루스벨트로부터 삼국이 카이로에서 합의했던 인도 벵골 만 상륙 작전, 즉 '해적 작전(Operation Buccaneer)'을 취소하기로 결정했다는 전문을 받고 당혹감을 감출 수 없었다. 미국, 영국, 소련 3대국 사이에서 중국의 체면은 철저하게 무시된 것이다. 이때부터 중국과 미국의 관계는 급격히 악화되었다. 미국의 중국에 대한 대우는 소련에 대한 태도와 비교했을 때 명백히 이중적이었다. 스탈린과의 관계를 원만하게 유지하고 싶어 했던 루스벨트는 무기대여법에 의거하여 소련에 제공하는 모든 원조에 대해 "아무런 조건도 없음"을 강조하였다. 또한, 소련과 외교적인 마찰을 빚을 만한 어떤 정치적 비판도 철저하게 금지시켰다. 스탈린 정권의 비도덕성과 반인륜적 행위에 관한 비판도 예외가 아니었다. 반면, 미국의 언론들은 장제스 정권의 부패함과 무기력함을 연일 떠들었다. 일본이 장제스를 몰아낸다면 어떻게 할 것인가 묻는 스틸웰의 질문에 루스벨트는 "그럼 다른 사람을 찾으면 될 것"이라고 냉랭하게 대답했다. 워싱턴의 참모들 역시 중국이 무리한 요구를 끝없이 늘어놓는다며 분노를 감추지 않았다. 심지어 서머벨 장군은 장제스의 경쟁자 가운데 한 사람을 1억 달러에 매수하여 중국을 전복시키자고 주장하기도 하였다.

╲국공의 갈등과 미국

갈등의 또 다른 요인은 중국 공산당이었다. 일시적으로 봉합되었던 국공 관계는 공산당의 세력이 확대되면서 급격히 악화되었다. 또한 옌안을 방문한 젊은 서방 기자들은 '중국 공산당'이라는 존재를 뉴욕타임스를 비롯한 언론을 통해 미국 사회에 소개하면서, "부패하고 의욕을 상실한 충칭과 달리 옌안이 활력에 넘친다"고 썼다. 이를 "중공의 악의적인 유언비어와 선전 활동 때문"이라고 생각한 장제스는 서방 기자의 옌안 방문과 중공의 언론 활동을 통제했으나 거의 효과가 없었다. 게다가 루스벨트는 1944년 초부터 옌안에 특사를 파견하겠다고 압박하기 시작했다. 마오쩌둥은 이런 분위기를 이용해 그동안 결렬 상태였던 국공의 협상에 적극적으로 나섰다. 결국 장제스는 굴복하였다. 1944년 9월 패트릭 헐리 소장을 단장으로 한 '딕시 사절단'이 충칭과 옌안을 방문하여 중국의 정치적 문제에 본격적으로 개입하기 시작했다.

과연 미국은 국공 간의 갈등에 대해 얼마나 이해하고 있었을까? 미국은 실제로 적극적으로 개입할 의사가 있었을까? 미국의 진짜 목적은 국공 문제가 미국과 소련 간의 갈등으로 확대되지 않도록 억제하는 데 있었다. 주중 미국대사 가우스는 장제스에게 "미국의 관심은 중공 문제에 있지 않으며 다만 대 일본전 막바지에 중국 내의 두 무장 세력이 서로 대립하게 된 원인을 해결하는 데 있다"고 말했다. 그러나 중국의 복잡한 정치적 상황에 대한 충분한 연구와 정보도 없이 자국의 전략적인 이해관계만 고려한 미국의 어설픈 중재는 문제 해결에 도움이 되기는커녕 역효과만 냈다.

1944년 9월 충칭에 도착한 헐리 소장은 장제스와 마오쩌둥을 만나서 양쪽의 중재와 이들의 통합, 그리고 공산군에 대한 원조를 의욕적으로 추진하였다. 그러나 장제스는 "중공은 중앙 정부에 복종하고 지방 정부로서의 지위에 만족해야 한다"고 주장한 반면 마오쩌둥은 국공이 대등한 입장에서 연합 정부를 구성할 것을 요구하였다. 양쪽의 주장은 완전히 평행선을 달렸다. 장제스는 중국 공산당의 궁극적인 목적은 정권의 탈취이며 협상장에 나오는 것은 기만 전술일 뿐이라고 생각했다. 외교부장인 쑹쯔원은 헐리에게 공산당의 요구대로 연합 정부를 수립한다면 중국은 적화될 것이라고 경고하였다.

반대로 마오쩌둥의 입장에서는 장제스의 요구를 받아들이는 것은 국민당이 주도하는 정치 체제에 공산당이 흡수된다는 의미였다. 장제스와 마오쩌둥은 서로 자신이 주도하는 중국을 원했다. 그 사이에 중간은 있을 수 없었다. 헐리는 중국에 대한 자신들의 이해가 얼마나 부족했는지, 그리고 이 문제를 너무 단순하게 취급했음을 곧 깨닫게 된다. 그의 실패는 예견된 것이었다. 일본이 패망하자마자 내전이 시작되었다.

레이 황은 외교는 장제스의 장기가 아니라고 평가했지만, 중국이 처한 상황을 생각한다면 누구라도 더 나을 수는 없었을 것이다. 오히려 아마추어에 가까운 것은 미국이었다. 이전부터 동유럽에서 소련의 팽창주의를 방관하여 의회의 보수파로부터 '대소 유화론자'라고 비난받았던 루스벨트는 전쟁 기간 내내 막대한 원조를 소련에 제공하고도 스탈린에게 완전히 휘둘렸다. 그는 발트해 3국을 비롯해 1941년 6월 이전에 소련이 합병한 모든 영토를 인정해주었다. 폴란드는 소련에 동부 지역을 빼앗긴 대신 독일로부터 동프로이센을 합병하였고 루마니아는 베사라비아를, 핀란드는 겨울 전쟁 때 빼앗긴 라도가 호수 일대와 북쪽의 페차모 지역을 소련에 추가로 내놓아야 했다. 소련의 야욕은 모든 나라에 대해 영토의 확장과 변경을 원칙적으로 인정하지 않기로 한 '대서양 선언'에 위배되었지만 루스벨트와 처칠은 묵인하였다.

1945년 2월 소련 흑해 연안의 얄타에서 열린 회담에서 스탈린은 루스벨트에게 소련의 대 일본전 참전의 조건으로 엄청난 대가를 내걸었다. 일 년 전 테헤란 회담에서 독일이 항복하는 대로 즉시 일본을 공격하겠다고 약속했을 때와는 180도 바뀐 태도였다. 하지만 일본의 전력을 과대평가하여 적어도 18개월은 더 싸워야 할 것이라고 생각했던 루스벨트는 스탈린이 요구한 것들, 즉 외몽골의 독립, 러일 전쟁 이전 제정 러시아가 만주에서 누린 권익의 회복, 다롄 항과 뤼순 항에 대한 조차권, 일본령 남부 사할린과 쿠릴 열도의 할양 등을 모두 수락하였다. 또한 150만 명의 소련군을 유럽에서 시베리아로 이동하기 위해 필요한 3개월 치의 보급품과 7만 5천여 대의 차량, 3천 대의 전차, 5천 대의 항공기 등 무려 100만 톤이 넘는 물자를 6월 30일까지 제공하는 데도 동의하였다. 흡족해진 스탈린은 독일 항복 후 늦어도 2~3개월 안에 일본을 공격하기로 약속하였다.

스탈린의 말에 미국의 킹 제독은 그 자리에서 "우리는 방금 200만 명의 미국인을 구했다"고 기뻐했다지만 이는 분명 지나친 과장이었다. 정말로 소련의 참전이 그 정도로 절실했을까? 일본보다 훨씬 강한 독일을 상대로도 망설임 없이 라인 강을 돌파했던 미국에게, 이미 빈사 상태나 다름없는 일본이 제아무리 '야마토다마시(大和魂)'를 외치며 결사항전을 외친다 한들 독일 이상으로 두려워해야 할 상대였던가? 루스벨트의 결정은 군사적인 필요가 아니라 정치적인 이유였다. 그는 전후 신질서 구축에 소련의 적극적인 협조가 필요하다고 생각했다. 이를 위해 동유럽과 극동에서 '조금' 양보한다고 해서 미국의 안보나 국익에 위배되지는 않으리라고 여겼다. 소련이 팽창 야욕을 버리지 않는다는 사실이 명확해진 뒤에도 그는 맹목적일만큼 '소련은 우리의 친구'라는 생각을 고수했다. 물론 중국이나 다른 약소국들은 안중에 없었다. 미국인들은 얄타 회담에서 소련의 팽창을 묵인한 대가가 얼마나 컸는지를 루스벨트가 죽고 냉전이 시작된 후에야 비로소 깨달을 수 있었다.

소련의 요구는 대부분 중국의 주권에 관련된 문제였으나 루스벨트는 얄타 회담에서 장제스를 철저하게 배제했을 뿐더러, 사전 협의는 고사하고 언질조차 주지 않았다. 루스벨트와 스탈린은 얄타 회담의 내용에 대해 '적당한 시기'가 오기 전까지는 철저하게 숨기기로 밀약을 맺었다. 따라서 루스벨트의 최측근이나 참모들, 심지어 부통령인 트루먼조차 제대로 알지 못했다. 중국에 공식적으로 통보된 것은 4개월이나 지난 6월 15일이었다. 장제스는 얄타 회담 직후부터 여러 경로를 통해 막연하게나마 파악하고 있었으나 전체 내용을 정확히 알지는 못했다. 그가 얄타 밀약의 전모를 파악한 것은 5월 말이었다. 뒤통수를 맞은 장제스는 격분했다. "그들은 중국을 자신들의 속국으로 여기고 있다. 중심도 없고 방침도 없고 예의도 없다!" 하지만 그로서는 마땅히 대응할 카드가 없었다. 시간도 촉박했다. 쑹쯔원은 즉시 워싱턴과 모스크바를 차례로 방문하여 교섭을 시도했다. 하지만 미국의 트루먼 부통령은 소련은 동맹국이기에 중국의 주권을 침해하지 않을 것이라는 원론적인 말만 반복했고, 포츠담 회담에 참석하고 있던 스탈린은 중국에 무조건 수락을 강요하였다. 이런 상황에서 협상의 여지는 거의 없었다.

대신에 쑹쯔원은 얄타 회담을 묵인하는 대가로 스탈린으로부터 장제스 정권이 중국의 유일한 정통 정권이라는 보장을 받아내었다. 또한 뤼순 항에 대해 '소련의 조차'에서 '중소 양국이 공동으로 운영하는 것'으로 수정하였고, 일본이 항복한 후 3개월 안에 모든 소련군이 철수할 것과 만주에서 국민 정부가 통치 시스템을 구축할 수 있도록 소련이 지원을 아끼지 않기로 합의하였다. 중소 우호 조약은 일본이 항복하기 바로 전날인 8월 14일에야 체결되었다. 그러나 막상 만주를 장악한 소련은 약속을 무시하였다. 소련군은 만주에서 일본이 건설한 대규모 산업 시설을 마구 약탈하였고 국민정부군의 만주 진입을 의도적으로 방해하였다. 더욱이 일본군으로부터 노획한 대량의 무기를 공산군에게 제공하여 국공 내전 초반에 만리장성과 남만주의 전투에서 큰 타격을 입은 중국 공산당이 재기할 수 있도록 도와주었다. 소련의 개입은 내전에서 장제스가 패하는 가장 중요한 원인 중 하나가 되었다.

＼스틸웰의 장제스 암살 계획

장제스와 끝까지 날을 세웠던 스틸웰에 대해서는 어떻게 평가해야 할까? 그의 눈에 비친 중국은 반봉건적이고 낙후된 사회였다. 그러나 그는 자신이 외국인이고, 중국과 미국의 합의에 의해 한시적으로 파견된 일개 군인에 불과하다는 사실은 망각했다. 공산군을 포함해 모든 중국군에 대한 지휘권과 인사, 재정, 작전권을 내놓으라는 그의 요구는 장제스의 입장에서는 청일 전쟁 직후 리훙장을 핍박했던 이토 히로부미의 짓과 다를 바 없는 부당한 내정간섭이자 월권이었다. 장제스가 받아들일 수 없는 것은 당연했다. 마오쩌둥이라도 자신의 군대를 아무런 유대감도 없고 전혀 신뢰할 수 없는 미국인 장군에게 맡기는 데는 동의할 수 없었을 것이다.

스틸웰은 장제스가 자신을 기만하고 약속을 지키지 않는다고 격분했지만, 장제스를 기만하고 약속을 지키지 않는 것은 그 역시 마찬가지였다. 루스벨트조차 스틸웰과 장제스의 대립이 심각해지자 스틸웰에게 편지를 보내어 자중할 것을 충고하였다. “당신이 장 총통을 다루는 방식에는 분명히 문제가 있소. 장제스는 중국인이며 우리와 생각이 같으리라고 기대할 수는 없소. 그는 최고사령관이자 총통이오. 그런 인물을 함부로 대해서는 안 되며 모로코의 술탄에게 다짐 받듯이 그에게 언질을 강요할 수 없소.” 평소 장제스를 “땅콩(peanut)”이라며 경멸하던 스틸웰은 그날 일기에 루스벨트에 대해서

●— 장제스와 쑹메이링, 그리고 스틸웰. 두 사람은 때로는 화해하기도 했지만 끝까지 서로에 대한 경멸감과 증오심을 버리지 않았다.

도 "물러빠진 사람(softie)"이라고 썼다.

스틸웰이 실제로 중국 공산당과 특별한 관계를 도모하려고 했다는 증거는 없다. 그가 팔로군에 대여물자를 제공하자고 주장하여 장제스와 극심한 갈등을 빚은 것은 사실이지만, 그에게 정말로 팔로군에 무기를 제공할 의사가 있었다면 굳이 장제스의 동의를 받을 필요도 없었을 것이다. 대여물자의 배분은 전적으로 그의 권한이었기 때문이다. 또한 그가 중국의 정치적 상황이나 장제스와 중국 공산당의 첨예한 대립에 대해 몰랐을 리도 없다. 그의 진짜 목적은 장제스의 가장 민감한 아킬레스건을 건드려 그의 위신을 깎아내리고 협상에서 유리한 고지를 차지하려는 데 있었을 뿐이다. 그는 바이충시를 비롯한 장제스의 옛 정적들과 쿠데타를 은밀히 논의하기도 했으며, 심지어 장제스를 제거할 음모까지 꾸몄다.

'블루 웨일(Blue Whale, 푸른 고래라는 뜻)'이라 불린 스틸웰의 장제스 암살 작전은 그의 부참모장이자 계획을 실제 수립하고 추진했던 프랭크 돈 대령이 1973년 5월 21일 인터뷰에서 그 내용을 폭로하면서 알려졌다. 카이로 회담 직후 루스벨트를 면담한 스틸웰은 돈 대령에게 장제스 암살을 준비하라는 지시를 내렸다. 장제스가 인도에 주둔한 중국원정군을 시찰하기 위해 비행기를 타고 히말라야 산맥을 넘어갈 때 비행기 사고를 가장하여 살해한다는 계획이었다. 그러나 그 직전에 일본군의 이치고 작전이 시작되면서 장제스의 인도 방문은 취소되었고 암살 계획 역시 연기되었다. 그 뒤에도 스틸웰은 계속 기회를 엿보았으나 루스벨트가 장제스와의 화해를 선택하여 스틸웰이 본국으로 송환되면서 흐지부지되었다.

루스벨트가 스틸웰에게 이 계획을 직접 지시했다는 증거는 없지만 이 정도의 중요한 일을 스틸웰 혼자 추진했다고 생각할 수는 없다. 스틸웰이 루스벨트를 설득했건 루스벨트가 스틸웰에게 지시했건 간에 일개 군인에 불과한 그가 왜 그렇게까지 남의 나라 내정에 간여하려고 했던 것일까? 스틸웰의 가장 큰 착각은 장제스 정권이 미국의 원조 덕분에 유지된다고 믿은 데 있었다. 그러나 한국의 이승만이나 베트남의 응오딘지엠과 달리 장제스는 외세의 도움이 아닌 스스로의 힘으로 정권을 차지하였다. 중국은 미국에 예속된 작은 나라가 아니었다. 따라서 원조를 무기로 장제스를 길들이겠다는 그의 계획은 당연히 실패할 수밖에 없었다. 스틸웰은 자신 앞에 놓인 현실에 대해 끝없이 불평불만과 저주를 퍼부었지만 애초에 자신의 요구가 부당하다는 생각은 전혀 하지 않았다. 그런 점에서 그를 정말로 순수한 야전 군인이라고 볼 수 있는지 의심하지 않을 수 없다.

사실 스틸웰 한 사람만의 문제는 아니었다. 아시아인에 대한 경멸과 멸시는 미국을 비롯한 서구 사회 전체에 만연한 모습이었다. 아시아인들은 미개하므로 자신들이 "올바른 길"로 이끌어야 한다는 것이 바로 그들의 생각이었다. 대동아공영권을 외친 일본의 선민사상과 우월 의식도 서구인들에게서 배운 것이었다. 전쟁이 끝난 뒤 한반도에 들어와 군정을 실시했던 하지 중장 역시 마찬가지였다. 하지는 정치적으로 아무런 경험도 없는 일개 군인에 지나지 않았지만, 자신의 권한을 넘어 남한을 마치 반식민지처럼 취급하면서 김구, 이승만 등 한국 지도자들과 심한 갈등을 빚었다. 한국 전쟁에서도 미군은 한국군을 노골적으로 불신하고 경멸하였으며 전투에서 패배한 책임을 한국군의 무능함과 소극성 탓으로 돌렸다. 미국은 베트남에서도 똑같은 방식을 고수하다 패배하자 이 역시 남베트남의 잘못으로 돌렸다. 현지인들에 대한 무지함과 정복자 같은 행동은 서로에게 득이 되기보다 해만 되었다. 지금은 과연 달라졌다고 할 수 있을까?

루스벨트, 처칠, 스탈린은 단 한 번도 중국을 대등한 파트너로 보지 않았다. 그러나 한편으로 중국이 가진 무한한 잠재력은 인정하지 않을 수 없었다. 일본이 패망한 후 아시아의 새로운 패권국이 될 가능성이 가장 큰 나라는 중국이었다. 따라서 세 열강은 중국을 지원하면서도 견제할 필요가 있었다. 이러한 전략적인 딜레마에서 비롯된 삼국의 중국에 대한 정책은 근시안적이고 일관성이 없었다. 국공 내전이 시작되자 미국은 장제스에게 내전의 중지를 강요하면서도 뒤로는 막대한 군사적, 경제적 원조를 제공하여 전쟁을 도왔다. 이런 미국의 '이중적인' 행태는 많은 비난을 자초하였다. 또한 미국은 장제스가 내전에서 패하자 책임을 장제스의 무능함으로 돌리고 모든 관계를 단절시켰다. 그러나 일을 그르친 근본적인 원인은 미국의 오판에 있었다. 미국은 그 대가를 한국 전쟁에서 톡톡히 치르게 된다.

33

중국을 관통하라

╲중일 전쟁 최대의 작전

미군의 강력한 반격 앞에 전황이 점점 악화되면서 도처에서 밀리고 있던 일본은 판세를 뒤집어 보겠다는 생각으로 두 가지의 야심 찬 공세 작전을 추진하였다. 하나는 인도를, 또 하나는 중국을 대상으로 한 것이었다. 1938년 10월 우한 함락 이래 중국 전선에서는 5년째 지루한 국지전이 반복되고 있었다. 일본군은 화북과 화중, 화남의 광범위한 지역에 병력이 분산된 채 서로 고립되어 있었다. 이는 일본이 처음부터 단일 작전이 아니라 그때그때 주먹구구식으로 작전을 수행했기 때문이다. 특히 우한의 제11군은 중국 내륙 깊숙이 돌출된 형세라 삼면이 중국군에게 포위당했고 전쟁 내내 양측은 우한을 놓고 치열한 전투를 반복하였다. 일본군은 양쯔 강의 수로를 이용해 병력과 물자를 수송했는데 중국군 유격대의 습격과 셔놀트의 항공 공격으로 갈수록 큰 피해를 입었다. 광저우에 주둔한 일본군 역시 고립되어 있었다. 1944년에 오면 지나파견군의 병력은 1백만 명이 넘었지만 여기저기 분산되어 서로 연계 작전이 어려웠고 특히 병참 유지에 심각한 애로를 겪었다. 이 때문에 참모본부에서는 광저우와 우한 등을 포기하고 병참이 용이한 선까지 물러나는 안을 제안하기도 했으나 지나파견군의 강력한 반대에 부딪쳐 무산되었다.

1943년 이후 일본이 태평양의 제해권을 상실하고 미군의 공격으로 대량의 선박이 침몰하면서 일본 본토와 동남아시아를 연결하는 해상 수송로는 사실상 막혀버렸다. 또한 1943년 말 미국이 신형 장거리 폭격기인 B-29를 완성했다는 정보가 일본에 들어갔다. B-29 슈퍼 포트리스 4발 폭격기는 미 육군 항공대 주력 폭격기인 B-17 플라잉 포트리스의 두 배가 넘는 64톤의 중량에 2,200마력의 엔진 4발을 달고서, 최대 항속거리는 9,650킬로미터, 상승한도 1만 2,500미터, 최대속력 시속 576킬로미터, 폭장량 9톤의 성능을 자랑했다. 이 초대형 폭격기의 성능은 그야말로 기존 폭격기의 개념을 완전히 바꾸는 세계 최초의 전략 폭격기였다. 일본이 보유한 대부분의 전투기로는 1만 미터 이상의 고고도에서 비행하는 이 폭격기를 추격하는 것조차 어려웠다. 4식 전투기 하야테(疾風) 등 극소수의 기체들만이 요격이 가능했으나 설사 접근하더라도 20mm 기관포 6문과 13mm 기관총 16문으로 무장한 막강한 탄막을 돌파해야 했기에 이 '공중 요새'는 그야말로 일본에게 재앙이나 다름없는 존재였다. 만약 B-29 폭격기가 중국에 기지를 두고 실전 배치되면 일본 본토는 본격적으로 미국의 전략 폭격의 사정거리 안에 들어간다는 의미였다.

일본은 본토에 대한 전략 폭격이 현실화되기 전에 위협을 사전에 차단할 필요가 있었다. 일본은 이른바 '지나 사변 이래 최대의 작전'을 수립하고 다음 두 가지 목표를 달성하고자 하였다. 첫째, 해상 수송로가 막힌 상황에서 중국의 남북을 관통하여 한반도에서 만주를 거쳐 중국 대륙과 프랑스령 인도차이나, 버마, 말레이에 이르는 철도와 육로를 연결하여 동남아시아의 자원을 육로를 통해 일본까지 수송한다. 둘째, 진격로상에 있는 중미 연합공군의 주요 비행장을 점령하여 B-29 폭격기의 일본 폭격을 막는다.

이 작전의 더 큰 목적은 중국에서 결정적인 승리를 거두어 아시아에서 연합군의 한 축을 무너뜨리겠다는 것이었다. 추축 진영의 전세가 갈수록 기울어가는 상황에서 독일마저 패망한다면 일본은 4대 연합군의 포위 공격을 받을 것이 뻔하였다. 그러나 미영 연합군은 이탈리아 전선에서 교착 상태였고 소련 역시 동부 전선에서 독일과 치열한 소모전을 벌이고 있었기에 일본은 독일이 적어도 1~2년 안에 패망하지는 않으리라고 여겼다. 따라서 그사이에 일본은 자신들이 중국과 인도를 점령한다면 전세를 역전시켜 연합국들과 강화할 수 있을지도 모른다고 기대하였다. 또한 중국에서의 승리는 땅에 떨어진 국민들의 사기 진작에도 큰 도움이 될 것이었다.

작전명은 '이치고 작전(一號作戰)'이라 명명되었다. 작전거리가 2,400킬로미터나 되고, 북지나방면군과 우한의 제11군, 광저우의 제23군까지 투입하는 등 모든 병력과 물자가 총동원되는 중일 전쟁 최대의 공세 작전이었다. 1단계로 허난 성에서 대규모 공세를 시작하여 중국군 제1전구를 격멸하고 단숨에 우한까지 진격하여 핑한 철도를 개통시킨 후, 2단계로 우한에서 아오한 철도(奧漢鐵道)와 샹구이 철도(湘桂鐵道)*를 따라 헝양과 구이린, 류저우, 난닝을 거쳐 중불 국경까지 진격한다는 계획이었다. 이 작전을 위해 만주와 한반도에서도 병력과 물자를 대거 빼내어 총동원 병력은 17개 보병사단, 1개

전차사단, 6개 독립여단 등 50만 명에 달하였다. 또한 전차 8백 대, 차량 1만 6천대, 군마 10만 마리와 제5항공군의 항공기 2백여 대도 동원되는 등 일본으로서는 총력을 기울인 작전이었다.

그러나 이치고 작전은 작전 목표부터 애매하고 요행을 바라는 무리한 작전이었다. 1942년 9월 참모본부는 '오호 작전(五號作戰)'으로 명명된, 결정적인 총공세를 통해 충칭을 공략하고 장제스 정권을 붕괴시킨다는 계획을 세웠다가 남방 전선의 상황이 악화되면서 흐지부지된 적이 있었다. 그러나 이치고 작전에는 오호 작전과 달리 충칭 공략이 없었다. 충칭은 너무 먼 데다 그곳에 닿기까지 험준한 산악 지대에 포진한 중국군의 방어선을 돌파하는 것은 일본군에게는 역부족이었다. 설사 충칭을 넘어 청두까지 진격할 수 있다고 해도 장제스는 더욱 내륙으로 후퇴할 것이며 전선만 지나치게 확대되어 중국군의 반격에 직면할 것이 뻔했다. 또한 남북 수천 킬로미터에 달하는 육상 교통로를 확보할 능력도 없었고 B-29 폭격기의 중국 발진을 차단한다는 발상 또한 충칭과 청두 주변에 산재한 비행장을 점령하지 못한다면 무의미했다.

절망적인 상황에서 한 장의 카드에 요행에 건다는 점에서는 1944년 12월 히틀러의 '아르덴 공세(Ardennen offensive)'**와 유사했다. 그렇지만 일본 자신의 능력은 고려하지 않고 여러 개의 목표

---

* 후난 성 헝양에서 출발하여 광시 성 구이린과 류저우, 난닝을 거쳐 중불 국경에서 베트남 철도와 연결된다.

** 1944년 12월 16일부터 1945년 1월 27일까지 북부 프랑스 아르덴에서의 독일군 최후의 공세. 흔히 '벌지 전투(Battle of the Bulge)'라고도 부른다. 갈수록 전황이 불리해지자 히틀러는 연합군을 기습하여 전세를 일거에 뒤집겠다는 생각으로 그동안 아껴두었던 정예 부대를 총동원하고 신형의 티거2 중전차도 투입하였다. 초반에는 연합군의 허를 찔러 큰 피해를 입혔으나 극심한 병참 문제와 미군의 반격으로 결국 실패하였다.

를 한꺼번에 달성하겠다는 지나친 욕심은 히틀러 이상으로 무모하였다. 또한 전쟁의 결과에 아무런 영향을 줄 수 없다는 점에서 전략적으로도 무의미했다. 솔직히 지나파견군 참모들조차 이 작전의 필요성에 회의적이었다. 제11군은 단지 비행장을 제압하는 것만으로는 중국의 항전 의지를 꺾을 수 있을 리도 없고 오히려 충칭과 청두 점령에 모든 전력을 집중해야 한다고 주장하였다. 병참에서도 일본이 할 수 있는 한 최선을 다한다고 하지만 50만 명을 뒷받침하기에는 어림도 없었다. 총리이자 육군대신을 겸임하고 있던 도조 히데키조차 작전이 너무 거창하고 비현실적이라며 서남부의 중국 비행장을 파괴하는 제한된 조건으로만 허가하였다. 그러나 이 작전을 입안한 참모본부의 작전과장 핫토리 다쿠시로 대좌는 도조의 명령을 무시한 채 "중국 대륙을 관통한다"는 처음의 계획을 그대로 밀어붙였다. 노몬한에서 쓰지 마사노부와 함께 무모한 작전을 수립하여 참패를 자초했던 그는 정치적 연줄을 이용해 아무런 책임도 지지 않고 여전히 요직을 맡고 있었다.

＼루스벨트와 장제스의 대립

참모본부의 무모하고 졸렬하기 짝이 없는 전략 수립과는 상관없이, 지나파견군 사령관 하타 슌로쿠 원수는 러일 전쟁 이래 수많은 전투에 참전하여 야전에서 잔뼈가 굵은 유능한 지휘관이었다. 그는 만주와 본토, 조선에서 대량의 전차와 차량, 야포를 화북으로 수송했고 병참에서도 이전처럼 주먹구구식이 아니라 철저하게 준비를 하였다. 부상자의 후송부터 물자의 수송에 만전을 기했고, 심지어 수송용 우마들을 위해 수의사까지 동원되었다. 일본이 병력과 물자를 집중하여 유례없는 공세를 준비하고 있다는 정보는 중국도 상세하게 파악하고 있었다. 장제스는 루스벨트에게 "연합군이 유럽에 집중하는 동안 중국은 일본의 공격에 완전히 노출될 것"이라며 경고하였고, 1944년 2월 제4차 난웨 군사회의에서도 중국군이 전면적인 공세로 전환하기 전에 일본이 선제공격할 수 있으므로 여기에 대비해야 한다고 강조하였다.

그러나 중국의 미군 고문단은 일본의 전력이 약화되어 있어 더 이상 대규모 공세를 할 가능성이 없다고 본국에 보고하였다. 스틸웰과 그의 부하들은 정확한 정보가 아니라 자신들의 편견과 막연한 추측만으로 일본군을 과소평가하는 경향이 있었다. 루스벨트는 스틸웰의 말만 듣고 장제스의 경고를 묵살한 채 윈난 성에서 훈련 중이던 중국 유일의 전략예비대인 Y군을 보내 스틸웰의 버마 탈환 작전을 지원하라고 압박하였다. 그러나 일본의 공세가 우려되는 상황에서 장제스는 자신이 가장 신뢰하는 Y군을 내놓을 수 없었다. 게다가 북부 버마의 일본군은 험준한 정글과 산악 지대에서 몇 년에 걸쳐 강력한 방어선을 구축한 데다 철도를 통해 남쪽에서 쉽게 병력과 물자를 증원을 받을 수 있었기에 공격이 결코 쉽지 않다는 것은 누가 봐도 뻔했다.

장제스는 루스벨트에게 "중국군은 7년간의 전쟁으로 지쳐 있으며, 소련군이 신장 성을 압박하고, 서북에서는 중국 공산당이 세력을 확장하고 있는 데다, 윈난 성은 일본의 위협을 받고 있는 상황에서 만약 Y군마저 패배할 경우 일본군은 중국 남부를 침공할 것이고 또한 중국은 공산당에 의해 적화될 것"이라며 Y군을 움직이려면 우선 미국부터 버마에 대한 대규모 상륙 작전을 실시하기로 했던 카이로 회담의 약속을 지키라고 반박했다. 그럼에도 루스벨트와 마셜, 스틸웰은 20개 사단에 달하는 Y군이 고작 일본군 1개 사단(제56사단)을 이길 수 없다는 것은 말도 안 된다며 장제스가 싸울 의지가 없기 때문이라고 생각하였다. 루스벨트는 장제스에게 Y군을 스틸웰에게 넘기지 않으면 대중 원조를 즉시 중단하겠다고 최후통첩을 날렸다. 장제스는 미국의 횡포에 분노를 터뜨리면서도 결국 백기를 들었다. 그는 마지못해 Y군에게 살윈 강을 건너라고 명령했지만, 예상했던 대로 산악 지대에 강력한 방어선을 구축한 일본군의 저지에 막혀 전선은 교착 상태가 되었다. 가장 위급한 시기에 중국의 최정예 부대는 엉뚱한 전선에 묶여 버린 것이다. 또한 셔놀트의 중미 연합공군 역시 스틸웰을 지원하기 위해 대부분 버마로 이동하면서 중국 전선은 제공권에서도 열세가 되었다.

＼이치고 작전, 시작되다

1944년 3월 말까지 일본군 제12군은 핑한 철도를 이용해 허난 성 북부의 황허 강 북안에 병력과 물자를 집결하였다. 4월 14일 제1단계 작전인 '평한 작전(平漢作戰)'의 준비를 마쳤다. 공격 부대는 제37사단, 제62사단, 제110사단, 제3전차사단 등을 주력으로 약 14만 8천 명에 군마 3만 3천 필, 전차 700대, 차량 6천 대에 달했다. 작전 목표는 허난 성에서 중국군 제1전구를 격멸하고 중국 대륙의 심장선인 핑한 철도를 완전히 장악하는 것이었다. 여기에 대항하는 중국군 제1전구는 장딩원(蔣鼎文) 휘하의 8개 집단군 17개 군 46개 사단 약 40만 명 정도였다. 4월 17일 중국군의 최일선 진지에 대한 일본군의 대대적인 공격이 시작되었다.

일본군 제37사단은 황허 강을 일제히 건너 바왕 성(覇王城)의 중국군 제82군을 공격하였다. 일본군 제62사단과 제110사단은 황허 철교 남안을 지키는 중국군 제85군을 공격하였다. 중국군 병사들은

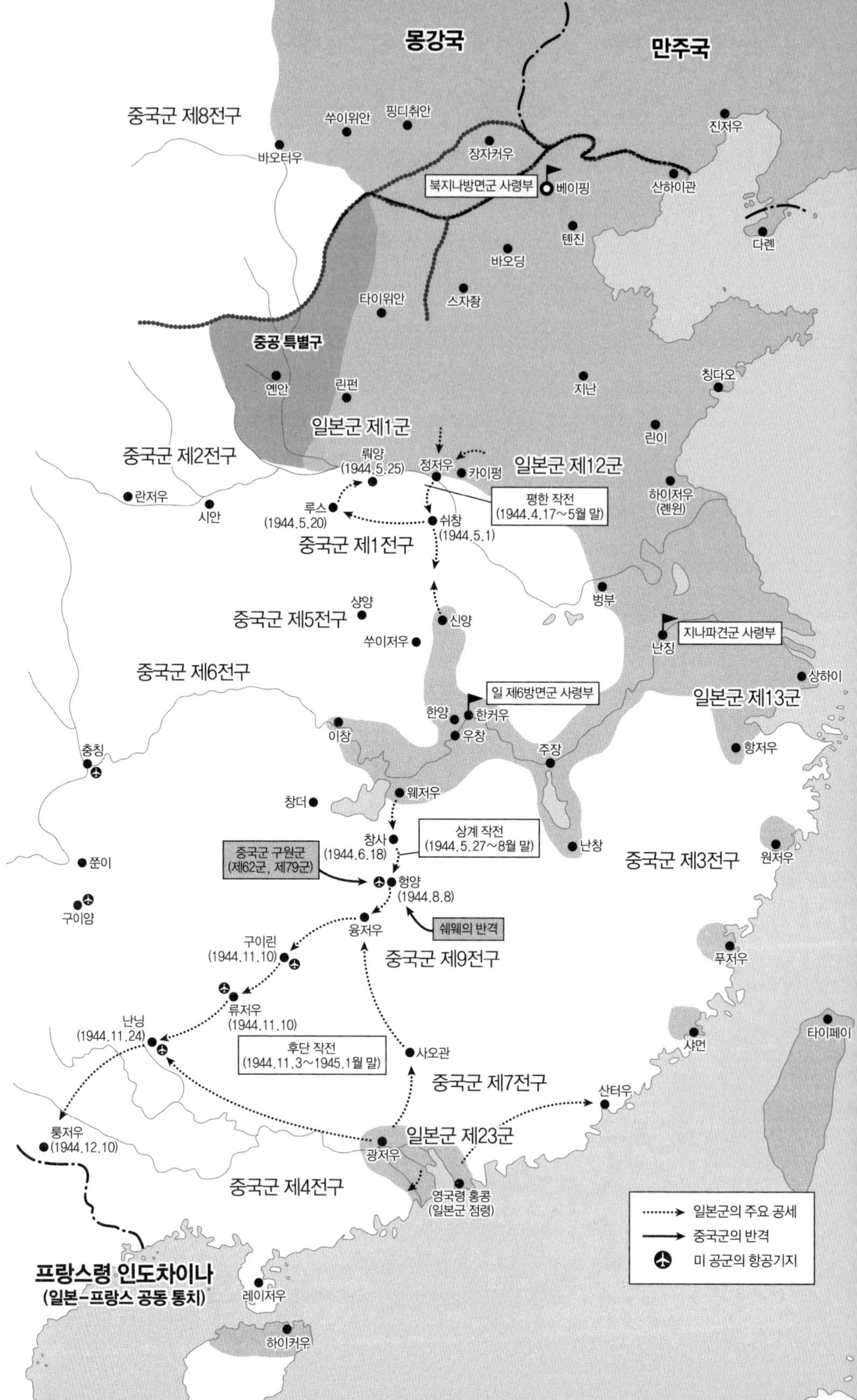
몽강국
만주국
중국군 제8전구
쑤이위안
핑디취안
진저우
바오터우
장자커우
북지나방면군 사령부
베이핑
산하이관
다롄
톈진
바오딩
타이위안
스자좡
중공 특별구
옌안
린펀
지난
칭다오
일본군 제1군
린이
중국군 제2전구
뤄양
(1944.5.25)
정저우
카이펑
일본군 제12군
란저우
시안
루스
(1944.5.20)
쉬창
(1944.5.1)
평한 작전
(1944.4.17~5월 말)
하이저우
(롄윈)
중국군 제1전구
벙부
샹양
중국군 제5전구
신양
지나파견군 사령부
쑤이저우
난징
중국군 제6전구
상하이
일 제6방면군 사령부
일본군 제13군
한양
한커우
이창
우창
충칭
주장
항저우
창더
웨저우
창사
(1944.6.18)
상계 작전
(1944.5.27~8월 말)
난창
중국군 구원군
(제62군, 제79군)
중국군 제3전구
원저우
쭌이
형양
(1944.8.8)
구이양
쉐웨의 반격
융저우
구이린
(1944.11.10)
중국군 제9전구
푸저우
류저우
(1944.11.10)
난닝
(1944.11.24)
후단 작전
(1944.11.3~1945.1월 말)
샤먼
타이페이
사오관
중국군 제7전구
산터우
룽저우
(1944.12.10)
일본군 제23군
광저우
중국군 제4전구
영국령 홍콩
(일본군 점령)
일본군의 주요 공세
중국군의 반격
미 공군의 항공기지
프랑스령 인도차이나
(일본-프랑스 공동 통치)
레이저우
하이커우

콘크리트로 된 크리크 속에서 격렬하게 저항했으나 우세한 포병 화력과 항공 지원, 전차 부대를 앞세운 일본군의 공격 앞에 4월 20일 방어선이 무너졌다. 일본군은 후퇴하는 중국군을 추격하는 한편, 정저우의 관문인 미 현(密縣)을 공격했다. 미 현은 중국군 제23사단이 수비하고 있었으나 일본군 제37사단 제225보병연대의 공격을 받아 격파되었고 같은 날 제3전차사단이 정저우를 점령하였다. 1938년 6월 쉬저우 회전에서 장제스가 황허 강의 제방을 터뜨리면서까지 지켰던 정저우는 결국 6년 만에 함락되었다.

일본군의 다음 목표는 허난 성의 요충지인 쉬창(許昌)이었다. 장제스는 쉬창을 반드시 지켜야 한다면서 제1전구 부사령관 탕언보에게 즉시 증원 부대를 급파하라고 명령했다. 쉬창을 수비하고 있던 부대는 신편 제29사단이었다. 신편 제29사단은 쉬창 성 외곽에서 견고한 방어선을 구축하고 일본군 제37사단의 공격을 받아 격렬하게 저항했지만 일본군의 포병과 항공 폭격으로 이틀에 걸친 전투 끝에 5월 1일 함락되었다. 사단장 루궁량(呂公良)도 폭격을 받아 전사하였다. 또한 탕언보가 직접 제12군과 제29군을 이끌고 쉬창의 구원에 나섰으나 일본군 제62사단의 습격을 받아 중탸오 산(中条山) 부근에서 격파되었다. 쉬창과 정저우를 점령한 일본군은 서진하여 5월 20일 중국군 제1전구의 보급기지와 비행장이 있는 루스 현(盧氏縣)까지 점령하였다. 일본군의 압도적인 공격 앞에서 중국군 제1전구는 그야말로 속수무책이었다. 또한 남쪽에서는 제11군 산하 제27사단

●— (왼쪽 지도) 이치고 작전(대륙 타통 작전, 1944년 4~12월). 일본군의 평한 작전으로 1938년 이래 근 6년을 지탱해 왔던 황허 강에서의 중국군 방어선은 완전히 붕괴되었다. 여기에다 상계 작전과 후단 작전을 통해 일본군은 중국을 완전히 반토막내는 데 성공했으나 다른 전장에서 참패함으로써 이 승리는 무의미해졌다.

이 중국군을 격파하며 북상하였다. 5월 9일 양군이 남북에서 합류하여 핑한 철도를 완전히 장악하였다.

북지나방면군 사령관 오카무라 야스지 대장은 제12군에 중국군 제1전구 사령부가 있는 뤄양 공격을 명령했다. 일본군 제3전차사단과 제63사단, 독립보병 제9여단 등 제12군의 주력 부대가 뤄양을 완전히 포위하였다. 뤄양을 수비하던 중국군은 군민이 합심하여 끝까지 싸웠지만 결국 5월 25일 함락되었고 제36집단군 사령관 리자위(李家鈺)가 전사하였다. 그는 장쯔중과 함께 중일 전쟁에서 전사한 중국군 최고위 장성이었다.

일본군은 허난 성의 대부분을 점령하고 핑한 철도와 룽하이 철도를 개통하였다. 중국군 제1전구는 완전히 붕괴되어 패주하였다. 이 과정에서 대규모 농민 폭동까지 일어나 패주하던 중국군 행렬을 습격했다. 무려 5만 명이 무장 해제되고 장교와 병사를 가리지 않고 수천 명이 무참히 살해되거나 생매장되었다. 이 참사는 1942년 이후 허난 성에서 유례없는 기근이 반복되면서 수백만 명이 아사했음에도 군대의 무리한 식량 약탈로 농민의 불만이 극에 달해 있었기 때문이다.

4월 17일부터 5월 말까지 진행된 평한 작전에서 북지방면군은 중국군 사살 3만 2,390명, 포로 7,800명의 전과를 올린 반면 자신들의 피해는 전체의 약 10퍼센트라고 발표하였다. 이 말은 "(중국군이) 순식간에 붕괴되었다"는 미국인 관찰자들의 주장과 달리 일본군의 손실이 적지 않았다는 의미이다. 또한 장딩원의 제1전구는 장기간 고립되어 다른 전구로부터 어떤 증원도 받을 수 없는 데다 각 사단 병력은 2~3천 명에 불과했으며 물자와 탄약도 고갈되었고 식량 부족으로 전염병과 기아에 허덕였다. 특히 일본군의 전차를 상대할 무기가 없었다. 그럼에도 이들의 저항은 완강했으며 장제스의 명령에 따라 많은 부대가 끝까지 싸우다 전멸하였다.

＼헝양의 혈전

평한 작전이 종료되자 일본군 제11군은 곧장 병력을 후베이 성 웨이저우에 집결시켜 '상계 작전(湘桂作戰)'을 시작하였다. 목표는 중국군 제9전구였다. 상계 작전은 평한 작전보다 훨씬 더 규모가 컸다. 쉐웨의 제9전구는 중국군의 주력이었고 제9전구의 중심인 창사는 이미 세 번이나 공략에 실패한 바 있기 때문이다. 공격 병력은 제11군 휘하 8개 사단, 1개 독립여단에다 제12군에서 3개 사단을 증원하여 총 11개 사단과 4개 혼성여단 등 36만 2천 명에 군마 6만 7천 두, 전차 100대, 자동차 9,450대에 달했다. 작전 목표는 아오한 철도와 샹구이 철도를 따라 남하하면서 창사와 헝양, 구이린, 류저우, 난닝을 차례로 점령하고 중불 국경까지 진격하는 것이었다.

중국군 제9전구는 4개 집단군 29개 사단 40만 명 정도였다. 제9전구 사령관 쉐웨는 그동안 일본군의 창사 공격을 여러 차례 성공적으로 방어하였다. 그러나 6개월 전 창더 회전의 혈전에서 입은 손실을 제대로 보충하지 못하고 있었다. 장제스는 예비 병력이 없었기에 더 이상 제9전구에 증원 병력을 보내줄 수 없었다. 반면, 일본군은 세 차례의 창사 공격이 실패한 이유를 분석하고 교훈으로 삼아 병력과 화력에서 충분한 우세를 확보하였다. 또한 창사에 대한 정면 공격 대신 양익에서 크게 우회하면서 주변의 중국군들을 격파하며 측면의 위협부터 제거한 뒤에 창사를 포위할 계획이었다. 이는 중국군 방어 전략의 허를 찌르는 것이었다.

5월 27일 일본군 제11군은 요코야마 중장의 지휘 아래 신창허 강을 건넜다. 네 번째 도하였다. 일본군은 부대를 좌익과 중앙, 우익 셋으로 나누어 진격하였다. 중앙에서는 제68사단과 제116사단이 중국군 제20군을, 좌익에서는 제3사단과 제13사단이 중국군 제72군을, 우익에서는 제40사단이 중국군 제73군을 각각 격파했다. 이 때문에 창사 전면의 방어선이 무너지고 창사는 완전히 고립무원이 되었다. 파죽지세로 몰려오는 일본군의 남하를 저지하기 위해 중미 연합공군이 쉴 새 없이 출격했다. 그러나 대부분의 항공기가 버마 작전에 투입되었기에 제공권에서도 일본이 우세하였다. 일본군 폭격기들은 양쯔 강 상류에서 중국군 증원 부대와 물자를 싣고 내려오는 바지선들을 공습하여 마구 격침시켰다. 그러나 중미 연합공군이 신속히 버마에서 중국 전선으로 복귀하면서 일시적으로 일본이 차지했던 제공권은 다시 중국으로 넘어갔다. 중미 연합공군의 폭격기들은 일본군의 행렬과 수송차량을 덮쳐 큰 타격을 입혔다. 이제 일본군은 낮에는 숨어 있다가 밤에만 이동해야 했다.

그럼에도 일본군 선봉 부대는 6월 16일 창사 북쪽 교외까지 진출하는 데 성공하였다. 쉐웨는 일본군을 도저히 막을 수 없다고 판단하고 창사 방어를 포기한 채 주력 부대를 남쪽으로 후퇴시켰다. 창사에 남은 제4군은 1만 명에 불과했고 일본군 3개 사단(제34사단 제58사단, 제116사단)에 완전히 포위되었다. 이틀간의 치열한 혈전 끝에 6월 18일 난공불락의 도시 창사는 함락되었다. 성벽에는 일장기가 꽂혔다.

창사 함락의 순간 양군 병사들은 모두 만감이 교차했을 것이다. 중일 전쟁을 통틀어 창사만큼 치열하게 일진일퇴를 거듭한 곳은 없었다. 일본은 그동안 세 번이나 공격했지만 매번 눈앞에 두고 물러날 수밖에 없었던 창사를 드디어 점령하였고, 중국은 그렇게 많은 희생을 치르며 지켜낸 도시를 눈물을 머금고 내주었다. 시어도어 H. 화이트는 자신의 기사에 쉐웨가 이전처럼 끝까지 싸우지 않고 창사를 포기한 이유가 장제스와의 불화 때문이라고 썼지만 실제로는 양측의 전력 차이가 너무 컸기 때문이다. 만약 쉐웨가 끝까지 창사의 사수를 고집했다면 제9전구의 주력은 여기서 포위 섬멸되었을 것이다.

창사를 점령한 일본군은 병력을 재편하는 한편, 2개 사단(제68사단, 제116사단)을 남쪽으로 보내 6월 24일 형양을 포위하였다. 형양은 아오한 철도와 샹구이 철도가 교차하는 전략적 요충지이자 중미연합공군의 비행장이 있는 곳이었다. 형양을 수비하는 중국군은 팡셴줴(方先覺)가 지휘하는 제10군 4개 사단(제3사단, 제10사단, 제54사단, 제119사단) 2만 명 정도였다. 반면 일본군은 수적으로 약 5만 명에 달했고 150mm 중포를 배치하여 화력에서도 중국군을 압도했다.

일본군은 창사 점령의 여세를 몰아 형양 역시 손쉽게 점령하리라 생각했지만 진짜 지옥은 이곳이었다. 제9전구 최강 부대인 제10군은 팡셴줴의 명령에 따라 결사의 각오로 방어선을 구축한 채 일본군을 기다리고 있었다. 창더에서 활약했던 위청완과 같은 황푸군관학교 1기생인 그 또한 타이얼좡 전투와 창사 전투 등 풍부한 경험을 가진 명장이었다. 일본군의 공격은 6월 26일부터 시작되었다. 일본군은 어둠을 이용한 기습으로 형양 비행장을 점령했다. 그러나 중국군은 주변 논밭과 구릉 같은 지형지물을 이용해 교묘하게 구축한 방어진지 속에서 일본군의 공격을 저지하였다. 일본군은 수차례 돌격을 거듭했지만 더 이상 한 발짝도 전진할 수 없었다. 7월 2일까지 일주일에 걸친 형양 성을 향한 일본군의 첫 번째 공격은 실패로 끝났다. 중국군의 박격포탄이 제68사단 본부에 떨어져 사단장과 참모장 등이 중상을 입고 후송되기도 했다.

일본군은 포탄과 탄약, 식량도 바닥났지만 여기서 물러날 수 없다며 7월 11일 재차 공격을 시작했다. 그러나 십여 일 동안 고작 수백 미터를 진격한 후 중국군의 반격을 받아 다시 격퇴당하였다. 두 번째 공격도 실패였다. 제68사단의 제57여단장 시마 겐키치 소장이 중국군의 저격을 받아 전사했고 제116사단 역시 제120연대장이 중국군의 포탄을 맞아 전사하는 등 피해가 속출하자 일본군은 물러날 수밖에 없었다.

일본군도 여태껏 중국군의 이런 강력한 방어는 겪어본 적이 없었다. 심지어 형양 성에 미군 부대가 있는 것은 아닌가 생각할 정도였다. 예상외의 고전에 제11군 사령관 요코야마 이사무 중장이 창사에서 내려와 직접 진두 지휘에 나섰다. 그는 제13사단, 제40사단, 제58사단 등 3개 사단과 야전중포병여단을 급히 형양으로 집결시켰다. 형양을 포위한 일본군은 5개 사단 10만 명이 넘었다. 일본군의 진격을 저지하기 위해 중국도 필사적이었다. 중미 연합공군은 140여 대의 항공기를 투입하여 형양 성에 식량과 탄약을 쉴 새 없이 공수하였다. 또한 쉐웨가 4개 군으로 남쪽에서 일본군의 측면을 공격하는 한편, 중국군 제5전구가 반격에 나서 일본군의 병참선을 차단하였다. 이 때문에 일본군은 극도의 굶주림을 겪었고 전염병까지 만연하였다. 군사령관인 요코야마 중장조차 이질에 걸려 설사로 고통을 겪을 정도였다.

한편, 추축국의 전황은 급격하게 악화되고 있었다. 유럽에서는 1944년 6월 6일 프랑스 북부 노르망디 해변에서 사상 최대의 상륙작전이 시작되었고, 22일에는 동부 전선에서 소련의 대규모 공세가 밀어닥쳐 독일은 양면에서 연전연패를 당하였다. 태평양에서는 6월 15일 미 육군과 해병대가 사이판에 상륙하였고, 마리아나 해역에서

●— 1944년 5월 일본군의 공격에 맞서 헝양을 수비하는 중국군 병사들. 이들이 보여준 분투는 창더 전투와 함께 중일 전쟁을 통틀어 가장 훌륭한 방어전이었다.

벌어진 결전에서 일본 연합함대가 완전히 괴멸되었다. 청두 비행장에서는 B-29가 출격하여 규슈를 공습하였다. 게다가 이치고 작전과 같은 시기에 진행된 임팔 작전이 실패로 끝나면서 무타구치가 지휘하는 제15군 산하 3개 사단이 전멸했다. 일본으로서는 헝양 공략마저 실패한다면 그야말로 사기가 땅에 떨어지는 것이었다.

그러나 중국군의 상황 역시 최악이었다. 팡셴줴는 일본군의 두 번째 공격을 격퇴한 직후 장제스에게 더 이상 헝양을 지킬 수 없으며 당장 구원 부대의 파견을 호소하였다. 쉐웨는 이미 헝양을 구원할 능력이 없었다. 장제스는 제62군과 제79군을 급파했으나 대부분 신병으로 구성된 예비 부대였기에 장비도 인력도 매우 빈약했다. 주력 부대가 버마에 투입된 상황에서 그가 내놓을 수 있는 부대는 그게 최선이었다. 그들은 내리쬐는 한여름의 땡볕 아래 무더위와 싸우며 수백 킬로미터를 행군하여 일본군의 방어선을 돌파한 뒤 헝양 교외까지 진격했다. 하지만 그 직전인 8월 4일 일본군이 총력을 기울인 세 번째 공격이 시작되었고, 나흘간의 혈전 끝에 팡셴줴는 항복하였다. 결국 헝양은 함락되었다.

그러나 40일간의 공방전에서 일본군의 사상자는 여단장 1명이 전사한 것을 비롯해 무려 2만 명이 넘었다. 일본군이 중국군보다 훨씬 많은 병력으로 공격하고서도 더 큰 손실을 입은 것은 중일 전쟁을 통틀어 처음 있는 일이었다. 이는 일본군이 창사 승리에 도취된 나머지 중국군의 전의를 얕보고 소수의 병력으로 성급하게 공격했기 때문이다. 팡셴줴의 선전 덕분에 일본군은 작전에서 심각한 차질을 빚게 되었다. 제11군의 피해가 너무 컸기에 이치고 작전은 일시적으로 중지되었다. 일본군은 제11군을 재편하는 한편, 제11군과 광저우에 주둔한 제20군과 제23군, 제34군을 합해 화남 전구를 전담하는 제6방면군을 신설하였다. 일본군은 3단계 작전인 '후단 작전(後段作戰)'을 준비했지만 병력과 물자 부족으로 3개월이나 지난 뒤인 11월 3일에야 공격은 재개될 수 있었다.

＼중국을 관통하다

그동안 장제스와 루스벨트, 스틸웰의 대립은 최악으로 치달았다. 장제스는 충칭으로 복귀한 스틸웰에게 살윈 강에서 교착 상태에 빠진 Y군에 대한 지휘권을 돌려달라고 요구했다. 그러나 스틸웰은 이를 거부하면서 오히려 장제스가 최정예 부대 20만 명을 일본 대신 중국 공산당을 봉쇄하는 데 사용하고 있다며 격렬하게 비난하였다. 물론

이는 사실과 거리가 멀었다. 장제스의 최정예 부대는 스틸웰이 가지고 있었고 산시 성(陝西省)에 주둔한 부대는 정예 부대는 고사하고 장비와 훈련이 형편없는 부대들이었다. 심지어 그나마 가장 나은 후쭝난(胡宗南) 휘하의 중앙군조차 전염병과 영양실조에 허덕이며 각 사단마다 매달 6백 명이 넘는 병사들이 탈영하였다. 이들은 중국 공산당을 봉쇄하기는커녕 견제조차 할 수 없었다. 스틸웰의 행태에 격분한 장제스는 루스벨트에게 스틸웰을 해임하라고 강력히 요구했다. 이 때문에 미국과 중국의 관계는 파국 직전까지 치달았고, 결국 10월 19일 루스벨트는 스틸웰을 소환하고 후임자로 앨버트 웨드마이어를 보냈다. 그러나 연합국 사이의 정치적인 갈등 때문에 중국은 3개월이나 되는 귀중한 시간을 허비해야 했고 정작 일본군에 대한 대비는 뒷전으로 밀려났다.

일본군의 다음 목표는 중국 주둔 미 공군의 최대 기지가 있는 구이린이었다. 공격군은 6개 사단과 1개 독립기갑여단, 제2비행집단(항공기 150대) 등 약 16만 명에 달했다. 요코야마 중장은 공격을 시작하기 전 다음과 같이 훈시하면서 결사를 다졌다. "헝양 공략전에 막대한 희생을 치렀으니 미 공군의 본거지인 구이린에서는 더욱 치열한 저항을 받을 것으로 예상하지 않으면 안 된다. 우리 제11군은 구이린에 당도하기까지는 전멸을 각오하지 않으면 안 될 것이다. 구이린성 위에 일장기를 게양하는 것은 우리 제11군이 아니라, 우리의 시체를 넘고 진군하는 후속 부대이다."

3개월간의 휴식과 재편에도 불구하고 이미 피폐해진 일본은 일선에 식량과 물자를 제대로 수송하지 못하였다. 병사들은 전염병과 영양실조에 허덕였다. 여기에 맞서는 중국군은 장파쿠이가 지휘하는 제4전구의 4개 집단군과 쑨롄중의 제24집단군 등 약 20만 명 정도였다. 그러나 중국군은 일본군 이상으로 피폐해진 데다 사기가 땅에 떨어진 상태였고 더 이상 증원할 수 없는 병력도 없었다. 장제스는 웨드마이어에게 이들이 적어도 2개월은 버틸 것이라고 장담했으나 장파쿠이는 장제스의 절대 사수 명령을 무시한 채 구이린과 류저우의 방어를 포기하고 퇴각했다. 11월 10일 두 도시는 동시에 함락되었다. 그러나 리쭝런의 광시 계열 부대로 이루어진 구이린 수비대는 자신들의 고향을 버릴 수 없다며 마지막까지 저항하여 제131사단장 칸웨이융(闞維雍)과 구이린 위수 사령부 참모장 천지헝(陳濟恒) 등 6천여 명이 전사하였고 1만 3천여 명이 포로가 되었다.

남쪽에서는 광저우와 홍콩에 주둔한 일본군 제23군 산하 제22사단이 난닝을 공격하여 11월 24일 점령하였다. 그리고 이들이 12월 10일 중불 국경에 도달하면서 이치고 작전은 끝났다. 그 뒤에도 점령한 철도 주변의 중국군에 대한 소탕전은 1945년 2월까지 계속 진행되었다. 쿤밍이 위험하다고 판단한 웨드마이어는 버마에서 제14사단과 제22사단을 쿤밍으로 급히 수송하였다. 그러나 일본군은 쿤밍까지 진격할 능력이 없었기에 그의 조치는 다소 때늦은 것이었다. 1944년 4월부터 12월까지 약 8개월간의 전역에서 중국군의 손실은 7만 명의 전사자를 포함해 50만 명 이상의 병력을 상실했고 모든 전구가 괴멸적인 타격을 입었다. 일본군 역시 9명의 장성을 포함해 전사자와 부상자, 병상자를 합해 10만 명 이상의 손실을 입었다. 또한 중국은 허난 성과 후베이 성, 후난 성, 광시 성, 광둥 성 등 화북에서 화중, 화남에 걸친 광대한 곡창 지대를 모조리 빼앗겼고 1백여 개의 주요 도시를 상실했으며 6천만 명에 달하는 인구가 일본의 지배 아래 들어갔다. 게다가 7개의 주요 공군기지와 36개의 비행장이 함락되었다. 특히 제1전구와 제4전구, 제7전구, 제9전구는 괴멸이나 다름없었으며 양쯔 강 하류의 제3전구는 적진 한가운데에 고립되었다.

╲상처뿐인 승리

이치고 작전은 중일 전쟁 전체를 통틀어 지나파견군이 직접 주도한 유일한 대규모 작전이었다. 그러나 전세를 뒤집지도 못했을 뿐더러 시기적으로도 적절하지 못했다. 대본영은 지나파견군에서 5개 사단을 빼내 남방 전선으로 보낼 생각이었으나 이치고 작전 때문에 취소하고 대신 관동군에서 병력을 빼냈다. 이 때문에 다음 해 8월 소련군이 만주를 침공하자 관동군은 속수무책으로 무너졌다. 또한 중국의 철도를 장악했지만 정작 열차가 부족한 데다 중국군 유격대의 습격에 시달려야 했다.

결국 애초의 목표였던 남방의 물자를 육상으로 일본까지 수송하겠다는 발상은 한낱 잠꼬대 같은 소리였다. 중국 내 비행장들을 점령하여 B-29의 본토 폭격을 막겠다는 것 또한 마리아나 제도가 함락되면서 무용지물이 되었다. 사실 미국의 입장에서 중국에서 폭격기를 발진시키는 일은 일본과의 거리가 너무 멀어 한 번 출격하는 데만도 막대한 연료가 소비되었기에 비용 대비 효과를 따져도 낭비에 가까웠다. 마리아나 제도를 점령한 뒤에 미 공군의 폭격기들은 주로 이곳에서 출격하였다. 사이판, 괌, 티니언 섬에서 발진한 B-29 대편대는 도쿄를 비롯한 주요 도시들을 완전히 쑥대밭으로 만들었고, 1945년 8월에는 히로시마와 나가사키에 원자폭탄을 투하하게 된다. 결과적으로 이치고 작전은 일본에게는 아무 의미도 없는 상처뿐인 승리였다.

그러나 이치고 작전은 장제스 정권에게는 치명적이었다. 중국은 화북과 화중 전체를 상실했고 일선 부대의 대부분을 상실했다. 장제스는 연합군의 공세에 맞추어 1944년 5월부터 전 전구에 걸쳐 본격적인 반격을 준비하고 있었다. 그러나 일본이 선제공격을 시작하면서 중국군은 파멸적인 피해를 입었고 이 손실을 회복하기 위해 반격은 일 년이나 늦추어졌다. 1945년 5월부터 중국군은 서남부에서 공세를 시작하여 영토를 탈환하기 시작했지만 삼개월도 되지 않아 일본은 연합국에 항복하였다. 이 때문에 장제스는 공산군과의 경쟁에서 매우 불리한 처지에 놓이게 된다. 반면, 마오쩌둥의 팔로군은 일본군의 직접적인 공격을 받지 않은 데다 국민정부군과 일본군이 치열하게 싸운 덕분에 어부지리를 누릴 수 있었다. 스틸웰은 스틸웰대로 자신이 직접 지휘하는 버마 작전에만 집착하고 있었다. 그는 장제스에 대한 개인적인 원한까지 품고 있었기에 중국의 절망적인 상황을 외면하였다. 그는 자신의 일기에 "골탕 먹게 내버려 둬야 한다"고 심술궂게 썼다. 만약 장제스가 Y군을 버마 대신 헝양에서 고전하는 일본군을 공격하는 데 투입할 수 있었다면, 전황은 달라졌을 것이다.

34

스틸웰, 버마 탈환을 꿈꾸다

╲우여곡절의 버마 탈환 계획

일본이 파죽지세로 남방을 침략하고 있던 1942년 초, 스틸웰의 버마 방어전은 완전한 실패로 끝났다. 그는 소수의 수행원들과 함께 버마 북부의 울창한 정글을 도보로 횡단하여 비참한 몰골로 5월 19일 인도-버마 국경에 있는 임팔에 도착하였다. 스틸웰은 구사일생으로 탈출에 성공했지만, 버마로 파견되었던 중국군 3개 군은 쑨리런의 제38사단만이 그런대로 건재했을 뿐 나머지는 괴멸적인 타격을 입은채 인도와 중국으로 제각각 도주하였다. 남방총군은 그 여세를 몰아서 제18사단과 제33사단을 동원해 인도 북부의 아삼 주를 침공하는 '21호 작전'을 대본영에 건의하였다. 인도의 방비 태세가 형편없었기에 만약 실행되었다면 연합군은 최악의 위기에 직면했을 것이다. 그러나 다행히도 일본군 제18사단장인 무타구치 렌야 중장이 지형이 험난하고 병참선의 확보가 어렵다는 이유로 반대하여 무산되었다.

자신의 실추된 명예를 회복하고 싶었던 스틸웰은 6월 3일 충칭으로 복귀하자마자 장제스를 만나 자신의 버마 탈환 계획을 설명하였다. 그는 중국이 일본의 봉쇄망을 돌파하고 원활한 원조를 받기 위해서는 영국군과 연합해 버마를 탈환해야 하며, 이를 위해서 버마에서 인도로 탈출한 중국군의 잔존 병력을 근간으로 주인도 중국군(X Force, X군)을 편성하여 미국식으로 재편할 것을 제안하였다. X군은 10만 명으로 구성하며, 중국은 이에 필요한 병력을 제공하고, 미국은 훈련과 무장을 책임지되, 작전권과 지휘권, 인사권은 스틸웰이 가진다는 내용이었다. 장제스는 중국군 5만 명의 파견과 X군의 지휘권을 스틸웰이 가지는 데 동의하면서, 단 영국군이 중국군을 지휘하는 상황은 결코 인정할 수 없으며 여기에 대해 영국과 명확히 사전 합의해야 한다고 주장하였다. 장제스는 영국을 극도로 불신한 데다 혹시 인도에서 반영 폭동이 일어났을 때 중국군을 이용하지 않을까 우려했기 때문이다.

중국과 외부를 연결하는 유일한 통로였던 버마 루트를 상실하자 미국은 수송기로 인도 아삼의 차부아 비행장에서 히말라야 산맥을 넘어 윈난 성 쿤밍까지 연결하는 '험프 루트(Hump Route)'로 공수 작전을 전개했다. 그러나 수송기가 턱없이 부족한 데다 험준한 산맥과 기후 때문에 큰 희생만 치렀을 뿐 막상 도달한 물자는 아주 미미했다. 1942년 여름에는 월 100톤에도 미치지 못했고 1943년 1월에도 여전히 월 1,700톤에 불과했다. 1943년 3월 트라이던트 회담에서 루스벨트는 공수물자를 7월부터 월 7천 톤으로 확대하겠다고 약속했으나 실제로는 1944년 중순까지도 월 3천 톤을 넘기지 못했다.

중국이 생각한 다른 하나의 안은 티베트를 경유하는 도로의 건설이었다. 장제스는 쓰촨 성에서 티베트를 거쳐 인도를 연결하는 시캉(西康, 티베트 동남부와 쓰촨 성 서부를 아우르는 지역)-인도 고속도로의 건설을 미국과 영국 정부에 제안하였다. 그러나 이 제안은 중국에 다시 종속될 것을 우려한 티베트에 의해 거부되었다. 신해혁명 이후 티베트는 외몽골과 마찬가지로 사실상 중국으로부터 독립된 상태였다. 1918년에는 3만 명에 달하는 중국군의 침공을 격퇴하기도 했다. 1942년 7월 티베트의 수장 달라이 라마는 태평양 전쟁에 대한 중립을 선포하고 중국으로 들어가는 물자의 수송은 물론, 중국인의 입국 자체를 불허한다고 결정하였다. 여전히 티베트를 중국령이라고 생각하던 장제스는 격분하여 군대를 동원해 티베트를 침공할 생각까지 했으나 영국의 반대로 포기하였다. 티베트는 일본의 동맹 제안 역시 거절하였다. 태평양 전쟁 내내 티베트는 외부로부터 고립된 세계를 고수하였다. 결국 중국은 험프 루트를 통해 들어오는 한 줌에 불과한 원조 물자에 매달릴 수밖에 없었다.

장제스는 스틸웰에게 중국군을 제공하는 대가로 '중국 전구 유지를 위한 3가지의 최소 요구'를 제시하였다. 첫째, 험프 루트를 통한 원조물자를 매달 5천 톤으로 확대할 것, 둘째, 미군 3개 사단이 9월까지 인도에 투입되어 영국, 중국과 연합할 것, 셋째, 중국 전구의 공군력을 500대로 증강할 것. 장제스가 이런 요구를 한 이유는 영국만큼이나 미국 역시 불신했기 때문이다. 1942년 여름 북아프리카에서 영국군의 상황은 최악이었다. '사막의 여우' 롬멜의 공세로 클로드 오킨렉의 제8군은 완전히 괴멸되었다. 리비아 토브룩이 함락되고 리비아-이집트 국경을 돌파한 롬멜의 군단이 카이로까지 위협하자 루스벨트는 중국에게 제공하기로 약속했던 원조 물자와 전투기, 차량을 장제스와 아무런 상의도 없이 북아프리카로 돌렸다. 장제스가 격분하는 것은 당연했다. 그 물자는 영국에게는 '한 줌'밖에 되지 않는 것이었지만 중국에게는 생명줄이었다. 대중 원조는 매우 미미한 데다 중국의 하늘을 지키는 셔놀트의 '미니 공군'은 고작 전투기 45대와 폭격기 7대만을 가지고 있었다. 따라서 장제스는 미국이 유럽 전선에 집중하기 위해 중국인들을 일본의 총알받이로 내세우고 있다고 불만을 품었다.

서로의 입장 차이에서 비롯된 것임에도 불구하고 스틸웰은 중간에서 적절히 중재하기보다 오히려 장제스의 요구가 무례하다며 불쾌해했다. 그는 본국에 장제스의 서한을 그대로 전달하면서 그 아래에 자신의 의견을 한 줄 첨부했다. "그들은 우리가 그걸 진짜로 주리라고 생각할 만큼 너무 멍청하다." 양측의 교섭은 한동안 밀고 당기기를 하다가 결국 마셜은 장제스의 요구를 일부 수용하기로 결정했다. 미군을 직접 아시아 대륙에 파견하지 않는 대신, 전투기 265대와 수송기 100대를 지원하고 원조 물자를 가능한 빨리 5천 톤으로 늘리겠다고 약속했다. 그럼에도 수송기의 부족과 험프 루트의 험난한 지세로 인해 원조는 여전히 지지부진했다.

영국은 영국대로 스틸웰의 계획에 비협조적이었다. 처칠은 "미국인들은 왜 그토록 버마의 탈환에 목을 매는지 모르겠다"며 볼멘소리를 했고 웨이블은 중국군의 인도 진입을 거부하였다. 그러나 스틸웰의 강력한 요구에 웨이블은 마지못해 일단 람가르* 외곽의 포로수용소를 중국군의 훈련장으로 제공하기로 합의하였다. 람가르 포로수용소는 북아프리카에서 포로가 된 이탈리아군 2만여 명을 수용하고 있었다. 스틸웰은 이들을 다른 곳으로 옮기고 약간의 개조를

* 현재 인도 북부의 자르칸드 주에 있는 도시.

통해 수용소를 훈련장으로 바꾸었다. 그러나 웨이블은 스틸웰이 한창 중국군의 훈련에 착수하고 있던 9월 말에도 또다시 온갖 트집을 잡으며 훈련소를 폐지하라고 어깃장을 놓았다. 결국 루스벨트가 직접 개입하여 문제를 해결할 수 있었다.

＼X군과 Y군의 편성

스틸웰은 10만 명의 중국군을 순차적으로 미국식으로 훈련시킨 다음 1943년 2월부터 본격적으로 버마 탈환에 나설 생각이었다. 스틸웰과 함께 퇴각한 랴오야오샹(廖耀湘)의 신22사단과 쑨리런의 신38사단 3만여 명이 제일 먼저 람가르에 도착하였다. 이들은 X군의 첫 번째 부대로 편성되어 8월 26일부터 훈련을 시작하였다. 스틸웰은 장제스에게 추가로 병력을 증파해달라고 요구하였고, 증원 병력이 수송기를 타고 험프 루트를 넘어 인도로 공수되었다. 12월 말에는 3만 2천 명이 미군에 의해 훈련받았고 1944년 말까지 람가르 훈련소를 거쳐 간 중국군은 8만 5천 명에 달했다. X군은 2개 보병사단(신22사단, 신38사단)으로 편성되었다. 1개 사단은 3개 연대 1만 2천 명으로, 각 연대는 3개 대대로 구성되었다. 또한 X군 직속으로 3개 포병연대(1개 연대당 75mm, 105mm 곡사포 각 18문씩), 1개 수송연대(차량 4백여 대), 2개 공병연대, 2개 화학연대, 1개 기마치중연대, 1개 특무대대, 1개 통신대대, 1개 전차 훈련소가 있었다. 편제는 물론 장비도 모두 미제로 무장한 두 사단은 중국군 최정예 부대로서 일본군과 대등한 전투력을 갖추고 있었다. X군은 버마 작전을 거치면서 계속 늘어나 1944년 말에는 2개 군(신1군, 신6군) 7개 사단으로 확대되었다.

X군과는 별도로 윈난 성 쿤밍에서도 새로운 부대가 편성되었다. 이들은 X군과 구분하여 윈난원정군(Y Force, Y군)이라 불리었다.

스틸웰은 Y군 30개 사단의 편성이 완료되면 광시 성 구이린에서 Z군(Z Force) 30개 사단을 추가로 편성할 생각이었다. X군과 달리 이들에 대한 통제권은 전적으로 중국에 있었으며 미군은 단지 훈련과 무기의 공급을 맡기로 합의하였다. 1943년 4월 쿤밍에서 최초의 Y군 부대가 편성되었고 부대 규모를 점점 늘려가며 훈련과 재편성을 실시하였다. 또한, 이들의 훈련을 위해 먼저 각 부대에서 8천여 명의 요원을 차출하여 람가르 훈련소에서 교관 훈련을 실시하였다. Y군은 모두 11개 군 32개 사단으로 편성되었다. 소요 인원은 41만 2,600명 정도였지만 실제 인원은 겨우 절반 정도인 22만 7천여 명에 불과하여 결원은 18만 명에 달했다.

장제스는 각 전구에서 체격이나 체력에서 가장 우수한 인적 자원을 제공하려고 노력했지만 극도로 피폐해진 상황 때문에 충분한 보충병을 확보할 수 없었다. 더욱이 미국의 물자 제공이 지지부진하면서 Y군의 편성은 계획대로 진행되지 못했으며 Z군의 창설은 전쟁이 끝날 때까지도 실현되지 못했다. 또한 Y군의 훈련과 장비의 제공은 미국이 맡고 지휘권은 중국이 가진다는 이중적인 구조는 나중에 심각한 갈등의 요소가 되었다.

1943년 말까지 Y군 산하 6개 군 15개 사단의 재편성이 완료되었다. 원래 1개 사단의 정원은 1만 3백 명이었으나 병력 부족으로 실제로는 7~8천 명 정도에 불과한 데다 심지어 2천 명도 안 되는 사단도 있었다. 따라서 3개 사단으로 구성된 1개 군의 병력이 2만 명도 되지 못했다. 게다가 장비와 무기의 보급을 책임지기로 한 미국이 물자를 제대로 제공하지 않아 Y군은 무기 부족에 허덕였고, 부족분은 중국이 다른 부대에서 빼내어 보충해야 했다. 따라서 스틸웰의 X군과는 격차가 매우 컸다.

＼버마 탈환 작전과 연합국의 갈등

스틸웰이 구상한 '애나킴 작전(Operation ANAKIM)'은 중국군의 편성과 훈련이 완료되는 대로 X군이 살윈 강 서쪽에서, Y군이 동쪽에서 협공하여 버마 북부를 장악한 후 남하하고, 인도의 영국군은 버마 중부와 남부에 대해 진격하여 랑군을 탈환한다는 것이었다. 그러고 나서, 인도 레도에서 출발한 공병들이 이들을 뒤따라 정글을 뚫고 윈난 성의 쿤밍까지 연결하는 이른바 '레도 도로(Ledo Road)'를 개통한다는 구상이었다. 계획대로 된다면 인도는 일본의 위협에서 안전할 것이며 중국은 고립에서 벗어날 수 있었다. 그러나 정작 미국과 영국, 중국의 삼국 수뇌부는 시큰둥했다. 독일과의 전쟁에 모든 신경을 집중하고 있던 루스벨트와 처칠에게 버마 탈환은 관심 밖이었고 스틸웰을 위해 물자와 병력을 나눠줄 생각이 전혀 없었다. 장제스는 스틸웰의 계획에 원칙적으로 동의하면서도 미국과 영국이 소극적인 상황에서 중국군만 내세워 무리한 작전을 벌이기를 원치 않았다. 그는 중국군이 공세에 나서기 위해서는 미국과 영국의 적극적인 지원이 선행되어야 한다고 주장하였다.

X군과 Y군은 중국군의 최정예 부대였고 만약 스틸웰이 또다시 실패했을 때 그 손실을 더 이상 만회할 수 없었기에 장제스로서는 신중하지 않을 수 없었다. 그러나 대단히 급한 성격의 스틸웰은 실망한 나머지 장제스에게 노골적으로 비난을 퍼부었다. 셔놀트는 장제스의 편을 들어 스틸웰이 군사적 풋내기이며 자신의 설욕전에만 눈이 멀어 무리한 작전을 고집한다고 주장하였다.

현실적으로 인도에는 스틸웰이 구상하는 대규모 공세를 뒷받침할 만한 병참기지가 없었고 철도와 도로망도 매우 빈약했다. 인도 주둔 영국군은 사기도 낮았고 물자도 부족했다. 전염병이 만연하여 전군의 85퍼센트가 말라리아에 허덕이고 있었다. 게다가 1943년에는 인도에 극심한 흉년이 들어 100만 명 이상의 아사자가 발생하였고 동부에서는 영국에 반대하는 대규모 폭동이 일어나는 등 혼란의 연속이었다. 1942년 말 영국군 제14사단이 인도와 버마 남부 접경지대에 있는 아라칸 지구에 대한 제한적인 탈환 작전을 시도한 바 있지만 험준한 산맥과 일본군의 강력한 방어선에 가로막혀 지지부진하다가 1943년 3월 일본군의 반격을 받아 격퇴되었다. 이 전투에서 영국군의 사상자는 한 명의 여단장이 전사한 것을 비롯해 2,500여 명에 달했다.

1943년 2월 8일에는 찰스 윙게이트 준장이 지휘하는 제77인도여단(이른바 '윙게이트 병단')이 임팔에서 출발하여 친드윈 강을 건너 일본군의 후방에서 유격전을 벌이며 철도와 다리를 폭파하였다. 그러나 버마 북부 깊숙이 진격하면서 병참선이 끊어지고 일본군에 가로막혀 3월 24일 작전을 중지하고 왔던 길로 후퇴하였다. 부대원 3천 명 가운데 450명이 전사하고 210명이 포로가 되는 등 큰 손실을 입은 채 2천2백 명만이 귀환하였다. 윙게이트 병단의 활약은 1년 전 도쿄를 폭격했던 두리틀 폭격대와 마찬가지로 연합군의 사기가 극도로 떨어진 상황에서 정글을 뚫고 일본군의 허를 찔렀다는 상징적 효과가 컸다. 처칠은 윙게이트가 대담무쌍한 천재라며 극찬하였다. 그러나 군사적 관점에서는 성공적이라고 할 수 없었다. 버마에서 일본군은 여전히 막강했고 연합군은 허약했다.

북아프리카에서 독일군을 몰아내고 유럽 본토 상륙을 꿈꾸고 있던 연합군은 1943년 5월 워싱턴에서 열린 트라이던트 회의(Trident Conference)에서 스틸웰의 애나킴 작전에서 손을 떼고 대신 셔놀트의 항공 작전을 지원하기로 결정하였다. 버마에 대한 공격은 단지 레도 도로를 개통하기 위해 북부 지역에 대한 제한된 공격만 용인되었다. 또한 연합군의 지휘 일원화를 위해 1943년 8월 인도와 버마를 중국 전구에서 분리된 동남아시아 전구로 편성하여 사령관에 루이스 마운트배튼 중장을 임명하였다. 그는 빅토리아 여왕의 증손자이자, 엘리자베스 2세 여왕의 배우자인 필립 마운트배튼의 숙부로서 비시 프랑스령 마다가스카르를 점령하기도 했다. 스틸웰은 부사령관에 임명되었다. 하지만 그는 연합국의 수장들이 자신의 계획에 무관심하자 실망하지 않을 수 없었다. 특히 셔놀트가 자신에게 폭격기 1백 대만 준다면 전략 폭격만으로 일본을 항복시키겠다고 호언한 것에 루스벨트가 호응하자 스틸웰은 허풍선이의 터무니없는 거짓말에 루스벨트가 넘어갔다고 격분했다. 하지만 루스벨트가 스틸웰을 지원하지 않은 이유는 셔놀트 때문이 아니라 스틸웰의 거창한 반격 계획이 연합군의 유럽 우선 전략과 어긋났기 때문이다. 루스벨트와 처칠에게 중국 전선은 부차적인 문제였다. 버마 탈환 계획 역시 순수한 군사 작전이기 이전에 만에 하나 중국이 항복하거나 일본과 단독 강화라도 하면 자신들의 입장이 곤란해진다는 정치적인 이유가 고려되었다.

연합국들의 복잡한 셈법으로 말미암아 스틸웰의 계획은 당초 예정되었던 1942년 11월에서 일 년 이상 연기되었다. 그럼에도 1943년 가을에 오면 X군 2개 사단 2만 3천 명에 대한 편성이 끝났고 Y군 역시 15개 사단이 준비되었다. 또한 임팔에는 영국군 슬림 중장의 제14군 휘하 제4군단이, 남쪽으로 500킬로미터 떨어진 아라칸에는 제15군단이 있었다. 1944년 2월에는 미국 본토에서 프랭크 메릴 준장이 지휘하는 제5307혼성 부대(이른바 '메릴 부대')가 파견되었다. 2천9백 명으로 편성된 이 특수 부대는 윙게이트 병단을 모방

●— 북부 버마의 요충지 후캉 계곡을 향해 진군 중인 쑨리런의 신편 제38사단. 스틸웰에 의해 재편된 이들은 머리부터 발끝까지 미국식으로 무장한 중국군 최강 부대였다.

해 편성한 유격 부대로서 아시아 대륙에 파견되는 최초의 미군이었다. 지휘관인 프랭크 메릴은 제1차 버마 원정 당시 스틸웰의 참모로서 함께 정글의 지옥을 탈출한 바 있었다. 스틸웰은 이들을 밑천으로 삼아 제2차 버마 원정의 강행을 결정하였다.

스틸웰의 계획은 X군이 인도-버마 국경의 나가 산맥을 돌파하여 레도 도로를 건설하는 미군 공병대를 엄호하면서 일본군의 방어선을 뚫고 후캉 계곡을 점령한 다음, 모가웅과 미치나를 거쳐 중국으로 통하는 길을 열겠다는 것이었다. 그러나 스틸웰은 일본군의 전력을 과소평가하여 작전을 독단적으로 추진하였고 사전에 동맹국들과 충분한 상의를 거치지 않았다. 이로 인해 작전 내내 연합군 지도부 사이에 심각한 갈등이 초래되었다.

버마의 우기가 끝나는 1943년 10월 말 쑨리런의 신38사단은 미제 M3 스튜어트 경전차 1개 대대를 앞세워 국경을 돌파하였다. 그런데 순조롭게 진행될 것이라는 예상과 달리 스틸웰의 공격은 처음부터 고전의 연속이었다. 장제스는 버마의 일본군이 적어도 8개 사단이라고 말했으나 스틸웰은 5개 사단에 불과하며 버마 북부에는 단 1개 사단도 없다고 우겼다. 그러나 실제로는 장제스의 말대로 가와베 마사카즈 중장이 지휘하는 일본의 버마방면군은 3개 군 8개 사단이었다. 그중 제15군 3개 사단이 임팔과 후캉 방면에서 영국군과 대치하고 있었고, 제28군 3개 사단이 랑군 일대의 수비를 맡았으며, 제32군 2개 사단은 버마 동북부와 누장 강 서안 지구에서 중국군과 대치하였다. 게다가 추가로 일본 본토에서 2개 사단을 증원하고 있었다.

중국군 신38사단은 다나카 신이치 중장이 지휘하는 일본군 제18사단을 상대로 악전고투하면서 전진했으나 후캉 계곡에서 교착상태가 되었다. 스틸웰은 랴오야오샹의 신22사단을 추가로 투입하는 한편, 버마에 막 도착한 미국군 메릴 부대를 일본군의 후방으로 우회시켜 포위 섬멸을 시도했다. 그러나 이를 미리 파악한 일본군은 교묘하게 탈출하였다. 1944년 3월 5일 중미 연합군은 후캉 계곡을 완전히 점령하였고 이어서 모가웅으로 남하하였다. 영국군 역시 스틸웰의 공격을 지원하기 위해 1944년 2월 윙게이트의 제3인도사단이 대량의 글라이더를 활용해 일본군 제18사단의 후방인 인다우에서 대규모 강하 작전을 실시하여 일본군의 병참선을 차단하였다. 버마 남서부에서는 영국군 제15군단이 제2차 아라칸 작전을 전개하고 있었다.

게다가 같은 시기 일본군의 무모한 벵골 만 공격은 버마의 수비력을 더욱 약화시켰다. 일본군 제55사단을 지휘하는 하나야 다다시 중장은 중국 전선에서 '맹장'으로 이름을 떨쳤으나 실제로는 자신의 뒷배경만 믿고 허세와 거만을 떨고 부하들이 얼마나 죽어나가건 상관없이 무조건 돌격시키는 위인이었다. 그는 영국군 2개 사단을 순식간에 격파하고 군수품을 빼앗아 5월까지 본래의 위치까지 돌아오겠다고 허세를 부리며 이른바 '하호 작전(ハ號作戰)'을 발동했다. 작전의 목적이 적의 물자를 약탈하는 데 있었기에 병사들은 남의 것을 도둑질하러 가는 것이라며 '도둑 작전'이라고 비아냥거렸다. 그러나 하나야의 호언과는 달리, 험준한 아라칸 산맥에 주둔한 그의 제55사단은 병참선의 곤란으로 극도의 물자 부족에 허덕였으며 전차는 단 한 대도 없고 포병 화력이라고는 150mm 곡사포 1문과 75mm 산포 10문이 전부였다. 누가 보더라도 무모한 작전이었지만 상관인 버마 방면군 사령관 가와베 중장 역시 우유부단한 데다 무능하기 짝이 없어 "일단 한번 해보라"며 작전을 승인하였다.

제55사단은 영국군 제7사단을 기습하여 한때 포위하기도 했지만, 강력한 전차 부대와 수백 문의 야포로 무장한 영국군의 방어 진지 앞에서 돌격하다가 막대한 손실만 입었다. 게다가 영국군 제26사단이 제55사단의 퇴로를 차단하자 하나야 중장은 결국 작전 15일 만에 후퇴할 수밖에 없었다. 작전 도중에서 하나야의 추태는 이루 말할 수 없을 정도였다. 병사들에게는 자살에 가까운 돌격을 강요하면서도 정작 자신은 적기만 나타나면 제일 먼저 방공호에 숨었다. 그는 작전이 실패하자 모든 책임을 부하들에게 돌려 참모들과 지휘관들에게 할복 자결을 강요하였다. 덕분에 그는 "할복 사단장"이라는 악명을 떨쳤다.

＼무타구치의 임팔 침공

스틸웰의 버마 탈환 작전은 순조롭게 진행되는 것처럼 보였으나 곧 충격적인 뉴스가 전파되었다. 3월 8일 무타구치 렌야 중장이 지휘하는 일본군 제15군이 '우호 작전(ウ號作戰)'을 시작하여 연합군의 후방 기지인 임팔을 공격한 것이었다. 그동안 무타구치는 험난한 지형 때문에 임팔에 대한 대규모 공세는 불가능하다고 생각했으나 윙게이트 병단이 임팔에서 일본군의 후방에 침투하자 "나도 할 수 있겠다"고 생각하고 인도 공략 계획을 주장하였다. 그의 계획은 임팔에 대한 선제공격을 실시하여 영국군의 위협을 제거하고, 찬드라 보스*의 인도국민군(INA)**을 지원하여 임팔에 괴뢰 정권을 수립한 후 인도의 독립운동에 불을 붙이겠다는 것이었다.

그러나 무타구치의 임팔 작전은 하나야 중장의 '하호 작전' 이상으로 졸속이었다. 병참선을 위한 도로 공사는 자재 부족으로 지지부진했고 대규모 공세에 필요한 물자도, 보급을 뒷받침할 역량도 없었다. 제공권도 빼앗긴 지 오래였다. 그럼에도 영국군을 터무니없이 과소평가한 무타구치는 "승리는 기정사실"이라며 임팔을 점령한 후

---

* 간디의 비폭력 투쟁에 참여하였고 캘커타 시장과 인도 국민회의 의장을 지냈다. 그러나 급진적인 그는 간디의 비폭력 방식이 인도의 독립에 아무런 도움이 되지 않는다며 1939년 국민회의를 탈퇴하여 간디와 결별하였다. 1941년 1월 독일로 건너간 그는 일본과 협력하라는 히틀러의 조언에 따라 1943년 5월 잠수함을 타고 일본으로 건너갔다. 1943년 10월 21일 일본의 후원을 받아 싱가포르에 자유인도 임시 정부를 수립하여 국가주석 겸 수상의 자리에 앉았다. 일본이 패망하자 1945년 8월 18일 소련으로 망명하려다 타이완에서 비행기가 추락하는 바람에 사망하였다.

** 찬드라 보스가 일본의 지원을 받아 창설한 부대로 동남아시아에 거주하는 인도인들과 일본군에게 포로가 된 인도군 출신 병사들로 구성되었으며 최대 4만 5천 명에 달하였다. 사실상 일본의 괴뢰군에 불과했고 동족인 영국군 산하 인도군과 싸웠으나 인도가 독립한 후 그들 역시 독립애국투사로 인정받았다.

의 통치 계획과 약탈에 대해서만 열을 올리고 정작 작전 준비는 게을리 하였다. 이 작전을 목욕탕에서 결재한 도조는 될 대로 되라는 식이었고 천황 히로히토는 "일단 승인은 하겠지만, 이런 게 실제로 가능하기는 한가?"라고 되물을 정도였다.

무타구치는 하나야와 다를 바 없을 만큼 난폭하면서 부하들 앞에서는 계급과 상관없이 온갖 폭언과 폭력을 행사하는 무뢰한이었다. 루거우차오 사건 당시 현지 연대장이었던 그는 독단적인 행동으로 중일 전쟁의 방아쇠를 당긴 장본인이기도 했다. 그는 부하들에게 '귀신 무타구치'라고 불리었는데 "바보 같은 대장이 적보다 더 무섭다"는 의미에서 붙여진 별명이었다. 부하들은 "무타구치 각하가 좋아하는 것은 첫째가 훈장, 둘째가 여자, 셋째가 신문기자"라며 비웃었다.

공세에 동원된 부대는 제15군 산하 3개 사단(제15사단, 제31사단, 제33사단) 8만 6천 명이었다. 이외에 인도국민군 1개 사단 6천 명도 동원되었으나 주로 일본군의 포로가 된 인도인들로 구성된 이 부대는 오합지졸이었고 사기도 매우 낮아 도저히 신뢰할 수 없었다. 이들이 상대해야 할 영국군 제4군단은 3개 인도사단 15만 명 정도였다. 무타구치의 임팔 공격 계획은 다음과 같았다.

1. 우선 제33사단이 친드윈 강을 도하하여 영국군 제17인도사단과 제20사단을 각각 공격한다.
2. 남쪽에서 제31사단이 북상하여 임팔 북쪽 100킬로미터에 있는 전략적 요충지인 코히마를 점령하여 영국군의 병참선을 차단하고 영국군의 증원을 저지한다.
3. 영국군이 임팔에 배치된 예비대인 제23인도사단을 출동시키면 제

15사단이 영국군의 허를 찔러 임팔로 진격하여 영국군을 포위한다.

4. 작전기한은 20일 이내로 한다.

절반에 불과한 병력으로 두 배의 영국군을 공격한다는 것으로서 이 작전은 누가 봐도 무모했다. 그럼에도 무타구치는 일단 공격만 하면 영국군은 속수무책으로 무너질 것이라고 주장하였다. 병참은 살아 있는 소와 코끼리, 수천 마리의 양을 몰고 가는 식으로 해결하고 영국군을 격퇴한 후 적의 것을 약탈하면 된다는 식이었다. 식량은 대략 3주 분량이 준비되었으나 수송 수단의 결여로 인력과 우마에 의존했다. 심지어 일부 병사들은 병참이 끊길 때를 대비해 잡초를 먹는 훈련을 하기도 했다. 무타구치의 말도 안 되는 작전에 참모장 오바타 노부요시 소장을 비롯해 제15군 참모들은 경악하였고 절대 불가능한 작전이라며 강력히 반대하였다. 예하 사단장들 역시 마찬가지였다. 그러나 무타구치는 막무가내였다. 오히려 오바타 참모장을 쫓아내고 작전 강행을 결정했다.

그가 영국군을 과소평가한 이유는 1942년 말레이와 버마 전역에서 손쉽게 승리한 경험 때문이었다. 그러나 그는 1944년의 영국군이 2년 전보다 훨씬 강해진 반면, 일본군은 약화되었다는 중요한 사실을 망각하였다. 상관인 가와베 마사카즈 중장 역시 마찬가지였다. 그는 무타구치의 작전이 무모하다고 인정하면서도 "지나치게 간섭하면 무타구치의 체면이 서지 않는다"며 묵인하였다.

그럼에도 초반에는 순조로웠다. 3월 8일 야나기다 겐조 중장이 지휘하는 제33사단이 진격을 시작하여 3월 13일 영국군 제17인도사단의 후방에 당도하였다. 그들은 영국군의 퇴로를 차단하는 한편, 증원 부대로 파견된 제23인도사단 휘하 2개 여단까지 포위하였다. 이로 인해 제20인도사단 역시 퇴로가 차단되었다. 나머지 2개 사단도 3월 15일까지 친드윈 강을 도하하였다. 사토 고토쿠 중장의 제31사단은 3월 21일 코히마에 진출하여 영국군 수비대를 포위하였고 야마우치 마시후미 중장의 제15사단은 28일 임팔까지 진출하였다. 허를 찔린 영국군이 허둥대면서 무타구치의 작전은 손쉽게 성공하는 것처럼 보였다.

이미 버마 북부에 깊숙이 진출한 상태였던 스틸웰은 전혀 예상하지 못했던 일본군의 역습에 큰 충격을 받았다. 임팔이 함락되면 그의 부대는 퇴로가 차단되어 적진 한가운데 고립된 채 괴멸될 것이었다. "일본군의 공격은 우리를 고립시키고 영광스러운 1944년 봄의 원정을 끝장낼 것이다." 그동안 일본군을 과소평가했던 그는 이번에는 지나치게 과대평가한 나머지 장제스에게 윈난 성에서 대기하고 있는 Y군을 즉각 일본군을 협공하는 데 투입하라고 요구하였다. 장제스가 이를 거부하자 스틸웰은 루스벨트에게 도움을 요청했고 루스벨트는 장제스를 압박하였다. 결국 5월 11일 Y군 12개 사단은 누장 강을 건너 마쓰야마 유조 중장이 지휘하는 일본군 제56사단을 공격했다. 그러나 1942년 5월부터 근 2년 동안 견고한 방어선을 구축하고 충분한 식량과 탄약을 비축한 일본군은 험준한 산악 지대를 이용해 방어전을 펼쳤다. 또한 남쪽에서 제2사단과 제49사단에서 병력이 증원되었다. 중국군은 수적 우세에도 불구하고 일본군의 방어선을 쉽사리 돌파할 수 없었고 전선은 교착 상태가 되었다.

35

레도 도로를 열다

＼초반의 성공

버마 북부와 남부에서 이미 연합군의 대규모 공세가 시작된 상황에서 무타구치의 임팔 공략 작전은 무모하기 짝이 없는 것이었다. 강폭 8백 미터의 친드윈 강을 도하해도 그 앞에는 2천 미터가 넘는 험준한 산들이 연이어 펼쳐져 있었다. 열대 식물로 빽빽한 정글에는 온갖 독충과 뱀, 거머리가 들끓었다. 연합군에게도 고통이었지만 일본군도 마찬가지였다. 더욱이 제55사단의 '하호 작전'이 전차와 항공기, 화포를 앞세운 영국군 제15군단의 압도적인 반격에 밀려 패주로 끝나면서 영국군은 그 여세를 몰아 아라칸 지구에 대한 대대적인 반격을 시작하였다. 또한 윙게이트가 지휘하는 제3인도사단* 9천 명은

---

* 흔히 '친디트 부대' 또는 '윙게이트 병단'으로 불리었다. 원래 '친디트(Chindit)'란 버마의 사원을 수호하는 사자상의 이름인 '친테(Chinthe)'에서 따온 것이다.

●— 윙게이트 소장이 지휘하는 영국군 친디트 부대 병사들. 이들은 스틸웰의 북부 버마 탈환전에 호응하여 일본군의 후방에 침투한 후 유격전과 각종 파괴 활동을 수행하여 일본군에게 큰 타격을 가했다. 그러나 지휘관인 윙게이트는 1944년 3월 24일 전선 시찰 후 복귀하는 도중에 항공기가 추락하여 사망하였다.

일부는 도보로, 일부는 글라이더로 대담하게 일본군의 후방에 침투하였다. 그리고 교통의 요충지인 인다우를 점령한 후 간이 비행장을 건설하였다. 비행장의 이름은 '브로드웨이(Broadway)'라고 붙였다. 그들은 수송기로 후속 부대를 부지런히 실어 날라 신속하게 거점을 강화하는 한편, 유격전과 파괴 활동을 전개해 일본군에게 큰 피해를 입혔다. 윙게이트 병단의 활약으로 일본군 제15군의 병참선은 완전히 차단되었다.

버마의 하늘을 맡고 있던 제5비행사단장 다조에 노보루 중장은 가와베 중장에게 연합군의 공군력이 워낙 압도적이라 일단 임팔 작전을 중지하고 후방에 침투한 윙게이트 병단부터 격퇴해야 한다고 건의했다. 그러나 가와베는 이미 대본영으로부터 작전을 승인받았는데 이제 와서 번복하는 것은 자신의 체면이 깎이는 일이라며 거절했다. 다만 제24혼성여단 외에 제18사단, 제56사단에서 각각 1개 대대를 차출하여 윙게이트 병단을 격퇴하라고 명령하였으나 그 정도 병력으로는 어림없었다. 윙게이트 병단은 1만 2천 명이 넘었고 비행장 주변에 강력한 방어선을 구축하고 있었다. 게다가 B-25 폭격기와 P-51 전투기 등 막강한 항공 지원까지 받았다. 일본군은 변변히 공격도 해보지 못한 채 단숨에 격퇴되었다.

이런 상황인데도 무타구치는 당초의 계획을 밀어붙였다. 3월 8일 친드윈 강을 도하한 일본군 3개 사단은 인도-버마 국경을 향해 진격하였다. 그러나 시작부터 지옥이었다. 병사들은 각각 소총과 탄약 240발, 수류탄 6발, 약 3주 분의 식량을 메고 험한 산길과 정글을 뚫고 전진하였다. 그 뒤에는 탄약과 식량, 무기 보급품을 잔뜩 실은 코끼리, 소, 양, 산양 등 3만 마리에 달하는 가축들이 뒤따랐다. 친드윈 강의 거센 물살을 건너다 가축의 3분의 1이 떠내려갔다. 이어서 험준한 아라칸 산맥을 건너면서 수많은 병사와 가축이 낭떠러지 아래로 떨어졌다. 수많은 가축 떼를 끌고 가는 이 대행렬은 고스란히 연합군의 정찰기에 노출될 수밖에 없어 수시로 공중 폭격에 시달렸다. 이 때문에 적과 마주치기도 전에 3분의 2 이상의 말이 쓰러지고 탄약과 식량의 대부분을 상실하였다. 게다가 워낙 험준한 지형이라 중포와 같은 중화기는 운반 자체가 불가능했다.

무타구치가 수립한 작전의 성공 여부는 전적으로 영국군의 허를 찔러 신속하게 임팔을 점령할 수 있는가에 달려 있었다. 일본군은 많은 손실에도 불구하고 정글을 뚫고 3월 말에는 영국군의 배후에 진출하였다. 야나기다 중장의 제33사단은 최일선의 영국군 2개 사단을 포위하였고 영국군을 지원하기 위해 출동한 제23인도사단의 2개 여단 역시 포위당했다. 3월 21일에는 사토 중장의 제31사단이 코히마를 포위하였고 야마우치 중장의 제15사단 역시 3월 28일 임팔 부근까지 진출하였다. 코히마는 인구 3천 명의 작은 산골 마을이었으나 교통의 요충지였다. 만약 코히마를 점령한 후 북쪽으로 74킬로미터 지점에 있는 디마푸르(벵골과 아삼 주를 연결하는 철도 보급선이다)까지 장악한다면 일본군은 막대한 물자를 노획하여 단숨에 보급 문제를 해결할 수 있었다. 또한 임팔에 있는 영국군 제4군단 전체의 퇴로는 물론 스틸웰의 X군과 원조물자를 수송하는 험프 루트 역시 완전히 차단되어 최악의 경우 영국군은 북부 인도의 아삼 주 전체를 포기해야 할 수도 있었다. 코히마의 수비대는 고작 1천 명에 불과했고 디마푸르는 아예 무방비 상태였다. 영국군으로서는 최대의 위기였다.

＼야스쿠니로 향하는 길

4월 5일 제31사단 휘하의 선봉인 미야자키 지대 4천 명이 코히마 외곽으로 진출한 후 다음 날 새벽 코히마를 기습했다. 당황한 영국군 수비대는 코히마를 버리고 인근의 고지로 후퇴하였다. 디마푸르와 코히마 지구의 수비를 맡고 있던 영국군 제33군단의 스톱포드 중장은 별다른 수송 수단도 없는 일본군이 도보에만 의존하여 예상보다 훨씬 빨리 코히마에 접근하자 당황했다. 그는 부랴부랴 제161여단을 급파했으나 이들 역시 일본군에게 퇴로가 차단되었다.

무타구치는 코히마를 점령하고 영국군을 고립시키는 데 성공하자 일부 병력으로 디마푸르까지 점령하자고 가와베 중장에게 건의했다. 그러나 융통성이 없는 가와베는 "당초 계획에 없는 작전"이라

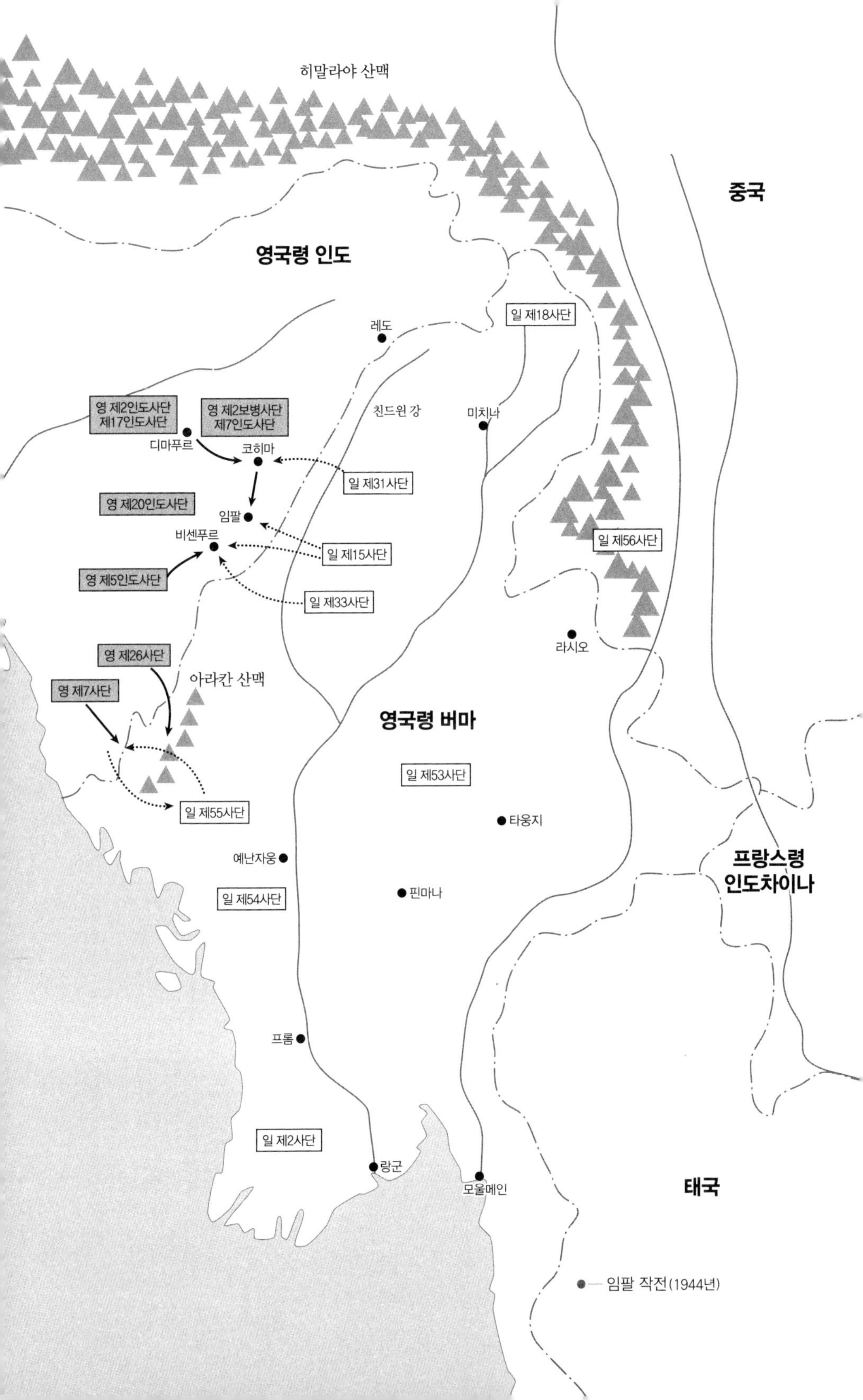

히말라야 산맥
중국
영국령 인도
일 제18사단
레도
친드윈 강
미치나
영 제2인도사단
제17인도사단
영 제2보병사단
제7인도사단
디마푸르
코히마
일 제31사단
영 제20인도사단
임팔
비센푸르
일 제15사단
일 제56사단
영 제5인도사단
일 제33사단
라시오
영 제26사단
아라칸 산맥
영 제7사단
영국령 버마
일 제53사단
일 제55사단
타웅지
예난자웅
프랑스령
인도차이나
일 제54사단
핀마나
프롬
일 제2사단
랑군
모울메인
태국
임팔 작전(1944년)

며 거부하였다. 제31사단은 디마푸르로 진격하던 병력을 되돌릴 수 밖에 없었고 덕분에 영국군은 위기를 넘길 수 있었다. 영국군 제14군 사령관 슬림 중장은 이런 일본군의 작전을 도무지 이해할 수 없었다. 나중에 그는 영국 공군이 사토 고도쿠의 제31사단 본부를 폭격하려고 하자 "그는 나의 가장 믿음직한 친구"라며 당장 중지시키기도 했다. 나중에 무타구치는 자신의 작전은 아무 문제가 없는데 가와베 때문에 다 이긴 싸움에 패배했다며 원망하였다.

일본군은 식량과 탄약이 떨어진 데다 아무런 보급도 받을 수 없었다. 또한 자신들의 포위망 안쪽에 있는 영국군의 포격과 전차포의 사격으로 막대한 피해를 입었다. 그럼에도 매일 밤마다 '반자이'를 외치며 육탄돌격을 반복하였다. 수적으로 열세한 영국군의 방어선은 점점 축소되었고 일주일이 지나자 그들 역시 물과 탄약, 식량이 바닥났다. 수송기들이 식량과 탄약을 공중에서 떨어뜨렸지만 대부분 일본군 진지에 떨어졌다. 4월 18일 영국군 수비대는 대부분의 병사들이 죽거나 부상을 입었고 전멸이 눈앞에 다가오자 백기를 드는 대신 최후의 공격을 준비하였다. 그들이 일본군을 향해 돌격하려는 순간, 영국제 전차 부대가 모습을 드러냈다. 제161여단이 일본군의 포위망을 돌파하고 코히마에 도착한 것이다. 이제는 사토의 제31사단이 수세에 몰릴 차례였다.

한편, 일본군 제33사단은 영국군 제17인도사단과 제20인도사단을 포위하는 데 성공했다. 하지만 영국군은 압도적인 화력과 전차 부대를 앞세워 일본군의 포위망을 돌파한 뒤 임팔로 퇴각하였다. 애써 포위했던 영국군 2개 사단을 눈앞에서 놓쳐버린 야나기다 중장은 도리어 영국군에게 포위될까 겁을 먹고 매우 조심스럽게 진격하였다. 그는 무타구치에게 이미 영국군과의 전력 차이가 너무 크고 식량과 탄약마저 부족하니 일단 작전을 중지하고 후퇴하여 버마의 수비에 주력해야 한다고 건의했다. 그러나 무타구치는 오히려 그를 해임하고 자신의 측근인 다나카 노부오 소장을 제33사단장에 임명하였다. 또한 제15사단장 야마우치 역시 전과가 신통치 않다는 이유로 시바다 우이치 중장으로 바꾸었다. 이것은 무타구치의 감정적인 횡포나 다름없었으며, 사단장 이상의 인사권은 천황에게 있다는 절차조차 무시한 월권 행위였다.

새로 부임한 제33사단장 다나카 중장은 5월 20일 임팔의 관문인 비센푸르 요새를 향해 총공격을 시작하였다. 그는 휘하 장병들에게 요새를 함락시킬 때까지는 절대 살아 돌아오지 말라고 강조하며 자살에 가까운 돌격 명령을 반복했다. 그러나 전차의 엄호를 받는 영국군의 방어선을 정신력만으로 돌파할 수 있을 리 없었다. 심지어 일본군은 전사한 우군의 시체를 언덕처럼 쌓아올린 후 그것을 은폐물로 삼아 공격하는가 하면, 결사대를 모집해 전차를 향해 육탄 돌격했지만 매번 막대한 사상자만 낼 뿐이었다. 영국군은 원형방어선을 구축하고 수송기로 물자를 공수받으며 일본군의 공격을 막아냈다. 수송기를 통해 한번 보급 받는 물자가 일본군 1개 연대의 한 달치 물자와 맞먹는 규모였다. 이러니 싸움이 될 리가 없었다. 또한 영국 공군의 전투기와 폭격기들이 일본군의 머리 위로 쉴 새 없이 폭탄과 기총사격을 퍼부었다. 일본군은 단 한 대의 전투기도 지원받지 못한 반면, 3천여 대에 달하는 연합군 공군은 임팔 전역 동안 무려 2만 9,660회나 출격하여 일본군을 정신없이 두들겼다.

제15사단도 임팔을 눈앞에 두고 교착 상태에 빠진 채 영국군을 향해 무익한 공격만 되풀이하고 있었다. 3개 사단 모두 식량과 탄약이 완전히 바닥났고 많은 병사들이 전염병과 아사 상황에 직면하였다. 이들은 조속한 보급을 요청했으나 무타구치는 "곧 보낼 것이니 우선 공격하라", "식량은 적에게서 구하라" 따위의 말만 되풀이했다. 이 때문에 병사들은 무타구치를 "무챠구치(無茶口, 제멋대로 지껄이는 입)"라고 불렀다. 그러나 정작 사령부 창고에는 식량이 방치된 채 썩어가고 있었고 무타구치는 태평스럽게 사령부 근처의 요정에서 기생들과 유유자적한 시간을 즐겼다.

일본군 제31사단은 여전히 코히마를 포위하고 있었으나 전사자가 3천 명, 부상자가 4천 명에 달했고 예하의 제58보병연대는 전멸했다. 게다가 영국군 제2인도사단과 제17인도사단의 공격을 받았다. 사토 중장은 제31사단의 손실이 너무 큰 데다 식량과 탄약마저 떨어져 더 이상 코히마 공략이 불가능하니 작전 중지와 후퇴 명령을 내려달라고 몇 차례나 요청했다. 그러나 무타구치는 "보급이 없다는 것이 후퇴의 이유는 될 수 없다"면서 무조건 코히마를 점령하라고 강요하였다.

귀를 막은 채 끝까지 고집만 부리는 무타구치에게 격분한 사토는 참모들과 의논하여 결국 6월 3일 사단장 직권으로 퇴각 명령을 내렸다. 이것은 일본 육군 역사상 사단장이 직속상관의 명령을 묵살한 채 독단적으로 후퇴 명령을 내린 최초의 항명 사건이었다. 그는 직접 선봉에 서서 생존자들과 함께 퇴각하였다. 제31사단이 퇴각하자 제15사단도 전의를 잃고 퇴각하였다. 퇴각하는 길은 비참했다. 말라리아와 기아에 허덕이던 수많은 병사들이 쓰러졌고 구더기가 들끓는 시체와 허연 뼈가 겹겹이 쌓였다. 병사들은 '백골 가도' 또는 '야스쿠니 가도(靖國街道)'라고 비꼬았다. 전사자 위패는 야스쿠니 신사에 모셔지니 죽어서 야스쿠니로 간다는 조롱이었다. 추격하던 영국군은 전염병이 자신들에게도 옮을까 두려워 길에 쓰러진 일본군 병사들이 살아 있건 아니건 상관없이 휘발유를 뿌려 죄다 불태워 버렸다.

무타구치 역시 이런 비참한 상황을 알고 있었다. 그러나 온갖 반대를 무릅쓰고 작전을 강행했던 자신의 체면 때문에 상부에 감히 '후퇴'를 상신할 용기가 없었다. 6월 5일 상관인 가와베와의 면담에서도 서로 안색만 살필 뿐이었다. 나중에 무타구치는 "나는 임팔 작전을 중단해야 한다고 말하고 싶었지만 차마 말할 수 없었다. 단지 내 얼굴을 보고 알아차려 주기만을 바랐다"고 술회하였는데, 정작 가와베는 그날 자신의 일기에 "무타구치의 표정이 어찌나 단호한지 내가 무슨 말을 해도 통할 것 같지 않았다"고 썼다. 자기 체면에만 급급한 두 사람으로 인해 철수가 더욱 지연되면서 병사들의 희생만 늘어났다. 공격 명령에 불복하고 후퇴한 사토는 무타구치에게 할복을 명령받았으나 "오히려 할복해야 하는 쪽은 무타구치"라면서 거절했다. 그러나 이 사건으로 군부의 체면이 실추될 것을 우려한 참모본부는 그를 급성과로증이라며 강제 예편시켜 인도네시아 수마트라로 보내버렸다.

상황이 이런 지경에 이르자 무타구치는 가와베에게 넌지시 작전 중지를 건의했다. 그런데 가와베는 이번에는 임팔 동쪽의 파렐을 점령하라고 명령하였다. 제 딴에는 파렐이라도 점령해 무타구치의 체면을 지켜주겠다는 나름의 배려(?)였다. 그러나 전선의 모든 부대가 패주하는 마당에 가와베의 명령은 현실을 무시한 헛소리일 뿐이었다. 진퇴양난에 몰린 무타구치는 사령부 뒷산에 올라가 참모들과 함께 불상을 앞에 놓고 고사를 지내는 '퍼포먼스'까지 벌였고 그제야 가와베도 상황을 깨닫고 7월 9일 철수 명령을 내렸다. 그러나 철수라기에는 너무나 비참한 패주의 행렬이었다. 거의 모든 병사가 말라리아와 이질에 걸렸고, 무기도 식량도 없이 쏟아지는 빗속에서 적의 추격과 폭격을 받아가며 부상병과 환자 들을 데리고 도주했다.

1991년에 MBC에서 방영한 《여명의 눈동자》라는 대하드라마를 기억하는 분들이 많을 것이다. 주인공의 한 사람인 최대치(최재성 분)는 학도병으로 징집되어 일본군 제15사단에 배치된 뒤 임팔 작전에 투입되었다가 부대원이 모두 죽고 혼자만 정글을 뚫고 간신히 탈출하여 중국군 신38사단에 구조된다. 그 과정에서 보여준 광기와 인간성의 상실, 시체에서 피를 마시고 인육을 먹는 일본군, 최대치가 살아 있는 뱀의 껍질을 벗겨 날로 먹는 모습 등은 당시의 처참한 상황을 사실적으로 묘사했다고 할 수 있다.

＼임팔 작전 실패의 결과

4개월간의 임팔 작전은 일본 육군 최악의 패전이었다. 3개 사단 8만 6천 명 가운데 3만 2천 명이 전사했고, 아사자는 4만 명이 넘었다. 겨우 1만 2천 명만이 처참한 모습으로 귀환할 수 있었다. 함께 동원된 6천 명의 인도국민군 역시 생존자는 1천 명도 채 되지 않았다. 사실상 전멸이었다. 무타구치와 대립하다 작전 도중에 해임당한 제15사단장 야마우치 마사후미 중장도 말라리아에 걸려 고열에 시달리다 병사했다. 전투에 참가했던 모든 지휘관들은 패배는 전적으로 무타구치의 무능 때문이라고 입을 모았다. 그럼에도 무타구치는 자신의 잘못을 끝까지 인정하지 않았다. 그는 휘하 장교들을 모두 모아놓고 눈물을 흘리며 일장연설을 늘어놓았다.

> "사토는 식량이 없다는 핑계로 제멋대로 군명을 어기고 퇴각했다. 황군은 먹을 것이 없어도, 무기가 없어도, 탄환이 없어도 싸운다. 그

런 것은 싸움을 포기하는 이유가 되지 못한다. 탄환이 없으면 총검이 있지 않은가. 총검이 없으면 맨손이 있지 않은가. 맨손이 없으면 발로 찰 것이고 발도 없으면 입으로 물어뜯어라. 일본인에게는 야마토혼이 있다는 사실을 잊었는가. 일본은 신이 지켜주는 나라이다."

무타구치가 장장 한 시간 넘도록 장황하게 떠드는 동안 영양실조와 피로에 지친 장교들은 하나둘씩 차례로 쓰러졌다. 무타구치가 참모인 후지와라 이와이치 중좌에게 "임팔 작전의 실패를 책임지고 자결하고 싶다"고 말하자 후지와라는 "예부터 말로만 죽네 죽네 하는 인간에게는 죽을 마음이 없습니다. 사령관으로서 진실로 책임을 느끼신다면 조용히 할복하십시오. 누구도 방해하지 않겠습니다. 이번 작전은 그만한 가치가 있습니다"라고 신랄하게 비난했다. 무타구치는 후지와라를 노려본 뒤 입을 다물었고 두 번 다시 자결하겠다는 말을 입에 올리지 않았다.

그 뒤 무타구치는 잠시 예편되었다가 다시 육군예과사관학교* 교장으로 부임했다. 그는 일본이 항복한 뒤 전범으로 기소되었으나 일본군에게 큰 해를 끼쳐 영국군의 작전에 공헌했다는 이유로 불기소 석방되었다. 그는 죽는 순간까지도 임팔의 실패는 자기 탓이 아니라 부하들의 무능 때문이라고 변명하기 급급했다. 심지어 자신의 장례식장에서도 자신을 옹호하는 유인물을 나눠주라고 유족들에게 유언을 남기기까지 했다.

---

* 제국주의 일본이 사관후보생 교육을 위해 만든 육군사관학교 중의 하나. 재학 기간이 2년으로 육군사관학교의 절반이었으며 예과를 졸업한 뒤 현역 부대에서 하사관으로 반 년 동안 근무한 다음 육군사관학교에 입교할 수 있었다.

대본영과 육군 상층부는 임팔 작전의 실패를 그냥 덮어버렸다. 작전을 주도한 가와베나 무타구치를 비롯해 어느 누구도 이 참사에 대해 책임을 지지 않았다. 그러나 임팔 작전의 실패는 3개 사단을 전멸시킨 데다 일본군의 버마 방위력을 대폭 약화시켰다. 영국군은 그 전까지는 버마 남부를 탈환할 계획이 없었지만 균형이 자신들에게 기울자 여세를 몰아 랑군으로 진격하였다. 도조는 "임팔 작전은 1944년이 아니라 1942년에 해야 했다"며 후회하였다. 그의 후회처럼 만약 일본군이 1942년에 버마를 점령한 직후 단숨에 인도까지 침공했다면 약화될 대로 약화된 영국군은 속수무책으로 무너졌을 것이다. 그것을 반대한 사람도 무타구치였고 뒤늦게 작전의 강행을 주장한 사람 또한 무타구치였다.

＼스틸웰, 영광에서 추락으로

한편, 4월 초만 해도 임팔에서 영국군의 상황은 위기였다. 스틸웰은 후캉 계곡에서의 작전을 일단 중지하고 쑨리런의 신38사단을 구원군으로 파견하겠다며 영국군에게 제안했다. 그러나 제14군 사령관 슬림 중장이 "걱정할 것 없다"며 스틸웰의 병참선을 반드시 지켜내겠다고 장담하자 스틸웰은 다시 진격을 시작했다. 후캉 계곡을 점령한 스틸웰의 중미 연합군은 모가웅에서 일본군 제18사단과 대치하였다. 임팔의 상황이 점차 유리해지자 스틸웰은 미국 메릴 부대와 중국군 2개 연대로 미치나 특공대를 편성하였다. 찰스 헌터 대령이 지휘하는 특공대는 해발 6천 피트의 험준한 쿠몬 산맥과 정글을 뚫고 5월 17일 버마 북부의 요충지인 미치나 교외 서쪽에 있는 비행장을 기습하였다. 여기에는 고작 일본군 1개 소대밖에 없었기에 중국군 제150연대가 공격해 간단하게 점령하였다.

이때 미치나는 거의 무방비 상태였다. 그들이 그대로 미치나에 돌입했다면 손쉽게 점령했을 것이다. 그렇다면 버마 북부의 전황은 훨씬 쉽게 전개되어 레도 도로가 보다 빨리 열렸을 테고 이후 중국 전선의 전황 역시 완전히 바뀌었을 것이다. 영국군 정보부는 이 사실을 파악하고 있었지만 스틸웰에게 알려주지 않았다. 스틸웰 역시 특공대에게 단지 비행장을 확보하라는 명령만 했을 뿐 그다음에 뭘 어떻게 하라고는 지시하지 않았다. 이런 혼선으로 귀중한 시간과 호기를 놓쳤다. 그사이 일본군은 신속하게 미치나의 방어선을 강화하여 포병과 공병을 포함해 제56보병여단 4,600명으로 늘어났다. 이 일본군을 격파하는 데 근 두 달 반이 소요되어 스틸웰이 미치나를 완전히 점령한 것은 8월 3일이었다. 사상자는 미군 1,227명을 포함해 5,383명에 달했다. 미치나 전투는 '작은 갈리폴리 전투'*라는 오명이 붙었다. 그러나 일본군 수비대 역시 완전히 전멸했으며 지휘관 미즈카미 겐조 소장은 할복하였다.

6월 11일 영국군은 모가웅을 점령하였다. 그동안 치열한 방어전을 펼친 일본군 제18사단은 괴멸되어 극소수만이 후퇴하였다. 일본군의 임팔 공격도 참사로 끝났다. 점차 상황은 연합군에게 유리해졌다. 그런데 문제는 다른 곳에서 일어났다. 스틸웰은 언론에 모가웅을 자신이 점령했다고 선전했는데, 이 소식을 들은 영국의 처칠 수상과 동남아시아 전구 사령관 마운트배튼은 격노하였다. 마운

---

* 1915년 4월부터 1916년 1월까지 약 8개월에 걸쳐 터키 갈리폴리 반도에서 벌어진 전투. 연합군은 오스만 제국을 무너뜨리기 위해 갈리폴리에 대규모 상륙 작전을 시도했다. 그러나 적에 대한 과소평가와 졸속적인 작전, 터키군의 반격으로 극심한 소모전이 되어 25만 명의 사상자만 내고 후퇴할 수밖에 없었다. 이 전투는 제1차 세계대전 당시 연합군 최악의 패전 가운데 하나였다.

트배튼은 처칠에게 스틸웰의 해임을 루스벨트에게 요구해야 한다고 주장했다. 하지만 처칠은 미국과의 관계가 악화될 것을 우려해 거절했다. 미군의 메릴 부대의 병사들 역시 스틸웰의 독선적인 지휘 방식에 심하게 반발하였다. 이 때문에 미국 의회에서 청문회가 열려 메릴 부대가 해체되었다. 또한 스틸웰은 윙게이트 병단에도 불만을 샀다. 윙게이트 병단이 미치나 점령을 돕겠다고 제안했으나 일본군을 얕보고 있던 스틸웰은 필요 없다며 거절했다. 그러나 그의 예상과 달리 미치나에 대한 공격이 지지부진하자 이번에는 임무를 마치고 철수하겠다는 윙게이트 병단의 요청 또한 거부했던 것이다. 스틸웰은 어느 누구에게도 환영받지 못한 채 오히려 분열과 불화만 조장한 셈이었다.

미치나에서의 고전에다 버마의 우기까지 겹쳐 도로가 진흙탕이 되면서 스틸웰의 진격은 한동안 지체되었다. 공격은 10월에 다시 재개되었다. 신38사단이 윈난 성과 버마의 국경에 있는 바모(Bhamo)를 공격하여 12월 15일 점령하였다. 또한 Y군 역시 3개월에 걸친 교착 상태를 깨뜨리고 누장 강의 일본군 요새 지대를 돌파하는데 성공하였다. 후이퉁차오(惠通橋) 서쪽 해발 2천 미터 높이의 요충지 쑹산산(松山)에 주둔한 일본군 제113연대는 그때까지 압도적인 중국군의 공격을 필사적으로 저지했으나 결국 9월 7일 진지가 함락되어 수비대원 1,270명 모두 전사하였다. 이어서 9월 13일 텅충(騰越)에서도 일본군 제148연대가 전멸했다. 11월 3일에는 룽링(龍陵)이 중국군의 손에 넘어갔다. 이로써 중국군은 1942년 6월 이래 일본군에게 빼앗겼던 누장 강 서쪽의 윈난 성 남부 지역을 모두 탈환하였다. 북부 버마를 방어하고 있던 일본군 제33군은 서쪽에서는 스틸웰의 중미 연합군에게, 동쪽에서는 Y군의 압박을 받으며 점점 남쪽으로 밀

●— 버마 전선의 중국군 신편 제38사단 휘하의 전차대대. 이들이 타고 있는 미국제 M3 스튜어트 경전차는 구식인 M2 경전차를 급히 개조했기에 속도는 빠르지만 화력과 장갑이 빈약하였다. 유럽 전선에서는 정찰용으로만 사용되었으나 태평양 전선에서는 일본군의 주력 전차인 97식 중(中)전차를 압도하였다. 더욱이 버마의 일본군은 대전차 무기와 전차 전력이 극도로 빈약하여 연합군의 전차 부대 앞에 속수무책이었고 이렇다 할 전차전 또한 없었다.

려났다. 중국군은 퇴각하는 일본군을 계속 추격하여 1945년 1월 27일 중국-버마 국경의 작은 마을 망유(芒友)에서 X군과 합류하였다. 드디어 인도와 버마, 중국을 연결하는 레도 도로가 개통되는 순간이었다. 그와 함께 113대의 수송트럭들이 레도 도로를 따라 쿤밍으로 달렸다. 중국으로 가는 첫 번째 수송대였다.

레도 도로는 인도 레도에서 구 버마 루트를 거쳐 윈난 성의 쿤밍까지 총연장 1천 킬로미터에 달했다. 공사는 온갖 난관의 연속이었다. 공병대원들은 소형불도저를 몰고 해발 2,600미터의 험준한 산악과 협곡, 정글을 뚫고 길을 만들고 500여 개가 넘는 다리를 건설했다. 그들이 지나가는 곳마다 일본군의 저격을 받았고 질병과 사고

등으로 수백여 명이 죽었다. "1킬로미터당 희생자 1명"이라는 말 그대로였다. 2만 8천 명의 공병대원과 3만 5천 명의 원주민, 1억 5천만 달러의 비용이 소요된 이 도로는 제2차 세계대전 기간에 있었던 가장 위대한 공사였다. 전쟁이 끝날 때까지 이 도로를 따라 약 5천여 대의 차량이 3만 4천 톤의 화물을 실어 날랐다.

그러나 스틸웰은 승리의 영광을 누릴 수 없었다. 미국의 언론은 중국 전구를 통틀어 제대로 싸우고 있는 사람은 스틸웰뿐이라고 치켜세웠으나 그의 승리는 일본군이 임팔에서 패배했기 때문에 가능했던 것이었다. 만약 무타구치가 망상적인 임팔 작전 대신 버마의 수비를 강화하는 쪽을 택했다면, 그리고 제15군 3개 사단의 병력을 버마 북부를 침공한 스틸웰에게 향하게 했다면 그의 군대는 적지 한복판에서 고립되어 괴멸을 면치 못했을 것이다. 헝양이 함락당한 충격으로 한때 스틸웰에게 굴복했던 장제스는 적군의 목적이 충칭이 아니라는 사실이 명확해지자 다시 강경해졌다. 장제스는 전략 예비대인 Y군을 버마 원정에 투입했기 때문에 중국 전선에서 일본군의 공격을 막아낼 수 없었으며 중국의 패배는 전적으로 스틸웰 때문이라고 비난하였다. 그리고 그동안 몇 번이나 결심했다가 그만두었던 스틸웰의 해임을 요구하는 초강수를 두었다.

결국 굴복한 쪽은 루스벨트였다. 연말에 선거가 다가오자 루스벨트는 스틸웰 때문에 중국을 잃었다는 비난을 받고 싶지 않았고 10월 18일 그를 전격 해임하였다. 송환 명령을 받은 스틸웰은 자신의 아내에게 극도의 분노가 담긴 편지를 보냈다. "땅콩(장제스)은 원래 제정신이 아니지만 루스벨트마저 나를 실망시켰다. 나는 양심껏 명령을 수행했으며 후회는 없다. 미국의 배신을 목격한 것만 빼면." 본국으로 귀국한 스틸웰은 전쟁 영웅으로 환영받는 대신 "선거 판세에 영향을 줄 만한 어쭙잖은 비판을 삼가라"는 주의와 함께 모든 언행을 철저하게 감시받는 수모를 겪어야 했다. 워싱턴으로 돌아온 그는 더 이상 야전에서 일본군과 싸울 기회는 없었다. 이후 그는 오키나와 주둔군 사령관을 거쳐 미국 서부방위사령관, 제6군 사령관에 임명되었으나 1946년 10월 12일 급성 위암으로 사망하였다.

스틸웰에게 버마 북부의 탈환은 분명 그 자신에게는 고난과 시련을 극복한 인간 승리였다. 그러나 냉철하게 봤을 때 시기적으로 너무 늦었고 전략적으로도 별로 의미가 없었다. 루스벨트와 처칠은 이 작전에 관심이 없었고, 장제스는 미국과 영국이 시큰둥한 이상 중국군만 무의미하게 희생될 것을 우려하였다. 더욱이 스틸웰은 적을 과소평가하였고 사전에 동맹국들에게 충분히 협의하지 않아 심한 갈등을 야기했다. 레도 도로의 개통은 분명 중요했지만 최악의 위기에 직면한 중국 동부 전선보다 더 시급하다고 할 수는 없었다. 더욱이 랑군을 탈환하지 않는 한 인도에서 중국까지 거리가 너무 멀어 큰 의미가 없었다.

그가 이 작전에 집착했던 진짜 이유는 할리우드식 영웅주의에 있었다. 필리핀에서 참패하여 간신히 탈출한 후 언론 앞에서 "나는 반드시 돌아간다(I shall return)"며 으스대던 맥아더처럼 스틸웰 또한 마찬가지였다. 사실 서부극 영화에 나오는 카우보이 문화에 빠져 기자들 앞에서 폼을 잡는 것은 스틸웰이나 맥아더만이 아니라 당시 미군 고위 지휘관들의 공통된 모습이기도 했다. 물론 고령의 나이에도 불구하고 거친 야전에서 솔선수범하며 병사들과 함께 하는 그의 모습은 분명 본받을 만했다. 그러나 패전의 책임은 남에게 미루고 승리의 영광은 독식하려고 했으며 동맹국들이 제공하는 정보를 무시한 채 자신의 판단을 우선시하는 독선적인 모습은 비판받아 마땅하다. 그의 활약은 중국을 위해서가 아니라 개인의 명예를 위한 것이었다. 약 일 년에 걸친 원정에서 중국군은 25개 사단 28만 명을 투입하여 5명의 장성이 전사하고 8만 5천여 명에 달하는 손실을 입었다. 일본군 역시 약 7만 명을 상실하였다. 버마 전역 전체를 따지면 일본군의 사상자는 18만 5천 명에 달했다. 또한 영국군은 7만 2천 명, 미군은 약 2천5백 명의 사상자를 냈다. 이런 수많은 희생 위에 건설된 레도 도로는 막상 일본이 항복한 지 얼마 되지 않은 1945년 10월에 안전을 이유로 폐쇄되었다.

스틸웰이 해임되자 그동안 그가 짊어지고 있었던 과중한 업무와 역할은 3개로 분리되었다. 버마 전역은 그의 참모장인 다니엘 설턴 중장이, 동남아시아 전구 부사령관은 병참참모인 레이먼드 휠러 중장이, 그리고 중국 전구는 마운트배튼의 참모차장인 웨드마이어 중장이 각각 맡았다. 권한의 분산은 중국-버마-인도 전구에서 그동안 한 사람에게 권한이 집중되면서 벌어졌던 수많은 불미스러운 일들을 해결하는 데 큰 도움이 되었다.

X군의 지휘를 맡은 설턴 중장은 Y군과 합류한 후 계속 남하하여 1945년 3월 7일 라시오를 탈환하였다. 그러나 마셜과 처칠 사이의 협약에 따라 중국원정군은 더 이상의 전진을 멈추고 4월 1일 중국으로 복귀하였다. 버마 중부와 남부의 탈환은 영국군의 몫이었다. 슬림의 영국 제14군 휘하 제4군단과 제33군단이 임팔에서 패주한 일본군을 추격하여 인도-버마 국경을 돌파한 후 만달레이를 공격해 3월 20일 점령하였다. 남쪽에서는 영국군 제15군단이 해안선을 따라 남하하여 5월 3일 랑군을 탈환하였다. 아웅 산 장군이 지휘하는 1만 1천여 명의 버마국민군 역시 영국으로부터 전후 독립을 약속받고 일본군에 대항해 버마 해방 전쟁을 시작했다. 버마방면군 사령관

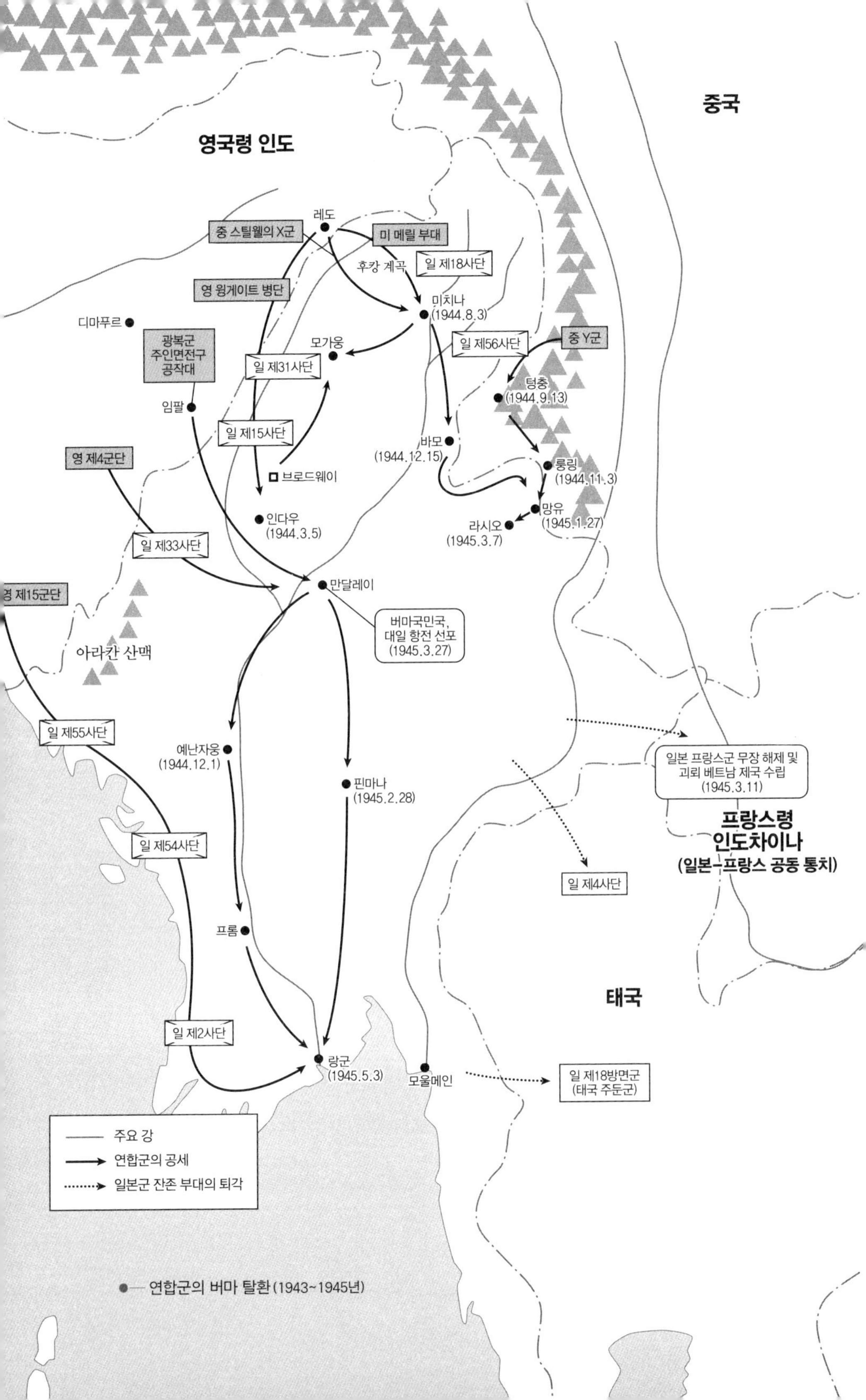
중국
영국령 인도
레도
중 스틸웰의 X군
미 메릴 부대
후캉 계곡
일 제18사단
영 윙게이트 병단
미치나
(1944.8.3)
디마푸르
광복군
주인면전구
공작대
모가웅
일 제31사단
일 제56사단
중 Y군
텅충
(1944.9.13)
임팔
일 제15사단
바모
(1944.12.15)
룽링
(1944.11.3)
영 제4군단
브로드웨이
인다우
(1944.3.5)
망유
(1945.1.27)
라시오
(1945.3.7)
일 제33사단
만달레이
영 제15군단
버마국민군,
대일 항전 선포
(1945.3.27)
아라칸 산맥
일 제55사단
예난자웅
(1944.12.1)
핀마나
(1945.2.28)
일본 프랑스군 무장 해제 및
괴뢰 베트남 제국 수립
(1945.3.11)
프랑스령
인도차이나
(일본-프랑스 공동 통치)
일 제54사단
일 제4사단
프롬
태국
일 제2사단
랑군
(1945.5.3)
모울메인
일 제18방면군
(태국 주둔군)
주요 강
연합군의 공세
일본군 잔존 부대의 퇴각

연합군의 버마 탈환(1943~1945년)

이었던 기무라 헤이타로 중장은 "버마의 도살자"라고 불릴 만큼 온갖 학살과 만행을 저질렀던 인물이었지만 영국군이 공격해 오자 혼비백산하여 비행기를 타고 제일 먼저 도망쳐 버렸다. 이로 인해 지휘계통이 마비된 일본군은 혼란에 빠져 변변히 싸우지도 않고 패주하거나 포위된 채 옥쇄하여 전사자만 해도 약 10만 명에 달하였다. 임팔의 실패를 훨씬 능가하였다. 일본군은 단지 극소수만이 태국으로 탈출할 수 있었다. 3년에 걸친 버마에서의 전쟁은 이렇게 종지부를 찍었다. 덧붙여, 기무라는 적전 도주에도 불구하고 처벌은커녕, 대장으로 승진하였다. 그는 도쿄전범재판에서 A급 전범으로 교수형에 처해졌다.

주인면전구공작대의 활약

버마 전역에서는 광복군도 참전하여 활약하였다. 김구의 임시 정부는 국제 사회에서 연합국의 일원으로 인정받고 자주적인 역량으로 조국을 해방시킨다는 목표로, 인도 주둔 영국군과 미군과의 적극적인 제휴를 추진하였다. 영국군이 임시 정부에 영어와 일본어를 구사할 수 있는 사람을 요청하자 광복군에서 '주인면전구공작대(駐印緬戰區工作隊)'를 구성하여 한지성을 대장으로 2개 지대 9명의 대원을 1943년 8월 인도 캘커타의 영국군 총사령부에 파견하였다.

이들은 영국군으로부터 방송 기술, 문서 번역, 전단 작성 등을 교육받은 후 1944년 1월부터 임팔 전선에 투입되어 1945년 8월까지 버마에서 임무를 수행하였다. 주요 임무는 심리전과 선전공작이었다. 최일선에서 일본어로 선전 방송 실시, 노획한 적 문서의 번역, 전단 제작 및 살포, 포로 신문 등을 맡았다. 실제로 일본군과 통역 조선인 등 27명이 이들의 방송을 듣고 탈출하였다.

임팔 작전 초반 제17인도사단은 일본군에게 포위되어 있을 때, 소속 광복군 대원들이 일본군의 암호 문서를 노획해 해독하여 일본군의 규모가 처음 예상했던 2개 사단이 아니라 1개 사단(제33사단)에 불과하다는 정보를 알아냈다. 덕분에 영국군은 적의 움직임을 정확하게 파악하여 포위망에서 벗어날 수 있었다. 이것은 버마공작대의 최대 공적으로 인정되었고 사단장이 직접 방문해 치하하였다. 그 외에도 버마공작대는 일본군 포로 가운데 약 백여 명의 조선인들을 귀순시켜 이들을 훈련시킨 후 광복군 휘하에 편입시키는 계획도 추진하였으나 실현하지는 못했다. 버마공작대는 당초 9명에서 영국군의 추가 파견 요청에 따라 20여 명까지 확대되었다. 그들은 일본이 항복한 뒤인 1945년 9월 10일 충칭의 광복군 총사령부로 복귀하였다. 그들의 활약은 버마 전역 전체를 놓고 본다면 비록 작은 것이었지만, 1년 8개월에 걸쳐 영국군과 함께 연합국의 일원으로서 최일선에서 전쟁을 수행하였다는 점에서 그 의미는 아주 크다.

36

뒤늦은 반격

＼반격을 준비하다

1943년 후반에 오면서 유럽과 태평양에서 연합군은 승세를 굳히고 있었다. 1943년 9월 8일 이탈리아가 제일 먼저 백기를 들었다. 이탈리아는 연합군과 손을 잡고 독일에게 선전포고를 하였다. 추축 진영이 붕괴되기 시작한 것이다.

전황이 점차 유리해지자 중국 역시 반격 계획을 추진하기 시작하였다. 스틸웰에 의해 X군과 Y군의 훈련이 어느 정도 완료되고 버마 탈환 작전이 시작된 직후인 1943년 11월, 장제스의 지시에 따라 군령부는 '국군총반공작전계획대강(國軍總反攻作戰計劃大綱)'을 수립하였다. 이것은 구체적인 계획이라기보다 앞으로의 전쟁에 대한 기본 방침이었다. 주요 내용은 일본군의 주력이 몰려 있는 우한에 대한 공세를 시작으로, 연합군의 진격에 맞추어 동쪽으로 진격하여 양쯔 강 하류의 적을 격퇴한 다음 북상하면서 동북을 탈환한다는 것이

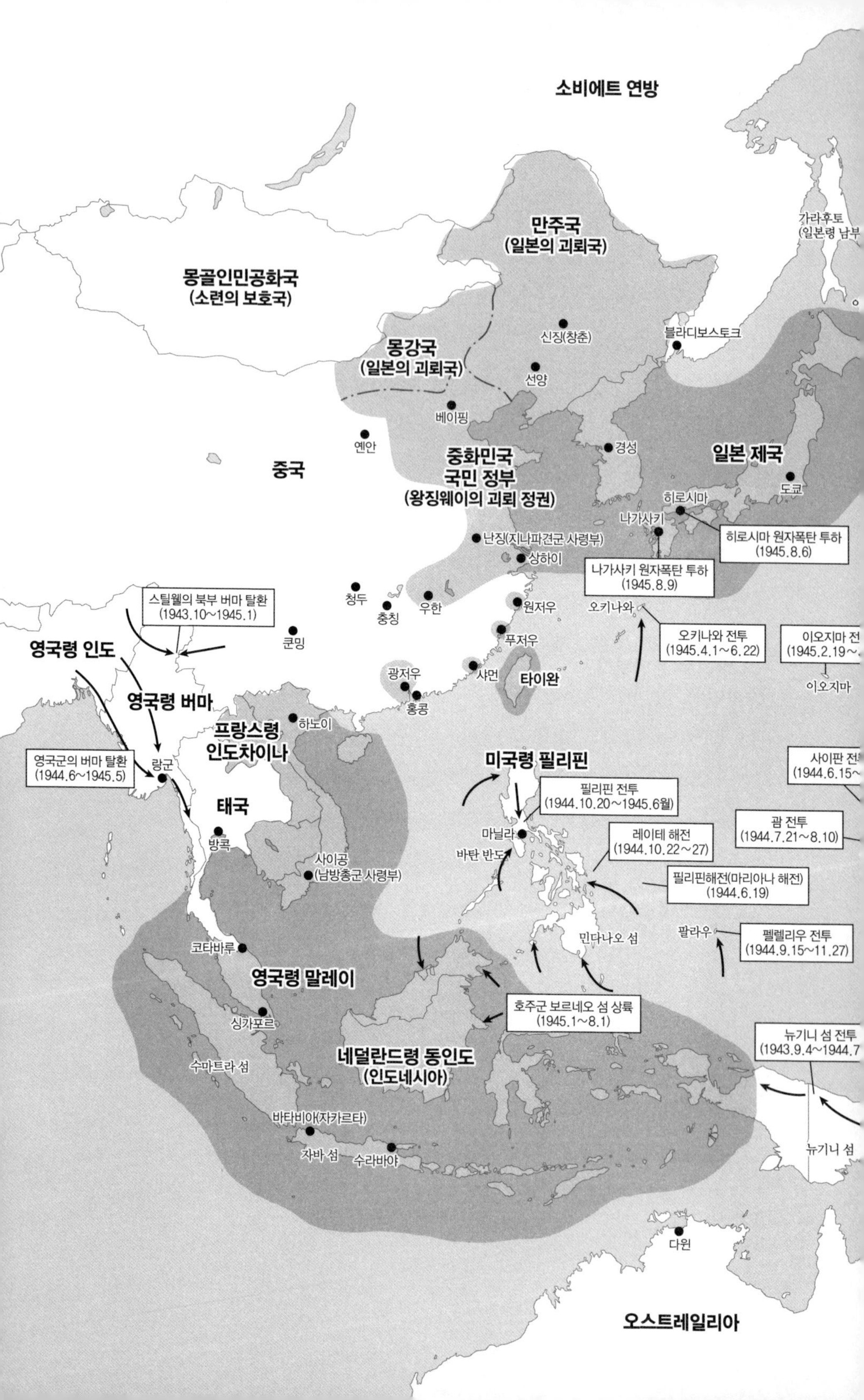

소비에트 연방
가라후토
(일본령 남부
만주국
(일본의 괴뢰국)
몽골인민공화국
(소련의 보호국)
신징(창춘)
블라디보스토크
몽강국
(일본의 괴뢰국)
선양
베이핑
옌안
경성
일본 제국
중국
중화민국
국민 정부
(왕징웨이의 괴뢰 정권)
도쿄
히로시마
나가사키
히로시마 원자폭탄 투하
(1945.8.6)
난징(지나파견군 사령부)
상하이
나가사키 원자폭탄 투하
(1945.8.9)
스틸웰의 북부 버마 탈환
(1943.10~1945.1)
청두
충칭
우한
원저우
오키나와
오키나와 전투
(1945.4.1~6.22)
이오지마 전
(1945.2.19~
영국령 인도
쿤밍
푸저우
영국령 버마
광저우
샤먼
타이완
이오지마
홍콩
하노이
프랑스령
인도차이나
미국령 필리핀
영국군의 버마 탈환
(1944.6~1945.5)
랑군
사이판 전
(1944.6.15~
필리핀 전투
(1944.10.20~1945.6월)
태국
방콕
마닐라
레이테 해전
(1944.10.22~27)
괌 전투
(1944.7.21~8.10)
바탄 반도
사이공
(남방총군 사령부)
필리핀해전(마리아나 해전)
(1944.6.19)
코타바루
민다나오 섬
팔라우
펠렐리우 전투
(1944.9.15~11.27)
영국령 말레이
호주군 보르네오 섬 상륙
(1945.1~8.1)
싱가포르
뉴기니 섬 전투
(1943.9.4~1944.7
네덜란드령 동인도
(인도네시아)
수마트라 섬
바타비아(자카르타)
자바 섬
수라바야
뉴기니 섬
다윈
오스트레일리아

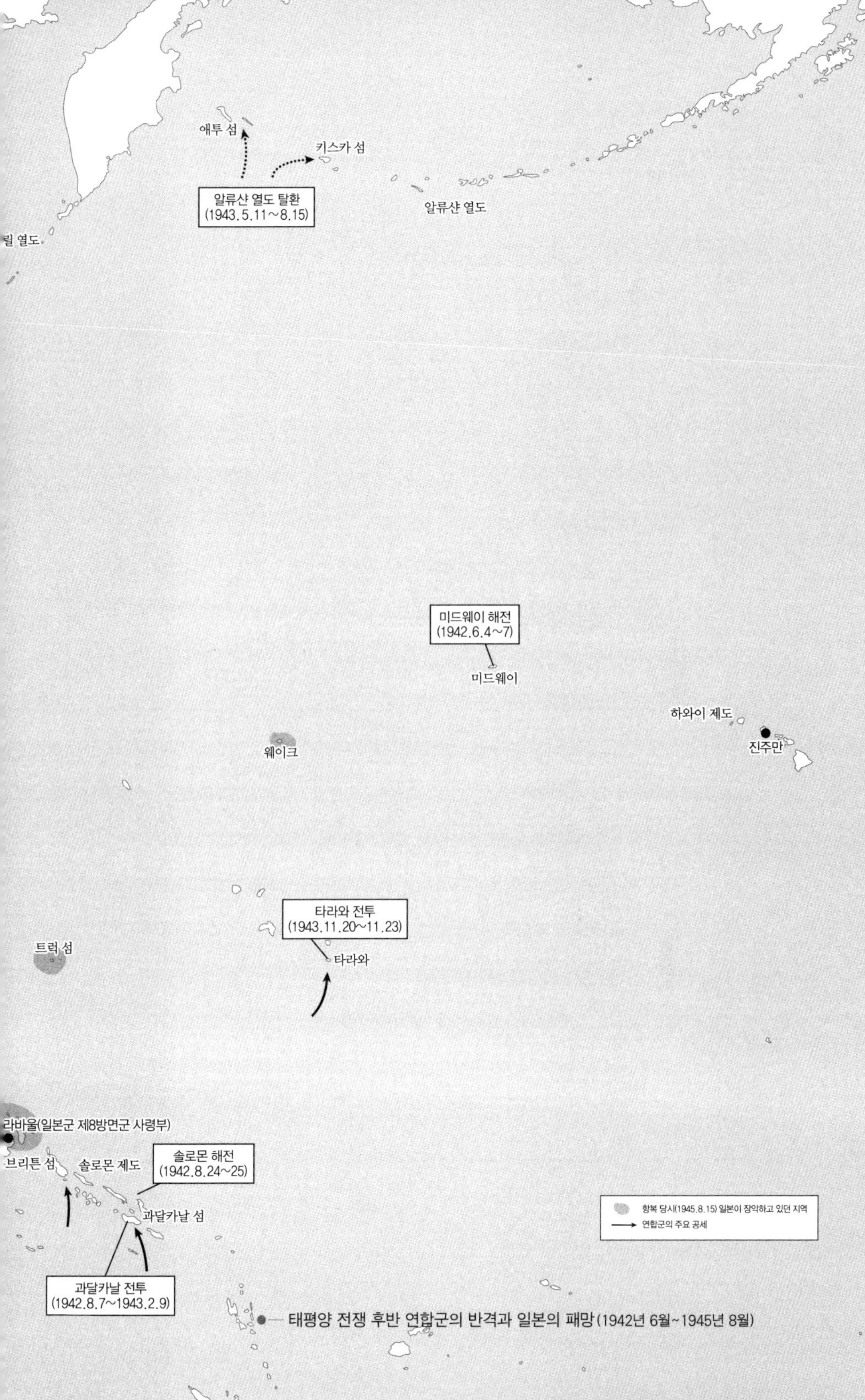

태평양 전쟁 후반 연합군의 반격과 일본의 패망(1942년 6월~1945년 8월)

었다. 즉, 중국은 결코 그냥 앉아서 연합군의 승리만 기다리지 않겠다는 의미였다.

1944년 2월 제4차 난웨 군사회의에서 각 전구의 고위 지휘관들이 모두 모인 가운데 장제스는 "항일 전쟁은 새로운 전환점에 도달했으며 이제는 적에 대한 반격을 시작할 단계"라고 강조하였다. 그는 만약 일본이 선제공격을 한다면 아군은 일단 방어에 주력해야겠지만 그렇지 않다면 5월부터 각 전구는 공격 준비가 완료되는 대로 전 전선에 걸쳐 총공세로 전환하라고 명령하였다. 3월 초 군령부는 우한 탈환의 선행 작전으로 우한의 서쪽 관문인 이창과 사터우(沙頭)에 대한 공세 계획을 수립하였다. 제3전구와 제5전구, 제9전구가 삼면에서 공격하여 두 도시를 탈환한 다음 우한까지 진격한다는 것이었다. 공격은 5월이나 6월 중에 시작될 예정이었다.

그러나 그 직후 반격 계획은 다시 수정되어 총반격의 시기를 "일본군이 전면적인 붕괴의 조짐이 보이고, 각 전구의 주력이 보충과 훈련을 완료하고, 연합군이 필리핀과 타이완을 공략하여 중국군이 충분한 보급 및 지원을 획득할 수 있을 때"라고 정하였다. 이렇게 애매모호하게 바꾼 이유는 중국이 처한 정치적인 상황 때문이었다. 카이로 회담에서 버마 상륙을 약속했던 루스벨트와 처칠이 노르망디 상륙 작전을 이유로 일방적으로 약속을 깨뜨린 데다 버마 북부로 진격한 스틸웰 역시 일본군의 저항에 가로막혀 진격이 지지부진하였다. 게다가 뜻밖에도 버마 주둔 일본군이 인도의 영국군을 공격하면서 인도-버마 전선의 상황이 예측할 수 없게 되었고 장제스는 반격의 핵심이 될 Y군을 놓고 스틸웰과 격렬하게 대립하고 있었다.

만약 스틸웰이 버마 탈환을 고집하지 않았다면, 또는 그가 전략의 중심을 버마가 아닌 중국 본토에 두고 X군과 Y군을 돌려주었다면, 미군이 필리핀이 아니라 원래의 계획대로 타이완을 점령하여 중국 동남해 연안가의 제공권과 제해권을 확보했다면, 미치나에서 교착 상태가 되지 않고 순조롭게 1944년 여름까지 레도 도로를 개통했다면, 일본이 무익한 이치고 작전을 강행하지 않았다면, 이후의 역사는 어떻게 됐을까? 이 가운데 어느 하나라도 실현되었다면 중국은 늦어도 1944년 가을까지는 모든 준비를 완료하고 스스로의 힘으로 영토를 회복해 나갈 수 있었을 것이다. 그러나 장제스는 운이 없었다.

1944년 4월 20일 일본군의 이치고 작전이 시작되면서 중국은 반격은커녕 동부 전선 전체가 붕괴의 위기에 직면하였다. 1944년 12월 일본군이 공세종말점에 도달하자 전선은 다시 교착 상태가 되었다. 하지만 이미 중국군 일선 부대들은 너무 큰 타격을 입은 상태였다. 중국이 공세로 전환하기 위해서는 전력의 회복이 우선이었다. 이 역할은 스틸웰을 대신해 중국 전구의 참모장이 된 웨드마이어 중장이 맡았다. 웨스트포인트 육군사관학교 출신인 그는 전쟁을 거치며 유례없을 만큼 고속 출세한 사람이었다. 태평양 전쟁이 시작되던 1941년 12월만 해도 일개 소령에 불과했으나 2년도 채 되지 않아 소장이 되어 동남아시아 전구 사령관 마운트배튼의 참모차장이 되었고 중국에 부임하면서 중장으로 승진하였다. 스틸웰은 웨드마이어에 대해 "자신의 능력을 과신하고 있는 사람"이라고 깎아내렸지만, 웨드마이어는 전쟁 기간 동안 참모장교의 보직을 맡아 각종 작전을 수립하였으며 매우 성실하고 치밀하며 또한 신중하면서 상대에게는 정중하였다. 또한 스틸웰과 달리 장제스와 셔놀트와도 비교적 원만하게 관계를 유지하였다.

처음에 웨드마이어는 승진을 기뻐하기에 앞서 자신이 새로 맡게 된 지위가 정치적, 군사적, 외교적으로 매우 어려운 자리이며 어쩌면 스틸웰과 마찬가지로 자신의 무덤이 될지도 모른다고 걱정하였다. 그런 그에게 부관은 1930년대에 장제스의 군사고문을 훌륭하게 수행했던 팔켄하우젠과 추이코프의 예를 들면서 격려하였다. 다행히도 육군부가 웨드마이어에게 부여한 역할은 1942년 스틸웰에게 맡긴 것보다 훨씬 단순 명료하였다. 첫째, 장제스를 보좌할 것, 둘째, 중국 내 항공 작전을 수행하고 중국군의 작전과 훈련, 보급을 지원할 것, 셋째, 중국의 정치적 상황에 개입하지 말 것. 덕분에 웨드마이어는 스틸웰보다 좀 더 쉽게 임무를 수행할 수 있었다.

1944년 11월 1일 웨드마이어가 충칭에 처음 도착했을 때 중국은 혼란과 무질서 그 자체였다. 헝양이 함락된 지 3개월 만에 다시 시작된 일본군의 공세 앞에 11월 10일 구이린과 류저우가 함락되었다. 일본군은 11월 24일에는 광시 성의 성도인 난닝을 거쳐 12월 10일 중불 국경에 도달하여 중국을 남북으로 완전히 두 쪽 냈다. 일본군도 피폐한 상황이었지만 만신창이가 된 중국군은 속수무책이었다. 상황이 급박해지자 장제스는 광시 성의 수비를 지원하기 위해 산시 성(陝西省)에서 공산군을 봉쇄하고 있던 군대의 일부를 남쪽으로 돌려야 했다. 그러나 전염병과 기아에 허덕이던 그들은 전선에 도착하자마자 일본군의 공격 앞에 문자 그대로 녹아버렸다. 구이저우 성이 침공당하고 충칭도 위기에 처하자 웨드마이어는 장제스에게 수도를 청두나 쿤밍으로 옮기자고 제안했으나 장제스는 충칭과 함께 죽음을 택하겠다고 대답하였다. 다행히 1945년 1월이 되자 최악의 상황은 지나갔고 전선은 점차 안정을 되찾았다. 지나파견군은 중국군이 이미 붕괴 직전이므로 단숨에 충칭까지 진격해야 한다고 주장했으나 대본영은 더 이상 병참을 뒷받침할 수 없다는 이유로 거부했다. 태평양에서 미군에게 연전연패를 당하며 오키나와를 위협받고 있던 일본은 이미 중국에서 대규모 공세를 할 여력이 없었던 것이다.

웨드마이어의 앞에 놓인 과제는 지칠 대로 지친 중국군을 재건하여 반격으로 전환할 수 있도록 만드는 것이었다. 이는 결코 쉽지 않은 일이었다. 오랜 전쟁으로 인해 중국의 궁핍함은 극에 달한 데다 병사들은 심각한 영양실조로 전투는커녕 치료가 더 시급한 실정이었다. 그는 원조물자의 대부분을 독점했던 스틸웰과는 달리, 원조 규모를 대폭 늘리면서 레도 도로와 험프 루트를 통해 중국에 물자를 적극적으로 제공하였다. 또한 장제스에게 가장 민감한 문제인 중국 공산당에 대해 처음부터 확실하게 선을 그었다. 미국 전략사무국(OSS)이 공산군에게 무기를 제공하고 그들의 협력을 얻자고 제안했으나, 그는 단호하게 거절하면서 중국의 정통 정부는 장제스 정권이며 장제스의 승인 없이는 중공을 비롯한 중국 내 다른 정치 세력들에 대한 어떤 지원도 없다고 말하였다. 1944년 말 가우스를 대신해 신임 주중 대사로 부임한 헐리 장군 역시 전임자에 비해 장제스에게 훨씬 우호적이었다. 그는 공산군에 직접적으로 무기나 재정적 원조를 하는 행위는 위험한 선례가 될 수 있으며 장제스 정권을 중국 유일의 합법 정부로 인정하는 미국의 방침에도 위배된다고 하였다.

그러나 미국의 대중 정책은 여전히 애매했고 이중적이었다. 1945년 2월 4일부터 11일까지 우크라이나 흑해 연안의 도시 얄타에서 열린 얄타 회담에서 루스벨트와 처칠, 스탈린은 패전국들에 대한 처리 문제와 뉘른베르크 전범재판의 개최, 패전국 식민지의 독립 문제를 논의하였다. 또한 소련의 대일 참전에 대한 비밀의정서를 체결하였다. 여기서 루스벨트와 처칠은 중국을 완전히 배제한 채 스탈린에게 과거 제정 러시아가 만주에서 누렸던 모든 권익을 참전 대가로 제공하기로 비밀리에 약속하였다.

미국 최초로 4선 대통령이 되었지만 그 직후부터 급격하게 병이 악화되면서 죽음을 앞에 두고 있던 루스벨트는 정신적으로나 육체적으로나 매우 허약해져 있었다. 한때는 장제스에게 우호적이었지만 장제스와 스틸웰의 갈등으로 불쾌감을 가지게 된 그는 웨드마이어에게 일본과의 전쟁에 중국의 모든 자원을 총동원할 것과 공산당과의 계속적인 관계 유지를 당부하며, 미국이 바라는 '통일된 중국'은 반드시 장제스 정권일 필요는 없다고 말하였다. 주중 대사대리 조지 애치슨 역시 본국 정부에 중국 공산당이 소련 쪽으로 완전히 기울지 않도록 노력해야 하며 국공의 타협을 위해서는 장제스가 중국 공산당의 요구를 받아들이도록 압력을 가해야 한다고 주장하였다.

루스벨트를 비롯해 워싱턴의 관료들, 중국에 파견된 외교관들과 군인들의 입장은 모두 제각각이었다. 중국 밖에 있거나 중국에 막 부임한 사람들은 중국이 처한 상황을 제대로 알지 못했다. 또한 중국에 오래 있었던 사람들은 극단적으로 나뉘었다. 셔놀트처럼 장제스에게 맹목적일만큼 우호적이거나, 반대로 스틸웰처럼 적개심을 노골적으로 드러내며 심지어 미국이 직접 나서서 장제스 정권을 때려 부숴야 한다고 주장하는 이도 있었다. 그들은 미국의 시각에서 중국을 바라보았고, 그들의 견해에는 개인적 감정까지 섞여 있었다. 그들은 그 갈등의 근원이 근시안적이고 신중하지 못하며 인종적 편견에 사로잡힌 미국식 외교 정책 때문이라는 사실을 끝까지 깨닫지 못했다. 결과적으로 서로에게 득이 되기보다는 해가 되었다.

╲지식청년군의 창설

장제스는 무너져버린 군대의 재건을 위해 1944년 10월 '지식청년군'의 편성을 지시하였다. 그동안 중국 정부는 "설사 중국 전토가 함락되어도 지식 청년만 남아 있다면 얼마든지 중국을 재건할 수 있다"며 고등학교 이상 재학 중인 학생들에 대해서는 병역을 면제해왔는데 전쟁 말기에 와서 방침을 바꾼 것이다. 그동안 중국군을 구성하는 병사들은 대부분 소작민이나 부랑자, 실업자와 같은 사회 밑바닥 계층이었다. 일본군 병사들과 마찬가지로 그들 역시 강인한 인내심을 가지고 있었고 명령에 절대적으로 복종했지만, 대부분 문맹인 데다 신체적으로나 체력적으로 약했고 사기도 낮았다. 게다가 최정예 부대의 태반을 잃어버린 상황에서 이를 보충할 전력을 확보하기 위해서는 우수한 인적 자원의 모집이 절실했다. 지식청년군의 자원자는 모두 12만 명이었고 이 중 8만 6천 명이 선별되어 입대하였다. 1만 명은 X군에, 나머지는 미군의 경기계화 부대를 본뜬 3개 군 9개 사단으로 편성되어 미국식 장비로 무장한 중국군의 새로운 정예 부대가 되었다.*

1945년 1월 말 일본군의 공세가 한계에 도달하자 장제스는 웨드마이어의 협조를 받아 군대를 신속하게 재건하는 한편, 본격적으로 반격을 준비하였다. 쿤밍에 중국 육군총사령부**를 신설하여 허잉친을 총사령관에 임명하였다. 허잉친은 1945년 1월 29일 국민정부군 재건 계획을 수립하였다. 버마의 중국원정군과 윈난 성, 광시 성, 광둥 성 등 중국 서남부에 주둔한 28개 군 86개 사단 65만 명의 병력을 미군의 원조 물자를 활용해 4개 방면군 12개 군 36개 사단으로 재편하여 향후 반격의 주력으로 사용한다는 내용이었다. '알파 사단'이라 불리는 각 사단은 미군을 모델로 편성하되, 정원 1만 명에 3개 보병연대와 1개 포병대대 및 기갑대대, 기타 각종 지원 부대 등으로 구성될 예정이었다. 또한 쿤밍을 중심으로 버마 북부와 윈난 성, 후난 성, 광시 성, 구이저우 성을 6개 군구로 편성하였다. 웨드마이어는 중국군에게 가장 시급한 문제인 질병과 영양 상태의 개선을 해결하고 중국이 제시한 36개 사단의 무장과 훈련을 위해 원조를 확대하였다. 또한 4천 명의 미군을 각 연대별로 장교 25명, 사병 50명씩 분산 배치하여 연락 업무와 군사 고문의 역할을 맡도록 하였다. 만약 중국군 지휘관이 그들의 조언을 받아들이지 않는다면 그 지휘관을 즉각 해임하고 해당 부대에 대한 미군의 원조를 중단하겠다고 강력하게 경고하였다.

모든 정보와 계획을 혼자만 독점하고 독선적으로 지휘했던 스틸웰과 달리(그는 심지어 자신의 참모들조차 배제했다.) 웨드마이어는 충칭에서 미중 참모 회의를 일주일에 한 번씩 개최하면서 장제스에게도 직접 참석하라고 권유하여 서로 간의 소통을 확대하였다. 특히 웨드마이어 스스로가 공산군에 대해서는 어떤 지원도 할 계획이 없다고 밝히자 장제스는 매우 흡족해 했다. "그는 총명하고 솔직하며 부지런하다. 스틸웰과는 정반대이다. 그의 적극성과 집중력을 우리

---

* 청년군의 편제는 다음과 같았다. 제6군(제201사단, 제202사단, 제204사단), 제9군(제203사단, 제205사단, 제206사단), 제31군(제208사단, 제209사단), 제207사단(청년군 독립사단).
버마원정군을 지휘했던 뤄줘잉이 청년군의 사령관을, 황웨이(黃維)가 부사령관을 맡았다. 특히 장제스의 장남인 장징궈가 중장 대우로 청년군의 정치주임을 맡으면서 청년군은 이후 장징궈의 권력 기반이 되었다.

** 중국 육군총사령부는 1944년 12월 말 미국, 영국 등 연합군과의 작전 협조와 향후 대일 반격을 위한 목적으로 설립된 군사위원회 직속 기관이다. 당초에는 명칭과 달리 중국 서남부와 북부 버마에 주둔한 부대만을 관할했으나 1946년 5월 국방부 산하로 편입되면서 명실상부한 중국 육군 최고 사령부로서의 역할을 맡았다.

장교들은 본받아야 한다."

4월 1일부터 시작된 신편 36개 사단에 대한 훈련과 재편성은 비교적 순조롭게 진행되었다. 인도와 버마에서 작전 중이던 X군과 Y군도 차례로 중국으로 복귀하였다. 그러나 이전보다 상황이 나아졌다고는 해도 레도에서 쿤밍까지 1천 킬로미터가 넘는 데다 험준한 도로 때문에 원조물자의 수송은 지연되기 일쑤였다. 수송기를 이용한 공수 역시 충분하지 못했다. 랑군 항이 탈환된 뒤에야 어느 정도 숨통이 트일 수 있었다. 따라서 5월 말까지도 미국식 장비와 무기를 완전히 갖춘 부대는 일부에 불과했다.

중국은 5월경에 본격적으로 화남에서부터 공세를 시작할 계획이었다. 첫 번째 단계로 류저우와 구이린을 탈환하여 샹구이 철도를 회복한 다음, 중국 연해에 연합군이 상륙하는 것에 맞추어 양쯔 강 하류로 진격한다는 것이었다. 이 계획은 미군의 타이완 탈환과 중국 본토의 상륙을 전제로 한 것이었다. 그러나 시기적으로 너무 늦은 데다 미군이 오키나와를 거쳐 일본 본토를 직접 공략하는 쪽을 택함으로써 결국 실현되지는 못하였다. 게다가 중국군의 반격 작전은 일본의 마지막 공세인 즈장 작전과 라오허커우 작전이 시작되면서 또 다시 연기될 수밖에 없었다.

지나파견군은 이치고 작전에서 승리하였지만 전략적 목표를 달성했다고 하기에는 부족하다고 생각하고 새로운 공격 계획을 준비하였다. 1944년 11월 구이린이 함락되자 중미 연합공군은 후난 성 서부의 즈장과 후베이 성 서부의 라오허커우로 거점을 옮겼다. 그들은 일본군이 장악한 화중과 화남의 철도 수송로와 양쯔 강의 수송선단을 지속적으로 폭격하여 큰 피해를 입히고 있었다. 신임 지나파견군 사령관이 된 오카무라 야스지 대장은 1945년 1월 22일 북지나방면군과 제6방면군에 라오허커우와 즈장에 대한 공격을 각각 명령하였다.

＼중국의 과달카날 전투

라오허커우는 뤄양에서 남서쪽으로 250킬로미터, 우한에서 북서쪽으로 300킬로미터 떨어져 있고 제5전구와 셔놀트의 중미연합공군 사령부가 있었다. 북지나방면군의 공격 계획은 제12군이 허난 성에서 남서쪽으로 진격하고 제34군이 후베이 성에서 북동쪽으로 진격하여 남북에서 협격하여 중국군을 격멸한다는 것이었다. 공격 병력은 4개 사단(제39사단, 제110사단, 제115사단, 제3전차사단)과 제4기병여단, 제87여단 등 약 10만 명 정도였다. 그러나 항공 지원이 전혀 없었고 제3전차사단*의 주력 부대가 이미 본토와 태평양 전선으로 이동해버려서 남아 있는 전력은 겨우 97식 전차 20대에다 구닥다리 경장갑 차량까지 모두 합해도 겨우 1백여 대에 불과했다. 야포도 거의 없었고 식량과 탄약 또한 턱없이 부족했다.

한편, 중국은 일본군의 공격을 모두 파악하고 오히려 대규모 포위 섬멸 작전을 준비하고 있었다. 장제스는 일본군의 공세 역량이 이미 바닥난 상태라며 지휘관들에게 "그들의 화살은 이미 사정거리

---

* 일본은 종전까지 총 4개 전차사단을 편성하였다. 전쟁 말기 제1전차사단은 만주에서 본토 결전을 위해 도쿄로 이동했고 제2전차사단은 필리핀 전역에서 전멸했다. 제4전차사단은 1944년 7월에 편성되어 치바 현에 주둔했으나 인원과 장비도 형편없었고 일본의 항복으로 실전 한 번 겪지 않고 해산했다.

●— (오른쪽 지도) 중국군의 반격(1945년 5~8월). 그러나 시기적으로 너무 늦었고 중국군이 반격을 시작한지 얼마 되지 않아 일본은 항복하고 말았다. 장제스는 일본이 항복하려면 적어도 1년에서 1년 반은 더 있어야 할 것이라고 생각했다.

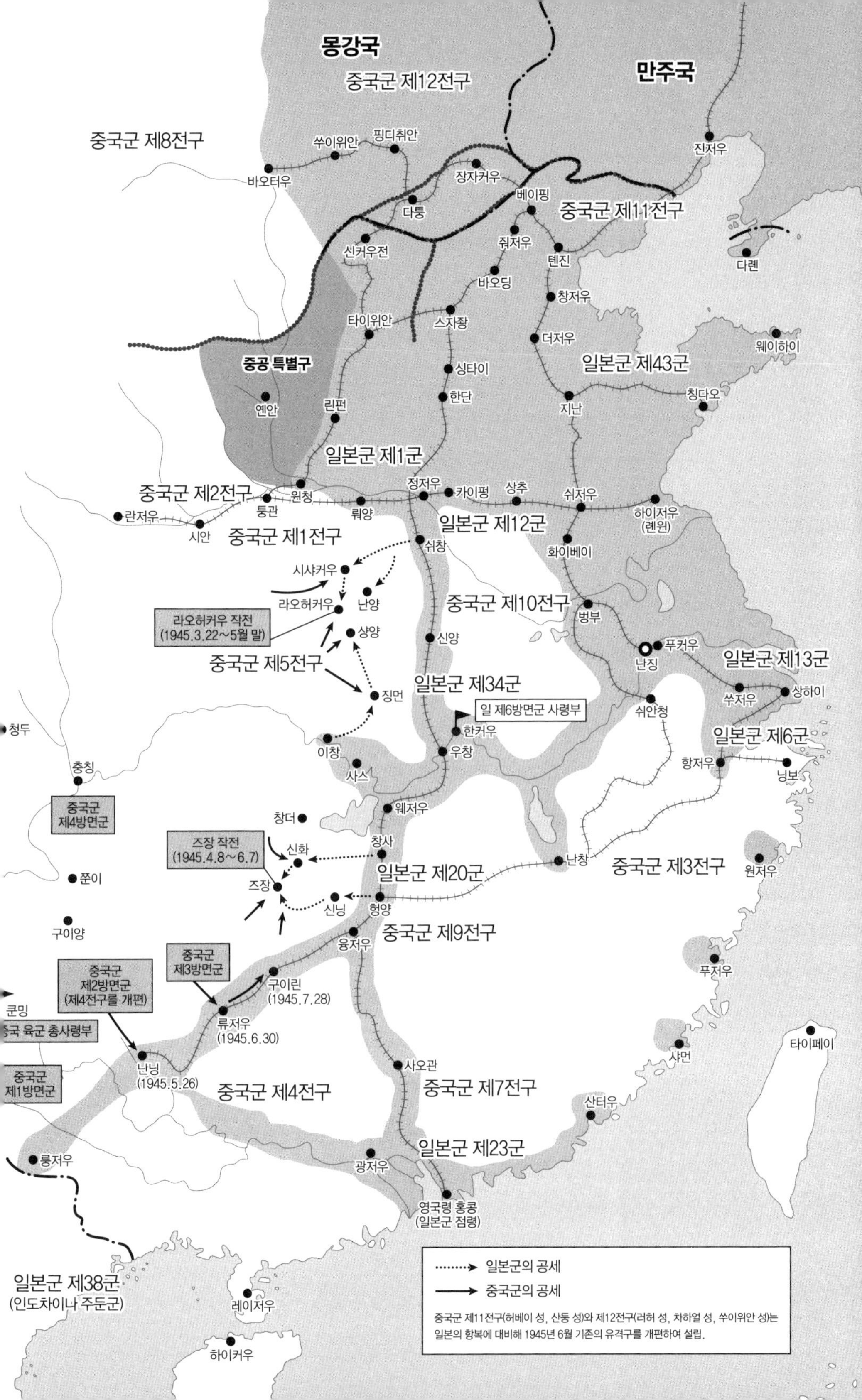

몽강국
중국군 제12전구
만주국
중국군 제8전구
쑤이위안
핑디취안
진저우
바오터우
장자커우
베이핑
중국군 제11전구
다통
다롄
신커우전
줘저우
톈진
바오딩
창저우
타이위안
스자좡
웨이하이
더저우
중공 특별구
싱타이
일본군 제43군
한단
칭다오
옌안
린펀
지난
일본군 제1군
정저우
상추
중국군 제2전구
카이펑
쉬저우
원청
퉁관
뤄양
하이저우
(롄윈)
란저우
시안
중국군 제1전구
일본군 제12군
쉬창
화이베이
시샤커우
라오허커우
난양
중국군 제10전구
벙부
라오허커우 작전
(1945.3.22~5월 말)
샹양
신양
푸커우
난징
일본군 제13군
중국군 제5전구
징먼
일본군 제34군
쑤저우
상하이
쉬안청
일 제6방면군 사령부
청두
한커우
일본군 제6군
이창
우창
항저우
충칭
사스
닝보
중국군
제4방면군
웨저우
창더
즈장 작전
(1945.4.8~6.7)
창사
신화
난창
중국군 제3전구
원저우
쭌이
즈장
일본군 제20군
신닝
헝양
구이양
융저우
중국군 제9전구
중국군
제3방면군
중국군
제2방면군
(제4전구를 개편)
구이린
(1945.7.28)
푸저우
쿤밍
류저우
(1945.6.30)
중국 육군 총사령부
타이페이
샤먼
난닝
(1945.5.26)
사오관
중국군
제1방면군
중국군 제4전구
중국군 제7전구
산터우
일본군 제23군
룽저우
광저우
영국령 홍콩
(일본군 점령)
일본군의 공세
중국군의 공세
중국군 제11전구(허베이 성, 산둥 성)와 제12전구(러허 성, 차하얼 성, 쑤이위안 성)는
일본의 항복에 대비해 1945년 6월 기존의 유격구를 개편하여 설립.
일본군 제38군
(인도차이나 주둔군)
레이저우
하이커우

끝에 도달해버렸으며 우리에게 상처를 낼 수 없다"고 말했다. 허잉친은 새로 편성된 정예 사단들을 동원하는 한편, 신편 제6군을 급히 항공 수송으로 즈장으로 이동시켰다. 미국의 원조를 받아서 많은 부대가 미식(美式) 사단 또는 반미식(半美式) 사단으로 개편되었는데, 그중에서 특히 강력한 부대가 이른바 '5대 주력'이라고 불리는 신편 제1군, 신편 제6군, 제5군, 제18군, 제74군이었다. 또한 일본의 항공 전력이 완전히 소멸한 중국의 하늘은 중미 연합공군이 지배하면서 도처에서 일본군을 폭격하고 항공 수송을 통해 중국군을 최일선에 신속하게 투입하였다.

1945년 3월 22일부터 일본군의 공격이 시작되었다. 일본군은 항공 폭격을 우려해 야간에만 이동하면서 서쪽으로 전진했다. 중국군의 최일선 부대들은 이렇다 할 저항 없이 뒤로 물러났다. 3월 26일 라오허커우 비행장 주변까지 진출한 일본군 제4기병여단은 중국군을 향해 기병 돌격을 하였다. 이 돌격은 전쟁사에서 최후의 대규모 기병 돌격이었다. 제4기병여단은 중국군 수비대의 필사적인 방어에도 불구하고 기어코 방어선을 돌파하였다. 그러나 그들 역시 괴멸적인 손실을 입었다. 또한 일본군 제115사단은 3월 29일 시샤커우(西峽口)를 점령한 다음 4월 7일 전차 부대를 앞세워 라오허커우를 공격하였다. 그들은 중국군 제45군과 치열한 혈전 끝에 사흘 뒤인 10일 라오허커우를 점령하는 데 성공하였다. 이 과정에서 일본군은 3천5백 여 명의 포로와 수천여 명의 민간인을 학살하고 부녀자들을 성폭행하는 등 온갖 만행을 저질렀다. 북지나방면군은 작전이 이십여 일 만에 순조롭게 끝나자 일부 병력만 수비대로 남기고 모두 철수시킬 생각이었다. 하지만 이는 착각이었다. 중국군은 일본군의 배후로 돌아 포위망을 만들고 있었던 것이다.

●— 미 공군의 수송기를 타고 즈장의 비행장에 공수된 중국군 병사들. 태평양 전쟁에서 일본군의 마지막 대규모 공세였던 라오허커우와 즈장에 대한 공격은 중국군의 강력한 반격으로 참담하게 실패하였다. 이로써 중국 전선의 전세 또한 완전히 역전되어 일본군은 동쪽으로 퇴각하기 시작했다. 그러나 중국군이 본격적인 반격을 시작하기 직전 일본이 항복하면서 전쟁은 끝났다.

4월 4일 장제스는 제1전구와 제5전구에 반격을 명령했다. 곧 시샤커우에서 벌어진 전투에서 중국군은 일본군 5천 명을 사살하고 전차와 장갑차 50여 대를 파괴하였다. 일본군 제3전차사단은 거의 괴멸이나 다름없었다. 게다가 일본군 전차들이 연료가 떨어져 움직이지 못하는 동안, 중국군 제5전구는 미국제 전차 부대를 앞세워 라오허커우를 공격해 4월 13일 탈환에 성공하였다. 그리고 후퇴하는 일본군을 5월 말까지 계속 추격 소탕하면서 빼앗긴 지역을 모두 되찾았다.

같은 시기에 진행된 즈장에 대한 일본군 제6방면군의 공격은 더욱 파멸적인 실패로 끝났다. 4월 8일 일본군은 제20군 산하의 제116사단, 제47사단, 제68사단, 제34사단 등 약 10만 명의 병력으로 진격을 시작하였다. 즈장은 우한 남서쪽 600킬로미터 떨어진 곳에 있으며 충칭과 청두로 향하는 관문이자 막대한 군수물자가 비축되어 있는 곳이었다. 일본군은 세 경로로 분산하여 진격했지만 중국군에게 완전히 저지당했다. 증원 병력을 신속하게 집결시킨 중국군은 탕언보의 제3방면군을 주축으로 약 28개 사단에 달하는 대병력으로 반격을 시작했다. 공격 부대가 전멸 위기에 처하자 5월 9일 오카무라 대장은 작전을 중지하고 퇴각을 명령했다. 즈장 전투에서 일본군의 손실은 2만 8천여 명에 달하였다. 이 전투는 '중국의 과달카날 전투'라고 불릴 정도였다. 중미 연합공군은 400여 대의 항공기로 1천회 이상 출격하여 일본군에게 막대한 타격을 입혔다. 중국군의 손실은 2만 명 정도였으며, 야포 24문과 소총 1,300여 정, 기관총 100여 정을 노획하였다. 이제 전쟁의 주도권은 중국으로 넘어갔다.

＼종전을 향해

일본의 패망은 초읽기에 들어갔다. 1945년 4월 1일 사이먼 버크너 중장이 지휘하는 제10군 5개 사단 8만 5천 명이 오키나와에 상륙하였다. 소련 역시 얄타 회담에 따라 4월 7일 '일소 중립 조약'의 파기를 선언하고 극동으로 병력을 대거 수송하였다. 전황이 점점 불리해지자 대본영은 화남 전선을 대폭 축소하여 광저우와 홍콩만 확보할 계획으로 병력을 동쪽으로 철수시키기 시작했다. 일본군이 후퇴하자 중국군은 추격을 시작하였다. 5월 26일 장파쿠이의 제2방면군이 난닝을 탈환하였고 탕언보의 제3방면군은 제2방면군과 함께 6월 14일 이산(宜山), 6월 30일 류저우를 탈환하였다. 7월 28일에는 구이린을 탈환하였다.

1945년 7월 웨드마이어와 허잉친은 일본군의 즈장과 라오허커우 공격으로 인해 일시 중지되었던 반격 작전을 다시 논의하였다. 허잉친이 제시한 작전은 제1방면군은 베트남을, 제2방면군은 레이저우 반도를 거쳐 광저우로, 제3방면군은 구이린을, 제4방면군은 헝양을 공격한다는 내용이었다. 그러나 웨드마이어는 현재의 병참 능력과 공군력으로는 헝양과 광저우 양쪽에 대한 공격을 동시에 지원할 수 없기에 우선 광저우와 홍콩 탈환에 집중하자고 제안하였다. 미국 참모총장 조지 마셜은 독일이 항복함에 따라 조지 패튼과 윌리엄 심슨, 루시언 트러스콧과 같은 유럽에서 활약했던 명장들을 중국으로 보내주기로 약속하였다. 웨드마이어가 수립한 '카보네이도 작전(Operation Carbonado)'에 따르면, 새로 편성된 중국군 20개 사단이 광저우와 홍콩을 탈환한 다음 동쪽으로 진격하여 원저우와 푸저우, 샤먼 등을 점령하고, 대규모 미군 부대가 중국 동해안에 상륙하면 패튼은 화북으로, 트러스콧은 양쯔 강을 따라 상하이로 진격할 계획이었다. 이 작전은 1946년 초부터 시작될 예정이었으나 일본의 항복으로 실현되지 못했다.

유럽 전쟁이 끝난 뒤에도 미국에게 중국 전구는 끝까지 관심 밖이었다. 4월 12일 루스벨트가 뇌출혈로 사망하면서 대통령이 된 트루먼은 장제스에게 맨해튼 계획에 대해 아무런 정보도 주지 않았다. 7월 30일에야 마셜은 웨드마이어에게 전쟁이 곧 끝날 것이며 미국은 중국에 상륙하지 않을 것이라고 넌지시 말하였다. 즉, 웨드마이어가 그동안 쌓아올린 모든 노력이 수포가 된다는 의미였다. 중국군은 동쪽으로 철수하는 일본군을 조심스럽게 추격하며 영토를 회복하고 있었다. 그들은 전쟁이 그렇게 빨리 끝나리라고는 전혀 예상하지 못했고 일본의 항복에 대비한 어떠한 준비도 없었다. 웨드마이어는 마셜에게 "중국은 피점령지에 대한 회복과 재건, 복구, 피난민들의 귀향 등 어떤 것에 대해서도 대비책이 없으며 혼란과 무질서가 닥쳐 올 것"이라고 경고하였다. 8월 15일 일본이 항복을 선언한 순간 그의 말은 현실이 되었다.

37

자주 독립을 향한 노력

＼대한민국 임시 정부의 탄생과 무장 투쟁

> "왜적이 항복했다는 소식은 내게 하늘이 무너지고 땅이 꺼지는 일이었다. 수 년 동안 애를 써서 참전을 준비한 것도 모두 허사로 돌아가고 말았다. (……) 그러한 계획을 한 번 실시해 보지도 못했고 왜적이 항복하였으니, 지금까지 들인 정성이 아깝고 다가올 일이 걱정되었다." _김구, 『백범일지』에서

대한민국 임시 정부는 1919년 수립 당시부터 무장 투쟁을 통한 자주 독립을 꿈꾸었다. 임시 정부는 국내와 러시아, 중국에 거주하는 한인을 대상으로 10만 명 이상의 의용군을 모집하여 자체 군사력을 갖춘 다음 독립 전쟁을 전개하겠다는 목표를 세웠다. 이를 위해 만주에서 활동하던 여러 무장 단체들과 연계하는 한편, 1919년 5

월 3일에는 지린 성의 류화 현(柳花縣)에 신흥무관학교를 설립하여 독립군 간부들을 양성하였다. 일본군 장교였던 지청천과 오광선, 윈난군관학교 출신의 이범석 등이 서로군정서에 귀순하여 신흥무관학교 교관으로 활동하였다. 신흥무관학교는 폐교될 때까지 3천5백 명에 달하는 간부를 배출하였다. 비록 일본의 탄압과 극심한 재정난, 흉년까지 겹쳐 1920년 8월 문을 닫을 수밖에 없었으나 지청천은 생도 3백 명을 이끌고 홍범도 부대에 가담하여 무장 항일 투쟁을 벌였다. 봉오동 전투와 청산리 전투의 승리는 1920년대 항일 독립 투쟁의 가장 큰 전과였다. 그리고 임시 정부는 1920년 3월 20일 상하이 프랑스 조계에 임시 정부 직속 기관으로 임시육군무관학교를 설립하였다. 이곳은 6개월 속성과정으로 운영되어 1기 19명, 2기 22명이 졸업하였다. 비록 4기까지 배출한 후 재정 문제로 폐교되었으나 중국 등지의 여러 군관학교에 한인들을 입교시켜 간부를 지속적으로 양성하였다.

그러나 1920년대 중반부터 이념과 투쟁 노선을 놓고 독립 단체들이 분열되기 시작하였다. 청산리 전투 이후 만주의 독립군들 역시 임시 정부와의 관계를 끊고 독자적으로 활동하였다. 해외에 망명한 처지에다 심각한 재정난으로 임시 정부는 자체적인 무력 양성은 고사하고 존립마저 위협받는 지경이 되었다. 김구는 동지들과 그 가족들이 겪는 극심한 생계난과 비참함을 통탄하였다. 그러나 제1차 상하이 사변이 끝난 직후인 1932년 4월 29일, 훙커우 공원에서 일어난 의거는 한순간에 임시 정부와 김구에 대한 평가를 바꾸었다. 일본군의 승전기념식장에서 김구의 한인애국단 소속 윤봉길 의사가 폭탄을 투척하여 그 자리에서 시라카와 요시노리 대장을 비롯한 다수의 일본군 수뇌부가 죽거나 다쳤다. 장제스는 "5억 중국인이 하지 못한 것을 한 명의 조선 청년이 해냈다"며 극찬하였다. 김구는 임시 정부의 대표로서 장제스를 직접 대면할 수 있었고 이후 중국을 상대로 외교 교섭을 하고 원조를 얻을 수 있었다. 장제스는 김구를 매우 우호적으로 대하여 임시 정부가 충칭으로 피난할 때도 차량과 여비를 지원하였고 김구가 '5.7사건*'으로 암살 테러를 당해 입원하자 직접 위로의 전문을 보내고 치료비 3천 원을 주기도 하였다.

임시 정부에게 1930년대는 고난의 연속이었다. 당파들의 이해관계와 주도권 싸움, 리더십의 부재로 극도의 혼란을 겪었고 극심한 재정난으로 독립운동은커녕 생계가 어려울 정도였다. 중일 전쟁이 시작되면서 상하이와 난징이 함락되자 임시 정부는 중국 전토를 돌며 유랑해야 했다. 그나마 장제스의 도움으로 임시 정부는 명맥을 유지할 수 있었다. 한때 해체 직전까지 몰렸던 임시 정부는 1940년 9월 충칭에 자리잡은 뒤에야 비로소 안정을 찾았고 독립운동의 중심으로서 활동을 재개할 수 있었다.

임시 정부는 중국의 원조를 받아 조직을 정비하고 정부 조직을 확대하여 인원을 대폭 늘렸다. 또한, 1940년 10월 8일 '대한민국 임시약헌'을 개정하여 집단 지도 체제에서 단일 지도 체제로 바꾸어 강력한 지도력을 갖추었다. 이전까지 주석이라는 직책은 국무위원들이 돌아가면서 맡아 회의를 주관하는 역할에 불과했으나, 임시의정원을 통해 선출된 주석은 국가원수이자 임시 정부의 대표로서 모든 행정과 통수권을 장악하였다. 김구가 주석으로 추대되어 여당인

---

* 1938년 5월 7일, 창사의 조선혁명당 본부에서 열린 연회석에서 일본의 사주를 받은 조선인 이운환이 임시 정부 요인들에게 총격을 가한 사건. 현익철이 사망하고 김구는 중상을 입었다.

한국독립당의 중앙집행위원장, 행정부 주석, 광복군의 통수권자로서 당, 정, 군을 장악한 지도자가 되었다.

그동안 중국에서는 수많은 좌우파의 독립 단체들이 난립한 채 주도권을 놓고 서로 대립하고 있었다. 김구는 이들을 임시 정부 산하로 결집시키기 위해 지속적으로 노력하여 1940년 5월 8일 우파 계열의 한국국민당, 한국독립당, 조선혁명당을 한국독립당으로 통합시켰고, 미국에서 활동하고 있던 하와이애국단과 하와이단합회와도 화해하여 이들을 한국독립당 하와이 지부로 복속시켰다. 임시 정부와 결별하여 독자적인 활동을 하던 이승만, 서재필 등 해외 인사들도 입당하였고, 이어서 김원봉의 조선민족혁명당과 김성숙의 조선민족해방동맹 등 좌파 계열 단체들도 차례로 합류하였다. 특히 1941년부터 중국 정부가 지원 창구를 임시 정부로 단일화하고 한국의 유일한 합법적인 망명 정부로 인정하면서 임시 정부의 위상은 크게 올라갔다.

비록 국내외의 모든 독립 세력을 하나로 뭉치지는 못했지만, 임시 정부는 중국을 떠돌던 몇몇 독립 운동가들의 작은 유랑 단체에서 좌우파를 망라하는 가장 큰 세력이 되었다. 임시 정부는 국제 사회의 인정을 받으려는 노력과 함께 항일 투쟁을 본격적으로 추진해나갔다.

＼광복군의 창설과 확대

중일 전쟁이 발발한 후 임시 정부는 본격적으로 광복군 창설을 추진하였다. 1937년 10월 군무부 산하에 군사위원회를 설치하여 지청천, 안공근(안중근의 동생) 등 6명을 위원으로 선출하였다. 또한, 임시 정부 예산의 절반 이상을 군사비로 편성하였다. 1938년도 임시 정부

세출예산 57만 8,867원 중 군사비 지출이 30만 원이었고 그중 간부 훈련비가 7만 원이었다.

그런데 1938년 10월 10일 당시 국민 정부의 임시 수도였던 우한 한커우에서 김원봉이 이끄는 사회주의 계열의 조선민족혁명당이 '조선의용대'를 결성하였다. 이것은 만주를 제외하고 중국 관내에서 재중 조선인들로 결성된 최초의 무장 조직이었다. 일본인 반전운동가 아오야마 가즈오가 편성계획을 수립하였고, 국민 정부에서 천청이, 중공에서 저우언라이가 각각 조선의용대를 후원하였다. 이들 가운데에는 조선인 외에도 귀순한 일본인도 일부 참여하였기에 '국제여단' 또는 '국제의용군'이라고도 불리었다. 창설 인원은 2개 구대(區隊) 약 100명 정도였다. 1939년에는 155명으로, 1940년에는 최대 314명까지 늘어났다. 조선의용대 사령부는 한커우에 설치되었지만 얼마 뒤 한커우가 함락되자 구이린으로, 구이린에서 다시 충칭으로 이전하였다. 또한 박효삼의 제1구대는 후난 성과 장시 성 일대에서, 이익봉의 제2구대는 안후이 성과 허난 성에서 활동하였다. 이들 중 일부는 중국 공산당 당적을 가진 사람도 있었으나 창설 초기에는 중공과는 거의 무관했다. 이들은 국민정부군의 지휘를 받아 각 전구에 파견되어 일본어 교육, 정보 수집, 선전 활동, 포로 심문 등 각종 심리전과 특수 작전을 수행하였다.

경쟁 상대인 조선민족혁명당이 한발 먼저 무장 조직을 결성했다는 소식은 임시 정부에 큰 자극이 되었다. 임시 정부 역시 서둘러 1938년 말 '한국광복전선 청년공작대'를 조직하였다. 인원수는 약 70명 정도였다. 시안에 공작대 본부를 수립한 후 산시 성 남부의 타이항 산 일대에서 조선의용대와 마찬가지로 정보 수집과 병참, 포로 심문, 귀순 유도, 심리전 등을 수행하였다. 광복군이 창설되자 이들

●— 1940년 9월 17일 충칭에서 거행된 광복군 창설식. 비록 자금과 인원 부족으로 초라한 행사였으나 자주적으로 군대를 창설했다는 점에서 역사적 의의가 있으며 행사에 참석한 중국 정부 간부들과 외신 기자들에게 우리의 독립의 열의를 강하게 보여주었다.

은 1941년 3월 1일 광복군 제5지대로 편성되었다.

그러나 광복군 창설에는 병력 모집과 재정 문제 등 많은 난관이 있었다. 무엇보다도 중국에서 군대를 만들려면 중국 정부의 승인을 받아야 했다. 김구, 이시영, 지청천, 박찬익 등 임시 정부 지도자들은 남의사의 간부인 쉬언쩡(徐恩曾)을 통해 광복군 창설의 지원을 요청하였다. 그리고 1940년 5월 중국 정부에 한국광복군 편성계획을 제출하였다. 주요 내용은 다음과 같다. 첫째, 광복군은 중국에 거주하는 조선인을 모집해 우선 1개 사단을 편성한다, 둘째, 광복군은 중국군 최고사령관의 지휘를 받되 중국군과 대등한 위치에서 연합 작전을 전개한다. 셋째, 중국은 광복군에 무기와 재정을 지원한다. 국민당 조직부장인 주자화(朱家驊)의 적극적인 도움 덕분에 장제스는 "중국의 항일 전쟁에 참가한다"는 전제하에 임시 정부의 광복군 창설을 승인하였다.

그럼에도 임시 정부의 앞길은 하나하나가 진통과 난관의 연속이었다. 중국의 원조금 수령을 놓고 김구의 임시 정부와 김원봉의 조선민족혁명당, 여타 단체들이 서로 불신감을 드러내며 격렬한 다툼을 벌였다. 중국 국민 정부 일각에서는 김원봉을 지원해야 한다는 의견도 만만치 않았다. 황푸군관학교 출신인 김원봉은 중국군 수뇌부에 폭넓은 인맥을 가지고 있었기 때문이다. 또한 중국군은 조선의용대와 마찬가지로 광복군 역시 중국의 원조를 받는 이상 군령권이 자신들에게 복속되어야 한다고 주장하였다. 물론 임시 정부는 자주성의 훼손이라며 거부하였다. 중국과의 교섭이 난항을 겪자 이범석은 일단 자력으로 광복군을 창설하되, 중국군에 복무 중인 조선인들로 총사령부를 구성한 후 중국과 계속 교섭하여 단계별로 확충해 나가는 방안을 제안하였다.

1940년 9월 17일 충칭 가릉빈관 홀에서 임시 정부 국무위원, 충칭위수사령관 류즈 이급상장, 기타 외국인 등 200여 명이 모인 가운데 한국 광복군의 창설식이 거행되었다. 총사령관은 지청천, 참모장에는 이범석이 임명되었다. 그러나 장제스의 원칙적인 승인에도 불구하고 실무 차원에서 중국과 합의를 끝내지 못한 채 임시 정부가 독자적으로 강행했기에 창설 멤버는 겨우 30여 명에 불과했다. 이날 행사도 미국의 교포들이 보내준 4만 원으로 간신히 치를 수 있었다. 그럼에도 개인 자격이나마 군정부장 허잉친, 중공 충칭대표부장 저우언라이, 바이충시, 펑위샹 등 중국 고위 관료들과 정치가, 군인, 언론인들이 대거 참석하였다. 식장 주변에는 "초나라가 비록 세 집 남았어도 진나라를 멸망시킬 수 있다", "단군의 자손은 끝내 고국에 돌아갈 것이다" 같은 표어가 붙어 임시 정부의 조국 광복을 향한 결의를 참석자들에게 강하게 인식시켜 주었다. 장제스의 부인 쑹메이링도 10만 원의 축하 격려금을 보내주었다.

임시 정부는 내각을 전시 체제로 개편하여 주석인 김구에게 모든 권한을 부여하였다. 또한 통수부를 구성하여 참모총장에는 유동열, 군무부장에 조성환을 임명하고 지청천, 이범석 등 30명으로 광복군 참모진과 총사령부를 구성하였다. 임시 정부는 이를 근간으로 광복군 야전 부대를 창설하고 다음과 같은 목표를 설정하고자 했다. 첫째, 목표는 외국의 원조를 유치하고 자원자를 모집하여 1년 안에 3개 사단을 편성할 것, 둘째, 연합국들에게 정당한 교전 단체로 승인받아 공동 전선을 구축할 것, 셋째, 국내에서 항일 총궐기를 일으킬 것. 11월 27일 임시 정부는 최전선에서 가까운 시안에 광복군 임시 총사령부를 설치하였다. 충칭과 쓰촨 성에는 조선인이 별로 없었기 때문이었다. 이곳은 중국군 제2전구 산하 후쭝난이 지휘하는 제34집단군 사령부가 있었다. 광복군은 총 3개 지대를 편성하였고 청년공작대 100여 명도 광복군에 흡수되어 제5지대가 되었다.

태평양 전쟁이 일어나면서 미국, 중국, 영국이 차례로 일본에 선전포고를 하자 임시 정부도 1941년 12월 10일 정식으로 일본에 선전포고하고 항일 무장 투쟁을 선언하였다. 임시 정부는 이를 연합국들에 전달하는 한편, 조선인을 일본인과 구분해줄 것과 임시 정부의 승인, 재미 동포의 신분 보장을 요청하였다.

1942년 7월에는 조선의용대가 광복군 제1지대에 편입되었다. 의용대 사령관 김원봉은 광복군 부사령관에 임명되었다. 1941년부터 조선의용대는 이념과 투쟁 방향을 놓고 갈등을 빚으면서 대원의

●— 안후이 성 린취안(臨泉)의 한국광복군 간부 훈련반 1기생들의 모습. 중국 정부는 중앙군관학교 린취안 분교에 광복군을 위한 간부 훈련반을 운영하였다.

대부분이 무단으로 화북으로 북상한 후 팔로군 산하에 들어갔다. 이들은 1942년 7월 조선의용군 화북 지대로 개편되었다. 조선의용대의 주력 부대가 중국 공산당으로 넘어가자 중국 군사위원회는 큰 충격을 받았다. 이에 군사위원회는 1942년 5월 김원봉을 비롯해 충칭에 잔류한 100여 명에 대해서 광복군과 통합할 것을 명령하였다. 하지만 조선의용대는 광복군과 경쟁의식이 있었기 때문에 중국의 명령에 마지못해 따르기는 했으나 통합 과정에서 많은 마찰을 빚었고 통합은 두 달이나 지난 1942년 7월에야 완료되었다. 대신 이들은 대부분 중국에서 정규 군사 교육을 이수한 경력이 있었기 때문에 훈련 수준에서 다른 무장 단체들에 비해 월등히 우수하였다. 덕분에

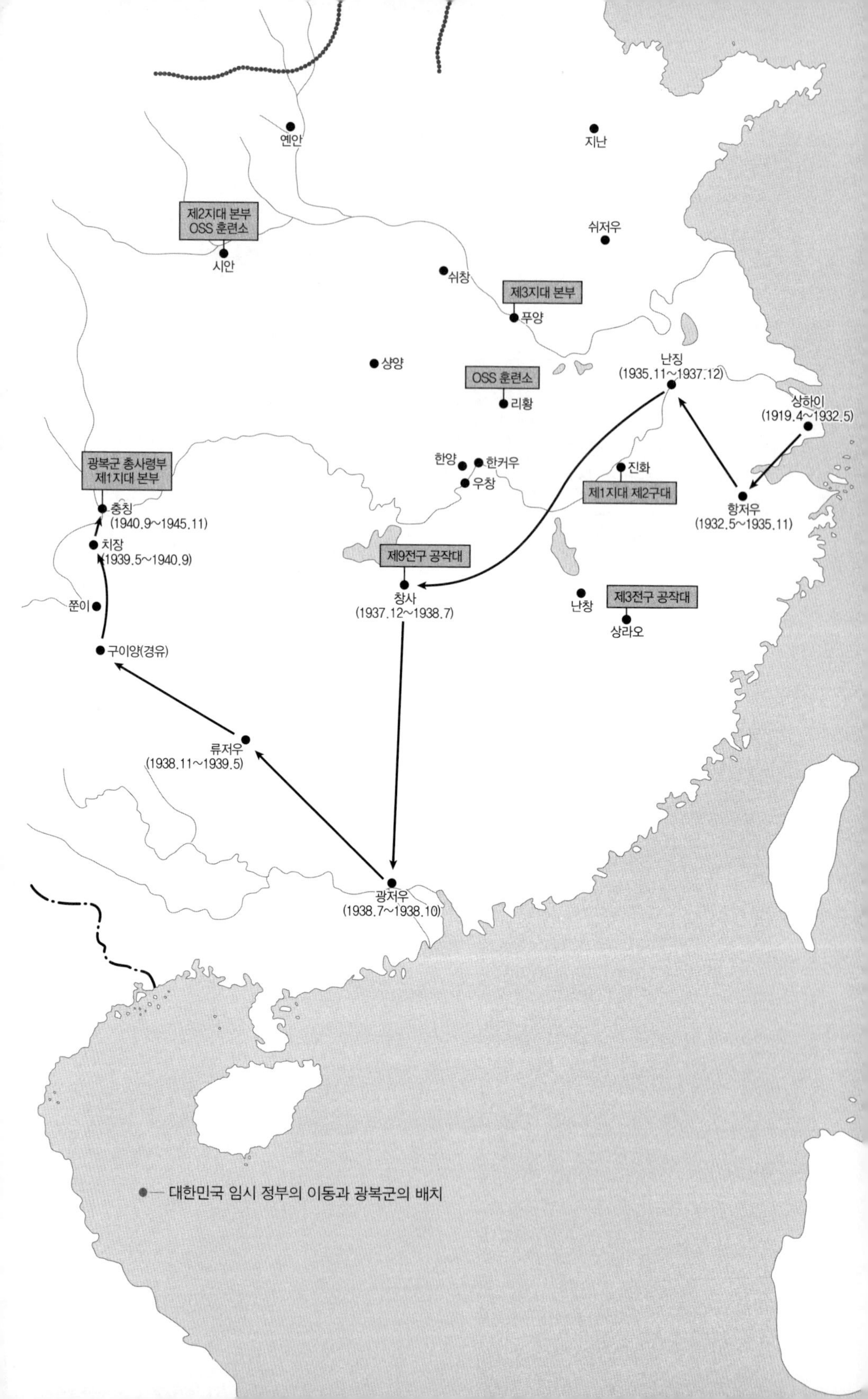

● 대한민국 임시 정부의 이동과 광복군의 배치

광복군의 전력은 크게 향상되었다.

그 외에도 장준하처럼 일본의 학도병으로 중국 전선에 강제로 끌려갔다가 탈출하여 광복군에 입대하는 이들도 많이 있었다. 대표적인 예가 '비호대(飛虎隊)'였다. 박주대, 이운선 등 20대 청년들은 평안도, 함경도에서 강제 징집되어 일본군에서 훈련을 받던 중 탈출하여 광복군에 입대하였고 1945년 1월 '비호대'를 조직하였다. 인원 수는 약 100여 명 정도였다. 이들은 쉐웨의 제9전구에 배속되어 전투를 벌였다. 그 가운데 일본어에 능한 20여 명으로 조직된 특공대가 일본군의 후방에 침투한 후 수류탄으로 대대 본부와 중대 본부를 폭파하고 대대장 1명을 비롯한 다수의 일본군을 사살하는 전과를 올리기도 했다.

창설 초기 4개 지대(제1, 제2, 제3, 제5지대)로 구성되었던 광복군은 조선의용대의 광복군 편입과 제5지대장의 암살 사건을 계기로 전면 개편되었다. 조선의용대를 제1지대로, 기존의 제1, 제2, 제5지대는 제2지대로, 별도로 안후이 성에서 활동하고 있던 대원들은 제3지대로 편성하였다. 또한 임시 정부는 중국 외에 미국, 영국과도 접촉을 시도하였고, 영국의 요청을 받아 '주인면전구공작대(駐印緬戰區工作隊)'를 인도에 파견하였다. 이들은 비록 20명 미만의 소규모 부대였지만 인도, 버마 전선에서 위험을 무릅쓰고 적극적으로 임무를 수행하여 광복군의 위상을 높였다.

＼임시 정부와 중국의 갈등

그러나 광복군의 지위를 놓고 중국과의 갈등은 쉽사리 해결되지 않았다. 이 때문에 중국의 승인이 늦어져 광복군의 활동은 많은 제약을 받아야 했다. 또한 임시 정부가 중국과의 예속 관계에서 벗어나기 위해 미국이나 영국과 직접 교섭을 추진하자 격분한 중국은 원조를 일시 중단하기도 했다. 창설 후 1년이 지난 1941년 12월에도 광복군의 인원은 겨우 3백여 명에 불과했으며 극심한 재정난으로 대원들은 식량, 무기, 피복조차 제대로 지급받지 못해 고통을 겪어야 했다. 김구가 주자화를 통해 장제스에게 어려움을 호소하자 장제스는 즉석에서 10만 원을 지급하고 원조를 재개하라고 지시하였다. 장제스 개인은 임시 정부에 대해 우호적이었으나, 중국 정부는 매우 보수적인 입장에서 이들의 활동을 최대한 억제하고 통제하려고 했다. 1941년 11월 15일 허잉친은 광복군에 대한 원조의 조건으로 '한국광복군 9개 준승'을 통보하였다. 주요 내용은 중국이 광복군의 훈련과 무기, 장비, 급여 일체를 제공하는 대신 광복군은 중국군의 지휘를 받는다는 것이었다.

임시 정부 안팎에서는 "이걸 수락한다면 광복군은 임시 정부의 군대가 아니라 중국의 괴뢰군이 되는 것"이라며 격분하였다. 그러나 김구는 현실론을 내세워 일단 받아들인 다음 지속적으로 중국을 설득하여 이를 바꾸어 나가자고 제안하여 논란 끝에 11월 19일 중국의 요구를 수락하였다. 그리하여 광복군 총사령부 내 참모장, 참모처장 등 주요 간부는 중국군 장교들이 차지하였다. 아무런 정치적, 경제적 기반이 없이 남의 땅에서 활동하는 임시 정부로서는 중국의 눈치를 보지 않을 수 없었다. 해외의 교포들이 기부하는 금액은 너무 미미하였고 정부의 경상비부터 광복군의 운영, 직원들의 생계비까지 전적으로 중국의 원조에 의존했다. 1940년 이후 중국의 지원이 점점 확대되면서 중국에 대한 임시 정부의 예속은 더욱 심화되었다.

현실이 이렇다 보니 광복군의 지위는 중국군에 배속된 외국인 지원병 부대에 지나지 않았다. 임시 정부는 나름대로 열강의 원조를 획득하여 최대 30만 명으로 병력을 확대하고 자체적인 공군력까지 갖추겠다는 거창한 계획을 세웠으나 실제로는 1945년 4월 당시 광복군의 규모는 541명(중국인 장교 65명을 제외하면 449명)에 불과했고 종전 시점에도 고작 682명이었다. 이들 중에는 군사 훈련을 받은 사람도 일부 있었으나 실질적으로 전투 부대라고 볼 수 없었고 내세울 만한 전과 또한 없었다.

따라서 광복군의 인원수가 지속적으로 늘어나기는 했지만 대규모 야전군을 편성하여 연합국의 당당한 일원으로 무장 투쟁을 하겠다는 임시 정부의 바람과는 하늘과 땅만큼 거리가 있었다. 그런 가운데에도 김구는 광복군의 목줄이나 다름없는 '9개 준승'의 폐기를 위해 중국과 지속적으로 교섭하였다. 이런 노력으로 1944년 7월 10일 허잉친이 9개 준승의 폐기와 광복군 지휘권의 반환을 건의하자 장제스도 수락하였다. 그러나 광복군이 임시 정부 산하로 완전히 돌아온 것은 1년이 지난 후인 1945년 5월 1일 '원조한국광복군판법(援助韓國光復軍辦法)'이 체결되면서였다. 광복군은 한국의 광복을 위해 투쟁하며, 광복군에 소요되는 금액은 중국이 차관의 형식으로 임시 정부에 제공하되 한국이 독립한 후 정산하기로 하고, 또한 포로 중에 조선인이 있다면 광복군에 인도한다는 내용이었다. 비로소 임시 정부는 자주적으로 광복군의 지휘권을 행사할 수 있었다. 하지만 때는 너무 늦었다.

＼임시 정부의 승인과 열강들의 갈등

왜 중국은 광복군의 원조에 그토록 소극적이었을까? 중국의 입장에서 본다면 자국 영토 내에서 활동하는 외국인 군대에 대한 통제는 일정 부분 불가피한 점도 있었다. 또한 중국 내부에 산적한 문제가 많은 데다 경제적으로도 여의치 않은 상황에서 중국의 원조에 전적으로 의존하는 광복군이 확대될수록 재정적으로 큰 부담이 되지 않을 수 없었다. 그러나 가장 큰 이유는 중국의 정치적 특수성 때문이다. 중국군의 지휘를 받고 있던 조선의용대 주력 부대가 무단으로 이탈하여 중국 공산당으로 전향한 사건은 장제스에게는 큰 충격이었다. 이 때문에 그는 1941년 10월 허잉친에게 같은 일이 반복되지 않도록 광복군과 조선의용대를 통합하고 통제를 강화하라고 지시하였다. 바꾸어 말해서 이때만 해도 임시 정부는 중국으로부터 그다지 신뢰를 받지 못했다는 의미였다. 중국의 조치가 단순히 원조를 무기로 광복군을 예속시켜 괴뢰화하려는 것이었다고 볼 수는 없다.

또 한 가지 이유는, 중국이 국제 정세와 전략적 이해관계를 고려하지 않을 수 없었기 때문이다. 중국은 카이로 회담 등에서 열강에게 임시 정부의 승인을 여러 차례 거론하고 임시 정부 역시 국제 승인을 받기 위해 적극적으로 노력하였다. 그럼에도 미국과 영국, 소련은 끝까지 거부했으며 오히려 중국 정부에 임시 정부를 승인하지 말라고 압력을 가했다. 이것은 열강들의 복잡한 이해관계 때문이었다. 일본의 군사력을 지나치게 과대평가하고 있던 미국은 소련의 대일 참전이 절실하였다. 미국은 만약 소련의 동의 없이 임시 정부를 승인할 경우 소련을 자극하여 외교적 마찰을 빚을까 우려했다. 루스벨트는 장제스에게 첫째, 한국의 독립과 임시 정부의 승인은 별개의 문제이며, 둘째, 한국의 독립 단체들이 분열되어 있어 임시 정부의 대표성이 의심스럽고, 셋째, 이들은 한반도와의 아무런 연계도 없으며, 넷째, 중국이 임시 정부를 승인할 경우 소련 또한 친소 단체를 승인하여 연합국끼리 불필요한 마찰을 일으킬 수 있다고 주장하였다.

유사한 사례가 폴란드였다. 제2차 세계대전에서 독일의 침공을 받은 폴란드 정부 각료들은 영국으로 탈출하여 망명 정부를 구성하였다. 그런데 독일이 소련을 침공하자 1941년 12월 소련은 런던에 있는 폴란드 망명 정부를 무시하고 자국 내 폴란드 공산주의자들을 모아 '폴란드애국자연맹'을 발족시켜 정통 정부라고 주장하였다. 이 때문에 연합국끼리 갈등을 빚었으나 결국 미국과 영국은 소련과의 충돌을 피하기 위해 소련의 손을 들어주었다. 폴란드 망명 정부는 몇몇 애국지사들이 모여 만든 대한민국 임시 정부나 드골의 자유 프랑스와는 달리 명확한 정통성을 갖춘 합법 정부였다. 그럼에도 강대국들의 횡포 속에서 그들의 주권은 철저하게 짓밟혔다. 미국은 한반도 문제가 제2의 '폴란드 문제'가 되기를 원치 않았다. 또한 영국은 한국의 독립운동이 인도를 비롯한 다른 영국 식민지들의 독립 열기에 영향을 주지 않을까 우려하였다.

이런 상황에서 중국이 억지로 임시 정부의 승인을 강행한다면 열강 사이에 '중국이 임시 정부를 내세워 한반도를 장악하려는 속셈이 아닌가?'라는 경계를 불러일으켜 마찰을 빚을 우려가 있었다. 실제로 1941년 12월 미국 국무부에서 가우스 주중 미국대사에게 임시 정부의 실상을 조사하라고 지시하자 가우스는 "임시 정부는 분열된 데다 조직도 미비하고 본토와의 접촉도 없으며 중국의 원조는 전통적인 패권주의 노력"이라고 보고하였다. 결국 중국은 국제 사회에서 불필요한 오해를 살 수 있다는 이유로 승인을 보류하겠다고 임시 정부에 통보하였다. 열강들의 이해관계 앞에 약소국들만 희생되는 현실을 절감하며, 임시 정부는 실망하지 않을 수 없었다.

그러나 열강이 한국에 무관심하고 자신들의 이해관계만 따지며 접근할 때, 중국은 임시 정부의 유일한 원조국으로서 많은 도움을 주었다. 이 사실은 부정할 수 없다. 일본의 꼭두각시에 불과했던 찬드라 보스의 자유 인도 정부와는 달리, 임시 정부에 대한 중국의 원조는 자신들의 필요에 의한 일방적인 것이 아니라 임시 정부의 지속적인 노력과 호소에 의한 것이었다. 광복군 역시 외세가 아니라 임시 정부가 자주적으로 결성한 군대였으며, 중국과의 예속관계는 어디까지나 한시적이었다. 이런 점에서 광복군은 일본에 의해 만들어진 인도국민군이나 만주국군, 나치 독일의 괴뢰 군대였던 크로아티아 우스타샤*와는 태생부터 다르다.

그러나 중국이 보다 전향적으로 광복군을 지원하고 임시 정부를 승인했다면 그때까지 관망하고 있던 독립 단체들도 임시 정부에 가담하지 않을 수 없었을 것이다. 그랬다면 이후 한반도의 역사 또한 바뀌었을 것이며 친일파 청산도 가능했을지 모른다는 점에서 아쉽지 않을 수 없다. 반면, 중국 공산당과 소련은 자신들에게 예속된 조선인 부대를 적극적으로 육성하였다. 해방 후 이들은 북한으로 입국하여 북한 정권과 군부의 핵심이 되었고 국공 내전에서 중공을 적극적으로 지원하였다. 또한 중공은 국공 내전에서 승리한 후 조선인으로 구성된 3개 사단 5만 명을 입북시켰다. 이들은 한국 전쟁에서 남침의 선봉이 되어 광복군과는 대조적인 길을 걷게 된다.

성사되지 못한 국내 진공 작전

중국에서의 투쟁과 함께 임시 정부가 야심차게 추진한 것이 바로

* 1929년 창설된 크로아티아의 반유고 분리주의 운동 조직. 극단적인 민족주의와 배타주의로 테러와 파괴 활동을 했으며 제2차 세계대전 중 유고가 나치 독일, 이탈리아의 침공을 받자 독일의 비호를 받으며 괴뢰 군대로서 세르비아인들에 대한 학살극을 벌였다. 대전 말기 독일이 유고에서 철수하자 티토의 빨치산의 공격을 받아 괴멸하였다.

국내 진공 작전이었다. 여기에는 두 가지 계획이 있었다. 하나는 화북과 만주에서 활동하는 조선인 무장 세력과의 연계였고, 또 하나는 미국 전략첩보국과의 연계였다. 김원봉과 결별한 채 김두봉을 따라 북상한 조선의용대는 중국 공산당의 산하로 들어가 화북에서 투쟁하였다. 옌안에 도착한 김두봉이 조선독립동맹을 조직하자 조선의용대는 조선의용군 화북지대로 개편되어 조선독립동맹의 당군(黨軍)이 되었다. 또한 팔로군 포병사령관 출신 김무정이 조선의용군 사령관이 되어 화북과 만주의 한인들을 상대로 점차 세력을 확대하였다. 그 규모는 약 5백여 명에 달했고 같은 시기 광복군보다도 많았다. 1944년 3월 김구는 김두봉에게 친서를 보내어 "지역과 파벌을 불문하고 양자가 연합하여 광복군과 조선의용군이 함께 압록강을 건너자"며 자신이 직접 옌안으로 가겠다고 말하였다. 또한 1945년 4월 국무위원인 장건상을 옌안으로 파견하여 좌우통일전선을 제안하였다. 김두봉과 간부들도 김구의 제안에 찬성하였다. 김두봉은 자신이 직접 충칭으로 가서 김구를 만나겠다고 약속했다. 그러나 그사이에 일본이 항복해버렸고 결국 양자의 합작은 실현되지 못했다.

임시 정부가 연계를 시도한 또 다른 세력은 김일성의 항일유격대였다. 그들은 1930년대 만주에서 활동하다 1940년 10월 소련으로 이동하였고 1942년 7월 '제88특별보병여단'으로 편성되었다. 임시 정부는 그동안 연해주나 소련 지역의 조선인들에 대한 정보를 전혀 얻지 못했다. 그런데 소련에서 활동하던 독립운동가 이충모가 1944년 7월 임시 정부를 찾아오면서 소련 교포들의 정보를 얻게 되었고 이들과의 연계를 구상하였다. 1945년 3월 김구는 이충모를 밀사로 연해주에 파견하였다. 그러나 이충모가 김일성을 만나기도 전에 일본이 항복해버렸고(그는 당시 쑤이위안 성에 도착한 상태였다), 김구의 구상도 결국 무산되고 말았다. 김일성은 회고록에서 자신 역시 충칭의 임시 정부와 옌안의 조선의용군과의 연계를 시도하려고 했으나 성사되지 못했다고 술회하였다. 이렇듯, 좌우파는 끝까지 단 한 번도 조국의 독립을 위해 힘을 모으지 못한 채 해방이 되자마자 갈라져 적대적인 관계가 되었다. 또한 김구와 김두봉, 김원봉 등 많은 독립운동 지도자들은 권력 투쟁 과정에서 패배자가 되어 암살되거나 숙청당했다.

한편, 쿤밍에 설치된 미국 전략첩보국 중국지부는 중국 내 조선인 독립 단체들과 연계하여 그들을 대일전에 활용하는 방안을 구상하고 있었다. 한반도의 전략적 가치를 무시하고 있던 루스벨트 행정부와 달리 전략첩보국은 한반도가 일본과 중국을 연결하는 수송로이자 일본으로 침투하기 위한 기지로서의 역할을 하리라고 생각하였다. 이들이 구상한 작전은 세 가지였다. 바로 냅코 작전, 북중국 첩보 작전, 그리고 독수리 작전이었다.

'냅코 작전(Napco Project)'은 전략첩보국 부국장 프레스턴 굿펠로우 대령이 제안한 작전이었다. 이는 임시 정부 주미외교위원장인 이승만의 요청에 의한 것이었다. 미국 정부에 상당한 인맥을 가지고 있던 이승만은 1942년 5월부터 '한미협회장' 제임스 크롬웰을 통해 미 국무장관 코델 헐에게 임시 정부의 승인과 조선인 항일 유격 부대의 창설을 거듭 요청하였다. 헐 국무장관은 무관심했으나 굿펠로우 대령은 이승만의 요청을 받아들여 1942년 12월 미국 육군에 복무 중인 조선인과 재미 교포, 일본군에서 탈출한 학도병 중에서 12명의 요원을 선발하여 캠프 데이비드에서 침투 훈련을 실시하였다. 그들 중에는 나중에 유한양행을 설립하는 유일한 박사도 있었다. 작전은 이들을 항공기나 잠수함으로 한반도에 침투시켜 정보를 수집하고 첩보망과 저항 세력을 조직하여 향후 연합군의 한반도 상륙을 대비한다는 것이었다. 그러나 같은 시기 독수리 작전을 추진하고 있던 전략첩보국 중국지부가 강력히 반대했고, 요원들이 한반도에 침투하기 위해 중국 전구나 태평양 전구 사령관의 승인이 필요했지만 끝까지 승인을 받지 못하면서 결국 구상 단계에서 끝나고 말았다.

두 번째로, '북중국 첩보 작전(North China Intelligence Project)'은 중국 공산당과 손을 잡고 옌안에 대규모 첩보 조직을 구축하여 일본군 정보를 수집하고 조선의용군을 만주와 한반도로 침투시킨다는 계획이었다. 이때 조선의용군 사령관인 김무정 역시 미국의 원조를 얻으려고 노력하고 있었다. 이 계획은 전략첩보군 워싱턴본부의 윌리엄 도노반 국장의 주도로 구상되었으나 헐리 대사와 국무부의 반대로 실현되지는 못했다.

구상 단계에서 끝나버린 위의 두 작전과 달리 '독수리 작전(The Eagle Project)'은 양측의 적극적인 협력으로 실행 직전까지 가게 되었다. 1944년 10월 광복군 제2지대장이었던 이범석이 미 전략첩보국 비밀첩보과의 클라이드 사전트 대위를 개인적으로 만나 광복군과 전략첩보국의 합작을 제안한 것이 양측의 첫 접촉이었다. 사전트 대위는 이범석의 초청으로 직접 제2지대를 방문하였고 이들의 전의와 단결심이 매우 훌륭하여 전략첩보국의 훈련에 적합하다고 판단하였다. 1945년 2월 24일 그는 직접 '독수리 작전'을 입안하여 3월 1일 전략첩보국 도노반 국장의 승인을 받았다.

독수리 작전은 우선 60명의 요원을 선발하여 3개월 동안 첩보, 통신 훈련을 실시한 후 최종적으로 45명을 서울, 부산, 평양, 신의주, 청진에 침투시켜 일본군의 군사 시설과 산업 시설, 교통망 등에 대한 정보를 수집하고 조선인들의 봉기를 유도한다는 것이었다. 향후에는 일본으로의 침투와 게릴라 활동까지 실행할 생각이었다. 이 작전은 전략첩보국 중국지부 비밀첩보과에서 주관하고 사전트 대위가 책임자로 임명되었다. 이들의 훈련을 위해 미군 장교 1명과 병사 9명이 파견되었고(대부분 한국계 미국인) 또한 이들의 훈련 비용으로 매월 2만 5천 달러가 책정되었다.

4월 17일에는 김구가 중국 전구 미군사령부를 방문하여 웨드마이어 중장을 면담하였다. 김구는 웨드마이어에게 '미군 당국에 요청하는 군사원조 안건에 대한 개요'를 제출하여 미국과의 합작과 원조를 요청하였다. 5월 1일 재차 면담을 통해 웨드마이어는 "미국은 앞으로 중국을 거치지 않고 임시 정부와 직접 교섭하겠다"고 대답하였다. 이것은 임시 정부가 중국의 괴뢰가 아닌, 자주적인 단체라는 것을 인정한 셈이었다. 또한 제주도를 거점으로 국내 진공을 계획하고 있던 김구는 그 자리에서 미군이 이를 도와달라고 요청하기도 했다.

제2지대장 이범석, 제3지대장 김학규는 제14공군 사령관 셔놀트 소장을 만나 '한미군사합작'을 체결하였고 대일 공동 작전과 미군의 원조를 약속받음으로써 한미 연합 국내 진공 작전이 본격적으로 추진되었다. 국내 침투 요원으로 우선 제2지대에서 50명을 선발하였고 시안 훈련소에서 5월부터 훈련을 시작하여 8월 4일 완료되었다. 훈련은 매우 엄격했고 12명이 탈락하여 38명만이 수료할 수 있었다. 제3지대에서는 20명이 선발되어 장쑤 성의 성도인 리황(立煌)에서 7월부터 훈련을 시작하였다. 제1기의 훈련이 완료되자 8월 7일 임시 정부와 미 전략첩보국은 한미 연합 군사 작전에 최종 합의하여 8월 20일까지 국내에 침투시키기로 하였다. 그러나 3일 후인 8월 10일, 일본이 포츠담 선언을 무조건 수락한다는 뉴스가 나왔고, 8

월 15일 일본은 무조건 항복을 선언하였다. 결국 국내 진공 작전은 최종 단계에서 실현되지 못했다.

그러나 한편으로, 미국 전략첩보국은 이들을 국내에 침투시킨다는 원론적인 방침만 정했을 뿐 실제로 어떤 수단으로 어떻게 침투시키겠다는 구체적인 방법이 없었다. 무엇보다 침투 장비의 확보가 문제였다. 잠수함은 구할 수 없었고 대원들은 낙하 훈련을 받지 못했다. 게다가 일본이 연합군의 침투를 우려해 한반도 전역에 대한 경계를 강화하고 있었다. 설령 일본의 항복이 좀 더 늦어졌다고 해도 계획대로 8월 20일까지 이들을 국내로 침투시키기는 무리였다.

무엇보다도 우리의 의지와 상관없이 한반도의 운명은 미국과 소련에 의해 결정되었다. 1945년 2월 8일 얄타 회담에서 한반도 또한 거론되었으나 우선순위에서 가장 낮았다. 루스벨트는 스탈린에게 "한국인들이 자치 능력을 갖추었다고 판단될 때까지 미국, 중국, 소련 3국에 의한 신탁통치를 해야 한다"고 제안하였고 "20~30년 정도면 될 것"이라고 말했다. 스탈린이 군대도 주둔시킬 것이냐 하고 묻자 루스벨트는 그럴 필요는 없을 것이라고 대답하였다. 두 사람이 대수롭지 않게 나눈 짧은 몇 마디가 전부였다. 얄타 회담이 시작되기 전, 미 국무부가 한반도 처리에 대한 구체적인 계획을 루스벨트에게 전달했으나 건강이 매우 좋지 못했던 그는 보고서들을 제대로 읽어보지도 않았다. 심지어 그는 얄타 회담 후 스탈린과의 합의 내용을 부통령 트루먼에게도 설명하지 않았다. 따라서 루스벨트의 사망으로 갑작스럽게 대통령이 된 트루먼에게는 훨씬 복잡하고 시급한 문제가 산적해 있었고, 한반도 문제는 뒷전으로 밀려났다. 만약 루스벨트가 4선에서 낙선했다면 한반도의 운명도 달라졌을지 모른다.

임시 정부는 어려운 여건에서도 자주적인 독립 투쟁을 위해 많은 노력을 하였다. 이는 높이 평가해야 한다. 그러나 재정의 어려움과 열악한 환경, 열강의 복잡한 이해관계 속에서 그들이 할 수 있는 역할은 한계가 있을 수밖에 없었다. 안타까운 일이다.

제주도를 '제2의 오키나와'로 만들려고 했던 일본

1910년 대한제국을 병탄한 일본은 한반도의 수비와 치안 유지, 항일 세력의 토벌을 위해 육군 2개 사단을 주둔시켰다. 이것이 '조선군'이다. 제19사단이 함경북도 나남에, 제20사단과 조선군사령부는 경성(서울) 용산에 주둔하였다. 또한 경상남도 진해만, 함경남도 영흥만, 함경북도 나진만 등 3곳의 요충지에 해군 요새를 설치하였다. 조선군의 편제는 태평양 전쟁 중반까지도 거의 변동이 없었다.

그러나 남방 전선이 악화되자 조선군도 남방으로 차출되었다. 제20사단은 1943년 1월에 뉴기니로, 제19사단은 1944년 12월 타이완을 거쳐 필리핀 루손 섬으로 이동하였다. 또한 태평양 전쟁 중 창설된 제30사단과 제49사단도 각각 필리핀과 버마로 이동하였다. 이 때문에 한동안 한반도에는 단 1개의 정규 사단도 없었다.

마리아나 해전과 레이테 해전에서 연패한 직후 일본 대본영은 1945년 1월부터 본격적으로 본토 결전을 준비하기 시작했다. 본토 및 점령 지구는 6개 방면군과 8개의 군관구로 나누어졌다. 이에 따라 1945년 2월 6일에는 한반도 수비를 위해 기존의 조선군 사령부를 조선군관구로 개칭하고 야전부대로서 제17방면군을 창설하였다. 원래 군관구와 방면군은 서로 종속된 관계가 아니라 별개의 독립된 조직이었으나 실제로는 한 명의 사령관이 겸임하였다. 예하 부대는 4개 사단(제120사단, 제150사단, 제160사단, 제320사단)으로 구성되었다. 한반도에 주둔한 일본군은 1945년 1월 10만 명에서 4월에는 15만 명으로 늘어났다. 이후에도 신규 사단들이 계속 늘어나면서 종전 직전인 8월에는 14개 사단과 1개 혼성여단, 1개 혼성연대 및 헌병대, 철도경비대, 관동군 파견부대 등 총병력은 34만 7,368명에 달하였다.

오키나와가 함락되자 연합군의 일본 본토 상륙이 초읽기에 들어갔다. 대본영은 연합군이 일본과 대륙의 교통선을 차단하고 규슈 공격의 발판으로 삼기 위해 2~5개 사단의 규모로 한반도 남부와 제주도에 상륙할 가능성이 높다고 판단하였다. 이에 따라 제주도 방어를 위해 '결7호작전'*을 수립하였다. 그리고 4월 15일 제58군을 창설한 후 대대적으로 병력을 확충하였다.

제58군은 편제상 제17방면군에 속해 있었으나 독자적인 지휘권을 가지고 있어 오로지 제주도 방어를 위한 부대였다. 1945년 1월 초만 해도 고작 1천 명에 불과했던 수비대는 1개 군 3개 사단(제96사단, 제111사단, 제121사단) 7만 5천 명까지 늘어났고, 9월까지 8만 3천 명으로 확대할 계획이었다. 일본은 본토로부터 병력과 무기를 수송하는 한편 머릿수를 채우기 위해 현지 주민들을 강제로 징집하였다. 또한 강제로 물자를 공출하고 주민들을 동원하여 섬 곳곳에 진지와 동굴을 파도록 하였다. 그러나 제주도민과의 심한 갈등으로 진지 구축은 8월 15일 기준으로 겨우 60퍼센트만이 진척되었다.

제58군 사령관 나가쓰 사히주 중장은 방어 태세와 병력의 불충분함, 특히 포병 화력의 열세를 이유로 해안가에서 결전을 벌이기보다 일단 상륙을 허용하고 적을 섬 안쪽으로 유인한 뒤 병력과 화력을 집중시켜 타격을 가하는 종심방어를 계획하였다. 이는 구리바야시 다다미치 중장이 이오지마에서 미군에게 큰 피해를 주었던 전략과 동일하였다.** 그러나 이런 전략은 일본 육군의 기본 교리인 공세 지향주의와는 거리가 멀었고 초전의 주도권 확보가 무엇보다 중요하다는 것이 일본 수뇌부의 보편적인 인식이었다. 대본영은 나가쓰 중장에게 전통적인 수제선 방어 전략***을 고수하라고 명령하였다. 이 때문에 병력과 방어 시설을 재배치하면서 도리어 혼란만 가중되었다.

제주도와 한반도에 주둔한 일본군은 머릿수만 본다면 상당했으나 모두 1945년 1월 이후에 급조된 부대들이었다. 상비 사단은 단 한 개도 없었으며 장비도 구식인 데다 화포와 차량, 중장비는 물론 탄약도 부족했다. 연령도 천차만별이라 제58군 산하 제96사단의 경우 병사들의 평균 연령은 14세였고 장교들은 평균 48세였다. 한마디로 어린애들과 노인들을 모아서 만

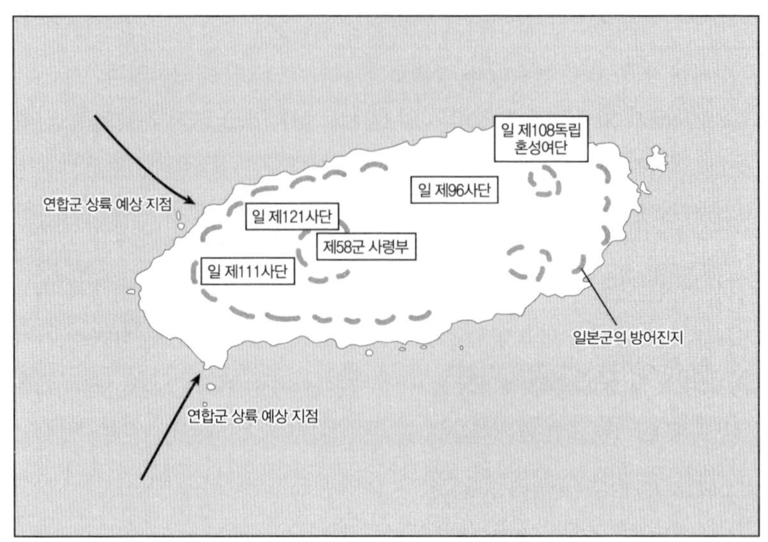

●— 일본군의 제주도 방어(1945년 8월)

든 부대였다. 제58군의 역할은 연합군의 제주도 상륙을 저지하면서 가능한 많은 타격을 가한다는 것이었으나 이는 현지 주민들의 대량 희생을 전제로 했다. 만약 연합군이 정말로 공격해왔다면 오키나와에서처럼 일본군은 최후의 발악으로 제주도민들을 무차별로 학살했을지도 모른다.

한편, 연합군은 필리핀을 점령한 후 차후 작전에 대해 격렬한 논쟁을 벌였다. 해군은 막대한 희생이 우려되는 본토 상륙 대신 일본을 대륙으로부터 봉쇄하고 꾸준한 전략 폭격을 통해 고사시키자고 주장한 반면, 맥아더를 비롯한 육군은 해군의 안으로는 전쟁의 장기화가 불가피하다며 일본의 항복을 받아내기 위해서는 일본 본토에 상륙해야 한다고 주장하였다. 결국 육군이 승리하여 일본 침공 계획인 '다운폴(Downfall) 작전'이 수립되었다.

이와 함께 한반도 상륙도 검토되었다. 그러나 국토의 70퍼센트가 방어군에 유리한 험준한 산악 지대인 데다 도리어 대규모 지상전이라는 수렁에 빠질 우려가 있으며 일본 본토를 공격하는 데 필요한 전력이 분산될 가능성이 높다는 것이 결론이었다. 게다가 일본군이 연합군의 상륙에 대비해 한반도의 산악 지대를 중심으로 장기전을 펼칠 준비를 하고 있다는 것, 교두보를 마련할 만한 마땅한 상륙 지점이 없다는 것, 병력이 한정된 미군으로서는 한반도와 일본 양쪽을 동시에 공격하는 것은 무리라는 점에서 결국 한반도 상륙은 검토 단계에서 제외되었다. 나중에 작전상 필요하다면 재검토할 수 있다는 여지는 두고 있었으나, 사실상 연합군의 한반도 상륙 작전은 물 건너 간 셈이었다. 어쨌든 덕분에 한반도는 직접 전장이 되는 참화를 피할 수 있었다. 대신 우리는 자신의 운명을 남의 손에 맡겨야 했고, 그 대가를 분단과 한국 전쟁으로 치러야 했다.

---

* 대본영은 1945년 1월 일본 본토 방어를 위해 이른바 '결호(決號) 작전'을 수립하였다. 총 7개의 작전계획이 있었으며 다음과 같다. 홋카이도(결1호 작전), 동북(결2호 작전), 관동(결3호 작전), 동해(결4호 작전), 중부(결5호 작전), 규슈(결6호 작전), 제주도(결7호 작전).

** 이오지마 전투는 태평양 전쟁 후반을 통틀어 유일하게 미군의 피해가 일본군을 능가한 전투였다. 미군은 월등히 우세한 전력으로 공격했으나 약 3만 명에 달하는 사상자를 내었다. 일본군 역시 구리바야시 중장을 비롯해 2만 명이 전사했고 200명만이 포로가 되었다.

*** 해안가에 대부분의 병력과 진지를 배치하여 적의 상륙정이 수평선에 출몰하면 모든 화력을 집중하여 적을 격퇴함으로써 해안 상륙 자체를 차단하는 전략. 그러나 충분한 병력과 화력, 제공권, 제해권이 없을 경우 초전에 우세한 적의 화력에 큰 피해를 입을 수 있다.

38

소련, 만주를 침공하다

노몬한 전투 이후 정전 협정이 체결되면서 1930년대 이래 반복되었던 일본과 소련 간의 분쟁은 일단락되었다. 이어서 1941년 4월 13일에는 모스크바에서 일본 외상 마쓰오카 요스케와 소련 외상 몰로토프 간에 '일소 중립 조약'이 체결되었다. 유효 기간 5년으로 양국은 서로의 영토를 침범하지 않고 일국이 제3국의 침략을 받을 경우 중립을 지킨다는 내용이었다. 그런데 일소 중립 조약이 체결되자마자 독일이 소련을 침공하였다(1941년 6월 22일). 사전 협의는커녕 아무런 정보도 제공하지 않았던 독일은 7월 1일에야 일본에게 시베리아를 침공할 것을 제안했으나 일본은 관동군의 준비 부족과 병참 문제, 소련 극동군이 여전히 강력하다는 이유로 독일의 제안을 받아들이지 않았다. 무엇보다 석유가 부족했던 일본은 소련 침공 대신에 자원이 풍부한 동남아시아를 침략하기로 결정하였다. 덕분에 소련은 모든 역량을 독일에 집중할 수 있었고 일본 역시 배후를 걱정하지 않고 마음껏 남방을 침략할 수 있었다. 제2차 세계대전 동안 양국은 경제적으로 협력하며 중립 관계를 유지하였다.

태평양 전쟁이 일어난 뒤, 미국과 중국은 소련의 대일 참전을 지속적으로 요구하였다. 그러나 스탈린은 우선 독일과의 전쟁에 모든 역량을 집중해야 하며 독일이 항복한 뒤에 참전하겠다는 말만 반복하였다. 그러다가 독일의 패색이 명확해진 1945년 2월 얄타 회담에서 스탈린은 독일 항복 후 2~3개월 안에 일본을 공격하는 조건으로 극동에서의 막대한 권익을 요구하였다. 루스벨트는 신중한 검토 없이 무조건적으로 이를 수락하였다. 독일이 항복하자 소련은 6월부터 본격적으로 유럽의 병력을 극동으로 이동시키기 시작했다.

그런데도 일본은 이런 상황을 전혀 깨닫지 못했다. 일본은 1944년 말 장제스 정권에 중국에서의 완전 철병을 조건으로 강화를 제안했으나 거부당했고, 1945년 4월 6일에는 소련으로부터 일소 중립 조약의 파기를 통보받았다. 그러나 일본은 소련의 속셈을 여전히 파악하지 못한 채 소련이 연합국과의 강화를 중재해 주기를 기대했다. 6월 3일 히로타 고키 전 총리는 야코프 말리크 주일 소련 대사를 통해 소련의 중립 유지와 연합국과의 화평 중재를 요청하고 대가로 러일 전쟁 당시 빼앗은 사할린 남부의 반환, 뤼순과 다롄의 조차권 양보, 북만주의 철도권 양도 등을 제안하였다. 대신 일본은 만주국과 조선을 그대로 확보한다는 조건이었다. 그러나 이미 얄타 회담에서 대일 참전을 약속한 소련은 답변을 회피하였다.

4월 30일 히틀러가 베를린의 지하 벙커 속에서 자살했다. 그의 뒤를 이어 2대 총통이 된 카를 되니츠는 5월 7일 연합군에 무조건 항복을 선언했다. 이제 추축국 가운데 남은 나라는 일본뿐이었다. 일본 역시 매일같이 반복되는 미군의 폭격으로 전 국토가 불바다였고, 연합군이 점점 숨통을 죄어 오고 있었다. 이제는 이기느냐, 지느냐가 아니라 어떻게 항복하느냐가 문제였다. 7월 26일 포츠담 회담에서 연합국 진영이 무조건 항복을 요구하자 초조해진 일본은 천황의 특사로 고노에 전 총리를 모스크바에 파견하겠다고 소련에 요청하였으나 거부당했다. 소련이 대규모 병력을 시베리아로 이동시키고 있는데도 외무성은 주소련 대사 사토 나오타케에게 소련과 계속 교섭하라고 지시하였다. 사토는 도고 시게노리 외상에게 직접 전문을 보내어 "우리 쪽의 확고한 결심도 없이 빙빙 돌려 설득하는 방식으로 소련이 움직일 것이라고는 도저히 생각할 수 없다"며 정부의 안이하고 우유부단한 자세를 비판하였다. 그러나 일본은 여전히 태평스럽기 짝이 없었다.

1944년 7월 사이판 함락을 책임지고 도조가 총리에서 물러난 후 조선 총독이었던 고이소 구니아키가 신임 총리가 되었다. 하지만 그 역시 오키나와의 패전으로 1945년 4월 사퇴하였고 해군 원로인 스즈키 간타로가 자리를 물려받았다. 도고 외상 역시 이미 소련의 선전포고는 시간문제이며 더 이상 교섭 시도가 무의미하다고 경고했다. 하지만 군부는 미국과 소련의 대립은 필연적이며 완충국으로 일본이 필요하기 때문에 아직 타협의 여지가 있다는 입장만 고수했다. 이런 막연한 기대감은 바로 히틀러가 몰락을 눈앞에 두고 품었던 환상과 다를 바 없었다. 일본은 여전히 현실을 외면한 채 실낱같은 희망을 품고 있었다. 군부의 허수아비에 불과한 스즈키 총리는 어차피 자신이 반대해봐야 소용없다며 도고에게 되건 안 되건 소련과의 접촉을 계속 시도하라고 지시하였다. 그러나 소련 외상 몰로토프는 말리크에게 "상대할 필요도 없다"고 냉담하게 명령하였다.

＼관동군의 대비 태세

1944년 9월 18일 대본영은 관동군에 '대륙명 제1130호'를 하달하여 소련의 침공에 대비한 장기 방어전을 준비하라고 명령하였다. 1942년만 해도 관동군은 '특종 연습'이라는 명목으로 소련 침공을 위해 대대적으로 병력을 증강하여 일본 육군 최강의 전력을 자랑하였고 1944년 초반까지도 상당한 전력을 갖추고 있었다. 그러나 남방 전선의 상황이 급격히 악화되면서 1944년 중순부터 예하 부대들이 차례로 차출되었고, 특히 지나파견군이 이치고 작전을 강행하자 전차 부대를 비롯해 대량의 병력과 물자가 빠져나갔다. 또한 1945년 초에는 남은 3개 사단까지 본토 결전을 명목으로 일본으로 보내졌다. 막상 소련군의 침공을 눈앞에 둔 시점에 만주에는 한때 16개에 달하던 상비 사단이 모두 빠져나갔고 빈자리는 급조된 신설 부대가 차지하고 있었다. 관동군은 껍데기나 다름없었다.

1945년 2월 일본 군부는 '본토 결전 계획'을 수립하여 8월 말까지 총 59개 사단을 추가 편성하기로 하였다. 장정들을 '싹쓸이'하듯 긁어모아 300만 명에 달하는 새로운 부대들을 급조했지만 머릿수만 억지로 채웠을 뿐 실제 전력은 형편없었다. 사단 예하의 연대는 모두 보병이었고 사단 포병이 없는 부대가 태반이었다. 차량과 장비의 부족은 물론, 심지어 소총도 부족해 학교의 책걸상을 재료로 '국민돌격소총'이라는 이름으로 조잡한 무기를 만들거나 대나무를 깎아 죽창을 만들었다. 특히 대전차 무기가 매우 빈약했다. 간부들은 대부분 40대 이상의 고령의 예비역들이거나 단기 교육을 받고 배치된 무경험자들이었다. 병사들 역시 군 면제를 받았던 자들과 부적합자들을 끌어모았을 뿐 훈련도 제대로 받지 못한 데다 군기도 엉망인 오합지졸이었다. 대본영의 참모들조차 "이건 열두 살짜리 소녀에게

●— 1945년 8월 관동군과 조선군 편제

<table>
<tr><th>구분</th><th>사령부</th><th>사령관</th><th>편제</th><th>방어 지역</th><th colspan="2">예하 부대</th></tr>
<tr><td rowspan="8">관동군</td><td rowspan="8">신징
(창춘)</td><td rowspan="8">야마다
오토조</td><td rowspan="3">제1방면군</td><td rowspan="3">만주 동부,
함경북도</td><td>직속</td><td>3개 보병사단,
제2특별경비대</td></tr>
<tr><td>제3군</td><td>3개 보병사단,
1개 혼성여단,
나진요새사령부</td></tr>
<tr><td>제5군</td><td>3개 보병사단,
제15국경수비대,
제1공병대</td></tr>
<tr><td rowspan="3">제3방면군</td><td rowspan="3">만주 서부</td><td>직속</td><td>2개 보병사단,
3개 혼성여단,
제1전차여단,
관동주 경비 사령부,
제22고사포부대,
제1특별경비대</td></tr>
<tr><td>제30군</td><td>4개 보병사단,
제2공병대</td></tr>
<tr><td>제44군</td><td>3개 보병사단,
제9전차여단</td></tr>
<tr><td>제4군</td><td>만주 북부</td><td colspan="2">3개 보병사단, 4개 혼성여단</td></tr>
<tr><td>제34군</td><td>한반도 북부</td><td colspan="2">2개 보병사단, 1개 혼성여단,
영흥만요새사령부</td></tr>
<tr><td rowspan="3">조선군</td><td rowspan="3">경성</td><td rowspan="3">고즈키
요시오</td><td>직속부대</td><td>한반도 중부
및 남부</td><td colspan="2">4개 보병사단, 1개 혼성연대</td></tr>
<tr><td>제17방면군</td><td>한반도 중부
및 남부</td><td colspan="2">4개 보병사단</td></tr>
<tr><td>제58군</td><td>제주도</td><td colspan="2">3개 보병사단, 1개 혼성연대</td></tr>
</table>

애를 낳으라는 것과 같다"고 공공연히 빈정거릴 정도였다.

1945년 5월 30일 '대륙명 제1338호'와 '대륙명 제1393호'에 따라 관동군과 조선군은 전시 상태에 돌입하였다. 38도선을 경계로 한반도 북부는 관동군, 남부는 조선군의 작전 구역으로 나누어졌고, 소련이 침공하자 조선군 산하 제17방면군과 사할린의 제5방면군은 관동군의 지휘권에 편입되었다. 1945년 8월 초 관동군의 전력은 제1방면군(제3군, 제5군)과 제3방면군(제30군, 제44군), 제4군, 제34군으로 편성되어 24개 보병사단, 11개 독립여단(2개 전차여단 포함), 1개 항공대에 총병력 73만 명에 달했다. 그러나 전투력을 제대로 갖춘 병력은 절반도 채 안 되는 30만 명 정도였다. 또한 만주국군 17만 명, 몽강정부군 4만 4천 명이 있었으나 일본의 괴뢰군일 뿐 보급과 처우도 형편없고 사기와 훈련 상태 역시 매우 낮아 소련군의 침공이 임박하자 탈영병이 속출하였다.

일본의 조선군 역시 병력을 대거 확충하면서 사령부 직속의 4개 사단 및 1개 독립혼성연대와 제17방면군(4개 사단), 제58군(3개 사단, 1개 독립혼성여단), 조선헌병대, 철도사령부 등으로 편성되어 11개 보병사단, 1개 혼성여단 및 1개 혼성연대 등 총병력 34만 7천 명으로 늘어났다. 하지만 마찬가지로 대부분 급조된 부대였기에 무기와 훈련 상태가 형편없는 오합지졸이었다. 또한 전차 및 장갑차 1천6백 대, 야포 6천7백 문, 2천여 대의 각종 항공기를 보유했으나 모두 노후화된 구식이었다. 야포의 대부분은 75mm 이하의 구식 경포(輕砲)였으며 중포나 로켓포, 대전차포는 거의 없었다. 홋카이도에는 고작 경순양함 1척, 구축함 1척이 거대한 소련 태평양함대와 대치하고 있었다. 소련군과 비교한다면 수적으로도 열세였고 질적으로는 더욱 열세였다.

관동군의 방어 계획은 한반도 북부와 만주 동남부의 산악 지대에 주력을 집중시키고 만주의 광대한 공간을 활용한다는 것이었다. 국경 지대의 요새에 배치된 수비대가 지연전을 펼치는 동안 주력 부대는 남만주로 후퇴하여 소련군을 내륙으로 깊숙이 끌어들인 후 소련군의 병참이 한계에 직면하면 반격하는 일종의 종심 방어 전략이었다. 주 방어선은 서쪽으로 다롄, 북쪽에는 신징, 동쪽에는 투먼(圖們)*을 연결하는 남만주 삼각 지대였다. 바꾸어 말해서 주요 산업 시설이 밀집한 만주 북부와 중부 지역의 방어는 포기한다는 의미였다. 물론 여전히 일본군은 막강한 기계화 부대를 갖춘 소련군의 역량을 과소평가하고 자신들의 능력은 터무니없이 과대평가하였다.

국경 지대의 요새화 작업도 그동안 관동군의 태만함에다 수송수단과 자재의 부족으로 제대로 진척되지 않았고 병력의 배치조차 완료되지 못했다. 제공권은 물론이고 소련군의 전차 부대를 상대할 대전차 무기도, 병력 기동에 필요한 차량도 없었으며 병력은 넓은 지역에 분산되어 있었다. 따라서 관동군의 방어 작전은 탁상공론에 불과했다. 다만 만주 동부 지역의 우수리 강 국경 지대를 따라 1930년대 말에 구축된 하이라얼 요새, 둥닝 요새, 후터우 요새, 아이훈 요새 등 대규모 국경 요새는 두꺼운 콘크리트로 제작되어 영구적인 축성 진지였으며 16인치 열차포를 비롯해 다수의 대형 장거리포가 배치되어 있어 상당히 강력한 방어선을 구축하고 있었다.

사령관 야마다 오토조 대장을 비롯해 관동군 수뇌부는 그야말로 무능하고 무책임했으며 탁상공론만 하며 시간을 허비하고 있었

---

* 두만강 중류에 있는 국경도시로 두만강 유역의 무역과 교통의 요충지. 현재 지린 성 연변조선족자치주에 속해 있다.

다. 일소 중립 조약이 체결된 이래 4년간 관동군은 소련의 만주 침공을 가정한 어떤 준비도 하지 않았다. 극동에서 소련군이 급격히 증강되고 있다는 정보를 파악한 뒤에도 여전히 태평스러웠다. 상식적으로 군사 작전이 용이한 7월이나 8월에 소련군이 침공할 가능성이 가장 높다는 것은 당연한데도 아무 근거도 없이 빨라야 가을 이후에나 공격이 가능하리라고 생각하였고 어쩌면 병력의 수송과 병참의 한계로 1946년 봄까지도 쳐들어오지 않을지 모른다고 은근히 기대하였다. 국경 지대에 거주하는 민간인의 피난이나 보호 계획도 없었다. 만주에는 155만 명에 달하는 일본인이 살고 있었다. 관동군의 일부 참모들이 1945년 2월 24일 '관동군 재만 거류민 처리 계획'을 수립하여 5월부터 성인 남자의 총동원과 함께 노약자와 부녀자들을 후방으로 철수시키는 방안을 검토했다. 그러나 대본영에서 현지민의 동요와 소련군의 침공을 유발할 수 있다는 이유로 반대하여 흐지부지되었다. 게다가 사기가 저하될 수 있다며 민간인들에게 어떤 정보도 제공하지 않았다. 소련군이 침공하자 이들은 무방비 상태로 버려졌다.

한편, 스탈린의 야심과는 상관없이 만주 침공은 스타브카(Stavka), 즉 소련군 최고사령부로서도 결코 만만한 사업이 아니었다. 비록 베를린에 승자로서 입성했지만 소련군은 4년에 걸친 독일군과의 소모전으로 만신창이나 다름없었고 그나마도 병력의 대부분은 동유럽에 있었다. 이들을 극동까지 수송하려면 9,400킬로미터에 달하는 시베리아 횡단철도를 거쳐야 했다. 그러나 지구 둘레의 약 4분의 1에 달하는 거리와 시베리아 횡단철도의 제한된 수송 능력 때문에 수십만 명의 병력과 차량, 물자를 유라시아 대륙을 가로질러 극동까지 수송하는 데 많은 시간이 소요될 수밖에 없었다.

스탈린은 스타브카에게 7월 말까지는 모든 준비를 완료하여 8월 중순부터 공격을 시작하라고 명령하였다. 이 작전은 나중에 '8월의 폭풍 작전'이라고 불리었다. 그러나 철도 수송의 한계로 많은 부대가 자신들의 차량으로 개별적으로 이동해야 했고, 막상 공격이 시작되었을 때에도 병력 배치를 완료하지 못했다. 병참과 연료 부족도 심각하였다. 또한 많은 병사들이 중장년이거나 어린 소년들이었다. 지형적으로도 만주는 공격자에게 유리하지 않았다. 만소 국경에는 험준한 산악 지대가 가로막고 있었고, 150만 제곱킬로미터에 달하는 공간은 서유럽 전체와 맞먹는 크기지만 철도와 도로망은 형편없었다. 소련의 대규모 기계화 부대가 기동하기에는 매우 불리한 환경이었다.

스탈린은 만주 침공의 지휘를 위해 1945년 7월 자바이칼에 극동방면군 사령부를 창설하고 바실레프스키 원수를 사령관으로 임명하였다. 그는 원래 제정 러시아의 장교였으나 적백내전에서 붉은군대에 가담하여 소련-폴란드 전쟁에서 큰 활약을 했다. 바실레프스키는 전쟁 기간에 주코프와 함께 소련군을 대표한 가장 유능한 지휘관으로 스탈린의 신임이 매우 두터웠다. 노몬한 전투에서 일본군을 격파했고 붉은군대의 최고 영웅이자 동독 군정 장관인 주코프 원수가 이 역할의 적임자라는 주장도 있었으나 지나치게 위상이 올라간 주코프를 경계하고 있던 스탈린은 바실레프스키를 선택하였다.

1944년 12월 당시 소련의 극동군은 19개 소총사단, 2개 기병사단, 24개 항공사단 등 총병력 70만 명에 전차 1천 대, 항공기 1천5백 대가 배치되어 있었다. 이 전력도 만만치 않은 수준이었지만, 독일이 항복한 직후인 1945년 6월부터 철도와 도로를 통해 본격적으로 병력을 증강하기 시작하였다. 극동방면군은 로디온 말리노프스키

원수의 자바이칼전선군, 키릴 메레츠코프 원수의 제1극동전선군, 막심 푸르카에프 원수의 제2극동전선군으로 구성되었다. 또한 극동함대 사령관에는 이반 유마세프 해군 원수가 임명되어 쿠릴 열도와 사할린에 대한 상륙 작전을 맡았다. 이들은 관동군의 책상물림 지휘관들과 달리 모두 독소 전쟁을 거치며 풍부한 경험을 쌓은 역전의 명장들이었다.

물론 소련군은 오랜 전쟁으로 지쳐 있었고 병력도 정원에 훨씬 못 미치는 데다 노인과 소년들이 상당수 포함되어 있었다. 그러나 지휘관과 병사들은 실전 경험이 풍부했고 장비와 화력, 기동력에서 노몬한 전투 때와는 비교도 안될 만큼 강화되었다. 또한 독소 전쟁을 거치며 교리에서도 많은 발전을 이룩하여 강력한 포병과 공군의 지원 아래 대규모 기계화 부대가 신속하게 적진을 돌파한 후 전과를 확대하는 전술을 확립하였다. 이 최강의 군대가 껍데기뿐인 관동군을 향해 창끝을 겨눈 것이다. 소련군의 공격 계획은 블라디보스토크의 제1극동전선군이 동쪽에서, 하바롭스크의 제2극동전선군이 북동쪽에서, 자바이칼전선군이 서쪽에서 공격하여 삼면 협공으로 관동군을 포위 섬멸한다는 것이었다. 또한 남사할린과 쿠릴 열도에 대해서도 상륙 작전을 시작할 예정이었다.

일본의 패망이 목전에 임박한 상황에서 소련의 참전은 다분히 정치적 결정이었다. 7월 16일 새벽 5시 30분, 미국 뉴멕시코 주 화이트샌드 사막의 한가운데에서 인류 최초의 핵실험이 성공하였다. 플루토늄 폭탄 '개짓(Gadget)'이 폭발하자 12킬로미터 상공까지 버섯구름이 치솟았고 그 자리에 폭 330미터, 깊이 3미터의 거대한 웅덩이가 생겼다. 이는 TNT 2만 톤의 위력과 맞먹었다. 스탈린은 미국이 원자폭탄을 개발했다는 정보를 입수하자 일본이 항복하기 전에 빨리 공격을 시작하여 만주를 장악하라고 스타브카를 독촉했다. 히로시마에 첫 번째 원자폭탄이 떨어지자 스탈린의 마음은 더욱 초조해졌다.

＼8월의 폭풍

8월 8일 저녁 8시, 소련 외상 몰로토프의 초청을 받은 사토 일본대사가 크렘린에 도착하였다. 몰로토프는 그의 앞에서 모든 격식을 무시한 채 소련 정부의 명의로 된 문서를 무뚝뚝하게 읽어나갔다. 바로 선전포고문이었다. "소련 정부는 8월 9일을 기해 일본과 전쟁 상태에 들어감을 선언하는 바이다." 일본으로서는 올 것이 온 셈이었다. 사토가 크렘린을 나간 지 2시간 후, 8월 9일 새벽 0시 만소 국경 전역에 걸쳐 소련군의 일제 공격이 시작되었다. 소련군의 병력은 3개 전선군 산하 11개 군 80개 소총사단과 1개 전차군(4개 전차군단), 3개 항공군 등 총 157만 명, 야포 2만 6천 문, 전차 및 돌격포 5,300대, 항공기 4,500대(해군 항공대 1,500대 포함)에 달하여 일본군을 완전히 압도하였다. 여기에 1만 6천여 명의 몽골 기병도 있었다.

가장 먼저 만주 서쪽에서 자바이칼전선군의 선봉인 제6근위 전차군이 만몽 국경을 돌파하였다. 해발 1,800미터의 다싱안링 산맥을 넘은 대규모 전차군은 일본군의 저항을 전혀 받지 않은 채 그 앞에 펼쳐진 대평원을 향해 무인지경으로 쇄도하였다. 또한 자바이칼전선군이 공격을 시작한 지 1시간 후 메레츠코프의 제1극동전선군도 연해주에서 만주 동부 지역을 침공하였다. 이 지역은 지형이 매우 험하고 울창한 삼림이 펼쳐져 있는 데다 일본군이 수십 킬로미터에 걸쳐 대규모 요새와 포대를 배치하고 있었다. 메레츠코프는 이 요새 지대를 돌파하기 위해 선봉 부대인 제5군에 전차 692대, 2,945문의

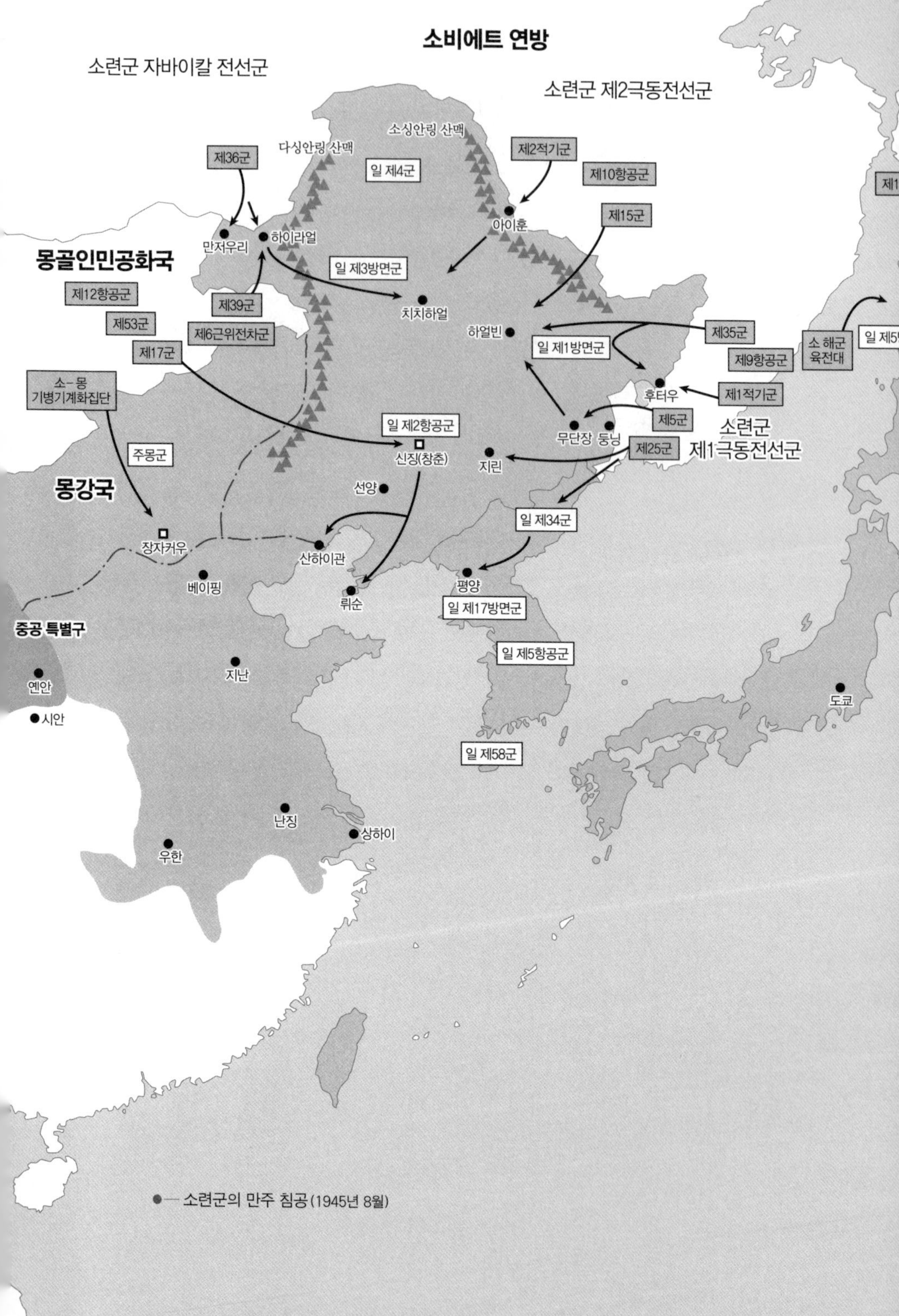

소비에트 연방
소련군 자바이칼 전선군
소련군 제2극동전선군
소싱안링 산맥
다싱안링 산맥
제36군
제2적기군
일 제4군
제10항공군
제15군
아이훈
만저우리
하이라얼
몽골인민공화국
일 제3방면군
제12항공군
제39군
치치하얼
제53군
제6근위전차군
하얼빈
제35군
일 제1방면군
제17군
제9항공군
소 해군 육전대
일 제5방
소-몽 기병기계화집단
후터우
제1적기군
일 제2항공군
제5군
소련군 제1극동전선군
무단장
둥닝
제25군
주몽군
신징(창춘)
지린
몽강국
선양
일 제34군
장자커우
산하이관
베이핑
평양
뤼순
일 제17방면군
중공 특별구
일 제5항공군
지난
옌안
도쿄
시안
일 제58군
난징
상하이
우한
소련군의 만주 침공(1945년 8월)

야포, 432대의 카츄사 다연장 로켓포 등 대규모 기갑 부대와 포병을 배치하여 화력을 대폭 강화하였고 공중 지원을 위해 제9항공군을 투입하였다.

장대비가 내리는 가운데, 소련군은 준비 포격 없이 공격을 시작하였다. 방심한 채 경계를 게을리 하고 있던 일본군은 완전히 기습을 당했다. 국경에 배치된 대부분의 요새와 진지가 제대로 저항조차 하지 못하고 하루 만에 제압되었다. 이 지역의 수비를 맡고 있는 제3군 사령부는 단순한 국경 충돌인지 소련군의 전면 공격인지조차 파악하지 못한 채 허둥거렸다. 같은 시간 동북쪽에서는 제2극동전선군의 제15군이 아무르 강 주변의 일본군 초소들을 순식간에 제압하였다. 이어서 소련군은 수백 척의 선박을 동원해 병력과 전차, 장비를 아무르 강 남안으로 도하시켰다. 일본군은 변변한 저항은 고사하고 소련군을 저지할 기회나 장애물을 설치할 틈도 없이 후퇴하였다. 또한 8월 9일 새벽 0시 30분부터 수도 신징을 비롯해 만주의 주요 도시와 군사기지, 비행장, 철도, 나진의 해군 기지가 소련군 항공기의 공습을 받아 큰 피해를 입었다. 이 때문에 관동군과 만주군의 지휘 통신은 완전히 마비되었다.

만주 전역에 걸쳐 소련군의 침공이 시작되었을 때 정작 야마다 관동군 사령관은 사령부를 비운 채 관동주 의용 봉공대 본부 결성식에 참석하기 위해 다롄에 출장 중이었다. 그가 보고를 받고 부랴부랴 사령부로 복귀한 것은 오후 1시경이었다. 소련군의 침공이 임박한 상황에서 군사령관이 별로 중요하지도 않은 행사에 참석하기 위해 자리를 비웠다는 것만 봐도 관동군이 얼마나 무사안일주의에 빠져 있었는지 알 수 있다.

만주국 역시 혼란에 빠졌다. 꼭두각시에 불과한 황제 푸이를 대신해 총무청 장관으로서 실제로 국정을 좌지우지하고 있었던 다케베 로쿠조는 9일 새벽 6시 간부들을 급히 소집하여 향후 대책을 논의하였다. 그러나 관동군으로부터 아무런 연락도 받지 못한 데다 전방의 만주군과의 통신도 두절되어 상황이 어떻게 돌아가는지조차 알 수가 없었다. 만주국 정부는 마비된 것이나 다름없었다.

8월 10일 오전 9시 40분, 만주국 정부는 관동군으로부터 갑작스러운 통보를 받았다. 사령부를 신징에서 퉁허(通河)로 다음 날까지 이전할 계획이니 푸이 황제와 만주국 정부도 당일 밤까지 퉁허로 옮기라는 것이었다. 유사시 관동군은 신징을 포기하고 서쪽으로 280킬로미터 떨어진 퉁허로 철수하기로 내부 방침을 정하고 있었으나 정작 만주국 정부와는 한마디 상의조차 하지 않았다. 따라서 일방적인 통보를 받은 만주국 정부로서는 이전을 위한 아무런 준비도 되어 있지 않았다. 통신 시설이나 정부 청사로 쓸 수 있는 건물도, 심지어 푸이가 지낼 숙소도 없었다. 하지만 신징 함락이 시간문제라는 보고를 받은 푸이는 한밤중에 고위 관료들과 직원들, 황제의 친족들, 호위병 등 300여 명을 태운 궁정열차를 타고 13일 새벽 1시 퉁허에서 가까운 압록강변의 린장(臨江)으로 이동하였다. 그리고 인근 마을에 있는 둥볜다오 개발주식회사 현지 소장의 사택을 임시 황궁으로 삼았다. 그러나 관동군에게서는 끝까지 어떤 연락도, 보호도 없었다. 그들은 철저하게 버림받은 것이었다.

소련군은 대규모 전차 부대를 앞세워 삼면에서 파죽지세로 밀고 들어왔다. 다신안링 산맥의 험준한 지형이 소련군의 기계화 부대를 저지해줄 것이라며 제대로 된 방어선조차 구축하지 않은 채 태평하던 제3방면군은 소련군 제6근위전차군이 방어선을 간단하게 돌파했다는 보고를 받고 경악하지 않을 수 없었다. 전차를 앞세운 소련

●— 1945년 8월 북만주 하얼빈을 점령하고 시가행진하는 T-34/85 중전차와 소련군 제5사단 제63소총병연대 병사들. 막강한 기갑 부대와 포병을 앞세운 소련군은 관동군을 일방적으로 유린하며 만주를 휩쓴 다음 한반도의 절반을 장악하였다.

군은 일본군의 주 방어선을 우회하여 아무런 저항도 받지 않고 전진했다. 그들은 빈약한 도로에도 불구하고 3일 동안 무려 450킬로미터를 주파하였다. 이는 프랑스 전역에서 독일군 하인츠 구데리안의 기갑 부대가 보여준 진격 속도와 맞먹을 정도였다. 북만주의 요충지이자 요새 도시인 하이라얼은 일본군 제80독립혼성여단이 수비하고 있었으나 소련군 제36군 산하 제86소총병군단의 공격으로 하루 만에 함락되었다. 일본군 제119사단만이 나흘 동안 완강한 방어전을 펼치며 소련군 제205전차여단과 제2소총병군단의 공격을 일시적으로 저지했지만 결국 동쪽으로 후퇴할 수밖에 없었다.

또한 동북쪽에서는 제2극동전선군 산하 제2적기군이 8월 11일 아무르 강을 도하한 후 북만주 최대의 일본군 방어 거점인 아이훈 요새를 포위 공격하였다. 아이훈 요새는 8월 20일 함락되었다.

대대나 중대 단위로 분산 배치되어 있었던 일본군 수비대들은 소련군의 전차 부대와 포병 화력에 맞설 능력이 없었고 순식간에 괴멸되어 패주하였다. 기동력에서 우세한 소련군은 일본군의 방어선을 우회하여 이들을 고립시킨 후 섬멸하였다. 일부 부대가 패잔병들을 모아 소규모 반격을 시도했으나 여지없이 박살났다. 소련군의 전진을 막는 것은 일본군의 저항이 아니라 강과 늪지였다. 소련군은 진격 과정에서 많은 공격 제대가 흩어졌고 병참선이 끊어져 연료 부족에 허덕였다.

이렇다 할 전투 없이 파죽지세로 진격하는 자바이칼전선군과 달리 메레츠코프의 제1극동군의 앞에는 거대한 난관이 가로막고 있었다. 바로 우수리 강 서안에 자리 잡고 있는 후터우(虎頭) 요새였다. 동만주 방어의 요충지인 후터우 요새는 1933년에 구축된 두께 3미터의 철근 콘크리트로 된 요새로 웬만한 포격에는 끄떡도 하지 않았다. 더욱이 사방을 관측할 수 있는 높은 고지에 위치한 데다 사면이 고립되어 있어 함락하기 매우 어려웠다. 요새 병력은 제15국경수비대 산하 약 7천 명이었으며 16인치 대구경 열차포를 비롯해 59문의 야포와 80문의 대공포, 10문의 대공기관총이 촘촘히 배치되어 있었다. 그러나 숙련된 요원이 부족했고, 특히 소련군의 공격이 시작되었을 때 요새 사령관인 니시와키 다케시 대좌는 제5군 사령부에서 열린 회의에 참석하여 부재중이었다.

메레츠코프는 우선 일본군의 일차 방어선을 돌파한 후 주력 부대는 요새 지대를 우회하여 동만주로 보냈고 대신 후속 부대들이 요새를 포위하도록 했다. 요새의 공략은 제35군이 맡아 8월 9일 새벽 1시부터 맹렬한 포격을 시작하였다. 포병의 포격과 항공 지원 속에서 소련군은 요새 주변의 거점들을 하나씩 제압하여 후터우 요새를 고립시켰다. 그러나 일본군의 저항은 맹렬하여 8월 15일 천황의 항복 선언에도 불구하고 싸움을 멈추지 않았다. 치열한 전투 끝에 대부분의 병사들이 죽거나 스스로 자결하였다. 요새가 함락된 것은 전투가 시작된 지 13일이 지난 8월 22일이었다.

소련군 제5군은 첫날에만 35킬로미터를 돌파하였고 파죽지세로 돌파구를 계속 확대해 나갔다. 목표는 일본군 제1방면군 사령부가 있는 무단 강(牡丹江)이었다. 그러나 무단 강 동쪽에서 일본군 제124사단의 완강한 저항을 만나 전진이 저지되자 메레츠코프는 제5군 사령관 크릴로프를 격렬하게 질책하였다. 크릴로프는 30분간의 준비 포격을 실시한 후 전차와 돌격포를 투입하여 일본군 수비대를 격파하였다. 전차를 앞세운 소련군의 압도적인 공격 앞에 일본군 제124사단 제272연대는 말 그대로 최후의 일인까지 '옥쇄'하였다. 제124사단 주력은 8월 15일까지 방어선을 유지하였고 8월 22일에야 항복하였다.

관동군의 항복

도처에서 방어선이 붕괴되며 소련군이 포위망을 좁혀 오자 관동군 사령관 야마다 대장은 11일 사령부를 퉁허로 옮기는 한편, 퉁허 외곽에 병력을 집중시켜 소련군과 최후의 결전을 준비했다. 그러나 8월 15일 오전 11시 천황이 무조건 항복을 선언하는 뉴스가 라디오에서 흘러나왔고, 8월 16일 오후 4시에는 모든 전투를 중지하라는 명령이 내려왔다. 그러자 그때까지 저항하고 있던 많은 부대가 전의를 상실하고 무기를 버린 채 소련군에게 투항하기 시작했다.

대본영으로부터 정전 명령이 떨어지자 관동군은 항복 교섭을 시작하였다. 8월 19일 관동군 총참모장 하타 히코사부로 중장이 소련군 제1극동방면군 사령부를 방문하여 바실레프스키를 면담하였다. 회담은 소련군에 의해 일방적으로 진행되었으나 사령부로 복귀한 하타 중장은 태평하게 "소련군은 관대하니 아무 걱정할 것 없으며 그들을 환영할 준비를 하라"고 말할 정도로 낙관하였다. 그러나 그런 환상도 잠시였다. 소련군은 일본인이든 중국인이든 상관없이 도처에서 약탈과 강간, 폭행을 일삼았다. 9월 3일 야마다가 바실레프스키에게 거류민의 보호를 요청했으나 거절당했다. 그는 비로소 사태의 심각성을 깨달았다. 9월 5일 바실레프스키의 명령에 따라 야마다 사령관과 하타 총참모장을 비롯해 관동군 참모들은 모두 체포되어 하바롭스크의 포로수용소로 끌려갔다.

만주국 황제 푸이는 펑톈 비행장을 통해 일본으로 도주하려고 했으나 그가 비행장에 도착하자마자 비행장이 소련군에 점령당하였다. 그 역시 현장에서 체포되어 하바롭스크로 끌려갔다. 만주 사변에서 가장 먼저 일본에 결탁한 '매국노 1호'이자 만주국 총리대신이었던 장징후이는 관동군 사령부와 함께 퉁허로 갔다가 일본이 항복하자 신징으로 돌아왔다. 그는 나름대로 국민 정부에서 한 자리 얻을 생각으로 치안유지위원회를 구성했다. 그러나 곧 소련군에 의해 해산되었고 8월 31일 그를 비롯해 만주국 관료들은 모두 체포되어 푸이와 함께 하바롭스크의 수용소에 수감되었다. 이후 마오쩌둥이 중화인민공화국을 건국하자 1950년 8월 푸이 등은 중국으로 인도되어 푸순 전범관리소에서 약 10년간 복역하였다. 87세의 고령이었던 장징후이는 석방 직전에 옥사하였다.

관동군 사령부의 항복에도 불구하고 통신이 두절된 상태로 곳곳에서 고립된 부대들이 절망적인 전투를 계속하였다. 사할린에는

●— 소련군에게 항복한 관동군 병사들이 무기를 반납하고 있다.

소련 해군 육전대가 상륙하여 8월 18일 점령하였고, 같은 날 하얼빈도 함락되었다. 장징후이는 야마다 사령관에게 신징을 비무장 도시로 선언해줄 것을 요청했다. 그러나 야마다는 거부하고 제30군을 배치하는 한편 시내 곳곳에 바리케이트를 치고 시가전을 펼칠 것을 지시하였다. 그러나 소련군이 신징을 공격하기 전에 일본이 항복하면서 8월 21일 소련군은 신징에 무혈 입성할 수 있었다.

전쟁이 끝난 뒤에도 소련군은 진격을 멈추지 않은 채 계속 남하하였다. 8월 말까지 만주 전역을 점령한 다음 베이핑 북쪽의 장자커우와 산하이관까지 진출하여 한때 중국을 긴장시켰다. 그러나 중소 우호 조약에 따라 소련군은 만리장성에서 멈춘 채 더 이상 남하하지 않고 정지하였다. 또한 이미 일본이 항복을 선언했음에도 스탈린은 쿠릴 열도에 대한 권리를 얻을 목적으로 1945년 8월 18일

쿠릴 열도 최북단에 있는 시무슈 섬(占守島)을 침공하였다. 소련군 제101저격사단, 해군 육전대 1개 대대 등 9천여 명과 일본군 제91사단, 제11전차연대 등 약 2만 3천 명의 사이에 치열한 전투가 벌어져 8월 20일 일본군이 항복할 때까지 3일 동안 일본군 250명과 소련군 500여 명이 전사하였다. 8월 9일부터 관동군과의 정전 협정이 체결되는 8월 20일까지 11일간의 짧은 전투에서 소련군은 전사 1만 2,031명, 부상자 2만 4,425명 등 약 3만 6천여 명의 적지 않은 피해를 입었다. 일본군의 손실은 정확하지 않지만, 소련은 8만 3천 명의 일본군이 전사하고 64만 명이 포로가 되었다고 발표하였다. 이것이 만주 사변을 비롯해 하극상과 독선, 무모한 모험주의로 일본을 전쟁의 구렁텅이로 빠뜨린 관동군의 최후였다.

그러나 그들의 마지막은 졸렬함 그 자체였다. 관동군이 약체화된 상태였음을 고려하더라도 그들의 방어 계획은 졸렬하기 짝이 없었으며 수뇌부부터 병사들까지 비겁하고 형편없었다. 종심 방어를 하겠다면서 광범위한 공간에 병력을 여기저기 분산 배치했고 소련군이 방어선을 우회하여 돌진하자 속수무책이었다. 제공권에서 열세했고 기동성도 결여되어 있었으며 소련군의 중전차를 저지할 수단도 없었다. 무엇보다도 소련군의 공격이 임박했는데도 여전히 방심하여 기습을 허용했다. 그들이 믿은 것은 오직 만주를 둘러싼 험한 산악 지대뿐이었다. 이조차도 방어선의 구축을 게을리하였고 소련군의 험지 기동 능력과 돌파 능력, 화력을 과소평가하였다. 군의 기강마저 무너져 적이 쳐들어오자 제대로 싸우지도 않은 채 파렴치하게도 자신들의 가족만 군용열차에 태워 피난시켰을 뿐 민간인들을 보호하려는 최소한의 노력조차 하지 않았다. 일본 극우들은 태평양 전쟁을 통틀어 전투에서 항복한 일본군은 없다고 자랑하지만 유일한 예외가 관동군인 셈이다. 그중에서도 가장 대표적인 추태가 도미나가 교지 중장이었다. 필리핀 주둔 제4항공군 사령관이었다가 미군이 필리핀을 공격하자 부하들을 버리고 제일 먼저 도망쳤던 그는 "죽는 게 무서워 도망친 인간을 예비역으로 편입시켜 전쟁에서 해방시키는 것은 말이 안 된다"라는 비판의 목소리에 밀려 소련군이 침공하기 직전인 1945년 7월 동만주의 둔화(敦化)에 주둔한 제139사단장에 임명되었다. 그러나 소련군이 쳐들어오자 총 한 발 쏘지 않고 그대로 항복하였다. 그는 하바롭스크로 끌려가 시베리아에서 10년간 유형 생활을 하다 1955년 4월에야 일본으로 송환되었다.

관동군과는 대조적으로, 내몽골에서 소련군의 공격을 받은 주몽군은 끝까지 저항하면서 4만 명의 일본인들을 남쪽으로 탈출시켰다. 1941년 일소 중립 조약이 체결된 이후 단 한 번도 실전을 경험할 일이 없었던 관동군은 평소 훈련조차 형식적이었고 장교들은 본연의 임무보다 만주국에 대한 내정간섭과 개인 축재에만 열을 올렸다. 심지어 참모본부의 관동군 검열 보고서 중 일부는 "훈련은 단지 보여주기 위한 것일 뿐이고 실전 준비도 전혀 없다. 중국군보다도 형편없다"고 혹평하기도 했다.

반면, 소련군은 짧은 준비 기간에도 불구하고 독일과의 전쟁에서 쌓은 경험을 토대로 훌륭한 제병 협동 전술을 보여주었다. 그들은 장구펑, 노몬한 시절의 단순한 정면 공격만을 예상했던 관동군의 허를 찔렀다. 국지적으로 일본군이 강력하게 저항한 예도 없지 않았지만 소련군은 대체로 무인지경이나 다름없이 진격했으며 전투는 일방적으로 진행되었다. 전쟁이 끝난 뒤 스탈린은 내무성인민위원회(NKVD)에 지시하여 포로들을 모두 시베리아로 이송시켜 전쟁으로 황폐화된 소련의 복구에 활용하도록 하였다. 일본군 포로들은 약 2

천 개에 달하는 수용소에 분산되어 도로 건설과 벌목 등 중노동에 종사했다. 이들은 1946년말부터 단계적으로 송환되어 1956년까지 전원이 귀국하였다. 그러나 사할린에 남은 3만 명의 조선인들은 끝까지 조국으로 돌아오지도 못한 채 구소련이 붕괴될 때까지 온갖 차별을 견뎌야 했다.

＼30분 만에 그어진 38선

한편, 소련 제1극동전선군 예하 제25군은 한반도의 공략을 맡았다. 그들은 두만강을 건너 8월 12일 한반도로 진격하여 나진과 웅기를 손쉽게 점령한 다음, 13일 청진을 공격하였다. 여기서 일본군 수비대의 완강한 저항에 부딪쳐, 청진을 완전히 점령한 것은 일본이 항복한 뒤인 8월 18일이었다. 21일에는 원산과 함흥을, 23일에는 개성까지 진출하였다. 24일 제25군의 선견대가 평양에 도착하였고, 26일에는 제25군의 주력이 입성하였다. 일본의 저항이 지지부진한 가운데, 소련군은 신속하게 남하하면서 한반도를 빠르게 장악해 나갔다.

아직 소련이 개입하기 전인 7월 24일 미국, 영국, 소련의 참모총장 회담에서 소련 대표인 안토노프 장군이 마셜 원수에게 "소련군이 만주와 한반도를 공격하는 것에 대해 미국도 한반도에 상륙할 계획이 있는가?" 하고 묻자 마셜은 "그런 계획은 없다"고 대수롭지 않게 대답하였다. 마셜이 이렇게 말한 이유는 미국의 역량으로는 당장 일본과 한반도에 동시 상륙하는 것이 무리였기 때문이다. 그러나 스탈린은 마셜의 대답을 통해 미국이 한반도에 관심이 없으며 소련이 한반도 전체를 점령하더라도 묵인하리라고 생각하였다. 그런데 막상 소련의 진격이 예상 이상으로 맹렬하자 마셜은 경악했다. 그는 즉시 한반도에서 미소 간의 작전 분계선을 정해야 한다고 판단했다.

그가 참모들에게 의견을 묻자 가드너는 평양-원산선인 39도선을 제안했고 링컨은 다롄-뤼순이 39도선 아래이기 때문에 소련이 받아들이지 않을 것이라며 38도선을 주장하였다. 물론 이것은 명확한 근거가 있어서가 아니라 단지 한 군인의 즉흥적인 생각일 뿐이었다.

사실 그들은 신중하게 생각할 여유도 없이 그 자리에 불려왔을 뿐이었다. 더욱이 분계선이 국무부가 아니라 국제 정세에 충분한 지식도 없는 합참의 몇몇 군인들에 의해 즉흥적으로 결정되었다는 점을 보더라도 미국이 한반도의 가치에 대해 얼마나 무관심했는지 알 수 있다. 그러나 미국의 우려와 달리, 이때만 해도 소련의 목적은 한반도에서 완충 지역의 확보에 있을 뿐이었다. 소련은 굳이 미국과의 충돌을 야기하면서까지 극동의 작은 영토를 조금이라도 더 차지하려고 고집을 부릴 생각은 없었다. 청일 전쟁 직후 러시아-일본 간의 밀약인 로마노프-야마가타 협약에서도 39도선을 쌍방의 세력권으로 정한 바가 있기 때문에 소련은 만약 미국이 39선이나 또는 더 위쪽을 요구했다고 해도 받아들였을 것이다. 실제로 소련은 어떤 방해도 받지 않고 한반도 전역을 손쉽게 장악할 수 있었지만 미국이 38도선을 타협안으로 제시하자 아무런 반대도 없이 즉석에서 수락하여 개성까지 진출한 병력을 북쪽으로 즉시 철수시켰다.

트루먼은 마셜에게 38도선 안을 다시 검토하라고 지시하자 8월 13일 합참은 40도선을 제안하였다. 그러나 이번에는 태평양전구 사령관 맥아더 원수의 반대에 부딪쳤다. 그는 일본이 무엇보다 중요하며 한반도나 중국은 부차적일 뿐이라고 주장했다. 그는 한반도 때문에 병력과 물자가 분산되어 자신의 일본 점령 임무에 악영향을 줄까 우려하였다. 결국 3부 정책조정위원회(State-War-Navy Coordinating Committee, SWNCC)*는 미군의 능력을 고려할 때 38도선이 적정하다고 결론을 내리고 이를 미소의 분할선으로 정하는 '일반명령 제1호'를 수립하였다. 나중에 케네디 행정부에서 국무장관이 되는 딘 러스크 대령은 테이블에 놓인 지도에서 한반도의 허리 부분에 연필로 선을 죽 그었다. 그렇게 한반도의 운명을 결정하는 데 걸린 시간은 고작 30분이었다.

8월 15일 트루먼의 최종 승인이 떨어졌다. 일본군의 무장 해제를 위한 임시 경계선일 뿐 정치적 의도는 없다고 했지만 사실상 미소의 세력권을 그은 셈이었다. 쌍방의 대결은 이미 시작되었고 세계는 새롭게 분할되고 있었다. 두 나라가 38도선을 정했을 때 그들은 이 결정이 5년 뒤 제2차 세계대전 이래 최악의 전쟁을 불러오리라고 생각하지는 못했을 것이다. 그들에게 한반도는 자국의 안보를 위한 완충 지역일 뿐이었다. 9월 8일 하지 중장이 지휘하는 미군 제7사단이 인천을 통해 상륙하여 다음 날 서울에 입성하였다.

38선 이북을 장악한 스탈린은 8월 말 바실레프스키에게 북한의 지도자로 세울 만한 사람을 추천하라고 지시하였다. 바실레프스키가 뽑은 사람은 소련 극동군 산하 제88특별보병여단의 지휘관이었던 김일성이었다. 그는 모스크바에서 직접 스탈린의 면접을 받았고 '합격' 판정을 받았다. 9월 19일 소련이 제공한 군함을 타고 원산에 발을 디딘 그는 10월 14일 '소련해방군 환영 평양시민대회'에서 대중에게 모습을 드러냈다. 김일성의 첫 등장이었다.

---

* 전후 추축국의 점령과 통치와 관련된 각종 정치, 군사 문제를 논의하고 부처 간 이견을 조정하기 위해 1944년 12월 설립된 기관. 국무부와 육군부, 해군부의 장관을 비롯해 각계 전문가로 위원회를 구성하였다.

39
절반의 승리, 새로운 전쟁

히로시마와 나가사키에 두 발의 원자폭탄이 떨어지고 남쪽에서는 미군이, 북쪽에서는 소련군이 만주를 휩쓸던 1945년 8월 14일 오후 8시 30분, 아침부터 시작된 회의는 밤늦게야 끝났다. 총리대신 스즈키 간타로는 포츠담 협정을 수락한다는 조서 안을 천황 히로히토에게 상신하였다. 일본의 무조건 항복이었다. 천황이 재가하고 모든 각료들이 차례로 서명한 항복문서는 중립국인 스위스를 통해 4대 연합국에 전달되었다. 다음 날 오전 10시, 워싱턴을 비롯해 전 세계 주요 도시에서 일본의 항복과 종전을 알리는 뉴스가 발표되었다. 길거리에는 환호하는 군중들의 물결로 넘쳐났다. 5천만 명 이상의 사상자를 낸 인류 최악의 전쟁은 드디어 종지부를 찍었다.

같은 날 정오, 전날 밤 미리 녹음했던 히로히토의 목소리가 라디오를 타고 '제국 신민'들을 향해 울려 퍼졌다. 그러나 그의 말에는 '항복'이나 '패전'이라는 단어는 없었다. 무모한 전쟁과 침략에 대한 반성 또한 없었다. 전쟁은 자신의 의지가 아니었으며 연합군의 잔혹한 공격으로 무고한 백성들이 죽어가는 것을 더 이상 지켜볼 수 없어 부득이하게 전쟁을 중단한다는 식의 자기변명과 궤변만이 있을 뿐이었다. 더욱이 천황과 내각은 여전히 무모한 본토 결전을 고집하는 군부를 어떻게 하면 누를까에 집중한 나머지, 정작 패전 이후의 대책이나 식민지와 점령지의 광대한 지역에 흩어져 있는 500만 명이 넘는 군인과 민간인의 귀환에 대해서는 아무런 고민도 하지 않았다. 말 그대로 그들은 버려졌고 연합군에게 떠넘겨졌다.

＼전쟁은 끝났으나

승리의 소식에 흥분한 것은 중국도 마찬가지였다. 충칭과 난징, 상하이의 거리마다 청천백일기가 휘날리고 하늘에는 폭죽소리가 펑펑 울려 퍼졌다. 중국에게 있어서 기나긴 전쟁은 말 그대로 어느 날 갑자기 "끝났다." 사람들은 베를린이 함락되고 히틀러가 자살하는 순간까지 싸웠던 독일처럼 일본 역시 전 국토가 연합군에 의해 장악될 때까지 항복하지 않고 끝까지 싸우리라 생각했다. 따라서 전쟁이 적어도 1년이나 1년 반은 더 지속될 것이라고 여겼던 사람들은 그야말로 "자고 일어나니 전쟁이 끝난" 것이나 다를 바 없었기에 어리둥절했고 반신반의하였다.

연합국들 중에서 가장 긴 시간동안 일본과 싸웠고 가장 많은 희생을 치러야 했던 중국에게 일본의 항복은 결코 극적인 결말이 아니었다. 그것은 절반의 승리에 불과했다. 독일군을 무찌르며 파괴된 베를린의 국회의사당에 붉은 깃발을 꽂았던 소련군과 달리 중국은 여전히 중국 대륙의 서남쪽으로 밀려나 있었다. 중국은 7월에 와서야 비로소 반격을 시작하여 일 년 전 일본군에게 빼앗겼던 영토를

●— 1945년 8월 15일 일본이 항복을 선언한 직후 환호하는 민중에 답례하는 장제스. 그러나 8월 15일을 광복절로 기념하는 우리와 달리, 중국은 이 날에 아무런 의미를 두지 않으며 일본이 항복 선언문에 서명한 다음 날인 9월 3일을 "대일승전일"로 기념하고 있다.

조금씩 탈환하고 있었다. 그러나 완전히 와해된 관동군이나 태평양 전선의 일본군과 달리 1백만 명이 넘는 지나파견군은 건재했다.

포츠담 회담에도 배제당했던 장제스는 일본이 항복을 선언하기 직전에 와서야 전쟁이 곧 끝난다는 사실을 깨달았다. 그러나 승리를 자축하기에는 당장 해결해야 할 난제들이 수도 없이 산적해 있었다. 일본군의 무장 해제부터 피점령지의 회복과 파괴된 행정 체계의 복구, 친일 부역자에 대한 처리, 피난민의 수송, 중국의 재건을 위한 원조의 획득, 그리고 만주를 휩쓸고 만리장성까지 밀고 내려오는 소련군을 멈추기 위한 교섭까지, 중국은 어느 것에 대해서도 준비되어 있지 않았다. 영국과는 홍콩 반환 문제로 충돌하였다. 여전히 '대영 제국'의 자존심을 내세우던 영국은 장제스의 거듭된 요청에도 불구하고 끝까지 양보하지 않았다. 게다가 처칠에게 홍콩을 중국에 반환하라고 압력을 가하던 루스벨트와 달리, 트루먼은 영국의 손을 들어주었다. 아편 전쟁 이래 수모의 역사를 청산하려는 중국의 열망은 짓밟혀 버렸다. 8월 30일 영국군이 홍콩에 상륙하였고 9월 16일 홍콩 총독 다나카 히사카즈 중장은 영국군에 항복하였다. 홍콩은 중국이 아닌 영국령으로 복귀하였다. 홍콩이 중국에 반환된 것은 40년이 더 지난 후였다.*

장제스에게 가장 심각한 위협은 중국 공산당이었다. 1937년 9월 제2차 국공 합작을 체결할 때만 해도 옌안을 중심으로 산시 성(陝西省)의 변경을 차지한 작은 지방 정권에 불과했던 중국 공산당은 국민정부군이 일본군과 치열하게 싸우는 동안 한쪽에서 급격히 세력을 확대하였다. 1937년에 겨우 4만 5천 명에 불과했던 그들의 군대는 1945년 8월에는 정규군 130만 명, 민병 268만 명에 달하는 거대한 세력이 되어 화북의 태반을 장악하였다. 일본의 패망이 가까워지자 중국 공산당은 누구보다 발 빠르게 움직였다. 소련군이 전격적으로 만주를 침공한 8월 9일, 마오쩌둥은 새로운 명령서를 전군에 하달하였다. "적극적으로 해방구를 확대할 것", 그리고 "일본군을 무장 해제시키는 한편 주요 도시와 교통 요지를 장악하라"는 것이었다. 또한 그는 "항일은 끝났다. 새로운 임무는 국내 투쟁"이라고 지

---

* 1984년 12월 19일 영국과 중국은 '홍콩반환 협정'을 체결하여 1997년 7월 1일에야 155년 만에 중국의 품으로 돌아갈 수 있었다.

시하였다. 중국 공산당은 드디어 그동안 숨겨왔던 발톱을 드러냈다.

8월 10일 밤 중국 공산당은 소련군의 만주 진공을 돕고 일본군을 무장 해제시킨다는 명분으로 '옌안총부명령 제2호'를 내리고 구 동북군 출신의 지휘관들을 앞세워 화북과 러허 성, 만주로 4개 집단군을 급파하였다. 일본이 항복한 8월 15일에는 린뱌오가 이끄는 1천 명의 선견대가 강행군하여 러허 성을 거쳐 만주로 진입하였다. 화남과 화중 일대에 흩어져 있던 공산군 부대 역시 화북으로 북상하였다. 1945년 말까지 만주로 이동한 병력은 당 간부들과 행정요원들까지 포함해 40만 명이 넘었다. 이들에게 부여된 임무는 만주와 화북의 주요 도시와 교통 요지를 신속하게 점령할 것과 일본군을 무장해제시킬 것, 만약 거부하면 공격하여 괴멸시키라는 것이었다.

만주에 진입한 중공군은 일본군과 직접적으로 충돌하기보다 국민정부군의 만주 진입이 지연되는 공백을 이용해 소련군의 협력을 얻어 능력이 닿는 데까지 최대한 영토를 장악해 나갔다. 이 때문에 도처에서 국민정부군과 무력 충돌이 벌어졌다. 일본군 역시 국공 양측에 직간접적으로 가담하여 싸우기도 하였다. 대표적으로 제2전구 사령관 옌시산은 항복해온 약 1만여 명의 일본군을 공산군과의 전투에 투입하였다. 중공은 장제스 정권이 일본군을 고용하여 내전에 활용한다고 비난했으나 그들 역시 투항한 일본군과 만주군 장병들, 특히 항공기 조종사와 위생, 차량, 통신과 같은 자신들에게 반드시 필요한 기술을 가진 군인과 기술자들을 적극적으로 포섭하였다. 1956년 6월 베이징을 방문한 일본 대표단에게 저우언라이는 "해방 전쟁 시기 우리를 위해 싸워준 일본인들에게 감사한다"고 말하기도 하였다. 얼마나 많은 일본인들이 양 진영에 가담하여 국공 내전에서 죽었는지는 앞으로도 정확하게 알 길은 없을 것이다.

이런 상황에서 장제스가 8월 15일 항전 승리를 알리는 연설에서 '이덕보원(以德報怨)', 즉 "덕으로 원수를 갚아야 한다"고 말한 것은 어떤 의미로 봐야 할까? "원한이 있는 자에게는 도리어 덕으로 갚는 것이다"라는 논어의 한 구절은 덕을 중시하는 중국인 특유의 표현법이기도 하지만, 이것은 본격적으로 시작된 중공과의 경쟁에서 일본의 원만한 협조를 얻기 위한 제스처라는 사실도 부정할 수 없다. 대내적으로도 그는 중국의 통일과 부흥을 위해 일치단결할 것을 호소하였다. 이 역시 점점 갈등이 격화되는 중공을 겨냥한 것이었다. 공산군이 적극적으로 세 불리기에 나서자 이를 지켜 볼 수만은 없었던 장제스도 8월 11일 다음과 같이 명령을 하달하였다.

1. 주더의 공산군: 모든 소속 부대들은 현 위치에 주둔하면서 차후 명령을 기다릴 것이며 일본군이나 괴뢰군에 대한 무단 공격이나 무장 해제를 금지한다.
2. 일본군 및 괴뢰군: 주둔 지역에 대한 치안을 책임질 것이며 공산군에게 투항하지 말 것.
3. 국민정부군: 신속하게 이동하여 일본군을 무장 해제하고 절대 긴장을 늦추어서는 안 된다.

물론 중국 공산당이 장제스의 명령에 순순히 따를 리 없었다. 중공은 오히려 지나파견군 사령관 오카무라 대장에게 전문을 보내 공산군에게 항복하라고 종용했다. 그러나 오카무라는 8월 17일 장제스의 명령에 전적으로 복종하겠다고 충칭에 회신하였다. 그리고 예하 부대에 "충칭 정부가 접수할 때까지 주둔지에서 이탈하지 말고 기다릴 것이며 절대 공산군에게 항복하지 말 것, 필요하면 무력을 써도 좋다"고 지시하였다. 이때만 해도 국공 내전에서 장제스가 패배하리라고는 생각하지 않았던 오카무라는 전후 일본의 부흥을 위해서는 중국과의 관계 개선이 필요하다고 생각하였다. 따라서 그는 국민 정부의 요구에 적극적으로 협력하였고, 만주를 제외한 중국 본토에서 지나파견군의 무장 해제와 행정권의 이양은 큰 혼란 없이 비교적 순조롭게 진행되었다. 덕분에 그는 전범으로 기소되어 국민 정부의 군사법정에 섰음에도 어떠한 처벌도 받지 않고 일본으로 무사히 귀국하였다. 이후 그는 국공 내전에 패하여 타이완으로 쫓겨난 장제스의 요청에 따라 타이완 육군의 훈련을 위해 옛 일본군 장교들로 구성된 군사고문단을 이끌고 타이완에 파견되기도 했다. 한편, 오카무라는 1932년 제1차 상하이 사변 당시 병사들의 강간과 성병의 만연을 막는다는 명분으로 이른바 '정신대'의 편성을 주장한 장본인이었다. 중일 전쟁이 일어난 뒤 일본 정부는 그의 건의를 받아들여 식민지 여성들을 강제로 위안부로 끌고 갔다. 그는 죽은 지 34년이 지난 2000년 여성 국제전범으로 기소되었다.

8월 27일 오후 5시, 난징 교외의 다쟈오(大校) 비행장에 7대의 수송기가 착륙하고 1백여 명의 국민정부군 병사들이 내렸다. 상하이에도 제3방면군 사령관 탕언보가 이끄는 선두 부대가 도착하였다. 이어서 국민정부군 주력 부대들이 속속 도착하였다. 9월 8일에는 장제스를 대신하여 일본의 항복을 받기 위해 허잉친이 비행기를 타고 난징에 내렸다. 도쿄 만에 정박한 전함 미주리의 선상에서 일본 외상 시게미쓰 마모루가 항복 문서에 서명한 지 일주일 뒤인 9월 9일, 난징의 중앙군관학교 강당에서 지나파견군 총사령관 오카무라 야스지 대장과 중국 육군 총사령관 허잉친 일급상장 사이에서 항복 조인식이 열렸다. 이와 함께 만주를 제외한 중국 본토와 타이완, 북위

●— 1945년 9월 9일 난징의 중앙군관학교 강당에서 지나파견군 총사령관 오카무라 야스지 대장(오른쪽)과 중국 육군 총사령관 허잉친 일급상장(왼쪽) 사이에 열린 항복 조인식. 8년에 걸친 전쟁은 2천만 명 이상의 사상자를 낸 채 일본의 패망으로 끝났다. 이로써 중국은 청일 전쟁 이래 오욕의 역사에 종지부를 찍었다.

16도 이북의 프랑스령 인도차이나에 주둔한 일본군은 모두 국민정부군에 항복하였다. 그 숫자는 105만 명의 지나파견군을 포함해 군인과 민간인을 모두 합해 311만 6천 명에 달했다. 미국의 도움을 받아 이들의 일본 송환이 시작되었다. 1946년 12월 일본 정부는 중국에 있던 모든 일본인이 귀국했다고 공식적으로 발표했으나 실제로는 100만 명 정도만 돌아왔을 뿐이었다. 나머지는 일본 정부의 무관심과 국공 내전의 격화, 중국의 정치적 혼란으로 송환 자체가 흐지부지되었다. 1970년대에 와서 양국 국교가 정상화되자 다시 송환 문제가 다루어졌고 1981년부터 그때까지 살아있던 일본인들의 귀국이 재개되었다. 그러나 삼십 년이 넘는 시간 동안 단절되면서 생긴 괴리로 인해 이들에 대한 차별과 사회 부적응 문제, 중국 내 일본인 2세 문제 등은 지금까지도 일본 사회에서 갈등의 불씨로 남아 있다. 이 점은 우리도 다를 바 없다. 일제 강점기 때 만주로 넘어간 조선인 상당수가 해방 이후에도 귀국하지 못했다. 그들은 중국에서도 소수 민족으로서 심한 차별을 받았고, 탈냉전 이후 고국으로 돌아올 수 있는 길이 열리기는 했지만 우리 사회는 그들을 같은 민족이자 시대의 피해자로 포용하기보다 이방인으로 취급하면서 많은 갈등을 빚고 있다.

＼종전과 혼란

1937년 7월 7일 루거우차오 사건으로 시작된 전쟁은 8년하고도 1개월 만에 일본의 패망으로 막을 내렸다. 국민 정부는 중일 전쟁이 끝난 직후 중국이 입은 손실에 대해 군인 사상자 321만 명(전사자 103만 명), 민간인 사상자는 913만 명이라고 발표하였다. 그러나 실제로는 군민 합해 사상자가 2천만 명이 넘는 것으로 추산하고 있으며 중국의 일부 학자들은 기아와 질병 등으로 인한 사망까지 포함하여 최대 3500만 명에 달한다고 주장한다. 또한 전쟁으로 입은 손실과 전쟁 비용은 총 559억 달러에 달하였다.* 이것은 제2차 세계대전에 참전한 국가들 중에서 소련 다음으로 큰 피해였다.

일본군의 손실 역시 막대했다. 1964년 3월 일본 후생성은 중국 전선에서 해군 7천6백 명을 포함해 40만 5천 명의 군인이 전사했다

---

* 1991년 중국 정부는 중일 전쟁 동안 직접 경제 손해는 620억 달러, 간접 손실은 5천억 달러에 달한다고 발표하였다.

고 발표하였다. 이 숫자만으로도 청일 전쟁과 러일 전쟁의 사상자수를 훨씬 넘는다. 하지만 이 숫자에 대해서도 지나치게 축소되었다며 이견을 제시하는 학자들도 많다. 일본 역사학자 요시다 유카타 교수는 후생성의 통계에는 많은 이들이 '생사불명'으로 누락되어 있다며 숫자에 의문을 제기하였다. 실제로 패전 직후 신임 총리가 된 히가시쿠니 나루히코는 일본의 전쟁 범죄 증거를 없애기 위해 군대와 행정 기관들이 보유하고 있는 전쟁 관련 자료를 모조리 소각하라고 지시하였다. 이런 비열한 행동 때문에 도쿄전범재판에서 연합국 검사들은 일본의 범죄를 증명하는 데 많은 애로를 겪었다. 게다가 이로 인해 관련 자료의 태반이 소실되어 사유가 불분명하다는 이유로 많은 수의 전상자가 말 그대로 서류상 '증발'했다. 그럼에도 일본 정부의 공식 통계는 물론이고, 일본에서 나온 중일 전쟁 관련 서적들은 여전히 이 숫자를 고수하고 있다. 한편, 중국 군정부장이자 행정원장으로 중일 전쟁을 지휘했던 허잉친은 자신의 저서 『팔년항전사(八年抗戰史)』에서 일본군의 사상자가 전사자 48만 3천 명에 부상자와 행방불명자를 포함하여 241만 8천 명에 달한다고 썼다. 또한 중국사회과학원의 류다넨(劉大年) 교수는 중국 전선에서 일본군의 손실은 전사자만 해도 198만 4천 명에 달한다고 주장하기도 했다. 덧붙여, 미군 10만 명과 영국군 3만 명, 호주군 1만 7천여 명 등이 태평양 전선에서 전사했으며, 민간인까지 합하여 태평양 전쟁의 전몰자수는 2천만 명이 넘는다.

전란의 끝은 새로운 혼란의 시작이었다. 일본의 항복은 중국이 예상했던 것보다 훨씬 빨리 그리고 갑작스럽게 다가왔다. 장제스 정권은 과도기에 가까웠고 거대한 중국의 대부분은 여전히 청조 시절에 머물러 있었다. 근대적인 행정, 사법 체계는 아직도 걸음마 수준에 불과했다. 게다가 중일 전쟁은 국가 체제와 행정 기구의 많은 부분을 파괴하였다. 이것은 전쟁이 끝났다고 해서 하루아침에 재건할 수 있는 것이 아니었다. 일본이 항복하자 국민정부군은 동쪽으로 진격하였고 1만 2천 명의 미 해병대가 산둥 반도 끝자락의 칭다오에 상륙한 것을 비롯해 11만 3천 명의 미군이 베이핑과 톈진, 난징 등 동부 연안의 주요 도시에 진입하여 일본군을 무장 해제시켰다.

그 과정에서 보인 것은 혼란과 무능 그 자체였다. 일본에 협력했던 '한간'들은 국민 정부의 묵인 아래 여전히(비록 일시적이었지만) 요직에 앉아 있었다. 대표적인 예가 저우포하이였다. 왕징웨이 정권에서 행정원 부원장이자 재정부장, 상하이 시장이기도 했던 그는 '상하이지구 특별행동총대사령'으로 임명되어 상하이, 항저우 지구의 치안을 맡았다. 그러나 얼마 지나지 않아 저우포하이를 포함해 장제스의 관용을 기대하고 있었던 한간들은 모두 체포되어 법정에 섰다. 괴뢰 정권의 요직에 있었던 거물들은 모조리 총살당했다. 하지만 그 외의 많은 이들은 뇌물을 써서 감형받거나 무죄로 석방되기도 했다. 사실 '친일 부역자'라고 해도 실제로는 간단하게 구분할 수 있는 것이 아니었다. 오로지 개인의 사리사욕을 목적으로 한 자, 위장협력한 자, 화평만이 중국의 살 길이라고 생각한 자 등 범주가 간단치 않았다. 그들 중 상당수는 충칭에서 침투시킨 특무요원들이거나 직간접적으로 연결된 사람들이었고 중국과 일본 양쪽에서 양다리를 걸치고 이중첩자 노릇을 한 자도 있었다. 그러니 도대체 어디서부터 어디까지를 한간으로 볼 것인가? 게다가 곧 국공 내전이 격화되면서 한간 재판 자체가 흐지부지되었다.

일본인이 남긴 막대한 물자와 공업 시설에 대한 접수, 한간 재산 몰수 과정에도 부패한 관료들의 농간으로 상당한 자산이 국가로 귀속되는 대신 개인의 뱃속으로 들어갔다. 경제적으로도 물자 부족과 통화 팽창은 심각한 인플레이션으로 이어졌다. 특히 만주와 타이완이 가장 심각했다. 국민 정부는 이 지역의 통치권을 현지민의 자치에 맡기는 대신 본토 출신 관료들을 파견하였다. 그러나 그들은 지배자로서 군림하였다. 게다가 일확천금을 노리고 본토에서 넘어온 상인이 부패한 관료와 결탁하여 온갖 횡포를 부렸다. 이 때문에 만주와 타이완의 경제는 급격하게 악화되었다. 국민 정부의 권력 남용과 무능함, 여기에 언어와 문화적인 차이까지 겹쳐 쌍방의 갈등은 점점 고조되었고 지역민들의 원성은 점점 높아졌다. 국공 내전이 발발하자 만주의 주민들은 공산군을 전폭적으로 지지하여 중공이 내전에서 승리하는 데 결정적인 역할을 하였고, 타이완에서는 '2.28 사건'*이라 불리는 대규모 시민 봉기가 일어났다. 이때 장제스는 타이완 주석 천이(陳儀)의 요청을 받아 본토에서 병력을 증원하였고, 타이완 섬 곳곳에서 무차별 학살극이 벌어졌다. 최소 3만 명 이상이 사망하였으며 타이완 전체가 초토화되었다. 3월 17일 국방부장 바이충시가 직접 타이완으로 와 뒷일을 수습하면서 비로소 살육은 멈추었다. 이 사건은 장제스 정권의 최악의 오점이었다. 한편 학살에 앞장섰던 천이는 이후 저장 성 주석으로 부임했으나 공산당과 내통

---

* 1947년 2월 28일 타이완에서 일어난 반정부 시위. 타이페이의 한 건물에서 담배 노점을 하고 있던 여인을 경찰이 단속하면서 심한 폭행을 가했고 이에 대해 주변 사람들이 항의하자 경찰은 오히려 발포하여 한 명이 사망했다. 이 사건으로 그동안 팽배해 있던 타이완 주민들의 불만이 한꺼번에 폭발하여 대규모 반정부 시위가 시작되었다. 천이는 자신의 힘만으로 진압이 어렵다고 생각하고 장제스에게 상황을 과장하여 보고하였다. 시위의 배후에 중공의 개입이 있다고 생각한 장제스는 제21사단을 파견해 대대적인 유혈 진압을 실시하여 약 한 달에 걸쳐 무차별적인 학살이 벌어졌다. 제주 4.3항쟁과도 비견되는 2.28사건은 한동안 타이완에서는 언급 자체가 금기시되었다. 1995년 타이완의 리덩후이 총통은 희생자 가족들에게 공식적으로 사과하였다.

한 혐의로 체포되어 1950년 6월 타이베이 시 교외에서 처형당했다.

＼만주를 선점하라

국공 간의 갈등은 점점 격화되었다. 시안 사건 직후만 해도 국민 정부에 절대 충성하겠다고 맹세했던 마오쩌둥은 이제는 태도를 180도 바꾸어 양쯔 강을 경계로 중국을 남북으로 양분하겠다는 야심을 노골적으로 드러내었다. 그에게는 장제스도 두렵지 않다는 자신감이 있었다. 공산군은 도처에서 교통의 요지를 장악한 채 국민정부군의 이동을 저지하였다. 국공의 충돌이 격화되자 웨드마이어는 장제스에게 병참 확보와 수송의 어려움을 이유로 만주로 진격하는 것은 일단 미루고 우선 장성 이남의 육상 교통과 통신망부터 신속하게 복구하고 행정과 치안을 안정시키라고 충고하였다. 또한 만주를 한시적으로 미국, 영국, 소련 3국의 신탁통치에 두는 방안을 제안하였다. 웨드마이어의 충고는 분명 현실적이었으나 장제스는 결코 받아들일 수 없었다. 외세에 빼앗겼다 간신히 찾은 영토를 다시 외세의 손에 맡긴다는 것은 중국에는 자존심의 문제였고 정부의 무능함을 스스로 인정하는 격이었기 때문이다.

무엇보다도 만주는 전략적으로나 경제적으로 대단히 중요한 곳이었다. 만주에는 풍부한 천연자원과, 일본이 그동안 건설한 대규모 산업 시설이 있었다. 만주는 중국 전체로 볼 때 면적은 11.5퍼센트, 인구는 8퍼센트에 불과했지만 콩 생산량은 전국의 70퍼센트, 산림 면적은 37퍼센트, 중공업의 90퍼센트를 차지했고 석탄 생산량은 36퍼센트, 석유 생산량은 93퍼센트, 철도망은 41퍼센트, 금광은 50퍼센트에 달했다. 해외 수출에서도 37퍼센트를 차지했고 선철 생산은 본토의 8.5배, 전력 생산은 2.5배에 달하는 등 만주의 근대 공업은 본토를 훨씬 능가하였다. 오랜 전쟁과 극심한 인플레이션, 원료 부족으로 완전히 망가진 본토를 복구하기 위해서라도 만주는 반드시 필요하였다. 따라서 국공 모두 만주에 눈독을 들이는 것은 당연하였다.

일본이 항복하기 2개월 전인 1945년 6월 11일 제7차 전국대표회의에서 마오쩌둥은 만주의 중요성을 강조하면서 만주를 중공의 기반으로 삼기로 당의 방침을 정하였다. "동북은 우리 당과 중국 혁명의 최근 변화상으로 보았을 때 특별히 중요한 곳이다. 만약에 우리가 모든 근거지를 다 잃는다 해도 동북만 있으면 중국 혁명의 기초는 견고한 것이다. 물론 다른 근거지도 잃지 않고 동북도 있다면 중국 혁명의 기초는 더욱더 공고한 것이다." 당 주석대리였던 류사오치 역시 9월 19일 중국 공산당 중앙정치국 회의에서 정한 '북진남방(北進南防)'에 따라 화중과 화남의 부대는 양쯔 강 이북으로 철수시키고 화북의 부대는 만주로 북상시키라고 지시했다.

물론 장제스도 여기에 뒤질세라, 미국의 지원을 받아 쑨리런이 지휘하는 신1군*을 비롯해 정예 부대를 화북과 만주로 진격시켰다. "우리가 동북을 탈취하지 않으면 중국은 근대 산업화된 국가로 발전하기 힘들다." 그러나 이 레이스에서 절대적으로 불리한 것은 장제스였다. 1944년의 전투에서 참패한 국민정부군은 쓰촨 성과 구이저우 성, 윈난 성 등 중국 대륙의 서남부로 밀려난 반면, 중공군은 근거지부터 화북에서 가까운 서북 지역인 데다 1945년 초부터 이미 만주에 요원들을 비밀리에 침투시켜 지하 세력을 구축하고 있었다.

---

* 신편 제22사단, 신편 제30사단, 신편 제38사단으로 구성되었으며 버마 전선의 명장 쑨리런이 지휘하였다. 미국식으로 완전 무장한 중국군 최정예 부대로 장제스는 신1군을 '천하제일군'이라고 불렀다.

또한, 소련은 원래 1945년 12월 3일까지 만주에서 철수하기로 약속했지만 국민정부군의 만주 진입이 지연되자 1946년 4월 6일에야 철수하기 시작하였다. 소련군을 뒤따라 허겁지겁 만주로 진입한 국민정부군은 약 13만 7천 명 정도였으나 광대한 만주 전역을 확보하기에는 턱없이 부족했다. 게다가 중소 우호 조약에 따라 소련군이 장악한 다롄 항은 중국과 소련이 공동 사용하기로 되어 있었지만 소련은 다롄 항을 여전히 폐쇄한 채 국민정부군을 실은 수송선의 입항을 거부하였다. 또한 랴오둥 만의 후루다오(葫蘆島)를 통한 상륙 역시 소련군에 의해 차단되면서 국민정부군은 부득이하게 훨씬 남쪽인 친황다오까지 내려와 산하이관을 통해 만주로 진입하는 우회 작전을 쓸 수밖에 없었다. 이 때문에 국민정부군은 병참선 확보에 심각한 애로를 겪었고 만주 진입이 지연되었다. 이 '갭'을 이용해 중공군은 선양과 창춘 등 대도시를 제외한 만주의 90퍼센트 이상의 지역을 손쉽게 장악할 수 있었다. 물론 미국과 중국은 이런 소련의 행동에 대해 강력하게 항의했으나 소련은 아직 일본과의 강화 조약이 체결되지 않은 이상 소련과 일본은 여전히 전쟁 상태이며 그때까지는 뤼순과 다롄 항은 소련이 단독으로 관할해야 한다고 억지를 부렸다. 또한 소련군은 대량의 산업 시설과 발전 시설, 물자를 '전리품'으로 간주하여 마구잡이로 약탈하였고(이들은 중국인들의 약탈도 묵인하였다) 만주국 은행들로부터 미화 약 300만 달러어치의 금괴와 5억 원의 화폐를 몰수하였다. 또 군표를 대량으로 남발하여 물자를 반강제로 사들이는 등 경제 혼란을 가중시켰다. 이 때문에 만주의 주요 도시들의 기능과 산업 생산은 마비되었다.

소련군은 만주와 북한 지역의 일본군으로부터 항공기 925대, 전차 369대, 장갑차 35대, 야포 1,226문, 박격포 1,340문, 기관총

4,836정, 소총 30만 정, 차량 2,300대에 달하는 무기와 방대한 탄약, 식량, 군수품을 노획했다. 국공 내전이 시작되자 소련은 이 노획물의 대부분을 린뱌오의 '동북인민자치군'(이후 동북야전군)에게 넘기는 한편, 이들을 훈련시켰다. 덕분에 린뱌오의 군대는 오합지졸에서 공산군 최강 부대로 거듭나 국공 내전의 전세를 단숨에 역전시키는 주역이 된다. 일본제 항공기와 전차는 인민해방군 최초의 기갑 부대와 공군을 편성하는 데 사용되었다. 1949년 10월 베이징에서 열린 중화인민공화국 선포식에서도 인민해방군은 일본군의 철모를 쓰고 일본제 전차와 야포, 공군으로 퍼레이드를 하였다. 소련은 만주에서 국민정부군이 철도를 사용하는 것도 허락하지 않았다. 만주를 중국과 소련의 완충 지대로 삼을 생각이었던 소련은 국민 정부의 만주 접수를 방해하고 공산군을 직간접적으로 지원하였다. 이런 행위는 포츠담 회담과 중소 우호 조약의 위반일 뿐더러, 국민 정부가 국공 내전에서 공산군에게 패배하는 가장 큰 원인 가운데 하나가 되었다.

＼내전의 시작

국공의 대립이 최악으로 치닫자 미국은 5억 달러의 차관을 제공하는 조건으로 장제스에게 내전의 중지와 공산당과의 협상을 강요하였다. 1945년 8월 28일 장제스와 마오쩌둥은 충칭에서 만났다. 양측의 협상은 10월 11일까지 진행되어 44일 동안 두 사람은 아홉 번이나 만나서 토론을 거듭했으나 입장 차이는 너무나 명확했다. 장제스는 국민 정부만이 중국의 유일한 합법 정부이며 중공이 국민 정부의 체제 안에 들어오는 것을 전제 조건으로 내걸었다. 반면, 마오쩌둥은 쌍방이 대등한 입장에서 연합 정권을 수립하자고 주장했다. 그러나 마오쩌둥이 주장하는 정치 제도는 서구 민주주의처럼 여당과 야당이 경합하여 자유로운 민주 선거를 통해 다수당에 의해 정부를 구성하는 것이 아니라 중국 내 여러 정치 세력이 합작하여 연합 정부를 구성한다는 것이었다. 즉, 쑨원의 사상을 물려받은 장제스는 국민당의 권력 독점 체제를 유지하면서도 이는 과도기일 뿐, 앞으로 정치적으로 안정되면 국민에 의한 의회 민주 정치의 실시를 어느 정도 인정하고 있었다. 1947년 1월 무력으로 통치하는 훈정(訓政)의 중단과 헌정(憲政)의 선포, 그리고 중국 역사상 최초의 총선거의 실시가 그 예이다. 반면, 마오쩌둥은 의회 민주 정치를 부정하였다. 저명한 언론인으로 장제스 정권의 비판에 앞장섰던 추안핑(儲安平)은 공산당에 대해 "국민당 치하의 자유는 많고 적음의 문제이지만 공산당이 집권하면 자유가 있느냐, 없느냐의 문제가 될 것이다"라고 말하기도 하였다. 실제로 마오쩌둥은 국공 내전에서 승리한 후 겉보기에는 다양한 당파를 망라하는 연합 정부를 구성했으나 실권은 공산당이 쥐고 있었다(그나마도 몇몇 마오쩌둥 측근들이 독식하였다). 1950년대에 들어서 그는 수차례의 '정치 운동'과 적색테러를 통해 비(非)공산주의 정치 세력들을 모조리 제거하거나 명목상의 존재로 전락시켰다. 비록 국공 내전에서 패배한 장제스가 타이완으로 쫓겨간 후 철권통치를 강화하면서 중국의 민주주의는 한동안 퇴보했지만, 이후 민주화 운동과 정치 개혁을 통해 타이완은 아시아에서 가장 민주화된 국가 중 하나가 되었다. 그러나 중국은 덩샤오핑의 개혁 개방에도 불구하고 톈안먼 사태를 철저하게 진압하는 등 여전히 폐쇄적인 일당 독재를 고수하고 있다. 추안핑 역시 1956년 6월 마오쩌둥을 비판하는 기사를 썼다가 우파로 낙인찍혀 한순간에 모든 지위를 잃고 비참한 몰골로 거리를 떠돌다 문화 혁명 때 행방불명되었다.

10월 10일 내전을 중지하기로 합의한 쌍십 협정(雙十協定)의 체결과 미국 마셜 원수의 적극적인 중재에도 불구하고 결국 국공의 협상은 결렬되었다. 1946년 4월 18일 장제스의 명령에 따라 국민정부군의 기계화 부대가 남만주의 쓰핑(四平)에서 공산군을 공격하였고, 중일 전쟁이 끝난 지 일 년도 되지 않아 국공 내전은 전면전으로 확대되었다.

국공 내전은 피할 수 없었던 것인가? 노예제를 둘러싼 복잡한 갈등이 내전으로 폭발했던 미국의 남북 전쟁과는 달리, 국공 내전은 훨씬 간단명료했다. 바로 중국의 지배권을 누가 차지할 것인가를 두고 벌인 전쟁이었다. 장제스와 마오쩌둥 두 사람 가운데 어느 한 쪽이 야심을 포기하지 않는 한 전쟁은 결코 피할 수 없었다. 양측은 미국의 강요에 마지못해 협상 테이블에 마주 앉았을 뿐 협상에는 처음부터 관심도 없었다. 또한 국공 내전은 프랑스 대혁명처럼 기존 체제에 대한 불만을 품고 있던 민중들의 봉기에서 비롯된 것도 아니었다. 오직 두 개의 권력 집단의 싸움이었다. 장제스 정권이 우세한 군사력을 가지고도 패배한 가장 큰 원인은 분명 정권 자체의 모순에 있었다. 그러나 중국 공산당 역시 같은 모순을 가지고 있었고 그 모순을 해결하려고 하지도 않았다. 애초에 내전의 목적이 그 모순을 해결하기 위함이 아니었기 때문이다. 장제스 정권이든 마오쩌둥 정권이든 국민에 의해 선택된 것이 아니라 무력으로 권력을 차지했다. 그들에게 국가는 하나의 '전리품'일 뿐이었다. 마오쩌둥이 대륙의 지배자가 되자 중국의 시곗바늘은 거꾸로 돌아가 이전보다 훨씬 더 폐쇄적이고 억압적인 사회가 되었다.

역사에 가정은 없지만 만약 국공 내전이 발발하지 않았다면, 또는 양측의 극적인 타협으로 평화롭게 해결됐다면 어떠했을까? 중일 전쟁이 끝났을 때 중국은 청말 이래 유례없는 잠재력과 자산을 가지고 있었다. 그동안 쌓아둔 10억 달러에 달하는 막대한 외화(이것은 민간이 보유한 외화와 금은을 제외한 금액이다)가 있었고, 일본이 만주와 점령지에 건설한 대규모 공업 지대와 발전 설비, 인프라도 있었다. 일본이 중국에 남긴 자산은 전체 해외 자산의 74퍼센트에 해당하는 175억 달러에 달했는데 그중 3분의 2는 만주에 있었다. 또한 오랜 전쟁에도 불구하고 철도망은 대부분 건재했으며 석탄, 철강, 자동차, 전력 생산 등은 오히려 전쟁 이전보다 늘어났다. 여기에다 미국은 중국의 부흥을 위한 대규모 원조 계획을 가지고 있었다. 이 막대한 자산이 내전 대신 전후 복구에 사용되었다면 중국은 유례없는 호황을 누렸을 것이고, 전후 아시아 경제의 중심은 일본이 아니라 중국이 되었을 것이 틀림없다.

중국은 '친일파 청산'을 어떻게 했을까

중국에서는 매국노를 '한간(漢奸)'이라고 부른다. 청나라 시절 한족이면서 지배층인 만주족에게 빌붙어 같은 한족을 밀고하는 사람을 지칭하는 데서 나온 말로 외세와 결탁한 민족 배신자를 가리킨다. 우리가 매국노라면 이완용을 떠올리듯, 중국에서는 한간이라고 하면 왕징웨이를 떠올린다. 좀 더 구체적으로는 왕징웨이의 괴뢰 정권에 가담한 모든 친일 부역자들이 '한간'이었다. 남한은 해방이후 정치적 혼란과 한국 전쟁을 거치며 친일부역자에 대한 처벌 자체가 흐지부지되었고 많은 친일파들이 정계와 재계, 군부, 관료 계층 등 사회 전반의 핵심으로 복귀하였다. 1990년대 말에야 친일파 청산 문제가 새삼 거론되었으나 이미 해방 이래 50년간 기득권 세력으로서 강력한 영향력을 가지고 있는 그들은 격렬하게 저항하였다. 높은 국민적 열망에도 불구하고 앞으로도 친일파 청산은 결코 순탄해 보이지는 않는다.

우리와 마찬가지로 일본의 침략에 시달렸던 중국의 친일파 청산, 즉 한간 처벌 문제는 어떻게 처리되었을까? 중국 학계의 한간 재판에 대한 연구는 정치적으로 민감한 주제이며 우리만큼이나 연구가 미진하다. 따라서 한간으로 얼마나 많은 수가 체포되었고, 어떤 과정을 거쳐 얼마나, 어떻게 처벌되었는지 정확한 통계조차 없으며 자료 역시 매우 불충분하다. 그러나 당시 상황에 대해서 막연하게나마 알 수는 있다.

우선 결론부터 말하면 국민 정부이건 중공이건 간에 한간에 대한 처벌이 제대로 이루어졌다고는 말하기 어렵다. 그렇다면 왜 제대로 처벌되지 않았을까? 가장 큰 이유는 국공 내전 때문이었다. 일본의 항복과 동시에 시작된 국공의 충돌이 점점 격화되면서 한간 재판은 뒷전으로 밀려났다. 또 한 가지 이유는 이들을 신속하게 체포하고 처벌하기 위한 행정, 사법 체계의 미비함 때문이었다. 한간 재판은 혼란 그 자체였으며 국공 양측 모두 재판을 과거사 청산보다는 정권의 정치적, 정략적인 수단으로 활용되었다.

국민 정부의 한간 처벌에 대한 법률은 중일 전쟁이 일어난 직후인 1937년 8월 23일 '징치한간조례(懲治漢奸條例)'가 제정되면서 시작되었다. 제5조에서 한간은 사형 또는 무기징역에 처한다고 규정하였고 한간에 대한 은닉자와 자수자, 재판 절차 및 한간의 재산 압류와 몰수에 대해서도 명시되었다. 또한 중일 전쟁이라는 특수한 환경에서 한간은 군법에 의해 처벌되었으며 전쟁 기간에 한간으로 체포된 사람 대부분은 간첩행위자였다. 1944년 11월부터 군인을 제외한 한간은 일반 사법 기관이 맡는 것으로 바뀌었으나 한간의 범주와 체포, 처벌에 대한 규정은 여전히 미흡한 점이 많았다.

일본이 항복하자 친일 괴뢰 정권에 가담했던 한간들에 대한 체포는 군사위원회 산하의 조사통계국(남의사)이 맡았다. 남의사의 수장인 다이리(戴笠)의 주도 아래 전쟁이 끝남과 동시에 한간 체포를 시작했으나 갑작스러운 종전으로 인한 혼란과 준비 부족 때문에 한동안 실적이 지지부진하였다. 심지어 한간들은 국민 정부의 묵인 아래 일본의 점령지에서 그대로 중요 직책을 맡고 있는 경우도 많이 있었다. 왕징웨이 정권의 이인자였던 저우포하이는 상하이의 치안을 맡기도 했다.

그러나 어느 정도 혼란이 진정되자 군통국은 9월 하순부터 본격적으로 한간 체포에 나섰다. 10월 3일까지 체포된 한간만도 4,692명이었다. 또한

11월부터 '처리한간안건조례(處理漢奸案件條例)'를 비롯해 한간에 대한 규정과 처벌과 관련된 법률을 차례로 제정하였다. 괴뢰 정부, 단체, 조직에 직접 가담하거나 직접 가담하지 않았지만 일본에 협조한 행위를 한 모든 사람이 처벌의 대상으로 규정되었다. 양형의 기준도 있었다. 친일 정권의 최고 수장과 성장급은 사형, 부장(장관)은 무기징역, 차장(차관)은 7~15년, 국장은 3~5년, 그 이하는 2년 6개월의 유기징역이었다. 전국에서 수많은 한간들이 체포되면서 1947년 말까지 한간죄로 기소된 자는 군인을 제외하고 3만 828명, 불기소 처분이 2만 718명, 그중에 무죄 방면된 자가 6,152명, 형을 선고받은 자는 1만 5,391명이었다. 또한 해외로 도피한 자는 외교 채널을 통해 해당국 정부에 체포 및 송환을 요청하였다. 그러나 만주에서는 단 11건만 기소되었다. 만주의 특수한 상황으로 국민 정부의 통치권이 제대로 발휘될 수 없었기 때문이다. 만주국 황제 푸이만 해도 중국이 아닌, 소련군에 의해 전범으로 체포되어 하바롭스크로 끌려갔다가 1950년 8월에야 중국으로 송환되었다.

기소된 한간의 90퍼센트 이상이 징역형을 선고받았다. 또한 형량과는 상관없이 가족의 최소한의 생활을 위한 자금을 제외한 전 재산이 몰수되고 종신 또는 일정 기간 공민권이 박탈되었다. 국민당원과 현직 관리였던 사람은 형의 3분의 1을 가중 처벌하였다. 대표적으로 난징 괴뢰 정권의 주석 천궁보(陳公博), 광둥 성장 추민위(褚民誼), 왕징웨이의 부인 천비쥔(陳璧君) 등이 이 규정에 따라 중형을 선고받았다. 또한 괴뢰 정권에서 복무한 군인은 군법에 의해 더욱 엄중하게 처벌되었으며 난징괴뢰군 육군총감 예펑(葉蓬), 참모총장 양쿠이이(楊揆一) 등 대부분의 군 수뇌부는 관용 없이 총살당했다. 그러나 예외도 있었다. 군정부장 바오원위에(鮑文樾)는 사형을 선고받았다가 곧 무기징역으로 감형된 다음 타이완으로 이송되어 1975년에 석방되었다. 또한 이전부터 충칭 정부와 몰래 접촉하고 있었던 런위안다오(任援道)는 왕징웨이 정권에서 장쑤 성 성장 겸 해군부장을 지냈지만 일본 패망과 동시에 즉시 충칭 정부에 투항을 선언하여 쑤저우 경비사령관과 군사위원회 참의로 복귀하였고 어떤 처벌도 받지 않았다.

원래 국민 정부의 사법제도는 서구를 본 따 3심제로 운영되었으나 한간 재판은 신속한 재판 처리를 위해 2심제로 진행되었다. 각지에서 체포된 거물급 한간의 재판을 위해 수도 난징에는 수도고등법원이 설치되었다. 증거주의를 통한 심문과 기소, 사법 기관을 통한 공개 재판이 원칙이었고 피고는 변호사를 선임할 권리와 재판 결과에 불복해 재심을 신청할 권리가 있었다. 그러나 이것은 원칙일 뿐 제대로 지켜지지 않았다. 고위 인사나 정치적으로 민감한 사안은 비공개로 진행되었다. 1심에서 사형을 판결받은 다음 피고의 불복 여부와 관계없이 바로 다음 주에 사형이 집행되기도 했으며 재심 신청은 대부분 기각되었다. 1944년 11월부터 1947년 2월까지 재심청구 521건 중 422건이 기각되었고 83건만이 받아들여졌다. 변호사의 선임권도 거의 지켜지지 않았고 재판 역시 형식적이었기에 억울한 처벌을 받은 이도 많았다. 반면, 힘 있는 권력자가 변호할 경우에는 재판에서 매우 유리하게 작용했고 거물급이 아닌 일반 한간의 경우에는 뇌물로 감형받거나 무죄로 석방되기도 했다.

게다가 국공 내전이 격화되고 국민정부군이 남쪽으로 패퇴한 1948년부터는 한간 재판 자체가 흐지부지되었다. 대리총통이 된 리쭝런은 1949년 6월 무기징역 이하의 모든 형사범과 정치범을 석방하라고 명령하였다. 덕분에 많은 한간들이 고작 2년도 채 복역하지 않고 석방되었다. 그러나 우두머리만큼은 용서 없이 사형 선고와 함께 형을 신속하게 집행하였다. 천궁보와 추민위, 선전부장 린바이성(林柏生), 내정부장 메이스핑(梅思平), 난징 유신정부의 수장 량훙즈(梁鴻志) 등 고위급 간부들은 모두 총살당했다. 유일하게 사형을 면한 사람은 저우포하이였다. 장제스는 그가 충칭 정부에 협력한 공이 있다며 직권으로 무기징역으로 감형시켰다. 그러나 건강이 극도로 악화된 그는 1948년 4월 난징의 감옥에서 병사하였다.

한편, 정식 사법제도에 의한 재판을 실시했던 국민 정부와 달리 중공은 공개된 공공 집회 장소에서 군중에 의한 인민재판을 실시하였다. '국가 안의 국가'였던 중공의 사법 기관은 자체적인 법제도가 미비한 탓에 국민 정부의 형법을 그대로 이용하였다. 대신 피고는 변호권이 없었고 재판관은 일반인들 중에서 선임되었다는 점이 달랐다. 국민 정부의 문제점이 행정, 사법제도의 미비함과 부정부패에 있다면, 중공의 특징은 지도부 스스로 '아량'을 베풀었다는 것이다. 공산당 중앙은 "본인의 의지와 상관없이 부득이하게 한간이 된 자는 제외하라"는 애매하고 소극적인 지시를 내렸다. 인민재판은 '정치적인 쇼'에 가까웠으며 자신들에게 필요하다고 판단되는 사람은 재판에서 제외했다. 또한 난징 괴뢰 정권과 만주국의 관료들과 군경을 대거 흡수하면서 이들에 대해서도 면죄부를 부여했다. 국민 정부 치하에서 복역하다가 공산군이 그 지역을 장악한 후 정치범들을 석방하면서 함께 풀려나는 한간들도 많았다. 중공에 의해 형을 받은 사람에 대한 정확한 통계나 국민 정부에 의해 처벌되거나 방면된 자들이 중공 치하에서 어떻게 되었는지에 대한 구체적인 자료는 없다. 많은 이들이 같은 방식의 재판을 거쳐 다시 처벌된 것은 틀림없지만 필요에 따라서는 사면된 이들도 많았다. 법정에서 "충칭에 숨어 있던 사람들이야말로 국민을 버리고 도망간 자들"이라며 자신의 무죄를 주장했던 천비쥔(왕징웨이의 부인)은 국공 내전 후 마오쩌둥이 쑨원의 미망인 쑹칭링(宋慶齡)을 통해 "인민에 사죄하는" 조건으로 사면을 제안했으나 그녀는 "나와 남편은 죄가 없다"며 거절했고 결국 1959년 6월 17일 옥중에서 사망하였다.

국공의 공통적인 점은 같은 중국인은 '한간'이라며 비교적 혹독하게 처벌한 반면, 일본인 전범에 대해서는 관대했다는 것이다. A급 전범은 도쿄의 극동국제군사재판에서 다루어졌지만 B, C급 전범은 각국에서 개별적으로 재판이 열렸다.* 중국에서는 883명이 기소되어 이 중에서 149명에게 사형을 집행하였다.** 가장 오랫동안 가장 많은 희생을 당한 국가로서는 너무 적은 숫자였다.*** 게다가 이용할 가치가 있는 자는 적극 협력한다는 조건으로 면죄부를 부여하기도 했다. 대표적인 예가 장제스의 군사고문을 맡았

---

* 극동국제군사재판 조례 제5조에서는 전범을 3가지로 분류하여 A항은 "평화에 대한 범죄"로 전쟁을 기획, 주도한 사람, B항은 "관습에 의한 전쟁 범죄"로 제네바 협정 등 전쟁과 관련된 국제법을 어기고 민간인 학살 등을 저지른 사람, C항은 "반인륜적인 범죄"로 민간인이나 포로를 학대하고 고문 등을 행한 사람으로 정의하였다. 각각의 항에 해당하는 자를 편의상 A, B, C급 전범이라고 불렀을 뿐 죄의 경중과는 상관이 없다.

** 그 외에 83명이 종신형, 272명이 유기징역 이상의 형을 받았다.

*** 영국은 935명을 기소하여 222명을, 네덜란드는 1,038명을 기소하여 236명을, 호주는 949명을 기소하여 153명을, 미국은 4,400명을 기소하여 140명을 각각 사형에 처했다. 전체적으로 8,634명의 일본인이 전범으로 기소되어 987명이 사형에 처해졌고 494명이 종신형, 2,958명이 유기징역 이상의 형을 받았다.

던 오카무라 야스지 대장이다. 또한 황구툰 사건을 저질렀던 고모토 다이사쿠는 옌시산의 경제, 군사고문이 되었으며 쓰지 마사노부는 국민정부군이 만주로 진격하는 데 필요한 군용 지도를 그려주었다. 더욱이 중공은 단 한 명도 처벌하지 않은 채 내전에 승리한 후 '덕으로 원수를 갚는다'는 논리로 감옥에 갇혀 있던 모든 전범을 일본으로 돌려보냈다. 국공 내전에서는 수만 명의 일본군이 국공 양측에 용병처럼 고용되어 싸웠으며, 내전이 끝난 뒤에도 중국과 타이완은 일본 정부에 전쟁 보상이나 과거사 사죄를 요구하기는 커녕 경제 원조를 얻기 위해 머리를 숙였다. 중국 정부는 1988년 4월 국공 내전에서 인민해방군으로 참전하여 희생된 일본군 출신 조종사들을 추모하는 대표단을 일본에 파견하였다.

종전 후 혼란과 내전이라는 특수한 상황 속에서 친일파 처벌은 흐지부지되고 말았다. 내전이 끝난 뒤에도 마찬가지였다. 중국과 타이완 모두 더 중요한 과제들이 수없이 산적해 있었기 때문이다. 그러나 남북한이나 다른 아시아 국가들과 다른 점은 처벌이 유야무야된 것과 상관없이 적어도 한간들이 복권되어 국가의 권력층에 재진입하지는 못했다는 사실이다. 비록 한간들에 대한 처벌 자체는 철저하지 못했다고 해도 적어도 일본인들과 한간들에 의해 장악되었던 정치, 경제, 사회 권력 구조는 확실히 청산될 수 있었다.

40

전쟁, 그 뒷이야기

1943년 11월 카이로 회담에서 장제스는 처칠과 루스벨트에게 전후 일본에서 연합군의 군정 실시에 중국의 참여와 일본의 배상 문제를 요구하여 긍정적인 답변을 얻었다. 그러나 전쟁이 끝나자마자 내전이 시작되면서 중국은 승리를 만끽할 기회조차 없었고 결국 전승국으로서의 권리마저 제대로 누리지 못했다.

＼무산된 일본 분할 계획

1945년 8월 28일 미 제11공수사단 소속의 선견대 2백여 명이 완전무장한 채로 도쿄 근교의 아츠키 공항에 내린 것을 시작으로 미군 부대가 점령군으로서 차례로 도착하였다. 8월 30일 오후 2시에는 더글라스 맥아더 원수의 전용기 '바탄 호'가 착륙하였다. 9월 2일 380척에 달하는 미 태평양함대가 요코하마 앞바다를 완전히 메워 일본인들을 위압하는 가운데, 전함 미주리 호의 함상에서 미국을 비롯한

9개 연합국*과 일본의 항복 조인식이 열렸다. 미국의 맥아더와 참모들, 그리고 연합국 대표들이 지켜보는 가운데 일본 외상 시게미쓰 마모루가 불편한 걸음으로 테이블 앞으로 걸어나왔다. 그는 한쪽 다리에 의족을 하고 있었다. 13년 전 상하이 사변의 전승 기념식에서 윤봉길 의사가 던진 폭탄에 다리를 잃었기 때문이었다. 이때 그는 무슨 생각을 했을까? 시게미쓰는 자신의 앞에 놓인 일본의 무조건 항복을 수락한다는 내용의 문서에 담담히 서명하였다. 그 아래에 육군참모총장 우메즈 미치로 대장이 서명하고 9개국 대표단들이 차례로 자기 이름을 써넣었다. 중국 측 대표로는 군사위원회 군령부장인 쉬융창(徐永昌)이 참석하여 미국 대표인 체스터 니미츠 제독에 이어서 두 번째로 서명하였다. 연합국들도 태평양 전쟁에서 중국이 미국 다음의 기여를 했다는 사실을 인정한 것이다.

이로써 일본은 패전국으로서 미군의 통치 아래 들어갔다. 도쿄에는 맥아더 원수를 사령관으로 하는 연합국 최고사령부가 설치되어 군정을 시작하였다. 말하자면 총독부인 셈이다. 또한 북쪽에서는 소련군이 얄타 회담에서 맺은 밀약에 따라 남부 사할린과 북방 4개 도서를 장악했다. 미군과 함께 상륙한 영국군은 일본 중부 지방과 시코쿠에 주둔했다. 영국의 주일 점령군 규모는 3만 9천 명 정도로 영국군과 뉴질랜드군, 호주군 등으로 구성되었다. 점령 초반 미국은 연합군의 분할 점령 방안을 검토하기도 했다. 미국으로서는 단독 점령은 정치적으로 부담이 컸고 미국의 독점 지배에 대한 다른 연합국

* 항복 조인식에 참석한 9개국은 미국, 영국, 중국, 소련, 호주, 캐나다, 프랑스, 네덜란드, 뉴질랜드였다. 태평양 전쟁에 아무런 기여를 하지 않은 프랑스는 참석할 권리를 얻은 반면, 한국을 비롯해 일본으로부터 고통을 겪었던 식민지 국가들은 제외되었다.

●— 1945년 9월 2일. 전함 미주리 호를 비롯한 미 태평양함대와 F-4 콜세어, F-6 헬켓으로 구성된 전투기의 대편대가 도쿄 만을 완전히 메운 채 무력시위를 하고 있다. 태평양 전쟁에서 보여준 미국의 막강한 군사력은 일본인들에게 확실하게 각인되었다. 전후 일본은 소위 '평화헌법'을 제정하여 무력을 포기하는 대신, 미국의 그늘 아래에서 경제 재건에 집중하여 짧은 시간에 세계 2위의 경제 대국으로 부활하였다.

의 반발도 컸기 때문이었다. 미국 참모본부 산하 기구인 통합전쟁계획위원회(Joint War Plans Committee, JWPC)는 패전 독일과 마찬가지로 일본의 도쿄는 미국, 영국, 중국, 소련 4개국이 공동 관리하고 오사카는 미국과 중국이, 홋카이도와 동북 지방은 소련, 규슈와 중부 지방은 영국, 시코쿠는 중국, 나머지 지역은 미국이 각각 점령하여 일본군의 무장 해제와 군정을 실시한다는 'JWPC-385' 계획을 수립하였다. 만약 이 계획이 실제로 실현되었다면 일본은 독일과 마찬가지로 냉전과 함께 나라가 두 쪽이 났을 것이다. 그러나 연합국 최고 사령부 사령관인 맥아더의 강력한 반발 때문에 제대로 논의조차 되

●— 전함 미주리의 선상에서 항복문서에 서명하는 일본 외상 시게미쓰. 앞에 서 있는 사람은 미 극동군 사령관 더글러스 맥아더 원수. 이날 일본의 항복 조인식에는 미국, 중국을 비롯한 9개국이 참석하였고 군령부장 쉬융창 이급상장이 중국 대표로 니미츠 제독에 이어 두 번째로 서명하였다.

지 못한 채 구상 단계에서 폐기되었다.

중국의 주일점령군 파견

이와는 별개로 미국은 주중 대사 헐리를 통해 중국에 "연합군의 일본 점령과 무장 해제, 치안 유지를 위해 파병해 달라"고 요청하였고 장제스도 승낙하였다. 중국은 처음에는 5천 명 규모의 1개 여단을 고려했으나 미국은 적어도 1개 정규 사단을 요구하였다. 최종적으로 결정된 부대는 인도차이나에서 일본군을 무장 해제시킨 Y군 소속의 제67사단이었다. 이 부대는 장제스의 직계 부대인 제2사단을 미국식으로 개편한 것으로, 장비와 인원, 훈련이 모두 양호한 정예 부대였다. 병력은 3개 보병연대와 1개 포병연대, 전차대대, 공병대대, 통신대대 등 약 1만 4,500명 정도였다.

연합국 최고사령부는 중국군의 주둔지를 도쿄에서 그리 멀지 않은 중부 지방의 아이치 현과 시즈오카 현, 미에 현 세 곳을, 그리고 사령부는 아이치 현의 현 정부가 있는 나고야에 두기로 결정하였다. 나고야는 도쿄, 오사카와 함께 일본 3대 도시 중 하나이자 대규모 공업 지대가 있었다. 1946년 5월 27일, 연합국 일본관제위원회 중국대표 주스밍(朱世明) 중장을 비롯한 대표단과 제67사단장 다이젠(戴堅) 소장이 이끄는 점령군 사전파견대가 미 공군의 B-24 대형 폭격기를 타고 상하이에서 아츠키 공항으로 날아왔다. 이들은 점령군으로서 완전 무장하여 전승국의 위엄을 보였다. 1891년 6월 딩위안(定遠) 호를 위시한 청국 함대가 일본을 친선 방문한 이래 55년 만이었고, 역사상 처음으로 중국군이 점령군으로서 일본 땅을 밟는 순간이었다.

연합국 사이에 대일 배상 청구에 대한 논의가 끝나지 않았기 때문에 현지에서의 강제 징발이나 약탈은 금지되었고 주둔 비용 역시 각자 부담이 원칙이었다. 그러나 도쿄에서 맥아더를 만난 다이젠은 중국의 어려운 처지를 고려해 미국이 비용을 지원해줄 것과 병력과 장비를 수송하는 데 필요한 차량을 제공해달라고 요청하였다. 맥아더는 일단 미국이 비용을 부담한 후 나중에 양국 정부가 정산하기로 하였다. 또한 차량은 주일 미군이 보유한 잉여 물자에서 양여하며 중국군을 상하이에서 일본까지 수송하는 것도 미국이 책임지기로 합의하였다. 협상이 순탄하게 진행되어 제67사단은 모든 준비를 마치고 일본으로 출발할 날만을 손꼽아 기다리고 있었다.

그런데 그 직후에 갑작스럽게 파병 계획이 취소되고 오히려 다이젠에게 즉시 귀국하라는 명령이 떨어졌다. 국공 내전이 시작된 것이다. 내전이 격화되면서 주일점령군의 파견은 부차적인 문제로 밀려났다. 제67사단은 일본으로 가는 대신, 1946년 7월 쉐웨의 지휘를 받아 산둥 성으로 이동하여 공산군 토벌에 투입되었다. 이들은 전황이 악화되면서 다음해 2월 산둥 성 남부에서 벌어진 전투에서 화동야전군에게 포위당해 괴멸당했다. 중국이 전승국으로서 일본을 점령할 기회는 이렇게 끝나버리고 말았다.

그러나 한편으로, 미국은 처음부터 일본에 대한 권리를 남과 나눌 생각이 없었다. 영국과 소련의 역할이 매우 컸던 유럽 전쟁과 달리, 태평양 전쟁은 미국 혼자 싸웠다고 생각하였다. 단지 정치적인 요식 행위로 동맹국들에게 파병을 요청했을 뿐이었다. 미국 외에 영국 역시 대일 점령군에 참여했지만 한낱 미군의 들러리일 뿐 실제 군정에는 아무런 영향력도 행사하지 못했다. 이 때문에 영국은 맥아더 사령부와 심한 갈등을 빚기도 했다. 이런 상황에서 중국이 예정대로 파병했다고 한들 정치적인 상징성 외에는 아무런 의미도 없었을 것이다.

도쿄에서 열린 극동국제군사재판 역시 전적으로 미국의 이해관계에서 결정되었다. 일본의 전쟁 수뇌부에 대한 기소를 놓고 중국과 소련, 호주, 뉴질랜드 등은 천황 또한 마땅히 전범으로 처벌해야 한다고 주장하였다. 그러나 일본을 아시아의 교두보로 삼으려고 했던 미국은 일본의 협조가 필요했다. 따라서 일본인들의 감정을 지나치게 자극할 수 있다는 이유로 천황 히로히토에게 면죄부를 내렸고 황족 불기소 방침에 따라 난징 대학살을 주도했던 아사카노미야 야스히코 친왕을 비롯해 황족들 역시 단 한 명도 처벌되지 않았다. 악명 높은 세균전 부대로 온갖 반인륜적인 인체 실험을 자행하고 중국 전선에서 생화학전을 수행했던 731부대에 대해서도 미국은 생체연구 자료를 넘겨받고 협력하는 대가로 사령관 이시이 시로 중장과 그의 참모들을 모두 석방하고 불문에 붙였다. 동맹국들과 어떤 협의도 거치지 않은 미국의 일방적인 결정이었다. 극동국제군사재판에서는 A급 전범으로 28명이 기소되어 25명이 실형을 받았으나 그중에서 도조 히데키, 히로타 고키 등 7명만이 교수형에 처해졌다. 나머지는 감옥에서 몇 년 살지도 않은 채 한국 전쟁이 일어나면서 대부분 풀려났다. 더욱이 만주국을 좌지우지했던 기시 노부스케는 A급 전범으로 체포되었지만 1948년에 석방된 후 정계에 복귀하였고 1957년에 일본 총리가 되어 평화헌법의 개정과 군비 증강에 앞장섰다.

╲국공 내전과 미국

태평양 전쟁은 연합국의 승리로 끝났지만 곧 미국과 소련 사이의 대결이 격화되었다. 이후 전개된 냉전은 서구인들에게는 상상의 전쟁이었을지 몰라도, 적어도 아시아인들에게는 열전이었다. "3개월, 길어도 6개월이면 공산비적을 전부 소탕할 것이다." 내전을 결정했을 때 장제스는 자신이 십여 년 전 성급하게 전쟁을 시작했던 일본의 전철을 그대로 밟고 있다는 생각은 하지 못했을 것이다. 장제스는 마오쩌둥보다 훨씬 강력해 보였지만 겉보기만 그럴 뿐이었다. 군대는 지칠 대로 지쳐 있었고 1944년의 파멸적인 손실을 회복하지 못했다. 반면, 정면 승부를 회피했던 공산군은 전력을 고스란히 보전하고 있었다. 국민정부군은 초반에 우세했지만 무리한 작전으로 곧 병참의 한계에 직면하였고, 1947년 후반부터 공산군의 본격적인 반격이 시작되었다. 광대한 지역에 분산된 국민정부군은 한번 무너지기 시작하자 도미노처럼 붕괴되었다. 특히 1948년 말에 벌어진 세 번의 대결전(랴오선 전역(遼瀋戰役)*, 화이하이 전역(淮海戰役)**, 핑진 전역(平津戰役)***)의 참패는 결정적이었다. 중공은 자신들이 장제스에게 이길 수 있었던 이유를 "민심을 얻었기 때문"이라고 선전했지만 사실 승자의 상투적인 말에 불과하다. 엄밀히 말해서 승패를 결정한 쪽은 민심이 아니라 군심(軍心)이었다. 판세가 한번 기울자 앞장서서 중공으로 전향하여 국민 정부로 총부리를 돌린 쪽은(중국에서는 '기의(起義)'라고 표현한다) 일반 민중이 아니라 기득권 세력들, 바로 국민 정부의 고위 관료들과 정치가, 지휘관들이었다. 그들은 마오쩌둥의 신중국****에서 한 자리씩 차지하는 것을 조건으로 중공의 편에 섰다. 이 모습은 마치 청 태종이 중원으로 남하할 때 오삼계를 비롯한 명의 항장들이 그 선봉에 섰던 것을 연상케 한다. 또한 마오쩌둥은 상대의 허점을 정확하게 파악하고, 한번 기회를 포착하자 신속하고 과감하게 장제스를 숨쉴 틈 없이 밀어붙였다. 반면, 장제스는 우유부단하고 조급했다. 그는 중일 전쟁에서 보여준 역량을 마오쩌둥을 상대로는 전혀 발휘하지 못했다.

---

* 1948년 9월부터 10월까지 만주에서 린뱌오의 동북야전군이 국민정부군의 주력을 격파하고 선양과 창춘 등 주요 도시를 장악한 전투. 이 전투는 국공 내전에서 가장 중요한 전투였다. 이 전투를 기점으로 그동안 팽팽하게 대치하고 있는 국공 양측의 균형이 단숨에 깨져 국민정부군은 점점 수세에 몰렸다.

** 1948년 11월부터 12월까지 쉬저우 일대에서 벌어진 전투. 화동야전군과 중원야전군 60만 명은 산둥 성을 포위한 후 국민정부군 60개 사단 60만 명을 섬멸했다. 이 패배로 인해 장제스는 양쯔 강 이북을 상실하였고 상하이와 난징마저 위기에 처하게 되었다.

*** 1948년 12월부터 1949년 1월까지 베이핑과 톈진 일대에서 벌어진 전투. 린뱌오의 동북야전군과 화북야전군 100만 명은 국민정부군 60만 명을 섬멸했다. 베이핑을 수비하고 있던 푸쭤이는 공산군에 항복하였다.

**** 중국에서는 중화인민공화국 건설 이전을 '구(舊) 중국', 그 이후를 '신(新) 중국'이라고 일컫는다.

장제스 정권이 도미노처럼 무너지기 시작하자 그동안 장제스 정권을 재정적으로 지탱했던 미국은 더 이상의 개입을 거부했다. 1949년 10월에 벌어진 진먼 섬(金門島) 전투에서 국민정부군은 침공군을 문자 그대로 전멸시키고 반짝 승리를 거두기도 했지만 그 정도로는 기울어진 운명을 돌이키기에 어림도 없었다. 장제스는 크고 작은 선박 1,500여 척을 동원해 최정예 부대 50만 명과 대량의 황금, 외화, 보물을 타이완으로 옮겼다. 중국판 '뒹케르크 철수 작전'이었다. 그리고 마침내 1949년 10월 1일 오후 3시, 베이징 톈안먼 광장에서 중화인민공화국의 수립이 선포되었다.

그로부터 얼마 지나지 않은 1950년 6월 25일, 한국 전쟁이 일어났다. 남한을 침공한 북한군의 중핵은 중공군에서 복무하다 국공 내전이 끝난 뒤 북한으로 들어온 조선인들이었다. 국공 내전에서 중공은 소련과 북한의 많은 도움을 받았다. 특히 북한은 소련군의 묵인 아래 내전 초반 국민정부군의 공격으로 고립되고 괴멸의 위기에 처한 중공군이 퇴각할 수 있는 통로가 되어주었다. 또한 북한은 다수의 의용군과 막대한 군수물자를 제공하는 등 후방 기지의 역할을 했다.* 북한의 도움이 없었다면 중공은 만주에서 쉽게 승리하지 못했을 것이다. 이것은 이후 중공이 '혈맹'을 내세워 김일성의 남침을 적극적으로 후원하고 또 김일성의 군대가 괴멸하자 직접 개입한 가장 큰 이유 중 하나이기도 하다.

마오쩌둥은 맥아더의 인천 상륙 작전의 성공에 전 세계의 시선이 집중된 것을 이용해 1950년 10월 7일 티베트의 해방을 외치며

---

* 브루스 커밍스는 『한국전쟁의 기원』에서 북한이 적어도 10만 명 이상의 정규군을 만주로 파견했다고 주장하기도 했지만 이는 추측일 뿐 사실은 아니다.

무력 침공하였다. 군사적으로 무력했던 티베트 정부는 미국과 영국, 인도에 지원을 요청하고 유엔의 개입을 호소했으나 국제 사회의 무관심과 열강의 복잡한 이해관계로* 외부의 어떠한 도움도 받지 못한 채 1951년 9월 9일 수도 라사가 함락되었다. 중국이 내세우는 티베트에 대한 역사적 영유권의 당위성을 떠나, 그들의 강압적인 방식과 일방적인 '중국화 정책'은 티베트의 자치권을 인정하고 간접 지배했던 청나라와 달리 무력을 앞세워 중국을 침략했던 제국주의 일본의 행태를 고스란히 재현한 것이었다.

한편, 미국의 전후 아시아 정책은 오판과 실책의 연속이었다. 국공 내전에서 미국은 우유부단하고 이중적이었다. 트루먼 대통령은 전 육군 참모총장 마셜 원수를 특사로 파견하여 국공의 협상을 강요하면서도 장제스에게 막대한 원조를 제공하였다. 이런 행태는 장제스나 마오쩌둥은 물론 미국에도 아무런 도움이 되지 못하였다. 또한, 국제 사회는 미국을 '믿을 수 없는 존재'로 낙인찍어 버렸다. 미국이 중국에서 실패한 가장 큰 이유는 국공 쌍방의 뿌리 깊은 증오심을 간과한 채 미국의 방식을 강요했기 때문이다. 장제스는 중공이 여러 차례 정전 협정을 깨뜨려 협정을 지킬 의사가 없는데도 미국이 일방적으로 양보를 강요하고 국민정부군의 작전에 간섭하여 상황만 더 악화시킨다고 불만을 품었다. 마오쩌둥 역시 미국은 앞에서는 평화 운운하면서 뒤로는 국민 정부에 막대한 무기와 자금을 공급하고 병력을 수송하는 등 내전을 부추긴다고 여겼다. "마셜의 중

---

* 한국 전쟁에 깊숙이 개입하고 있던 미국은 티베트에까지 개입할 상황이 아니었고 영국은 중국과 대립했다가 자칫 홍콩의 안전이 위협받을까 우려하였다. 친중파였던 네루가 통치하던 인도 역시 티베트 문제로 중국과 대립하기를 원치 않았다. 유엔은 티베트가 유엔 가맹국이 아니라는 이유로 개입을 거부했다.

재를 믿었는데 국민당군은 협정이 체결되자마자 다시 공격해 왔다. 우리는 다시는 외세를 믿어서는 안 된다." 미국의 조지 마셜 원수는 제2차 세계대전을 승리로 이끈 뛰어난 전략가이자, 국무장관을 맡은 뒤 유럽 재건을 위해 '마셜 플랜(Marshall Plan)'을 추진한 유능한 행정가이기도 했다. 그러나 성급하게 중국 내전에 개입함으로서 자신의 경력에 먹칠을 하고 말았다.

또한 미국은 장제스 정권을 원조하면서도 중국이 필요 이상의 강대국이 되지 않도록 철저하게 견제하였다. 중국에 제공된 무기는 대부분 한 세대 이전의 경화기였고 소수의 전투기와 M-3 경전차를 제공하긴 했으나 막상 대구경 야포나 M-4, M-26 중전차, B-29 같은 대형폭격기는 제외되었다. 또한 미국은 일본이 항복하면서 일본의 항공전함 이세(伊勢) 등 수 척의 전함과 항모를 비롯한 다수의 군함을 접수했지만 중국의 강력한 요구에도 불구하고 "중국 해군은 자국의 연해를 순찰할 수 있는 수준이면 충분하다"며 배상금 명목으로 낡은 구축함 몇 척을 제공한 것 이외에는 순양함 이상의 대형 군함을 단 한 척도 내놓지 않았다. 국공 내전에서 트루먼 정부는 '부장반공(扶蔣反共)'을 기본 방침으로 정했으면서도 장제스 정권에 너무 많은 원조를 제공하면 소련을 자극하여 미소 간의 충돌로 이어질까 우려하였다. 물론 스탈린은 그럴 의사도, 능력도 없었으나 미국은 지레 겁을 먹은 것이다. 트루먼 행정부의 무원칙적이고 이중적인 정책이 중국인들에게 외면당한 것은 당연했다.

미국은 장제스의 패색이 짙어지자 중국을 상실한 모든 책임을 장제스에게 돌리고 손을 떼버린 후 중국의 새로운 지배자가 된 마오쩌둥에게 추파를 던졌다. 퓰리처상의 수상자이자 『콜디스트 윈터(The Coldest Winter)』의 저자 데이비드 핼버스탬은 1950년 1월 미

국무장관 딘 애치슨이 미국의 극동 방위선에서 남한과 타이완을 제외시킨 '애치슨 라인(Acheson Line)' 선언에 대해 이것이 김일성의 남침을 유도했다며 '남침 유도설'의 근거라고 주장했지만, 사실은 마오쩌둥 정권을 향한 미국 내 비둘기파의 화해 제스처였다. 애치슨 국무장관은 국공 내전 말기에도 주중 미국대사인 스튜어트를 통해 "새로운 중국 정부와 관계를 수립하고 싶다"고 접촉을 시도했다. 그러나 그동안 미국에게 몇 번이나 뒤통수를 맞았다며 분개하던 중공 지도부는 코웃음 쳤다. 곧 한국 전쟁이 일어나자 양국이 화해할 가능성은 더욱 희박해졌다. 중국은 1백여 년 전 청나라가 그러했듯 서방에 대한 극도의 적개심을 드러내며 문을 꽁꽁 걸어 닫았다. 미국 역시 장제스 정권에 대한 원조를 재개하고 대륙을 완전히 봉쇄하였다.

＼매듭짓지 못한 중일 관계

미국은 태평양 전쟁이 끝났을 때만 해도 일본을 전범 국가로서 매우 가혹한 처우는 물론 아예 '농업 국가'로 전락시킬 구상이었다. 그러나 소련과의 관계가 급격히 악화되고 아시아에서 실패가 거듭되자 미국의 대일 정책은 180도 수정되었다. 이로 인해 일본의 전쟁범죄에 대한 처리 또한 지연되면서 일본이 항복한 지 6년이나 지난 후인 1951년 9월 8일에야 샌프란시스코 강화 조약이 체결되었다.

미국과 영국은 아시아에서 공산주의 세력의 확장을 막기 위해서는 일본의 신속한 부흥이 필요하며 경제적으로 과중한 부담을 주는 배상금 부과는 불가하다고 주장하였다. 특히 미국 국무장관 존 덜레스는 대표적인 반공주의자로 미일 안보 협력을 추진하면서 아예 일본에 대한 징벌적인 배상 자체를 반대하였다. 그러나 다른 연합국들의 강력한 반발에 부딪치자 그는 "배상 의무는 있으나 현실적으로 지불 능력이 없으므로 현물로 대체하거나 침몰선의 인양, 해외 자산의 몰수 등으로 대체하되, 연합국은 배상 청구권과 점령비 청구권을 포기한다"라고 조약안을 수정하였다. 즉, 일본이 침략 전쟁 과정에서 저지른 온갖 만행과 약탈, 반인륜적 범죄에 대한 면죄부를 부여하겠다는 의미였다.

강화 회의에는 모두 51개국이 참여했으나 미국이 일방적으로 주도한 강화 조약에 반발한 소련, 폴란드, 체코는 끝까지 서명을 거부하여 48개국이 최종 조인하였다. 게다가 인도처럼 불참한 나라도 있었고, 한국과 태국, 몽골 등은 일본과 영국의 반대로 아예 회의에 초청되지 않았다. 결국 배상금을 받은 나라는 버마와 필리핀, 인도네시아, 남베트남 4개국뿐이었다. 나머지 국가들은 배상 대신 차관과 경제 협력의 형식을 취하였다. 그러나 일본으로부터 가장 큰 고통을 겪은 중국은 강화 회의에 참석조차 하지 못했다.

1949년 말 장제스 정권이 타이완으로 쫓겨나면서 중국은 마오쩌둥의 중화인민공화국과 장제스의 중화민국이라는 두 개의 정부로 쪼개졌다. 미국과 프랑스는 중화민국을, 소련과 영국은 중화인민공화국을 중국의 정통 정권으로 승인하였다. 그러나 양측의 주장이 팽팽하게 맞서면서 도저히 합의점에 도달할 수가 없었다. 결국 미국과 소련은 중일 양국이 알아서 해결할 문제로 덮어버리는 쪽을 택했다.

중화민국(이하 '타이완')과 일본은 샌프란시스코 강화 조약이 체결된 직후부터 협상을 시작하였다. 저자세인 것은 오히려 전승국인 타이완이었고 큰소리치는 쪽은 패전국인 일본이었다. 타이완은 자신들이 국제 사회에서 '중국의 정통 정권'이라고 인정받기 위해 일본과의 강화 조약을 서둘렀다. 일본 전권대사였던 가와다 이사오는 이런 타이완의 처지를 잘 알고 있었다. 그는 "일본 국민은 중국과의 강화 조약에 모두가 찬성하고 있는 것이 아니며 따라서 조약 내용은 가능한 한 일본 국민의 감정을 자극하지 않는 형식으로 했으면 한다"고 고압적으로 말하며 타이완이 배상 청구를 스스로 포기할 것을 요구하였다. 타이완은 그런 태도에 대해 분노를 터뜨리면서도 일본의 요구를 거절한다면 일본이 협상을 결렬시키고 대신 중공과 협상에 나설지도 모른다고 우려하였다. 타이완이 가장 두려워하는 것은 국제 사회에서의 고립이었다. 따라서 교섭 내내 일본에 끌려 다녔고 결국 장제스는 '중국의 관대한 도량'을 명목으로 "대일 배상 청구권을 자발적으로 포기한다"고 선언했다.

1971년 7월 헨리 키신저의 극비 방문 이후 한국 전쟁 이래 경직되었던 미국과 중공의 관계는 빠르게 회복되었다. 미국은 소련을 견제하기 위해 타이완 대신 중공을 중국의 정통 정권으로 인정하였다. 미국과 중국이 손을 잡자 일본의 중국에 대한 방침도 바뀌었다. 1972년 9월 27일 다나카 가쿠에이 총리가 직접 중국을 방문하여 마오쩌둥과 회담하면서 중일 국교 정상화에 합의하였다. 여기서 저우언라이는 대일 배상 청구권의 포기를 공식 선언하였다. 일본으로부터 배상금을 받으면 경제에 큰 도움이 될 것이라고 기대하던 중국 인민들에게는 큰 충격이었다. 그러나 저우언라이는 "장제스는 우리보다 먼저 배상을 포기했다. 공산당의 도량이 그들보다 넓다는 것을 보여주어야 한다. 또한 일본인들이 거액의 배상금을 지불하려면 긴 시간에 걸쳐 허리띠를 졸라매지 않으면 안 된다. 이는 중일 양국의 우호를 바라는 우리의 희망과 상반된다"라는 논리로 여론을 호도하였다.

일본도 저우언라이의 선언에 놀랐다. 회담에 동석했던 공명당

위원장 다케이리 요시카츠는 "가장 충격적인 것은 중국이 너무 간단하게 배상을 포기한다고 입에 올렸다는 것이다. 나는 적어도 500억 달러 정도는 지불해야 하지 않겠는가 하고 생각했는데 전혀 예상하지 못한 대답에 온몸이 떨렸다"고 회고하였다. 중국이 이런 결정을 한 가장 큰 이유는 1950년대 말부터 소련과의 관계가 급격하게 악화되었기 때문이다. 중국은 국제적인 고립을 벗어나기 위해서 미국과 일본을 비롯한 자본주의 세계와의 관계 개선이 시급하였다. 따라서 마오쩌둥과 저우언라이는 일본과의 신속한 국교 정상화를 위해 가장 껄끄러운 문제인 배상금 문제를 덮어버리기로 결정했다. 대신 국민들의 불만에 대해서는 철저한 대중 교육과 선전으로 억눌렀다.

국공 내전으로 중국은 둘로 쪼개졌고, '두 개의 중국' 모두 정치적인 이해관계 앞에 저자세로 일관하면서 자신들의 권리마저 스스로 포기하였다. 물론 일본의 자존심을 살려주는 대가로 막대한 차관과 경제 협력이라는 '실리'를 얻었다는 점에서 이분법적으로 옳다 그르다를 평가할 수는 없다. 그러나 바꾸어 말하면, 실리를 내세워 일본이 저지른 잘못에 대해 면죄부를 부여한 것이나 다름없다. 또한 그 과정에서 국민들과의 합의나 설득을 위한 최소한의 노력조차 없었다. 소수 권력층의 일방적인 결정과 대중에 대한 '사후 교육'만이 있었다. 그 시절의 고통을 직접 겪었던 대다수 국민들은 철저히 배제된 채 어떤 불만이나 반대도 말할 수 없었고 감히 그 결정을 뒤엎는 것은 불가능했다. 그 앞에서 이데올로기는 한낱 허울일 뿐이었다. 그것은 중국만이 아니라 바로 우리의 모습이자 대다수 아시아 국가들의 공통된 모습이기도 했다. 일본이 스스로를 전쟁 가해자로서 침략과 지배에 대해 보상하는 것이 아니라 경제 원조 국가로서 가난한 아시아 저개발 국가들에 은혜를 베푼다고 생각했던 것도, 그들이 여태껏 과거사에 대해 진심 어린 반성과 참회를 하지 않는 이유도 바로 여기에 있다.

| 부록1 |

중국 육군과 일본 육군의 계급

1. 중국 국민혁명군 육군 계급

신해혁명으로 청조가 무너지고 중화민국이 건국된 직후 1912년 육군부는 군의 편제와 계급 체계를 서구식으로 개편하였다. 독일과 일본을 모방하여 관등별로 세 단계로 나누되, 관등 앞에 소, 중, 상을 붙였다. 그러나 군벌 내전기에는 독군, 독판, 진수사와 같은 청조 시절의 전근대적인 관제가 여전히 남아 있기도 했다. 국민 정부는 1931년과 1935년 두 차례에 걸쳐 계급 체계를 정비하였으며 최고위 계급인 상장을 다시 세 단계로 나누었다. 일급상장은 독일과 소련의 상급대장에 해당되며 중일 전쟁 중 16명(추서 포함)이 임명되었다. 일본의 대원수에 해당되는 특급상장은 장제스 한 사람뿐이었다. 덧붙여, 중국 공산당은 직책만 있고 계급이 없었으나 1955년에 중화민국 시절의 계급 체계를 모방하여 현재까지 사용하고 있다.

병	부사관	위관	영관	장군
이등병	하사	준위	소교	소장
일등병	중사	소위	중교	중장
상등병	상사	중위	상교	이급상장
		대위		일급상장
				특급상장

╲ 계급별 보직

특급상장: 육해공군 총사령관

일급상장: 전구 사령관

이급상장: 집단군 사령관

중장: 군장 또는 사단장

소장: 여단장

상교: 연대장

2. 일본 제국군 육군 계급장

일본은 메이지 직후인 1870년 서구식의 근대적인 계급 체계를 도입하여 사병부터 대장까지 총 11개의 등급을 두었으며 이후에도 여러 번의 개편이 있었다. 1898년에는 육해군 대장 중에서 훈공을 세운 자에게 원수 칭호를 부여하여 천황의 최고 군사고문을 맡았다. 다른 나라와는 달리, 일본의 원수는 명예직이기에 별도의 계급장과 보직이 없었으며 대장 계급장에 원수 휘장을 달아 표시하였다. 태평양 전쟁 중 육군 6명, 해군 4명(추서 포함) 모두 10명의 원수가 있었다. 천황은 대원수로서 육해군의 통수권을 가졌다.

병	부사관	위관	영관	장군
이등병	오장	준위	소좌	소장
일등병	군조	소위	중좌	중장
상등병	일조	중위	대좌	대장
병장		대위		원수
				대원수(천황)

\ **계급별 보직**

대장: 총군 또는 방면군 사령관

중장: 군사령관 또는 사단장

소장: 여단장

대좌: 보병 연대장

중좌: 기병, 전차 연대장

| 부록2 |

중일 전쟁에서 사용된 주요 무기

1. 중국군의 주요 무기

\ 보병 소화기

중국은 청나라 말기부터 서구로부터 대량의 군수설비를 도입한 후 구미 열강의 우수한 화기를 라이선스 생산하였다. 중국군의 주력 소총은 독일제 소총을 카피한 한양식과 중정식 소총이었고, 그 외에도 미국과 영국, 프랑스, 소련 등에서 많은 총기를 수입하였다. 중정식 소총을 비롯해 성능 좋은 외국산 소총들은 주로 장제스 직계의 중앙군(國軍)이 사용했고 지방 군벌군은 한양식 소총과 프랑스제, 체코제, 일본제 등 잡다한 한 세대 이전의 소총으로 무장하였다. 이 때문에 부품과 탄약이 제각각이라 실전에서 많은 애로를 겪었다.

한양식 M88소총 총신에 '漢卍式(한만식)'이라는 문장이 새겨져 있어

한만식 소총이라고도 불렀다. 청나라 정부가 독일 보병의 제식 소총이었던 마우저(Mauser) 사의 Gew88 소총의 라이선스를 구입하여 1895년부터 생산하였다. 청일 전쟁부터 국공 내전까지 사용되었다. 우한의 한양 병공창에서 생산한다고 해서 한양식 소총이라고 불렸지만 타이위안을 비롯해 여러 곳에서 생산되었다. 7.92mm 탄두를 사용해 6.5mm 탄두를 사용한 일본군의 제식 소총인 38식 아리사카 보총보다 우수했다.

중정식(中正式) 소총 한양식 소총과 함께 중국군의 주력 소총. 민국 24년(1935년)부터 생산되었다고 해서 "24년식 보총" 또는 "장제스 보총(Chiang Kai-shek Rifle)"이라고도 불리었다. 1934년 독일에서 Gew98 소총을 수입한 후 1935년 8월부터 생산했으나 독일 육군이 신형 소총인 Kar98k을 제식 소총으로 채택하자 중국 역시 이를 수입하였다. Gew98을 기반으로 한 초기 생산분은 중정식 소총 1식, Kar98k를 기반으로 한 후기형은 중정식 소총 2식이라고도 부른다. 월 평균 6천 정 이상 생산되었고 총 생산량은 60만 정에 달했다.

모신나강(Misin-Nagant) 소총 양차 세계대전에서 사용된 소련군의 주력 소총. 1937년 8월 중소 불가침 조약이 체결되면서 소련은 1937년 12월부터 1941년 6월까지 약 5만 정을 중국에 제공하였다. 총신이 길고 반동이 크지만, 구조가 단순하고 혹독한 환경에서도 고장이 적었다.

M1903 스프링필드(Springfield) 소총 제2차 세계대전 초반 미군의 주력 소총. 1941년 1월부터 미국은 중국을 비롯한 동맹국들에게 각종 무

기를 제공하였다. 중국에서는 민국 30년(1941년)에 도입되었다고 해서 "30년식 보총"이라 불리었으며 약 10만 7천 정이 제공되었다. 스틸웰 휘하의 X군과 지식청년군 등 최정예 부대에 우선적으로 배분되었다. 하지만 미국은 최신 반자동 소총인 M1 개런드(Garand)를 자유프랑스군에 6만 정, 영국군에 4만 정을 원조했으나 중국에는 국공 내전이 끝난 뒤에야 제공하였다.

M1917 엔필드(Enfield) 소총 원래 영국제 소총이지만 제1차 세계대전 당시 미군이 수입하여 부분 개량하여 사용하였다. 미국은 이 소총을 제2차 세계대전 초반까지 사용했으나 이후 M1 개런드로 교체하면서 구식 소총의 재고분을 동맹국들에게 제공하였다. 중국에는 약 15만 2천 정을 원조하였다.

리-엔필드(Lee-Enfield) 소총 1895년부터 사용된 영국군의 주력 소총. 1958년까지 무려 60년간 사용되었다. 한국 전쟁에 참전한 영연방군 역시 이 총을 사용하였다. 비록 구식이지만 장탄수는 무려 10발에 달했으며 명중률에서 독일제 Kar98k를 능가하였다. 중국에는 약 4만 정이 제공되었다.

톰슨(Tomson) 기관단총 일명 "토미건". 대공황 시절 갱단들이 많이 사용했기에 마피아 영화에서 자주 등장한다. 중국은 1920년대 중반부터 독일제 MP-18 베르그만(Bergmann) 기관단총과 함께 톰슨 기관단총을 수입하여 국산화한 후 대량 생산하였다. 상하이의 범죄 조직들은 물론 경찰과 자경단, 군대에서도 많이 사용되었다. 이렇다 할 기관단총이 없었던 일본군은 중국군에게서 노획한 톰슨 기관단총을 사용하였다. 태평양 전쟁 중 미국은 중국에 약 2천여 정을 제공하였다.

＼기관총

중국군은 주로 체코제와 독일제 기관총을 많이 사용했다. 연사속도, 신뢰성, 화력 면에서 일본군의 기관총보다 훨씬 우수하였다. 일본군은 충분한 화력 지원 없이 중국군 진지를 향해 돌격할 경우 중국군의 성능 좋은 기관총 앞에서 시체의 산을 쌓기 십상이었다. 일본군에게 중국군의 기관총은 공포의 대상이었으며 이를 노획해 자신들이 사용하기도 했다.

26식 경기관총 뛰어난 성능 덕분에 "경기관총의 아버지"라고 불리었던 체코제 브루노 ZB.26 경기관총을 라이선스 생산한 중국군의 주력 경기관총. 1927년 5천 정을 수입한 후 국산화하여 중일 전쟁 기간에 총 7만 정이 생산되었다. 또한 태평양 전쟁 중 미국도 ZB.26의 영국제 버전인 브렌(Bren) 경기관총 2만 4천 정을 원조하였다.

30절식 중기관총 미국제 브라우닝 M1917 중기관총을 라이선스 생산한 중국군의 주력 중기관총. 제1차 세계대전 말기에 개발되었으며 고장이 적고 신뢰성이 높았다. 한양 병공창 등 주요 군수공장에서 생산되었다. 태평양 전쟁 중 미국으로부터 M1917 3천6백 정과 파생형인 M1919 1천2백 정을 원조받았다.

24식 중기관총 제1차 세계대전 당시 수많은 연합군을 학살했던 독일군의 주력 기관총인 MG-08 맥심(Maxim) 중기관총을 중국이 라이

선스 생산한 기관총. 30절식 중기관총과 함께 중국군의 주력 중기관총이었다. 무게가 너무 무거워 기동성은 낮았지만, 고장이 거의 없고 수냉식이라 몇 시간에 걸쳐 연속 사격이 가능하였다. 특히 진지 방어전에서 엄청난 위력을 자랑하였다. 중국은 1934년 중독 협정과 함께 독일로부터 MG-08 외에도 MG-13, MG-34를 제공받아 한양 병공창 등에서 생산하였다.

PM M1910 중기관총 맥심 중기관총의 러시아 버전. 1937년 8월 중소 불가침 조약 이후 1941년 6월까지 소련은 중국에 약 1천3백 정을 원조하였다. 성능은 MG-08과 비슷하지만 탄두는 러시아군의 표준인 7.62mm를 사용했다.

＼전차

1919년 펑톈 군벌 장쭤린이 블라디보스토크를 통해 몇 대의 프랑스제 르노 FT-17 경전차를 구매한 것이 중국 기갑 부대의 시작이었다. 북벌 전쟁 이후 장제스는 군벌들이 보유한 전차와 세계 각지에서 구입한 경전차를 모아 3개 전차 대대로 구성된 기갑연대를 편성하였고, 1938년 1월 우한에서 제200사단을 편성하였다. 제200사단은 5개 연대(자동차화보병 2개 연대, 2개 전차연대, 1개 포병연대)로 구성되었고, 사단 병력은 약 2만 명에 달했다. 또한 250여 대의 경전차와 75mm 야포, 20mm 대공포, 37mm 대전차포를 보유하였다. 중국은 상하이와 난징, 쉬저우, 난닝, 버마 북부 전투 등 주요 전투에 전차 부대를 투입하였으나 훈련 수준이 낮고 분산 운용하여 큰 전과를 내지 못했다. 중국은 일본 전차 부대에 대항하기 위해 미국에 신형 중전차와 대전차포의 공여를 요구했지만 중국을 한낱 미개한 나라로 보고 있던 미국 육군부는 중국이 전차를 운용할 능력이 없다며 소량의 M3 경전차 이외에는 M4 셔먼(Sherman), M26 퍼싱(Pershing)과 같은 신형 전차의 원조를 거부했다. 하지만 이는 중국이 10년 이상 다양한 전차를 운용해 왔다는 사실을 무시한 것이었다. M4 셔먼 전차는 인도 주둔 영국군이 중국군 신편38사단에 20여 대를 빌려준 것이 전부였다. 국공 내전 때에도 중국군 기계화 부대가 보유한 전차의 태반은 일본군에게서 노획한 경전차들이었다. 중국 동부 지역의 지형이 유럽과 비슷하여 전차 운용에 적합했다는 점에서, 미국이 대량의 전차를 제공했다면 중국의 반격 작전에 큰 도움이 되었을 것이다.

1호 전차(SdKfz 101 PzKpfw I) 히틀러 집권 후 독일에서 개발된 첫 번째 전차. 장갑과 화력이 매우 빈약했으나 최고속도 50km/h에 달하는 속도와 7.92mm 탄두를 쓰는 MG13 기관총 2정을 탑재하여 정찰과 근거리에서 보병의 화력 지원을 맡았다. 중국은 독일로부터 1호 전차 A형 16대를 구입하였다. 난징 전투에서 4대가 일본군에게 노획되어 승전기념물로서 야스쿠니 신사에 전시되기도 했는데 일본은 동맹국인 독일과의 관계를 고려해 소련제 전차라고 선전하였다.

T-26B 경전차 소련이 개발한 최초의 전차 중 하나. 엔진 출력 90마력에 9.4톤에 불과한 경전차였지만 스페인 내전에서는 독일제 1호 전차와 이탈리아제 C.V-33을 압도하였다. 또한 전체적인 성능에서는 일본군의 89식 중전차나 97식 중전차보다 우수하다고 할 수는 없었으나 주포인 45mm/20구경 대전차포는 일본군 전차를 일격에 파괴할 수 있었다. 독소 전쟁 초반 소련군의 주력 전차였으나 곧 신

형인 T-34/76과 KV 전차로 교체되어 T-26은 만소 국경에 배치되었다. 1945년 8월 소련군의 만주 침공에도 사용되었다. 중국에는 총 88대가 원조되었다.

C.V-33/35 경전차 제2차 세계대전 초반 이탈리아의 주력 전차. C.V(Carro Veloce)는 이탈리아어로 "고속전차"라는 의미. 값싸고 최고속도가 42km/h에 달했으나 장갑이 최대 14mm에 불과하여 소총탄을 겨우 막을 정도였고 화력 역시 6.5mm M1914 기관총 1정에 불과해 전투에서는 거의 쓸모가 없었다. 주로 후방의 치안과 정찰에 사용되었다. 중국은 C.V-33과 좀 더 화력을 강화한 C.V-35 등 1백여 대를 수입하였다.

Sd Kfz 221/222 장갑차 1934년에 개발되었으며 제2차 세계대전에서 독일군의 주력 장갑차로 사용되었다. 중국에는 1호 전차와 함께 소량이 수입되어 상하이와 난징 전투 등에 투입되었다. 최고 80km/h에 달하는 빠른 기동성과 위력적인 MG-34 기관총을 탑재하여 정찰과 보병의 화력 지원을 맡았다.

M3A1 정찰차 제2차 세계대전 중 미군의 주력 정찰차. 중국에는 139대가 제공되었다. 최고속도 89km/h에 12.7mm M2 브라우닝 중기관총과 7.62mm M1919 중기관총을 탑재하여 전투 정찰차로서는 상당히 강력한 화력을 갖추었다.

M3 스튜어트(Stuart) 경전차 태평양 전쟁이 일어나기 전까지 미국의 기갑 전력은 매우 형편없어 장갑차를 개조한 11톤의 M2 경전차가

주력이었다. 따라서 급히 신형 전차 개발에 나섰지만 기술 부족으로 우선 M2 전차를 개량한 M3 리(Lee) 중전차와 M3 스튜어트 경전차를 사용하였다. M3 스튜어트 경전차는 관통력이 우수한 37mm M6 대전차포를 탑재하고 방어력이 우수하여 일본군의 주력 전차인 97식 중전차를 훨씬 능가했다. 스튜어트 경전차의 주포는 97식 중전차를 일격에 격파할 수 있었으나, 97식 중전차의 57mm 유탄포는 몇 발을 직격해도 스튜어트를 격파할 수 없었다. 중국에는 1백 대가 제공되어 스틸웰의 중국원정군 2개 사단에 배치되었다.

＼야포

중국의 가장 취약한 점이 포병이었다. 중국은 소구경 경포와 박격포 정도를 자체 생산할 수 있었을 뿐 대구경 야포는 해외 수입에 의존해야 했다. 따라서 중앙군 신편 사단들조차 사단 포병으로 1개 포병대대(실제로는 중대급)를 보유한 것이 전부였다. 대부분의 사단이 몇 문의 박격포를 가진 것이 전부였으며 아예 포병이 없는 사단들도 있었다. 독일식 사단들은 대전차포 1개 중대(독일제 37mm Pak 36 4문)와 대공포 1개 중대(20mm 대공포 4문), 1개 포병대대(105mm, 150mm sFH 18 곡사포 16문~32문)를 보유하였다. 태평양 전쟁이 시작된 후 미국으로부터 75mm, 90mm, 155mm 곡사포를 원조받았다.

20식 82mm 박격포 제2차 세계대전 중 프랑스 육군의 81mm 브랑드(Brandt) Mle 27/31의 라이선스 생산판. 중국은 1930년 프랑스로부터 수입한 후 구경을 82mm로 바꾸어 여러 병공창에서 생산하였다. 1개 대대에 2문씩 배치되었으며, 조작이 간편하고 성능이 매우 우수했다. 중일 전쟁 기간에 1만 1천 문 이상 생산되었다.

31식 60mm 박격포 제2차 세계대전에서 미 육군의 주력 박격포인 M2 60mm 박격포의 라이선스 생산판. 중국은 1940년 7월 미국에서 수입한 후 국산화하여 충칭과 청두의 병공창에서 생산하였다. 1941년부터 1945년까지 총 8천 문을 생산했으며 미국으로부터 6천 문을 원조받았다.

150mm sFH 18 곡사포 독일 크루프(Krupp) 사에서 1933년 개발한 제2차 세계대전 중 독일 육군의 주력 야포. 중국은 1934년에 48문을 수입하였다. 성능과 화력에서 일본군의 주력 야포를 훨씬 능가하였다. 일본군은 이를 노획해 '라식 150mm 유탄포'라 부르며 사용하기도 했고 신형 곡사포 개발의 샘플로도 활용했다.

M1 75mm 곡사포 1927년에 개발되어 제2차 세계대전에서 미 육군의 주력 야포로 사용되었으며 해방 이후 우리 군에도 공여되었다. 중국에는 760여 문이 원조되었다. 또한, 미국은 M114 155mm 중곡사포도 제공했으나 숫자는 매우 적었다.

M1 40mm 보포스(Bofors) 대공포 1936년 스웨덴에서 제작되었으며 분당 120발에 달하는 발사 속도 등 성능이 우수하여 현재까지도 사용되고 있다. 중국에는 180문이 제공되어 충칭과 청두 등 대도시와 비행장 주변에 배치되었다. 일본의 항공 폭격에 시달렸던 중국은 대공 방어를 위해 그 외에도 이탈리아제 브레다(Breda) M35 20mm 대공포와 스웨덴제 M20 75mm 대공포, 독일제 8.8cm 플라크(Flak) 36 대공포 등 다양한 대공포를 수입하였다.

37mm Pak 36 대전차포 독일 라인메탈(Rheinmetall) 사에서 개발한 37mm 대전차포는 제2차 세계대전 초반 독일군의 주력 대전차포로 3호 전차의 주포로도 사용되었다. 중국에는 약 1백여 문이 판매되었다. 762m/s에 달하는 포구초속과 강력한 관통력(500미터에서 31mm)으로 수많은 일본제 기갑차량을 격파하였다. 일본군은 이를 노획하여 '라식 37mm 대전차포'라 부르며 사용하였다.

37mm M3 대전차포 1938년에 개발된 제2차 세계대전 초반 미 육군의 주력 대전차포. 포구초속은 884m/s, 관통력은 500미터에서 61mm에 달하는 등 다른 나라의 37mm 대전차포보다 훨씬 우수했다. M3 리 전차와 스튜어트 경전차, M8 그레이하운드 장갑차 등에도 탑재되었다. 일본제 전차들에게는 천적이었으며 분당 25발이라는 매우 빠른 발사 속도로 적 진지 공격이나 보병의 지원 화력으로도 강력한 위력을 발휘하였다. 중국에는 1천7백 문이 제공되었으나 보다 신형인 57mm M1 대전차포는 제공되지 않았다. 스틸웰 휘하 중국원정군의 각 연대에 4문씩 배치되었다.

＼군함

중국은 1930년대부터 해군 현대화에 착수하여 1천톤급 포함을 자체 건조할 정도의 능력을 갖추고 있었으나 재정난으로 1937년 7월까지도 닝하이(寧海)와 핑하이(平海), 수 척의 포함을 제외하고는, 청나라 말기에 건조한 낡은 방호 순양함 몇 척과 하천용 소형함이 대부분이었다. 비록 일본 해군의 전력에 비하면 10분의 1에도 미치지 못했으나 상하이와 난징, 푸저우, 진먼, 우한 등지에서 벌어진 해전에서 용감하게 싸우다 대부분 격침당했다. 잔존 전력은 전쟁이 끝날 때까지 양쯔 강 중류에서 활동하면서 기뢰를 살포하고 병력과 물자를 수송하였다.

하이톈(海天)급 방호순양함 하이치(海圻) 청일 전쟁에서 대부분의 군함을 상실한 청나라는 해군 재건을 위해 1896년 영국의 암스트롱 사에 2척을 주문하여 1899년에 인도받았다. 1번함인 하이톈은 1904년에 좌초당해 침몰했으나 2번함인 하이치는 장쭤린의 동북 해군에 편입되었다가 만주 사변 직후 남쪽으로 탈출하여 중국 해군 제3함대에 편입되었다. 비록 구형함이기는 했지만 배수량 4천3백톤에 항속거리가 4천8백 킬로미터에 달했다. 중국 해군의 가장 큰 군함이자 중국 군함으로서는 처음으로 세계 일주를 하여 1911년 사절단을 태우고 영국 조지 5세의 대관식에 참석하였다. 20.3cm/45구경 속사포 2문과 12cm/40구경 속사포 10문, 47mm/43구경 16문, 어뢰발사기 5문, 37mm 대공기관총 4기 등을 장비하였다. 1937년 8월부터 일본 해군의 양쯔 강 진입을 저지하다가 9월 25일 일본의 공습을 받아 좌초당하였다. 함선은 자침시키고 주포와 부포는 해체한 후 우한의 강방 요새 건설에 사용하였다.

하이룽(海容)급 방호순양함 1897년 독일의 AG 불칸(Vulcan) 사에 3척을 주문하여 1898년에 인도받았다. 배수량 2,950톤에 항속거리 4,000킬로미터, 15cm/40구경 속사포 3문, 10.5cm/40구경 속사포 8문, 47mm/43구경 6문, 기관총 6정, 어뢰발사기 3문 등을 장비하였다. 하이룽, 하이처우(海籌), 하이첸(海琛) 세 자매는 신해혁명 이후 하이치와 마찬가지로 장쭤린의 동북 해군에 편입되어 만주 사변 이후 탈출하여 하이룽과 하이첸은 중국 해군 제1함대에, 하이처우는 제3함대에 각각 배속되었다. 이들 역시 중일 전쟁 초반 상하이 앞바다에서 일본의 공습을 받아 3척 모두 침몰하였다.

닝하이급 경순양함 닝하이(寧海) 만주 사변이 일어나기 이전인 1931년 2월 해군력 강화와 일본과의 친선 차원에서 건조를 주문하였고 구레(吳市) 군항에서 건조되었다. 만주 사변과 제1차 상하이 사변으로 중일 양국의 관계가 극도로 악화되었음에도 1932년 8월 중국에 정상적으로 인도되었다. 9월 1일 제1함대에 배속되어 중국 해군의 기함이 되었다. 또한 1931년 6월 상하이의 강남조선소에서 2번함의 건조를 시작하여 1936년 6월 18일 핑하이(平海)를 진수하였다. 14cm/50구경 2연장포 3문에 7.62cm/40구경 고각포 6문, 4cm/39구경 기관포 8문, 8mm 기관총 10정, 어뢰발사기 2문, 수상정찰기 1대를 탑재하는 등 화력은 상당히 강력했으나 배수량은 2,500톤 수준이었고 속도 또한 23노트에 불과하였다. 1937년 9월 23일 일본의 대규모 공습을 받아 적기 4대를 격추했으나 대파되어 일본군에 노획되었다. 이후 사세보 항으로 끌려가 일본 연안을 경비하는 해방함(海防艦)으로 사용되다가 1944년에 미군의 공습을 받아 격침당하였다.

중산(中山)급 포함 청나라가 일본에 68만 엔의 돈을 주고 건조를 주문하여 1912년에 인도되었다. 처음에는 위안스카이에 의해 '융펑(永豐)'이라고 명명되었으나, 1917년 반란을 일으켜 쑨원 진영에 합류하였다. 장제스가 쑨원의 호를 따 '중산(中山)'이라고 이름을 바꾸었다. 배수량 780톤에 승무원은 140명, 주무장은 101mm, 76.2mm 포 각 1문 등 연안용 소형 포함이었다. 1938년 10월 우한 전투에서 일본 폭격기의 공습을 받아 격침당하였다.

독일제 고속어뢰정(Schnellboot, S-boat) 제2차 세계대전 당시 독일 해군의 주력 어뢰정. 선체가 나무로 만들어져 기뢰로부터 안전했으며 40노트 이상의 빠른 속도와 1천 킬로미터가 넘는 긴 항행거리 덕분에 장거리 외양 작전도 가능하였다. 중국은 1933년에 3척을 구입하였다. 그중 2척이 중일 전쟁에서 격침당하고 1척은 국공 내전 중 인민해방군에 노획당했다. 그 외에도 1930년대 초반 영국으로부터 수입한 배수량 15톤, 정원 5명의 연안용 초소형 어뢰정 8정이 있었다.

＼항공기

구미 열강에 비해 걸음마 수준에 불과했던 중국 공군은 1930년대 중반부터 장제스의 부인 쑹메이링의 적극적인 후원 아래 빠르게 성장하였다. 중일 전쟁이 일어났을 때 중국 공군은 7백여 명의 조종사와 약 6백여 대의 항공기를 보유했다. 일본에 비해 압도적으로 열세였던 해군과 달리, 중국 공군은 결코 만만찮은 전력을 가지고 있었다. 질적, 수적 열세를 교묘한 전술로 극복하며 치열한 공중전을 벌여 5대 이상 격추한 에이스 조종사가 20명이 넘었다. 또한 세계 각지에서 온 많은 외국인들이 용병으로 싸우거나 교관으로 파견되어 왔다. 중국 공군은 일본의 제로 전투기의 등장으로 한때 괴멸적인 타격을 입기도 했지만, 태평양 전쟁이 시작되면서 미국의 원조를 통해 재건되었다. 전쟁 말기에는 셔놀트의 미국 제14공군과 함께 중국의 하늘을 되찾을 수 있었다.

A-12 슈라이크(Shrike) 지상공격기 미국 커티스(Curtis) 사에서 1933년에 개발. 1936년 장제스의 오십 번째 생일 기념으로 20대가 수입되어 중국 공군 제9비행대대에 배치되었다. 7.62mm 기관총 4정과

200킬로그램의 폭탄을 탑재하였다. 속도가 285km/h에 불과하고 안정성에 문제가 있지만 8월 15일 일본 해군 항공대 소속의 94식 복엽 함상폭격기 13대와 벌어진 공중전에서 일본기 4대를 격추하고 1대의 A-12가 격추당했다. 또한 양쯔 강 하류에서 일본군 수송선단을 폭격하여 큰 피해를 입혔고 화북과 산시 전선에서도 지상 폭격을 수행하였다.

보잉 P-26 피슈터(Peashooter) 전투기 1931년에 개발된 미국 최초의 전(全) 금속 단엽 전투기. 중국은 1936년에 P-26C 12대를 구입하여 제3대대에 배속하였다. 5백 마력의 엔진에 최고속도 377km/h, 12.7mm 기관총 2정과 90킬로그램의 폭탄을 탑재하였다. 1937년 8월 20일 제주도에서 타이완을 거쳐 난징까지 날아온 일본 해군의 96식 함상공격기 8대를 요격하여 손실 없이 6대를 격추하기도 했다.

커티스 호크(Hawk)-III 복엽 전투기 개전 초반 중국의 주력 전투기 중의 하나. 1933년 미국 커티스 사가 개발했으며 이탈리아의 CR-32, 소련의 I-15와 함께 복엽기의 마지막 시대를 연 기체. 770마력의 엔진을 탑재했고 최고속도는 362km/h 정도였다. 또한 12.7mm 기관총 1정과 7.62mm 기관총 1정, 폭탄 215킬로그램을 탑재하여 상당히 강력한 화력을 자랑했다. 일본 해군의 주력 전투기인 95식, 96식 함상전투기와 맞서 대등한 전투력을 보여주었다. 중국은 1936년에 12대를 수입한 후 국산화하여 항저우의 항공기 제조창에서 1백여 대 이상 생산하였다.

I-16 시피로라바(Siipiorava) 단엽 전투기 1933년 개발된 소련 최초의

전(全) 금속 단엽 전투기. 조종과 안정성이 다소 나쁘지만, 1,100마력의 강력한 엔진을 탑재하여 최고속도가 525km/h에 달했다. 또한 7.62mm 기관총 2정과 20mm 기관포 2문, 폭탄 500킬로그램을 탑재하여 제로 전투기가 등장하기 전까지 모든 일본 전투기들과 비교해 대등 이상이었다. 중국에는 250여 대가 원조되었다.

I-15 차이카(Chaika) 복엽 전투기 1933년 소련 폴리카르포프(Polikarpov) 사에서 개발하였다. 473마력의 엔진을 탑재하고 최고속도는 350km/h 정도였다. 7.62mm 기관총 4정과 12.7mm 기관총 4정, 폭탄 100킬로그램을 탑재하였다. 중국에는 1939년까지 총 347대의 I-15, I-15bis(I-152)와 75대의 I-153이 원조되어 I-16과 함께 중국 공군의 주력이었다.

He.111 하인켈(Heinkel) 폭격기 독일 하인켈 사에서 1935년에 개발하였다. 독일 공군의 주력 쌍발 중(中)폭격기로서 폭격 임무 외에 정찰, 뇌격, 수송 등으로도 활용되었다. 중국은 1936년 초에 8대를 수입하여 수송기와 폭격기로 사용하였다. 1,300마력 엔진 두 발에 최고속도는 440km/h 정도였으며 2톤의 폭탄을 적재할 수 있었다. 상하이 사변에서 일본 제3함대를 공습하다가 한 대가 격추당하기도 했다.

P-40 워호크(Warhawk) 전투기 미국 커티스 사에서 P-36 전투기를 개량하여 1938년에 개발하였다. 제2차 세계대전 중반까지 미 육군 항공대의 주력 전투기. 1,150마력의 엔진을 탑재하여 최고속도는 580km/h에 달했다. 또한 12.7mm 기관총 6정과 폭탄 900킬로그램

을 탑재하였다. 비록 제로 전투기에 비해 성능에서 열세했지만, 간편한 조종과 강력한 화력, 방어력을 이용해 1대 다수로 싸우는 전술로 맞섰다. 중국에는 377대가 제공되어 태평양 전쟁 중 주력 기체로 사용하였다.

P-51 머스탱(Mustang) 전투기 제2차 세계대전 중 가장 우수한 전투기 중의 하나. 미국 노스아메리칸항공(North American Airlines)에서 1943년에 개발하였다. 1,695마력의 영국제 멀린 엔진을 탑재해 최고속도는 무려 703km/h에 달했다. 12.7mm 기관총 6정에 폭탄 900킬로그램을 탑재하여 프로펠러 전투기로는 궁극에 가까운 전투력을 갖추었다. 2,600킬로미터에 달하는 장거리 비행 능력과 기동성, 막강한 화력 덕분에 독일과 일본의 하늘을 단숨에 장악하였다. 중국에는 1943년 11월부터 P-51B형이 배치되기 시작했으며 1945년 말까지 70대가 원조되었다.

B-25 미첼(Mitchell) 쌍발 폭격기 미국 노스아메리칸항공에서 1939년에 개발했으며 제2차 세계대전 초반 미 육군 항공대의 주력 쌍발 폭격기. 태평양 전쟁 직후 미국이 일본 본토에 대한 첫 폭격이었던 '두리틀 폭격대'로 유명하다. 1,700마력 엔진 두 발에 최고속도는 438km/h 정도였고 폭탄 1.36톤을 탑재할 수 있었다. 중국에는 총 131대가 제공되었다. 그러나 미국은 중국 공군을 자신들의 보조 전력으로만 취급하였기에 B-25 외에 4발 중(重)폭격기는 단 한 대도 제공하지 않았다. 국공 내전에서 일부가 공산군에게 노획되어 인민해방군 공군의 초기 기체로 사용되었다.

SB-2 투폴레프(Tupolev) 쌍발 폭격기 1933년 개발되어 제2차 세계대전 초반 소련의 주력 폭격기. 그러나 최고속도가 450km/h에 불과하여 적 전투기의 공격을 받으면 쉽게 격추당했고 폭장량 또한 600킬로그램에 불과했다. 소련은 중국에 약 3백여 대를 제공하여 일본 해군과 수송 선단을 공습하고 일본군 후방을 폭격하였다. 특히 1938년 2월 23일에는 타이완 비행장을 공습하여 지상에 늘어선 40여 대의 일본 항공기를 파괴하기도 했다. 일부 기체는 국공 내전에서도 사용되었다.

XP-1(研驅一式) 전투기 중국이 자력으로 개발한 최초의 전투기. 1930년대부터 중국은 항공기를 해외에서 수입하는 데만 의존하지 않고, 독자적으로 국산 항공기 개발에 도전하였다. 샤먼의 해군 항공창에서는 국산 수상정찰기를 제조하여 순양함 '닝하이'에 탑재하였고 난닝의 비행공장에서도 '광시(廣西)'라는 이름의 훈련기를 제조하였다. 그러나 중일 전쟁으로 중국의 항공 산업은 완전히 파괴되면서 미국과 소련의 원조에 의존해야 했다. 이 와중에도 미국 MIT 출신의 엔지니어인 주자런(朱家仁) 공군 소장의 주도로 국산 전투기 개발에 나섰다. P-36 호크 전투기를 기반으로 1943년 1월 첫 번째 시제기 개발에 성공했다. '연구기이자 구축기(요격기) 1호'라는 의미로 'XP-1(研驅一式)'라고 불렀다. 총 두 대가 제작되었고 1,200마력의 엔진과 최고 속도 504km/h, 항속거리 1,400킬로미터, 12.7mm 기관총과 7.7mm 기관총 각각 1문을 탑재하였다. 그러나 기술력의 한계와 예산 부족으로 양산에는 이르지 못했다.

2. 일본군의 주요 무기

＼보병 소화기

제1차 세계대전 이전만 해도 일본 육군의 보병 무기는 서구에 비해 그다지 뒤쳐져 있지 않았으나 기초 기술의 부족과 재정적 열악함, 군 수뇌부의 인식 부족으로 1930년대 초반부터 점차 기술 격차가 벌어졌다. 따라서 중일 전쟁이 일어났을 때 일본 육군의 무기 수준은 전반적으로 러일 전쟁 당시에 비해 그다지 나을 것이 없었다. 서방이 제조한 최신 무기로 무장한 중국군 정예 부대와 싸울 때에는 고전을 면치 못했다.

아리사카 38식 보병총 무라타 단발총 또는 30년식 보병총을 개량한 것으로 1905년(메이지 38년)에 일본 육군의 제식 소총으로 채택되었다. 육군 기술부장 아리사카 나리아키라 소장이 설계하였다. 총 380만 정이 생산되었다. 반동이 적고 명중률이 높은 대신 탄두가 6.5mm이었기에 위력이 약했다. 따라서 이것으로는 중국군을 맞혀도 치명상을 주기 어려운 반면, 중국군 소총탄은 바위를 뚫고 그 뒤에 숨어 있는 일본군을 사살하거나 부상을 입히는 경우가 비일비재했다. 또한 고장이 잦았고 총신이 너무 길어 휴대가 불편했다. 착검할 경우 무려 1.7m에 달했다.

아리사카 99식 보병총 38식 소총의 부족한 화력을 개량하여 1939년(황기 2599년)에 제식화되었다. 탄약을 7.7mm로 바꾸어 위력을 강화했으나 체격이 작은 일본군 병사들이 감당하기에는 반동이 너무 커 명중률이 떨어졌다. 또한 태평양 전쟁 후반으로 갈수록 조잡해져 심지어 사격을 하다가 총신이 폭발하거나 백병전 중에 미군이 M1 소총의 개머리판으로 내리치면 총이 두 쪽으로 갈라지는 일도 있었다. 탄의 위력 역시 7.62mm탄을 사용하는 미군의 4분의 3에 불과했다. 일선에서는 "개악총(改惡銃)"이라고 불렀다. 250만 정이 생산되었으며 해방 후 남한에 남겨진 총은 미군 탄약에 맞추기 위해 약실을 개조한 후 초창기 우리 군경이 사용하였다.

이식(イ式) 소총 중일 전쟁이 확대되면서 소총 재고량이 부족해진 일본은 독일과 이탈리아로부터 대량의 소총을 수입하였다. 특히 이탈리아제 카르카노(Carcano) M1891 소총은 구경이 38식 소총과 동일한 6.5mm였기에 탄약이 호환되는 장점이 있었다. 노리쇠를 비롯한 주요 부품은 M1891 소총의 것을 그대로 사용했기에 실상 외형이나 성능에서 M1891 소총과 크게 다를 바 없었다. 대신 M1891 소총은 6발 장전이 가능했지만 이식 소총은 5발 장전이었다. 1938년부터 1940년까지 총 6만 정이 수입되어 해군 육전대에서 사용하였다.

모식(モ式) 소총 독일 육군의 제식 소총인 Kar98k의 일본 버전으로 5만 정을 수입하였다. 또한 중국군의 한양식 소총과 중정식 소총 역시 같은 마우저 소총을 기반으로 했기에 중국군 소총을 노획한 후 약실만 6.5mm로 교체하거나 아니면 그대로 사용하기도 했다. 일본은 자신들이 점령한 중국의 주요 군수공장에서 중국제 소총을 대량 생산했으며 '46식 소총'이라며 동맹국인 태국에 수출하였다.

백식(百式) 기관단총 일본이 만든 유일한 기관단총. 1939년 독일로부터 MP18을 수입하여 개량하였다. 1942년부터 생산에 들어갔으나 총탄을 불필요하게 낭비할 수 있다는 이유로 고작 1만 정이 생산되어 주로 공수 부대(挺進團)에 보급되었다. 기관단총이 경기관총과 어떻게 다른지조차 몰랐던 군 수뇌부는 기관총처럼 양각대를 달 수 있도록 하고 착검도 가능하게 했다. 이 때문에 구조가 복잡해져 생산력이 떨어졌다. 또한 8mm 권총탄을 사용하여 위력도 형편없었다.

＼기관총

러일 전쟁 직전인 1904년(메이지 38년) 일본은 프랑스제 호치키스 기관총을 국산화하여 일본 최초의 기관총인 38식 중기관총을 만들었다. 1907년 강제 해산에 반발한 대한제국군과 벌어진 한성 전투에서도 사용되었다. 육군 무기개발부 책임자였던 난부 기지로 중장이 기관총과 각종 보병 화기 개발을 주도하였다. 그러나 기술력의 부족으로 화력과 연사속도, 명중률에서 뒤졌고 무게 중심이 한쪽으로 쏠리거나 급탄 불량과 같은 잦은 고장으로 악명을 떨쳤다. 또한 일본제 기관총은 상시 정비를 필요로 했기 때문에 통상 11명으로 구성된 1개 중기관총 분대에서 2명은 예비 총신과 교환용 부품, 정비 도구를 늘 휴대해야 했다. 이런 모습은 타국에서는 보기 어려운 것이었다. 따라서 일선 병사들은 중국군의 우수한 기관총을 노획하여 사용하거나 아예 도쿄, 오사카 등지에서 복제 생산하기도 했다.

11년식 경기관총 1922년(다이쇼 11년)에 개발된 일본 육군의 최초의 제식 경기관총. 그러나 이탈리아군의 브레다 M30 경기관총과 더불어 최악의 무기로 악명을 떨쳤다. 일선 병사들은 이 고물 대신 중국군으로부터 노획한 체코제 기관총을 "무(無)고장 무기"라며 선호하였다. 별도의 급탄 시스템 없이 소총탄을 그대로 사용하기 위해 5발들이 소총탄 클립을 여러 개로 연결해 탄띠처럼 만들어 사용했으며 최대 6개 30발까지 연결할 수 있었다. 하지만 잦은 고장과 탄 걸림 현상이 발생하였고 심지어 총신이 충격을 받자 폭발하여 병사가 사망하는 사고도 있었다. 또한 총검 사상에 매달려 있던 군 수뇌부가 경기관총에도 총검을 달도록 하면서 구조만 더 복잡해졌다. 태평양 전쟁까지 주력 경기관총으로 사용되었으며 89식 중전차나 94식 경장갑차 등에도 탑재되었다.

96식 경기관총 중국군의 26절식 경기관총(체코제 ZB.26)의 카피판으로 1936년에 개발하였다. 일본군은 1930년대 초반 중국과의 전투에서 중국군 기관총의 위력을 톡톡히 절감하면서 노획한 26절식 경기관총을 카피하여 제작하였다. 그러나 7.92mm 마우저탄을 사용했던 중국군과 달리, 일본군은 6.5mm 난부 식 탄환에 맞춰 약실과 구경을 개조한 데다, 구경이 작고 송탄 불량을 막기 위해 탄환의 화약량을 10퍼센트 줄이면서 위력은 형편없었다. 또한 총탄마다 일일이 기름칠을 해주어야 했고 약실이나 탄환에 먼지가 붙으면 고장이 빈번하였다. 무게 중심이 뒤로 쏠리는 문제도 있었으나 총검을 달면 무게가 늘어나면서 반동이 줄어들어 오히려 명중률이 향상되기도 했다. 약 4만 정이 생산되었다.

99식 경기관총 중일 전쟁 중에 6.5mm 탄두를 사용하던 일본군은 중국군의 7.92mm 마우저탄의 위력에 압도되자 7.7mm 탄두를 사용하는 99식 소총의 개발과 함께 탄약의 통일을 위해 기관총 역시 모두 7.7mm 탄두로 바꾸었다. 위력과 내구성, 명중률 모두 훨씬 개선되었고 고장도 많이 줄었으나 공업력이 부족해 전 부대에 보급하는 것은 어림도 없었다. 결국 전쟁이 끝날 때까지도 일부 부대에만 보급되었다. 1939년부터 전쟁 끝날 때까지 5만 3천 정이 생산되었다. 1943년에 이를 좀 더 개량한 3식 경기관총이 제작되었으나 소량만 생산되었다.

3식 중기관총 프랑스제 호치키스 중기관총 M1914를 기반으로 1914년(다이쇼 3년)에 개발되었다. 제1차 세계대전부터 태평양 전쟁까지 주력 중기관총. 30발들이 스트리퍼 클립 탄창을 사용했는데 처음에는 탄의 무게 때문에 발사 속도가 느리다가 발사가 거듭될수록 빨라졌다. 독특한 발사 소음 때문에 미군은 "딱따구리"라고 부르기도 했다. 평소에 정비만 잘해주면 사용에 별 무리가 없었으나 그렇지 못할 경우 고장 나기 일쑤였으며 위력이 약해 적 진지나 장갑차량, 대공 사격에는 소용이 없었다. 약 3천 정이 생산되었다. 영화 《난징! 난징!》의 초반에 일본군이 중국군 포로들을 학살하는 장면에서도 등장한다.

92식 중기관총 3식 중기관총을 7.7mm 탄두로 교체한 중기관총. 그러나 구경이 바뀐 것과 성능이 조금 나아졌다는 것 외에는 잦은 고장과 너무 무거운 중량 등 기존의 문제점은 여전했으며, 사격 속도는 오히려 낮아졌다. 대신 명중률이 매우 우수하여 일본군 기관총 중에는 가장 정확하게 목표를 맞출 수 있었다. 중국군도 다수를 노획해 활용했으며 인민해방군은 1960년대까지 사용하였다. 총 4만 5천 정이 생산되었다.

＼전차

일본 전차의 역사는 1918년 10월 24일 영국제 MK.4 전차 1대를 수입하여 요코하마 항을 통해 들여온 것이 시작이었다. 이후 프랑스제 르노 FT-17 경전차와 영국제 위핏(Whippet) 중전차를 도입하여 1925년 치바 현의 육군보병학교에서 2개 전차 대대(각 대대별 르노 FT-17 5대와 위핏 전차 3대로 편성)를 편성하였다. 태평양 전쟁 중 일본은 다양한 전차와 장갑차량을 제작하였으나 장갑이 매우 빈약하고 화력도 형편없었으며 강판 제조 기술의 낙후, 낮은 기계적 신뢰도 때문에 전장에서 거의 쓸모가 없었다. 더욱이 일본 육군의 전차 교리는 적 방어선을 돌파하기 위한 수단이 아니라 프랑스와 마찬가지로 보병을 위한 이동식 화력 지원용으로 생각했다. 일본군은 전쟁이 끝날 때까지 4개 기갑사단을 편성했으며 기동 부대로서 기갑군의 편성을 추진하기도 했으나 전차 부족으로 실현되지 못했다.

89식 중전차 이고(イ号) 1929년에 개발된 일본 최초의 국산 전차. 처음에는 영국제 비커스 C형 경전차를 기반으로 1926년 '시제 1호 전차'를 개발했지만 중량이 18톤에 달하는 데다 속도는 고작 20km/h도 안 되는 등 문제점이 많아 1929년 4월 '2호 전차'를 개발하여 1929년 12월 89식 경전차라는 이름으로 제식화하였다. 1935년부터 20톤 이상은 중(重)전차, 10~20톤은 중(中)전차, 그 이하는 경전차로 구분하면서 12톤인 89식은 중(中)전차로 분류되었다. 미쓰비시사의 수냉식 100마력짜리 디젤엔진에 주포는 90식 57mm/18.4구경 단포신을 탑재하였고 장갑은 기관총탄을 막을 수 있는 수준이었다. 그러나 출력이 형편없고 고장이 잦았으며 진동이 매우 심할 뿐더러 무한궤도가 쉽게 파손되었다. 최고속도 25km/h라고 하지만 실제

로는 보병의 행군 속도인 8~12km/h에 불과했다. 만주 사변에 처음 데뷔한 후 주력 전차로 사용되었다. 태평양 전쟁에서는 후방 치안과 중국 전선에서만 사용되었다. 총 400여 대가 생산되었다.

92식 중(重)장갑차 로고(ロ号) 원래 일본 육군 기술부에서 전차 개발은 보병과가 전담하고 있었다. 그런데 1920년대에 오면서 기병이 대거 축소되고 더 이상 기병이 필요 없다는 기병 폐지론까지 나오자 기병과는 심각한 위기감을 느꼈다. 따라서 기병학교에서는 군마를 대체할 장갑차 개발을 시작하여 1932년 2월 시제 차량이 제작되었다. 화력이나 방어력보다는 기동성에만 집중하여 3.5톤의 무게에 45마력 엔진을 탑재해 최고 40km/h의 속도를 낼 수 있었다. 장갑은 고작 6mm에 불과해 소총탄에도 관통되었고 기동 중 어딘가에 충돌했다가 차체가 폭발한 경우도 있었다. 또한 차체가 지나치게 길어 방향 전환이 어려웠다. 13mm 기관포는 대인용으로 쓰기에는 발사 속도가 너무 느렸고, 견고한 적 진지나 장갑차량을 공격하기에는 화력이 빈약했다. 총 167대가 생산되었다.

95식 경전차 하고(ハ号) 중일 전쟁과 태평양 전쟁 초반 일본의 실질적인 주력 전차. 가격이 비싸고 속도가 느린 89식 중전차에 비해 값싸고 생산하기 쉬우며 적을 추격하기 좋은 신형 경전차의 개발에 나서 1935년 11월 제작되었다. 94식 37mm 대전차포를 탑재했으나 위력이 형편없었다. 장갑은 소총탄에도 관통될 정도였으며 미군의 중기관총 사격을 받자 벌집이 되기도 했다. 태국은 50대를 수입하여 프랑스령 인도차이나 침공에 사용하였다. 그러나 열대의 강렬한 태양 아래에서 장갑이 쩍쩍 갈라져 태반이 고철이 되자 30대를 도로 반환

하기도 했다. 태평양 전쟁에서 97식 중전차와 함께 주력으로 사용되어 미군의 공격 앞에 대부분 파괴되었다. 또한 다수가 중국군에 노획되어 국공 내전에서 국공 양측에 의해 사용되었다. 공산군은 97식 중전차와 95식 경전차로 최초의 전차 부대를 편성하였다. 총 2,378대가 생산되어 일본제 전차 중에서는 가장 많이 생산되었다.

94식 경장갑차 92식 중장갑차와 마찬가지로 영국제 카텐로이드 경전차를 기반으로 1933년에 개발된 콩알 전차. 원래 목적은 전장으로 연료와 탄약을 수송하기 위함이었으나 장갑차로도 쓸 만하다고 판단하여 94식 경장갑차로 개칭되었다. 중일 전쟁 초반 일본 기계화 부대의 주력으로서 89식 중전차와 콤비를 이루어 주요 전장에 투입되었다. 성능은 92식 중장갑차보다는 조금 나았으나 여전히 화력과 방어력이 부실했다. 특히 난징 전투에서 많은 차량이 파괴되는 등 큰 피해를 입었다. 정찰과 지휘, 후방 치안에 사용되었으며 일부는 중국군에게 노획되어 전차병의 훈련용으로 사용되기도 했다. 총 843대가 생산되었다.

97식 경장갑차 데케(テケ) 94식 경장갑차의 빈약한 화력과 엔진 출력의 부족을 보완하기 위해 1936년에 개발되었다. 94식 37mm 대전차포와 65마력 디젤엔진을 탑재하였다. 말레이 전역에서 작은 차체와 신속한 기동력으로 울창한 삼림에서는 전차가 쓸모없다고 생각했던 영국군의 허를 찔러 승리를 거두기도 했다. 중국 전선에서 많은 차량이 중국군에게 노획되어 중국군의 기계화 전력으로 활용되었다. 557대가 생산되었다.

97식 중(中)전차 치하(チハ) 태평양 전쟁 당시 일본의 주력 중(中)전차. 89식 중전차의 문제점을 개선하고 기동성과 방어력을 강화한다는 목적으로 1937년 6월 개발하였다. 89식 중전차에 비해 엔진과 방어력을 강화한 반면, 화력은 89식과 동일한 57mm/18.4 구경장(口徑長, 포신의 길이를 포의 구경으로 나눈 것) 단포신 유탄포를 탑재했다. 하지만 57mm 유탄포는 소련제 T-26이나 BT 전차, 미제 M-3 스튜어트 경전차를 상대로 근거리에서조차 관통이 불가능했다. 또한 개발 당시에는 94식 37mm대전차포의 사격을 150미터 거리에서 막아내어 방어력이 충분하다고 생각했으나 막상 중국에서 노획한 독일제 37mm 대전차포로 300미터 거리에서 사격하자 간단하게 관통되었다. 전쟁 기간에 총 2,123대가 생산되어 95식 경전차와 함께 가장 많이 생산되었다. 일본이 항복한 후 소련군은 관동군으로부터 노획한 97식 전차 1백여 대를 공산군에게 제공하였다.

＼야포

일본 육군의 야포는 소총이나 기관총과 마찬가지로 시대에 매우 뒤떨어져 있었다. 주로 한 세대 이전의 프랑스제 야포를 수입한 후 국산화하는 식이었다. 게다가 일본은 차량이 부족한 데다 인력과 우마에 의존하는 고전적인 방식을 고수하였고 병참을 매우 천시하여 체력이나 체격이 가장 떨어지는 병사들을 병참 부대에 배속시켰다. 이들로서는 수십 킬로그램에 달하는 탄약상자를 매고 가는 것은 큰 부담이었다. 따라서 탄약을 전선까지 충분히 수송하지 못해 포병은 늘 탄약 부족에 허덕였다. 또한 견인차량의 부족으로 야포의 기동성은 매우 낮았으며 성능과 위력도 형편없었다. 이 때문에 철조망과 콘크리트로 견고하게 구축된 토치카 안에서 저항하는 중국군을 제압하는 데 많은 애로를 겪었다. 또한 중국군은 청야 작전으로 도로를 파괴하고 수많은 장애물을 설치하여 일본군의 전차 부대와 포병의 전진을 가로막았다. 일본군은 중국군의 방어선을 돌파하거나 강력한 공세를 저지할 때 항공 지원과 독가스탄에 의존했다.

97식 곡사보병포 일본군은 박격포를 곡사보병포라고 불렀다. 프랑스제 81mm 박격포를 수입한 후 국산화하여 대대 지원 화력으로 활용하였다. 분당 20발에 달하는 빠른 연사속도와 적은 소음, 가벼운 무게가 장점인 반면, 명중률은 낮았다.

94식 75mm 산포 산포란 산악전용 야포를 말한다. 1935년에 제식화되었고 보병연대당 4문씩 배치되었다. 구조가 간단하고 분해가 쉬워 운반이 편리했고 명중률과 위력이 비교적 우수하다고 평가받았다. 최대 사거리는 8.3킬로미터 정도였다. 총 1,500문이 생산되었다. 많은 수가 중국군과 공산군에게 노획되었고 한국 전쟁에서도 중공군에 의해 사용되어 UN군이 가장 골치 아픈 무기라고 평하기도 했다.

90식 75mm 야포 1930년대에 오면서 일본이 보유한 야포의 대부분이 구식화되었지만 일본에는 자력으로 신형 야포를 개발할 기술력이 없었다. 따라서 19세기 말에 등장한 프랑스제 슈네데르 M1897 75mm 야포를 수입한 후 국산화하여 1932년부터 생산하였다. 1.4톤에 달하는 중량 때문에 기동성이 낮은 반면 사거리가 최대 14킬로미터에 달했다. 만주 사변부터 태평양 전쟁 말기까지 사용되었다. 일본군이 보유한 야포 중에서는 그나마 가장 우수하였다. 약 8백여 문이 제작되었다.

91식 105mm 유탄포 1924년 프랑스 슈네데르 사에 제작을 의뢰하여 1933년에 제식화되었다. 일본 육군은 94식 75mm 산포 등과 함께 사단 포병 화력으로 중일 전쟁과 태평양 전쟁 말기까지 제1선에서 사용되었다. 총 1,100문이 생산되었다. 최대 사거리는 약 10킬로미터 정도였다.

4년식 150mm 유탄포 1915년에 제식화되어 산둥 출병에서 처음 사용되었고 만주 사변과 중일 전쟁, 태평양 전쟁까지 사용되었다. 무게가 2톤에 달했는데 왜소한 일본 군마로서는 그대로 견인하는 것이 불가능해 일일이 분해하여 운반한 후 다시 조립했다. 주로 독립 야전중포병연대에 배속하여 야전군 직할 화력으로 활용하였다. 최대 사거리는 8.8킬로미터 정도였다. 4식 자주포에도 탑재했으나 차체가 97식 중전차였기에 반동이 심하고 명중률이 매우 낮아 전장에서는 쓸모가 없었다.

89식 150mm 가농포 1929년에 제식화되어 만주 사변부터 태평양 전쟁까지 사용되었다. 일본 육군이 보유한 야포들 중에서는 가장 강력한 화력과 18킬로미터에 달하는 사거리를 자랑했으나 열강들의 중포에 비하면 성능과 화력에서 비교가 되지 않았다. 노몬한 전투에서는 우세한 소련군의 포병 화력에 압도당하기도 했다. 총 생산량은 150문 정도였다.

94식 37mm 속사포 일본 육군 최초의 대전차포로 1934년에 제식화되었다. 1930년대 열강들의 37mm 대전차포와 비교했을 때 성능이 가장 형편없었다. 통상 보병연대에 4문씩 배치되었다. 중국군의 기계화 부대가 미약했기 때문에 주로 진지 공격에 사용되었다. 그러나 노몬한 전투에서는 큰 활약을 하여 격파된 소련군 전차의 80퍼센트가 이 포에 의한 것이었다. 태평양 전선에서도 사용되었으나 미군의 스튜어트 경전차조차 격파하기 어려워 고전을 면치 못했고 후속으로 1식 47mm 속사포가 개발되었다.

＼군함

일본은 메이지(明治) 이래 꾸준히 해군력을 증강하였다. 비록 해군의 주축을 이루던 사쓰마 세력이 1877년 세이난 전쟁(西南戰爭)으로 쇠퇴하여 발언권은 육군이 우세했지만 군부의 양대 파벌로서 육해군의 경쟁과 질시는 타국에서는 유례를 찾아 볼 수 없을 정도였다. 제1차 세계대전 이후 서구 열강들은 해군력의 투자에 소극적이었지만, 일본은 신조함을 꾸준히 건조하였다. 이미 1930년대 중반에 영국과 미국 다음의 세계 3위의 규모였으며 태평양에서는 미국의 해군력을 훨씬 능가했다. 또한 정치 개입에만 급급한 나머지 신무기의 개발과 교리의 발전을 등한시했던 육군과 달리, 해군은 기술력에서도 세계 일류 수준이었으며 야마토와 같은 초대형 전함과 다수의 항공모함을 건조하였다. 연합함대는 적 함대와의 결전 부대로서 해군의 주력이었으나 중국 전선만은 연합함대와 별도로 지나방면함대(支那方面艦隊)를 편성하여 운영하였다. 지나방면함대는 제3함대와 제4함대로 편성되었으며 1938년에는 제5함대가 추가되었다. 주로 한 세대 이전의 순양함이나 구축함, 어뢰정, 포함, 연안용 잠수함과 해군항공대로 구성되었다. 일본 패망 후 중국의 항구에 정박해 있던 군함들은 중국군에 접수되었다.

이즈모(出雲) 일본 해군이 최초로 국산화한 1만톤급 장갑순양함. 1900년에 취역하였고 러일 전쟁 당시 울산 해전에서 러시아 장갑순양함 루릭(Rurik) 호를 격침하였다. 일본 제3함대 기함으로 1937년 8월 상하이 전투에 참가하였다. 그러나 중국 해군은 일본 해군 항공대의 공습으로 초전에 괴멸했기에 직접 해전을 겪을 일은 없었다. 주로 상하이에서 함포 사격과 경비 임무를 맡다가 태평양 전쟁이 일어난 뒤 퇴역하여 연습함으로 사용되었다. 1945년 11월 해체되었다.

아사카제(朝風) 배수량 1,200톤급 3등 구축함으로 제5함대에 배속되어 남중국해의 경비를 맡았다. 태평양전쟁이 일어나자 연합함대에 배속되어 필리핀 공략에 투입되었다. 1944년 8월 미 잠수함의 공격을 받아 격침당했다.

아타카(安宅)급 포함 950톤급 포함으로 1922년에 취역하였다. 지나방면함대에 배속된 군함은 대부분 중국 연안을 경비하는데 적합한 1천톤급 미만의 구식 포함들이었다. 120mm 단장포 1문과 80mm 고각포 2문으로 무장하였다. 종전 후 중국 해군에 양여되었으나 국공내전 말기 수병들이 반란을 일으켜 공산군에게 투항하려다 국민 정부 측 공군의 공습으로 격침당했다.

오오토리(鴻)형 어뢰정 일본 해군의 주력 어뢰정 중의 하나로 총 8척이 건조되어 중국 전선에 2척이 투입되었다. 배수량 960톤에 120mm 단장포 3문, 53cm 3연장 어뢰 3문 등으로 무장했다. 7척이 격침당했고 종전까지 1척만이 살아남았다.

＼항공기

일본은 공군이 따로 없고 육해군이 제각각 항공대를 별도로 운영하였다. 또한 해군은 항공모함에서 운용하는 항모비행대 외에도 육상부대로서 기지항공대를 운용하였다. 해군 항공대의 숙련도는 대단히 높아 태평양 전쟁 초반만 해도 조종사들의 평균 비행시간은 900시간이 넘었다. 같은 시기 미 해군 조종사들의 평균 비행시간은 고작 200~250시간에 불과했다. 그러나 일본은 소수 정예주의를 고수했기에 충분한 조종사 수를 확보하는 데 게을리하였고 이 때문에 고참 조종사를 대거 상실하자 곧 미국에 제공권을 빼앗겼다. 일본은 다양한 항공기를 제작 운영하였고 특히 제로 전투기는 일본군의 상징과 같았다. 중일 전쟁 초반에는 육해군 항공대가 모두 중국에 투입되었으나 태평양 전쟁이 일어나자 대부분의 항공대가 태평양 전선으로 이동하였다. 1942년까지는 중국의 하늘을 지배했지만 미 공군이 본격적으로 중국 전선에 진출하면서 일본은 점점 열세로 몰렸다. 제2항공군이 만주를, 제5항공군이 한반도와 중국 전선을 맡았다.

95식 함상전투기 1936년 나카지마 사에서 개발한 일본 해군 최후의 복엽기이자 중일 전쟁 초반의 주력 전투기. 총 220대가 제작되었다. 730마력의 엔진에 최고속도는 352km/h, 7.7mm 기관총 2정을 탑재하였다.

96식 함상전투기 일본 해군 최초의 단엽 전투기로 95식 함상전투기와 함께 중일 전쟁 초반 일본 해군의 주력 전투기. 해군 기술부장이었던 야마모토 이소로쿠가 주도하여 개발했으며 680마력의 엔진과 최고속도가 430km/h에 달해 1937년 당시에는 매우 고성능이었다.

중국 공군이 보유한 대부분의 전투기를 압도하여 중국의 하늘을 장악하는 데 주된 역할을 하였다. 대신에 항속거리가 짧아 폭격기를 제대로 엄호할 수 없었고 중국 공군은 일본 전투기와 직접 공중전을 벌이는 대신 폭격기만 습격하는 식으로 큰 피해를 입혔다. 총 1천여 대가 제작되었다.

0식 함상전투기 일명 "제로 전투기"로 불리며 연합군에게 공포의 대상이었던 일본 해군의 걸작기. 1940년에 개발되어 태평양 전쟁 말기까지 사용되었다. 일본 전투기가 적국의 언어인 "제로(Zero)"라고 불린 것은 매우 특이한 경우였기에 일부에서 미군의 코드네임이 와전된 것이라고 주장하기도 하지만 당시 일본 언론과 조종사들도 "제로센(零戰)"이라고 불렀다. 미군 역시 "제로" 또는 "제로 파이터"라고 불렀다.

97식 함상공격기 미쓰비시 중공업에서 중일 전쟁 직전에 개발하여 제식화와 동시에 중국 전선에 투입되었다. 1937년 9월 양쯔 강 하류에서 중국 함대를 공습해 괴멸했다. 진주만에서는 어뢰 공격으로 미 태평양함대를 반신불수로 만들었다. 항속거리가 2천 킬로미터에 달하여 중국 내륙 깊숙이 폭격할 수 있었지만 378km/h의 느린 속도와 빈약한 방어력 때문에 전투기 엄호 없이 단독 비행은 자살에 가까웠다. 전쟁 말기까지 총 1천2백 대가 생산되었다.

96식 함상폭격기 1936년에 아이치항공 사에서 개발한 복엽기로 중일 전쟁 초반 주력 폭격기 중의 하나였다. 폭격기이면서도 기동성이 좋아 공중전에서 중국 전투기를 격추한 예도 있었다. 최고 속도

309km/h에 250킬로그램짜리 폭탄 1발을 탑재하였다. 총 428대가 생산되었다.

96식 육상공격기 육상 기지에서 발진할 수 있는 공격기라는 개념으로 1936년 미쓰비시 중공업에서 개발. 항속거리가 무려 4,380킬로미터에 달해 중일 전쟁 초반 제주도와 규슈에서 왕복 2천 킬로미터가 넘는 거리를 비행하여 상하이와 난징 등지를 폭격하였다. 당시로서는 불가능에 가까운 작전이었기에 전 세계에 큰 충격을 주었다. 또한 태평양 전쟁 초반 말레이 해전에서 영국 동양함대를 공습하여 전함 프린스오브웨일스와 리펄스를 격침시켰다. 그러나 느린 속도와 빈약한 방어력 때문에 적 전투기의 공격에 대단히 취약했으며 "하늘을 나는 라이터"라고 불리기도 했다.

97식 전투기 해군이 단엽 전투기인 96식 함상전투기를 개발하자 육군 역시 단엽 전투기 개발에 나섰다. 나카지마(中島) 사에서 개발한 97식 전투기는 속도, 기동성, 선회력에서 해군의 96식 함상전투기를 능가하였다. 노몬한 전투 초반에 공중전에서 소련 공군의 I-15와 I-16 전투기를 압도했으나 I-16이 장갑을 강화하고서 치고 빠지는 전술을 구사하자 97식 전투기 역시 많은 손실을 입었다. 그럼에도 격투전 만능주의에 빠져 있던 일본은 여전히 방어력보다 기동성에만 중점을 두었고 연합군과의 격차가 점점 벌어졌다. 전쟁 말기에 오면 주로 가미카제 특공용으로 활용되었다.

97식 중(重)폭격기 일본 육군의 주력 폭격기. 1천5백 마력의 쌍발 엔진을 탑재하고 478km/h의 속도를 자랑했으나 방어력이 빈약한 데다 폭장량이 750킬로그램에 불과했다. 그러나 일본 폭격기로서는 상당히 우수했기에 전쟁 말기까지 폭격과 수송, 정찰 등 다양한 임무에 활용되었다. 총 2천여 대가 생산되었다.

BR.20 경폭격기 중국 공군의 요격으로 폭격기의 손실이 급격히 늘어나자 일본은 이탈리아로부터 폭격기를 수입하였다. BR.20은 제2차 세계대전 중 이탈리아 공군의 주력 폭격기로 성능이 결코 좋은 편이 아니었지만, 일본 폭격기들보다는 폭장량, 속도, 항속거리, 방어력 등 모든 면에서 우수했다. 일본은 85기를 수입하였고 '이(伊)식 100형 중(重)폭격기'라고 불렀다. 그중 한 대를 노획한 중국군은 천황의 하사품이라며 'みかど 1号(천황 1호)'라는 이름을 붙여 사용했다.

| 부록3 |

중일 전쟁 기간 군 편제 및 전투 서열

1. 중국군

북벌을 통해 중국의 통일을 꿈꾸었던 쑨원은 1925년 소련의 원조를 받아 황푸군관학교 생도들을 중심으로 새로운 군대를 창설하였다. 그리고 이 군대를 '국민혁명군(國民革命軍)'이라고 불렀다. 초기의 국민혁명군은 쑨원이 제창한 삼민주의 사상을 교육받는 한편, 소련 고문단에게 군사 훈련을 받고 소련식 무기로 무장했으며 소련의 군제를 모방하였다. 이들은 국가에 충성하고 국민을 위해 싸운다는 대의를 내걸었다. 그러나 엄밀히 말해서 국민 정부는 국민에 의해 만들어진 민주 정부가 아닌 쑨원을 중심으로 한 일당 독재 정부에 불과하였다. 또한 당이 국가에 우선했기에 국민혁명군은 '국군(國軍)'이 아니라 국민당에 예속된 '당군(黨軍)'이었다.

장제스의 북벌 전쟁 중 많은 군벌 군대가 국민혁명군에 편입되었다. 그러나 대부분은 자치권과 독립성을 보장받는다는 조건으로 형식상 깃발만 바꾸어 달았을 뿐이었다. 1937년 8월 국공 합작이 결성되자 그동안 서로 총부리를 겨누는 상대였던 공산군 역시 국민혁명군 제8로군으로 편성되었다. 국민혁명군은 이합집산으로 뭉친 여러 봉건 군대의 연합체에 불과했고 지휘계통도 복잡하였다. 또한 장제스 직속의 중앙군과 지방 군벌의 군대는 훈련과 장비, 조직력에서 차이가 매우 컸다. 이 점은 중일 전쟁에서 개별 부대들이 놀라울 정도로 분투를 했음에도 막상 상호 협조가 제대로 되지 않아 비효율적으로 싸울 수밖에 없었던 가장 큰 이유이기도 했다. 중일 전쟁이 끝난 뒤인 1947년에야 국민혁명군은 중화민국 국군으로 바뀌었다.

중국은 1932년 3월 1일 군의 최고 통수부로서 장제스를 위원장으로 하는 군사위원회를 설치하였다. 군사위원회 산하에는 참모부와 정치부, 군령부, 군정부, 군훈부, 그리고 모든 육해공군 부대가 배속되었다.

중일 전쟁 동안 중국 육군에는 370개 정규 사단과 46개의 신편사단, 12개의 기병사단, 66개의 임시 사단, 13개의 예비 사단 등 총 515개에 달하는 사단들이 있었다. 그중에서 개전 초반에 완전히 소멸되어 편제표에서 없어진 부대의 단대호를 새로 편성한 부대에 부여할 때에는 이전 부대와 구분하기 위해 '신편사(新編師)'라고 하였다. 또한 임시 사단(暫編師)과 예비 사단은 병력 보충과 훈련을 위해 임시로 만든 부대로, 갓 징집된 신병들이 대부분이었으며 장비도 매우 빈약했다.

중국군의 전투 단위는 두세 개의 성(省)을 하나로 묶은 전구를 최상위로 하였고 각각의 전구는 3~4개의 집단군과 직할 부대로 편성되어 병력은 20~50만 명 정도였다. 또한 1개 집단군은 2~4개의 군(軍, 2~3만 명)으로 편성되었고, 군(軍), 사(師, 사단), 여(旅, 여단),

● 중국군의 전투 서열

전구	편성시기	사령관	관할구역
第1전구	1937년 8월	장제스 →청첸 →웨이리황 →장딩원 →후쭝난	허베이 성 북부, 산둥 성 북부, 베이핑-톈진 지구(1937년) →허난 성, 안후이 성 북부(1938년~1944년) →산시 성(陝西省) 남부(1944년~1945년)
第2전구	1937년 8월	옌시산	산시 성, 차하얼 성, 쑤이위안 성(1937년) →산시 성 남부, 산시 성(陝西省) 북부(1938년~1945년)
第3전구	1937년 8월	펑위샹 →장제스 →구주퉁	장쑤 성 남부, 저장 성, 상하이-난징 지구(1937년) →저장 성, 푸젠 성, 장쑤 성, 안후이 성 남부(1938년~1945년)
第4전구	1937년 8월	허잉친 →장파쿠이	광둥 성, 푸젠 성(1937년) →광둥 성, 광시 성(1938년~1944년) →광시 성(1944~1945년)
第5전구	1937년 8월	장제스 →리쭝런 →류즈	산둥 성 남부, 장쑤 성 북부(1937년) →안후이 성 서부, 후베이 성 북부, 허난 성 남부(1938년~1945년)
第6전구	1937년 9월	펑위샹 →천청 →쑨롄중	후베이 성 서부(1937년~1945년)
第7전구	1937년 10월	장파쿠이 →위한머우	저장 성 북부, 안후이 성 남부(1937년~1938년) →광둥 성(1944년~1945년)
第8전구	1938년 11월	장제스 →주사오량	닝하이 성, 칭하이 성, 간쑤 성, 쑤이위안 성 서부(1938년~1945년)
第9전구	1938년 11월	천청 →쉐웨	후베이 성 남부, 후난 성, 장시 성(1938년~1945년)
第10전구	1938년 11월	장딩원 →리핀셴(李品仙)	산시 성(陝西省)(1938년~1940년) →안후이 성(1945년)
第11전구	1945년 6월	쑨롄중	베이핑-톈진, 허베이 성, 산둥 성
第12전구	1945년 6월	푸쭤위	러허 성, 쑤이위안 성, 차하얼 성

단(團, 연대), 영(營, 대대), 연(連, 중대), 배(排, 소대), 반(班, 분대) 순으로 편성되었다.

중국군의 제복이나 군장은 부대마다 제각각이었으나 신해혁명 이래 유행하던 인민복을 기본으로 하였고 철모나 야전모에 청천백일 마크를 달았다. 중하급 장교와 병사들은 발목에 각반을 둘렀고 고급장교들은 가죽부츠를 신었다. 장교들은 가죽군화를 신었으나 대다수 병사들은 천이나 짚신을 신었고 물자가 극도로 궁핍해지는 전쟁 후반에는 이조차도 없어 맨발로 수백 킬로미터를 행군해야 하는 경우도 많았다. 철모는 독일과 프랑스, 영국 등지에서 수입하였으며 스틸웰의 중국원정군은 미제 M1 철모를 사용하였다.

2. 일본군

메이지 유신 당시 일본 육군은 처음에는 프랑스 군제를 모델로 했으나 1882년 이토 히로부미가 독일을 방문한 이후 군제를 독일식으로 바꾸었다. 또한 군정과 군령을 쥐고 있던 병부성(兵部省)을 육군성(陸軍省)과 참모본부(參謀本部)로 분리하였다. 육군성이 예산과 군사행정 등 군정을 담당하고 참모본부는 전략의 수립과 작전 지휘 등 군령을 담당하였다. 또한 1898년에는 군대의 교육과 훈련을 담당하는 교육총감부가 육군성에서 독립하였다. 육군성의 수장인 육군대신과 참모본부의 수장인 참모총장, 교육총감부의 수장인 교육총감을 "육군 3장관"이라고 불렀다. 1938년에 육군항공총감부가 육군성에서 독립하여 육군 항공대를 총괄 지휘했으나 군부 내의 밥그릇 싸움으로 인해 완전한 독립기관이 되지 못한 채 군정은 육군성, 작전 동원은 참모본부, 부대원의 훈련은 교육총감부의 통제를 받아야 하는 등 종속된 위치에 있었다.

참모본부 산하에는 본토 수비를 맡은 도쿄 경비사령부와 방위사령부, 요새사령부 외에 4개의 해외 부대(관동군, 지나파견군, 타이완군, 조선군)가 있었다. 청일 전쟁과 러일 전쟁에서 일본은 야전군을 편성 운영한 경험이 있었지만, 평시에는 사단이 최상위 편제였다. 중일 전쟁이 발발한 뒤 전쟁이 확대되면서 야전군이 편성되었고 그 위에는 방면군(북지나방면군, 중지나방면군)이 있었다. 1939년 9월에는 중국 전선을 총괄하기 위해 총군(總軍)으로 지나파견군이 편성되었고 난징에 사령부를 두었다. 만주의 수비를 맡고 있던 관동군 역시 1942년 10월 총군으로 승격되었다. 일본의 총군은 미국이나 중국의 '전구(戰區)'와 같은 개념이다. 태평양 전쟁 말기에는 6개의 총군과 20개의 방면군이 있었다. 중국 전선에는 지나파견군 산하 3개 방면군이 각각 화북과 화중, 화남을 맡았다. 또한 왕징웨이의 난징 정권과 몽강국 등 중국 내 여러 괴뢰 정권의 군대 역시 지나파견군의 지휘를 받아 점령지의 치안 유지와 중국군 유격대의 토벌, 일본군의 병참 지원 등을 수행하였다. 이들은 때로는 일본군과 함께 최일선에 투입되어 동포에게 총부리를 겨누기도 하였으나 훈련과 사기가 낮고 장비가 빈약하여 전투에는 거의 쓸모가 없었다.

일본군은 같은 지역 출신으로 연대를 편성하는 뿌리 깊은 향토연대주의로 인해 우군끼리도 협조하기는커녕 질시와 경쟁을 벌였다. 이로 인해 상위 조직이 있어도 여러 개의 사단을 투입하여 대규모 작전을 효율적으로 지휘할 능력이 없었다. 작전의 중심은 어디까지나 사단 또는 야전군이었다. 8년의 중일 전쟁을 통틀어 지나파견군이 직접 지휘한 작전은 1944년 5월의 이치고 작전이 유일하였다.

중일 전쟁 동안 일본군의 사단은 4종류로 구분되었다. 평시부터 운영되는 17개의 상설 사단(갑(甲)종 사단)은 4단위 편제로 2개 보병 여단(4개 연대)과 기병연대, 공병연대, 포병연대, 수송연대 등으로 구성되었으며 정원은 2만 5천 명에서 3만 명에 달했다. 중일 전쟁이 발발한 후 급히 편성된 특설 사단(을(乙)종 사단)은 편제는 갑종 사단과 동일했으나 차량과 포병 화력, 기갑 전력이 빈약했다. 또한 전쟁이 장기화되고 점령지가 확대되자 1939년부터 현지의 경비와 치안 유지를 위해 병(丙)종 사단과 정(丁)종 사단이 편성되었다. 병종 사단은 3단위 편제로 3개 보병 연대에 수 개의 지원대대로 구성되어 인원수는 1만 5천 명 정도였다. 또한 정종 사단은 2개 보병단(8개 보병대대)과 수 개의 지원대대로 구성되어 인원수는 1만 2천 명~1만 5천 명 정도였다.

일본 해군은 육군과 마찬가지로 메이지 유신 초반에는 해군성(海軍省)이 모든 군정과 군령을 행사했으나 1893년 군령부(軍令部)가 독립하면서 군정을 담당하는 해군성과 군령을 담당하는 군령부로 나누어졌다. 군령부 산하에는 주력 함대인 연합함대와 중국 전선을 전담하는 지나방면함대, 선단 호위를 맡은 해상호위 총사령부, 4대 해군 기지(도쿄 요코스카 항, 히로시마 구레 항, 규슈 사세보 항, 교토 마이즈루 항)의 경비를 맡은 진수부(鎭守府), 각종 해군학교 등이 있었다. 해군성의 수장인 해군대신과 군령부의 수장인 군령부장(군령부 총장), 연합함대 사령장관을 "해군 3장관"이라고 불렀다. 중국 해군의 전력이 형편없었기에 중일 전쟁에서 일본 해군이 할 역할은 별로 없었으며 주로 육군 부대의 수송과 해안가에 대한 함포 지원, 해군 항공대를 동원한 전략 폭격과 지상 작전, 기뢰 살포 등을 지원하였다. 지나방면함대 휘하에는 3개 함대와 해군 육전대, 해군 비행대, 기지 경비대(난징, 상하이, 칭다오, 주장, 하이난 섬 등)가 있었다.

중국 주둔 일본군의 전투 서열

지나파견군(사령부: 난징)

방면군 (명칭 변경)	편성 시기	예하 부대		관할구역	사령부
		1937년	1945년		
북지나방면군	1937년 8월	제1군, 제2군	제1군, 제12군, 제43군, 주몽군	화북	베이핑
중지나파견군 →중지나방면군 →제6방면군	1937년 11월	상하이파견군, 제10군	제11군, 제20군, 제34군	화중	난징 →한커우
남지나방면군	1940년 2월 ~ 1941년 6월	-	-	화남	광저우
지나파견군 직할 부대	1939년 9월	-	제13군	양쯔 강 하류	상하이
	1940년 2월	-	제23군	광둥 성	광저우
	1939년 8월 (1945년 1월에 만주에서 중국으로 이동)	-	제6군	저장성 북부	항저우

지나방면함대(사령부: 상하이)

예하 함대	편성 시기	관할구역	사령부
제3함대 →제1견지함대(遣支艦隊)	1932년 2월	양쯔 강 중하류	상하이
제4함대 →제3견지함대	1937년 10월	동중국해	칭다오
제5함대 →제2견지함대	1939년 1월	남중국해	광저우

1931년

—9월 18일 일본 관동군이 만주 사변을 일으키다.

—11월 25일 중국 공산당이 장시 성 루이진(瑞金)에서 '중화소비에트공화국'을 수립하다.

—12월 15일 리쭝런과 바이충시 등 광시 군벌들이 왕징웨이와 손을 잡고 제1차 양광 사변을 일으키다. 장제스, 하야하다.

1932년

—1월 28일 일본군이 상하이 사변을 일으키다. 장제스, 군사위원장으로 복직하다.

—3월 1일 관동군이 만주국을 건국하다. 상하이에서 중국군 방어선이 붕괴되다.

—3월 3일 중국과 일본, 상하이에서 정전에 합의하다.

—5월 15일 일본의 극우 단체인 혈맹단 장교들이 이누카이 쓰요시 총리를 암살하다.

1933년

—1월 1일 관동군이 러허 성을 침공하다.

—2월 24일 국제연맹이 만주국을 괴뢰 정권으로 규정하다.

—3월 27일 일본이 국제연맹에서 탈퇴하다.

—5월 7일 장성 전투에서 중국군이 참패하다.

—5월 31일 중국이 만리장성 이북의 주권을 상실하다(탕구 협정).

—10월 장제스가 다섯 번째 공산군 토벌 작전을 시작하다.

1934년

—10월 14일 공산당이 국민정부군의 공격을 피해 '대장정'을 시작하다.

—12월 19일 일본이 워싱턴 해군 군축 조약에서 탈퇴하다.

1935년

—1월 15일 마오쩌둥이 구이저우 성 쭌이에서 열린 '쭌이 회의'에서 당권을 장악하다.

—1월 22일 일본 외상 히로다 고키가 '대중 유화 정책'을 선언하다.

—2월 1일 장제스가 대일 친선과 우호를 강조하는 성명을 발표하다. 관동군, 본국 정부의 유화 정책에 반발하며 화북 5개 성의 분리 독립 음모를 추진하다.

—10월 19일 중국 공산당이 산시 성(陝西省) 우치전(吳起鎭)에 도착, '대장정'을 끝내다.

—11월 25일 일본이 만주국과 만리장성 사이의 비무장 지대에 괴뢰 정권 '기동방공자치위원회'를 수립하다.

1936년

—2월 26일 도쿄에서 일본 육군 황도파 장교들이 군사 쿠데타를 일으키다(2.26 사건).

—4월 중국과 독일, 차관 밀약을 체결하다.

—6월 1일 리쭝런 등 광둥, 광시 군벌이 제2차 양광 사변을 일으키다.

—9월 17일 장제스, 리쭝런과의 합의로 양광 사변을 평화적으로 해결하다.

—11월 20일~24일 바이링먀오 전투에서 푸쭤이의 중국군이 친일 내몽골 괴뢰군을 격파하다.

—11월 25일 일본과 독일, 방공 협정을 체결하다.

—12월 12~25일 장쉐량이 '시안 사건'을 일으키다.

1937년

—7월 7일 베이징 근교에서 루거우차오 사건이 일어나다. 중일 전쟁이 시작되다.

—7월 11일 일본 고노에 내각이 전쟁의 확대를 결의하다.

—7월 15일 장제스가 '루산 회의'에서 대일 항전을 결의하다.

—7월 30일 베이핑과 톈진이 함락되다.

—8월 13일 상하이의 일본군 육전대가 중국군을 공격하다. 제2차 상하이 사변

이 시작되다.

—8월 21일 중소 불가침 조약이 체결되다. 소련, 중국에 대규모 군사원조를 시작하다.

—9월 22일 제2차 국공 합작이 결성되다.

—9월 25일 허베이 성의 요충지 바오딩이 함락되다.

—11월 8일 상하이에서 3개월간의 전투 끝에 중국이 참패하다. 산시 성의 성도 타이위안이 함락되다.

—12월 14일 난징이 함락되다. 일본군, 6주 동안 대학살을 자행하다. 베이핑에서 괴뢰 정권 '중화민국 임시 정부'가 수립되다.

1938년

—3월 28일 난징에서 괴뢰 정권 '중화민국 유신 정부'가 수립되다.

—4월 6일 중국군이 타이얼좡 전투에서 승리를 거두다.

—5월 19일 장쑤 성의 쉬저우가 함락되다.

—7월 29일~8월 11일 장구펑에서 일본과 소련 간 국경 분쟁이 벌어지다.

—10월 27일 후베이 성의 우한이 함락되다. 국민 정부, 충칭으로 물러나다.

—12월 22일 왕징웨이가 중국을 배신하고 베트남 하노이로 망명하다.

1939년

—3월 27일 장시 성의 성도 난창이 함락되다.

—4월 16일 중국, '4월 공세'를 개시하여 난창 탈환을 노렸으나 실패하다.

—8월 31일 관동군이 노몬한에서 소련군에게 참패하다 .

—9월 14일~10월 1일 제1차 창사 전투에서 일본군이 패배하다.

—9월 15일 일본과 소련이 정전 협정을 체결하다.

—12월 1일 중국이 최대의 반격인 '동계 공세'를 시작하다.

1940년

—3월 30일 왕징웨이가 '중화민국 국민 정부(난징 괴뢰 정권)'을 수립하다.

—5월 17일 일본이 충칭 대폭격을 시작하다.

—7월 26일 미국, 영국, 네덜란드가 대일 전쟁물자 수출을 제한하기 시작하다.

—7월 27일 일본이 '대동아공영권'을 공식화하다.

—8월 8일~12월 5일 팔로군이 화북 일대에서 '백단 대전(百團大戰)'을 전개하다.

—9월 23일~24일 일본군이 비시 프랑스령 북부 인도차이나를 점거하다.
—9월 27일 베를린에서 독일, 이탈리아, 일본이 삼국 동맹을 결성하다.
—10월 30일 일본이 소련에 '4국 동맹'을 제안했으나 거절당하다.
—11월 미국이 중국에 1억 달러의 차관을 제공하다.

1941년

—1월 6일 '완난 사변'으로 국공의 갈등이 최악으로 치닫다.
—3월 11일 미 의회가 '무기대여법'을 통과시키다.
—4월 13일 일본과 소련이 5년 기한의 중립 조약에 서명하다.
—4월 15일 루스벨트 미 대통령이 중국의 요청에 따라 '미국인 제1의용대대(플라잉타이거스)'의 창설을 승인하다.
—4월 16일 일본이 '대동아공영권'의 관철을 목표로 미국과 교섭을 시작하다.
—5월 7일~6월 10일 산시 성 남부 중탸오 산에서 중국군이 참패하다.
—9월 7일~10월 6일 제2차 창사 전투에서 일본군이 참패하다.
—9월 28일~10월 10일 중국군의 후베이 성의 이창 탈환전이 실패하다.
—10월 16일 일본에서 도조 내각이 성립하다.
—11월 26일 미 국무장관 헐이 주미 일본대사 노무라에게 '헐 노트'를 전달하다. 나구모의 기동함대가 진주만으로 출발하다.
—12월 1일 일본이 어전 회의에서 미국과의 전쟁을 결정하다.
—12월 7일 나구모의 기동함대가 진주만의 미국 태평양함대를 기습하다.
—12월 8일 미국이 일본에 선전포고하다.
—12월 9일 중국이 일본에 선전포고하다.
—12월 10일 대한민국 임시 정부가 일본에 선전포고하다.
—12월 11일 독일과 이탈리아가 미국에 선전포고하다.
—12월 24일~1942년 1월 20일 제3차 창사 전투에서 일본군이 참패하다.
—12월 31일 장제스가 연합군 중국 전구 최고사령관으로 추대되다.

1942년

—1월 1일 연합국 26개국이 '반추축' 공동선언을 하다.
—3월 8일 미국의 조지프 스틸웰이 중국 버마원정군 사령관으로 임명되다.
—3월 21일 미국이 중국에 5억 달러의 차관을 제공하다.
—4월 1일 루스벨트가 '레인보우 플랜-5'을 승인하여 '선독일 후일본'을 연합

군의 기본 방침으로 정하다.

—4월 29일 스틸웰의 제1차 버마원정이 실패하다.

—5월 15일 일본군이 '절공(浙贛) 작전'을 시작하여 저장 성과 장시 성을 공략하다.

—5월 19일 스틸웰이 버마를 탈출하여 인도 임팔에 도착하다.

—7월 스틸웰이 인도에서 주인도 중국군(X군)을 창설하다.

1943년

—2월~3월 일본군이 '강북 섬멸 작전'을 실시하여 양쯔 강 중류의 한수이 강과 웨저우 일대의 중국군을 격파하다.

—4월~6월 일본군이 후베이 성 서부 지역을 침공했으나 중국군의 반격으로 패퇴하다.

—10월 스틸웰의 제2차 버마원정이 시작되다.

—11월 22일~26일 루스벨트, 처칠, 장제스가 카이로 회담에서 대일전에 삼국이 협력하기로 약속하다.

—12월 3일 후난 성의 창더가 함락되다.

1944년

—3월 5일 스틸웰이 북부 버마의 후캉 계곡을 점령하다.

—3월 8일 일본군 무타구치의 제15군이 임팔을 공격하다.

—4월 20일 일본이 '이치고 작전'을 개시하다. 정저우가 함락되다.

—5월 25일 허난 성의 뤄양이 함락되어 화북에서 중국군 방어선이 와해되다.

—6월 18일 제4차 창사 전투에서 결국 창사가 함락되다.

—6월 24일 일본군이 후난 성의 헝양을 포위하다. 이치고 작전 중 최대의 격전이 벌어지다.

—7월 9일 무타구치가 임팔 작전을 중지하고 전면 퇴각하다.

—8월 8일 헝양이 함락되다.

—10월 19일 스틸웰이 해임되다.

—11월 1일 스틸웰의 후임으로 웨드마이어가 충칭에 부임하다.

—11월 10일 광시 성의 구이린과 류저우가 함락되다.

—12월 10일 일본군이 중불 국경에 도달하여 중국을 남북으로 관통하다.

1945년

—1월 27일 중국군이 버마 북부를 탈환하고 '레도 도로'를 개통하다.

—2월 4일~11일 스탈린이 얄타 회담에서 대일 참전을 약속하다.

—3월~5월 중국이 일본의 마지막 공세인 즈장, 랴오허커우 전투에서 승리하다. 전세가 역전되다.

—4월 7일 소련이 일소 중립 조약의 파기를 선언하다.

—5월 말 중국군이 화남에서부터 반격을 개시하다.

—7월 26일 미, 영, 중 삼국이 포츠담에서 일본에 무조건 항복을 요구하다.

—8월 9일 소련군이 만주를 침공하다.

—8월 15일 일본이 항복하다.

—9월 9일 난징에서 항복 조인식이 열리다. 중국이 일본의 항복을 받다.

• 국내 도서

가토 기요후미, 『대일본제국 붕괴』, 안소영 옮김 (서울: 바오출판사, 2010).
강창일 외,『(한 권으로 보는)일본사 101장면』(서울: 가람기획, 2004).
고바야시 히데오, 『만철: 일본제국의 싱크탱크』, 임성모 옮김 (서울: 산처럼, 2004).
국방군사연구소, 『중공군의 전략전술 변천사』(서울: 국방군사연구소, 1996).
———, 『중국인민해방군사』(서울: 국방군사연구소, 1998).
국방부 군사편찬연구소, 『한미 군사 관계사: 1871~2002』(서울 : 국방부 군사편찬연구소, 2002).
권석근, 『일본제국군』(서울: 코람데오, 2007).
글랜츠, 데이비드 M. 외, 『독소전쟁사: 1941~1945』, 권도승 외 옮김 (파주: 열린책들, 2007).
김구, 『백범일지』, 도진순 옮김 (서울: 돌베개, 2005).
김명호, 『중국인 이야기 1』(파주: 한길사, 2012).
김승태, 『중일전쟁 이후 전시체제와 수탈: 1937~1945』, 한국독립운동사편찬위원회 편 (천안: 독립기념관 한국독립운동사연구소, 2009).
나고르스키, 앤드루, 『세계사 최대의 전투: 모스크바 공방전』, 차병직 옮김 (서울: 까치글방, 2011).
료개륭, 『중국공산당사: 1919~1991』, 정석태 옮김 (서울: 녹두, 1991).
루, 알랭, 『20세기 중국사』, 정웅철 옮김 (서울: 책과함께, 2010).
류중민, 『중국 근대 해양방어 사상사』, 이용빈 옮김 (서울: 한국해양전략연구소, 2013).

마스이 야스이치, 『중국·대만 친일파 재판사』, 정운현 옮김 (서울: 한울, 1995).
멍레이 외 편저, 『1942 대기근』, 고상희 옮김 (파주: 글항아리, 2013).
모저, 돈, 『(라이프)제2차 세계대전: 중국-버마-인도』, 제5권 (서울: 한국일보타임-라이프, 1990).
미 국무부 편, 『중국백서』, 이영희 옮김 (서울: 전예원, 1982).
미첨, 존, 『처칠과 루스벨트』, 이중순 옮김 (서울: 조선일보사, 2004).
박계호, 『총력전의 이론과 실제』(성남: 북코리아, 2012).
박창희, 『현대 중국 전략의 기원』(서울: 플래닛미디어, 2011).
배경한, 『장개석연구: 국민혁명시기의 군사적·정치적 대두과정』(서울: 일조각, 1995).
벨, 필립 M. H., 『12 전환점으로 읽는 제2차 세계대전』, 황의방 옮김 (서울: 까치, 2012).
부덕민, 『백절불굴의 김구』, 이익희 옮김 (서울: 백범김구선생기념사업협회, 2010).
상해 대한민국임시정부 옛청사관리처 보경문총편집위원회 편, 『중국항일전쟁과 한국독립운동』, 김승일 옮김 (서울: 시대의창, 2005).
셰노, 장 외, 『중국현대사 1911-1949』, 신영준 옮김 (서울: 까치, 1982).
손승희, 『근대 중국의 토비 세계 : 하남의 토비·홍창회·군벌을 중심으로』(서울: 창비, 2008).
쉬처, 『만주군벌 장작림』, 유가원 옮김 (서울: 아지랑이, 2011).
스노, 에드거, 『중국의 붉은 별』, 신홍범 옮김 (서울: 두레, 2004).
스펜스, 조너선 D., 『근대중국의 서양인 고문들』, 김우영 옮김 (서울: 이산, 2009).
———, 『현대중국을 찾아서 1, 2』, 김희교 옮김 (서울: 이산, 1998).
신동준, 『(인물로 읽는)중국 현대사』(고양: 인간사랑, 2011).
신승하, 『중화민국과 공산혁명』(서울: 대명출판사, 2001).
야마다 아키라, 『일본, 군비 확장의 역사: 일본군의 팽창과 붕괴』, 윤현명 옮김 (서울: 어문학사, 2014).
야스카와 주노스케, 『후쿠자와 유키치의 아시아 침략사상을 묻는다』, 이향철 옮김 (서울: 역사비평사, 2011).
엘슨, 로버트 T., 『(라이프)제2차 세계대전: 대전의 서곡』, 제1권 (서울: 한국일보타임-라이프, 1990).
오버리, 리처드, 『스탈린과 히틀러의 전쟁』, 류한수 옮김 (서울: 지식의 풍경, 2003).

오카베 마키오, 『만주국의 탄생과 유산: 제국 일본의 교두보』, 최혜주 옮김 (서울: 어문학사, 2009).
요시다 유타카, 『아시아 태평양전쟁』, 최혜주 옮김 (서울: 어문학사, 2012).
———, 『일본의 군대』, 최혜주 옮김 (서울: 논형, 2005).
요코야마 히로아키, 『중화민국사』, 박종현 옮김 (서울: 신서원, 2002).
우스이 가쓰미, 『중일외교사연구: 중일전쟁시기』, 송한용 옮김 (서울: 선인, 2004).
위톈런, 『대본영의 참모들』, 박윤식 옮김 (파주: 나남, 2010).
육군사관학교 전사학과, 『세계전쟁사』(서울: 도서출판 황금알, 2001).
윤휘탁, 『중일전쟁과 중국혁명: 전쟁과 혁명의 이중주: 전쟁혁명』(서울: 일조각, 2001).
이노세 나오키, 『쇼와 16년 여름의 패전』, 박연정 옮김 (서울: 추수밭, 2011).
이병주, 『중국 근대화를 이끈 걸출한 인물들: 아편전쟁에서 개혁·개방까지』(서울: 지식산업사, 2006).
이스트만, 로이드 E., 『장개석은 왜 패하였는가: 현대중국의 전쟁과 혁명(1937~1949)』, 민두기 옮김 (서울: 지식산업사, 1990).
이창위, 『우리의 눈으로 본 일본제국 흥망사』(서울: 궁리, 2008).
이케다 마코토, 『중국 현대 혁명사』, 한선모 옮김 (서울: 청사, 1985).
이쿠다 마코토, 『일본육군사』, 육군본부 옮김, 1994.
日本富士書院 편, 『대동아전쟁비사: 만주편』, 권웅 옮김 (서울: 노벨문화사, 1971).
——— 편, 『대동아전쟁비사: 중국편』, 권웅 옮김 (서울: 노벨문화사, 1971).
장, 아이리스, 『난징 대학살』, 김은령 옮김 (서울: 끌리오, 1999).
장제스, 쑹메이링, 장쉐량, 『서안사변과 장학량』, 조일문 옮김 (서울: 건국대학교 출판부, 1996).
지크, 아도르, 『(라이프)제2차 세계대전: 회오리치는 일장기』, 제8권 (서울: 한국일보타임-라이프, 1990).
俞辛焞, 『만주사변기의 중일외교사』, 신승하 외 옮김 (서울: 고려원, 1994).
陳志讓, 『군신정권: 근대중국 군벌의 실상』, 박준수 옮김 (서울: 고려원, 1993).
케네디, 폴, 『강대국의 흥망』, 이일주 옮김 (서울: 한국경제신문사, 1990).
콜리어, 폴 외, 『제2차세계대전: 탐욕의 끝, 사상 최악의 전쟁』, 강민수 옮김 (서울: 플래닛미디어, 2008).
크레펠트, 마르틴 반, 『보급전의 역사』, 우보형 옮김 (서울: 플래닛미디어, 2010).

타케마에 에이지, 『GHQ: 연합국 최고사령관 총사령부』, 송병권 옮김 (서울: 평사리, 2011).
프리드먼, G. 외, 『제2차 태평양전쟁』, 남주홍 옮김 (서울: 동아출판사, 1991).
하도 가즈토시, 『쇼와사1: 1926~1945 전전편』 전2권, 박현미 옮김 (서울: 루비박스, 2002).
하세가와 케이타로 외, 『태평양전쟁과 일본군』, 이성렬, 강우석 옮김 (서울: 정보여행, 1997).
호사카 마사야스, 『도조 히데키와 천황의 시대』, 정선태 옮김 (서울: 페이퍼로드, 2012).
화이트, 데오도어 H., 『특파원이 본 역사의 현장: 국공내전부터 닉슨 방중까지』, 금성철 옮김 (서울: 병학사, 1979).
황, 레이, 『장제스 일기를 읽다』, 구범진 옮김 (서울: 푸른역사, 2009).
후지와라 아키라, 『일본군사사』, 엄수현 옮김 (서울: 시사일본어사, 1994).

• 외국 도서

马骏杰, 『中国海军长江抗战纪实』(济南: 山东画报出版社, 2013).
马振犊 편, 『抗战中的蒋介石』(北京: 九州, 2013).
方勇, 『蒋介石与战时经济研究』(杭州: 浙江大学出版社, 2013).
徐康明, 『中缅印战场抗日战争史』(北京: 解放军出版社, 2007).
李敖 , 汪荣祖, 『蒋介石评传』(北京: 中国友谊出版公司, 2006).
蒋斌, 『蒋介石的十二上将』(北京: 红旗出版社, 2013).
曹聚仁 , 舒宗侨 편저, 『中国抗战画史』(北京: 中国文史出版社, 2013).

菊池一隆, 『中国抗日軍事史: 1937-1945』(東京: 有志舎, 2009).
謝幼田, 『抗日戦争中、中国共産党は何をしていたか: 覆い隠された歴史の真実』(東京: 草思社, 2006).
王秀鑫, 郭德宏, 『中華民族抗日戦争史: 1931~1945』, 石島紀之 옮김 (東京: 八朔社, 2013).
森山康平, 『図説 日中戦争』(東京: 河出書房新社, 2000).
佐々木春隆, 『大陸打通作戦: 日本陸軍最後の大作戦』(東京: 光人社, 2008).

———, 『華中作戦: 最前線下級指揮官の見た泥沼の中国戦線』(東京: 光人社, 2007).
———, 『B29基地を占領せよ: 10個師団36万人を動員した桂林作戦の戦い』(東京: 光人社, 2008).
中山雅洋, 『中国的天空 沈默の航空戦史』(東京: 大日本絵画, 2007).
秦郁彦, 『日中戰爭史』(東京: 原書房, 1979).
馮青, 『中国海軍と近代日中関係』(東京: 錦正社, 2011).

Harmsen, Peter, *Shanghai 1937: Stalingrad on the Yangtze*, (Pennsylvania: Casemate, 2013).
Jowett, Philip, *Chinese Civil War Armies 1911-49 (Men-at-Arms)*, (NY: Osprey Publishing, 1997).
———, *Soldiers of the white sun: the Chinese Army at war, 1931-1949*, (PA: Schiffer Pub Ltd, 2011).
———, *The Chinese Army 1937-49: World War II and Civil War (Men-at-Arms)*, (NY: Osprey Publishing, 2005).
Mark Harrison, ed., *The economics of World War II*, (NY: Cambridge University Press, 2000).
Mitter, Rana, *Forgotten ally: China's World War II, 1937-1945*, (Pennsylvania: Casemate, 2013).
Peattie, Mark, Edward Drea, and Hans Van De Ven, *The battle for China: essays on the military history of the Sino-Japanese War of 1937-1945*, (Calif.: Stanford Univ, 2013).

• 학술 논문

강경낙, 「1930년대 농촌위기와 남경국민정부의 농업정책」, 『사총』, 제47집 (1998. 6): 173~204쪽.
강순원, 『태평양전쟁기 제주도 주둔 일본군과 군사시설』(제주: 제주대학교 대학원, 2006).
곽홍무, 「만철과 만주사변(9.18사변)」, 『아시아문화』, 제19호, 2003: 57~80쪽.
김경춘, 「두만강하류역에 있어서의 국경분쟁: 장고봉(소칭 Озеро Хáсан)사건 중심으로」, 『동국사학』, 제19, 20집 (1986.12): 421~484.
기세찬, 『중일전쟁시기(1937~1945) 국민정부군 대일군사전략 변화 연구』(서울: 고려대학교 대학원, 2010).
김남현, 「미국에서 국민당의 성격과 역할(1895-1945)」, 『서양사학연구』, 제18집 (2008. 6): 119~147쪽.
김도형, 「일제의 한국인 병력동원 체제」, 『군사사 연구총서』, 제2집 (2002): 77~139쪽.
김성희, 「소련의 만주전역 1945년8월」, 『군사』, 제2집 (1981. 8): 222~235쪽.
김세은, 『남경 국민정부의 경제건설정책 연구: 1928-1937년을 중심으로』(서울: 성균관대학교 대학원, 1999).
김승신, 『태평양전쟁의 기원: 미 · 일 대외정책의 상호인식의 오판(Miscalculations)을 중심으로』(서울: 이화여자대학교 대학원, 1988).
김승욱, 「왕정위의 화평론과 동아시아론」, 『중국근현대사연구』, 제32집 (2006. 12): 73~99쪽.
김영숙, 「만주사변 후의 동아시아 국제관계와 일소불가침조약 체결 문제」, 『일본역사연구』, 제26집 (2007. 12): 219~246쪽.
김영신, 「북벌 전후 중국국민당의 내분 : '상해중앙'의 활동과 광주중앙의 대응을 중심으로」, 『중국현대사연구』, 제4집 (1997. 12): 25~52쪽.
김용윤, 『남경 국민정부의 항일정책 전환 배경 : 항일 여론의 추이를 중심으로』(순천: 순천대학교 교육대학원, 2002).
김정현, 「국민정부의 폐제개혁과 중미은협정의 의미」, 『동아시아역사연구』, 제5집 (1999. 6): 35~68쪽.
———, 「중일전쟁기 주불해를 통해본 친일협력」, 『아시아문화연구』, 제11집 (2006. 12): 197~227쪽.
———, 「항일전기 국민정부의 법폐가치 유지정책」, 『중국현대사연구』, 제8집 (1999. 12): 119~140쪽.
김지환, 「중국의 조계회수운동과 왕정위정부의 참전」, 『아시아문화연구』, 제20집 (2010. 12): 177~208쪽.
———, 「중일전쟁기 중경국민정부의 물가통제정책」, 『중국학보』, 제62집 (2010. 12): 193~214쪽.
김현정, 『만주에서의 미 · 일관계 : 1931年 9月-1932年 3月, 만주사변 전후기간을 중심으로』(서울: 이화여자대학교 대학원, 1990).

나태종, 「중국의 국공합작(國共合作)과 내전(內戰)에서 공산당의 승리요인 연구」, 『한국동북아논총』, 제15권, 제4호 (2010. 12): 141~162쪽.
남관우, 『중일전쟁과 일본육군의 군사전략』(서울 : 국방대학교 안전보장대학원, 2006).
노상원, 『일본군 용병사상이 태평양 전쟁지도에 미친 영향 연구: 전략 및 조직 운용 측면에서』(서울 : 한국외국어대학교 정책과학대학원, 2007).
박권영, 「제2차 세계대전 시 전쟁수행기구에 대한 고찰 : 연합참모회의(CCS)를 중심으로」, 『군사평론』, 제404호 (2010. 4): 355~373쪽.
박민영, 「한국광복군 인면전구공작대 연구」, 『한국독립운동사연구』, 제33집 (2009. 8): 143~184쪽.
박상수, 「전후 '한간' 재판과 한간의 대일 협력론: 재판 정황과 '협력적 민족주의'」, 『중국근현대사연구』, 제47집 (2010. 9): 97~128쪽.
———, 「중일전쟁 전후 대일 협력자: '왕정위집단'의 형성 (1928~1938)」, 『사총』, 제65집 (2007. 9): 99~127.
———, 「중일전쟁 종결 후 국민정부의 '한간' 재산 처리」, 『중국근현대사연구』, 제44집 (2009. 12): 115~139쪽.
박성만, 『일본 방위정책 연구: 1868~2009』(성남: 한국학중앙연구원 한국학대학원, 2010).
박치정, 「국공합작에서의 미국의 역할, 1944~1947」, 『중국연구』, 제8집 (1989. 8): 133~152쪽.
배경한, 「대한민국임시정부와 중화민국의 외교관계, 1911-1945」, 『중국근현대사연구』, 제56집 (2012. 12): 1~22쪽.
———, 「북벌완성 직후 장개석의 중앙군체제 성립 노력과 편견회의」, 『동양사학연구』, 제48집 (1994. 7): 119~176쪽.
———, 「왕정위와 서안사변」, 『중국근현대사연구』, 제38집 (2008. 6): 85~109쪽.
———, 「중일전쟁 발발 이후의 '화평운동'과 왕정위 '친일 선택'의 배경」, 『중국근현대사연구』, 제55집 (2012. 9): 131~162쪽.
———, 『중일전쟁시기 장개석 · 국민정부의 대한정책』, 『역사학보』, 제208집 (2010. 12): 271~298쪽.
———, 「중일전쟁 시기 중국에서의 동아연맹운동과 왕정위정권」, 『중국근현대사연구』, 제21집 (2004. 3): 95~120쪽.

———, 「중일전쟁 시기의 왕정위정권과 신민회」, 『동양사학연구』, 제93집 (2005. 12): 119~141쪽.
서정익, 「세계대공황기(1929~1936년) 일본의 무역구조와 무역정책」, 『응용경제』, 제5권, 제1호 (2003. 6): 55~89쪽.
손경호, 「태평양 전쟁 말기 한반도에 대한 미군과 일본군의 의도와 준비: 인식의 일치와 행동의 불일치」, 『미국사연구』, 제30집 (2009. 11): 117~146쪽.
송한용, 「동북군의 관내진주와 그 결과: 장학량의 부저항정책과 관련하여」, 『중국현대사연구』, 제6집 (1998. 12): 41~67쪽.
———, 「장학량과 중동로사건」, 『중국사연구』, 제10집 (2000. 8): 147~183쪽.
———, 「장학량동북정권의 세력기반」, 『전남사학』, 제11집 (1997. 12): 701~726쪽.
———, 『장학량정권 연구(1928~1931)』(광주: 전남대학교 대학원, 1998).
신승권, 「미국의 대한반도정책, 1943-1948」, 『사회과학논총』, 제17집 (1998. 12): 1~44쪽.
신은주, 『서안사변의 평화적 해결에 관한 일연구』(서울: 숙명여자대학교 대학원, 1997).
양태진, 「한·중·소 3국 국경상의 장고봉사건」, 『군사』, 제10집 (1985. 8): 121~168쪽.
오수진, 『자원전쟁으로서의 태평양전쟁에 관한 연구』(서울: 고려대학교 대학원, 2007).
오승희, 『중국의 대 일본 배상청구 포기 요인 연구』(서울: 이화여자대학교 대학원, 2010).
원지연, 「근대 일본 파시즘 형성기 내무관료의 정치화와 한계: 신관료를 중심으로」, 『일본어문학』, 제30집 (2006. 9): 221~239쪽.
윤휘탁, 「중일전쟁기 일본의 화북지배정책: 치안강화운동을 중심으로」, 『아세아연구』, 제98집 (1997. 12): 175~204쪽.
이기후, 『한반도 분단과정 연구』(서울: 건국대학교 대학원, 2008).
이병주, 김기훈, 「국권장악 책략으로서의 중국공산당의 통일전선정책 연구, 1937-1949」, 『전략연구』, 제9권, 제2호 (2002. 7): 130~189쪽.
이상철, 「일본군의 만주군사작전3: 만주사변을 중심으로」, 『국방』, 제256집 (1995. 4): 154~160쪽.
———, 「일본군의 만주군사작전4: 일 · 소 태평양전쟁」, 『국방』, 제257집 (1995.

5): 160~171쪽.
이용중, 「대한민국임시정부의 지위와 대일항전에 대한 국제법적 고찰」, 『국제법학회논총』, 제54권, 제1호 (2009. 4): 105~128쪽.
이원덕, 「일본의 전후처리 외교 연구 : 대 아시아 전후 배상정책의 구조와 함의」, 『일본학연구』, 제22집 (2007. 9): 381~409쪽.
이원재, 『1930년대 중국화폐의 성격문제: 남경정부의 법폐를 중심으로』(서울: 건국대학교 대학원, 1979).
이주천, 「미국의 대중국군사원조(1942~1944) : Joseph W. Stilwell장군의 활동을 중심으로」, 『논문집: 인문사회계열편』, 원광대학교, 23, 1 (1989.6): 41~59쪽.
———, 『프랭클린 루즈벨트와 대소유화정책의 형성과정에 관한 연구: 무기대여를 중심으로』(서울: 고려대학교 대학원, 1998).
이주태, 『태평양전쟁기 대한민국 임시정부와 중국과의 관계에 대한 연구』(서울: 서울대학교 행정대학원, 1992).
이현희, 「중경임정과 한국광복군 연구: 그 성립과 편제」, 『군사』, 제22집 (1991.6): 121~189쪽.
———, 「중경임정과 한국광복군 연구(下): 그 활동과 국내진입작전」, 『한국민족운동사연구』, 제6집 (1992. 10): 63~152쪽.
장세영, 『태평양전쟁기 미국 전략첩보국(OSS)의 대한반도 정보전』(서울: 서울대학교 대학원, 2005).
장세윤, 「조선의용대의 조직편성과 구성원」, 『한국근현대사연구』, 제11집 (1999. 12): 38~79쪽.
———, 「중일전쟁기 대한민국 임시정부의 대중국외교: 광복군 문제를 중심으로」, 『한국독립운동사연구』, 제2집 (1988. 11): 515~548쪽.
———, 「해방 전후시기 만주지역 조선의용군과 동북항일연군의 동향」, 『한국근현대사연구』, 제42집 (2007. 가을): 62~96쪽.
장은상, 『태평양전쟁의 원인: 공격적 현실주의 이론에 입각하여』(서울: 국방대학교 안전보장대학원, 2007).
정광용, 『미국의 대한 군사정책에 관한 연구: 카이로 회담부터 한·미방위조약까지』(전주 : 전북대학교 대학원, 1985).
정종생, 『일본의 "전쟁지도"에 관한 연구』(대전: 한남대학교 행정정책대학원, 2004).
정창석, 「일본 군국주의 파시즘: 그 식민지에의 적용」, 『일본문화학보』, 제34집

(2007. 8): 653~674쪽.
정형아, 「국공양당의 갈등과 화해에 대한 미국의 태도변화, 1941년-1944년」, 『중앙사론』, 제31집 (2010. 6): 81~116쪽.
———, 「중일전쟁시기의 중소관계: 성세재의 역할을 중심으로」, 『중국근현대사연구』, 제39집 (2008. 9): 107~127쪽.
조명철, 「일본의 군사전략과 '국방방침'의 성립」, 『일본역사연구』, 제5집 (1997.4): 87~112쪽.
조홍국, 「일본점령기에 대한 타이인들의 역사인식: 역사교과서를 중심으로」, 『동아연구』, 제45집 (2003. 8): 7~40쪽.
차상호, 『태국정치에 있어서의 피분(Phibun)정권(1938-1944)에 관한 연구』(서울: 동국대학교 대학원, 1990).
최은봉, 오승희, 「중국의 대 일본 배상청구 포기의 양면성 : '타이완 문제'의 타결과 중일 경제협력의 확장」, 『담론201』, 제13권, 2호 (2010. 5): 151~176쪽.
최은석, 「일본 근대 군대의 형성과정」, 『논문집』, 공군사관학교, 제36집 (1995.7): 207~225쪽.
표영수, 『일제강점기 조선인 지원병제도 연구』(서울: 숭실대학교 대학원, 2008).
한상도, 「조선의용군과 일본인 반전운동집단의 관계」, 『한국근현대사연구』, 제42집 (2007. 가을): 7~39쪽.
한시준, 「대한민국 임시정부의 국내진입 구상 - 해방 직전 해외 무장세력과의 연계를 중심으로」, 『한국근현대사연구』, 제21집 (2002. 여름): 193~211쪽.
———, 「중경시기 대한민국임시정부의 위상과 역할」, 『한국독립운동사연구』, 제33집 (2009. 8): 61~99쪽.
한창수, 「미국의 대중국정책과 대한반도정책간의 관계(1942-45년)」, 『논문집』, 한국방송통신대학, 제19집 (1995. 2): 95~110쪽.
한희정, 『서안사변의 배경에 관한 연구』(서울: 서강대학교 공공정책대학원, 2002).
허임, 『세력전이 관점에서 바라본 태평양전쟁 원인에 관한 연구』(서울: 국방대학교 안전보장대학원, 2006).
홍웅호, 「극동공화국 건설에 나타난 소련의 동아시아정책의 한 단면」, 『대동문화연구』, 제52집 (2005. 12): 401~433쪽.
———, 「1930년대말 소련의 동아시아정책」, 『사림』, 제23호 (2005. 6): 117~141쪽.

홍종필, 「일제시대 조선에 있어서 지원병제도의 전개와 그 의의에 대하여」, 『명지사론』, 제8집 (1997. 2): 57~95쪽.
Anzako Yuka, 『조선총독부의 '총동원체제'(1937~1945) 형성 정책』(서울: 고려대학교 대학원, 2006).

崔淑芬, 「中国空軍の建設と日本」, 『筑紫女学園大学·筑紫女学園大学短期大学部紀要』, 제7호, 2012. http://www.lib.chikushi-u.ac.jp/kiyo/7_11.pdf (검색일 2014년 12월 15일)
萩原充, 「日中戦争と中国空軍」, 2004, 『歴史研究者交流事業(派遣)研究成果報告書集 2001-2004』, 2006.

| 찾아보기 | 인명

다

라

류원후이(劉文輝) 101
류저성(柳哲生) 520
류즈(劉峙) 204, 211, 236, 290, 747, 871
류추이강(劉粹剛) 516, 521
리벤트로프, 요아힘 폰(Ribbentrop, Joachim von) 194, 433, 552
리서우신(李守信) 190
리위탕(李玉堂) 618, 619
리즈룽(李之龍) 366
리지선(李濟深) 72
리쭝런(李宗仁) 35, 42, 63, 88, 101, 11, 174, 256, 314~324, 327, 346, 351, 401, 444, 456~458, 682, 812, 871
리차고프, 파벨 바실리예비치(Rychagov, Pavel Vasilievich) 517
리턴, 빅터 불워(Lytton, Victor Bulwer-) 70, 81
리훙장(李鴻章) 18, 19, 131, 222, 660
린뱌오(林彪) 219, 296, 297, 471, 795, 806, 822
린썬(林森) 218

마

마부팡(馬步芳) 101
마사키 진자부로(眞崎甚三郎) 161, 166, 168, 171
마셜, 조지(Marshall, George) 510, 542, 569, 571, 575, 649, 670, 688, 718, 739, 788, 808, 824, 825
마쓰오 덴조(松尾伝蔵) 164
마쓰오카 요스케(松岡洋右) 434, 500, 546, 548, 551, 555, 767
마쓰이 다쿠로(松井太久郎) 201
마쓰이 이와네(松井石根) 245, 247, 251, 252, 270, 278, 283~285
마오쩌둥(毛澤東) 42, 55, 71, 102, 110, 125~127, 175, 182~185, 219, 290, 309, 361, 380, 463~491, 641, 656, 684, 794, 803~808, 821~824, 829
마오쩌민(毛澤民) 476
마오푸하이(毛福海) 523
마운트배튼, 루이스(Mountbatten, Louise) 693, 713, 718, 727
마이던스, 칼(Mydans, Carl) 520
마잔산(馬占山) 59, 61, 451
마훙빈(馬鴻賓) 101
마훙쿠이(馬鴻逵) 101
맥아더, 더글러스(MacArthur, Douglas) 284, 419, 586, 590~594, 717, 764, 789, 815~820
메이스핑(梅思平) 374, 812
모겐소, 헨리(Morgenthau, Henry, Jr.) 563
모리 요시로(森喜朗) 166
몰로토프, 뱌체슬라프(Molotov, Vyacheslav) 432, 435, 486, 769, 777
무타구치 렌야(牟田口廉也) 138, 200, 341, 559, 679, 685, 697~712
무라이 구라마쓰(村井倉松) 85
무솔리니, 베니토(Mussolini, Benito) 127, 179, 397, 499, 558, 570, 625
무카이 도시아키(向井敏明) 286
무토 노부요시(武藤信義) 146, 165
무토 아키라(武藤章) 191
미야케 미쓰하루(三宅光治) 66

바

바이충시(白崇禧) 88, 260, 269, 275, 314, 318, 345, 386, 447, 661, 747
버크너, 사이먼 볼리버(Buckner, Simon Bolivar, Jr.) 738

사

아

이시와라 간지(石原莞爾) 23~25, 29, 43~46, 49, 52, 63, 147, 154, 167~169, 191, 194, 195, 418, 546, 559
이은(李垠) 169
이이다 쇼지로(飯田祥二郎) 563
이치키 기요나오(一木淸直) 199, 201~203, 613
이케다 마코토(池田誠) 580, 884
이타가키 세이시로(板垣征四郎) 29, 46~49, 63, 236, 295, 297, 320, 374
인루겅(殷汝耕) 160, 216

자

장궈타오(張國燾) 184, 469
장딩원(蔣鼎文) 671, 674, 871
장샤오셴(蔣孝先) 174
장, 아이리스(Chang, Iris) 277
장원톈(張聞天) 184, 219
장제스(蔣介石) 17, 23, 35~37, 54~63, 71~75, 78~83, 86~103, 110~128, 153~158, 172~184, 218~232, 236~245, 253~264, 267~270, 307~315, 322~327, 353~358, 361~381, 443~447, 458~478, 484~490, 501~511, 513~524, 567~580, 597~607, 635~645, 647~663, 668~691, 700, 716, 726~734, 742~748, 752~754, 793~797, 800~808, 821~828, 831, 846
장즈중(張治仲) 238, 244, 261, 354, 355, 404
장징후이(張景惠) 56, 67, 80, 90, 92
장쭝창(張宗昌) 178, 363
장쭤린(張作霖) 17, 18, 22, 27~34, 53, 56, 67, 90, 107, 160, 178, 365, 839, 845
장쭤샹(張作相) 30, 31, 40, 45, 57, 67, 90
장쯔중(張自忠) 204, 215, 318, 319, 324, 402, 403, 456~458, 674
장파쿠이(張發奎) 357, 378, 386, 446, 681, 682, 738, 871
장하이펑(張海鵬) 56, 59, 92
장화번(江華本) 58
저우언라이(周恩來) 175~177, 180~185, 212, 218, 219, 306, 365, 396, 468, 469, 485, 745, 795, 828, 829
저우즈러우(周至柔) 224
저우포하이(周佛海) 372, 373, 376, 380, 801, 810, 812
정샤오쉬(鄭孝胥) 80
젝트, 한스 폰(Seeckt, Hans von) 112, 113
조르게, 리하르트(Sorge, Richard) 556, 557
존슨, 넬슨 T.(Johnson, Nelson T.) 539
주더(朱德) 218, 219, 295, 297, 353, 396, 463, 468, 471, 482~484, 796
주사오량(朱紹良) 172, 451, 871
주스밍(朱世明) 819
주자화(朱家驊) 747, 752
주코프, 게오르기(Zhukov, Georgy Konstantinovich) 419~427, 430, 432, 461, 635, 775
주페이더(朱培德) 66
진자산(金甲山) 190
짜이펑(載灃) 19, 20, 362
쭤취안(左權) 490

차

차이팅카이(蔡廷楷) 72, 79, 445

카

타

파

하

| 찾아보기 | 기타

나

다

라

마

바

사

아

자

차

카

하

지은이 **권성욱**

전쟁사 연구가. 개인 블로그인 '팬더 아빠의 전쟁사'에 전쟁사 관련 글을 쓰고 있으며, 특히 중국 근현대사와 2차대전이 전문 분야이다. 국내 최초로 중일전쟁을 다룬 역사서 『중일전쟁: 용, 사무라이를 꺾다 1928~1945』(2015년)를 썼으며, 중일전쟁의 전사前史인 『중국 군벌 전쟁: 현대 중국을 연 군웅의 천하 쟁탈전 1895~1930』(2020년)을 썼다. 특히 이 책 『중일전쟁』은 한국출판문화산업진흥원 우수출판컨텐츠에 선정되었다. 래너 미터의 『중일전쟁: 역사가 망각한 그들 1837~1945』를 공동 번역했고, 『덩케르크: 세계사 최대 규모의 철수 작전』, 『일본 제국 패망사: 태평양 전쟁 1936~1945』, 『미드웨이: 어느 조종사가 겪은 태평양 함대항공전』을 감수했다. 현재 울산에서 공무원으로 근무 중이다.

블로그 http://blog.naver.com/atena02

중일 전쟁

용, 사무라이를 꺾다 1928~1945

발행일 2015년 2월 10일(초판 1쇄)
2023년 12월 30일(초판 8쇄)

지은이 권성욱
펴낸이 이지열
펴낸곳 미지북스
서울시 마포구 잔다리로 111(서교동 468-3) 401호
우편 번호 04003
전화 070-7533-1848 팩스 02-713-1848
mizibooks@naver.com
출판 등록 2008년 2월 13일 제313-2008-000029호
책임 편집 김대수
출력 상지출력센터
인쇄 제본 한영문화사

ISBN 978-89-94142-38-8 03910
값 33,000원

• 이 책은 한국출판문화산업진흥원의 2014년 〈우수 출판콘텐츠 제작 지원〉 사업 선정작입니다.
• 이 책에 실린 사진들은 디지털 공유물로 전환된 자료를 활용한 것임을 밝힙니다.

• 블로그 http://mizibooks.tistory.com
• 트위터 @mizibooks
• 페이스북 http://facebook.com/pub.mizibooks